大 学 数 学 同 步 辅 导 丛 书

适用同济 · 第七版

线性代数同步辅导

主　编　张天德　孙钦福
副主编　孙宝芝　栾世霞

山东科学技术出版社
· 济南 ·

图书在版编目（CIP）数据

线性代数同步辅导 / 张天德，孙钦福主编. -- 济南：山东科学技术出版社，2023.8
（大学数学同步辅导丛书）
ISBN 978-7-5723-1695-1

Ⅰ. ①线… Ⅱ. ①张… ②孙… Ⅲ. ①线性代数-高等学校-教学参考资料 Ⅳ. ①O151.2

中国国家版本馆CIP数据核字（2023）第132570号

线性代数同步辅导
XIANXING DAISHU TONGBU FUDAO

责任编辑：段 琰
装帧设计：孙小杰

主管单位：山东出版传媒股份有限公司
出 版 者：山东科学技术出版社
地址：济南市市中区舜耕路517号
邮编：250003 电话：（0531）82098088
网址：www.lkj.com.cn
电子邮件：sdkj@sdcbcm.com
发 行 者：山东科学技术出版社
地址：济南市市中区舜耕路517号
邮编：250003 电话：（0531）82098067
印 刷 者：山东华立印务有限公司
地址：山东省济南市莱芜高新区钱塘江街019号
邮编：271100 电话：（0531）76216033

规格：16开（184 mm × 260 mm）
印张：15.5
版次：2023年8月第1版 印次：2023年8月第1次印刷
定价：32.00元

前 言 QIANYAN

线性代数是理工类专业一门重要的基础课程，也是硕士研究生入学考试的重点科目。同济大学数学系主编的《线性代数》是深受读者欢迎并多次获奖的优秀教材。为帮助、指导广大读者学好线性代数，我们编写了《线性代数同步辅导》，本书适用于同济大学数学系主编的《线性代数》（第七版）。它汇集了编者几十年丰富的教学经验，将典型例题及解题方法与技巧融入书中，本书将会成为读者学习线性代数的良师益友。

本书的章节划分和内容设置与同济《线性代数》第七版教材一致。每章的讲解结构分为主要内容归纳、经典例题解析及解题方法总结、教材习题解答。每章最后还加入了自测题与参考答案。

主要内容归纳　该部分对每节必须掌握的概念、性质和公式进行了归纳，并对较易出错的地方作了适当的解析。

经典例题解析及解题方法总结　列举每节不同难度、不同类型的重点题目，给出详细解答，以帮助读者理清解题思路，掌握基本解题方法和技巧；解题前的分析和解题后的方法总结，可以使读者举一反三、融会贯通。

教材习题解答　每节与每章后都给出了与教材内容同步的习题原题及其解答，读者可以参考解答来检查学习效果。

自测题是编者根据多年教学及考研辅导的经验，精心挑选的典型题目。目的是在读者对各章内容有了全面了解之后，给读者一个检测、巩固所学知识的机会，从而使读者对各种题型产生更深刻的理解，并进一步掌握所学知识点，做到灵活运用。

本书由张天德、孙钦福主编，孙宝芝、栾世霞副主编，编者在前一版的基础上做了修订，增加了讲解内容，改正了印刷错误，并采用更为合理的体例。由于编者水平有限，书中存在的不足之处敬请读者批评指正，以臻完善。

编　者

2023 年 7 月

目　录 MULU

第一章 行列式

行列式是常用的一种计算工具，学习行列式，一是要理解行列式的概念，二是要掌握行列式的性质，并运用这些性质进行行列式的计算．本章主要讨论 n 阶行列式的定义、性质及计算方法，进而介绍用行列式求解一类特殊线性方程组的克拉默(Cramer)法则．

第一节　二阶与三阶行列式

一、主要内容归纳

1. 二阶行列式

$\begin{vmatrix} a_{11} & a_{12} \\ a_{21} & a_{22} \end{vmatrix}$ 表示代数和 $a_{11}a_{22}-a_{12}a_{21}$，称为二阶行列式，即 $\begin{vmatrix} a_{11} & a_{12} \\ a_{21} & a_{22} \end{vmatrix}=a_{11}a_{22}-a_{12}a_{21}$.

2. 三阶行列式

$\begin{vmatrix} a_{11} & a_{12} & a_{13} \\ a_{21} & a_{22} & a_{23} \\ a_{31} & a_{32} & a_{33} \end{vmatrix}$ 表示代数和 $a_{11}a_{22}a_{33}+a_{12}a_{23}a_{31}+a_{13}a_{21}a_{32}-a_{13}a_{22}a_{31}-a_{11}a_{23}a_{32}-a_{12}a_{21}a_{33}$，称为三阶行列式，即

$$\begin{vmatrix} a_{11} & a_{12} & a_{13} \\ a_{21} & a_{22} & a_{23} \\ a_{31} & a_{32} & a_{33} \end{vmatrix}=a_{11}a_{22}a_{33}+a_{12}a_{23}a_{31}+a_{13}a_{21}a_{32}-a_{13}a_{22}a_{31}-a_{11}a_{23}a_{32}-a_{12}a_{21}a_{33}.$$

3. 对角线法则

三阶行列式含 6 项，每项均为不同行不同列的三个元素的乘积，其求和规律遵循图 1-1 所示的对角线法则：

实线联结的三个元素乘积之和减去虚线联结的三个元素乘积之和．

注：此法则只适用于二阶和三阶行列式．

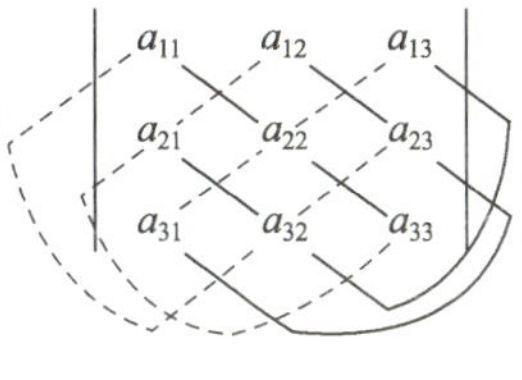

图 1-1

4. 本节重点

计算二阶与三阶行列式，在行列式展开过程中，特别要注意各项的正负号是否正确．

二、经典题型解析及解题方法总结

【例 1】 计算下列二阶行列式.

(1) $\begin{vmatrix} 2 & 1 \\ -1 & 3 \end{vmatrix}$；　(2) $\begin{vmatrix} x-1 & 1 \\ x^2 & x^2+x+1 \end{vmatrix}$.

解 (1)原式$=2\times3-1\times(-1)=7$.

(2)原式$=(x-1)(x^2+x+1)-1\cdot x^2=x^3-x^2-1$.

方法总结

二阶行列式的计算可由定义直接计算.

【例 2】 计算下列三阶行列式.

(1) $\begin{vmatrix} 1 & 2 & 3 \\ 3 & 1 & 2 \\ 2 & 3 & 1 \end{vmatrix}$；　(2) $\begin{vmatrix} 0 & a & 0 \\ b & 0 & c \\ 0 & d & 0 \end{vmatrix}$.

解 (1)原式$=1\times1\times1+3\times3\times3+2\times2\times2-2\times1\times3-3\times2\times1-1\times3\times2=18$.

(2)原式$=0\times0\times0+0\times b\times d+0\times a\times c-0\times0\times0-b\times a\times0-0\times d\times c=0$.

方法总结

三阶行列式的计算可利用对角线法则直接计算.

【例 3】 用行列式解下列方程组.

(1) $\begin{cases} 3x_1+2x_2=5, \\ 5x_1-7x_2=29; \end{cases}$　(2) $\begin{cases} bx-ay+2ab=0, \\ -2cy+3bz-bc=0, \\ cx+az=0 \end{cases}$ $(abc\neq0)$.

解 (1)系数行列式 $D=\begin{vmatrix} 3 & 2 \\ 5 & -7 \end{vmatrix}=-31\neq0$,

又 $D_1=\begin{vmatrix} 5 & 2 \\ 29 & -7 \end{vmatrix}=-93, D_2=\begin{vmatrix} 3 & 5 \\ 5 & 29 \end{vmatrix}=62$.

故方程组的解为 $x_1=\dfrac{D_1}{D}=\dfrac{-93}{-31}=3, x_2=\dfrac{D_2}{D}=\dfrac{62}{-31}=-2$.

(2)系数行列式 $D=\begin{vmatrix} b & -a & 0 \\ 0 & -2c & 3b \\ c & 0 & a \end{vmatrix}=-5abc\neq0$.

又 $D_1=\begin{vmatrix} -2ab & -a & 0 \\ bc & -2c & 3b \\ 0 & 0 & a \end{vmatrix}=5a^2bc, D_2=\begin{vmatrix} b & -2ab & 0 \\ 0 & bc & 3b \\ c & 0 & a \end{vmatrix}=-5ab^2c$,

$$D_3=\begin{vmatrix} b & -a & -2ab \\ 0 & -2c & bc \\ c & 0 & 0 \end{vmatrix}=-5abc^2.$$

故方程组的解为 $x=\dfrac{D_1}{D}=-a, y=\dfrac{D_2}{D}=b, z=\dfrac{D_3}{D}=c.$

【例 4】 行列式的应用.

(1)当 x 取何值时，$\begin{vmatrix} 3 & 1 & x \\ 4 & x & 0 \\ 1 & 0 & x \end{vmatrix}=0.$

解

$$\begin{vmatrix} 3 & 1 & x \\ 4 & x & 0 \\ 1 & 0 & x \end{vmatrix}=3\times x\times x+4\times x\times 0+1\times 0\times 1-x\times x\times 1-3\times 0\times 0-1\times 4\times x$$

$$=2x(x-2)=0.$$

解得 $x=0$ 或 $x=2$.

(2)求函数 $f(x)=\begin{vmatrix} 2x & 1 & -1 \\ -x & -x & x \\ 1 & 2 & x \end{vmatrix}$ 中 x^3 的系数.

解 由三阶行列式的定义可知，行列式展开后只有主对线上三个元素的乘积才出现 x^3 项，其系数为 $2\times(-1)\times 1=-2$.

第二节 全排列和对换

一、主要内容归纳

1. 排列与逆序

(1)由 $1,2,3,\cdots,n$ 组成的一个有序数组称为一个 n 级排列，通常记为 $i_1i_2\cdots i_n$.

(2)在一个排列 $i_1i_2\cdots i_t\cdots i_s\cdots i_n$ 中，若数 $i_t>i_s$，则称数 i_t 与 i_s 构成一个逆序. 一个 n 级排列中逆序的总数称为该排列的逆序数，记为 $t(i_1i_2\cdots i_n)$.

(3)若逆序数为奇数称此排列为奇排列，若为偶数，则称此排列为偶排列.

2. 逆序数的计算方法

任一排列 $i_1i_2\cdots i_n$ 的逆序数可用如下两种方法计算：

(1)$t(i_1i_2\cdots i_n)=i_1$ 后面比 i_1 小的数的个数$+i_2$ 后面比 i_2 小的数的个数$+\cdots+i_{n-1}$后面比 i_{n-1}小的数的个数.

(2)$t(i_1i_2\cdots i_n)=i_2$ 前面比 i_2 大的数的个数$+i_3$ 前面比 i_3 大的数的个数$+\cdots+i_n$ 前面比 i_n 大的数的个数.

3. 对换

把一个排列中某两个数的位置互换，而其余的数不动，就得到另一个排列，这样的一个交换称为一个对换.

4. 对换的性质

(1)对换改变排列的奇偶性.

(2)奇排列变成标准排列的对换次数为奇数，偶排列变成标准排列的对换次数为偶数.

5. 本节重点

求一个排序的逆序数，难点是求含有字母的排列的逆序数.

二、 经典题型解析及解题方法总结

【例 1】 求下列排列的逆序数.

(1)36 715 284；　(2)134 782 695.

解 (1)$t(36\ 715\ 284)=2+4+4+0+2+0+1=13$.

(2)$t(134\ 782\ 695)=0+0+0+0+4+2+0+4=10$.

【例 2】 求排列 $n(n-1)\cdots 21$ 的逆序数，并确定它们的奇偶性.

解 $t(n(n-1)\cdots 21)=(n-1)+(n-2)+\cdots+2+1=\dfrac{n(n-1)}{2}$.

对$\dfrac{n(n-1)}{2}$的奇偶性判断，需按以下情况进行讨论：

当 $n=4k$ 时，$\dfrac{n(n-1)}{2}=2k(4k-1)$为偶数；

当 $n=4k+1$ 时，$\dfrac{n(n-1)}{2}=2k(4k+1)$为偶数；

当 $n=4k+2$ 时，$\dfrac{n(n-1)}{2}=(2k+1)(4k+1)$为奇数；

当 $n=4k+3$ 时，$\dfrac{n(n-1)}{2}=(2k+1)(4k+3)$为奇数.

因此，当 $n=4k$ 或 $n=4k+1$ 时，此排列为偶排列；当 $n=4k+2$ 或 $n=4k+3$ 时，此排列为奇排列.

方法总结

对含字母的排列求逆序数，一定要对字母进行讨论来确定其与前后数的大小关系及其奇偶性.

【例 3】 若排列 $x_1x_2\cdots x_{n-1}x_n$ 的逆序数为 k，求排列 $x_nx_{n-1}\cdots x_2x_1$ 的逆序数.

解 如果排列 $x_1x_2\cdots x_n$ 中关于 x_1 有 k_1 个逆序，那么在排列 $x_nx_{n-1}\cdots x_2x_1$ 中关于 x_1 应有$(n-1)-k_1$ 个逆序. 若原排列关于 x_2 有 k_2 个逆序，则在排列 $x_nx_{n-1}\cdots x_2x_1$ 中关于 x_2 应有$(n-2)-k_2$ 个逆序. …依此类推，若原排列关于 x_n 有 k_n 个逆序，则排列 $x_nx_{n-1}\cdots x_2x_1$ 中

关于 x_n 有 $(n-n)-k_n$ 个逆序.

又因 $k_1+k_2+\cdots+k_n=k$,故排列 $x_nx_{n-1}\cdots x_2x_1$ 的逆序数为

$$\begin{aligned}t(x_nx_{n-1}\cdots x_1)&=[(n-n)-k_n]+\cdots+[(n-2)-k_2]+[(n-1)-k_1]\\&=(n-1)+(n-2)+\cdots+1+0-k=\frac{1}{2}n(n-1)-k.\end{aligned}$$

方法总结

(1)本题利用了排列 $x_1x_2\cdots x_{n-1}x_n$ 中逆序与排列 $x_nx_{n-1}\cdots x_2x_1$ 的顺序之间的互补性质.即:若排列 $x_1x_2\cdots x_n$ 中关于 x_t 有 k_t 个逆序,则有 $(n-1)-k_t$ 个顺序,可推得 $x_nx_{n-1}\cdots x_2x_1$ 排列中关于 x_t 就有 $(n-1)-k_t$ 个逆序,从而可计算 $x_nx_{n-1}\cdots x_2x_1$ 的逆序数.本题重点考察了 $x_1x_2\cdots x_{n-1}x_n$ 中逆序与 $x_nx_{n-1}\cdots x_2x_1$ 顺序之间有类似的互补的性质.

(2)本题也可采用下面方法直接求得.

显然,$x_1x_2\cdots x_n$ 中任意不同的 x_i 与 x_j 必在排列 $x_1x_2\cdots x_n$ 或 $x_nx_{n-1}\cdots x_2x_1$ 中构成逆序,而且只能在一个中构成逆序.因此,这两个排列的逆序数的和,即为从 n 个元素中取两个不同的元素的组合数 $C_n^2=\dfrac{n(n-1)}{2}$,但由于 $x_1x_2\cdots x_n$ 的逆序数为 k,故 $x_nx_{n-1}\cdots x_2x_1$ 的逆序数为 $\dfrac{n(n-1)}{2}-k$.

【例 4】 利用对换的性质证明:n 级排列中 $(n\geqslant 2)$,奇排列与偶排列的个数相等,各为 $\dfrac{1}{2}n!$ 个.

证 在 n 级排列中 $(n\geqslant 2)$,所有排列数为 $n!$ 个,设其中奇偶排列分别为 m,n 个,对 m 个奇排列一次对换后,得到 m 个偶排列,则 $m\leqslant n$.同理可证 $n\leqslant m$.所以 $m=n$.又因全排列为 $n!$ 个,故 $m=n=\dfrac{1}{2}n!$.

方法总结

(1)本题利用了对换的性质,对换改变排列的奇偶性.

(2)本题也可利用行列式的性质(第五节)及行列式的定义加以证明.

由行列式性质知 $D_n=\begin{vmatrix}1&1&\cdots&1\\1&1&\cdots&1\\\vdots&\vdots&&\vdots\\1&1&\cdots&1\end{vmatrix}=0$,而由行列式定义知

$D_n=\sum(-1)^{t(j_1j_2\cdots j_n)}\cdot 1$,其中 $j_1j_2\cdots j_n$ 为 n 个数 $1,2,\cdots,n$ 的某一排列,该和式共有 $n!$ 项,且每项的绝对值都是 1.又 $D_n=0$,则和式中 1 和 -1 的个数相等,均为 $\dfrac{n!}{2}$ 个,这说明 $1,2,\cdots,n$ 的所有排列中,奇偶排列各占一半.

【例 5】 若$(-1)^{t(i432k)+t(52j14)}a_{i5}a_{42}a_{3j}a_{21}a_{k4}$是五阶行列式的一项，则 i、j、k 应为何值？此时该项的符号是什么？

解 由行列式的定义，每一项中的元素取自不同行不同列.

故有 $j=3$（j 只能取 3）. 此时 $i=1$ 时 $k=5$ 或 $i=5$ 时 $k=1$.

当 $i=1, j=3, k=5$ 时，$t(14\,325)+t(52\,314)=9$，

故$-a_{15}a_{42}a_{33}a_{21}a_{54}$为 D 的一项；

当 $i=5, j=3, k=1$ 时，$t(54\,321)+t(52\,314)=16$，

故 $a_{55}a_{42}a_{33}a_{21}a_{14}$也为 D 的一项.

方法总结

本题利用行列式的定义，可确定 i、j、k 的取值，再利用排列的奇偶性来确定该项的符号.

第三节 n 阶行列式的定义

一、主要内容归纳

1. n 阶行列式的定义

设有 n^2 个数，排成 n 行 n 列的数表

$$\begin{matrix} a_{11} & a_{12} & \cdots & a_{1n} \\ a_{21} & a_{22} & \cdots & a_{2n} \\ \vdots & \vdots & & \vdots \\ a_{n1} & a_{n2} & \cdots & a_{nn} \end{matrix}$$

的行列式定义为

$$\begin{vmatrix} a_{11} & a_{12} & \cdots & a_{1n} \\ a_{21} & a_{22} & \cdots & a_{2n} \\ \vdots & \vdots & & \vdots \\ a_{n1} & a_{n2} & \cdots & a_{nn} \end{vmatrix} = \sum_{p_1p_2\cdots p_n}(-1)^{t(p_1p_2\cdots p_n)}a_{1p_1}a_{2p_2}\cdots a_{np_n},$$

其中 $\sum\limits_{p_1p_2\cdots p_n}$ 表示对所有 n 级排列求和. n 阶行列式通常简记作 $\det(a_{ij})$.

说明(1)n 阶行列式等于所有取自不同行不同列的 n 个元素的乘积的代数和，共计$n!$项.

(2)一阶行列式$|a|=a$，不要与绝对值记号相混淆.

2. 几种特殊行列式的结果

(1)上三角、下三角、对角行列式

$$\begin{vmatrix} a_{11} & a_{12} & a_{13} & \cdots & a_{1n} \\ 0 & a_{22} & a_{23} & \cdots & a_{2n} \\ 0 & 0 & a_{33} & \cdots & a_{3n} \\ \vdots & \vdots & \vdots & & \vdots \\ 0 & 0 & 0 & \cdots & a_{nn} \end{vmatrix} = \begin{vmatrix} a_{11} & 0 & 0 & \cdots & 0 \\ a_{21} & a_{22} & 0 & \cdots & 0 \\ a_{31} & a_{32} & a_{33} & \cdots & 0 \\ \vdots & \vdots & \vdots & & \vdots \\ a_{n1} & a_{n2} & a_{n3} & \cdots & a_{nn} \end{vmatrix} = \begin{vmatrix} a_{11} & 0 & \cdots & 0 \\ 0 & a_{22} & \cdots & 0 \\ \vdots & \vdots & & \vdots \\ 0 & 0 & \cdots & a_{nn} \end{vmatrix}$$

$$=a_{11}a_{22}\cdots a_{nn}.$$

(2)副对角线方向的行列式:

$$\begin{vmatrix} a_{11} & a_{12} & \cdots & a_{1n} \\ \vdots & \vdots & & \vdots \\ a_{n-1,1} & a_{n-1,2} & \cdots & 0 \\ a_{n1} & 0 & \cdots & 0 \end{vmatrix} = \begin{vmatrix} 0 & \cdots & 0 & a_{1n} \\ 0 & \cdots & a_{2,n-1} & a_{2n} \\ \vdots & & \vdots & \vdots \\ a_{n1} & \cdots & a_{n,n-1} & a_{nn} \end{vmatrix} = \begin{vmatrix} 0 & \cdots & 0 & a_{1n} \\ 0 & \cdots & a_{2,n-1} & 0 \\ \vdots & & \vdots & \vdots \\ a_{n1} & \cdots & 0 & 0 \end{vmatrix}$$

$$=(-1)^{\frac{n(n-1)}{2}}a_{1n}a_{2,n-1}\cdots a_{n1}.$$

3. 本节重点

掌握 n 阶行列式的定义,并熟记几种特殊行列式的结果.

二、经典题型解析及解题方法总结

【例 1】 利用定义计算.

$$(1)D_4=\begin{vmatrix} x_1 & 0 & y_1 & 0 \\ 0 & x_2 & 0 & y_2 \\ y_3 & 0 & x_3 & 0 \\ 0 & y_4 & 0 & x_4 \end{vmatrix};\qquad (2)D_n=\begin{vmatrix} 0 & 0 & \cdots & 0 & a_1 & 0 \\ 0 & 0 & \cdots & a_2 & 0 & 0 \\ \vdots & \vdots & & \vdots & \vdots & \vdots \\ 0 & a_{n-2} & \cdots & 0 & 0 & 0 \\ a_{n-1} & 0 & \cdots & 0 & 0 & 0 \\ 0 & 0 & \cdots & 0 & 0 & a_n \end{vmatrix}.$$

解 (1)由行列式的定义,D_4 中的一般项为 $t^{(j_1j_2j_3j_4)}a_{1j_1}a_{2j_2}a_{3j_3}a_{4j_4}$.

而 D_4 中第一行的非零元素为 $a_{11}=x_1$, $a_{13}=y_1$, 故 $j_1=1,3$.

同理由第 2、3、4 行可求 $j_2=2,4;j_3=1,3;j_4=2,4$.

又因 $j_1j_2j_3j_4$ 能组成四个 4 级排列:1 234;1 432;3 214;3 412.

因此有 $D_4=x_1x_2x_3x_4-x_1y_2x_3y_4-y_1x_2y_3x_4+y_1y_2y_3y_4$

$=(x_1x_3-y_1y_3)(x_2x_4-y_2y_4)$.

(2)因为该行列式中每一行及每一列只有一个非零元素,由 n 阶行列式的定义知 D_n 只含有一项为 $a_1a_2\cdots a_{n-1}a_n$,其中元素的下标恰为它们所在行的下标,且为一个标准排列. 而这一项的列标构成的排列为 $(n-1)(n-2)\cdots 21n$. 这个排列的逆序数为 $t=\frac{(n-1)(n-2)}{2}$,故

$D_n=(-1)^{\frac{(n-1)(n-2)}{2}}a_1a_2\cdots a_n$.

方法总结

(1)对含零元素较多的行列式,可直接利用定义计算.只需求出所有非零项再求和即可.

(2)为求出所有非零项,将行标按标准顺序排列,再讨论列标所有可能的取值.具体做法是:对一般项 $a_{1j_1}a_{2j_2}\cdots a_{nj_n}$,先用第一行的非零元素及其位置,写出 j_1 可能取的数码,再用 $2,3,\cdots,n$ 行的非零元素及其位置分别写出 $j_2,j_3,\cdots,j_n$ 可能取的数码,进而求 $j_1j_2\cdots j_n$ 的所有 n 级排列,该 n 级排列的个数即为所有非零项的项数.如果这样的非零项一个也没有,则该行列式的值为零.

(3)特别注意,四阶以上行列式的计算不能采用对角线法则,对角线法则只适用于二阶和三阶行列式.

【例 2】 求 $f(x)=\begin{vmatrix}2x & x & 1 & 2\\ 1 & x & 1 & -1\\ 3 & 2 & x & 1\\ 1 & 1 & 1 & x\end{vmatrix}$ 中 x^4 与 x^3 的系数.

解 根据行列式的定义,只有对角线上的元素相乘才出现 x^4,而且这一项带正号,即 $2x^4$.故 $f(x)$的 x^4 的系数为 2.

同理,含 x^3 的项也只有一项,即 $x\cdot 1\cdot x\cdot x=x^3$.

而且其列标所构成的排列为 2134.又 $t(2134)=1$,

故 $f(x)$的含 x^3 的项为 $-x^3$,它的系数为 -1.

【例 3】 用行列式定义,证明

(1) $D=\begin{vmatrix}a_1 & a_2 & a_3 & a_4 & a_5\\ b_1 & b_2 & b_3 & b_4 & b_5\\ c_1 & c_2 & 0 & 0 & 0\\ d_1 & d_2 & 0 & 0 & 0\\ e_1 & e_2 & 0 & 0 & 0\end{vmatrix}=0$; (2) $\begin{vmatrix}a_{11} & a_{12} & 0 & 0\\ a_{21} & a_{22} & 0 & 0\\ a_{31} & a_{32} & a_{33} & a_{34}\\ a_{41} & a_{42} & a_{43} & a_{44}\end{vmatrix}=\begin{vmatrix}a_{11} & a_{12}\\ a_{21} & a_{22}\end{vmatrix}\begin{vmatrix}a_{33} & a_{34}\\ a_{43} & a_{44}\end{vmatrix}$.

证 (1)除去符号差异外,行列式 D 的一般项可表示为 $a_ib_jc_kd_se_t$

其中 $ijkst$ 为 1,2,3,4,5 的任意一个排列,而且 $c_r,d_r,e_r(r=3,4,5)$都是零.

由于 k,s,t 为 1,2,3,4,5 中的三个不同数,故至少要取到 3,4,5 中的一个数.因此在 D 的展开式的每一项中至少有一个因子为 0,从而 D 的每项都是零,故 $D=0$.

(2)由行列式定义 $D=\begin{vmatrix}a_{11} & a_{22} & 0 & 0\\ a_{21} & a_{22} & 0 & 0\\ a_{31} & a_{32} & a_{33} & a_{34}\\ a_{41} & a_{42} & a_{43} & a_{44}\end{vmatrix}=\sum(-1)^{t(j_1j_2j_3j_4)}a_{1j_1}a_{2j_2}a_{3j_3}a_{4j_4}$.

要使 $a_{1j_1}a_{2j_2}a_{3j_3}a_{4j_4}\neq 0$,必须 j_1,j_2 取 1 或 2,而 $j_1j_2j_3j_4$ 是 1,2,3,4 的一个全排列,故 j_3,j_4 只能取 3 或 4,于是

$D=(-1)^{t(1\,234)}a_{11}a_{22}a_{33}a_{44}+(-1)^{t(1\,243)}a_{11}a_{22}a_{34}a_{43}+(-1)^{t(2\,134)}a_{12}a_{21}a_{33}a_{44}+(-1)^{t(2\,143)}a_{12}a_{21}a_{34}a_{43}=a_{11}a_{22}a_{33}a_{44}-a_{11}a_{22}a_{34}a_{43}-a_{12}a_{21}a_{33}a_{44}+a_{12}a_{21}a_{34}a_{43}=\begin{vmatrix}a_{11}&a_{12}\\a_{21}&a_{22}\end{vmatrix}\begin{vmatrix}a_{33}&a_{34}\\a_{43}&a_{44}\end{vmatrix}$,所以等式成立.

方法总结

(1)利用行列式定义展开后,行列式的项中有一元素为零时,该项值为零,用此可化简行列式.

(2)若一个 n 阶行列式中零元素的个数大于 n^2-n,即 D 的展开式中每一项至少有一个零因子,则此行列式等于零.

第四节 行列式的性质

一、主要内容归纳

1. 行列式的性质

性质 1 行列式与它的转置行列式相等.

性质 2 互换行列式的两行(列),行列式变号.

性质 3 行列式的某一行(列)中所有的元素都乘以同一数 k,等于用数 k 乘此行列式.

性质 4 行列式中如果有两行(列)元素成比例,则此行列式等于零.

性质 5 若行列式的某一行(列)的元素都是两数之和,则此行列式可写成两个行列式的和,这两个行列式分别以这两个数为所在行(列)对应位置的元素,其他元素不变.

性质 6 把行列式的某一行(列)的各元素乘以同一数然后加到另一行(列)对应的元素上去,行列式不变.

2. 利用行列式性质计算行列式

反复利用行列式的性质,把给定的行列式化为三角形行列式,此时行列式的值即为该三角形行列式主对角线上元素的乘积.

3. 本节重点

行列式的性质和计算. 难点是观察行列式的特点利用行列式的性质简化行列式,寻找恰当的方法加以计算.

二、经典题型解析及解题方法总结

【例 1】 利用行列式的性质计算行列式.

(1) $\begin{vmatrix} 1 & -1 & 1 & x-1 \\ 1 & -1 & x+1 & -1 \\ 1 & x-1 & 1 & -1 \\ 1+x & -1 & 1 & -1 \end{vmatrix}$；　(2) $D_n=\begin{vmatrix} x & a & a & \cdots & a \\ a & x & a & \cdots & a \\ a & a & x & \cdots & a \\ \vdots & \vdots & \vdots & & \vdots \\ a & a & a & \cdots & x \end{vmatrix}$；

(3) $D_{n+1}=\begin{vmatrix} x & a_1 & a_2 & a_3 & \cdots & a_n \\ a_1 & x & a_2 & a_3 & \cdots & a_n \\ a_1 & a_2 & x & a_3 & \cdots & a_n \\ \vdots & \vdots & \vdots & \vdots & & \vdots \\ a_1 & a_2 & a_3 & a_4 & \cdots & x \end{vmatrix}$.

解 (1)将第 2,3,4 列都加到第 1 列后提取公因子 x,有

$$x\begin{vmatrix} 1 & -1 & 1 & x-1 \\ 1 & -1 & x+1 & -1 \\ 1 & x-1 & 1 & -1 \\ 1 & -1 & 1 & -1 \end{vmatrix}=x\begin{vmatrix} 1 & 0 & 0 & x \\ 1 & 0 & x & 0 \\ 1 & x & 0 & 0 \\ 1 & 0 & 0 & 0 \end{vmatrix}=x\cdot x^3=x^4.$$

(2)观察行列式中所有行(列)对应元素相加后相等,故将所有行加到第一行后,再提取公因子进行化简计算.

$$D_n=\begin{vmatrix} x+(n-1)a & x+(n-1)a & \cdots & x+(n-1)a \\ a & x & \cdots & a \\ \vdots & \vdots & & \vdots \\ a & a & \cdots & x \end{vmatrix}$$

$$=[x+(n-1)a]\begin{vmatrix} 1 & 1 & 1 & \cdots & 1 \\ a & x & a & \cdots & a \\ a & a & x & \cdots & a \\ \vdots & \vdots & \vdots & & \vdots \\ a & a & a & \cdots & x \end{vmatrix}=[x+(n-1)a]\begin{vmatrix} 1 & 0 & 0 & \cdots & 0 \\ a & x-a & 0 & \cdots & 0 \\ a & 0 & x-a & \cdots & 0 \\ \vdots & \vdots & \vdots & & \vdots \\ a & 0 & 0 & \cdots & x-a \end{vmatrix}$$

$$=[x+(n-1)a](x-a)^{n-1}.$$

(3)将第 2,3,…,$n+1$ 列都加到第一列,并提出公因子,得

$$D_{n+1}=(x+\sum_{i=1}^{n}a_i)\begin{vmatrix}1&a_1&a_2&\cdots&a_n\\1&x&a_2&\cdots&a_n\\1&a_2&x&\cdots&a_n\\\vdots&\vdots&\vdots&&\vdots\\1&a_2&a_3&\cdots&x\end{vmatrix}$$

$$\xlongequal[i=1,2,\cdots,n]{c_{i+1}-a_ic_1}(x+\sum_{i=1}^{n}a_i)\begin{vmatrix}1&0&0&\cdots&0\\1&x-a_1&0&\cdots&0\\1&a_2-a_1&x-a_2&\cdots&0\\\vdots&\vdots&\vdots&&\vdots\\1&a_2-a_1&a_3-a_2&\cdots&x-a_n\end{vmatrix}$$

$$=(x+\sum_{i=1}^{n}a_i)\prod_{i=1}^{n}(x-a_i).$$

方法总结

首先要观察行列式，若所给行列式中元素间具有某些特征，则应充分利用这些特征.本例的 3 道题均有下面的特点：行列式的所有行(或列)对应元素相加后相等，可将所有行(或列)加到第一行(或第一列)，提取公因子后，利用行列式的性质以达到将其化为三角形行列式之目的.

【例 2】 计算下列行列式.

(1) $\begin{vmatrix}1&a_1&a_2&\cdots&a_n\\a_1&1&0&\cdots&0\\a_2&0&1&\cdots&0\\\vdots&\vdots&\vdots&&\vdots\\a_n&0&0&\cdots&1\end{vmatrix}$； (2) $\begin{vmatrix}a_1&0&\cdots&0&c_1\\0&a_2&\cdots&0&c_2\\\vdots&\vdots&&\vdots&\vdots\\0&0&\cdots&a_n&c_n\\b_1&b_2&\cdots&b_n&a_0\end{vmatrix}$，其中 $a_i\neq0,i=1,2,\cdots,n$.

解 (1)将第 i 列乘以 $-a_{i-1}$ 加到第 1 列上去($i=2,3,\cdots,n+1$)

$$\begin{vmatrix}1&a_1&a_2&\cdots&a_n\\a_1&1&0&\cdots&0\\a_2&0&1&\cdots&0\\\vdots&\vdots&\vdots&&\vdots\\a_n&0&0&\cdots&1\end{vmatrix}=\begin{vmatrix}1-(a_1^2+a_2^2+\cdots+a_n^2)&a_1&a_2&\cdots&a_n\\0&1&0&\cdots&0\\0&0&1&\cdots&0\\\vdots&\vdots&\vdots&&\vdots\\0&0&0&\cdots&1\end{vmatrix}$$

$$=1-(a_1^2+a_2^2+\cdots+a_n^2).$$

(2)将第 i 行的 $-\frac{b_i}{a_i}(i=1,2,\cdots,n)$ 倍加到第 $n+1$ 行，有

$$\begin{vmatrix} a_1 & 0 & \cdots & 0 & c_1 \\ 0 & a_2 & \cdots & 0 & c_2 \\ \vdots & \vdots & & \vdots & \vdots \\ 0 & 0 & & a_n & c_n \\ b_1 & b_2 & \cdots & b_n & a_0 \end{vmatrix} = \begin{vmatrix} a_1 & 0 & \cdots & 0 & c_1 \\ 0 & a_2 & \cdots & 0 & c_2 \\ \vdots & \vdots & & \vdots & \vdots \\ 0 & 0 & & a_n & c_n \\ 0 & 0 & \cdots & 0 & a_0-\sum\limits_{i=1}^{n}\dfrac{b_ic_i}{a_i} \end{vmatrix} = a_1a_2\cdots a_n\left(a_0-\sum_{i=1}^{n}\frac{b_ic_i}{a_i}\right).$$

方法总结

本题中的行列式为爪形(,,,)行列式,对爪形行列式的计算可通过行列式性质将其化为三角形行列式计算.

第五节　行列式按行(列)展开

一、主要内容归纳

1. 余子式与代数余子式

在 n 阶行列式 D 中,去掉元素 a_{ij} 所在的第 i 行和第 j 列后,余下的 $n-1$ 阶行列式,称为 D 中元素 a_{ij} 的余子式,记为 M_{ij}. 称 $A_{ij}=(-1)^{i+j}M_{ij}$ 为 a_{ij} 的代数余子式.

2. 行列式按行(列)展开法则

行列式等于它的任一行(列)的各元素与其对应的代数余子式乘积之和.

3. 关于代数余子式的两个重要结论

$$\sum_{j=1}^{n}a_{ij}A_{sj}=\begin{cases}D, & i=s,\\ 0, & i\neq s,\end{cases}\quad \sum_{i=1}^{n}a_{ij}A_{it}=\begin{cases}D, & j=t,\\ 0, & j\neq t.\end{cases}$$

4. 行列式的计算方法

计算行列式的基本方法有如下几种:

(1)利用行列式的定义和展开计算——当行列式中零元素非常多时可以直接用行列式的定义或展开来计算.

(2)利用行列式的性质将其化为比较简单易算的行列式(三角形行列式). 利用行列式的性质,采用"化零"的方法,逐步将所给行列式化为三角形行列式. 化零时一般尽量选含有 1 的行(列)及含零较多的行(列);若没有 1,则可选取便于化零的数,或利用行列式性质将某行(列)中的某数化为 1. 掌握行列式的特征是计算行列式的关键,在此基础上,充分利用行列式的性质以达到将其化为三角形行列式之目的.

(3)降阶法(利用展开将行列式化为低阶行列式计算).

一般来说,需要选择零元素较多的那一行或列展开,或者先利用行列式的性质,把行列式的某行(列)的元素化为尽可能多的零,然后再按此行(列)展开以达到降低行列式的阶数.

(4)递推公式法与数学归纳法.

①递推公式法:应用按行(列)展开定理,把一个 n 阶行列式表示为具有相同结构的较低阶行列式的线性关系

$$D_n=\alpha D_{n-1}+\beta D_{n-2}\text{或 }D_n=\alpha D_{n-1}+\beta.$$

再根据此关系递推求得所给行列式的值.

②数学归纳法:对于包含整数 n 的公式,若要证明的结果已知时,可用数学归纳法来证明. 若要求的结果未知时,也可先猜想其结果,然后用数学归纳法证明猜想结果成立.

(5)利用范德蒙德行列式计算行列式.

$$\text{范德蒙德行列式}\begin{vmatrix}1 & 1 & \cdots & 1\\ x_1 & x_2 & \cdots & x_n\\ x_1^2 & x_2^2 & \cdots & x_n^2\\ \vdots & \vdots & & \vdots\\ x_1^{n-1} & x_2^{n-1} & \cdots & x_n^{n-1}\end{vmatrix}=\prod_{1\leqslant j<i\leqslant n}(x_i-x_j).$$

5. 本节重点

行列式按一行(列)展开的运算,对于行列式计算的各种方法一定要熟练掌握. 难点是余子式和代数余子式的区别,尤其是二者的符号容易弄错.

二、经典题型解析及解题方法总结

【例 1】 设行列式 $D=\begin{vmatrix}3 & 0 & 4 & 0\\ 2 & 2 & 2 & 2\\ 0 & -7 & 0 & 0\\ 5 & 3 & -2 & 2\end{vmatrix}$,求第四行各元素余子式之和.

解 $M_{41}+M_{42}+M_{43}+M_{44}=-A_{41}+A_{42}-A_{43}+A_{44}$

$$=\begin{vmatrix}3 & 0 & 4 & 0\\ 2 & 2 & 2 & 2\\ 0 & -7 & 0 & 0\\ -1 & 1 & -1 & 1\end{vmatrix}\xlongequal{\text{按第三行展开}}(-7)\times(-1)^{3+2}\begin{vmatrix}3 & 4 & 0\\ 2 & 2 & 2\\ -1 & -1 & 1\end{vmatrix}$$

$$=14\begin{vmatrix}3 & 4 & 0\\ 1 & 1 & 1\\ -1 & -1 & 1\end{vmatrix}=-28.$$

方法总结

(1)利用行(列)展开构造新的行列式.

即用 A_{41}、A_{42}、A_{43}、A_{44} 的系数 -1、1、-1、1 替代 D 中的第四行元素. 熟练掌握余子式与代数余子式的区别与联系.

(2)本题也可利用四个余子式之和,直接计算四个行列式.

【例 2】 已知四阶行列式 $D_4=\begin{vmatrix}1&2&3&4\\3&3&4&4\\1&5&6&7\\1&1&2&2\end{vmatrix}=-6$. 试求 $A_{41}+A_{42}$ 与 $A_{43}+A_{44}$. 其中 A_{4j} $(j=1,2,3,4)$ 是 D_4 中第四行第 j 个元素的代数余子式.

解 由题设把此行列式按第四行展开,以及用第二行元素乘以对应第四行元素的代数余子式,得 $\begin{cases}A_{41}+A_{42}+2(A_{43}+A_{44})=-6,\\3(A_{41}+A_{42})+4(A_{43}+A_{44})=0,\end{cases}$ 由此解得 $A_{41}+A_{42}=12$, $A_{43}+A_{44}=-9$.

方法总结

利用代数余子式的重要性质,通过巧妙的构造方程组,联立解之.

【例 3】 (2021 数学一,5 分)设 $\boldsymbol{A}=(a_{ij})$ 为三阶矩阵,A_{ij} 为代数余子式,若 $\boldsymbol{A}$ 的每行元素之和均为 2,且 $|\boldsymbol{A}|=3$,则 $A_{11}+A_{21}+A_{31}=$________.

解 **方法一** $\begin{vmatrix}a_{11}&a_{12}&a_{13}\\a_{21}&a_{22}&a_{23}\\a_{31}&a_{32}&a_{33}\end{vmatrix}=\begin{vmatrix}a_{11}+a_{12}+a_{13}&a_{12}&a_{13}\\a_{21}+a_{22}+a_{23}&a_{22}&a_{23}\\a_{31}+a_{32}+a_{33}&a_{32}&a_{33}\end{vmatrix}=2\begin{vmatrix}1&a_{12}&a_{13}\\1&a_{22}&a_{23}\\1&a_{32}&a_{33}\end{vmatrix}=3$,

故 $A_{11}+A_{21}+A_{31}=\dfrac{3}{2}$.

方法二 由题设,$\boldsymbol{A}\begin{pmatrix}1\\1\\1\end{pmatrix}=2\begin{pmatrix}1\\1\\1\end{pmatrix}$,于是 $\boldsymbol{A}^*\boldsymbol{A}\begin{pmatrix}1\\1\\1\end{pmatrix}=2\boldsymbol{A}^*\begin{pmatrix}1\\1\\1\end{pmatrix}$,

而 $\boldsymbol{A}^*\boldsymbol{A}=|\boldsymbol{A}|\boldsymbol{E}=3\boldsymbol{E}$,故 $\boldsymbol{A}^*\begin{pmatrix}1\\1\\1\end{pmatrix}=\dfrac{3}{2}\begin{pmatrix}1\\1\\1\end{pmatrix}$,由此即得 $A_{11}+A_{21}+A_{31}=\dfrac{3}{2}$.

故应填 $\dfrac{3}{2}$.

【例 4】（2019 数学二，4 分）已知矩阵 $\boldsymbol{A}=\begin{pmatrix}1&-1&0&0\\-2&1&-1&1\\3&-2&2&-1\\0&0&3&4\end{pmatrix}$，$A_{ij}$ 表示 $|\boldsymbol{A}|$ 中 (i,j) 元的代数余子式，则 $A_{11}-A_{12}=$________.

解 $A_{11}-A_{12}=1\cdot A_{11}+(-1)\cdot A_{12}+0\cdot A_{13}+0\cdot A_{14}=|\boldsymbol{A}|=-4.$

故应填 -4.

【例 5】计算行列式.

(1) $D_n=\begin{vmatrix}5&3&0&\cdots&0&0\\2&5&3&\cdots&0&0\\0&2&5&\cdots&0&0\\\vdots&\vdots&\vdots&&\vdots&\vdots\\0&0&0&\cdots&5&3\\0&0&0&\cdots&2&5\end{vmatrix}$；(2) $D_n=\begin{vmatrix}\alpha+\beta&\alpha\beta&0&0&\cdots&0&0\\1&\alpha+\beta&\alpha\beta&0&\cdots&0&0\\0&1&\alpha+\beta&\alpha\beta&\cdots&0&0\\\vdots&\vdots&\vdots&\vdots&&\vdots&\vdots\\0&0&0&0&\cdots&\alpha+\beta&\alpha\beta\\0&0&0&0&\cdots&1&\alpha+\beta\end{vmatrix}$.

解 (1) 用递推法，按第一行展开得

$$D_n=5D_{n-1}-3\begin{vmatrix}2&3&0&\cdots&0&0\\0&5&3&\cdots&0&0\\0&2&5&\cdots&0&0\\\vdots&\vdots&\vdots&&\vdots&\vdots\\0&0&0&\cdots&5&3\\0&0&0&\cdots&2&5\end{vmatrix}=5D_{n-1}-6D_{n-2}.$$

于是得递推公式 $D_n=5D_{n-1}-6D_{n-2}$，或 $D_n-2D_{n-1}=3(D_{n-1}-2D_{n-2})$，

递推下去得 $D_n-2D_{n-1}=3^{n-2}(D_2-2D_1)$.

同样可以得到公式 $D_n-3D_{n-1}=2(D_{n-1}-3D_{n-2})$，

递推下去得 $D_n-3D_{n-1}=2^{n-2}(D_2-3D_1)$.

因 $D_1=5$，$D_2=\begin{vmatrix}5&3\\2&5\end{vmatrix}=19$，所以 $\begin{cases}D_n-2D_{n-1}=3^n,\\D_n-3D_{n-1}=2^n,\end{cases}$

解方程组得 $D_n=3^{n+1}-2^{n+1}$.

(2) 按第一行展开，有 $D_n=(\alpha+\beta)D_{n-1}-\alpha\beta D_{n-2}$，

由此可得下面两个关系式

$$\begin{cases}D_n-\alpha D_{n-1}=\beta(D_{n-1}-\alpha D_{n-2}),\\D_n-\beta D_{n-1}=\alpha(D_{n-1}-\beta D_{n-2}),\end{cases} \quad ①$$

$$\begin{cases}D_{n-1}-\alpha D_{n-2}=\beta(D_{n-2}-\alpha D_{n-3}),\\D_{n-1}-\beta D_{n-2}=\alpha(D_{n-2}-\beta D_{n-3}),\end{cases}$$

………

$$\begin{cases} D_3-\alpha D_2=\beta(D_2-\alpha D_1), \\ D_3-\beta D_2=\alpha(D_2-\beta D_1), \end{cases}$$

把以上各式依次代入①式得

$$\begin{cases} D_n-\alpha D_{n-1}=\beta^{n-2}(D_2-\alpha D_1), \\ D_n-\beta D_{n-1}=\alpha^{n-2}(D_2-\beta D_1), \end{cases}$$ 又因 $D_2-\alpha D_1=\beta^2, D_2-\beta D_1=\alpha^2$.

于是,若 $\alpha\neq\beta$,则 $D_n=\dfrac{\alpha^{n+1}-\beta^{n+1}}{\alpha-\beta}$.

若 $\alpha=\beta$,则 $D_n=(n+1)\alpha^n$.

方法总结

本例是典型的三对角行列式,通常用递推法,应用按行(列)展开定理,把一个 n 阶行列式表示为具有相同结构的较低阶行列式的线性关系,再根据此关系递推求得所给行列式的值.

【例 4】 计算下列行列式.

(1) $D=\begin{vmatrix} 1 & 1 & 1 & 1 \\ 1+\cos\alpha & 1+\cos\beta & 1+\cos\gamma & 1+\cos\xi \\ \cos\alpha+\cos^2\alpha & \cos\beta+\cos^2\beta & \cos\gamma+\cos^2\gamma & \cos\xi+\cos^2\xi \\ \cos^2\alpha+\cos^3\alpha & \cos^2\beta+\cos^3\beta & \cos^2\gamma+\cos^3\gamma & \cos^2\xi+\cos^3\xi \end{vmatrix}$;

(2) $D=\begin{vmatrix} 1 & 1 & 1 & 1 & 1 \\ x_1 & x_2 & x_3 & x_4 & x_5 \\ x_1^2 & x_2^2 & x_3^2 & x_4^2 & x_5^2 \\ x_1^3 & x_2^3 & x_3^3 & x_4^3 & x_5^3 \\ x_1^5 & x_2^5 & x_3^5 & x_4^5 & x_5^5 \end{vmatrix}$.

解 (1) $D\xlongequal[r_3-r_2,r_4-r_3]{r_2-r_1}\begin{vmatrix} 1 & 1 & 1 & 1 \\ \cos\alpha & \cos\beta & \cos\gamma & \cos\xi \\ \cos^2\alpha & \cos^2\beta & \cos^2\gamma & \cos^2\xi \\ \cos^3\alpha & \cos^3\beta & \cos^3\gamma & \cos^3\xi \end{vmatrix}$

$=(\cos\beta-\cos\alpha)(\cos\gamma-\cos\alpha)(\cos\gamma-\cos\beta)(\cos\xi-\cos\alpha)$

$(\cos\xi-\cos\beta)(\cos\xi-\cos\gamma)$

(2)构造 6 阶范德蒙德行列式

$$f(y)=\begin{vmatrix} 1 & 1 & 1 & 1 & 1 & 1 \\ x_1 & x_2 & x_3 & x_4 & x_5 & y \\ x_1^2 & x_2^2 & x_3^2 & x_4^2 & x_5^2 & y^2 \\ x_1^3 & x_2^3 & x_3^3 & x_4^3 & x_5^3 & y^3 \\ x_1^4 & x_2^4 & x_3^4 & x_4^4 & x_5^4 & y^4 \\ x_1^5 & x_2^5 & x_3^5 & x_4^5 & x_5^5 & y^5 \end{vmatrix}=\prod_{i=1}^{5}(y-x_i)\prod_{1\leqslant j<i\leqslant 5}(x_i-x_j).$$

所求行列式即为 y^4 的余子式，而 $f(y)$ 为 5 次多项式，易知 y^4 的系数即为 y^4 的代数余子式，y^4 的系数为 $-\left(\sum_{i=1}^{5}x_i\right)\prod_{1\leqslant j<i\leqslant 5}(x_i-x_j)$，故 $D=\left(\sum_{i=1}^{5}x_i\right)\prod_{1\leqslant j<i\leqslant 5}(x_i-x_j)$.

方法总结

(1)第 1 小题利用行列式的性质将其转化为范德蒙德行列式的形式，直接利用结果计算.

(2)第 2 小题通过观察可知，原行列式与范德蒙德行列式差一行一列. 因此补上一列一行，构造范德蒙德行列式，然后比较系数得到.

(3)第 2 小题也可将行列式按第 5 行展开计算，余子式均为范德蒙德行列式，直接利用范德蒙德行列式的计算结果即可.

【例 5】 用数学归纳法证明

$$D_n=\begin{vmatrix} a & b & b & \cdots & b & b \\ c & a & b & \cdots & b & b \\ c & c & a & \cdots & b & b \\ \vdots & \vdots & \vdots & & \vdots & \vdots \\ c & c & c & \cdots & a & b \\ c & c & c & \cdots & c & a \end{vmatrix}=\frac{c(a-b)^n-b(a-c)^n}{c-b}\quad (c\neq b).$$

证 $$D_n=\begin{vmatrix} a & b & b & \cdots & b & b \\ c & a & b & \cdots & b & b \\ c & c & a & \cdots & b & b \\ \vdots & \vdots & \vdots & & \vdots & \vdots \\ c & c & c & \cdots & a & b \\ c+0 & c+0 & c+0 & & c+0 & c+(a-c) \end{vmatrix}$$

$$=\begin{vmatrix} a & b & b & \cdots & b & b \\ c & a & b & \cdots & b & b \\ c & c & a & \cdots & b & b \\ \vdots & \vdots & \vdots & & \vdots & \vdots \\ c & c & c & \cdots & a & b \\ c & c & c & \cdots & c & c \end{vmatrix}+\begin{vmatrix} a & b & b & \cdots & b & b \\ c & a & b & \cdots & b & b \\ c & c & a & \cdots & b & b \\ \vdots & \vdots & \vdots & & \vdots & \vdots \\ c & c & c & \cdots & a & b \\ 0 & 0 & 0 & \cdots & 0 & a-c \end{vmatrix}$$

$$=c(a-b)^{n-1}+(a-c)D_{n-1}. \qquad ①$$

当 $n=1$ 时，$D_1=a=\dfrac{c(a-b)-b(a-c)}{c-b}$成立.

当 $n=2$ 时，$D_2=\begin{vmatrix} a & b \\ c & a \end{vmatrix}=a^2-bc=\dfrac{c(a-b)^2-b(a-c)^2}{c-b}$成立.

假设当 $n=k-1$ 时结论成立，即 $D_{k-1}=\dfrac{c(a-b)^{k-1}-b(a-c)^{k-1}}{c-b}$成立，则由①式

$$D_k=c(a-b)^{k-1}+(a-c)D_{k-1}=c(a-b)^{k-1}+(a-c)\cdot\frac{c(a-b)^{k-1}-b(a-c)^{k-1}}{c-b}$$

$$=\frac{c(a-b)^k-b(a-c)^k}{c-b}.$$

【例 6】 (2021 数学二，数学三，5 分)多项式 $f(x)=\begin{vmatrix} x & x & 1 & 2x \\ 1 & x & 2 & -1 \\ 2 & 1 & x & 1 \\ 2 & -1 & 1 & x \end{vmatrix}$ 中 x^3 项的系数为________.

解 $f(x)=\begin{vmatrix} x & x & 1 & 2x \\ 1 & x & 2 & -1 \\ 2 & 1 & x & 1 \\ 2 & -1 & 1 & x \end{vmatrix}\xlongequal[c_4-2c_1]{c_2-c_1}\begin{vmatrix} x & 0 & 1 & 0 \\ 1 & x-1 & 2 & -3 \\ 2 & -1 & x & -3 \\ 2 & -3 & 1 & x-4 \end{vmatrix}$，行列式按第一行展开，可知 x^3 只出现在 $x^2(x-1)(x-4)$ 中，而 $x^2(x-1)(x-4)=x^2(x^2-5x+4)$，故 x^3 项的系数为 -5.

故应填 -5.

习题一解答

1. 利用对角线法则计算下列三阶行列式：

(1) $\begin{vmatrix} 2 & 0 & 1 \\ 1 & -4 & -1 \\ -1 & 8 & 3 \end{vmatrix}$；(2) $\begin{vmatrix} a & b & c \\ b & c & a \\ c & a & b \end{vmatrix}$；(3) $\begin{vmatrix} 1 & 1 & 1 \\ a & b & c \\ a^2 & b^2 & c^2 \end{vmatrix}$；(4) $\begin{vmatrix} x & y & x+y \\ y & x+y & x \\ x+y & x & y \end{vmatrix}$.

解 (1)原式 $=2\times(-4)\times3+0\times(-1)\times(-1)+1\times1\times8-0\times1\times3$

$-2\times(-1)\times8-1\times(-4)\times(-1)$

$=-24+8+16-4=-4.$

(2)原式$=acb+bac+cba-bbb-aaa-ccc=3abc-a^3-b^3-c^3$.

(3)原式$=bc^2+ca^2+ab^2-ac^2-ba^2-cb^2=(a-b)(b-c)(c-a)$.

(4)原式$=x(x+y)y+yx(x+y)+(x+y)yx-y^3-(x+y)^3-x^3$

$=3xy(x+y)-y^3-3x^2y-x^3-y^3-x^3$

$=-2(x^3+y^3)$.

2. 按自然数从小到大为标准次序,求下列各排列的逆序数:

(1)1 2 3 4; (2)4 1 3 2; (3)3 4 2 1; (4)2 4 1 3;

(5)$13\cdots(2n-1)24\cdots(2n)$; (6)$13\cdots(2n-1)(2n)(2n-2)\cdots2$.

解 (1)此排列为自然排列,其逆序数为 $t=0$.

(2)逆序数 $t=4$.此排列的首位元素的逆序数为 0;第 2 位元素 1 的逆序数为 1;第 3 位元素 3 的逆序数为 1;末位数 2 的逆序数为 2.故此排列的逆序数 $t=0+1+1+2=4$.

(3)逆序数 $t=0+0+2+3=5$.此排列前两位元素的逆序数均为 0;第 3 位元素 2 的逆序数为 2;末位元素 1 的逆序数为 3.

(4)逆序数 $t=0+0+2+1=3$.此排列从首位元素到末位元素的逆序数依次为 0,0,2,1.

(5)逆序数 $t=\dfrac{n(n-1)}{2}$.在这 $2n$ 个数的排列中,前 n 位元素之间没有逆序对,第 $n+1$ 位元素 2 与它前面的 $n-1$ 个数构成逆序对.故它的逆序数为 $n-1$.同理,第 $n+2$ 个元素 4 的逆序数为 $n-2$;…;末位元素 $2n$ 的逆序数为 0.故 $t=(n-1)+(n-2)+\cdots+2+1+0=\dfrac{1}{2}n(n-1)$.

(6)逆序数 $t=n(n-1)$.与(5)类似,此排列前面 $n+1$ 位元素没有逆序对,第 $n+2$ 位元素$(2n-2)$的逆序数为 2.第 $n+3$ 位元素 $2n-4$ 与它前面 $2n-3,2n-1,2n,2n-2$ 构成逆序对,故它的逆序数为 4;…;末位元素 2 的逆序数为 $2(n-1)$.故 $t=2+4+\cdots+2(n-1)=n(n-1)$.

3. 写出四阶行列式中含有因子 $a_{11}a_{23}$ 的项.

解 含因子 $a_{11}a_{23}$ 的项的一般形式为$(-1)^t a_{11}a_{23}a_{3r}a_{4s}$,其中 rs 是 2 和 4 构成的排列,这种排列共有两个,即 24 和 42.所以含因子 $a_{11}a_{23}$ 的项分别是

$(-1)^t a_{11}a_{23}a_{32}a_{44}=(-1)^1 a_{11}a_{23}a_{32}a_{44}=-a_{11}a_{23}a_{32}a_{44}$,

$(-1)^t a_{11}a_{23}a_{34}a_{42}=(-1)^2 a_{11}a_{23}a_{34}a_{42}=a_{11}a_{23}a_{34}a_{42}$.

4. 计算下列各行列式:

(1)$\begin{vmatrix}4&1&2&4\\1&2&0&2\\10&5&2&0\\0&1&1&7\end{vmatrix}$; (2)$\begin{vmatrix}2&1&4&1\\3&-1&2&1\\1&2&3&2\\5&0&6&2\end{vmatrix}$; (3)$\begin{vmatrix}-ab&ac&ae\\bd&-cd&de\\bf&cf&-ef\end{vmatrix}$;

(4)$\begin{vmatrix}1&1&1\\a&b&c\\b+c&c+a&a+b\end{vmatrix}$; (5)$\begin{vmatrix}a&1&0&0\\-1&b&1&0\\0&-1&c&1\\0&0&-1&d\end{vmatrix}$; (6)$\begin{vmatrix}1&2&3&4\\1&3&4&1\\1&4&1&2\\1&1&2&3\end{vmatrix}$.

解 (1)$D=\begin{vmatrix}4&1&2&4\\1&2&0&2\\10&5&2&0\\0&1&1&7\end{vmatrix}\xlongequal[c_4-7c_3]{c_2-c_3}\begin{vmatrix}4&-1&2&-10\\1&2&0&2\\10&3&2&-14\\0&0&1&0\end{vmatrix}=\begin{vmatrix}4&-1&-10\\1&2&2\\10&3&-14\end{vmatrix}\times(-1)^{4+3}$

$$=\begin{vmatrix}4&-1&10\\1&2&-2\\10&3&14\end{vmatrix}\xlongequal[c_1+\frac{1}{2}c_3]{c_2+c_3}\begin{vmatrix}9&9&10\\0&0&-2\\17&17&14\end{vmatrix}=0.$$

(2) $D\xlongequal{r_2+r_1}\begin{vmatrix}2&1&4&1\\5&0&6&2\\1&2&3&2\\5&0&6&2\end{vmatrix}=0$(因第二行与第四行相同).

(3) $D=\begin{vmatrix}-ab&ac&ae\\bd&-cd&de\\bf&cf&-ef\end{vmatrix}=adf\begin{vmatrix}-b&c&e\\b&-c&e\\b&c&-e\end{vmatrix}$

$=adfbce\begin{vmatrix}-1&1&1\\1&-1&1\\1&1&-1\end{vmatrix}=abcdef\begin{vmatrix}-1&1&1\\0&0&2\\0&2&0\end{vmatrix}$

$=4abcdef.$

(4) $D=\begin{vmatrix}1&1&1\\a&b&c\\b+c&c+a&a+b\end{vmatrix}\xlongequal{r_3+r_2}\begin{vmatrix}1&1&1\\a&b&c\\a+b+c&a+b+c&a+b+c\end{vmatrix}$

$=(a+b+c)\begin{vmatrix}1&1&1\\a&b&c\\1&1&1\end{vmatrix}=0.$

(5) $D=\begin{vmatrix}a&1&0&0\\-1&b&1&0\\0&-1&c&1\\0&0&-1&d\end{vmatrix}\xlongequal{r_1+ar_2}\begin{vmatrix}0&1+ab&a&0\\-1&b&1&0\\0&-1&c&1\\0&0&-1&d\end{vmatrix}$

$=(-1)(-1)^{2+1}\begin{vmatrix}1+ab&a&0\\-1&c&1\\0&-1&d\end{vmatrix}\xlongequal{c_3+dc_2}\begin{vmatrix}1+ab&a&ad\\-1&c&1+cd\\0&-1&0\end{vmatrix}$

$=(-1)(-1)^{3+2}\begin{vmatrix}1+ab&ad\\-1&1+cd\end{vmatrix}=abcd+ab+cd+ad+1=(1+ab)(1+cd)+ad.$

(6) $D=\begin{vmatrix}1&2&3&4\\1&3&4&1\\1&4&1&2\\1&1&2&3\end{vmatrix}\xlongequal[\substack{r_3-r_1\\r_4-r_1}]{r_2-r_1}\begin{vmatrix}1&2&3&4\\0&1&1&-3\\0&2&-2&-2\\0&-1&-1&-1\end{vmatrix}=(-2)\times\begin{vmatrix}1&1&-3\\1&-1&-1\\1&1&1\end{vmatrix}$

$=(-2)\times\begin{vmatrix}1&1&-3\\0&-2&2\\0&0&4\end{vmatrix}=(-2)\times(-8)=16.$

5. 求解下列方程.

(1) $\begin{vmatrix}x+1&2&-1\\2&x+1&1\\-1&1&x+1\end{vmatrix}=0$;　(2) $\begin{vmatrix}1&1&1&1\\x&a&b&c\\x^2&a^2&b^2&c^2\\x^3&a^3&b^3&c^3\end{vmatrix}=0$,其中 a,b,c 互不相等.

解 (1) $\begin{vmatrix} x+1 & 2 & -1 \\ 2 & x+1 & 1 \\ -1 & 1 & x+1 \end{vmatrix} \xlongequal{r_1+r_2} \begin{vmatrix} x+3 & x+3 & 0 \\ 2 & x+1 & 1 \\ -1 & 1 & x+1 \end{vmatrix}$

$=(x+3)\begin{vmatrix} 1 & 1 & 0 \\ 2 & x+1 & 1 \\ -1 & 1 & x+1 \end{vmatrix} \xlongequal{c_2-c_1} (x+3)\begin{vmatrix} 1 & 0 & 0 \\ 2 & x-1 & 1 \\ -1 & 2 & x+1 \end{vmatrix}$

$=(x+3)(x^2-3)$.

于是方程的解为 $x_1=-3, x_2=\sqrt{3}, x_3=-\sqrt{3}$.

(2)方程(2)的左式为 4 阶范德蒙德行列式,由教材中例 12 的结果得$(a-x)(b-x)(c-x)(b-a)(c-a)(c-b)=0$. 因 a,b,c 互不相等,故方程的解为 $x_1=a, x_2=b, x_3=c$.

6. 证明:

(1) $\begin{vmatrix} a^2 & ab & b^2 \\ 2a & a+b & 2b \\ 1 & 1 & 1 \end{vmatrix}=(a-b)^3$;

(2) $\begin{vmatrix} ax+by & ay+bz & az+bx \\ ay+bz & az+bx & ax+by \\ az+bx & ax+by & ay+bz \end{vmatrix}=(a^3+b^3)\begin{vmatrix} x & y & z \\ y & z & x \\ z & x & y \end{vmatrix}$;

(3) $\begin{vmatrix} a^2 & (a+1)^2 & (a+2)^2 & (a+3)^2 \\ b^2 & (b+1)^2 & (b+2)^2 & (b+3)^2 \\ c^2 & (c+1)^2 & (c+2)^2 & (c+3)^2 \\ d^2 & (d+1)^2 & (d+2)^2 & (d+3)^2 \end{vmatrix}=0$;

(4) $\begin{vmatrix} 1 & 1 & 1 & 1 \\ a & b & c & d \\ a^2 & b^2 & c^2 & d^2 \\ a^4 & b^4 & c^4 & d^4 \end{vmatrix}=(a-b)(a-c)(a-d)(b-c)(b-d)(c-d)(a+b+c+d)$;

(5) $\begin{vmatrix} x & -1 & 0 & 0 \\ 0 & x & -1 & 0 \\ 0 & 0 & x & -1 \\ a_0 & a_1 & a_2 & a_3 \end{vmatrix}=a_3x^3+a_2x^2+a_1x+a_0$.

证 (1) $\begin{vmatrix} a^2 & ab & b^2 \\ 2a & a+b & 2b \\ 1 & 1 & 1 \end{vmatrix} \xlongequal[c_3-c_1]{c_2-c_1} \begin{vmatrix} a^2 & ab-a^2 & b^2-a^2 \\ 2a & b-a & 2b-2a \\ 1 & 0 & 0 \end{vmatrix}$

$=(-1)^{3+1}\begin{vmatrix} ab-a^2 & b^2-a^2 \\ b-a & 2b-2a \end{vmatrix}=(b-a)(b-a)\begin{vmatrix} a & b+a \\ 1 & 2 \end{vmatrix}=(a-b)^3$.

(2)将左边按第 1 列拆开得

左式$=a\begin{vmatrix} x & ay+bz & az+bx \\ y & az+bx & ax+by \\ z & ax+by & ay+bz \end{vmatrix}+b\begin{vmatrix} y & ay+bz & az+bx \\ z & az+bx & ax+by \\ x & ax+by & ay+bz \end{vmatrix}=aD_1+bD_2$

其中 $D_1=\begin{vmatrix} x & ay+bz & az+bx \\ y & az+bx & ax+by \\ z & ax+by & ay+bz \end{vmatrix} \xlongequal[c_3\div a]{c_3-bc_1} a\begin{vmatrix} x & ay+bz & z \\ y & az+bx & x \\ z & ax+by & y \end{vmatrix} \xlongequal[c_2\div a]{c_2-bc_3} a^2\begin{vmatrix} x & y & z \\ y & z & x \\ z & x & y \end{vmatrix}$.

同理 $D_2=b^2\begin{vmatrix} x & y & z \\ y & z & x \\ z & x & y \end{vmatrix}$.

于是 $D=aD_1+bD_2=(a^3+b^3)\begin{vmatrix} x & y & z \\ y & z & x \\ z & x & y \end{vmatrix}$=右式.

(3)左式 $\xlongequal[c_2-c_1]{\substack{c_4-c_3\\c_3-c_2}}\begin{vmatrix} a^2 & 2a+1 & 2a+3 & 2a+5 \\ b^2 & 2b+1 & 2b+3 & 2b+5 \\ c^2 & 2c+1 & 2c+3 & 2c+5 \\ d^2 & 2d+1 & 2d+3 & 2d+5 \end{vmatrix}\xlongequal[c_3-c_2]{c_4-c_3}\begin{vmatrix} a^2 & 2a+1 & 2 & 2 \\ b^2 & 2b+1 & 2 & 2 \\ c^2 & 2c+1 & 2 & 2 \\ d^2 & 2d+1 & 2 & 2 \end{vmatrix}=0$=右式.

(4)左式 $\xlongequal[\substack{r_3-ar_2\\r_2-ar_1}]{r_4-a^2r_3}\begin{vmatrix} 1 & 1 & 1 & 1 \\ 0 & b-a & c-a & d-a \\ 0 & b(b-a) & c(c-a) & d(d-a) \\ 0 & b^2(b^2-a^2) & c^2(c^2-a^2) & d^2(d^2-a^2) \end{vmatrix}$

$\xlongequal[\text{各列提取公因子}]{\text{按 } c_1 \text{ 展开}}(b-a)(c-a)(d-a)\begin{vmatrix} 1 & 1 & 1 \\ b & c & d \\ b^2(b+a) & c^2(c+a) & d^2(d+a) \end{vmatrix}$

$\xlongequal[r_2-br_1]{r_3-b(b+a)r_2}(b-a)(c-a)(d-a)\begin{vmatrix} 1 & 1 & 1 \\ 0 & c-b & d-b \\ 0 & c(c-b)(c+b+a) & d(d-b)(d+b+a) \end{vmatrix}$

$=(b-a)(c-a)(d-a)(c-b)(d-b)\begin{vmatrix} 1 & 1 \\ c(c+b+a) & d(d+b+a) \end{vmatrix}$

$=(a-b)(a-c)(a-d)(b-c)(b-d)(c-d)(a+b+c+d)$=右式.

(5)**方法一** 按第1列展开得

$$D=x\begin{vmatrix} x & -1 & 0 \\ 0 & x & -1 \\ a_1 & a_2 & a_3 \end{vmatrix}-a_0\begin{vmatrix} -1 & 0 & 0 \\ x & -1 & 0 \\ 0 & x & -1 \end{vmatrix}$$

$=x\left(x\begin{vmatrix} x & -1 \\ a_2 & a_3 \end{vmatrix}+a_1\begin{vmatrix} -1 & 0 \\ x & -1 \end{vmatrix}\right)+a_0$(对上式第1个行列式继续按第1列展开)

$=a_3x^3+a_2x^2+a_1x+a_0$.

方法二 按最后一行展开得

$$D=-a_0\begin{vmatrix} -1 & 0 & 0 \\ x & -1 & 0 \\ 0 & x & -1 \end{vmatrix}+a_1\begin{vmatrix} x & 0 & 0 \\ 0 & -1 & 0 \\ 0 & x & -1 \end{vmatrix}-a_2\begin{vmatrix} x & -1 & 0 \\ 0 & x & 0 \\ 0 & 0 & -1 \end{vmatrix}+a_3\begin{vmatrix} x & -1 & 0 \\ 0 & x & -1 \\ 0 & 0 & x \end{vmatrix}$$

$=a_3x^3+a_2x^2+a_1x+a_0$.

7. 设 n 阶行列式 $D=\det(a_{ij})$,把 D 上下翻转、逆时针旋转 90°或依副对角线翻转,依次得

$$D_1=\begin{vmatrix} a_{n1} & a_{n2} & \cdots & a_{nn} \\ \vdots & \vdots & & \vdots \\ a_{21} & a_{22} & \cdots & a_{2n} \\ a_{11} & a_{12} & \cdots & a_{1n} \end{vmatrix},D_2=\begin{vmatrix} a_{1n} & a_{2n} & \cdots & a_{nn} \\ \vdots & \vdots & & \vdots \\ a_{21} & a_{22} & \cdots & a_{n2} \\ a_{11} & a_{21} & \cdots & a_{n1} \end{vmatrix},D_3=\begin{vmatrix} a_{nn} & \cdots & a_{2n} & a_{1n} \\ \vdots & & \vdots & \vdots \\ a_{n2} & \cdots & a_{22} & a_{12} \\ a_{n1} & \cdots & a_{21} & a_{11} \end{vmatrix},$$

证明 $D_1=D_2=(-1)^{\frac{n(n-1)}{2}}D, D_3=D$.

证 (1)先计算 D_1, D_1 的最后一行是 D 的第 1 行,把它依次与前面的行交换,直至换到第 1 行,共进行 $n-1$ 次交换,这时最后一行是 D 的第 2 行,把它依次与前面的行交换. 直至换到第 2 行,共进行 $n-2$ 次交换,…,直至最后一行是 D 的第 $n-1$ 行,再通过一次交换将它换到第 $n-1$ 行. 这样就把 D_1 变换成 D,共进行 $(n-1)+(n-2)+\cdots+1=\frac{1}{2}n(n-1)$ 次交换,故 $D_1=(-1)^{\frac{n(n-1)}{2}}D$.

(2)计算 D_2,注意到 D_2 的第 $1,2,\cdots,n$ 行恰好依次是 D 的第 $n,n-1,\cdots,1$ 列,首先将 D_2 上下翻转得 $\widetilde{D}_2$,则 $\widetilde{D}_2$ 的第 $1,2,\cdots,n$ 行依次是 D 的第 $1,2,\cdots,n$ 列,即 $\widetilde{D}_2=D^{\mathrm{T}}$,于是由(1)得

$$D_2=(-1)^{\frac{n(n-1)}{2}}\begin{vmatrix} a_{11} & a_{21} & \cdots & a_{n1} \\ a_{12} & a_{22} & \cdots & a_{n2} \\ \vdots & \vdots & & \vdots \\ a_{1n} & a_{2n} & \cdots & a_{nn} \end{vmatrix}=(-1)^{\frac{n(n-1)}{2}}\widetilde{D}_2=(-1)^{\frac{n(n-1)}{2}}D^{\mathrm{T}}=(-1)^{\frac{n(n-1)}{2}}D.$$

(3)计算 D_3,可先将 D_3 转化为 D_2,利用上面的结论.

$D_3=(-1)^{\frac{n(n-1)}{2}}D_2=(-1)^{\frac{n(n-1)}{2}}(-1)^{\frac{n(n-1)}{2}}D=(-1)^{n(n-1)}D=D$.

8. 计算下列各行列式(D_k 为 k 阶行列式):

(1) $D_n=\begin{vmatrix} a & & & 1 \\ & a & & \\ & & \ddots & \\ 1 & & & a \end{vmatrix}$,其中对角线上元素都是 a,未写出的元素都是 0;

(2) $D_n=\begin{vmatrix} x & a & \cdots & a \\ a & x & \cdots & a \\ \vdots & \vdots & & \vdots \\ a & a & \cdots & x \end{vmatrix}$;　(3) $D_{n+1}=\begin{vmatrix} a^n & (a-1)^n & \cdots & (a-n)^n \\ a^{n-1} & (a-1)^{n-1} & \cdots & (a-n)^{n-1} \\ \vdots & \vdots & & \vdots \\ a & a-1 & \cdots & a-n \\ 1 & 1 & \cdots & 1 \end{vmatrix}$;

(4) $D_{2n}=\begin{vmatrix} a_n & & & & & b_n \\ & \ddots & & & \iddots & \\ & & a_1 & b_1 & & \\ & & c_1 & d_1 & & \\ & \iddots & & & \ddots & \\ c_n & & & & & d_n \end{vmatrix}$;　(5) $D_n=\begin{vmatrix} 1+a_1 & a_1 & \cdots & a_1 \\ a_2 & 1+a_2 & \cdots & a_2 \\ \vdots & \vdots & & \vdots \\ a_n & a_n & \cdots & 1+a_n \end{vmatrix}$;

(6) $D_n=\det(a_{ij})$,其中 $a_{ij}=|i-j|$;

(7) $D_n=\begin{vmatrix} 1+a_1 & 1 & \cdots & 1 \\ 1 & 1+a_2 & \cdots & 1 \\ \vdots & \vdots & & \vdots \\ 1 & 1 & \cdots & 1+a_n \end{vmatrix}$,其中 $a_1a_2\cdots a_n\neq 0$.

解 (1)**方法一**

$$D_n \xlongequal{r_2\leftrightarrow r_n} -\begin{vmatrix} a & 0 & & & & 1 \\ 1 & 0 & & & & a \\ & & a & & & \\ & & & \ddots & & \\ & & & & a & \\ 0 & a & & & & 0 \end{vmatrix} \xlongequal{c_2\leftrightarrow c_n} \begin{vmatrix} a & 1 & & & 0 \\ 1 & a & & & \\ & & a & & \\ & & & \ddots & \\ 0 & & & & a \end{vmatrix}$$

$$=\begin{vmatrix} a & 1 \\ 1 & a \end{vmatrix}\begin{vmatrix} a & & & \\ & a & & \\ & & \ddots & \\ & & & a \end{vmatrix}=a^{n-2}(a^2-1).$$

方法二 把 D_n 按第 n 行展开，再计算

$$D_n=\begin{vmatrix} a & 0 & 0 & \cdots & 0 & 1 \\ 0 & a & 0 & \cdots & 0 & 0 \\ 0 & 0 & a & \cdots & 0 & 0 \\ \vdots & \vdots & \vdots & & \vdots & \vdots \\ 0 & 0 & 0 & \cdots & a & 0 \\ 1 & 0 & 0 & \cdots & 0 & a \end{vmatrix}$$

$$=(-1)^{n+1}\begin{vmatrix} 0 & 0 & 0 & \cdots & 0 & 1 \\ a & 0 & 0 & \cdots & 0 & 0 \\ 0 & a & 0 & \cdots & 0 & 0 \\ \vdots & \vdots & \vdots & & \vdots & \vdots \\ 0 & 0 & 0 & \cdots & a & 0 \end{vmatrix}_{n-1}+(-1)^{2n}\cdot a\begin{vmatrix} a & & \\ & \ddots & \\ & & a \end{vmatrix}_{n-1}$$

$$=(-1)^{n+1}\cdot(-1)^{n}\begin{vmatrix} a & & \\ & \ddots & \\ & & a \end{vmatrix}_{n-2}+a^n=a^n-a^{n-2}=a^{n-2}(a^2-1).$$

(2)利用各行(列)的元素之和相同.提取公因式

$$D_n\xlongequal{c_1+c_2+\cdots+c_n}\begin{vmatrix} x+(n-1)a & a & \cdots & a \\ x+(n-1)a & x & \cdots & a \\ \vdots & \vdots & & \vdots \\ x+(n-1)a & a & \cdots & x \end{vmatrix}=[x+(n-1)a]\begin{vmatrix} 1 & a & \cdots & a \\ 1 & x & \cdots & a \\ \vdots & \vdots & & \vdots \\ 1 & a & \cdots & x \end{vmatrix}$$

$$\xlongequal[i=2,\cdots,n]{r_i-r_1}[x+(n-1)a]\begin{vmatrix} 1 & a & \cdots & a \\ 0 & x-a & \cdots & 0 \\ \vdots & \vdots & & \vdots \\ 0 & 0 & \cdots & x-a \end{vmatrix}=(x-a)^{n-1}[x+(n-1)a].$$

(3)参照题 7,将所给行列式上下翻转,即

$$D_{n+1}=(-1)^{\frac{n(n+1)}{2}}\begin{vmatrix} 1 & 1 & \cdots & 1 \\ a & a-1 & \cdots & a-n \\ \vdots & \vdots & & \vdots \\ a^{n-1} & (a-1)^{n-1} & \cdots & (a-n)^{n-1} \\ a^n & (a-1)^n & \cdots & (a-n)^n \end{vmatrix}$$

此行列式为范德蒙德行列式.于是按范德蒙德行列式的结果有

$$D_{n+1}=(-1)^{\frac{n(n+1)}{2}}\prod_{1\leqslant j<i\leqslant n+1}[(a-i+1)-(a-j+1)]$$

$$=(-1)^{\frac{n(n+1)}{2}}\prod_{1\leqslant j<i\leqslant n+1}[-(i-j)]=(-1)^{\frac{n(n+1)}{2}}\cdot(-1)^{\frac{n(n+1)}{2}}\cdot\prod_{1\leqslant j<i\leqslant n+1}(i-j)$$

$$=\prod_{1\leqslant j<i\leqslant n+1}(i-j).$$

(4)利用递推法

$$D_{2n}\xlongequal[c_2\leftrightarrow c_{2n}]{r_2\leftrightarrow r_{2n}}\begin{vmatrix} a_n & b_n & 0 \\ c_n & d_n & 0 \\ \vdots & \vdots & \vdots \\ 0 & 0 & D_{2(n-1)} \end{vmatrix}=(a_nd_n-b_nc_n)D_{2(n-1)},$$

即有递推公式 $D_{2n}=(a_nd_n-b_nc_n)D_{2(n-1)}$.

另一方面,归纳基础 $D_2=\begin{vmatrix} a_1 & b_1 \\ c_1 & d_1 \end{vmatrix}=a_1d_1-b_1c_1$.

于是递推得 $D_{2n}=(a_nd_n-b_nc_n)\cdots(a_1d_1-b_1c_1)=\prod\limits_{k=1}^{n}(a_kd_k-b_kc_k)$.

(5) $$D_n=\begin{vmatrix} 1+a_1 & a_1 & \cdots & a_1 \\ a_2 & 1+a_2 & \cdots & a_2 \\ \vdots & \vdots & & \vdots \\ a_n & a_n & \cdots & 1+a_n \end{vmatrix}\xlongequal{r_1+r_2+\cdots+r_n}$$

$$\begin{vmatrix} 1+a_1+a_2+\cdots+a_n & 1+a_1+a_2+\cdots+a_n & \cdots & 1+a_1+a_2+\cdots+a_n \\ a_2 & 1+a_2 & \cdots & a_2 \\ \vdots & \vdots & & \vdots \\ a_n & a_n & \cdots & 1+a_n \end{vmatrix}$$

$$=(1+a_1+a_2+\cdots+a_n)\begin{vmatrix} 1 & 1 & \cdots & 1 \\ a_2 & 1+a_2 & \cdots & a_2 \\ \vdots & \vdots & & \vdots \\ a_n & a_n & \cdots & 1+a_n \end{vmatrix}$$

$$\xlongequal[\substack{r_3-a_3r_1 \\ \cdots \\ r_n-a_nr_1}]{r_2-a_2r_1}(1+a_1+a_2+\cdots+a_n)\begin{vmatrix} 1 & 1 & \cdots & 1 \\ 0 & 1 & \cdots & 0 \\ \vdots & \vdots & & \vdots \\ 0 & 0 & \cdots & 1 \end{vmatrix}=1+a_1+a_2+\cdots+a_n.$$

(6)由 $a_{ij}=|i-j|$,

$$得\quad D_n=\det(a_{ij})=\begin{vmatrix} 0 & 1 & 2 & 3 & \cdots & n-1 \\ 1 & 0 & 1 & 2 & \cdots & n-2 \\ 2 & 1 & 0 & 1 & \cdots & n-3 \\ 3 & 2 & 1 & 0 & \cdots & n-4 \\ \vdots & \vdots & \vdots & \vdots & & \vdots \\ n-1 & n-2 & n-3 & n-4 & \cdots & 0 \end{vmatrix}$$

$$\xlongequal[\substack{r_2-r_3 \\ \cdots}]{r_1-r_2}\begin{vmatrix} -1 & 1 & 1 & 1 & \cdots & 1 \\ -1 & -1 & 1 & 1 & \cdots & 1 \\ -1 & -1 & -1 & 1 & \cdots & 1 \\ -1 & -1 & -1 & -1 & \cdots & 1 \\ \vdots & \vdots & \vdots & \vdots & & \vdots \\ n-1 & n-2 & n-3 & n-4 & \cdots & 0 \end{vmatrix}$$

$$\xlongequal[\cdots]{\substack{c_2+c_1\\c_3+c_1}}\begin{vmatrix}-1&0&0&0&\cdots&0\\-1&-2&0&0&\cdots&0\\-1&-2&-2&0&\cdots&0\\-1&-2&-2&-2&\cdots&0\\\vdots&\vdots&\vdots&\vdots&&\vdots\\n-1&2n-3&2n-4&2n-5&\cdots&n-1\end{vmatrix}$$

$=(-1)^{n-1}(n-1)2^{n-2}$.

(7)将原行列式化为上三角形行列式，为此，从第 2 行起，各行均减去第 1 行，得

$$D_n\xlongequal[i=2,\cdots,n]{r_i-r_1}\begin{vmatrix}1+a_1&1&\cdots&1\\-a_1&a_2&\cdots&0\\\vdots&\vdots&&\vdots\\-a_1&0&\cdots&a_n\end{vmatrix}\xlongequal[i=2,\cdots,n]{c_1+\frac{a_1}{a_i}c_i}\begin{vmatrix}1+a_1+a_1\sum\limits_{i=2}^{n}\frac{1}{a_i}&1&\cdots&1\\0&a_2&\cdots&0\\\vdots&\vdots&&\vdots\\0&0&\cdots&a_n\end{vmatrix}$$

$$=a_1(1+\sum_{i=1}^{n}\frac{1}{a_i})a_2\cdots a_n=a_1a_2\cdots a_n(1+\sum_{i=1}^{n}\frac{1}{a_i}).$$

9\. 设 $D=\begin{vmatrix}3&1&-1&2\\-5&1&3&-4\\2&0&1&-1\\1&-5&3&-3\end{vmatrix}$，$D$ 的(i,j)元的代数余子式记作 A_{ij}，求 $A_{31}+3A_{32}-2A_{33}+2A_{34}$.

解 $A_{31}+3A_{32}-2A_{33}+2A_{34}$ 相当于用 1，3，-2，2 替换 D 中的第 3 行所对应的元素，所得行列式为

$$A_{31}+3A_{32}-2A_{33}+2A_{34}=\begin{vmatrix}3&1&-1&2\\-5&1&3&-4\\1&3&-2&2\\1&-5&3&-3\end{vmatrix}\xlongequal{c_4+c_3}\begin{vmatrix}3&1&-1&1\\-5&1&3&-1\\1&3&-2&0\\1&-5&3&0\end{vmatrix}$$

$$\xlongequal{r_2+r_1}\begin{vmatrix}3&1&-1&1\\-2&2&2&0\\1&3&-2&0\\1&-5&3&0\end{vmatrix}\xlongequal[r_2\div(-2)]{\text{按 }c_4\text{ 展开}}2\begin{vmatrix}1&-1&-1\\1&3&-2\\1&-5&3\end{vmatrix}\xlongequal[c_3+c_1]{c_2+c_1}2\begin{vmatrix}1&0&0\\1&4&-1\\1&-4&4\end{vmatrix}=24.$$

第一章自测题

一、填空题

1. 若 $\begin{vmatrix}a_{11}&a_{12}\\a_{21}&a_{22}\end{vmatrix}=6$，则 $\begin{vmatrix}a_{12}&2a_{11}&0\\a_{22}&2a_{21}&0\\0&-2&-1\end{vmatrix}$ 的值为________.

2. $\begin{vmatrix}1&x&y&z\\x&1&0&0\\y&0&1&0\\z&0&0&1\end{vmatrix}=$________.

3. 设 $D=\begin{vmatrix} a & b & c & d \\ 1 & -1 & 0 & 1 \\ 2 & 0 & 2 & -1 \\ 3 & 1 & 3 & -1 \end{vmatrix}$，$M_{ij}$ 和 A_{ij} 分别是元素 a_{ij} 的余子式和代数余子式，则

$A_{11}+2A_{12}+3A_{13}+4A_{14}=$________，$M_{11}+2M_{12}+3M_{13}+4M_{14}=$________.

4. 若 $\begin{vmatrix} 1 & 0 & 2 \\ x & 3 & 1 \\ 4 & x & 5 \end{vmatrix}$ 中代数余子式 $A_{12}=-1$，则 $A_{21}=$________.

5. 方程 $f(x)=\begin{vmatrix} 1 & 1 & 1 & 1 \\ 1 & 2 & 3 & x \\ 1 & 4 & 9 & x^2 \\ 1 & 8 & 27 & x^3 \end{vmatrix}=0$ 的全部根是________.

6. 方程 $f(t)=\begin{vmatrix} 0 & 4 & 2-t \\ 2 & 3-t & 1 \\ 1-t & 2 & 3 \end{vmatrix}=0$ 的实根为________.

7. (2020 数学一，数学二，数学三，4 分)行列式 $\begin{vmatrix} a & 0 & -1 & 1 \\ 0 & a & 1 & -1 \\ -1 & 1 & a & 0 \\ 1 & -1 & 0 & a \end{vmatrix}=$________.

8. (2016 数学一，数学三，4 分)行列式 $\begin{vmatrix} \lambda & -1 & 0 & 0 \\ 0 & \lambda & -1 & 0 \\ 0 & 0 & \lambda & -1 \\ 4 & 3 & 2 & \lambda+1 \end{vmatrix}=$________.

二、选择题

1. 设行列式 $\begin{vmatrix} a_{11} & a_{12} & a_{13} \\ a_{21} & a_{22} & a_{23} \\ a_{31} & a_{32} & a_{33} \end{vmatrix}=4$，则行列式 $\begin{vmatrix} 2a_{11} & 2a_{12}-3a_{13} & 3a_{13} \\ 2a_{21} & 2a_{22}-3a_{23} & 3a_{23} \\ 2a_{31} & 2a_{32}-3a_{33} & 3a_{33} \end{vmatrix}$ 的值为(　　).

(A)-14　　(B)24　　(C)48　　(D)-72

2. 多项式 $f(x)=\begin{vmatrix} 2x & x & 1 & 2 \\ 1 & x & 1 & -1 \\ 3 & 2 & x & 1 \\ 1 & 1 & 1 & x \end{vmatrix}$ 中 x^3 的系数是(　　).

(A)2　　(B)-2　　(C)1　　(D)-1

3. 设 $D=\begin{vmatrix} 3 & 6 & 9 & 12 \\ 2 & 4 & 6 & 8 \\ 1 & 2 & 0 & 3 \\ 5 & 6 & 4 & 3 \end{vmatrix}$，其中 A_{4j} 为元素 $a_{4j}(j=1,2,4)$ 的代数余子式，则 $A_{41}+2A_{42}+3A_{44}$ 的值为(　　).

(A)0　　(B)1　　(C)2　　(D)3

4. 设 $D_n=\begin{vmatrix} 1 & 1 & \cdots & 1 \\ 0 & 2 & \cdots & 2 \\ \vdots & \vdots & & \vdots \\ 0 & 0 & \cdots & n \end{vmatrix}$，则 D_n 中所有元素的代数余子式之和为(　　).

(A)0　　(B)$n!$　　(C)$-n!$　　(D)$2n!$

三、计算

1. 把行列式 $D=\begin{vmatrix}2&1&0&0&0\\1&2&1&0&0\\0&1&2&1&0\\0&0&1&2&1\\0&0&0&1&2\end{vmatrix}$ 化为上三角形行列式,并计算其值.

2. 利用行列式展开定理计算行列式 $D=\begin{vmatrix}x-2&x-1&x-2&x-3\\2x-2&2x-1&2x-2&2x-3\\3x-3&3x-2&4x-5&3x-5\\4x&4x-3&5x-7&4x-3\end{vmatrix}$.

3. 计算行列式　$D=\begin{vmatrix}1&1&2&3\\1&2-x^2&2&3\\2&3&1&5\\2&3&1&9-x^2\end{vmatrix}$(利用多项式分解因式计算).

四、1. 设有行列式 $D=\begin{vmatrix}1&7&0&3\\3&1&5&9\\0&9&7&5\\10&9&5&9\end{vmatrix}$,已知 1 703,3 159,975,10 959 都能被 13 整除.不计算行列式 D,证明 D 能被 13 整除.

2. 设 $f(x)=\begin{vmatrix}1&1&1\\3-x&5-3x^2&3x^2-1\\2x^2-1&3x^5-1&7x^8-1\end{vmatrix}$,证明:可以找出数 $q(0<q<1)$,使 $f'(q)=0$.

第一章自测题答案

一、填空题

1. 12.

2. $1-x^2-y^2-z^2$.

提示:将第 2 列的$(-x)$倍,第 3 列的$(-y)$倍,第 4 列的$(-z)$倍都加到第 1 列上去,则得三角行列式(或降阶计算).

3. 15,3.

4. 2.

提示:$A_{12}=(-1)^{1+2}\begin{vmatrix}x&1\\4&5\end{vmatrix}=4-5x=-1$,故 $x=1$ 所以 $A_{21}=(-1)^{2+1}\begin{vmatrix}0&2\\1&5\end{vmatrix}=2$.

5. 1,2,3.

提示:利用范德蒙德行列式的结论.

6. $t=6$.

提示:注意到行列式各行元素之和均等于 $6-t$,$f(t)=(t-6)(t^2+3)$.

7. a^4-4a^2.

解　原式$=a\begin{vmatrix}1&1&1&1\\0&a&1&-1\\-1&1&a&0\\1&-1&0&a\end{vmatrix}=a\begin{vmatrix}1&1&1&1\\0&a&1&-1\\0&2&a+1&1\\0&0&a&a\end{vmatrix}=a\begin{vmatrix}a&1&-1\\2&a+1&1\\0&a&a\end{vmatrix}$

$=a^2(a^2-4)$.

8. $\lambda^4+\lambda^3+2\lambda^2+3\lambda+4$.

解 按第一行展开,有

$$\begin{vmatrix}\lambda & -1 & 0 & 0\\ 0 & \lambda & -1 & 0\\ 0 & 0 & \lambda & -1\\ 4 & 3 & 2 & \lambda+1\end{vmatrix}=\lambda\begin{vmatrix}\lambda & -1 & 0\\ 0 & \lambda & -1\\ 3 & 2 & \lambda+1\end{vmatrix}+\begin{vmatrix}0 & -1 & 0\\ 0 & \lambda & -1\\ 4 & 2 & \lambda+1\end{vmatrix}$$

$$=\lambda\left(\lambda\begin{vmatrix}\lambda & -1\\ 2 & \lambda+1\end{vmatrix}+\begin{vmatrix}0 & -1\\ 3 & \lambda+1\end{vmatrix}\right)+\begin{vmatrix}0 & -1\\ 4 & \lambda+1\end{vmatrix}$$

$$=\lambda[\lambda(\lambda^2+\lambda+2)+3]+4$$

$$=\lambda^4+\lambda^3+2\lambda^2+3\lambda+4.$$

二、选择题

1. C 提示:利用行列式性质化简计算.
2. D 提示:含 x^3 的项只有一项,$x\cdot 1\cdot x\cdot x=x^3$ 且其列标所构成的排列为 2134,$t(2134)=1$,故 $f(x)$ 含 x^3 的项为 $-x^3$,它的系数为 -1.
3. A 提示:$A_{41}+2A_{42}+3A_{44}=1A_{41}+2A_{42}+0A_{43}+3A_{44}=0$.
4. B 提示:因第一行元素与其对应的代数余子式乘积之和等于行列式的值,所以 $1\cdot A_{11}+1\cdot A_{12}+\cdots+1\cdot A_{1n}=D_n=n!$,因第一行元素与第 i 行($i\geqslant 2$)对应元素的代数余子式乘积之和等于零,故所有元素的代数余子式之和为 $n!$.

三、1. 解 本题有多种解法.(如展开式法,利用递推公式法等)

这里利用化为上三角形行列式的方法进行计算:

$$D=\begin{vmatrix}2 & 1 & 0 & 0 & 0\\ 0 & \frac{3}{2} & 1 & 0 & 0\\ 0 & 1 & 2 & 1 & 0\\ 0 & 0 & 1 & 2 & 1\\ 0 & 0 & 0 & 1 & 2\end{vmatrix}=\begin{vmatrix}2 & 1 & 0 & 0 & 0\\ 0 & \frac{3}{2} & 1 & 0 & 0\\ 0 & 0 & \frac{4}{3} & 1 & 0\\ 0 & 0 & 1 & 2 & 1\\ 0 & 0 & 0 & 1 & 2\end{vmatrix}=\begin{vmatrix}2 & 1 & 0 & 0 & 0\\ 0 & \frac{3}{2} & 1 & 0 & 0\\ 0 & 0 & \frac{4}{3} & 1 & 0\\ 0 & 0 & 0 & \frac{5}{4} & 1\\ 0 & 0 & 0 & 1 & 2\end{vmatrix}$$

$$=\begin{vmatrix}2 & 1 & 0 & 0 & 0\\ 0 & \frac{3}{2} & 1 & 0 & 0\\ 0 & 0 & \frac{4}{3} & 1 & 0\\ 0 & 0 & 0 & \frac{5}{4} & 1\\ 0 & 0 & 0 & 0 & \frac{6}{5}\end{vmatrix}=2\times\frac{3}{2}\times\frac{4}{3}\times\frac{5}{4}\times\frac{6}{5}=6.$$

2. 解 先把第一列的(−1)倍加到第 2,3,4 列

$$D=\begin{vmatrix}x-2 & 1 & 0 & -1\\ 2x-2 & 1 & 0 & -1\\ 3x-3 & 1 & x-2 & -2\\ 4x & -3 & x-7 & -3\end{vmatrix}\xlongequal{r_2-r_1}\begin{vmatrix}x-2 & 1 & 0 & -1\\ x & 0 & 0 & 0\\ 3x-3 & 1 & x-2 & -2\\ 4x & -3 & x-7 & -3\end{vmatrix}$$

$$\xlongequal[\text{展开}]{\text{按第 2 行}}(-1)^{2+1}x\begin{vmatrix}1 & 0 & -1\\ 1 & x-2 & -2\\ -3 & x-7 & -3\end{vmatrix}=-x\begin{vmatrix}1 & 0 & -1\\ 0 & x-2 & -1\\ 0 & x-7 & -6\end{vmatrix}=5x(x-1).$$

3.**解** 观察此行列式,当 $x=\pm1$ 时,第 1,2 行(列)对应元素相同,所以 $D=0$. 当 $x=\pm2$ 时,第 3,4 行(列)对应元素相同,此时 $D=0$.

可见 D 中含有因式 $(x-1)(x+1)$,$(x-2)(x+2)$.

由于 D 是 x 的 4 次多项式,所以

$$D=A(x-1)(x+1)(x-2)(x+2).$$

而 D 中含有 x^4 的项为 $1(2-x^2)\cdot1(9-x^2)-2\cdot(2-x^2)\cdot2(9-x^2)$,

比较 x^4 的系数,得 $A=-3$,故 $D=-3(x-1)(x+1)(x-2)(x+2)$.

四、证明题

1.**证** 将 D 的第 1 列的 1 000 倍,第 2 列的 100 倍,第 3 列的 10 倍都加到第 4 列去.

即 $D=\begin{vmatrix}1&7&0&1\,703\\3&1&5&3\,159\\0&9&7&975\\10&9&5&10\,959\end{vmatrix}$,则所得行列式第 4 列各元素有公因子 13. 所以 D 能被 13 整除.

2.**证** 显然 $f(x)$ 为多项式,$f(x)$ 在 $[0,1]$ 上连续,在 $(0,1)$ 内可导,且 $f(0)=\begin{vmatrix}1&1&1\\3&5&-1\\-1&-1&-1\end{vmatrix}=0$,

$f(1)=\begin{vmatrix}1&1&1\\2&2&2\\1&2&6\end{vmatrix}=0$,

由罗尔定理可知,存在一个 $q\in(0,1)$,使 $f'(q)=0$.

第二章 矩阵及其运算

矩阵是本课程研究的主要对象，也是本课程讨论问题的主要工具，因此本章应该深入理解矩阵的概念，掌握矩阵的各种运算及规律，理解逆矩阵的概念，掌握逆矩阵的性质及矩阵可逆的充要条件，了解分块矩阵及其运算.

第一节 线性方程组和矩阵

一、主要内容归纳

1. 线性方程组

设有 n 个未知数 m 个方程的线性方程组
$$\begin{cases} a_{11}x_1+a_{12}x_2+\cdots+a_{1n}x_n=b_1, \\ a_{21}x_1+a_{22}x_2+\cdots+a_{2n}x_n=b_2, \\ \cdots\cdots\cdots\cdots \\ a_{m1}x_1+a_{m2}x_2+\cdots+a_{mn}x_n=b_m, \end{cases}$$
其中 a_{ij} 是第 i 个方程的第 j 个未知数的系数，b_i 是第 i 个方程的常数项，$i=1,2,\cdots,m$；$j=1,2,\cdots,n$，当常数项 $b_1,b_2,\cdots,b_m$ 不全为零时，该线性方程组叫作n 元非齐次线性方程组，当 $b_1,b_2,\cdots,b_m$ 全为零时，上式成为
$$\begin{cases} a_{11}x_1+a_{12}x_2+\cdots+a_{1n}x_n=0, \\ a_{21}x_1+a_{22}x_2+\cdots+a_{2n}x_n=0, \\ \cdots\cdots\cdots\cdots \\ a_{m1}x_1+a_{m2}x_2+\cdots+a_{mn}x_n=0, \end{cases}$$
叫作n 元齐次线性方程组.

n 元线性方程组往往简称为线性方程组或方程组.

2. 矩阵

由 $m\times n$ 个数 $a_{ij}(i=1,2,\cdots,m;j=1,2,\cdots,n)$ 排成的 m 行 n 列的数表
$$\begin{matrix} a_{11} & a_{12} & \cdots & a_{1n} \\ a_{21} & a_{22} & \cdots & a_{2n} \\ \vdots & \vdots & & \vdots \\ a_{m1} & a_{m2} & \cdots & a_{mn} \end{matrix}$$
称为 m 行 n 列矩阵，简称 $m\times n$ 矩阵，记作 $\mathbf{A}$ 或 $\mathbf{A}_{m\times n}$：

$$\boldsymbol{A}=\begin{pmatrix} a_{11} & a_{12} & \cdots & a_{1n} \\ a_{21} & a_{22} & \cdots & a_{2n} \\ \vdots & \vdots & & \vdots \\ a_{m1} & a_{m2} & \cdots & a_{mn} \end{pmatrix}.$$

3. 几种特殊类型的矩阵

(1)**方阵** 行数与列数都等于 n 的矩阵称为 n 阶矩阵或 n 阶方阵.

(2)**行矩阵** 只有一行的矩阵 $\boldsymbol{A}=(a_1,a_2,\cdots,a_n)$,又称行向量.

(3)**列矩阵** 只有一列的矩阵 $\boldsymbol{B}=\begin{pmatrix} b_1 \\ b_2 \\ \vdots \\ b_m \end{pmatrix}$,又称列向量.

(4)**同型矩阵** 两个矩阵的行数相等、列数也相等时,称为同型矩阵.

(5)**相等矩阵** $\boldsymbol{A}$ 与 $\boldsymbol{B}$ 是同型矩阵,且对应元素相等,记作 $\boldsymbol{A}=\boldsymbol{B}$.

(6)**零矩阵** 元素都是零的矩阵,记作 $\boldsymbol{O}$.

(7)**上三角矩阵** 形如 $\begin{pmatrix} a_{11} & a_{12} & \cdots & a_{1n} \\ 0 & a_{22} & \cdots & a_{2n} \\ \vdots & \vdots & & \vdots \\ 0 & 0 & \cdots & a_{nn} \end{pmatrix}$ 的矩阵.

(8)**对角矩阵** 形如 $\begin{pmatrix} \lambda_1 & 0 & \cdots & 0 \\ 0 & \lambda_2 & \cdots & 0 \\ \vdots & \vdots & & \vdots \\ 0 & 0 & \cdots & \lambda_n \end{pmatrix}$ 的矩阵,记作 $\boldsymbol{\Lambda}=\mathrm{diag}(\lambda_1,\lambda_2,\cdots,\lambda_n)$.

特殊地,单位矩阵 $\boldsymbol{E}=\begin{pmatrix} 1 & 0 & \cdots & 0 \\ 0 & 1 & \cdots & 0 \\ \vdots & \vdots & & \vdots \\ 0 & 0 & \cdots & 1 \end{pmatrix}$.

第二节 矩阵的运算

一、主要内容归纳

1. 矩阵的加法

设矩阵 $\boldsymbol{A}=(a_{ij})_{m\times n}$,$\boldsymbol{B}=(b_{ij})_{m\times n}$,则矩阵 $\boldsymbol{A}$ 与 $\boldsymbol{B}$ 对应位置元素相加得到的矩阵称为矩阵 $\boldsymbol{A}$ 与 $\boldsymbol{B}$ 的和,记为 $\boldsymbol{A}+\boldsymbol{B}$.

即 $\boldsymbol{A}+\boldsymbol{B}=(a_{ij})_{m\times n}+(b_{ij})_{m\times n}=(a_{ij}+b_{ij})_{m\times n}$.

2. 数与矩阵的乘积

以数 λ 乘矩阵 $\boldsymbol{A}$ 的每一个元素所得到的矩阵，称为数 λ 与矩阵 $\boldsymbol{A}$ 的乘积，记为 $\lambda\boldsymbol{A}$.

即若 $\boldsymbol{A}=(a_{ij})_{m\times n}$，则 $\lambda\boldsymbol{A}=\lambda(a_{ij})_{m\times n}=(\lambda a_{ij})_{m\times n}$.

3. 矩阵的乘法

设 $\boldsymbol{A}=(a_{ij})_{m\times s}$，$\boldsymbol{B}=(b_{ij})_{s\times n}$，规定 $\boldsymbol{A}$ 与 $\boldsymbol{B}$ 的乘积是一个矩阵 $\boldsymbol{C}=(c_{ij})_{m\times n}$，其中 $c_{ij}=a_{i1}b_{1j}+a_{i2}b_{2j}+\cdots+a_{is}b_{sj}=\sum\limits_{k=1}^{s}a_{ik}b_{kj}\,(i=1,2,\cdots,m;j=1,2,\cdots,n)$，并记 $\boldsymbol{C}=\boldsymbol{AB}$.

注意：(1)只有当第一个矩阵的列数等于第二个矩阵的行数时，两个矩阵才能相乘.

(2)矩阵的乘法一般不满足交换律，即 $\boldsymbol{AB}\neq\boldsymbol{BA}$.

(3)矩阵的乘法一般也不满足消去律，即

不能从 $\boldsymbol{AC}=\boldsymbol{BC}$ 推出 $\boldsymbol{A}=\boldsymbol{B}$；也不能从 $\boldsymbol{AB}=\boldsymbol{O}$ 推出 $\boldsymbol{A}=\boldsymbol{O}$ 或 $\boldsymbol{B}=\boldsymbol{O}$.

4. 转置矩阵及其运算性质

将 $m\times n$ 矩阵 $\boldsymbol{A}$ 的行列互换，得到的 $n\times m$ 矩阵，称为矩阵 $\boldsymbol{A}$ 的转置矩阵，记为 $\boldsymbol{A}^{\mathrm{T}}$(或 $\boldsymbol{A}'$).

转置矩阵的运算性质：

(1)$(\boldsymbol{A}^{\mathrm{T}})^{\mathrm{T}}=\boldsymbol{A}$；　(2)$(\boldsymbol{A}+\boldsymbol{B})^{\mathrm{T}}=\boldsymbol{A}^{\mathrm{T}}+\boldsymbol{B}^{\mathrm{T}}$；　(3)$(\lambda\boldsymbol{A})^{\mathrm{T}}=\lambda\boldsymbol{A}^{\mathrm{T}}$；　(4)$(\boldsymbol{AB})^{\mathrm{T}}=\boldsymbol{B}^{\mathrm{T}}\boldsymbol{A}^{\mathrm{T}}$.

5. 对称矩阵

设 $\boldsymbol{A}$ 为 n 阶方阵，若 $\boldsymbol{A}^{\mathrm{T}}=\boldsymbol{A}$，即 $a_{ij}=a_{ji}\,(i,j=1,2,\cdots,n)$，则称 $\boldsymbol{A}$ 为对称矩阵.

注意：(1)对称矩阵的元素以主对角线为对称轴对应相等.

(2)若 $\boldsymbol{A}^{\mathrm{T}}=-\boldsymbol{A}$，则称矩阵 $\boldsymbol{A}$ 为反对称矩阵.

6. 方阵的行列式

由 n 阶方阵 $\boldsymbol{A}$ 的元素所构成的行列式，称为方阵 $\boldsymbol{A}$ 的行列式，记为 $|\boldsymbol{A}|$ 或 $\det\boldsymbol{A}$.

运算性质：设 $\boldsymbol{A},\boldsymbol{B}$ 均为 n 阶方阵，则(1)$|\boldsymbol{A}^{\mathrm{T}}|=|\boldsymbol{A}|$；　(2)$|\lambda\boldsymbol{A}|=\lambda^n|\boldsymbol{A}|$；

(3)$|\boldsymbol{AB}|=|\boldsymbol{BA}|=|\boldsymbol{A}||\boldsymbol{B}|$.

7. 本节重点

本节重点是矩阵的乘法、矩阵的转置、方阵行列式的运算性质.

二、经典题型解析及解题方法总结

【例 1】 设矩阵 $\boldsymbol{A}=\begin{pmatrix}x&0\\7&y\end{pmatrix}$，$\boldsymbol{B}=\begin{pmatrix}u&v\\y&2\end{pmatrix}$，$\boldsymbol{C}=\begin{pmatrix}3&-4\\x&v\end{pmatrix}$，且 $\boldsymbol{A}+2\boldsymbol{B}-\boldsymbol{C}=\boldsymbol{O}$. 求 x,y,u,v 的值.

解　$\boldsymbol{A}+2\boldsymbol{B}-\boldsymbol{C}=\begin{pmatrix}x&0\\7&y\end{pmatrix}+2\begin{pmatrix}u&v\\y&2\end{pmatrix}-\begin{pmatrix}3&-4\\x&v\end{pmatrix}=\begin{pmatrix}x+2u-3&2v+4\\7+2y-x&y+4-v\end{pmatrix}=\begin{pmatrix}0&0\\0&0\end{pmatrix}$.

所以$\begin{cases}x+2u-3=0,\\2v+4=0,\\7+2y-x=0,\\y+4-v=0,\end{cases}$ 解得$\begin{cases}x=-5,\\y=-6,\\u=4,\\v=-2.\end{cases}$

【例 2】 设矩阵 $\boldsymbol{A}=\begin{pmatrix}1&0\\0&0\end{pmatrix}$，$\boldsymbol{B}=\begin{pmatrix}0&-1\\0&0\end{pmatrix}$，求 $\boldsymbol{AB}$ 与 $\boldsymbol{BA}$.

解 $\boldsymbol{AB}=\begin{pmatrix}1&0\\0&0\end{pmatrix}\begin{pmatrix}0&-1\\0&0\end{pmatrix}=\begin{pmatrix}0&-1\\0&0\end{pmatrix}$， $\boldsymbol{BA}=\begin{pmatrix}0&-1\\0&0\end{pmatrix}\begin{pmatrix}1&0\\0&0\end{pmatrix}=\begin{pmatrix}0&0\\0&0\end{pmatrix}$.

显然 $\boldsymbol{AB}\neq\boldsymbol{BA}$，且有 $\boldsymbol{BA}=\boldsymbol{O}$.

方法总结

(1)矩阵的乘法一般不满足交换律，即 $\boldsymbol{AB}\neq\boldsymbol{BA}$；

(2)两个非零矩阵相乘，可能是零矩阵，故不能从 $\boldsymbol{AB}=\boldsymbol{O}$ 推出 $\boldsymbol{A}=\boldsymbol{O}$ 或 $\boldsymbol{B}=\boldsymbol{O}$；

(3)若两个矩阵相乘，有 $\boldsymbol{AB}=\boldsymbol{BA}$，则称矩阵 $\boldsymbol{A}$ 与 $\boldsymbol{B}$ 是可交换的.

【例 3】 已知 $\boldsymbol{\alpha}=(1,2,3)$，$\boldsymbol{\beta}=(1,\frac{1}{2},\frac{1}{3})$，设 $\boldsymbol{A}=\boldsymbol{\alpha}^{\mathrm{T}}\boldsymbol{\beta}$，则 $\boldsymbol{A}^n=$______.

解 本题计算中需注意到 $\boldsymbol{\alpha}^{\mathrm{T}}\boldsymbol{\beta}$ 为一个 3×3 矩阵，而 $\boldsymbol{\beta\alpha}^{\mathrm{T}}$ 为一个数. 所以

$$\boldsymbol{A}^n=\underbrace{(\boldsymbol{\alpha}^{\mathrm{T}}\boldsymbol{\beta})(\boldsymbol{\alpha}^{\mathrm{T}}\boldsymbol{\beta})\cdots(\boldsymbol{\alpha}^{\mathrm{T}}\boldsymbol{\beta})}_{n\text{个}}=\boldsymbol{\alpha}^{\mathrm{T}}\underbrace{(\boldsymbol{\beta\alpha}^{\mathrm{T}})(\boldsymbol{\beta\alpha}^{\mathrm{T}})\cdots(\boldsymbol{\beta\alpha}^{\mathrm{T}})}_{n-1\text{个}}\boldsymbol{\beta}$$

$$=\boldsymbol{\alpha}^{\mathrm{T}}(\boldsymbol{\beta\alpha}^{\mathrm{T}})^{n-1}\boldsymbol{\beta}=3^{n-1}\boldsymbol{\alpha}^{\mathrm{T}}\boldsymbol{\beta}=3^{n-1}\begin{pmatrix}1&\frac{1}{2}&\frac{1}{3}\\2&1&\frac{2}{3}\\3&\frac{3}{2}&1\end{pmatrix}.$$

故应填 $3^{n-1}\begin{pmatrix}1&\frac{1}{2}&\frac{1}{3}\\2&1&\frac{2}{3}\\3&\frac{3}{2}&1\end{pmatrix}$.

【例 4】 设 $\boldsymbol{A}=\begin{pmatrix}1&0&1\\0&2&0\\1&0&1\end{pmatrix}$，$n\geqslant2$ 为正整数，求 $\boldsymbol{A}^n-2\boldsymbol{A}^{n-1}$.

解 $\boldsymbol{A}^2=\begin{pmatrix}1&0&1\\0&2&0\\1&0&1\end{pmatrix}\begin{pmatrix}1&0&1\\0&2&0\\1&0&1\end{pmatrix}=\begin{pmatrix}2&0&2\\0&4&0\\2&0&2\end{pmatrix}=2\begin{pmatrix}1&0&1\\0&2&0\\1&0&1\end{pmatrix}=2\boldsymbol{A}$，

即 $\boldsymbol{A}$ 满足 $\boldsymbol{A}^2=2\boldsymbol{A}$，利用此关系式得

$A^n-2A^{n-1}=A^{n-2}(A^2-2A)=A^{n-2}\cdot O=O.$

方法总结

本题是方阵求幂问题，方阵求幂大致有两种方法：一是根据所给矩阵 A，找出 A 所满足的关系式，或通过具体计算 A^2,A^3 等，找出求 A 的幂的规律；另一种是如第三节例 13、14 所用的对角化方法，具体方法下节介绍.

【例 5】 已知三阶方阵 A 的行列式为 2，计算行列式 $\left|\frac{1}{2}A^2\right|$.

解 由于矩阵 A 是三阶方阵，所以

$$\left|\frac{1}{2}A^2\right|=\left(\frac{1}{2}\right)^3|A|^2=\frac{1}{8}\times 2^2=\frac{1}{2}.$$

【例 6】 设有三阶矩阵 $A=\begin{pmatrix}\alpha\\3\gamma_1\\2\gamma_2\end{pmatrix}$，$B=\begin{pmatrix}\beta\\\gamma_1\\\gamma_2\end{pmatrix}$，其中 $\alpha,\beta,\gamma_1,\gamma_2$ 均为 3 维行向量，且已知行列式 $|A|=24$，$|B|=3$，求 $|A-B|$.

解
$$|A-B|=\begin{vmatrix}\alpha-\beta\\3\gamma_1-\gamma_1\\2\gamma_2-\gamma_2\end{vmatrix}=\begin{vmatrix}\alpha-\beta\\2\gamma_1\\\gamma_2\end{vmatrix}=2\begin{vmatrix}\alpha-\beta\\\gamma_1\\\gamma_2\end{vmatrix}=2\begin{vmatrix}\alpha\\\gamma_1\\\gamma_2\end{vmatrix}-2\begin{vmatrix}\beta\\\gamma_1\\\gamma_2\end{vmatrix}=\begin{vmatrix}\alpha\\\gamma_1\\2\gamma_2\end{vmatrix}-2\begin{vmatrix}\beta\\\gamma_1\\\gamma_2\end{vmatrix}$$
$$=\frac{1}{3}\begin{vmatrix}\alpha\\3\gamma_1\\2\gamma_2\end{vmatrix}-2\begin{vmatrix}\beta\\\gamma_2\\\gamma_2\end{vmatrix}=\frac{1}{3}\times|A|-2\times|B|=\frac{1}{3}\times 24-2\times 3=2.$$

第三节 逆矩阵

一、主要内容归纳

1. 逆矩阵

对于 n 阶矩阵 A，如果存在一个 n 阶矩阵 B，使得 $AB=BA=E$，则矩阵 A 称为可逆矩阵，而矩阵 B 称为 A 的逆矩阵.

注：若矩阵 A 是可逆的，则 A 的逆矩阵是唯一的.

2. 矩阵 A 可逆的充要条件

n 阶矩阵 A 可逆的充要条件是 $|A|\neq 0$（即 A 是非奇异矩阵），且 $A^{-1}=\frac{1}{|A|}A^*$，

其中 A^* 为 A 的伴随矩阵，且 $A^*=(A_{ij})^{\mathrm{T}}$.

推论：若 $AB=E$（或 $BA=E$），则 $B=A^{-1}$.

3. 逆矩阵的运算性质

(1)若矩阵 $\boldsymbol{A}$ 可逆，则其逆矩阵 $\boldsymbol{A}^{-1}$ 也可逆，且 $(\boldsymbol{A}^{-1})^{-1}=\boldsymbol{A}$；

(2)若矩阵 $\boldsymbol{A}$ 可逆，数 $\lambda\neq0$，则 $\lambda\boldsymbol{A}$ 可逆，且 $(\lambda\boldsymbol{A})^{-1}=\dfrac{1}{\lambda}\boldsymbol{A}^{-1}$；

(3)两个同阶可逆矩阵 $\boldsymbol{A},\boldsymbol{B}$ 的乘积仍是可逆矩阵，且 $(\boldsymbol{AB})^{-1}=\boldsymbol{B}^{-1}\boldsymbol{A}^{-1}$；

(4)若矩阵 $\boldsymbol{A}$ 可逆，则其转置矩阵 $\boldsymbol{A}^{\mathrm{T}}$ 也可逆，且 $(\boldsymbol{A}^{\mathrm{T}})^{-1}=(\boldsymbol{A}^{-1})^{\mathrm{T}}$；

(5)若矩阵 $\boldsymbol{A}$ 可逆，则 $|\boldsymbol{A}^{-1}|=|\boldsymbol{A}|^{-1}$.

4. 矩阵方程求解

对标准矩阵方程 $\boldsymbol{AX}=\boldsymbol{B}$(1)，$\boldsymbol{XA}=\boldsymbol{B}$(2)，$\boldsymbol{AXB}=\boldsymbol{C}$(3)，其中 $\boldsymbol{A},\boldsymbol{B}$ 均为可逆矩阵. 利用矩阵乘法的运算规律和逆矩阵的运算性质，通过在方程两边左乘或右乘相应的矩阵的逆矩阵，可求出其解分别为：

$\boldsymbol{X}=\boldsymbol{A}^{-1}\boldsymbol{B}$(1′)，$\boldsymbol{X}=\boldsymbol{BA}^{-1}$(2′)，$\boldsymbol{X}=\boldsymbol{A}^{-1}\boldsymbol{CB}^{-1}$(3′).

5. 本节重点

重点掌握矩阵可逆的充要条件，以及矩阵方程的解法.

二、经典题型解析及解题方法总结

【例 1】 设 $\boldsymbol{A}=\begin{pmatrix}0&a&b\\a&0&c\\b&c&0\end{pmatrix}$，$\boldsymbol{B}=\begin{pmatrix}0&0&0\\0&k&0\\0&0&l\end{pmatrix}$，$\boldsymbol{E}=\begin{pmatrix}1&0&0\\0&1&0\\0&0&1\end{pmatrix}$，其中 $k>0,l>0$，则当满足______时，$\boldsymbol{AB}+\boldsymbol{E}$ 为可逆矩阵.

解
$$\boldsymbol{AB}+\boldsymbol{E}=\begin{pmatrix}0&a&b\\a&0&c\\b&c&0\end{pmatrix}\begin{pmatrix}0&0&0\\0&k&0\\0&0&l\end{pmatrix}+\begin{pmatrix}1&0&0\\0&1&0\\0&0&1\end{pmatrix}=\begin{pmatrix}0&ka&lb\\0&0&lc\\0&kc&0\end{pmatrix}+\begin{pmatrix}1&0&0\\0&1&0\\0&0&1\end{pmatrix}$$
$$=\begin{pmatrix}1&ka&lb\\0&1&lc\\0&kc&1\end{pmatrix},$$

要使 $|\boldsymbol{AB}+\boldsymbol{E}|=1-c^2kl\neq0$，则 $c^2kl\neq1$.

故应填 $c^2kl\neq1$.

【例 2】 设矩阵 $\boldsymbol{A}=\begin{pmatrix}1&0&1\\2&1&0\\-3&2&-5\end{pmatrix}$，求其逆矩阵 $\boldsymbol{A}^{-1}$.

解 由 $|\boldsymbol{A}|=\begin{vmatrix}1&0&1\\2&1&0\\-3&2&-5\end{vmatrix}=2\neq0$，可知矩阵 $\boldsymbol{A}$ 可逆.

又 $\boldsymbol{A}^*=\begin{pmatrix}A_{11}&A_{21}&A_{31}\\A_{12}&A_{22}&A_{32}\\A_{13}&A_{23}&A_{33}\end{pmatrix}=\begin{pmatrix}-5&2&-1\\10&-2&2\\7&-2&1\end{pmatrix}$.

于是 $A^{-1}=\frac{1}{|A|}A^*=\frac{1}{2}\begin{pmatrix}-5 & 2 & -1\\10 & -2 & 2\\7 & -2 & 1\end{pmatrix}=\begin{pmatrix}-\frac{5}{2} & 1 & -\frac{1}{2}\\5 & -1 & 1\\\frac{7}{2} & -1 & \frac{1}{2}\end{pmatrix}$.

【例 3】 设矩阵 $A=\begin{pmatrix}1 & 0 & 1\\0 & 2 & 6\\1 & 6 & 1\end{pmatrix}$,满足 $AX+E=A^2+X$,求矩阵 X.

解 化简矩阵方程为$(A-E)X=A^2-E$. ①

由 $A-E=\begin{pmatrix}0 & 0 & 1\\0 & 1 & 6\\1 & 6 & 0\end{pmatrix}$,可知$|A-E|=-1\neq0$,故 $A-E$ 可逆,用$(A-E)^{-1}$左乘①式两端,得 $X=(A-E)^{-1}(A^2-E)=(A-E)^{-1}(A-E)(A+E)=A+E=\begin{pmatrix}2 & 0 & 1\\0 & 3 & 6\\1 & 6 & 2\end{pmatrix}$.

方法总结

解矩阵方程时,注意方程两边是左乘还是右乘矩阵,计算中多应用恒等变形将方程化简,可以大大减少计算量.若方程为 $AX=B(|A|\neq0)$,则解为 $X=A^{-1}B$,而不能写成 $X=BA^{-1}$,更不能写成 $X=\frac{B}{A}$.

【例 4】 设 $P=\begin{pmatrix}1 & 2\\1 & 4\end{pmatrix}$,$\Lambda=\begin{pmatrix}1 & 0\\0 & 2\end{pmatrix}$,$AP=P\Lambda$,求 A^n.

解 $|P|=2$,$P^{-1}=\frac{1}{2}\begin{pmatrix}4 & -2\\-1 & 1\end{pmatrix}$.

所以 $A=P\Lambda P^{-1}$,$A^2=P\Lambda P^{-1}\cdot P\Lambda P^{-1}=P\Lambda^2P^{-1}$,…,$A^n=P\Lambda^nP^{-1}$,

而 $\Lambda=\begin{pmatrix}1 & 0\\0 & 2\end{pmatrix}$,$\Lambda^2=\begin{pmatrix}1 & 0\\0 & 2\end{pmatrix}\begin{pmatrix}1 & 0\\0 & 2\end{pmatrix}=\begin{pmatrix}1 & 0\\0 & 2^2\end{pmatrix}$,…,$\Lambda^n=\begin{pmatrix}1 & 0\\0 & 2^n\end{pmatrix}$.

所以 $A^n=\begin{pmatrix}1 & 2\\1 & 4\end{pmatrix}\begin{pmatrix}1 & 0\\0 & 2^n\end{pmatrix}\cdot\frac{1}{2}\begin{pmatrix}4 & -2\\-1 & 1\end{pmatrix}=\frac{1}{2}\begin{pmatrix}1 & 2^{n+1}\\1 & 2^{n+2}\end{pmatrix}\begin{pmatrix}4 & -2\\-1 & 1\end{pmatrix}$.

$$=\frac{1}{2}\begin{pmatrix}4-2^{n+1} & 2^{n+1}-2\\4-2^{n+2} & 2^{n+2}-2\end{pmatrix}=\begin{pmatrix}2-2^n & 2^n-1\\2-2^{n+1} & 2^{n+1}-1\end{pmatrix}.$$

方法总结

本题解法是矩阵求幂的常用方法,此方法也常用来计算矩阵 A 的多项式 $\varphi(A)=a_0E+a_1A+\cdots+a_mA^m$,即:

(1)若 $A=P\Lambda P^{-1}$，则 $A^k=P\Lambda^k P^{-1}$，从而：

$\varphi(A)=a_0E+a_1A+\cdots+a_mA^m=Pa_0EP^{-1}+Pa_1\Lambda P^{-1}+\cdots+Pa_m\Lambda^m P^{-1}=P\varphi(\Lambda)P^{-1}$

(2)若 $\Lambda=\mathrm{diag}(\lambda_1,\lambda_2,\cdots,\lambda_n)$ 为对角阵，则 $\Lambda^k=\mathrm{diag}(\lambda_1^k,\lambda_2^k,\cdots,\lambda_n^k)$，从而：

$$\varphi(\Lambda)=a_0E+a_1\Lambda+\cdots+a_m\Lambda^m$$

$$=a_0\begin{pmatrix}1&&&\\&1&&\\&&\ddots&\\&&&1\end{pmatrix}+a_1\begin{pmatrix}\lambda_1&&&\\&\lambda_2&&\\&&\ddots&\\&&&\lambda_n\end{pmatrix}+\cdots+a_m\begin{pmatrix}\lambda_1^m&&&\\&\lambda_2^m&&\\&&\ddots&\\&&&\lambda_n^m\end{pmatrix}$$

$$=\begin{pmatrix}\varphi(\lambda_1)&&&\\&\varphi(\lambda_2)&&\\&&\ddots&\\&&&\varphi(\lambda_n)\end{pmatrix}$$

【例 5】 设矩阵 $A=\frac{1}{2}\begin{pmatrix}1&-\sqrt{3}\\\sqrt{3}&1\end{pmatrix}$，矩阵 X 满足 $A^TX=A^{-1}+2X$，其中 A^T 是 A 的转置矩阵，A^{-1}是 A 的逆矩阵，求矩阵 X.

解 由 $A^TX=A^{-1}+2X$ 可得$(A^T-2E)X=A^{-1}$，方程两边同时左乘 A，得：

$A(A^T-2E)X=E$，即$(AA^T-2A)X=E$.

由逆矩阵的定义：$X=(AA^T-2A)^{-1}$，而 $AA^T=E$.

所以 $X=(E-2A)^{-1}=\frac{1}{3}\begin{pmatrix}0&-\sqrt{3}\\\sqrt{3}&0\end{pmatrix}$.

方法总结

本题仍是解矩阵方程，在注意到左乘、右乘之外，更加注重了矩阵化简的作用，极大减少了计算量.

【例 6】 设 n 阶方阵 A 满足 $A^2=3A$，证明：

(1)$4E-A$ 可逆；　　(2)若 $A\neq O$，则 $3E-A$ 不可逆.

证 (1)由 $A^2=3A$，得 $A^2-3A=O$.

所以 $A^2-3A-4E=-4E$，即$(4E-A)(E+A)=4E$，或$(4E-A)\cdot\frac{1}{4}(E+A)=E$.

由逆矩阵的定义知 $4E-A$ 可逆，且$(4E-A)^{-1}=\frac{1}{4}(E+A)$.

(2)用反证法，假设 $3E-A$ 可逆，由 $A^2=3A$，得$(3E-A)A=O$.

两边同时左乘$(3E-A)^{-1}$，得 $A=O$，与条件 $A\neq O$ 矛盾.

故 $3E-A$ 不可逆.

方法总结

给出矩阵 $\boldsymbol{A}$ 满足的关系式，要求与 $\boldsymbol{A}$ 有关的某个矩阵 $f(\boldsymbol{A})$ 的逆矩阵，一般情况下是将给定的关系式等价地化简为 $f(\boldsymbol{A})g(\boldsymbol{A})=\boldsymbol{E}$，或 $g(\boldsymbol{A})f(\boldsymbol{A})=\boldsymbol{E}$ 的形式，从而由逆矩阵的定义证得 $f(\boldsymbol{A})$ 可逆，且 $[f(\boldsymbol{A})]^{-1}=g(\boldsymbol{A})$.

【例 7】 设 $\boldsymbol{A}=\boldsymbol{E}-\xi\xi^{\mathrm{T}}$，其中 $\boldsymbol{E}$ 是 n 阶单位矩阵，ξ 是 n 维非零列向量，ξ^{T} 是 ξ 的转置，证明

(1) $\boldsymbol{A}^2=\boldsymbol{A}$ 的充要条件是 $\xi^{\mathrm{T}}\xi=1$；

(2) 当 $\xi^{\mathrm{T}}\xi=1$ 时，$\boldsymbol{A}$ 是不可逆矩阵.

证 (1) $\boldsymbol{A}^2=\boldsymbol{A}\Leftrightarrow(\boldsymbol{E}-\xi\xi^{\mathrm{T}})(\boldsymbol{E}-\xi\xi^{\mathrm{T}})=\boldsymbol{E}-\xi\xi^{\mathrm{T}}\Leftrightarrow\boldsymbol{E}-2\xi\xi^{\mathrm{T}}+\xi\xi^{\mathrm{T}}\xi\xi^{\mathrm{T}}=\boldsymbol{E}-\xi\xi^{\mathrm{T}}$

$$\Leftrightarrow\xi\xi^{\mathrm{T}}\xi\xi^{\mathrm{T}}=\xi\xi^{\mathrm{T}}\Leftrightarrow\xi(\xi^{\mathrm{T}}\xi-1)\xi^{\mathrm{T}}=\boldsymbol{O}\Leftrightarrow(\xi^{\mathrm{T}}\xi-1)\xi\xi^{\mathrm{T}}=\boldsymbol{O},$$

因为 ξ 是非零列向量，所以 $\xi\xi^{\mathrm{T}}\neq\boldsymbol{O}$.

从而 $\xi^{\mathrm{T}}\xi-1=0$，即 $\xi^{\mathrm{T}}\xi=1$.

故 $\boldsymbol{A}^2=\boldsymbol{A}$ 的充要条件是 $\xi^{\mathrm{T}}\xi=1$.

(2) 反证法：假设当 $\xi^{\mathrm{T}}\xi=1$ 时，$\boldsymbol{A}$ 是可逆矩阵，由(1)知此时 $\boldsymbol{A}^2=\boldsymbol{A}$，等式两边同时左乘 $\boldsymbol{A}^{-1}$，得 $\boldsymbol{A}^{-1}\cdot\boldsymbol{A}^2=\boldsymbol{A}^{-1}\cdot\boldsymbol{A}$，从而 $\boldsymbol{A}=\boldsymbol{E}$.

这与 $\boldsymbol{A}=\boldsymbol{E}-\xi\xi^{\mathrm{T}}\neq\boldsymbol{E}$ 矛盾，故 $\boldsymbol{A}$ 是不可逆矩阵.

方法总结

解本题时应注意到：

(1) $\xi^{\mathrm{T}}\xi$ 是数，$\xi\xi^{\mathrm{T}}$ 是矩阵，利用这一点可以简化计算；

(2) 当一个问题有两问时，一般后一问用前一问的结果计算较简便；

(3) 在证明矩阵不可逆时，除了利用行列式或秩等判断外，反证法也是常用的一种方法.

第四节　克拉默法则

一、主要内容归纳

1. 克拉默法则

如果线性方程组
$$\begin{cases}a_{11}x_1+a_{12}x_2+\cdots+a_{1n}x_n=b_1,\\ a_{21}x_1+a_{22}x_2+\cdots+a_{2n}x_n=b_2,\\ \cdots\cdots\cdots\cdots\\ a_{n1}x_1+a_{n2}x_2+\cdots+a_{nn}x_n=b_n\end{cases}\qquad①$$

的系数行列式 $D\neq0$ 时，则方程组①有唯一解

$$x_1=\frac{D_1}{D},x_2=\frac{D_2}{D}\cdots,x_j=\frac{D_j}{D}\qquad(j=1,2,\cdots,n),$$

其中 $D_j(j=1,2,\cdots,n)$是把系数行列式 D 中第 j 列元素用方程组右端的常数项代替后所得到的 n 阶行列式.

如果方程组①所对应的齐次线性方程组的系数行列式 $D\neq0$,则齐次线性方程组没有非零解.

2. 本节重点

克拉默法则的应用.

注意用法则的两个条件:(1)方程的个数等于未知数的个数;(2)系数行列式不等于零.能熟练应用克拉默法则判定线性方程组解的存在性,唯一性,并能运用此法则解线性方程组.

二、经典题型解析及解题方法总结

【例 1】 利用克拉默法则解方程组 $\begin{cases}2x_1+2x_2-x_3+x_4=4,\\4x_1+3x_2-x_3+2x_4=6,\\8x_1+5x_2-3x_3+4x_4=12,\\3x_1+3x_2-2x_3+2x_4=6.\end{cases}$

解 $D=\begin{vmatrix}2&2&-1&1\\4&3&-1&2\\8&5&-3&4\\3&3&-2&2\end{vmatrix}=2,D_1=\begin{vmatrix}4&2&-1&1\\6&3&-1&2\\12&5&-3&4\\6&3&-2&2\end{vmatrix}=2,D_2=\begin{vmatrix}2&4&-1&1\\4&6&-1&2\\8&12&-3&4\\3&6&-2&2\end{vmatrix}=2,$

$$D_3=\begin{vmatrix}2&2&4&1\\4&3&6&2\\8&5&12&4\\3&3&6&2\end{vmatrix}=-2,D_4=\begin{vmatrix}2&2&-1&4\\4&3&-1&6\\8&5&-3&12\\3&3&-2&6\end{vmatrix}=-2.$$

所以 $x_1=\frac{D_1}{D}=1,x_2=\frac{D_2}{D}=1,x_3=\frac{D_3}{D}=-1,x_4=\frac{D_4}{D}=-1.$

因此方程组的解为$(x_1,x_2,x_3,x_4)^{\mathrm{T}}=(1,1,-1,-1)^{\mathrm{T}}$.

【例 2】 解线性方程组 $\begin{cases}x_1+a_1x_2+a_1^2x_3+\cdots+a_1^{n-1}x_n=1,\\x_1+a_2x_2+a_2^2x_3+\cdots+a_2^{n-1}x_n=1,\\\cdots\cdots\cdots\cdots\\x_1+a_nx_2+a_n^2x_3+\cdots+a_n^{n-1}x_n=1,\end{cases}$ 其中 $a_i\neq a_j(i\neq j,i,j=1,2,\cdots,n)$.

解 该方程组的系数行列式是范德蒙德行列式的转置行列式,有

$$D=\begin{vmatrix}1&a_1&a_1^2&\cdots&a_1^{n-1}\\1&a_2&a_2^2&\cdots&a_2^{n-1}\\\vdots&\vdots&\vdots&&\vdots\\1&a_n&a_n^2&\cdots&a_n^{n-1}\end{vmatrix}=\prod_{1\leqslant j<i\leqslant n}(a_i-a_j)\neq0.$$

于是由克拉默法则知方程组有唯一解，D_i 为用常数项 $1,1,\cdots,1$，取代 D 的第 i 列所构成的行列式，由行列式的性质易知 $D_1=D, D_2=\cdots=D_n=0$，所以

$$x_1=\frac{D_1}{D}=1, x_2=\frac{D_2}{D}=0, \cdots, x_n=\frac{D_n}{D}=0.$$

因此方程组的解为 $(x_1,x_2,\cdots,x_n)^{\mathrm{T}}=(1,0,\cdots,0)^{\mathrm{T}}$.

方法总结

根据克拉默法则，先求方程组的系数行列式. 本题的系数行列式恰为范德蒙德行列式的转置行列式. 可直接利用范德蒙德行列式的结论，从而判断系数行列式不为零，再利用克拉默法则求解.

【例 3】 (1)问 λ 为何值时，齐次线性方程组 $\begin{cases}(5-\lambda)x_1+2x_2+2x_3=0,\\ 2x_1+(6-\lambda)x_2=0,\\ 2x_1+(4-\lambda)x_3=0\end{cases}$ 有非零解？

(2)如果齐次线性方程组 $\begin{cases}\lambda x_1+x_2+x_3=0,\\ x_1+\lambda x_2+x_3=0,\\ x_1+x_2+\lambda x_3=0\end{cases}$ 有非零解，试求 λ.

解 (1)系数行列式为零时，齐次线性方程组有非零解.

$$\begin{vmatrix}5-\lambda & 2 & 2\\ 2 & 6-\lambda & 0\\ 2 & 0 & 4-\lambda\end{vmatrix}=-(\lambda-2)(\lambda-5)(\lambda-8)=0,$$

故当 $\lambda=2$ 或 $\lambda=5$ 或 $\lambda=8$ 时，此齐次线性方程组有非零解.

(2)方程组有非零解，则其系数行列式的值必须等于零.

方程组的系数行列式 $D=\begin{vmatrix}\lambda & 1 & 1\\ 1 & \lambda & 1\\ 1 & 1 & \lambda\end{vmatrix}=(\lambda+2)\begin{vmatrix}1 & 1 & 1\\ 1 & \lambda & 1\\ 1 & 1 & \lambda\end{vmatrix}=(\lambda+2)(\lambda-1)^2=0$,

所以 $\lambda=-2$ 或 $\lambda=1$.

即当方程组有非零解时，λ 只可取 -2 或 1.

方法总结

(1)(2)两题均利用齐次线性方程组有非零解的判定定理. 当且仅当系数行列式为零时，齐次线性方程组有非零解.

【例 4】 证明平面上三条不同的直线 $ax+by+c=0$, $bx+cy+a=0$, $cx+ay+b=0$ 相交于一点的充分必要条件是 $a+b+c=0$.

证 必要性 设所给三条直线交于一点 $M(x_0,y_0)$，则 $x=x_0, y=y_0, z=1$ 可视为齐次

线性方程组$\begin{cases}ax+by+cz=0,\\bx+cy+az=0,\\cx+ay+bz=0\end{cases}$的非零解，从而系数行列式$\begin{vmatrix}a&b&c\\b&c&a\\c&a&b\end{vmatrix}=-\frac{1}{2}(a+b+c)[(a-b)^2+(b-c)^2+(c-a)^2]=0$. 因为三条直线互不相同，所以 a,b,c 也不全相同，故 $a+b+c=0$.

充分性 若 $a+b+c=0$，将方程组$\begin{cases}ax+by=-c,\\bx+cy=-a,\\cx+ay=-b\end{cases}$ ①的第一、第二两个方程加到第三个方程.

得$\begin{cases}ax+by=-c,\\bx+cy=-a,\\0=0.\end{cases}$ ②下证此方程组②有唯一解.

反证法 若方程组的解不唯一，则$\begin{vmatrix}a&b\\b&c\end{vmatrix}=ac-b^2=0\Rightarrow ac=b^2\geqslant 0$，由 $b=-(a+c)$ 得 $ac=[-(a+c)]^2=a^2+2ac+c^2\Rightarrow ac=-(a^2+c^2)\leqslant 0\Rightarrow ac=0$.

不妨设 $a=0$，由 $b^2=ac$ 得 $b=0$，再由 $a+b+c=0$ 推出 $c=0$，矛盾.

故$\begin{vmatrix}a&b\\b&c\end{vmatrix}\neq 0$，由克拉默法则知，方程组②有唯一解，从而知方程组①有唯一解，即三条不同直线交于一点.

方法总结

本题是克拉默法则对于齐次线性方程组的几个命题与结论在解题中的应用.

【例 5】 求经过点 $A(1,1,2)$，$B(3,-2,0)$，$C(0,5,-5)$ 三点的平面方程.

解 由空间解析几何知识，可设平面方程为 $ax+by+cz+d=0$，

由于点 A,B,C 在平面上，故点的坐标满足平面方程，即

$$a+b+2c+d=0, 3a-2b+d=0, 5b-5c+d=0.$$

设 (x,y,z) 是平面上任一点，则有齐次线性方程组$\begin{cases}ax+by+cz+d=0,\\a+b+2c+d=0,\\3a-2b+d=0,\\5b-5c+d=0,\end{cases}$

因为 a,b,c,d 不全为零，即方程组有非零解，系数行列式

$$\begin{vmatrix}x&y&z&1\\1&1&2&1\\3&-2&0&1\\0&5&-5&1\end{vmatrix}=\begin{vmatrix}x&y+z&z+5&1\\1&3&7&1\\3&-2&5&1\\0&0&0&1\end{vmatrix}=\begin{vmatrix}x&y+z&z+5\\1&3&7\\3&-2&5\end{vmatrix}$$

$$=\begin{vmatrix} x & -3x+y+z & -7x+z+5 \\ 1 & 0 & 0 \\ 3 & -11 & -16 \end{vmatrix}=0$$，整理得 $29x+16y+5z-55=0$.

所求平面方程为 $29x+16y+5z-55=0$.

方法总结

本题可根据题设条件构造出线性方程组，因线性方程组有解，再利用克拉默法则转化为行列式的计算，本题属于克拉默法则的应用题型.

第五节　矩阵分块法

一、主要内容归纳

1. 分块矩阵的运算规律

(1)设矩阵 $\boldsymbol{A}$ 与 $\boldsymbol{B}$ 的行数相同、列数相同，采用相同的分块法，有

$$\boldsymbol{A}=\begin{pmatrix} \boldsymbol{A}_{11} & \cdots & \boldsymbol{A}_{1r} \\ \vdots & & \vdots \\ \boldsymbol{A}_{s1} & \cdots & \boldsymbol{A}_{sr} \end{pmatrix},\boldsymbol{B}=\begin{pmatrix} \boldsymbol{B}_{11} & \cdots & \boldsymbol{B}_{1r} \\ \vdots & & \vdots \\ \boldsymbol{B}_{s1} & \cdots & \boldsymbol{B}_{sr} \end{pmatrix}$$，其中 $\boldsymbol{A}_{ij}$ 与 $\boldsymbol{B}_{ij}$ 的行数相同，列数相同，那么：

$$\boldsymbol{A}+\boldsymbol{B}=\begin{pmatrix} \boldsymbol{A}_{11}+\boldsymbol{B}_{11} & \cdots & \boldsymbol{A}_{1r}+\boldsymbol{B}_{1r} \\ \vdots & & \vdots \\ \boldsymbol{A}_{s1}+\boldsymbol{B}_{s1} & \cdots & \boldsymbol{A}_{sr}+\boldsymbol{B}_{sr} \end{pmatrix},\lambda\boldsymbol{A}=\begin{pmatrix} \lambda\boldsymbol{A}_{11} & \cdots & \lambda\boldsymbol{A}_{1r} \\ \vdots & & \vdots \\ \lambda\boldsymbol{A}_{s1} & \cdots & \lambda\boldsymbol{A}_{sr} \end{pmatrix}(\lambda\in\mathbf{R}).$$

(2)设 $\boldsymbol{A}$ 为 $m\times l$ 矩阵，$\boldsymbol{B}$ 为 $l\times n$ 矩阵，分块成

$$\boldsymbol{A}=\begin{pmatrix} \boldsymbol{A}_{11} & \cdots & \boldsymbol{A}_{1t} \\ \vdots & & \vdots \\ \boldsymbol{A}_{s1} & \cdots & \boldsymbol{A}_{st} \end{pmatrix},\boldsymbol{B}=\begin{pmatrix} \boldsymbol{B}_{11} & \cdots & \boldsymbol{B}_{1r} \\ \vdots & & \vdots \\ \boldsymbol{B}_{t1} & \cdots & \boldsymbol{B}_{tr} \end{pmatrix}$$，其中 $\boldsymbol{A}_{i1},\boldsymbol{A}_{i2},\cdots,\boldsymbol{A}_{it}$ 的列数分别等于 $\boldsymbol{B}_{1j},\boldsymbol{B}_{2j},\cdots,\boldsymbol{B}_{tj}$ 的行数，那么 $\boldsymbol{AB}=\begin{pmatrix} \boldsymbol{C}_{11} & \cdots & \boldsymbol{C}_{1r} \\ \vdots & & \vdots \\ \boldsymbol{C}_{s1} & \cdots & \boldsymbol{C}_{sr} \end{pmatrix}$，其中 $\boldsymbol{C}_{ij}=\sum\limits_{k=1}^{t}\boldsymbol{A}_{ik}\boldsymbol{B}_{kj}(i=1,2,\cdots,s;j=1,2,\cdots,r)$.

2. 分块矩阵的转置

设 $\boldsymbol{A}=\begin{pmatrix} \boldsymbol{A}_{11} & \cdots & \boldsymbol{A}_{1r} \\ \vdots & & \vdots \\ \boldsymbol{A}_{s1} & \cdots & \boldsymbol{A}_{sr} \end{pmatrix}$，则 $\boldsymbol{A}^{\mathrm{T}}=\begin{pmatrix} \boldsymbol{A}_{11}^{\mathrm{T}} & \cdots & \boldsymbol{A}_{s1}^{\mathrm{T}} \\ \vdots & & \vdots \\ \boldsymbol{A}_{1r}^{\mathrm{T}} & \cdots & \boldsymbol{A}_{sr}^{\mathrm{T}} \end{pmatrix}$.

3. 分块对角矩阵

设 $\boldsymbol{A}$ 为 n 阶矩阵，若 $\boldsymbol{A}$ 的分块矩阵只有在对角线上有非零子块，其余子块都为零矩阵，且在对角线上的子块都是方阵，即

$$\boldsymbol{A}=\begin{pmatrix}\boldsymbol{A}_1 & & & \boldsymbol{O}\\ & \boldsymbol{A}_2 & & \\ & & \ddots & \\ \boldsymbol{O} & & & \boldsymbol{A}_s\end{pmatrix}$$（其中 $\boldsymbol{A}_i(1,2,\cdots,s)$ 都是方阵），则称 $\boldsymbol{A}$ 为分块对角矩阵.

分块对角矩阵具有下列性质

(1) $|\boldsymbol{A}|=|\boldsymbol{A}_1||\boldsymbol{A}_2|\cdots|\boldsymbol{A}_s|$；

(2) 若 $|\boldsymbol{A}_i|\neq 0$，则 $|\boldsymbol{A}|\neq 0$，并有 $\boldsymbol{A}^{-1}=\begin{pmatrix}\boldsymbol{A}_1^{-1} & & & \boldsymbol{O}\\ & \boldsymbol{A}_2^{-1} & & \\ & & \ddots & \\ \boldsymbol{O} & & & \boldsymbol{A}_s^{-1}\end{pmatrix}$.

4. 本节重点

掌握分块对角矩阵的性质.

二、经典题型解析及解题方法总结

【例 1】 设 $\boldsymbol{A},\boldsymbol{B}$ 都是 n 阶可逆矩阵，证明：$\begin{pmatrix}\boldsymbol{A} & \boldsymbol{O}\\ \boldsymbol{C} & \boldsymbol{B}\end{pmatrix}$，$\begin{pmatrix}\boldsymbol{A} & \boldsymbol{C}\\ \boldsymbol{O} & \boldsymbol{B}\end{pmatrix}$，$\begin{pmatrix}\boldsymbol{C} & \boldsymbol{A}\\ \boldsymbol{B} & \boldsymbol{O}\end{pmatrix}$，$\begin{pmatrix}\boldsymbol{O} & \boldsymbol{A}\\ \boldsymbol{B} & \boldsymbol{C}\end{pmatrix}$ 均可逆，并求其逆矩阵.

证 令 $\boldsymbol{D}=\begin{pmatrix}\boldsymbol{A} & \boldsymbol{O}\\ \boldsymbol{C} & \boldsymbol{B}\end{pmatrix}$，由条件知 $|\boldsymbol{D}|=|\boldsymbol{A}||\boldsymbol{B}|\neq 0$，从而 $\boldsymbol{D}$ 可逆，设 $\boldsymbol{D}^{-1}=\begin{pmatrix}\boldsymbol{X}_{11} & \boldsymbol{X}_{12}\\ \boldsymbol{X}_{21} & \boldsymbol{X}_{22}\end{pmatrix}$，其中 $\boldsymbol{X}_{ij}(i,j=1,2)$ 均为 n 阶矩阵.

所以 $\boldsymbol{D}\boldsymbol{D}^{-1}=\begin{pmatrix}\boldsymbol{A} & \boldsymbol{O}\\ \boldsymbol{C} & \boldsymbol{B}\end{pmatrix}\begin{pmatrix}\boldsymbol{X}_{11} & \boldsymbol{X}_{12}\\ \boldsymbol{X}_{21} & \boldsymbol{X}_{22}\end{pmatrix}=\begin{pmatrix}\boldsymbol{A}\boldsymbol{X}_{11} & \boldsymbol{A}\boldsymbol{X}_{12}\\ \boldsymbol{C}\boldsymbol{X}_{11}+\boldsymbol{B}\boldsymbol{X}_{21} & \boldsymbol{C}\boldsymbol{X}_{12}+\boldsymbol{B}\boldsymbol{X}_{22}\end{pmatrix}=\begin{pmatrix}\boldsymbol{E} & \boldsymbol{O}\\ \boldsymbol{O} & \boldsymbol{E}\end{pmatrix}$（$\boldsymbol{E}$ 为 n 阶单位矩阵），

则 $\begin{cases}\boldsymbol{A}\boldsymbol{X}_{11}=\boldsymbol{E},\\ \boldsymbol{A}\boldsymbol{X}_{12}=\boldsymbol{O},\\ \boldsymbol{C}\boldsymbol{X}_{11}+\boldsymbol{B}\boldsymbol{X}_{21}=\boldsymbol{O},\\ \boldsymbol{C}\boldsymbol{X}_{12}+\boldsymbol{B}\boldsymbol{X}_{22}=\boldsymbol{E},\end{cases}$ 解得 $\begin{cases}\boldsymbol{X}_{11}=\boldsymbol{A}^{-1},\\ \boldsymbol{X}_{12}=\boldsymbol{O},\\ \boldsymbol{X}_{21}=-\boldsymbol{B}^{-1}\boldsymbol{C}\boldsymbol{A}^{-1},\\ \boldsymbol{X}_{22}=\boldsymbol{B}^{-1},\end{cases}$ 故 $\boldsymbol{D}^{-1}=\begin{pmatrix}\boldsymbol{A}^{-1} & \boldsymbol{O}\\ -\boldsymbol{B}^{-1}\boldsymbol{C}\boldsymbol{A}^{-1} & \boldsymbol{B}^{-1}\end{pmatrix}$.

同理可证：若 $\boldsymbol{A},\boldsymbol{B}$ 可逆，则 $\begin{pmatrix}\boldsymbol{A} & \boldsymbol{C}\\ \boldsymbol{O} & \boldsymbol{B}\end{pmatrix}^{-1}=\begin{pmatrix}\boldsymbol{A}^{-1} & -\boldsymbol{A}^{-1}\boldsymbol{C}\boldsymbol{B}^{-1}\\ \boldsymbol{O} & \boldsymbol{B}^{-1}\end{pmatrix}$，

$$\begin{pmatrix}\boldsymbol{C} & \boldsymbol{A}\\ \boldsymbol{B} & \boldsymbol{O}\end{pmatrix}^{-1}=\begin{pmatrix}\boldsymbol{O} & \boldsymbol{B}^{-1}\\ \boldsymbol{A}^{-1} & -\boldsymbol{A}^{-1}\boldsymbol{C}\boldsymbol{B}^{-1}\end{pmatrix},$$

$$\begin{pmatrix}\boldsymbol{O} & \boldsymbol{A}\\ \boldsymbol{B} & \boldsymbol{C}\end{pmatrix}^{-1}=\begin{pmatrix}-\boldsymbol{B}^{-1}\boldsymbol{C}\boldsymbol{A}^{-1} & \boldsymbol{B}^{-1}\\ \boldsymbol{A}^{-1} & \boldsymbol{O}\end{pmatrix}.$$

【例 2】 设矩阵 $A=\begin{pmatrix}1&0&0&0&0\\0&1&0&0&0\\-1&2&1&0&0\\1&1&0&1&0\\0&1&0&0&1\end{pmatrix}$，矩阵 $B=\begin{pmatrix}1&0&0&0\\-1&0&0&0\\0&1&3&-1\\0&2&1&4\\0&1&2&1\end{pmatrix}$，求 AB.

解 先将 A、B 分块为

$$A=\left(\begin{array}{cc:ccc}1&0&0&0&0\\0&1&0&0&0\\\hdashline -1&2&1&0&0\\1&1&0&1&0\\0&1&0&0&1\end{array}\right)=\begin{pmatrix}E_2&O\\A_1&E_3\end{pmatrix},\qquad B=\left(\begin{array}{c:ccc}1&0&0&0\\-1&0&0&0\\\hdashline 0&1&3&-1\\0&2&1&4\\0&1&2&1\end{array}\right)=\begin{pmatrix}B_1&O\\O&B_2\end{pmatrix},$$

所以 $AB=\begin{pmatrix}E_2&O\\A_1&E_3\end{pmatrix}\begin{pmatrix}B_1&O\\O&B_2\end{pmatrix}=\begin{pmatrix}B_1&O\\A_1B_1&B_2\end{pmatrix}$， 而 $A_1B_1=\begin{pmatrix}-1&2\\1&1\\0&1\end{pmatrix}\begin{pmatrix}1\\-1\end{pmatrix}=\begin{pmatrix}-3\\0\\-1\end{pmatrix}$，

所以 $AB=\begin{pmatrix}1&0&0&0\\-1&0&0&0\\-3&1&3&-1\\0&2&1&4\\-1&1&2&1\end{pmatrix}$.

【例 3】 设矩阵 $A=\begin{pmatrix}0&1&0&\cdots&0&0&0\\0&0&2&\cdots&0&0&0\\\vdots&\vdots&\vdots&&\vdots&\vdots&\vdots\\0&0&0&\cdots&n-1&0&0\\n&0&0&\cdots&0&0&0\\0&0&0&\cdots&0&2&1\\0&0&0&\cdots&0&5&3\end{pmatrix}$，求 A^{-1}.

解 将矩阵 A 分块为 $A=\begin{pmatrix}A_1&O\\O&A_2\end{pmatrix}$，其中

$$A_1=\begin{pmatrix}0&1&0&\cdots&0\\0&0&2&\cdots&0\\\vdots&\vdots&\vdots&&\vdots\\0&0&0&\cdots&n-1\\n&0&0&\cdots&0\end{pmatrix},A_2=\begin{pmatrix}2&1\\5&3\end{pmatrix},$$

A_1 又可分块为 $A_1=\begin{pmatrix} O & B_1 \\ B_2 & O \end{pmatrix}$，其中 $B_1=\begin{pmatrix} 1 & 0 & \cdots & 0 \\ 0 & 2 & \cdots & 0 \\ \vdots & \vdots & & \vdots \\ 0 & 0 & \cdots & n-1 \end{pmatrix}$，$B_2=n$.

则

$$A^{-1}=\begin{pmatrix} A_1^{-1} & O \\ O & A_2^{-1} \end{pmatrix}=\begin{pmatrix} O & B_2^{-1} & O \\ B_1^{-1} & O & O \\ O & O & A_2^{-1} \end{pmatrix}=\begin{pmatrix} 0 & 0 & 0 & \cdots & 0 & \frac{1}{n} & 0 & 0 \\ 1 & 0 & 0 & \cdots & 0 & 0 & 0 & 0 \\ 0 & \frac{1}{2} & 0 & \cdots & 0 & 0 & 0 & 0 \\ \vdots & \vdots & \vdots & & \vdots & \vdots & \vdots & \vdots \\ 0 & 0 & 0 & \cdots & \frac{1}{n-1} & 0 & 0 & 0 \\ 0 & 0 & 0 & \cdots & 0 & 0 & 3 & -1 \\ 0 & 0 & 0 & \cdots & 0 & 0 & -5 & 2 \end{pmatrix}.$$

方法总结

例 2、例 3 应用矩阵的分块法以及分块矩阵的运算性质，极大地简化了运算，这也是分块矩阵的一个很主要的用途.

【例 4】 设 A 是 n 阶非奇异矩阵，α 是 n 维列向量，b 是常数，记分块矩阵 $P=\begin{pmatrix} E & O \\ -\alpha^T A^* & |A| \end{pmatrix}$，$Q=\begin{pmatrix} A & \alpha \\ \alpha^T & b \end{pmatrix}$，其中 A^* 是矩阵 A 的伴随矩阵，E 为 n 阶单位矩阵.

(1)计算并化简 PQ；

(2)证明矩阵 Q 可逆的充要条件是 $\alpha^T A^{-1}\alpha\neq b$.

解 (1)因为 $AA^*=A^*A=|A|E$.

所以 $PQ=\begin{pmatrix} E & O \\ -\alpha^T A^* & |A| \end{pmatrix}\begin{pmatrix} A & \alpha \\ \alpha^T & b \end{pmatrix}=\begin{pmatrix} A & \alpha \\ -\alpha^T A^* A+|A|\alpha^T & -\alpha^T A^*\alpha+b|A| \end{pmatrix}$

$=\begin{pmatrix} A & \alpha \\ O & |A|(b-\alpha^T A^{-1}\alpha) \end{pmatrix}$.

(2)由(1)可得：$|PQ|=|A|^2(b-\alpha^T A^{-1}\alpha)$，

而 $|PQ|=|P|\cdot|Q|$，且 $|P|=|A|\neq 0$，

故 $|Q|=|A|(b-\alpha^T A^{-1}\alpha)$，

显然 $|Q|\neq 0\Leftrightarrow b-\alpha^T A^{-1}\alpha\neq 0$，

即 Q 可逆的充要条件是 $\alpha^T A^{-1}\alpha\neq b$.

方法总结

本题考查分块矩阵的运算性质.(1)中分块矩阵的乘法运算与矩阵乘法运算类似;(2)的解题思路使用结论“Q 可逆$\Leftrightarrow|Q|\neq0$”;注意到(1)的最后结果 PQ 为分块上三角矩阵,已知条件中 P 为分块下三角矩阵,均易得到行列式的值,所以用行列式讨论矩阵的可逆性.

习题二解答

1. 计算下列乘积:

(1) $\begin{pmatrix}4&3&1\\1&-2&3\\5&7&0\end{pmatrix}\begin{pmatrix}7\\2\\1\end{pmatrix}$; (2) $(1,2,3)\begin{pmatrix}3\\2\\1\end{pmatrix}$; (3) $\begin{pmatrix}2\\1\\3\end{pmatrix}(-1,2)$;

(4) $\begin{pmatrix}2&1&4&0\\1&-1&3&4\end{pmatrix}\begin{pmatrix}1&3&1\\0&-1&2\\1&-3&1\\4&0&-2\end{pmatrix}$; (5) $(x_1,x_2,x_3)\begin{pmatrix}a_{11}&a_{12}&a_{13}\\a_{12}&a_{22}&a_{23}\\a_{13}&a_{23}&a_{33}\end{pmatrix}\begin{pmatrix}x_1\\x_2\\x_3\end{pmatrix}$.

解 (1) $\begin{pmatrix}4&3&1\\1&-2&3\\5&7&0\end{pmatrix}\begin{pmatrix}7\\2\\1\end{pmatrix}=\begin{pmatrix}4\times7+3\times2+1\times1\\1\times7+(-2)\times2+3\times1\\5\times7+7\times2+0\times1\end{pmatrix}=\begin{pmatrix}35\\6\\49\end{pmatrix}$.

(2) $(1,2,3)\begin{pmatrix}3\\2\\1\end{pmatrix}=1\times3+2\times2+3\times1=10$.

(3) $\begin{pmatrix}2\\1\\3\end{pmatrix}(-1,2)=\begin{pmatrix}2\times(-1)&2\times2\\1\times(-1)&1\times2\\3\times(-1)&3\times2\end{pmatrix}=\begin{pmatrix}-2&4\\-1&2\\-3&6\end{pmatrix}$.

(4) $\begin{pmatrix}2&1&4&0\\1&-1&3&4\end{pmatrix}\begin{pmatrix}1&3&1\\0&-1&2\\1&-3&1\\4&0&-2\end{pmatrix}=\begin{pmatrix}6&-7&8\\20&-5&-6\end{pmatrix}$.

(5) $(x_1,x_2,x_3)\begin{pmatrix}a_{11}&a_{12}&a_{13}\\a_{12}&a_{22}&a_{23}\\a_{13}&a_{23}&a_{33}\end{pmatrix}\begin{pmatrix}x_1\\x_2\\x_3\end{pmatrix}$

$=(a_{11}x_1+a_{12}x_2+a_{13}x_3,a_{12}x_1+a_{22}x_2+a_{23}x_3,a_{13}x_1+a_{23}x_2+a_{33}x_3)\begin{pmatrix}x_1\\x_2\\x_3\end{pmatrix}$

$=a_{11}x_1^2+a_{22}x_2^2+a_{33}x_3^2+2a_{12}x_1x_2+2a_{13}x_1x_3+2a_{23}x_2x_3$.

2. 设 $\boldsymbol{A}=\begin{pmatrix}1&1&1\\1&1&-1\\1&-1&1\end{pmatrix}$,$\boldsymbol{B}=\begin{pmatrix}1&2&3\\-1&-2&4\\0&5&1\end{pmatrix}$,求 $3\boldsymbol{AB}-2\boldsymbol{A}$ 及 $\boldsymbol{A}^{\mathrm{T}}\boldsymbol{B}$.

解 $3AB-2A=3\begin{pmatrix}1&1&1\\1&1&-1\\1&-1&1\end{pmatrix}\begin{pmatrix}1&2&3\\-1&-2&4\\0&5&1\end{pmatrix}-2\begin{pmatrix}1&1&1\\1&1&-1\\1&-1&1\end{pmatrix}$

$=3\begin{pmatrix}0&5&8\\0&-5&6\\2&9&0\end{pmatrix}-2\begin{pmatrix}1&1&1\\1&1&-1\\1&-1&1\end{pmatrix}=\begin{pmatrix}-2&13&22\\-2&-17&20\\4&29&-2\end{pmatrix}$,

$A^{T}B=\begin{pmatrix}1&1&1\\1&1&-1\\1&-1&1\end{pmatrix}\begin{pmatrix}1&2&3\\-1&-2&4\\0&5&1\end{pmatrix}=\begin{pmatrix}0&5&8\\0&-5&6\\2&9&0\end{pmatrix}$.

3. 已知两个线性变换$\begin{cases}x_1=2y_1+y_3,\\x_2=-2y_1+3y_2+2y_3,\\x_3=4y_1+y_2+5y_3,\end{cases}$ $\begin{cases}y_1=-3z_1+z_2,\\y_2=2z_1+z_3,\\y_3=-z_2+3z_3,\end{cases}$求从 z_1,z_2,z_3 到 x_1,x_2,x_3 的线性变换.

解 由已知 $\begin{pmatrix}x_1\\x_2\\x_3\end{pmatrix}=\begin{pmatrix}2&0&1\\-2&3&2\\4&1&5\end{pmatrix}\begin{pmatrix}y_1\\y_2\\y_3\end{pmatrix}=\begin{pmatrix}2&0&1\\-2&3&2\\4&1&5\end{pmatrix}\begin{pmatrix}-3&1&0\\2&0&1\\0&-1&3\end{pmatrix}\begin{pmatrix}z_1\\z_2\\z_3\end{pmatrix}$

$=\begin{pmatrix}-6&1&3\\12&-4&9\\-10&-1&16\end{pmatrix}\begin{pmatrix}z_1\\z_2\\z_3\end{pmatrix}$,

所以有$\begin{cases}x_1=-6z_1+z_2+3z_3,\\x_2=12z_1-4z_2+9z_3,\\x_3=-10z_1-z_2+16z_3.\end{cases}$

4. 设 $A=\begin{pmatrix}1&2\\1&3\end{pmatrix}$,$B=\begin{pmatrix}1&0\\1&2\end{pmatrix}$,问:

(1)$AB=BA$ 吗?

(2)$(A+B)^2=A^2+2AB+B^2$ 吗?

(3)$(A+B)(A-B)=A^2-B^2$ 吗?

解 (1)因为 $AB=\begin{pmatrix}3&4\\4&6\end{pmatrix}$,$BA=\begin{pmatrix}1&2\\3&8\end{pmatrix}$,所以 $AB\neq BA$.

(2)因为 $A+B=\begin{pmatrix}2&2\\2&5\end{pmatrix}$,$(A+B)^2=\begin{pmatrix}2&2\\2&5\end{pmatrix}\begin{pmatrix}2&2\\2&5\end{pmatrix}=\begin{pmatrix}8&14\\14&29\end{pmatrix}$,

但 $A^2+2AB+B^2=\begin{pmatrix}3&8\\4&11\end{pmatrix}+\begin{pmatrix}6&8\\8&12\end{pmatrix}+\begin{pmatrix}1&0\\3&4\end{pmatrix}=\begin{pmatrix}10&16\\15&27\end{pmatrix}$,

所以$(A+B)^2\neq A^2+2AB+B^2$.

(3)因为 $A+B=\begin{pmatrix}2&2\\2&5\end{pmatrix}$,$A-B=\begin{pmatrix}0&2\\0&1\end{pmatrix}$,$(A+B)(A-B)=\begin{pmatrix}2&2\\2&5\end{pmatrix}\begin{pmatrix}0&2\\0&1\end{pmatrix}=\begin{pmatrix}0&6\\0&9\end{pmatrix}$,

而 $A^2-B^2=\begin{pmatrix}3&8\\4&11\end{pmatrix}-\begin{pmatrix}1&0\\3&4\end{pmatrix}=\begin{pmatrix}2&8\\1&7\end{pmatrix}$,故$(A+B)(A-B)\neq A^2-B^2$.

5. 举反例说明下列命题是错误的:

(1)若 $A^2=O$,则 $A=O$;

(2)若 $A^2=A$,则 $A=O$ 或 $A=E$;

(3)若 $\boldsymbol{AX}=\boldsymbol{AY}$,且 $\boldsymbol{A}\neq\boldsymbol{O}$,则 $\boldsymbol{X}=\boldsymbol{Y}$.

解 (1)取 $\boldsymbol{A}=\begin{pmatrix}0&1\\0&0\end{pmatrix}$,则 $\boldsymbol{A}^2=\boldsymbol{O}$,但 $\boldsymbol{A}\neq\boldsymbol{O}$.

(2)取 $\boldsymbol{A}=\begin{pmatrix}1&1\\0&0\end{pmatrix}$,则 $\boldsymbol{A}^2=\boldsymbol{A}$,但 $\boldsymbol{A}\neq\boldsymbol{O}$ 且 $\boldsymbol{A}\neq\boldsymbol{E}$.

(3)取 $\boldsymbol{A}=\begin{pmatrix}1&0\\0&0\end{pmatrix}$,$\boldsymbol{X}=\begin{pmatrix}1&1\\-1&1\end{pmatrix}$,$\boldsymbol{Y}=\begin{pmatrix}1&1\\0&1\end{pmatrix}$,则 $\boldsymbol{AX}=\boldsymbol{AY}$,且 $\boldsymbol{A}\neq\boldsymbol{O}$,但 $\boldsymbol{X}\neq\boldsymbol{Y}$.

6. (1)设 $\boldsymbol{A}=\begin{pmatrix}1&0\\\lambda&1\end{pmatrix}$,求 $\boldsymbol{A}^2,\boldsymbol{A}^3,\cdots,\boldsymbol{A}^k$.　　(2)设 $A=\begin{pmatrix}\lambda&1&0\\0&\lambda&1\\0&0&\lambda\end{pmatrix}$,求 $\boldsymbol{A}^4$.

解 (1)$\boldsymbol{A}^2=\begin{pmatrix}1&0\\\lambda&1\end{pmatrix}\begin{pmatrix}1&0\\\lambda&1\end{pmatrix}=\begin{pmatrix}1&0\\2\lambda&1\end{pmatrix}$,$\boldsymbol{A}^3=\boldsymbol{A}^2\boldsymbol{A}=\begin{pmatrix}1&0\\2\lambda&1\end{pmatrix}\begin{pmatrix}1&0\\\lambda&1\end{pmatrix}=\begin{pmatrix}1&0\\3\lambda&1\end{pmatrix}$,$\cdots$,

$\boldsymbol{A}^k=\begin{pmatrix}1&0\\k\lambda&1\end{pmatrix}$.(数学归纳法可证)

(2)$\boldsymbol{A}^2=\begin{pmatrix}\lambda&1&0\\0&\lambda&1\\0&0&\lambda\end{pmatrix}\begin{pmatrix}\lambda&1&0\\0&\lambda&1\\0&0&\lambda\end{pmatrix}=\begin{pmatrix}\lambda^2&2\lambda&1\\0&\lambda^2&2\lambda\\0&0&\lambda^2\end{pmatrix}$,$\boldsymbol{A}^3=\boldsymbol{A}^2\cdot\boldsymbol{A}=\begin{pmatrix}\lambda^3&3\lambda^2&3\lambda\\0&\lambda^3&3\lambda^2\\0&0&\lambda^3\end{pmatrix}$,

$\boldsymbol{A}^4=\boldsymbol{A}^3\cdot\boldsymbol{A}=\begin{pmatrix}\lambda^4&4\lambda^3&6\lambda^2\\0&\lambda^4&4\lambda^3\\0&0&\lambda^4\end{pmatrix}$.

7. (1)设 $\boldsymbol{A}=\begin{pmatrix}3&1\\1&-3\end{pmatrix}$,求 $\boldsymbol{A}^{50}$ 和 $\boldsymbol{A}^{51}$;　(2)设 $\boldsymbol{a}=\begin{pmatrix}2\\1\\-3\end{pmatrix}$,$\boldsymbol{b}=\begin{pmatrix}1\\2\\4\end{pmatrix}$,$\boldsymbol{A}=\boldsymbol{ab}^{\mathrm{T}}$,求 $\boldsymbol{A}^{100}$.

解 (1)因为 $\boldsymbol{A}^2=\begin{pmatrix}3&1\\1&-3\end{pmatrix}\begin{pmatrix}3&1\\1&-3\end{pmatrix}=\begin{pmatrix}10&0\\0&10\end{pmatrix}=10\begin{pmatrix}1&0\\0&1\end{pmatrix}=10\boldsymbol{E}$,

所以 $\boldsymbol{A}^{50}=(\boldsymbol{A}^2)^{25}=(10\boldsymbol{E})^{25}=10^{25}\boldsymbol{E}$.

另 $\boldsymbol{A}^{51}=\boldsymbol{A}^{50}\cdot\boldsymbol{A}=10^{25}\boldsymbol{EA}=10^{25}\begin{pmatrix}3&1\\1&-3\end{pmatrix}$.

(2)因为 $\boldsymbol{A}=\boldsymbol{ab}^{\mathrm{T}}=\begin{pmatrix}2\\1\\-3\end{pmatrix}(1\quad2\quad4)=\begin{pmatrix}2&4&8\\1&2&4\\-3&-6&-12\end{pmatrix}$,

所以 $\boldsymbol{A}^{100}=(\boldsymbol{ab}^{\mathrm{T}})^{100}=\boldsymbol{a}(\boldsymbol{b}^{\mathrm{T}}\boldsymbol{a})^{99}\boldsymbol{b}^{\mathrm{T}}$,

又因为 $\boldsymbol{b}^{\mathrm{T}}\boldsymbol{a}=(1,2,4)\begin{pmatrix}2\\1\\-3\end{pmatrix}=2+2-12=-8$,

所以 $\boldsymbol{A}^{100}=\boldsymbol{a}(\boldsymbol{b}^{\mathrm{T}}\boldsymbol{a})^{99}\boldsymbol{b}^{\mathrm{T}}=(-8)^{99}\begin{pmatrix}2&4&8\\1&2&4\\-3&-6&-12\end{pmatrix}=-8^{99}\begin{pmatrix}2&4&8\\1&2&4\\-3&-6&-12\end{pmatrix}$.

8. (1)设 $\boldsymbol{A},\boldsymbol{B}$ 为 n 阶矩阵,且 $\boldsymbol{A}$ 为对称矩阵,证明 $\boldsymbol{B}^{\mathrm{T}}\boldsymbol{AB}$ 也是对称矩阵.

(2)设 $\boldsymbol{A},\boldsymbol{B}$ 都是 n 阶对称矩阵,证明 $\boldsymbol{AB}$ 是对称矩阵的充分必要条件是 $\boldsymbol{AB}=\boldsymbol{BA}$.

(3)设 $\boldsymbol{A}$ 为 n 阶方阵,若满足 $\boldsymbol{A}^{\mathrm{T}}=-\boldsymbol{A}$,即 $a_{ij}=-a_{ji}(i,j=1,2,\cdots,n)$,则称 $\boldsymbol{A}$ 为反对称矩阵(亦称为反称矩阵).设 $\boldsymbol{A},\boldsymbol{B}$ 都是 n 阶反对称矩阵,证明 $\boldsymbol{AB}$ 是反对称矩阵的充要条件是 $\boldsymbol{AB}=-\boldsymbol{BA}$.

证 (1)因为 $\boldsymbol{A}^{\mathrm{T}}=\boldsymbol{A}$,所以 $(\boldsymbol{B}^{\mathrm{T}}\boldsymbol{AB})^{\mathrm{T}}=\boldsymbol{B}^{\mathrm{T}}(\boldsymbol{B}^{\mathrm{T}}\boldsymbol{A})^{\mathrm{T}}=\boldsymbol{B}^{\mathrm{T}}\boldsymbol{AB}$,从而 $\boldsymbol{B}^{\mathrm{T}}\boldsymbol{AB}$ 是对称矩阵.

(2)充分性:因为 $\boldsymbol{A}^{\mathrm{T}}=\boldsymbol{A},\boldsymbol{B}^{\mathrm{T}}=\boldsymbol{B}$,且 $\boldsymbol{AB}=\boldsymbol{BA}$,所以 $(\boldsymbol{AB})^{\mathrm{T}}=(\boldsymbol{BA})^{\mathrm{T}}=\boldsymbol{A}^{\mathrm{T}}\boldsymbol{B}^{\mathrm{T}}=\boldsymbol{AB}$,即 $\boldsymbol{AB}$ 是对称矩阵.

必要性:因为 $\boldsymbol{A}^{\mathrm{T}}=\boldsymbol{A},\boldsymbol{B}^{\mathrm{T}}=\boldsymbol{B}$,且 $(\boldsymbol{AB})^{\mathrm{T}}=\boldsymbol{AB}$,所以 $\boldsymbol{AB}=(\boldsymbol{AB})^{\mathrm{T}}=\boldsymbol{B}^{\mathrm{T}}\boldsymbol{A}^{\mathrm{T}}=\boldsymbol{BA}$.

(3)充分性:因为 $\boldsymbol{A}^{\mathrm{T}}=-\boldsymbol{A},\boldsymbol{B}^{\mathrm{T}}=\boldsymbol{B}$,且 $\boldsymbol{AB}=-\boldsymbol{BA}$,所以

$$(\boldsymbol{AB})^{\mathrm{T}}=(-\boldsymbol{BA})^{\mathrm{T}}=-\boldsymbol{A}^{\mathrm{T}}\boldsymbol{B}^{\mathrm{T}}=-(-\boldsymbol{A})(-\boldsymbol{B})=-\boldsymbol{AB},$$

即 $\boldsymbol{AB}$ 是反对称矩阵.

必要性:因为 $\boldsymbol{A}^{\mathrm{T}}=-\boldsymbol{A},\boldsymbol{B}^{\mathrm{T}}=-\boldsymbol{B}$,且 $(\boldsymbol{AB})^{\mathrm{T}}=-\boldsymbol{AB}$,所以

$$\boldsymbol{AB}=-(\boldsymbol{AB})^{\mathrm{T}}=-\boldsymbol{B}^{\mathrm{T}}\boldsymbol{A}^{\mathrm{T}}=-(-\boldsymbol{B})(-\boldsymbol{A})=-\boldsymbol{BA}.$$

9. 求下列矩阵的逆矩阵:

(1) $\begin{pmatrix}1&2\\2&5\end{pmatrix}$; (2) $\begin{pmatrix}\cos\theta&-\sin\theta\\\sin\theta&\cos\theta\end{pmatrix}$; (3) $\begin{pmatrix}1&2&-1\\3&4&-2\\5&-4&1\end{pmatrix}$;

(4) $\begin{pmatrix}a_1&&&0\\&a_2&&\\&&\ddots&\\0&&&a_n\end{pmatrix}(a_1a_2\cdots a_n\neq0)$.

解 (1) $\boldsymbol{A}=\begin{pmatrix}1&2\\2&5\end{pmatrix}$,$|\boldsymbol{A}|=1$,故 $\boldsymbol{A}^{-1}$ 存在.因为 $\boldsymbol{A}^{*}=\begin{pmatrix}A_{11}&A_{21}\\A_{12}&A_{22}\end{pmatrix}=\begin{pmatrix}5&-2\\-2&1\end{pmatrix}$,

故 $\boldsymbol{A}^{-1}=\dfrac{1}{|\boldsymbol{A}|}\boldsymbol{A}^{*}=\begin{pmatrix}5&-2\\-2&1\end{pmatrix}$.

(2) $\boldsymbol{A}=\begin{pmatrix}\cos\theta&-\sin\theta\\\sin\theta&\cos\theta\end{pmatrix}$,$|\boldsymbol{A}|=1\neq0$,故 $\boldsymbol{A}^{-1}$ 存在.因为 $\boldsymbol{A}^{*}=\begin{pmatrix}A_{11}&A_{21}\\A_{12}&A_{22}\end{pmatrix}=\begin{pmatrix}\cos\theta&\sin\theta\\-\sin\theta&\cos\theta\end{pmatrix}$,

所以 $\boldsymbol{A}^{-1}=\dfrac{1}{|\boldsymbol{A}|}\boldsymbol{A}^{*}=\begin{pmatrix}\cos\theta&\sin\theta\\-\sin\theta&\cos\theta\end{pmatrix}$.

(3) $\boldsymbol{A}=\begin{pmatrix}1&2&-1\\3&4&-2\\5&-4&1\end{pmatrix}$,$|\boldsymbol{A}|=2\neq0$,故 $\boldsymbol{A}^{-1}$ 存在.因为

$$\boldsymbol{A}^{*}=\begin{pmatrix}A_{11}&A_{21}&A_{31}\\A_{12}&A_{22}&A_{32}\\A_{13}&A_{23}&A_{33}\end{pmatrix}=\begin{pmatrix}-4&2&0\\-13&6&-1\\-32&14&-2\end{pmatrix},\text{所以 }\boldsymbol{A}^{-1}=\frac{1}{|\boldsymbol{A}|}\boldsymbol{A}^{*}=\begin{pmatrix}-2&1&0\\-\frac{13}{2}&3&-\frac{1}{2}\\-16&7&-1\end{pmatrix}.$$

(4) $\boldsymbol{A}=\begin{pmatrix}a_1&&&0\\&a_2&&\\&&\ddots&\\0&&&a_n\end{pmatrix}$,由对角矩阵的性质知 $\boldsymbol{A}^{-1}=\begin{pmatrix}\frac{1}{a_1}&&&0\\&\frac{1}{a_2}&&\\&&\ddots&\\0&&&\frac{1}{a_n}\end{pmatrix}$.

注: 本题结论可当作公式运用.

10. 已知线性变换$\begin{cases}x_1=2y_1+2y_2+y_3,\\x_2=3y_1+y_2+5y_3,\\x_3=3y_1+2y_2+3y_3,\end{cases}$求从变量 x_1,x_2,x_3 到变量 y_1,y_2,y_3 的线性变换.

解 由已知$\begin{pmatrix}x_1\\x_2\\x_3\end{pmatrix}=\begin{pmatrix}2&2&1\\3&1&5\\3&2&3\end{pmatrix}\begin{pmatrix}y_1\\y_2\\y_2\end{pmatrix}$,由$\begin{vmatrix}2&2&1\\3&1&5\\3&2&3\end{vmatrix}=1\neq0$,可知$\begin{pmatrix}2&2&1\\3&1&5\\3&2&3\end{pmatrix}$可逆.

故$\begin{pmatrix}y_1\\y_2\\y_3\end{pmatrix}=\begin{pmatrix}2&2&1\\3&1&5\\3&2&3\end{pmatrix}^{-1}\begin{pmatrix}x_1\\x_2\\x_3\end{pmatrix}=\begin{pmatrix}-7&-4&9\\6&3&-7\\3&2&-4\end{pmatrix}\begin{pmatrix}x_1\\x_2\\x_3\end{pmatrix}$,所以$\begin{cases}y_1=-7x_1-4x_2+9x_3,\\y_2=6x_1+3x_2-7x_3,\\y_3=3x_1+2x_2-4x_3.\end{cases}$

11. 设 $\boldsymbol{J}$ 是元素全为 1 的 $n(n\geqslant2)$ 阶方阵,证明 $\boldsymbol{E}-\boldsymbol{J}$ 是可逆方阵,且$(\boldsymbol{E}-\boldsymbol{J})^{-1}=\boldsymbol{E}-\frac{1}{n-1}\boldsymbol{J}$,这里 $\boldsymbol{E}$ 是与 $\boldsymbol{J}$ 同阶的单位矩阵.

证 $\boldsymbol{E}-\boldsymbol{J}=\begin{pmatrix}1&0&\cdots&0\\0&1&\cdots&0\\\vdots&\vdots&&\vdots\\0&0&\cdots&1\end{pmatrix}-\begin{pmatrix}1&1&\cdots&1\\1&1&\cdots&1\\\vdots&\vdots&&\vdots\\1&1&\cdots&1\end{pmatrix}=\begin{pmatrix}0&-1&\cdots&-1\\-1&0&\cdots&-1\\\vdots&\vdots&&\vdots\\-1&-1&\cdots&0\end{pmatrix}$

$$因为|\boldsymbol{E}-\boldsymbol{J}|=\begin{vmatrix}0&-1&\cdots&-1\\-1&0&\cdots&-1\\\vdots&\vdots&&\vdots\\-1&-1&\cdots&0\end{vmatrix}=(1-n)\begin{vmatrix}1&-1&\cdots&-1\\1&0&\cdots&-1\\\vdots&\vdots&&\vdots\\1&-1&\cdots&0\end{vmatrix}$$

$$=(1-n)\begin{vmatrix}1&-1&-1&\cdots&-1\\0&1&0&\cdots&0\\\vdots&\vdots&\vdots&&\vdots\\0&0&0&\cdots&1\end{vmatrix}=1-n\neq0,$$

所以 $\boldsymbol{E}-\boldsymbol{J}$ 可逆.

又因为$\left(\boldsymbol{E}-\frac{1}{n-1}\boldsymbol{J}\right)(\boldsymbol{E}-\boldsymbol{J})=\boldsymbol{E}^2-\boldsymbol{E}\boldsymbol{J}-\frac{1}{n-1}\boldsymbol{E}\boldsymbol{J}+\frac{1}{n-1}\boldsymbol{J}^2$

$$=\boldsymbol{E}-\boldsymbol{E}\left(\boldsymbol{J}+\frac{1}{n-1}\boldsymbol{J}\right)+\frac{1}{n-1}\boldsymbol{J}^2=\boldsymbol{E}-\frac{n}{n-1}\boldsymbol{J}+\frac{1}{n-1}n\boldsymbol{J}=\boldsymbol{E}.$$

所以$(\boldsymbol{E}-\boldsymbol{J})^{-1}=\boldsymbol{E}-\frac{1}{n-1}\boldsymbol{J}$.

12. 设 $\boldsymbol{A}^k=\boldsymbol{O}$($k$ 为正整数),证明$(\boldsymbol{E}-\boldsymbol{A})^{-1}=\boldsymbol{E}+\boldsymbol{A}+\boldsymbol{A}^2+\cdots+\boldsymbol{A}^{k-1}$.

证 **方法一** 因为 $\boldsymbol{A}^k=\boldsymbol{O}$,所以 $\boldsymbol{E}-\boldsymbol{A}^k=\boldsymbol{E}$. 又因为

$\boldsymbol{E}-\boldsymbol{A}^k=(\boldsymbol{E}-\boldsymbol{A})(\boldsymbol{E}+\boldsymbol{A}+\boldsymbol{A}^2+\cdots+\boldsymbol{A}^{k+1})$,所以$(\boldsymbol{E}-\boldsymbol{A})(\boldsymbol{E}+\boldsymbol{A}+\boldsymbol{A}^2+\cdots+\boldsymbol{A}^{k-1})=\boldsymbol{E}$,故 $\boldsymbol{E}-\boldsymbol{A}$ 可逆,且

$(\boldsymbol{E}-\boldsymbol{A})^{-1}=\boldsymbol{E}+\boldsymbol{A}+\boldsymbol{A}^2+\cdots+\boldsymbol{A}^{k-1}$.

方法二 一方面,有 $\boldsymbol{E}=(\boldsymbol{E}-\boldsymbol{A})^{-1}(\boldsymbol{E}-\boldsymbol{A})$.

另一方面,由 $\boldsymbol{A}^k=\boldsymbol{O}$,有

$\boldsymbol{E}=(\boldsymbol{E}-\boldsymbol{A})+(\boldsymbol{A}-\boldsymbol{A}^2)+\boldsymbol{A}^2-\cdots-\boldsymbol{A}^{k-1}+(\boldsymbol{A}^{k-1}-\boldsymbol{A}^k)=(\boldsymbol{E}+\boldsymbol{A}+\boldsymbol{A}^2+\cdots+\boldsymbol{A}^{k-1})(\boldsymbol{E}-\boldsymbol{A})$,

故$(\boldsymbol{E}-\boldsymbol{A})^{-1}(\boldsymbol{E}-\boldsymbol{A})=(\boldsymbol{E}+\boldsymbol{A}+\boldsymbol{A}^2+\cdots+\boldsymbol{A}^{k-1})(\boldsymbol{E}-\boldsymbol{A})$,

两端同时右乘$(\boldsymbol{E}-\boldsymbol{A})^{-1}$,就有$(\boldsymbol{E}-\boldsymbol{A})^{-1}=\boldsymbol{E}+\boldsymbol{A}+\boldsymbol{A}^2+\cdots+\boldsymbol{A}^{k-1}$.

13. 设方阵 $\boldsymbol{A}$ 满足 $\boldsymbol{A}^2-\boldsymbol{A}-2\boldsymbol{E}=\boldsymbol{O}$,证明 $\boldsymbol{A}$ 及 $\boldsymbol{A}+2\boldsymbol{E}$ 都可逆,并求 $\boldsymbol{A}^{-1}$ 及$(\boldsymbol{A}+2\boldsymbol{E})^{-1}$.

证 **方法一** 由 $\boldsymbol{A}^2-\boldsymbol{A}-2\boldsymbol{E}=\boldsymbol{O}$ 得 $\boldsymbol{A}^2-\boldsymbol{A}=2\boldsymbol{E}$,即 $\boldsymbol{A}(\boldsymbol{A}-\boldsymbol{E})=2\boldsymbol{E}$,或 $\boldsymbol{A}\cdot\frac{1}{2}(\boldsymbol{A}-\boldsymbol{E})=\boldsymbol{E}$,

故 $\boldsymbol{A}$ 可逆,且 $\boldsymbol{A}^{-1}=\frac{1}{2}(\boldsymbol{A}-\boldsymbol{E})$.

由 $A^2-A-2E=O$ 得 $A^2-A-6E=-4E$,即 $(A+2E)(A-3E)=-4E$,

或 $(A+2E)\cdot\frac{1}{4}(3E-A)=E$.

故 $A+2E$ 可逆,且 $(A+2E)^{-1}=\frac{1}{4}(3E-A)$.

方法二 由 $A^2-A-2E=O$ 得 $A^2-A=2E$,两端同时取行列式得 $|A^2-A|=2$,
即 $|A||A-E|=2$,故 $|A|\neq 0$,所以 A 可逆,而 $A+2E=A^2$,$|A+2E|=|A^2|=|A|^2\neq 0$,故 $A+2E$ 也可逆.

由 $A^2-A-2E=O\Rightarrow A(A-E)=2E\Rightarrow A^{-1}A(A-E)=2A^{-1}E\Rightarrow A^{-1}=\frac{1}{2}(A-E)$,

又由 $A^2-A-2E=O\Rightarrow(A+2E)A-3(A+2E)=-4E\Rightarrow(A+2E)(A-3E)=-4E$,

所以 $(A+2E)^{-1}(A+2E)(A-3E)=-4(A+2E)^{-1}$,$(A+2E)^{-1}=\frac{1}{4}(3E-A)$.

14. 解下列矩阵方程:

(1) $\begin{pmatrix}2&5\\1&3\end{pmatrix}X=\begin{pmatrix}4&-6\\2&1\end{pmatrix}$;

(2) $X\begin{pmatrix}2&1&-1\\2&1&0\\1&-1&1\end{pmatrix}=\begin{pmatrix}1&-1&3\\4&3&2\end{pmatrix}$;

(3) $\begin{pmatrix}1&4\\-1&2\end{pmatrix}X\begin{pmatrix}2&0\\-1&1\end{pmatrix}=\begin{pmatrix}3&1\\0&-1\end{pmatrix}$;

(4) $AXB=C$,其中 $A=\begin{pmatrix}2&1\\5&4\end{pmatrix}$,$B=\begin{pmatrix}1&3&3\\1&4&3\\1&3&4\end{pmatrix}$,$C=\begin{pmatrix}1&0&-1\\1&-2&0\end{pmatrix}$.

解 (1)因为 $\begin{vmatrix}2&5\\1&3\end{vmatrix}\neq 0$,所以 $\begin{pmatrix}2&5\\1&3\end{pmatrix}$ 可逆.

方程两边同时左乘它的逆矩阵:

$$X=\begin{pmatrix}2&5\\1&3\end{pmatrix}^{-1}\begin{pmatrix}4&-6\\2&1\end{pmatrix}=\begin{pmatrix}3&-5\\-1&2\end{pmatrix}\begin{pmatrix}4&-6\\2&1\end{pmatrix}=\begin{pmatrix}2&-23\\0&8\end{pmatrix}.$$

(2)因为 $\begin{vmatrix}2&1&-1\\2&1&0\\1&-1&1\end{vmatrix}=3\neq 0$,所以 $\begin{pmatrix}2&1&-1\\2&1&0\\1&-1&1\end{pmatrix}$ 可逆.

方程两边同时右乘它的逆矩阵:

$$X=\begin{pmatrix}1&-1&3\\4&3&2\end{pmatrix}\begin{pmatrix}2&1&-1\\2&1&0\\1&-1&1\end{pmatrix}^{-1}=\frac{1}{3}\begin{pmatrix}1&-1&3\\4&3&2\end{pmatrix}\begin{pmatrix}1&0&1\\-2&3&-2\\-3&3&0\end{pmatrix}=\begin{pmatrix}-2&2&1\\-\frac{8}{3}&5&-\frac{2}{3}\end{pmatrix}.$$

(3)记 $A=\begin{pmatrix}1&4\\-1&2\end{pmatrix}$,$B=\begin{pmatrix}2&0\\-1&1\end{pmatrix}$,$C=\begin{pmatrix}3&1\\0&-1\end{pmatrix}$,则矩阵方程可写为 $AXB=C$.

因为 $|A|=6\neq 0$,$|B|=2\neq 0$,故 A,B 均可逆,依次用 A^{-1} 和 B^{-1} 左乘和右乘方程两边得:

$$X=A^{-1}CB^{-1}=\begin{pmatrix}1&4\\-1&2\end{pmatrix}^{-1}\begin{pmatrix}3&1\\0&-1\end{pmatrix}\begin{pmatrix}2&0\\-1&1\end{pmatrix}^{-1}=\frac{1}{12}\begin{pmatrix}2&-4\\1&1\end{pmatrix}\begin{pmatrix}3&1\\0&-1\end{pmatrix}\begin{pmatrix}1&0\\1&2\end{pmatrix}$$

$$=\frac{1}{12}\begin{pmatrix}6&6\\3&0\end{pmatrix}\begin{pmatrix}1&0\\1&2\end{pmatrix}=\begin{pmatrix}1&1\\\frac{1}{4}&0\end{pmatrix}.$$

(4) $|\boldsymbol{A}|=3\neq0$，$\boldsymbol{A}$ 可逆. $|\boldsymbol{B}|=1\neq0$，$\boldsymbol{B}$ 可逆. 由 $\boldsymbol{AXB}=\boldsymbol{C}$ 得 $\boldsymbol{X}=\boldsymbol{A}^{-1}\boldsymbol{CB}^{-1}$，

其中 $\boldsymbol{A}^{-1}=\frac{1}{3}\begin{pmatrix}4&-1\\-5&2\end{pmatrix}$，$\boldsymbol{B}^{-1}=\begin{pmatrix}7&-3&-3\\-1&1&0\\-1&0&1\end{pmatrix}$，

所以 $\boldsymbol{X}=\boldsymbol{A}^{-1}\boldsymbol{CB}^{-1}$

$$=\frac{1}{3}\begin{pmatrix}4&-1\\-5&2\end{pmatrix}\begin{pmatrix}1&0&-1\\1&-2&0\end{pmatrix}\begin{pmatrix}7&-3&-3\\-1&1&0\\-1&0&1\end{pmatrix}$$

$$=\frac{1}{3}\begin{pmatrix}23&-7&-13\\-22&5&14\end{pmatrix}.$$

15. 分别应用克拉默法则和逆矩阵解下列线性方程组：

(1) $\begin{cases}x_1+2x_2+3x_3=1,\\2x_1+2x_2+5x_3=2,\\3x_1+5x_2+x_3=3;\end{cases}$ (2) $\begin{cases}x_1+x_2+x_3=2,\\x_1+2x_2+4x_3=3,\\x_1+3x_2+9x_3=5.\end{cases}$

解 (1)**方法一** 因为 $|\boldsymbol{A}|=\begin{vmatrix}1&2&3\\2&2&5\\3&5&1\end{vmatrix}=15$，$|\boldsymbol{A}_1|=\begin{vmatrix}1&2&3\\2&2&5\\3&5&1\end{vmatrix}=15$，

$|\boldsymbol{A}_2|=\begin{vmatrix}1&1&3\\2&2&5\\3&3&1\end{vmatrix}=0$，$|\boldsymbol{A}_3|=0$.

所以 $x_1=\frac{|\boldsymbol{A}_1|}{|\boldsymbol{A}|}=1$，$x_2=\frac{|\boldsymbol{A}_2|}{|\boldsymbol{A}|}=0$，$x_3=\frac{|\boldsymbol{A}_3|}{|\boldsymbol{A}|}=0$.

故解为 $\begin{cases}x_1=1,\\x_2=0,\\x_3=0.\end{cases}$

方法二 方程组可表示为 $\begin{pmatrix}1&2&3\\2&2&5\\3&5&1\end{pmatrix}\begin{pmatrix}x_1\\x_2\\x_3\end{pmatrix}=\begin{pmatrix}1\\2\\3\end{pmatrix}$，因为 $\begin{vmatrix}1&2&3\\2&2&5\\3&5&1\end{vmatrix}=15\neq0$，所以 $\begin{pmatrix}1&2&3\\2&2&5\\3&5&1\end{pmatrix}$ 可逆.

故 $\begin{pmatrix}x_1\\x_2\\x_3\end{pmatrix}=\begin{pmatrix}1&2&3\\2&2&5\\3&5&1\end{pmatrix}^{-1}\begin{pmatrix}1\\2\\3\end{pmatrix}=\begin{pmatrix}1\\0\\0\end{pmatrix}$，从而有 $\begin{cases}x_1=1,\\x_2=0,\\x_3=0.\end{cases}$

(2)**方法一** $|\boldsymbol{A}|=\begin{vmatrix}1&1&1\\1&2&4\\1&3&9\end{vmatrix}=(2-1)(3-1)(3-2)=2$，

$|\boldsymbol{A}_1|=\begin{vmatrix}2&1&1\\3&2&4\\5&3&9\end{vmatrix}=4$，$|\boldsymbol{A}_2|=-1$，$|\boldsymbol{A}_3|=1$.

所以 $x_1=\frac{|\boldsymbol{A}_1|}{|\boldsymbol{A}|}=2$，$x_2=\frac{|\boldsymbol{A}_2|}{|\boldsymbol{A}|}=-\frac{1}{2}$，$x_3=\frac{|\boldsymbol{A}_3|}{|\boldsymbol{A}|}=\frac{1}{2}$.

方法二 方程组可表示为：

$$\begin{pmatrix}1&1&1\\1&2&4\\1&3&9\end{pmatrix}\begin{pmatrix}x_1\\x_2\\x_3\end{pmatrix}=\begin{pmatrix}2\\3\\5\end{pmatrix}.$$

因为$|\boldsymbol{A}|=2\neq 0$,所以$\boldsymbol{A}$可逆.

故$\begin{pmatrix}x_1\\x_2\\x_3\end{pmatrix}=\begin{pmatrix}1&1&1\\1&2&4\\1&3&9\end{pmatrix}^{-1}\begin{pmatrix}2\\3\\5\end{pmatrix}=\begin{pmatrix}2\\-\frac{1}{2}\\\frac{1}{2}\end{pmatrix}$, 从而$\begin{cases}x_1=2,\\x_2=-\frac{1}{2},\\x_3=\frac{1}{2}.\end{cases}$

16. 设$\boldsymbol{A}$为3阶矩阵,$|\boldsymbol{A}|=\frac{1}{2}$,求$|(2\boldsymbol{A})^{-1}-5\boldsymbol{A}^*|$.

解 因为$\boldsymbol{A}^{-1}=\frac{1}{|\boldsymbol{A}|}\boldsymbol{A}^*$,所以

$$|(2\boldsymbol{A})^{-1}-5\boldsymbol{A}^*|=\left|\frac{1}{2}\boldsymbol{A}^{-1}-5|\boldsymbol{A}|\boldsymbol{A}^{-1}\right|=\left|\frac{1}{2}\boldsymbol{A}^{-1}-\frac{5}{2}\boldsymbol{A}^{-1}\right|$$

$$=|-2\boldsymbol{A}^{-1}|=(-2)^3|\boldsymbol{A}^{-1}|=-8|\boldsymbol{A}|^{-1}=-8\times 2=-16.$$

注:先化简矩阵,再取行列式计算变得简单.

17. 设$\boldsymbol{A}=\begin{pmatrix}0&3&3\\1&1&0\\-1&2&3\end{pmatrix}$,$\boldsymbol{AB}=\boldsymbol{A}+2\boldsymbol{B}$,求$\boldsymbol{B}$.

解 由$\boldsymbol{AB}=\boldsymbol{A}+2\boldsymbol{B}$可得$(\boldsymbol{A}-2\boldsymbol{E})\boldsymbol{B}=\boldsymbol{A}$,因为$|\boldsymbol{A}-2\boldsymbol{E}|=\begin{vmatrix}-2&3&3\\1&-1&0\\-1&2&1\end{vmatrix}=2\neq 0$,所以$\boldsymbol{A}-2\boldsymbol{E}$可逆.

故$\boldsymbol{B}=(\boldsymbol{A}-2\boldsymbol{E})^{-1}\boldsymbol{A}=\begin{pmatrix}-2&3&3\\1&-1&0\\-1&2&1\end{pmatrix}^{-1}\begin{pmatrix}0&3&3\\1&1&0\\-1&2&3\end{pmatrix}=\begin{pmatrix}0&3&3\\-1&2&3\\1&1&0\end{pmatrix}$.

18. 设$\boldsymbol{A}=\begin{pmatrix}1&0&1\\0&2&0\\1&0&1\end{pmatrix}$,且$\boldsymbol{AB}+\boldsymbol{E}=\boldsymbol{A}^2+\boldsymbol{B}$,求$\boldsymbol{B}$.

解 由$\boldsymbol{AB}+\boldsymbol{E}=\boldsymbol{A}^2+\boldsymbol{B}$得$(\boldsymbol{A}-\boldsymbol{E})\boldsymbol{B}=\boldsymbol{A}^2-\boldsymbol{E}$,即$(\boldsymbol{A}-\boldsymbol{E})\boldsymbol{B}=(\boldsymbol{A}-\boldsymbol{E})(\boldsymbol{A}+\boldsymbol{E})$.

因为$|\boldsymbol{A}-\boldsymbol{E}|=\begin{vmatrix}0&0&1\\0&1&0\\1&0&0\end{vmatrix}=-1\neq 0$,所以$\boldsymbol{A}-\boldsymbol{E}$可逆,从而$\boldsymbol{B}=\boldsymbol{A}+\boldsymbol{E}=\begin{pmatrix}2&0&1\\0&3&0\\1&0&2\end{pmatrix}$.

19. 设$\boldsymbol{A}=\mathrm{diag}(1,-2,1)$,$\boldsymbol{A}^*\boldsymbol{BA}=2\boldsymbol{BA}-8\boldsymbol{E}$,求$\boldsymbol{B}$.

解 由$\boldsymbol{A}^*\boldsymbol{BA}=2\boldsymbol{BA}-8\boldsymbol{E}$得$(\boldsymbol{A}^*-2\boldsymbol{E})\boldsymbol{BA}=-8\boldsymbol{E}$,

方程两边同时左乘$\boldsymbol{A}$得$(\boldsymbol{AA}^*-2\boldsymbol{A})\boldsymbol{BA}=-8\boldsymbol{A}$,

因为$|\boldsymbol{A}|=-2\neq 0$ 所以$\boldsymbol{A}$可逆,上式两边同时右乘$\boldsymbol{A}^{-1}$,可得$(|\boldsymbol{A}|\boldsymbol{E}-2\boldsymbol{A})\boldsymbol{B}=-8\boldsymbol{E}$,

即$(\boldsymbol{A}+\boldsymbol{E})\boldsymbol{B}=4\boldsymbol{E}$.

由于$\boldsymbol{A}+\boldsymbol{E}=\mathrm{diag}(2,-1,2)$可逆,且$(\boldsymbol{A}+\boldsymbol{E})^{-1}=\mathrm{diag}\left(\frac{1}{2},-1,\frac{1}{2}\right)$.

所以$\boldsymbol{B}=4(\boldsymbol{A}+\boldsymbol{E})^{-1}=4\mathrm{diag}\left(\frac{1}{2},-1,\frac{1}{2}\right)=\mathrm{diag}(2,-4,2)$.

20. 已知矩阵$\boldsymbol{A}$的伴随矩阵$\boldsymbol{A}^*=\mathrm{diag}(1,1,1,8)$,且$\boldsymbol{ABA}^{-1}=\boldsymbol{BA}^{-1}+3\boldsymbol{E}$,求$\boldsymbol{B}$.

解 由$|\boldsymbol{A}^*|=|\boldsymbol{A}|^3=8$,得$|\boldsymbol{A}|=2$.

由$\boldsymbol{ABA}^{-1}=\boldsymbol{BA}^{-1}+3\boldsymbol{E}$得$(\boldsymbol{A}-\boldsymbol{E})\boldsymbol{BA}^{-1}=3\boldsymbol{E}$,$(\boldsymbol{A}-\boldsymbol{E})\boldsymbol{B}=3\boldsymbol{A}$,$(\boldsymbol{E}-\boldsymbol{A}^{-1})\boldsymbol{B}=3\boldsymbol{E}$,

所以 $B=3(E-A^{-1})^{-1}=3(E-\frac{1}{2}A^{*})^{-1}=6(2E-A^{*})^{-1}$

$=6[\mathrm{diag}(1,1,1,-6)]^{-1}=\mathrm{diag}(6,6,6,-1)$.

21. 设 $P^{-1}AP=\Lambda$,其中 $P=\begin{pmatrix}-1&-4\\1&1\end{pmatrix}$,$\Lambda=\begin{pmatrix}-1&0\\0&2\end{pmatrix}$,求 A^{11}.

解 由 $P^{-1}AP=\Lambda$,得 $A=P\Lambda P^{-1}$,所以 $A^{11}=P\Lambda^{11}P^{-1}$.

$|P|=3,P^{*}=\begin{pmatrix}1&4\\-1&-1\end{pmatrix}$,$P^{-1}=\frac{1}{3}\begin{pmatrix}1&4\\-1&-1\end{pmatrix}$,而 $\Lambda^{11}=\begin{pmatrix}-1&0\\0&2\end{pmatrix}^{11}=\begin{pmatrix}-1&0\\0&2^{11}\end{pmatrix}$,

故 $A^{11}=\begin{pmatrix}-1&-4\\1&1\end{pmatrix}\begin{pmatrix}-1&0\\0&2^{11}\end{pmatrix}\begin{pmatrix}\frac{1}{3}&\frac{4}{3}\\-\frac{1}{3}&-\frac{1}{3}\end{pmatrix}=\frac{1}{3}\begin{pmatrix}1+2^{13}&4+2^{13}\\-1-2^{11}&-4-2^{11}\end{pmatrix}=\begin{pmatrix}2\ 731&2\ 732\\-683&-684\end{pmatrix}$.

22. 设 $AP=P\Lambda$,其中 $P=\begin{pmatrix}1&1&1\\1&0&-2\\1&-1&1\end{pmatrix}$,$\Lambda=\begin{pmatrix}-1&&\\&1&\\&&5\end{pmatrix}$,求 $\varphi(A)=A^{8}(5E-6A+A^{2})$.

解 因为 $|P|=\begin{vmatrix}1&1&1\\1&0&-2\\1&-1&1\end{vmatrix}=-6\neq0$,故 P 可逆.

由 $AP=P\Lambda$ 推得:$A=P\Lambda P^{-1}$,并记多项式 $\varphi(x)=x^{8}(5-6x+x^{2})$,有 $\varphi(A)=P\varphi(\Lambda)P^{-1}$.

而 $\varphi(\Lambda)=\Lambda^{8}(5E-6\Lambda+\Lambda^{2})$

$=\mathrm{diag}(1,1,5^{8})[\mathrm{diag}(5,5,5)-\mathrm{diag}(-6,6,30)+\mathrm{diag}(1,1,25)]$

$=\mathrm{diag}(1,1,5^{8})\mathrm{diag}(12,0,0)=12\mathrm{diag}(1,0,0)$.

于是 $\varphi(A)=P\varphi(\Lambda)P^{-1}=\frac{1}{|P|}P\varphi(\Lambda)P^{*}$

$=-2\begin{pmatrix}1&1&1\\1&0&-2\\1&-1&1\end{pmatrix}\begin{pmatrix}1&0&0\\0&0&0\\0&0&0\end{pmatrix}\begin{pmatrix}-2&-2&-2\\-3&0&3\\-1&2&-1\end{pmatrix}=4\begin{pmatrix}1&1&1\\1&1&1\\1&1&1\end{pmatrix}$.

23. 设矩阵 A 可逆,证明其伴随矩阵 A^{*} 也可逆,且 $(A^{*})^{-1}=(A^{-1})^{*}$.

证 由 $A^{-1}=\frac{1}{|A|}A^{*}$,得 $A^{*}=|A|A^{-1}$,所以当 A 可逆时,

有 $|A^{*}|=|A|^{n}|A^{-1}|=|A|^{n-1}\neq0$,从而 A^{*} 也可逆.

因为 $A^{*}=|A|A^{-1}$,所以 $(A^{*})^{-1}=|A|^{-1}A$.

又 $A=\frac{1}{|A^{-1}|}(A^{-1})^{*}=|A|(A^{-1})^{*}$,所以 $(A^{*})^{-1}=|A|^{-1}A=|A|^{-1}|A|(A^{-1})^{*}=(A^{-1})^{*}$.

24. 设 n 阶矩阶 A 的伴随矩阵为 A^{*},证明

(1)若 $|A|=0$,则 $|A^{*}|=0$;　　(2)$|A^{*}|=|A|^{n-1}$.

证 (1)用反证法证明.假设 $|A^{*}|\neq0$,则有 $A^{*}(A^{*})^{-1}=E$,由此得

$A=AA^{*}(A^{*})^{-1}=|A|E(A^{*})^{-1}=O$,

所以 $A^{*}=O$,这与 $|A^{*}|\neq0$ 矛盾,故当 $|A|=0$ 时,有 $|A^{*}|=0$.

(2)由 $AA^{*}=|A|E$,取行列式得到 $|A||A^{*}|=|A|^{n}$.

若 $|A|\neq0$,则 $|A^{*}|=|A|^{n-1}$;若 $|A|=0$,由(1)知 $|A^{*}|=0$,此时命题也成立.

因此 $|A^{*}|=|A|^{n-1}$.

25. 计算 $\begin{pmatrix}1&2&1&0\\0&1&0&1\\0&0&2&1\\0&0&0&3\end{pmatrix}\begin{pmatrix}1&0&3&1\\0&1&2&-1\\0&0&-2&3\\0&0&0&-3\end{pmatrix}$.

解 设 $\boldsymbol{A}_1=\begin{pmatrix}1&2\\0&1\end{pmatrix},\boldsymbol{A}_2=\begin{pmatrix}2&1\\0&3\end{pmatrix},\boldsymbol{B}_1=\begin{pmatrix}3&1\\2&-1\end{pmatrix},\boldsymbol{B}_2=\begin{pmatrix}-2&3\\0&-3\end{pmatrix}$,

则 $\begin{pmatrix}\boldsymbol{A}_1&\boldsymbol{E}\\\boldsymbol{O}&\boldsymbol{A}_2\end{pmatrix}\begin{pmatrix}\boldsymbol{E}&\boldsymbol{B}_1\\\boldsymbol{O}&\boldsymbol{B}_2\end{pmatrix}=\begin{pmatrix}\boldsymbol{A}_1&\boldsymbol{A}_1\boldsymbol{B}_1+\boldsymbol{B}_2\\\boldsymbol{O}&\boldsymbol{A}_2\boldsymbol{B}_2\end{pmatrix}$,

而 $\boldsymbol{A}_1\boldsymbol{B}_1+\boldsymbol{B}_2=\begin{pmatrix}1&2\\0&1\end{pmatrix}\begin{pmatrix}3&1\\2&-1\end{pmatrix}+\begin{pmatrix}-2&3\\0&-3\end{pmatrix}=\begin{pmatrix}5&2\\2&-4\end{pmatrix}$,

$\boldsymbol{A}_2\boldsymbol{B}_2=\begin{pmatrix}2&1\\0&3\end{pmatrix}\begin{pmatrix}-2&3\\0&-3\end{pmatrix}=\begin{pmatrix}-4&3\\0&-9\end{pmatrix}$,

所以 $\begin{pmatrix}\boldsymbol{A}_1&\boldsymbol{E}\\\boldsymbol{O}&\boldsymbol{A}_2\end{pmatrix}\begin{pmatrix}\boldsymbol{E}&\boldsymbol{B}_1\\\boldsymbol{O}&\boldsymbol{B}_2\end{pmatrix}=\begin{pmatrix}\boldsymbol{A}_1&\boldsymbol{A}_1\boldsymbol{B}_1+\boldsymbol{B}_2\\\boldsymbol{O}&\boldsymbol{A}_2\boldsymbol{B}_2\end{pmatrix}=\begin{pmatrix}1&2&5&2\\0&1&2&-4\\0&0&-4&3\\0&0&0&-9\end{pmatrix}$,

即 $\begin{pmatrix}1&2&1&0\\0&1&0&1\\0&0&2&1\\0&0&0&3\end{pmatrix}\begin{pmatrix}1&0&3&1\\0&1&2&-1\\0&0&-2&3\\0&0&0&-3\end{pmatrix}=\begin{pmatrix}1&2&5&2\\0&1&2&-4\\0&0&-4&3\\0&0&0&-9\end{pmatrix}$.

26. 设 $\boldsymbol{A}=\begin{pmatrix}3&4&0&0\\4&-3&0&0\\0&0&2&0\\0&0&2&2\end{pmatrix}$,求 $|\boldsymbol{A}^8|$ 及 $\boldsymbol{A}^4$.

解 令 $\boldsymbol{A}_1=\begin{pmatrix}3&4\\4&-3\end{pmatrix},\boldsymbol{A}_2=\begin{pmatrix}2&0\\2&2\end{pmatrix}$,则 $\boldsymbol{A}=\begin{pmatrix}\boldsymbol{A}_1&\boldsymbol{O}\\\boldsymbol{O}&\boldsymbol{A}_2\end{pmatrix},\boldsymbol{A}_1^2=5^2\boldsymbol{E},\boldsymbol{A}_1^4=5^4\boldsymbol{E},\boldsymbol{A}_2^2=\begin{pmatrix}2^2&0\\2^3&2^2\end{pmatrix},\boldsymbol{A}_2^4=\begin{pmatrix}2^4&0\\2^6&2^4\end{pmatrix}$,

故 $\boldsymbol{A}^8=\begin{pmatrix}\boldsymbol{A}_1&\boldsymbol{O}\\\boldsymbol{O}&\boldsymbol{A}_2\end{pmatrix}^8=\begin{pmatrix}\boldsymbol{A}_1^8&\boldsymbol{O}\\\boldsymbol{O}&\boldsymbol{A}_2^8\end{pmatrix}$, $|\boldsymbol{A}^8|=|\boldsymbol{A}_1^8||\boldsymbol{A}_2^8|=|\boldsymbol{A}_1|^8|\boldsymbol{A}_2|^8=10^{16}$.

$\boldsymbol{A}^4=\begin{pmatrix}\boldsymbol{A}_1^4&\boldsymbol{O}\\\boldsymbol{O}&\boldsymbol{A}_2^4\end{pmatrix}=\begin{pmatrix}5^4&0&0&0\\0&5^4&0&0\\0&0&2^4&0\\0&0&2^6&2^4\end{pmatrix}$.

27. 设 n 阶矩阵 $\boldsymbol{A}$ 及 s 阶矩阵 $\boldsymbol{B}$ 都可逆,求 $\begin{pmatrix}\boldsymbol{O}&\boldsymbol{A}\\\boldsymbol{B}&\boldsymbol{O}\end{pmatrix}^{-1}$.

解 设 $\begin{pmatrix}\boldsymbol{O}&\boldsymbol{A}\\\boldsymbol{B}&\boldsymbol{O}\end{pmatrix}^{-1}=\begin{pmatrix}\boldsymbol{C}_1&\boldsymbol{C}_2\\\boldsymbol{C}_3&\boldsymbol{C}_4\end{pmatrix}$,则 $\begin{pmatrix}\boldsymbol{O}&\boldsymbol{A}\\\boldsymbol{B}&\boldsymbol{O}\end{pmatrix}\begin{pmatrix}\boldsymbol{C}_1&\boldsymbol{C}_2\\\boldsymbol{C}_3&\boldsymbol{C}_4\end{pmatrix}=\begin{pmatrix}\boldsymbol{A}\boldsymbol{C}_3&\boldsymbol{A}\boldsymbol{C}_4\\\boldsymbol{B}\boldsymbol{C}_1&\boldsymbol{B}\boldsymbol{C}_2\end{pmatrix}=\begin{pmatrix}\boldsymbol{E}_n&\boldsymbol{O}\\\boldsymbol{O}&\boldsymbol{E}_s\end{pmatrix}$.

由此得 $\begin{cases}\boldsymbol{A}\boldsymbol{C}_3=\boldsymbol{E}_n,\\\boldsymbol{A}\boldsymbol{C}_4=\boldsymbol{O},\\\boldsymbol{B}\boldsymbol{C}_1=\boldsymbol{O},\\\boldsymbol{B}\boldsymbol{C}_2=\boldsymbol{E}_s,\end{cases}\Rightarrow\begin{cases}\boldsymbol{C}_3=\boldsymbol{A}^{-1},\\\boldsymbol{C}_4=\boldsymbol{O},\\\boldsymbol{C}_1=\boldsymbol{O},\\\boldsymbol{C}_2=\boldsymbol{B}^{-1},\end{cases}$ 所以 $\begin{pmatrix}\boldsymbol{O}&\boldsymbol{A}\\\boldsymbol{B}&\boldsymbol{O}\end{pmatrix}^{-1}=\begin{pmatrix}\boldsymbol{O}&\boldsymbol{B}^{-1}\\\boldsymbol{A}^{-1}&\boldsymbol{O}\end{pmatrix}$.

28. 求下列矩阵的逆矩阵:(1) $\begin{pmatrix}5&2&0&0\\2&1&0&0\\0&0&8&3\\0&0&5&2\end{pmatrix}$; (2) $\begin{pmatrix}0&0&\frac{1}{5}\\2&1&0\\4&3&0\end{pmatrix}$.

解 (1)设 $\boldsymbol{A}=\begin{pmatrix}5&2\\2&1\end{pmatrix}$，$\boldsymbol{B}=\begin{pmatrix}8&3\\5&2\end{pmatrix}$，则

$$\boldsymbol{A}^{-1}=\begin{pmatrix}5&2\\2&1\end{pmatrix}^{-1}=\begin{pmatrix}1&-2\\-2&5\end{pmatrix},\boldsymbol{B}^{-1}=\begin{pmatrix}8&3\\5&2\end{pmatrix}^{-1}=\begin{pmatrix}2&-3\\-5&8\end{pmatrix}.$$

于是 $\begin{pmatrix}5&2&0&0\\2&1&0&0\\0&0&8&3\\0&0&5&2\end{pmatrix}^{-1}=\begin{pmatrix}\boldsymbol{A}&\boldsymbol{O}\\\boldsymbol{O}&\boldsymbol{B}\end{pmatrix}^{-1}=\begin{pmatrix}\boldsymbol{A}^{-1}&\boldsymbol{O}\\\boldsymbol{O}&\boldsymbol{B}^{-1}\end{pmatrix}=\begin{pmatrix}1&-2&0&0\\-2&5&0&0\\0&0&2&-3\\0&0&-5&8\end{pmatrix}$.

(2)本题可以用 27 题的结论 $\begin{pmatrix}\boldsymbol{O}&\boldsymbol{A}\\\boldsymbol{B}&\boldsymbol{O}\end{pmatrix}^{-1}=\begin{pmatrix}\boldsymbol{O}&\boldsymbol{B}^{-1}\\\boldsymbol{A}^{-1}&\boldsymbol{O}\end{pmatrix}$.

因为 $|\boldsymbol{A}|=\frac{1}{5}$，$|\boldsymbol{A}^{-1}|=5$， $\boldsymbol{B}=\begin{pmatrix}2&1\\4&3\end{pmatrix}$，$\boldsymbol{B}^{-1}=\frac{1}{2}\begin{pmatrix}3&-1\\-4&2\end{pmatrix}$，

所以 $\begin{pmatrix}0&0&\frac{1}{5}\\2&1&0\\4&3&0\end{pmatrix}^{-1}=\frac{1}{2}\begin{pmatrix}0&3&-1\\0&-4&2\\10&0&0\end{pmatrix}$.

第二章自测题

一、填空题

1. 设 $\boldsymbol{A}=\begin{pmatrix}1\\3\\2\end{pmatrix}(-1,2,1)$，则 $\boldsymbol{A}^6=$__________.

2. 已知 $\boldsymbol{A}$ 为 2 阶方阵，$\boldsymbol{A}^*$ 是 $\boldsymbol{A}$ 的伴随矩阵，且 $|\boldsymbol{A}|=3$，则 $|\boldsymbol{A}^{-1}|=$______，$|\boldsymbol{A}\boldsymbol{A}^*|=$______.

3. $\boldsymbol{A}^2-\boldsymbol{B}^2=(\boldsymbol{A}+\boldsymbol{B})(\boldsymbol{A}-\boldsymbol{B})$ 的充分必要条件是__________.

4. 4 阶方阵 $\boldsymbol{A}=\begin{pmatrix}5&2&0&0\\2&1&0&0\\0&0&1&-2\\0&0&1&-1\end{pmatrix}$ 的逆矩阵 $\boldsymbol{A}^{-1}=$__________.

5. 设 $\boldsymbol{\alpha}=(1,2,3)^{\mathrm{T}}$，$\boldsymbol{\beta}=(1,-1,1)^{\mathrm{T}}$，矩阵 $\boldsymbol{A}=\boldsymbol{\alpha}\boldsymbol{\beta}^{\mathrm{T}}$，则 $\boldsymbol{A}^3=$__________.

6. 设 $\boldsymbol{A}$ 为 3 阶方阵，$\boldsymbol{A}^*$ 为其伴随矩阵，已知 $|\boldsymbol{A}|=\frac{1}{8}$，则 $\left|\left(\frac{1}{3}\boldsymbol{A}\right)^{-1}-8\boldsymbol{A}^*\right|=$__________.

7. 设矩阵 $\boldsymbol{A}=\begin{pmatrix}2&1\\-1&2\end{pmatrix}$，$\boldsymbol{E}$ 为 2 阶单位矩阵，矩阵 $\boldsymbol{B}$ 满足 $\boldsymbol{B}\boldsymbol{A}=\boldsymbol{B}+2\boldsymbol{E}$，则 $\boldsymbol{B}=$__________.

8. 设矩阵 $\boldsymbol{A}=\begin{pmatrix}1&0&0\\2&2&0\\3&4&5\end{pmatrix}$，$\boldsymbol{A}^*$ 是 $\boldsymbol{A}$ 的伴随矩阵，则 $(\boldsymbol{A}^*)^{-1}=$__________.

9. 设 $\boldsymbol{A},\boldsymbol{B}$ 均为 3 阶方阵，且 $|\boldsymbol{A}|=3$，$|\boldsymbol{B}|=2$，$|\boldsymbol{A}^{-1}+\boldsymbol{B}|=2$，则 $|\boldsymbol{A}+\boldsymbol{B}^{-1}|=$__________.

二、选择题

1. 设 $\boldsymbol{A},\boldsymbol{B}$ 是两个 n 阶方阵，则下列恒成立的是(   ).

(A) $|A+B|=|A|+|B|$　　(B) $AB=BA$

(C) $|AB|=|BA|$　　(D) $(A+B)^{-1}=A^{-1}+B^{-1}$

2. 设 A 为 n 阶可逆阵，A^* 是 A 的伴随矩阵，下列各式正确的是（　　）.

(A) $(2A)^{-1}=2A^{-1}$　　(B) $AA^*\neq 0$

(C) $|A^*|^{-1}=\dfrac{A^{-1}}{|A|}$　　(D) $[(A^{-1})^T]^{-1}=[(A^T)^{-1}]^T$

3. 设 A,B 是两个 n 阶方阵，则（　　）.

(A)若 A,B 都可逆，则 $A+B$ 也可逆　　(B)若 AB 可逆，则 $2A,B$ 都可逆

(C)若 $A+B$ 可逆，则 A,B 都可逆　　(D)若 AB 不可逆，则 A,B 都不可逆

4. 设 A 为 n 阶方阵，且 $|A|=a\neq 0$，A^* 是 A 的伴随矩阵，则 $|A^*|$ 为（　　）.

(A) a　　(B) $\dfrac{1}{a}$　　(C) a^{n-1}　　(D) a^n

5. 设 n 阶方阵 A,B,C 满足 $ABC=E$，则必有（　　）.

(A) $ACB=E$　　(B) $CBA=E$　　(C) $BAC=E$　　(D) $BCA=E$

6. 设 A 为 n 阶非零矩阵，E 为 n 阶单位矩阵，若 $A^3=O$，则（　　）.

(A) $E-A$ 不可逆，$E+A$ 不可逆　　(B) $E-A$ 不可逆，$E+A$ 可逆

(C) $E-A$ 可逆，$E+A$ 可逆　　(D) $E-A$ 可逆，$E+A$ 不可逆

三、计算题

1. 已知矩阵 A,B,P 满足 $AP=PB$，其中 $B=\begin{pmatrix}1&0&0\\0&0&0\\0&0&-1\end{pmatrix}$，$P=\begin{pmatrix}1&0&0\\2&-1&0\\2&1&1\end{pmatrix}$，

(1)求 A；(2)求 $\varphi(A)=3E-2A^2+5A^5$.

2. 已知 $A=\begin{pmatrix}2&1&0\\1&2&0\\0&0&1\end{pmatrix}$，矩阵 B 满足 $ABA^*=2BA^*+E$，其中 A^* 是 A 的伴随矩阵，E 是单位矩阵.

求(1) $|B|$；　(2) B^{-1}.

3. 已知 A,B 为3阶矩阵，且满足 $2A^{-1}B=B-4E$，其中 E 为3阶单位矩阵，

(1)证明 $A-2E$ 可逆；(2)若 $B=\begin{pmatrix}1&-2&0\\1&2&0\\0&0&2\end{pmatrix}$，求矩阵 A.

4. 设矩阵 $A=\begin{pmatrix}1&1&-1\\-1&1&1\\1&-1&1\end{pmatrix}$，矩阵 X 满足 $A^*X=A^{-1}+2X$，其中 A^* 是 A 的伴随矩阵，求矩阵 X.

四、证明题

1. 设 A 为 n 阶非零方阵，A^* 是 A 的伴随矩阵，A^T 是 A 的转置矩阵，证明：当 $A^T=A^*$ 时，A 可逆.

2. 设 n 阶矩阵 A 满足 $A^2+5A-4E=O$，证明 $A-3E$ 可逆，并求其逆.

3. 设 A,B 均为 n 阶方阵，且 $A=\dfrac{1}{2}(B+E)$，证明：$A^2=A$ 当且仅当 $B^2=E$.

第二章自测题答案

一、填空题

1. $7^5\begin{pmatrix}-1&2&1\\-3&6&3\\-2&4&2\end{pmatrix}$.

提示：记 $\boldsymbol{A}=\begin{pmatrix}1\\3\\2\end{pmatrix}(-1,2,1)=\boldsymbol{BC}$，所以 $\boldsymbol{A}^6=\boldsymbol{BC}\cdot\boldsymbol{BC}\cdot\boldsymbol{BC}\cdot\boldsymbol{BC}\cdot\boldsymbol{BC}\cdot\boldsymbol{BC}=\boldsymbol{B}\cdot(\boldsymbol{CB})^5\boldsymbol{C}$

而 $\boldsymbol{CB}=(-1,2,1)\begin{pmatrix}1\\3\\2\end{pmatrix}=7$. 所以 $\boldsymbol{A}^6=\boldsymbol{B}\cdot 7^5\cdot\boldsymbol{C}=7^5\begin{pmatrix}1\\3\\2\end{pmatrix}(-1,2,1)=7^5\begin{pmatrix}-1&2&1\\-3&6&3\\-2&4&2\end{pmatrix}$.

2. 9.

提示：$|\boldsymbol{A}^{-1}|=|\boldsymbol{A}|^{-1}=\frac{1}{3}$，$|\boldsymbol{AA}^*|=||\boldsymbol{A}|\boldsymbol{E}|=|\boldsymbol{A}|^2=9$.

3. $\boldsymbol{AB}=\boldsymbol{BA}$.

提示：$(\boldsymbol{A}+\boldsymbol{B})(\boldsymbol{A}-\boldsymbol{B})=\boldsymbol{A}^2-\boldsymbol{AB}+\boldsymbol{BA}-\boldsymbol{B}^2$，当且仅当 $\boldsymbol{AB}=\boldsymbol{BA}$ 时，$(\boldsymbol{A}+\boldsymbol{B})(\boldsymbol{A}-\boldsymbol{B})=\boldsymbol{A}^2-\boldsymbol{B}^2$.

4. $\begin{pmatrix}1&-2&0&0\\-2&5&0&0\\0&0&-1&2\\0&0&-1&1\end{pmatrix}$.

提示：记 $\boldsymbol{A}=\begin{pmatrix}\boldsymbol{A}_1&\boldsymbol{O}\\\boldsymbol{O}&\boldsymbol{A}_2\end{pmatrix}$，其中 $\boldsymbol{A}_1=\begin{pmatrix}5&2\\2&1\end{pmatrix}$，$\boldsymbol{A}_2=\begin{pmatrix}1&-2\\1&-1\end{pmatrix}$，

则 $\boldsymbol{A}^{-1}=\begin{pmatrix}\boldsymbol{A}_1^{-1}&\boldsymbol{O}\\\boldsymbol{O}&\boldsymbol{A}_2^{-1}\end{pmatrix}=\begin{pmatrix}1&-2&0&0\\-2&5&0&0\\0&0&-1&2\\0&0&-1&1\end{pmatrix}$.

5. $4\begin{pmatrix}1&-1&1\\2&-2&2\\3&-3&3\end{pmatrix}$.

提示：方法同 1 题. $\boldsymbol{A}^3=\boldsymbol{\alpha\beta}^{\mathrm{T}}\cdot\boldsymbol{\alpha\beta}^{\mathrm{T}}\cdot\boldsymbol{\alpha\beta}^{\mathrm{T}}=\boldsymbol{\alpha}(\boldsymbol{\beta}^{\mathrm{T}}\boldsymbol{\alpha})^2\cdot\boldsymbol{\beta}^{\mathrm{T}}=\begin{pmatrix}1\\2\\3\end{pmatrix}\cdot 2^2\cdot(1,-1,1)=4\begin{pmatrix}1&-1&1\\2&-2&2\\3&-3&3\end{pmatrix}$.

6. 64.

提示：$\left|\left(\frac{1}{3}\boldsymbol{A}\right)^{-1}-8\boldsymbol{A}^*\right|=\left|3\cdot\frac{1}{|\boldsymbol{A}|}\boldsymbol{A}^*-8\boldsymbol{A}^*\right|=|16\boldsymbol{A}^*|=16^3\cdot|\boldsymbol{A}^*|=16^3\cdot|\boldsymbol{A}|^2=16^3\times\frac{1}{64}=64$.

7. $\begin{pmatrix}1&-1\\1&1\end{pmatrix}$.

提示：由 $\boldsymbol{BA}=\boldsymbol{B}+2\boldsymbol{E}$ 得 $\boldsymbol{B}(\boldsymbol{A}-\boldsymbol{E})=2\boldsymbol{E}$，$\boldsymbol{B}=2(\boldsymbol{A}-\boldsymbol{E})^{-1}=2\cdot\frac{1}{2}\begin{pmatrix}1&-1\\1&1\end{pmatrix}=\begin{pmatrix}1&-1\\1&1\end{pmatrix}$.

8. $\begin{pmatrix}\frac{1}{10}&0&0\\\frac{1}{5}&\frac{1}{5}&0\\\frac{3}{10}&\frac{4}{10}&\frac{5}{10}\end{pmatrix}$.

提示：$|\boldsymbol{A}|=10$，$(\boldsymbol{A}^*)^{-1}=|\boldsymbol{A}^{-1}|\boldsymbol{A}=\frac{1}{10}\begin{pmatrix}1&0&0\\2&2&0\\3&4&5\end{pmatrix}=\begin{pmatrix}\frac{1}{10}&0&0\\\frac{1}{5}&\frac{1}{5}&0\\\frac{3}{10}&\frac{4}{10}&\frac{5}{10}\end{pmatrix}$.

9.3

提示：因为 $\boldsymbol{A}(\boldsymbol{A}^{-1}+\boldsymbol{B})\boldsymbol{B}^{-1}=(\boldsymbol{E}+\boldsymbol{AB})\boldsymbol{B}^{-1}=\boldsymbol{B}^{-1}+\boldsymbol{A}$.

所以 $|\boldsymbol{A}+\boldsymbol{B}^{-1}|=|\boldsymbol{A}(\boldsymbol{A}^{-1}+\boldsymbol{B})\boldsymbol{B}^{-1}|=|\boldsymbol{A}||\boldsymbol{A}^{-1}+\boldsymbol{B}||\boldsymbol{B}^{-1}|$，

又因为 $|\boldsymbol{B}|=2$. 所以 $|\boldsymbol{B}^{-1}|=|\boldsymbol{B}|^{-1}=\dfrac{1}{2}$，故 $|\boldsymbol{A}+\boldsymbol{B}^{-1}|=3\times2\times\dfrac{1}{2}=3$.

二、选择题

1.C　提示：本题考查方阵乘积的行列式 $|\boldsymbol{AB}|=|\boldsymbol{A}||\boldsymbol{B}|=|\boldsymbol{B}||\boldsymbol{A}|=|\boldsymbol{BA}|$. 一般情况 $\boldsymbol{AB}\neq\boldsymbol{BA}$，所以 B 错误，A、D 运算不一定成立.

2.B　提示：(A) $(\lambda\boldsymbol{A})^{-1}=\dfrac{1}{\lambda}A^{-1}$；(B) $\boldsymbol{AA}^*=|\boldsymbol{A}|\boldsymbol{E}$，当 $\boldsymbol{A}$ 可逆时，必有 $\boldsymbol{AA}^*\neq0$.

(C) $|\boldsymbol{A}^*|^{-1}$ 是一个数值，而右端 $\dfrac{\boldsymbol{A}^{-1}}{|\boldsymbol{A}|}$ 是一个矩阵，实际上：$|\boldsymbol{A}^*|=|\boldsymbol{A}|^{n-1}$，从而 $|\boldsymbol{A}^*|^{-1}=(|\boldsymbol{A}|^{n-1})^{-1}$ $=|\boldsymbol{A}|^{1-n}$.

(D) 左端 $[(\boldsymbol{A}^{-1})^{\mathrm{T}}]^{-1}=[(\boldsymbol{A}^{\mathrm{T}})^{-1}]^{-1}=\boldsymbol{A}^{\mathrm{T}}$；右端 $[(\boldsymbol{A}^{\mathrm{T}})^{-1}]^{\mathrm{T}}=[(\boldsymbol{A}^{-1})^{\mathrm{T}}]^{\mathrm{T}}=\boldsymbol{A}^{-1}$，当 $\boldsymbol{A}$ 可逆时，$\boldsymbol{A}^{\mathrm{T}}$ 不一定等于 $\boldsymbol{A}^{-1}$.

3.B　提示：反证法，假设 $\boldsymbol{A},\boldsymbol{B}$ 不可逆，则 $\boldsymbol{AB}$ 也不可逆.

4.C　提示：由 $\boldsymbol{AA}^*=\boldsymbol{E}$ 得 $|\boldsymbol{A}^*|=|\boldsymbol{A}|^{n-1}=a^{n-1}$.

5.D　提示：由 $\boldsymbol{ABC}=\boldsymbol{E}$ 得 $\boldsymbol{A}(\boldsymbol{BC})=\boldsymbol{E}$，即 $\boldsymbol{A}$ 与 $\boldsymbol{BC}$ 互为可逆，所以 $\boldsymbol{BCA}=\boldsymbol{E}$.

6.C　提示：由于 $(\boldsymbol{E}-\boldsymbol{A})(\boldsymbol{E}+\boldsymbol{A}+\boldsymbol{A}^2)=\boldsymbol{E}-\boldsymbol{A}^3=\boldsymbol{E}$.

$(\boldsymbol{E}+\boldsymbol{A})(\boldsymbol{E}-\boldsymbol{A}+\boldsymbol{A}^2)=\boldsymbol{E}+\boldsymbol{A}^3=\boldsymbol{E}$. 所以 $\boldsymbol{E}-\boldsymbol{A},\boldsymbol{E}+\boldsymbol{A}$ 均可逆.

三、计算题

1.解　(1) 易求 $\boldsymbol{P}^{-1}=\begin{pmatrix}1&0&0\\2&-1&0\\-4&1&1\end{pmatrix}$，由 $\boldsymbol{AP}=\boldsymbol{PB}$ 得

$$\boldsymbol{A}=\boldsymbol{PBP}^{-1}=\begin{pmatrix}1&0&0\\2&-1&0\\2&1&1\end{pmatrix}\begin{pmatrix}1&0&0\\0&0&0\\0&0&-1\end{pmatrix}\begin{pmatrix}1&0&0\\2&-1&0\\-4&1&1\end{pmatrix}=\begin{pmatrix}1&0&0\\2&0&0\\6&-1&-1\end{pmatrix}.$$

$$(2)\ \varphi(\boldsymbol{A})=3\boldsymbol{E}-2\boldsymbol{A}^2+5\boldsymbol{A}^5=\boldsymbol{P}\varphi(\boldsymbol{B})\boldsymbol{P}^{-1}=\boldsymbol{P}\begin{pmatrix}\varphi(1)&&0\\&\varphi(0)&\\0&&\varphi(-1)\end{pmatrix}\boldsymbol{P}^{-1}$$

$$=\begin{pmatrix}1&0&0\\2&-1&0\\2&1&1\end{pmatrix}\begin{pmatrix}6&0&0\\0&3&0\\0&0&-4\end{pmatrix}\begin{pmatrix}1&0&0\\2&-1&0\\-4&1&1\end{pmatrix}=\begin{pmatrix}6&0&0\\6&3&0\\34&-7&-4\end{pmatrix}.$$

2.解　(1) 因为 $\boldsymbol{ABA}^*=2\boldsymbol{BA}^*+\boldsymbol{E}$，所以 $(\boldsymbol{A}-2\boldsymbol{E})\boldsymbol{BA}^*=\boldsymbol{E}$，

两边取行列式得：$|\boldsymbol{A}-2\boldsymbol{E}||\boldsymbol{B}||\boldsymbol{A}^*|=1$，

又 $|\boldsymbol{A}-2\boldsymbol{E}|=1$，$|\boldsymbol{A}^*|=|\boldsymbol{A}|^2=9$，故 $|\boldsymbol{B}|=\dfrac{1}{9}$.

(2) 由 $(\boldsymbol{A}-2\boldsymbol{E})\boldsymbol{BA}^*=\boldsymbol{E}$ 得 $\boldsymbol{B}^{-1}=\boldsymbol{A}^*(\boldsymbol{A}-2\boldsymbol{E})=|\boldsymbol{A}|\boldsymbol{A}^{-1}(\boldsymbol{A}-2\boldsymbol{E})=3\boldsymbol{E}-6\boldsymbol{A}^{-1}$，

而 $\boldsymbol{A}^{-1}=\begin{pmatrix}\frac{2}{3}&-\frac{1}{3}&0\\-\frac{1}{3}&\frac{2}{3}&0\\0&0&1\end{pmatrix}$，故 $\boldsymbol{B}^{-1}=3\boldsymbol{E}-6\boldsymbol{A}^{-1}=\begin{pmatrix}-1&2&0\\2&-1&0\\0&0&-3\end{pmatrix}$.

3.解　(1) 由 $2\boldsymbol{A}^{-1}\boldsymbol{B}=\boldsymbol{B}-4\boldsymbol{E}$ 知 $\boldsymbol{AB}-2\boldsymbol{B}-4\boldsymbol{A}=0$.

从而 $(\boldsymbol{A}-2\boldsymbol{E})(\boldsymbol{B}-4\boldsymbol{E})=8\boldsymbol{E}$ 或 $(\boldsymbol{A}-2\boldsymbol{E})\cdot\dfrac{1}{8}(\boldsymbol{B}-4\boldsymbol{E})=\boldsymbol{E}$，

故 $\boldsymbol{A}-2\boldsymbol{E}$ 可逆，且$(\boldsymbol{A}-2\boldsymbol{E})^{-1}=\frac{1}{8}(\boldsymbol{B}-4\boldsymbol{E})$.

(2)由①知 $\boldsymbol{A}=2\boldsymbol{E}+8(\boldsymbol{B}-4\boldsymbol{E})^{-1}$，

而$(\boldsymbol{B}-4\boldsymbol{E})^{-1}=\begin{pmatrix}-3&-2&0\\1&-2&0\\0&0&-2\end{pmatrix}^{-1}=\begin{pmatrix}-\frac{1}{4}&\frac{1}{4}&0\\-\frac{1}{8}&-\frac{3}{8}&0\\0&0&-\frac{1}{2}\end{pmatrix}$， 故 $\boldsymbol{A}=\begin{pmatrix}0&2&0\\-1&-1&0\\0&0&-2\end{pmatrix}$.

4. 解　由 $\boldsymbol{A}^*\boldsymbol{X}=\boldsymbol{A}^{-1}+2\boldsymbol{X}$ 得$(\boldsymbol{A}^*-2\boldsymbol{E})\boldsymbol{X}=\boldsymbol{A}^{-1}$，其中 $\boldsymbol{E}$ 是 3 阶单位矩阵，用 $\boldsymbol{A}$ 左乘两端，得$(|\boldsymbol{A}|\boldsymbol{E}-2\boldsymbol{A})\boldsymbol{X}=\boldsymbol{E}$.

可见$(|\boldsymbol{A}|\boldsymbol{E}-2\boldsymbol{A})$可逆，从而 $\boldsymbol{X}=(|\boldsymbol{A}|\boldsymbol{E}-2\boldsymbol{A})^{-1}$.

由于$|\boldsymbol{A}|=\begin{vmatrix}1&1&-1\\-1&1&1\\1&-1&1\end{vmatrix}=4$，　$|\boldsymbol{A}|\boldsymbol{E}-2\boldsymbol{A}=2\begin{pmatrix}1&-1&1\\1&1&-1\\-1&1&1\end{pmatrix}$，

故 $\boldsymbol{X}=\frac{1}{2}\begin{pmatrix}1&-1&1\\1&1&-1\\-1&1&1\end{pmatrix}^{-1}=\frac{1}{4}\begin{pmatrix}1&1&0\\0&1&1\\1&0&1\end{pmatrix}$.

四、证明题

1. 证　**方法一**　由公式 $\boldsymbol{A}\boldsymbol{A}^*=|\boldsymbol{A}|\boldsymbol{E}$，若$|\boldsymbol{A}|=0$，则有 $\boldsymbol{A}\boldsymbol{A}^*=\boldsymbol{O}$.

又 $\boldsymbol{A}^{\mathrm{T}}=\boldsymbol{A}^*$，所以 $\boldsymbol{A}\boldsymbol{A}^{\mathrm{T}}=\boldsymbol{O}$.

把 $\boldsymbol{A}$ 按行分块，设 $\boldsymbol{A}$ 的第 i 行为 $\boldsymbol{A}_i(i=1,2,\cdots,n)$.

则有 $\boldsymbol{A}_i\boldsymbol{A}_i^{\mathrm{T}}=\boldsymbol{O}(i=1,2,\cdots,n)$，得 $\boldsymbol{A}_i=\boldsymbol{O}(i=1,2,\cdots,n)$

从而 $\boldsymbol{A}=\boldsymbol{O}$，这与 $\boldsymbol{A}$ 是非零矩阵矛盾，所以$|\boldsymbol{A}|\neq0$，$\boldsymbol{A}$ 可逆.

方法二　由 $\boldsymbol{A}^*=\boldsymbol{A}^{\mathrm{T}}$ 知 $A_{ij}=a_{ij}(i,j=1,2,\cdots,n)$，其中 A_{ij} 是元素 a_{ij} 的代数余子式，又由$\boldsymbol{A}\neq\boldsymbol{O}$知，不妨设 $\boldsymbol{A}$ 的第 i 行 $\boldsymbol{A}_i=(a_{i1},\cdots,a_{in})\neq\boldsymbol{O}$，则$|\boldsymbol{A}|$按第 i 行展开为：

$|\boldsymbol{A}|=a_{i1}A_{i1}+a_{i2}A_{i2}+\cdots+a_{in}A_{in}=a_{i1}^2+a_{i2}^2+\cdots+a_{in}^2\neq0$，

故 $\boldsymbol{A}$ 可逆.

2. 证　在 $\boldsymbol{A}^2+5\boldsymbol{A}-4\boldsymbol{E}=\boldsymbol{O}$ 中设法分解出 $\boldsymbol{A}-3\boldsymbol{E}$.

因为 $\boldsymbol{A}^2+5\boldsymbol{A}-4\boldsymbol{E}=(\boldsymbol{A}-3\boldsymbol{E})(\boldsymbol{A}+8\boldsymbol{E})+20\boldsymbol{E}=\boldsymbol{O}$，

则$(\boldsymbol{A}-3\boldsymbol{E})(-\frac{\boldsymbol{A}+8\boldsymbol{E}}{20})=\boldsymbol{E}$，故 $\boldsymbol{A}-3\boldsymbol{E}$ 可逆，且$(\boldsymbol{A}-3\boldsymbol{E})^{-1}=-\frac{\boldsymbol{A}+8\boldsymbol{E}}{20}$.

3. 证　先证必要性：$\boldsymbol{A}^2=\boldsymbol{A}\Rightarrow\boldsymbol{B}^2=\boldsymbol{E}$.

因为 $\boldsymbol{A}^2=\boldsymbol{A}$，所以$\frac{1}{4}(\boldsymbol{B}+\boldsymbol{E})^2=\frac{1}{2}(\boldsymbol{B}+\boldsymbol{E})$，即$\frac{1}{2}(\boldsymbol{B}^2+2\boldsymbol{B}+\boldsymbol{E})=\boldsymbol{B}+\boldsymbol{E}$.

移项化简得 $\boldsymbol{B}^2+\boldsymbol{E}=2\boldsymbol{E}$，因此 $\boldsymbol{B}^2=\boldsymbol{E}$.

再证充分性：$\boldsymbol{B}^2=\boldsymbol{E}\Rightarrow\boldsymbol{A}^2=\boldsymbol{A}$.

因为 $\boldsymbol{B}^2=\boldsymbol{E}$，则 $\boldsymbol{A}^2=\frac{1}{4}(\boldsymbol{B}+\boldsymbol{E})^2=\frac{1}{4}(\boldsymbol{B}^2+2\boldsymbol{B}+\boldsymbol{E})=\frac{1}{4}(\boldsymbol{E}+2\boldsymbol{B}+\boldsymbol{E})=\frac{1}{2}(\boldsymbol{B}+\boldsymbol{E})=\boldsymbol{A}$. 证毕.

第三章 矩阵的初等变换与线性方程组

矩阵的初等变换是矩阵的一种十分重要的运算，它在解线性方程组、求逆矩阵及矩阵理论的研究中发挥着重要的作用. 通过本章的学习，应该掌握矩阵的初等变换及矩阵的秩的概念，了解初等矩阵的性质和矩阵等价的概念，重点掌握用矩阵的初等变换求矩阵的秩、逆矩阵以及求线性方程组通解的方法.

第一节 矩阵的初等变换

一、主要内容归纳

1. 初等变换

矩阵的下列三种变换称为矩阵的初等行变换：

(1)对调两行(对调 i,j 两行，记作 $r_i \leftrightarrow r_j$)；

(2)以数 $k \neq 0$ 乘某一行中的所有元素(第 i 行乘 k，记作 $r_i \times k$)；

(3)把矩阵的某一行的 k 倍加到另一行(第 j 行的 k 倍加到第 i 行，记作 $r_i + kr_j$).

类似可定义矩阵的初等列变换(相应记号中把 r 换成 c).

矩阵的初等行变换与初等列变换，统称为矩阵的初等变换.

2. 矩阵等价

若矩阵 $\boldsymbol{A}$ 经有限次初等变换变成矩阵 $\boldsymbol{B}$，则称矩阵 $\boldsymbol{A}$ 与 $\boldsymbol{B}$ 等价，记作 $\boldsymbol{A} \sim \boldsymbol{B}$.

矩阵之间的等价关系具有下列性质：

(1)反身性：$\boldsymbol{A} \sim \boldsymbol{A}$；

(2)对称性：若 $\boldsymbol{A} \sim \boldsymbol{B}$，则 $\boldsymbol{B} \sim \boldsymbol{A}$；

(3)传递性：若 $\boldsymbol{A} \sim \boldsymbol{B}$，$\boldsymbol{B} \sim \boldsymbol{C}$，则 $\boldsymbol{A} \sim \boldsymbol{C}$.

3. 初等变换化简矩阵

(1)行阶梯形矩阵：可画出一条阶梯线，线的下方全为 0，每个台阶只有一行，台阶数即是非零行的行数，阶梯线的竖线后面的第一个元素为非零元，也就是非零行的第一个非零元.

(2)行最简形矩阵：非零行的第一个非零元素为 1，且这些非零元所在的列的其他元素都为 0.

(3)标准形：对于 $m\times n$ 矩阵 $\boldsymbol{A}$，总可经过初等变换(行变换和列变换)把它化为 $\boldsymbol{F}=\begin{pmatrix}\boldsymbol{E}_r & \boldsymbol{0}\\ \boldsymbol{0} & \boldsymbol{0}\end{pmatrix}_{m\times n}$，称为 $\boldsymbol{A}$ 的标准形.

4. 初等矩阵

由单位矩阵 $\boldsymbol{E}$ 经过一次初等变换得到的矩阵称为初等矩阵. 三种初等变换对应三种初等矩阵：

(1)对 $\boldsymbol{E}$ 施以第一种初等变换($r_i\leftrightarrow r_j$ 或 $c_i\leftrightarrow c_j$)得初等矩阵.

$$\boldsymbol{E}(i,j)=\begin{pmatrix}1 &&&&&&\\ &\ddots&&&&&\\ &&0&\cdots&1&&\\ &&\vdots&1\ \ddots\ 1&\vdots&&\\ &&1&\cdots&0&&\\ &&&&&\ddots&\\ &&&&&&1\end{pmatrix}\begin{matrix}\\ \\ 第\,i\,行\\ \\ 第\,j\,行\\ \\ \\ \end{matrix}.$$

(2)对 $\boldsymbol{E}$ 施以第二种初等变换($r_i\times k$ 或 $c_i\times k$)得初等矩阵.

$$\boldsymbol{E}(i(k))=\begin{pmatrix}1&&&&&&\\ &\ddots&&&&&\\ &&1&&&&\\ &&&k&&&\\ &&&&1&&\\ &&&&&\ddots&\\ &&&&&&1\end{pmatrix}第\,i\,行.$$

(3)对 $\boldsymbol{E}$ 施以第三种初等变换(r_i+kr_j 或 c_j+kc_i)得初等矩阵.

$$\boldsymbol{E}(i,j(k))=\begin{pmatrix}1&&&&\\ &\ddots&&&\\ &&1\ \cdots\ k&&\\ &&\ddots\ \ \vdots&&\\ &&1&&\\ &&&\ddots&\\ &&&&1\end{pmatrix}\begin{matrix}\\ \\ 第\,i\,行\\ \\ 第\,j\,行\\ \\ \\ \end{matrix}.$$

第 i 行 第 j 行

初等矩阵具有下列基本性质：

(1)$\boldsymbol{E}(i,j)^{-1}=\boldsymbol{E}(i,j)$；$\boldsymbol{E}(i(k))^{-1}=\boldsymbol{E}(i(k^{-1}))$；$\boldsymbol{E}(i,j(k))^{-1}=\boldsymbol{E}(ij(-k))$.

(2)$|\boldsymbol{E}(ij)|=-1$；$|\boldsymbol{E}(i(k))|=k$；$|\boldsymbol{E}(i,j(k))|=1$.

5. 初等矩阵与初等变换的关系

对矩阵的 $\boldsymbol{A}_{m\times n}$ 施行一次初等行变换，相当于在 $\boldsymbol{A}_{m\times n}$ 的左边乘以相应的 m 阶初等矩阵，对 $\boldsymbol{A}_{m\times n}$ 施行一次初等列变换，相当于在 $\boldsymbol{A}_{m\times n}$ 的右边乘以相应的 n 阶初等矩阵.

6. 初等矩阵的应用

(1)方阵 $\boldsymbol{A}$ 可逆的充分必要条件是存在有限个初等矩阵 $\boldsymbol{P}_1,\boldsymbol{P}_2,\cdots,\boldsymbol{P}_t$，使 $\boldsymbol{A}=\boldsymbol{P}_1\boldsymbol{P}_2\cdots\boldsymbol{P}_t$.

(2)方阵 $\boldsymbol{A}$ 可逆的充分必要条件是 $\boldsymbol{A}$ 与单位矩阵 $\boldsymbol{E}$ 等价，即 $\boldsymbol{A}\sim\boldsymbol{E}$.

(3)$m\times n$ 矩阵 $\boldsymbol{A}$ 与 $\boldsymbol{B}$ 等价的充分必要条件是存在 m 阶可逆矩阵 $\boldsymbol{P}$ 及 n 阶可逆矩阵 $\boldsymbol{Q}$，使得 $\boldsymbol{PAQ}=\boldsymbol{B}$.

7. 用初等变换法求矩阵 A 的逆矩阵，方法有：

(1)$(\boldsymbol{A}\vdots\boldsymbol{E})\xrightarrow{\text{初等行变换}}(\boldsymbol{E}\vdots\boldsymbol{A}^{-1})$；　(2)$\begin{pmatrix}\boldsymbol{A}\\ \cdots\\ \boldsymbol{E}\end{pmatrix}\xrightarrow{\text{初等列变换}}\begin{pmatrix}\boldsymbol{E}\\ \cdots\\ \boldsymbol{A}^{-1}\end{pmatrix}$；

(3)$\begin{pmatrix}\boldsymbol{A} & \boldsymbol{E}\\ \boldsymbol{E} & \boldsymbol{O}\end{pmatrix}\longrightarrow\begin{pmatrix}\boldsymbol{E} & \boldsymbol{C}\\ \boldsymbol{B} & \boldsymbol{O}\end{pmatrix}$，$\boldsymbol{A}^{-1}=\boldsymbol{BC}$.

8. n 阶矩阵 A 可逆的充要条件

n 阶矩阵 $\boldsymbol{A}$ 可逆$\Leftrightarrow$存在 n 阶矩阵 $\boldsymbol{B}$，使 $\boldsymbol{BA}=\boldsymbol{AB}=\boldsymbol{E}$(定义)；

$\Leftrightarrow|\boldsymbol{A}|\neq 0$($\Leftrightarrow\boldsymbol{A}$ 为非奇异矩阵)；

$\Leftrightarrow$存在 n 阶矩阵 $\boldsymbol{B}$，使 $\boldsymbol{AB}=\boldsymbol{E}$(或 $\boldsymbol{BA}=\boldsymbol{E}$)；

$\Leftrightarrow\boldsymbol{A}$ 的行阶梯形有 n 个非零行；

$\Leftrightarrow\boldsymbol{A}$ 的行最简形是 $\boldsymbol{E}$($\Leftrightarrow\boldsymbol{A}\xrightarrow{r}\boldsymbol{E}$)；

$\Leftrightarrow\boldsymbol{A}$ 的标准形是 $\boldsymbol{E}$($\Leftrightarrow\boldsymbol{A}\longrightarrow\boldsymbol{E}$)；

$\Leftrightarrow\boldsymbol{A}$ 的秩 $R(\boldsymbol{A})=n$($\Leftrightarrow\boldsymbol{A}$ 是满秩矩阵)；

$\Leftrightarrow$齐次线性方程组 $\boldsymbol{Ax}=\boldsymbol{0}$ 只有零解；

$\Leftrightarrow$非齐次线性方程组 $\boldsymbol{Ax}=\boldsymbol{b}$ 有唯一解；

$\Leftrightarrow\boldsymbol{A}$ 的列向量组线性无关($\Leftrightarrow$矩阵 $\boldsymbol{A}$ 的列秩$=n$)(第四章)；

$\Leftrightarrow\boldsymbol{A}$ 的行向量组线性无关($\Leftrightarrow$矩阵 $\boldsymbol{A}$ 的行秩$=n$)(第四章)；

$\Leftrightarrow\boldsymbol{A}$ 的 n 个特征值均非零(第五章).

9. 本节重点

利用初等变换的方法求给定矩阵的逆矩阵. 矩阵经过初等变换化为阶梯形是一种重要的运算，要熟练掌握.

二、 经典题型解析及解题方法总结

【例 1】 (2020 数学一，4 分)若矩阵 $\boldsymbol{A}$ 经初等列变换化成 $\boldsymbol{B}$，则________.

(A)存在矩阵 $\boldsymbol{P}$，使得 $\boldsymbol{PA}=\boldsymbol{B}$　　(B)存在矩阵 $\boldsymbol{P}$，使得 $\boldsymbol{BP}=\boldsymbol{A}$

(C)存在矩阵 $\boldsymbol{P}$，使得 $\boldsymbol{PB}=\boldsymbol{A}$　　(D)方程组 $\boldsymbol{Ax}=\boldsymbol{0}$ 与 $\boldsymbol{Bx}=\boldsymbol{0}$ 同解

解　由初等变换和初等矩阵的关系知，存在可逆矩阵 $\boldsymbol{Q}$，使 $\boldsymbol{B}=\boldsymbol{AQ}$. 于是，$\boldsymbol{A}=\boldsymbol{BQ}^{-1}$. 令 $\boldsymbol{P}=\boldsymbol{Q}^{-1}$，则 $\boldsymbol{BP}=\boldsymbol{A}$.

故应选(B).

【例 2】 设 $\boldsymbol{A}$ 为三阶矩阵，将 $\boldsymbol{A}$ 的第二行加到第一行得 $\boldsymbol{B}$，再将 $\boldsymbol{B}$ 的第一列的-1 倍加到第二列得 $\boldsymbol{C}$，记 $\boldsymbol{P}=\begin{pmatrix}1&1&0\\0&1&0\\0&0&1\end{pmatrix}$，则______.

(A)$C=P^{-1}AP$　(B)$C=PAP^{-1}$　(C)$C=P^{T}AP$　(D)$C=PAP^{T}$

解　第二行加至第一行的初等矩阵为 P,第一列的 -1 倍加至第二列的初等矩阵为

$$Q=\begin{pmatrix}1&-1&0\\0&1&0\\0&0&1\end{pmatrix},$$

所以 $Q=P^{-1}$.

故应选(B).

【例 3】　与矩阵 $A=\begin{pmatrix}1&2&0\\2&4&0\\0&0&4\end{pmatrix}$ 等价的是______.

(A) $\begin{pmatrix}1&0&0\\0&0&0\\0&0&0\end{pmatrix}$　(B) $\begin{pmatrix}1&0&0\\0&2&0\\0&0&0\end{pmatrix}$　(C) $\begin{pmatrix}1&0&0\\0&2&0\\0&0&3\end{pmatrix}$　(D) $\begin{pmatrix}1&0&0\\0&2&0\\0&0&4\end{pmatrix}$

解

$$A=\begin{pmatrix}1&2&0\\2&4&0\\0&0&4\end{pmatrix}\xrightarrow{r_2+(-2)r_1}\begin{pmatrix}1&2&0\\0&0&0\\0&0&4\end{pmatrix}\xrightarrow{r_2\leftrightarrow r_3}\begin{pmatrix}1&2&0\\0&0&4\\0&0&0\end{pmatrix}$$

$$\xrightarrow{c_2+(-2)c_1}\begin{pmatrix}1&0&0\\0&0&4\\0&0&0\end{pmatrix}\xrightarrow{c_2\leftrightarrow c_3}\begin{pmatrix}1&0&0\\0&4&0\\0&0&0\end{pmatrix}\xrightarrow{\frac{1}{2}r_2}\begin{pmatrix}1&0&0\\0&2&0\\0&0&0\end{pmatrix},$$

所以 A 等价于 $\begin{pmatrix}1&0&0\\0&2&0\\0&0&0\end{pmatrix}$.

故应选(B).

【例 4】　设矩阵 $A=\begin{pmatrix}1&-3&2\\-3&0&1\\1&1&-1\end{pmatrix}$,求 A^{-1}.

解　对矩阵 $(A\vdots E)$ 作初等行变换得:

$$(A\vdots E)=\left(\begin{array}{ccc:ccc}1&-3&2&1&0&0\\-3&0&1&0&1&0\\1&1&-1&0&0&1\end{array}\right)\xrightarrow[r_3-r_1]{r_2+3r_1}\left(\begin{array}{ccc:ccc}1&-3&2&1&0&0\\0&-9&7&3&1&0\\0&4&-3&-1&0&1\end{array}\right)$$

$$\xrightarrow{r_3+\frac{4}{9}r_2}\left(\begin{array}{ccc:ccc}1&-3&2&1&0&0\\0&-9&7&3&1&0\\0&0&\frac{1}{9}&\frac{1}{3}&\frac{4}{9}&1\end{array}\right)\xrightarrow{r_3\times 9}\left(\begin{array}{ccc:ccc}1&-3&2&1&0&0\\0&-9&7&3&1&0\\0&0&1&3&4&9\end{array}\right)\xrightarrow[r_1-2r_3]{r_2-7r_3}$$

$$\left(\begin{array}{ccc:ccc}1&-3&0&-5&-8&-18\\0&-9&0&-18&-27&-63\\0&0&1&3&4&9\end{array}\right)\xrightarrow{r_2\times(-\frac{1}{9})}\left(\begin{array}{ccc:ccc}1&-3&0&-5&-8&-18\\0&1&0&2&3&7\\0&0&1&3&4&9\end{array}\right)$$

$$\xrightarrow{r_1+3r_2}\begin{pmatrix}1&0&0&\vdots&1&1&3\\0&1&0&\vdots&2&3&7\\0&0&1&\vdots&3&4&9\end{pmatrix}=(\boldsymbol{E}\ \vdots\ \boldsymbol{A}^{-1}).\text{所以}\boldsymbol{A}^{-1}=\begin{pmatrix}1&1&3\\2&3&7\\3&4&9\end{pmatrix}.$$

方法总结

(1)利用初等变换求逆矩阵是一种常用方法. 理论依据:

若 $\boldsymbol{A}$ 可逆,则 $\boldsymbol{A}^{-1}$ 可逆,则存在初等矩阵 $\boldsymbol{P}_1,\boldsymbol{P}_2,\cdots,\boldsymbol{P}_s$ 使 $\boldsymbol{A}^{-1}=\boldsymbol{P}_1\boldsymbol{P}_2\cdots\boldsymbol{P}_s$,

所以由 $\boldsymbol{A}^{-1}\boldsymbol{A}=\boldsymbol{E}\Rightarrow\boldsymbol{P}_1\boldsymbol{P}_2\cdots\boldsymbol{P}_s\boldsymbol{A}=\boldsymbol{E},\boldsymbol{A}^{-1}\boldsymbol{E}=\boldsymbol{A}^{-1}\Rightarrow\boldsymbol{P}_1\boldsymbol{P}_2\cdots\boldsymbol{P}_s\boldsymbol{E}=\boldsymbol{A}^{-1}$.

即:若经过一系列初等行变换将 $\boldsymbol{A}$ 化成单位矩阵 $\boldsymbol{E}$ 时,则施行同样的初等行变换可把单位矩阵 $\boldsymbol{E}$ 化成了逆矩阵 $\boldsymbol{A}^{-1}$.

所以有 $(\boldsymbol{A}\ \vdots\ \boldsymbol{E})\xrightarrow{\text{行变换}}(\boldsymbol{E}\ \vdots\ \boldsymbol{A}^{-1})$,$\boldsymbol{A}^{-1}$ 可求,同理也可用初等列变换:$\begin{pmatrix}\boldsymbol{A}\\\boldsymbol{E}\end{pmatrix}\xrightarrow{\text{列}}\begin{pmatrix}\boldsymbol{E}\\\boldsymbol{A}^{-1}\end{pmatrix}$.

(2)本题也可利用公式 $\boldsymbol{A}\boldsymbol{A}^*=|\boldsymbol{A}|\boldsymbol{E}$,求出 $\boldsymbol{A}^{-1}=\frac{1}{|\boldsymbol{A}|}\boldsymbol{A}^*$.

【例 5】 求矩阵 $\boldsymbol{A}=\begin{pmatrix}1&2&-1\\3&1&0\\-1&0&-2\end{pmatrix}$ 的逆矩阵.

解 **方法一** $|\boldsymbol{A}|=9$,计算所有的代数余子式

$A_{11}=-2$, $A_{12}=6$, $A_{13}=1$,

$A_{21}=4$, $A_{22}=-3$, $A_{23}=-2$,

$A_{31}=1$, $A_{32}=-3$, $A_{33}=-5$,

所以可得 $$\boldsymbol{A}^{-1}=\frac{1}{9}\begin{pmatrix}-2&4&1\\6&-3&-3\\1&-2&-5\end{pmatrix}=\begin{pmatrix}-\frac{2}{9}&\frac{4}{9}&\frac{1}{9}\\\frac{2}{3}&-\frac{1}{3}&-\frac{1}{3}\\\frac{1}{9}&-\frac{2}{9}&-\frac{5}{9}\end{pmatrix}.$$

方法二 用初等行变换

$$(\boldsymbol{A}\ \vdots\ \boldsymbol{E})=\left(\begin{array}{ccc:ccc}1&2&-1&1&0&0\\3&1&0&0&1&0\\-1&0&-2&0&0&1\end{array}\right)\xrightarrow[r_3+r_1\times 1]{r_2+r_1\times(-3)}\left(\begin{array}{ccc:ccc}1&2&1&1&0&0\\0&-5&3&-3&1&0\\0&2&-3&1&0&1\end{array}\right)$$

$$\xrightarrow{r_2\times(-\frac{1}{5})}\left(\begin{array}{ccc:ccc}1&2&-1&1&0&0\\0&1&-\frac{3}{5}&\frac{3}{5}&-\frac{1}{5}&0\\0&2&-3&1&0&1\end{array}\right)\xrightarrow[r_3+r_2\times(-2)]{r_1+r_2\times(-2)}\left(\begin{array}{ccc:ccc}1&0&\frac{1}{5}&-\frac{1}{5}&\frac{2}{5}&0\\0&1&-\frac{3}{5}&\frac{3}{5}&-\frac{1}{5}&0\\0&0&-\frac{9}{5}&-\frac{1}{5}&\frac{2}{5}&1\end{array}\right)$$

$$\xrightarrow{r_3\times(-\frac{5}{9})}\left(\begin{array}{ccc:ccc}1&0&\frac{1}{5}&-\frac{1}{5}&\frac{2}{5}&0\\0&1&-\frac{3}{5}&\frac{3}{5}&-\frac{1}{5}&0\\0&0&1&\frac{1}{9}&-\frac{2}{9}&-\frac{5}{9}\end{array}\right)\xrightarrow[r_2+r_3\times\frac{3}{5}]{r_1+r_3\times(-\frac{1}{5})}\left(\begin{array}{ccc:ccc}1&0&0&-\frac{2}{9}&\frac{4}{9}&\frac{1}{9}\\0&1&0&\frac{2}{3}&-\frac{1}{3}&-\frac{1}{3}\\0&0&1&\frac{1}{9}&-\frac{2}{9}&-\frac{5}{9}\end{array}\right),$$

因此可得 $\boldsymbol{A}^{-1}=\begin{pmatrix}-\frac{2}{9}&\frac{4}{9}&\frac{1}{9}\\\frac{2}{3}&-\frac{1}{3}&-\frac{1}{3}\\\frac{1}{9}&-\frac{2}{9}&-\frac{5}{9}\end{pmatrix}$.

方法三 用初等列变换

$$\begin{pmatrix}\boldsymbol{A}\\\cdots\\\boldsymbol{E}\end{pmatrix}=\left(\begin{array}{ccc}1&2&-1\\3&1&0\\-1&0&-2\\\hdashline 1&0&0\\0&1&0\\0&0&1\end{array}\right)\xrightarrow[c_2+c_1\times(-2)]{c_3+c_1\times 1}\left(\begin{array}{ccc}1&0&0\\3&-5&3\\-1&2&-3\\\hdashline 1&-2&1\\0&1&0\\0&0&1\end{array}\right)$$

$$\xrightarrow{c_2\times(-\frac{1}{5})}\left(\begin{array}{ccc}1&0&0\\3&1&3\\-1&-\frac{2}{5}&-3\\\hdashline 1&\frac{2}{5}&1\\0&-\frac{1}{5}&0\\0&0&1\end{array}\right)\xrightarrow[c_1+c_2\times(-3)]{c_3+c_2\times(-3)}\left(\begin{array}{ccc}1&0&0\\0&1&0\\\frac{1}{5}&-\frac{2}{5}&-\frac{9}{5}\\\hdashline -\frac{1}{5}&\frac{2}{5}&-\frac{1}{5}\\\frac{3}{5}&-\frac{1}{5}&\frac{3}{5}\\0&0&1\end{array}\right)$$

$$\xrightarrow{c_3\times(-\frac{5}{9})}\left(\begin{array}{ccc}1&0&0\\0&1&0\\\frac{1}{5}&-\frac{2}{5}&1\\\hdashline -\frac{1}{5}&\frac{2}{5}&\frac{1}{9}\\\frac{3}{5}&-\frac{1}{5}&-\frac{1}{3}\\0&0&-\frac{5}{9}\end{array}\right)\xrightarrow[c_1+c_3\times(-\frac{1}{5})]{c_2+c_3\times\frac{2}{5}}\left(\begin{array}{ccc}1&0&0\\0&1&0\\0&0&1\\\hdashline -\frac{2}{9}&\frac{4}{9}&\frac{1}{9}\\\frac{2}{3}&-\frac{1}{3}&-\frac{1}{3}\\\frac{1}{9}&-\frac{2}{9}&-\frac{5}{9}\end{array}\right).$$

因此得到 $A^{-1}=\begin{pmatrix}-\frac{2}{9} & \frac{4}{9} & \frac{1}{9}\\ \frac{2}{3} & -\frac{1}{3} & -\frac{1}{3}\\ \frac{1}{9} & -\frac{2}{9} & -\frac{5}{9}\end{pmatrix}$.

方法四 行列一块变换

$$\left(\begin{array}{ccc:ccc}1 & 2 & -1 & 1 & 0 & 0\\ 3 & 1 & 0 & 0 & 1 & 0\\ -1 & 0 & -2 & 0 & 0 & 1\\ \hdashline 1 & 0 & 0 & & & \\ 0 & 1 & 0 & & \boldsymbol{O} & \\ 0 & 0 & 1 & & & \end{array}\right)\xrightarrow[\substack{c_2+c_1\times(-2)\\ c_3+c_1\times 1}]{\substack{r_3+r_1\times 1\\ r_2+r_1\times(-3)}}\left(\begin{array}{ccc:ccc}1 & 0 & 0 & 1 & 0 & 0\\ 0 & -5 & 3 & -3 & 1 & 0\\ 0 & 2 & -3 & 1 & 0 & 1\\ \hdashline 1 & -2 & 1 & & & \\ 0 & 1 & 0 & & \boldsymbol{O} & \\ 0 & 0 & 1 & & & \end{array}\right)$$

$$\xrightarrow{r_2\times(-\frac{1}{5})}\left(\begin{array}{ccc:ccc}1 & 0 & 0 & 1 & 0 & 0\\ 0 & 1 & -\frac{3}{5} & \frac{3}{5} & -\frac{1}{5} & 0\\ 0 & 2 & -3 & 1 & 0 & 1\\ \hdashline 1 & -2 & 1 & & & \\ 0 & 1 & 0 & & \boldsymbol{O} & \\ 0 & 0 & 1 & & & \end{array}\right)\xrightarrow[c_3+c_2\times\frac{3}{5}]{r_3+r_2\times(-2)}\left(\begin{array}{ccc:ccc}1 & 0 & 0 & 1 & 0 & 0\\ 0 & 1 & 0 & \frac{3}{5} & -\frac{1}{5} & 0\\ 0 & 0 & -\frac{9}{5} & -\frac{1}{5} & \frac{2}{5} & 1\\ \hdashline 1 & -2 & -\frac{1}{5} & & & \\ 0 & 1 & \frac{3}{5} & & \boldsymbol{O} & \\ 0 & 0 & 1 & & & \end{array}\right)$$

$$\xrightarrow{r_3\times(-\frac{5}{9})}\left(\begin{array}{ccc:ccc}1 & 0 & 0 & 1 & 0 & 0\\ 0 & 1 & 0 & \frac{3}{5} & -\frac{1}{5} & 0\\ 0 & 0 & 1 & \frac{1}{9} & -\frac{2}{9} & -\frac{5}{9}\\ \hdashline 1 & -2 & -\frac{1}{5} & & & \\ 0 & 1 & \frac{3}{5} & & \boldsymbol{O} & \\ 0 & 0 & 1 & & & \end{array}\right).$$

因此得到 $A^{-1}=\begin{pmatrix}1 & -2 & -\frac{1}{5}\\ 0 & 1 & \frac{3}{5}\\ 0 & 0 & 1\end{pmatrix}\begin{pmatrix}1 & 0 & 0\\ \frac{3}{5} & -\frac{1}{5} & 0\\ \frac{1}{9} & -\frac{2}{9} & -\frac{5}{9}\end{pmatrix}=\begin{pmatrix}-\frac{2}{9} & \frac{4}{9} & \frac{1}{9}\\ \frac{2}{3} & -\frac{1}{3} & -\frac{1}{3}\\ \frac{1}{9} & -\frac{2}{9} & -\frac{5}{9}\end{pmatrix}$.

【例 6】 求矩阵 X,使 $AX=B$,其中 $A=\begin{pmatrix}1&2&3\\2&2&1\\3&4&3\end{pmatrix}$,$B=\begin{pmatrix}2&5\\3&1\\4&3\end{pmatrix}$.

解 若 A 可逆,则 $X=A^{-1}B$.

$$(A\vdots B)=\left(\begin{array}{ccc:cc}1&2&3&2&5\\2&2&1&3&1\\3&4&3&4&3\end{array}\right)\xrightarrow[r_3-3r_1]{r_2-2r_1}\left(\begin{array}{ccc:cc}1&2&3&2&5\\0&-2&-5&-1&-9\\0&-2&-6&-2&-12\end{array}\right)$$

$$\xrightarrow[r_3-r_2]{r_1+r_2}\left(\begin{array}{ccc:cc}1&0&-2&1&-4\\0&-2&-5&-1&-9\\0&0&-1&-1&-3\end{array}\right)\xrightarrow[r_2-5r_3]{r_1-2r_3}\left(\begin{array}{ccc:cc}1&0&0&3&2\\0&-2&0&4&6\\0&0&-1&-1&-3\end{array}\right)$$

$$\xrightarrow[r_3\times(-1)]{r_2\times(-\frac{1}{2})}\left(\begin{array}{ccc:cc}1&0&0&3&2\\0&1&0&-2&-3\\0&0&1&1&3\end{array}\right)=(E\vdots A^{-1}B).$$

所以 $X=\begin{pmatrix}3&2\\-2&-3\\1&3\end{pmatrix}$.

方法总结

解矩阵方程 $AX=B$ 的理论依据:

若 A 可逆,则 $X=A^{-1}B$. 设 $A^{-1}=P_1P_2\cdots P_s$,则由

$A^{-1}A=E\Rightarrow P_1P_2\cdots P_sA=E$ $\qquad A^{-1}B=X\Rightarrow P_1P_2\cdots P_sB=X$.

所以解矩阵方程 $AX=B$(其中 A 可逆)的一般方法:

(1)构造 $(A\vdots B)\xrightarrow[\text{变换}]{\text{初等行}}(E\vdots A^{-1}B)$.

(2)则有 $X=A^{-1}B$.

同理若 A 可逆,解矩阵方程 $XA=B$ 的方法:

(1)构造 $\begin{pmatrix}A\\B\end{pmatrix}\xrightarrow[\text{变换}]{\text{初等列}}\begin{pmatrix}E\\BA^{-1}\end{pmatrix}$.

(2)则有 $X=BA^{-1}$.

【例 7】 设 3 阶方阵 A,B 满足 $A^{-1}BA=6A+BA$ 且 $A=\begin{pmatrix}\frac{1}{3}&0&0\\0&\frac{1}{4}&0\\0&0&\frac{1}{7}\end{pmatrix}$,则 $B=$______.

解 矩阵方程右乘 A^{-1},化简为 $A^{-1}B=6E+B\Rightarrow(A^{-1}-E)B=6E$,由于 A 是对角矩阵,

易知

$$A^{-1}=\begin{pmatrix}\frac{1}{3}&0&0\\0&\frac{1}{4}&0\\0&0&\frac{1}{7}\end{pmatrix}^{-1}=\begin{pmatrix}3&0&0\\0&4&0\\0&0&7\end{pmatrix},$$

于是 $B=6\begin{pmatrix}2&0&0\\0&3&0\\0&0&6\end{pmatrix}^{-1}=6\begin{pmatrix}\frac{1}{2}&0&0\\0&\frac{1}{3}&0\\0&0&\frac{1}{6}\end{pmatrix}=\begin{pmatrix}3&0&0\\0&2&0\\0&0&1\end{pmatrix}$.

故应填 $\begin{pmatrix}3&0&0\\0&2&0\\0&0&1\end{pmatrix}$.

【例 8】 设矩阵 A 的伴随矩阵 $A^*=\begin{pmatrix}1&0&0&0\\0&1&0&0\\1&0&1&0\\0&-3&0&8\end{pmatrix}$,且 $ABA^{-1}=BA^{-1}+3E$,其中 E 为 4 阶单位矩阵,求矩阵 B.

解 **方法一** 由 $|A^*|=|A|^{n-1}$,有 $|A|^3=8$ 得 $|A|=2$.

由已知可得 $(A-E)BA^{-1}=3E$,

有 $(A-E)B=3A$. 从而 $A^{-1}(A-E)B=3E$.

即 $(E-A^{-1})B=3E$,亦即 $(E-\frac{A^*}{|A|})B=3E$,而 $|A|=2$.

所以 $(2E-A^*)B=6E$,

又 $2E-A^*=\begin{pmatrix}1&0&0&0\\0&1&0&0\\-1&0&1&0\\0&3&0&-6\end{pmatrix}$,$|2E-A^*|=-6\neq0$,显然可逆,

利用初等变换法易得 $(2E-A^*)^{-1}=\begin{pmatrix}1&0&0&0\\0&1&0&0\\1&0&1&0\\0&\frac{1}{2}&0&-\frac{1}{6}\end{pmatrix}$,上式两边同时左乘 $(2E-A^*)^{-1}$.

得 $B=6(2E-A^*)^{-1}=6\begin{pmatrix}1&0&0&0\\0&1&0&0\\1&0&1&0\\0&\frac{1}{2}&0&-\frac{1}{6}\end{pmatrix}=\begin{pmatrix}6&0&0&0\\0&6&0&0\\6&0&6&0\\0&3&0&-1\end{pmatrix}$.

方法二 由 $|A^*|=|A|^{n-1}$，有 $|A|^3=8$，所以 $|A|=2$.

由 $AA^*=|A|E$ 得

$$A=|A|(A^*)^{-1}=2(A^*)^{-1}=2\begin{pmatrix}1&0&0&0\\0&1&0&0\\-1&0&1&0\\0&\frac{3}{8}&0&\frac{1}{8}\end{pmatrix}=\begin{pmatrix}2&0&0&0\\0&2&0&0\\-2&0&2&0\\0&\frac{3}{4}&0&\frac{1}{4}\end{pmatrix},$$

所以 $A-E=\begin{pmatrix}1&0&0&0\\0&1&0&0\\-2&0&1&0\\0&\frac{3}{4}&0&-\frac{3}{4}\end{pmatrix}$.

可见 $A-E$ 是可逆矩阵，于是由 $(A-E)BA^{-1}=3E$，有

$$B=3(A-E)^{-1}A=3\begin{pmatrix}1&0&0&0\\0&1&0&0\\2&0&1&0\\0&1&0&-\frac{4}{3}\end{pmatrix}\begin{pmatrix}2&0&0&0\\0&2&0&0\\-2&0&2&0\\0&\frac{3}{4}&0&\frac{1}{3}\end{pmatrix}=\begin{pmatrix}6&0&0&0\\0&6&0&0\\6&0&6&0\\0&3&0&-1\end{pmatrix}.$$

方法总结

本题计算中使用伴随矩阵 A^* 的性质：$|A^*|=|A|^{n-1}$，可由 $|A^*|$ 很快得到 $|A|$；同时考查了矩阵方程的求解.

【例 9】 设 n 阶矩阵 A 可逆，B 是 A 经过交换第 i 行和第 j 行后得到的矩阵.

(1)证明 B 可逆；(2)求 AB^{-1}.

解 (1)由于 A 可逆，所以 $|A|\neq0$.

根据初等矩阵的性质：$B=E(i,j)A$（其中 $E(i,j)$ 为单位矩阵 E 交换第 i 行与第 j 行后得到的初等矩阵）.

所以 $|B|=|E(i,j)A|=|E(i,j)||A|=(-1)|A|=-|A|\neq0$.

故 B 可逆.

(2)根据题意及初等矩阵的性质，有 $B=E(i,j)A$，

所以 $AB^{-1}=A(E(i,j)A)^{-1}=AA^{-1}(E(i,j))^{-1}=E(i,j)^{-1}=E(i,j)$.

方法总结

本题考查初等矩阵与初等变换的关系：

$\boldsymbol{A}\xrightarrow{r_i\leftrightarrow r_j}\boldsymbol{B}\Leftrightarrow\boldsymbol{B}=\boldsymbol{E}(i,j)\boldsymbol{A}$，

$\boldsymbol{A}\xrightarrow{kr_i}\boldsymbol{B}\Leftrightarrow\boldsymbol{B}=\boldsymbol{E}(i(k))\boldsymbol{A}$，

$\boldsymbol{A}\xrightarrow{r_i+kr_j}\boldsymbol{B}\Leftrightarrow\boldsymbol{B}=\boldsymbol{E}(i,j(k))\boldsymbol{A}$(列变换类似).

【例 10】 (2015 数学二，数学三，11 分)设矩阵 $\boldsymbol{A}=\begin{pmatrix}a&1&0\\1&a&-1\\0&1&a\end{pmatrix}$，且 $\boldsymbol{A}^3=\boldsymbol{O}$.

(1)求 a 的值；

(2)若矩阵 $\boldsymbol{X}$ 满足 $\boldsymbol{X}-\boldsymbol{X}\boldsymbol{A}^2-\boldsymbol{A}\boldsymbol{X}+\boldsymbol{A}\boldsymbol{X}\boldsymbol{A}^2=\boldsymbol{E}$，求 $\boldsymbol{X}$.

解 (1)由 $\boldsymbol{A}^3=\boldsymbol{O}$，得 $|\boldsymbol{A}|=0$.

由 $|\boldsymbol{A}|=a^3=0$ 得 $a=0$，故 $\boldsymbol{A}=\begin{pmatrix}0&1&0\\1&0&-1\\0&1&0\end{pmatrix}$.

(2)由 $\boldsymbol{X}-\boldsymbol{X}\boldsymbol{A}^2-\boldsymbol{A}\boldsymbol{X}+\boldsymbol{A}\boldsymbol{X}\boldsymbol{A}^2=\boldsymbol{E}$，得 $(\boldsymbol{E}-\boldsymbol{A})\boldsymbol{X}-(\boldsymbol{E}-\boldsymbol{A})\boldsymbol{X}\boldsymbol{A}^2=\boldsymbol{E}$.

即 $(\boldsymbol{E}-\boldsymbol{A})\boldsymbol{X}(\boldsymbol{E}-\boldsymbol{A}^2)=\boldsymbol{E}$，则 $\boldsymbol{X}=(\boldsymbol{E}-\boldsymbol{A})^{-1}(\boldsymbol{E}-\boldsymbol{A}^2)^{-1}$.

$$\boldsymbol{A}^2=\begin{pmatrix}1&0&-1\\0&0&0\\1&0&-1\end{pmatrix},\boldsymbol{E}-\boldsymbol{A}=\begin{pmatrix}1&-1&0\\-1&1&1\\0&-1&1\end{pmatrix},\boldsymbol{E}-\boldsymbol{A}^2=\begin{pmatrix}0&0&1\\0&1&0\\-1&0&2\end{pmatrix}.$$

由 $$(\boldsymbol{E}-\boldsymbol{A}\,\vdots\,\boldsymbol{E})=\left(\begin{array}{ccc:ccc}1&-1&0&1&0&0\\-1&1&1&0&1&0\\0&-1&1&0&0&1\end{array}\right)\to\left(\begin{array}{ccc:ccc}1&0&0&2&1&-1\\0&1&0&1&1&-1\\0&0&1&1&1&0\end{array}\right),$$

得 $(\boldsymbol{E}-\boldsymbol{A})^{-1}=\begin{pmatrix}2&1&-1\\1&1&-1\\1&1&0\end{pmatrix}$.

由 $$(\boldsymbol{E}-\boldsymbol{A}^2\,\vdots\,\boldsymbol{E})=\left(\begin{array}{ccc:ccc}0&0&1&1&0&0\\0&1&0&0&1&0\\-1&0&2&0&0&1\end{array}\right)\to\left(\begin{array}{ccc:ccc}1&0&0&2&0&-1\\0&1&0&0&1&0\\0&0&1&1&0&0\end{array}\right),$$

得 $(\boldsymbol{E}-\boldsymbol{A}^2)^{-1}=\begin{pmatrix}2&0&-1\\0&1&0\\1&0&0\end{pmatrix}$.

故 $$\boldsymbol{X}=(\boldsymbol{E}-\boldsymbol{A})^{-1}(\boldsymbol{E}-\boldsymbol{A}^2)^{-1}=\begin{pmatrix}2&1&-1\\1&1&-1\\1&1&0\end{pmatrix}\begin{pmatrix}2&0&-1\\0&1&0\\1&0&0\end{pmatrix}=\begin{pmatrix}3&1&-2\\1&1&-1\\2&1&-1\end{pmatrix}.$$

第二节　矩阵的秩

一、主要内容归纳

1. 矩阵 A 的 k 阶子式

在 $m\times n$ 矩阵 $\boldsymbol{A}$ 中，任取 k 行与 k 列，位于这些行列交叉处的 k^2 个元素，不改变它们在 $\boldsymbol{A}$ 中所处的位置次序而得的 k 阶行列式，称为 $\boldsymbol{A}$ 的 k 阶子式. $m\times n$ 矩阵 $\boldsymbol{A}$ 的 k 阶子式共有 $\mathrm{C}_m^k\cdot\mathrm{C}_n^k$ 个.

2. 矩阵 A 的秩

设在矩阵 $\boldsymbol{A}$ 中有一个不等于 0 的 r 阶子式 D，且所有 $r+1$ 阶子式全等于 0，那么 D 称为矩阵 $\boldsymbol{A}$ 的最高阶非零子式，数 r 称为矩阵 $\boldsymbol{A}$ 的秩，记作 $R(\boldsymbol{A})$.

3. 矩阵秩的性质

(1) $0\leqslant R(\boldsymbol{A}_{m\times n})\leqslant\min\{m,n\}$.

(2) $R(\boldsymbol{A}^{\mathrm{T}})=R(\boldsymbol{A})$.

(3) 若 $\boldsymbol{A}\sim\boldsymbol{B}$，则 $R(\boldsymbol{A})=R(\boldsymbol{B})$.

(4) 若 $\boldsymbol{P},\boldsymbol{Q}$ 可逆，则 $R(\boldsymbol{PA})=R(\boldsymbol{AQ})=R(\boldsymbol{PAQ})=R(\boldsymbol{A})$.

(5) $\max\{R(\boldsymbol{A}),R(\boldsymbol{B})\}\leqslant R(\boldsymbol{A},\boldsymbol{B})\leqslant R(\boldsymbol{A})+R(\boldsymbol{B})$.

(6) $R(\boldsymbol{A}+\boldsymbol{B})\leqslant R(\boldsymbol{A})+R(\boldsymbol{B})$.

(7) $R(\boldsymbol{AB})\leqslant\min\{R(\boldsymbol{A}),R(\boldsymbol{B})\}$.

(8) 若 $\boldsymbol{A}_{m\times n}\boldsymbol{B}_{n\times l}=\boldsymbol{O}$，则 $R(\boldsymbol{A})+R(\boldsymbol{B})\leqslant n$.

(9) $\boldsymbol{A}_{n\times n}$ 满秩 $\Leftrightarrow R(\boldsymbol{A})=n\Leftrightarrow|\boldsymbol{A}|\neq0\Leftrightarrow\boldsymbol{A}$ 可逆，

$\boldsymbol{A}_{n\times n}$ 降秩 $\Leftrightarrow R(\boldsymbol{A})<n\Leftrightarrow|\boldsymbol{A}|=0\Leftrightarrow\boldsymbol{A}$ 不可逆.

(10) $\boldsymbol{A}_{m\times n}$ 行满秩 $\Leftrightarrow R(\boldsymbol{A})=m\Leftrightarrow\boldsymbol{A}\sim(\boldsymbol{E}_m,\boldsymbol{O})$.

$\boldsymbol{A}_{m\times n}$ 列满秩 $\Leftrightarrow R(\boldsymbol{A})=n\Leftrightarrow\boldsymbol{A}\sim\begin{pmatrix}\boldsymbol{E}_n\\\boldsymbol{O}\end{pmatrix}$.

(11) $\boldsymbol{A}^*$ 是 n 阶方阵 $\boldsymbol{A}$ 的伴随矩阵，则 $R(\boldsymbol{A}^*)=\begin{cases}n, R(\boldsymbol{A})=n,\\1, R(\boldsymbol{A})=n-1,\\0, R(\boldsymbol{A})<n-1.\end{cases}$

4. 本节重点

矩阵秩的判定及其应用，这是考研的重点内容.

二、经典题型解析及解题方法总结

【例 1】 求矩阵 $\boldsymbol{A}=\begin{pmatrix}1&2&3\\2&3&-5\\4&7&1\end{pmatrix}$ 的秩.

解 **方法一** 在 $\boldsymbol{A}$ 中，$\begin{vmatrix}1&2\\2&3\end{vmatrix}=-1\neq0$，又 $\boldsymbol{A}$ 的 3 阶子式只有一个 $|\boldsymbol{A}|$，

且 $|\boldsymbol{A}|=\begin{vmatrix}1&2&3\\2&3&-5\\4&7&1\end{vmatrix}=\begin{vmatrix}1&2&3\\0&-1&-11\\0&-1&-11\end{vmatrix}=0$.

由矩阵秩的定义知 $R(\boldsymbol{A})=2$.

方法二 对 $\boldsymbol{A}$ 施行初等行变换化为行阶梯形矩阵.

$$\boldsymbol{A}=\begin{pmatrix}1&2&3\\2&3&-5\\4&7&1\end{pmatrix}\xrightarrow[r_3-4r_1]{r_2-2r_1}\begin{pmatrix}1&2&3\\0&-1&-11\\0&-1&-11\end{pmatrix}\xrightarrow{r_3-r_2}\begin{pmatrix}1&2&3\\0&-1&-11\\0&0&0\end{pmatrix},$$

最后一个矩阵的秩显然是 2，故 $R(\boldsymbol{A})=2$.

方法总结

求矩阵秩的方法：

(1)定义法：利用定义寻找矩阵中非零子式的最高阶数，此法仅适用于矩阵的行列阶数较低的情况，具有一定的局限性.

(2)初等变换法：由于矩阵经初等变换后不改变它的秩，所以利用初等行变换把所给矩阵化为行阶梯形矩阵，则行阶梯形矩阵中非零行的行数就是矩阵的秩，这是求矩阵秩的一种常用方法.

(3)利用矩阵秩的有关性质结论求秩.

(4)利用极大线性无关组和线性方程组的结论求矩阵的秩(第四章).

【例 2】 已知 $\boldsymbol{Q}=\begin{pmatrix}1&2&3\\2&4&t\\3&6&9\end{pmatrix}$，$\boldsymbol{P}$ 为三阶非零矩阵，且满足 $\boldsymbol{PQ}=\boldsymbol{O}$，则______.

(A) $t=6$ 时，$\boldsymbol{P}$ 的秩必为 1　　(B) $t=6$ 时，$\boldsymbol{P}$ 的秩必为 2

(C) $t\neq6$ 时，$\boldsymbol{P}$ 的秩必为 1　　(D) $t\neq6$ 时，$\boldsymbol{P}$ 的秩必为 2

解 由 $\boldsymbol{PQ}=\boldsymbol{O}$，得 $R(\boldsymbol{P})+R(\boldsymbol{Q})\leqslant3$，　$R(\boldsymbol{P})\leqslant3-R(\boldsymbol{Q})$.

又 $\boldsymbol{P}\neq\boldsymbol{O}$，所以 $R(\boldsymbol{P})\geqslant1$.

当 $t=6$ 时，$R(\boldsymbol{Q})=1$，有 $1\leqslant R(\boldsymbol{P})\leqslant2$，当 $t\neq6$ 时，$R(\boldsymbol{Q})=2$，有 $1\leqslant R(\boldsymbol{P})\leqslant1$，所以 $R(\boldsymbol{P})=1$.

故应选(C).

【例 3】 设三阶矩阵 $\boldsymbol{A}=\begin{pmatrix}x&1&1\\1&x&1\\1&1&x\end{pmatrix}$，求矩阵 $\boldsymbol{A}$ 的秩.

解 **方法一** 利用定义求秩.

因为 $\begin{vmatrix} x & 1 & 1 \\ 1 & x & 1 \\ 1 & 1 & x \end{vmatrix}=(x+2)(x-1)^2$.

故 1°当 $x\neq1$ 且 $x\neq-2$ 时，$|\boldsymbol{A}|\neq0$，此时 $R(\boldsymbol{A})=3$；

2°当 $x=1$ 时 $|\boldsymbol{A}|=0$，且 $\boldsymbol{A}=\begin{pmatrix} 1 & 1 & 1 \\ 1 & 1 & 1 \\ 1 & 1 & 1 \end{pmatrix}$，显然 $R(\boldsymbol{A})=1$；

3°当 $x=-2$ 时 $|\boldsymbol{A}|=0$，且 $\boldsymbol{A}=\begin{pmatrix} -2 & 1 & 1 \\ 1 & -2 & 1 \\ 1 & 1 & -2 \end{pmatrix}$，此时有二阶子式 $\begin{vmatrix} -2 & 1 \\ 1 & -2 \end{vmatrix}\neq0$，

故 $R(\boldsymbol{A})=2$.

方法二 利用初等变换求秩.

$$\boldsymbol{A}=\begin{pmatrix} x & 1 & 1 \\ 1 & x & 1 \\ 1 & 1 & x \end{pmatrix}\xrightarrow{r_1\leftrightarrow r_3}\begin{pmatrix} 1 & 1 & x \\ 1 & x & 1 \\ x & 1 & 1 \end{pmatrix}\xrightarrow[r_3-xr_1]{r_2-r_1}\begin{pmatrix} 1 & 1 & x \\ 0 & x-1 & 1-x \\ 0 & 1-x & 1-x^2 \end{pmatrix}$$

$$\xrightarrow{r_3+r_2}\begin{pmatrix} 1 & 1 & x \\ 0 & x-1 & -(x-1) \\ 0 & 0 & -(x+2)(x-1) \end{pmatrix},$$

所以，当 $x\neq1$ 且 $x\neq-2$ 时，$R(\boldsymbol{A})=3$；$x=1$ 时 $R(\boldsymbol{A})=1$；$x=-2$ 时 $R(\boldsymbol{A})=2$.

方法总结

在对含有参变量的矩阵作初等变换时，可以作诸如 r_3-xr_1 的初等行变换，但要注意不要作诸如 $r_3-\frac{1}{x}r_1$，$r_1\times x$ 或 $r_1\div x$ 的行变换，否则可能会造成变换前后秩的改变，以后解方程组对增广矩阵作这三种变换，可能变换后的方程组与原方程组未必同解. 如果作了上述三种变换，必须补充对 $x=0$ 的情况的讨论.

【例 4】 若矩阵 $\boldsymbol{A}=\begin{pmatrix} 1 & 3 & 2 & -1 \\ -2 & -6 & -3 & 5 \\ 3 & 9 & 3 & a \end{pmatrix}$ 与矩阵 $\boldsymbol{B}=\begin{pmatrix} 1 & 3 & 3 & -5 \\ 1 & 2 & 3 & -1 \\ 1 & 0 & 3 & 7 \end{pmatrix}$ 等价，则 a =______.

解 由 $\boldsymbol{B}\xrightarrow[r_3-r_1]{r_2-r_1}\begin{pmatrix} 1 & 3 & 3 & -5 \\ 0 & -1 & 0 & 4 \\ 0 & -3 & 0 & 12 \end{pmatrix}\xrightarrow{r_3-3r_2}\begin{pmatrix} 1 & 3 & 3 & -5 \\ 0 & -1 & 0 & 4 \\ 0 & 0 & 0 & 0 \end{pmatrix}$，

可知 $R(\boldsymbol{B})=2$. 又 $\boldsymbol{A}\xrightarrow[r_3-3r_1]{r_2+2r_1}\begin{pmatrix} 1 & 3 & 2 & -1 \\ 0 & 0 & 1 & 3 \\ 0 & 0 & -3 & a+3 \end{pmatrix}\xrightarrow{r_3+3r_2}\begin{pmatrix} 1 & 3 & 2 & -1 \\ 0 & 0 & 1 & 3 \\ 0 & 0 & 0 & a+12 \end{pmatrix}$，

因为 $R(\boldsymbol{A})=R(\boldsymbol{B})=2$，所以 $a=-12$.

故应填 -12.

【例 5】 设 $\boldsymbol{A},\boldsymbol{B}$ 均为 n 阶矩阵，如果 $\boldsymbol{AB}=\boldsymbol{O}$，且 $\boldsymbol{A}+\boldsymbol{B}=\boldsymbol{E}$，证明 $R(\boldsymbol{A})+R(\boldsymbol{B})=n$.

证明 由 $\boldsymbol{AB}=\boldsymbol{O}$，有 $R(\boldsymbol{A})+R(\boldsymbol{B})\leqslant n$；…(1)

另一方面，由于 $\boldsymbol{A}+\boldsymbol{B}=\boldsymbol{E}$，又有 $n=R(\boldsymbol{E})=R(\boldsymbol{A}+\boldsymbol{B})\leqslant R(\boldsymbol{A})+R(\boldsymbol{B})$，…(2)

由(1)(2)知，$R(\boldsymbol{A})+R(\boldsymbol{B})=n$.

方法总结

本题考查矩阵秩的性质，主要有以下两个，应该熟练掌握.

(1)若 $\boldsymbol{A}_{m\times n}\boldsymbol{B}_{n\times s}=\boldsymbol{O}$，则 $R(\boldsymbol{A})+R(\boldsymbol{B})\leqslant n$.

(2)$R(\boldsymbol{A}+\boldsymbol{B})\leqslant R(\boldsymbol{A})+R(\boldsymbol{B})$.

【例 6】 (2021 数学一，5 分)设 $\boldsymbol{A},\boldsymbol{B}$ 均为 n 阶实矩阵，下列不成立的是________.

(A)$R\begin{pmatrix}\boldsymbol{A} & \boldsymbol{O}\\ \boldsymbol{O} & \boldsymbol{A}^{\mathrm{T}}\boldsymbol{A}\end{pmatrix}=2R(\boldsymbol{A})$ (B)$R\begin{pmatrix}\boldsymbol{A} & \boldsymbol{AB}\\ \boldsymbol{O} & \boldsymbol{A}^{\mathrm{T}}\end{pmatrix}=2R(\boldsymbol{A})$

(C)$R\begin{pmatrix}\boldsymbol{A} & \boldsymbol{BA}\\ \boldsymbol{O} & \boldsymbol{AA}^{\mathrm{T}}\end{pmatrix}=2R(\boldsymbol{A})$ (D)$R\begin{pmatrix}\boldsymbol{A} & \boldsymbol{O}\\ \boldsymbol{BA} & \boldsymbol{A}^{\mathrm{T}}\end{pmatrix}=2R(\boldsymbol{A})$

解 由分块矩阵秩的性质：$R\begin{pmatrix}\boldsymbol{A} & \boldsymbol{O}\\ \boldsymbol{O} & \boldsymbol{B}\end{pmatrix}=R(\boldsymbol{A})+R(\boldsymbol{B})$ 及 $R(\boldsymbol{A}^{\mathrm{T}}\boldsymbol{A})=R(\boldsymbol{A})$ 可知(A)成立.

由 $R\begin{pmatrix}\boldsymbol{A} & \boldsymbol{AB}\\ \boldsymbol{O} & \boldsymbol{A}^{\mathrm{T}}\end{pmatrix}=R(\boldsymbol{A})+R(\boldsymbol{A}^{\mathrm{T}})=2R(\boldsymbol{A})$ 可知(B)成立.

由 $R\begin{pmatrix}\boldsymbol{A} & \boldsymbol{O}\\ \boldsymbol{BA} & \boldsymbol{A}^{\mathrm{T}}\end{pmatrix}=R(\boldsymbol{A})+R(\boldsymbol{A}^{\mathrm{T}})=2R(\boldsymbol{A})$ 可知(D)成立.

取 $\boldsymbol{A}=\begin{pmatrix}1 & 1\\ 0 & 0\end{pmatrix}$，$\boldsymbol{B}=\begin{pmatrix}0 & 0\\ 1 & 0\end{pmatrix}$，则 $\boldsymbol{BA}=\begin{pmatrix}0 & 0\\ 1 & 1\end{pmatrix}$.

而 $\begin{pmatrix}\boldsymbol{A} & \boldsymbol{BA}\\ \boldsymbol{O} & \boldsymbol{AA}^{\mathrm{T}}\end{pmatrix}=\begin{pmatrix}1 & 1 & 0 & 0\\ 0 & 0 & 1 & 1\\ 0 & 0 & 2 & 0\\ 0 & 0 & 0 & 0\end{pmatrix}$，故 $R\begin{pmatrix}\boldsymbol{A} & \boldsymbol{BA}\\ \boldsymbol{O} & \boldsymbol{AA}^{\mathrm{T}}\end{pmatrix}=3\neq R(\boldsymbol{A})+R(\boldsymbol{AA}^{\mathrm{T}})$，(C)不成立.

故应选(C).

第三节　线性方程组的解

一、主要内容归纳

1. 线性方程组的表示形式

本节要讨论的方程组比第一章中利用克拉默法则求解的方程组更具有一般性，即方程的个数与未知量的个数不一定相等，即使相等，方程组的系数行列式也不一定非零.

一般的线性方程组为
$$\begin{cases} a_{11}x_1+a_{12}x_2+\cdots+a_{1n}x_n=b_1, \\ a_{21}x_1+a_{22}x_2+\cdots+a_{2n}x_n=b_2, \\ \cdots\cdots\cdots\cdots \\ a_{m1}x_1+a_{m2}x_2+\cdots+a_{mn}x_n=b_m. \end{cases} \quad ①$$

令 $\boldsymbol{A}=\begin{pmatrix} a_{11} & a_{12} & \cdots & a_{1n} \\ a_{21} & a_{22} & \cdots & a_{2n} \\ \vdots & \vdots & & \vdots \\ a_{m1} & a_{m2} & \cdots & a_{mn} \end{pmatrix}$，$\boldsymbol{X}=\begin{pmatrix} x_1 \\ x_2 \\ \vdots \\ x_n \end{pmatrix}$，$\boldsymbol{b}=\begin{pmatrix} b_1 \\ b_2 \\ \vdots \\ b_m \end{pmatrix}$，

$$\boldsymbol{B}=(\boldsymbol{A},\boldsymbol{b})=\begin{pmatrix} a_{11} & a_{12} & \cdots & a_{1n} & b_1 \\ a_{21} & a_{22} & \cdots & a_{2n} & b_2 \\ \vdots & \vdots & & \vdots & \vdots \\ a_{m1} & a_{m2} & \cdots & a_{mn} & b_m \end{pmatrix}.$$

(1)若线性方程组中 $b_1=b_2=\cdots=b_m=0$，称为齐次线性方程组，否则称为非齐次线性方程组.

(2)矩阵 $\boldsymbol{A}$ 和 $\boldsymbol{B}$ 分别称为线性方程组的系数矩阵和增广矩阵.

(3)线性方程组的矩阵形式 $\boldsymbol{Ax}=\boldsymbol{b}$(或 $\boldsymbol{Ax}=\boldsymbol{0}$).　②

(4)若记矩阵 $\boldsymbol{A}$ 的列向量为 $\boldsymbol{\alpha}_1=\begin{pmatrix} a_{11} \\ a_{21} \\ \vdots \\ a_{m1} \end{pmatrix}$，$\boldsymbol{\alpha}_2=\begin{pmatrix} a_{12} \\ a_{22} \\ \vdots \\ a_{m2} \end{pmatrix}$，$\cdots$，$\boldsymbol{\alpha}_n=\begin{pmatrix} a_{1n} \\ a_{2n} \\ \vdots \\ a_{mn} \end{pmatrix}$.

则线性方程组的向量形式为

$x_1\boldsymbol{\alpha}_1+x_2\boldsymbol{\alpha}_2+\cdots+x_n\boldsymbol{\alpha}_n=\boldsymbol{b}$(或 $x_1\boldsymbol{\alpha}_1+x_2\boldsymbol{\alpha}_2+\cdots+x_n\boldsymbol{\alpha}_n=\boldsymbol{0}$).　③

式①②③是同一线性方程组的不同表示形式.

2. 线性方程组有解的充要条件

对于非齐次线性方程组 $\boldsymbol{Ax}=\boldsymbol{b}$，解的情况可分为以下三种：

(1)无解$\Leftrightarrow R(\boldsymbol{A})<R(\boldsymbol{A},\boldsymbol{b})$.

(2)有唯一解$\Leftrightarrow R(\boldsymbol{A})=R(\boldsymbol{A},\boldsymbol{b})=n$.

(3)有无穷多解$\Leftrightarrow R(\boldsymbol{A})=R(\boldsymbol{A},\boldsymbol{b})<n$.

进而可得以下推论:

推论 1 非齐次线性方程组 $\boldsymbol{A}_{m\times n}\boldsymbol{x}=\boldsymbol{b}$ 有解的充要条件是 $R(\boldsymbol{A})=R(\boldsymbol{A},\boldsymbol{b})$.

推论 2 齐次线性方程组 $\boldsymbol{A}_{m\times n}\boldsymbol{x}=\boldsymbol{0}$ 只有零解的充要条件是 $R(\boldsymbol{A})=n$(未知量的个数),有非零解的充要条件是 $R(\boldsymbol{A})<n$.

3. 矩阵方程 $\boldsymbol{A}_{m\times n}\boldsymbol{X}=\boldsymbol{B}$ 有解的充要条件

(1)矩阵方程 $\boldsymbol{AX}=\boldsymbol{B}$ 有解的充要条件是 $R(\boldsymbol{A})=R(\boldsymbol{A},\boldsymbol{B})$.

(2)矩阵方程 $\boldsymbol{A}_{m\times n}\boldsymbol{X}=\boldsymbol{O}$ 只有零解的充要条件是 $R(\boldsymbol{A})=n$.

(3)设 $\boldsymbol{AB}=\boldsymbol{C}$,则 $R(\boldsymbol{C})\leqslant\min\{R(\boldsymbol{A}),R(\boldsymbol{B})\}$.

4. 本节重点

线性方程组有解的充要条件,掌握用初等行变换求解线性方程组的方法.

二、经典题型解析及解题方法总结

【例 1】 求解齐次线性方程组$\begin{cases}x_2+3x_3+x_4-x_5=0,\\ x_1-x_2+3x_3-4x_4+2x_5=0,\\ x_1+x_2-x_3+2x_4+x_5=0,\\ x_1-x_3+x_5=0.\end{cases}$

解 对系数矩阵 $\boldsymbol{A}$ 施行初等行变换化为行最简形矩阵.

$$\boldsymbol{A}=\begin{pmatrix}0&1&3&1&-1\\1&-1&3&-4&2\\1&1&-1&2&1\\1&0&-1&0&1\end{pmatrix}\xrightarrow{r_1\leftrightarrow r_4}\begin{pmatrix}1&0&-1&0&1\\1&-1&3&-4&2\\1&1&-1&2&1\\0&1&3&1&-1\end{pmatrix}$$

$$\xrightarrow[r_2-r_1]{r_3-r_2}\begin{pmatrix}1&0&-1&0&1\\0&-1&4&-4&1\\0&2&-4&6&-1\\0&1&3&1&-1\end{pmatrix}\xrightarrow[r_4+r_2]{r_3+2r_2}\begin{pmatrix}1&0&-1&0&1\\0&-1&4&-4&1\\0&0&4&-2&1\\0&0&7&-3&0\end{pmatrix}$$

$$\xrightarrow[r_4\times\frac{1}{4}]{r_2\times(-1)}\begin{pmatrix}1&0&-1&0&1\\0&1&-4&4&-1\\0&0&1&-\frac{1}{2}&\frac{1}{4}\\0&0&7&-3&0\end{pmatrix}\xrightarrow[\substack{r_2+4r_3\\ r_4-7r_3}]{r_1+r_3}\begin{pmatrix}1&0&0&-\frac{1}{2}&\frac{5}{4}\\0&1&0&2&0\\0&0&1&-\frac{1}{2}&\frac{1}{4}\\0&0&0&\frac{1}{2}&-\frac{7}{4}\end{pmatrix}$$

$$\xrightarrow[\substack{r_2-4r_4\\ r_3+r_4}]{r_1+r_4}\begin{pmatrix}1&0&0&0&-\frac{1}{2}\\0&1&0&0&7\\0&0&1&0&-\frac{3}{2}\\0&0&0&\frac{1}{2}&-\frac{7}{4}\end{pmatrix}\xrightarrow{r_4\times 2}\begin{pmatrix}1&0&0&0&-\frac{1}{2}\\0&1&0&0&7\\0&0&1&0&-\frac{3}{2}\\0&0&0&1&-\frac{7}{2}\end{pmatrix}.$$

即$\begin{cases}x_1=\frac{1}{2}x_5,\\x_2=-7x_5,\\x_3=\frac{3}{2}x_5,\\x_4=\frac{7}{2}x_5\end{cases}$（$x_5$ 可取任意值），　令 $x_5=2c$，得 $\begin{pmatrix}x_1\\x_2\\x_3\\x_4\\x_5\end{pmatrix}=c\begin{pmatrix}1\\-14\\3\\7\\2\end{pmatrix}(c\in\mathbb{R})$.

方法总结

求齐次线性方程组 $\boldsymbol{Ax}=\boldsymbol{0}$ 的步骤：

(1)对系数矩阵 $\boldsymbol{A}$ 施行初等行变换，化为行最简形.

(2)写出与原方程组同解的方程组，取定自由未知量写出方程组的通解.

【例 2】 解非齐次线性方程组$\begin{cases}x_1+x_2-3x_3-x_4=1,\\3x_1-x_2-3x_3+4x_4=4,\\x_1+5x_2-9x_3-8x_4=0.\end{cases}$

解 增广矩阵施行初等行变换：

$$\boldsymbol{B}=(\boldsymbol{A},\boldsymbol{b})=\left(\begin{array}{cccc:c}1&1&-3&-4&1\\3&-1&-3&4&4\\1&5&-9&-8&0\end{array}\right)\xrightarrow[r_3-r_1]{r_2-3r_1}\begin{pmatrix}1&1&-3&-1&1\\0&-4&6&7&1\\0&4&-6&-7&-1\end{pmatrix}$$

$$\xrightarrow{r_3+r_2}\begin{pmatrix}1&1&-3&-1&1\\0&-4&6&7&1\\0&0&0&0&0\end{pmatrix},$$

所以 $R(\boldsymbol{A})=R(\boldsymbol{A},\boldsymbol{b})=2<4$，原方程组有无穷多解. 继续将 $\boldsymbol{B}$ 化成行最简形：

$$\boldsymbol{B}\xrightarrow{r_2\times(-\frac{1}{4})}\begin{pmatrix}1&1&-3&-1&1\\0&1&-3/2&-\frac{7}{4}&-\frac{1}{4}\\0&0&0&0&0\end{pmatrix}\xrightarrow{r_1-r_2}\begin{pmatrix}1&0&-\frac{3}{2}&\frac{3}{4}&\frac{5}{4}\\0&1&-\frac{3}{2}&-\frac{7}{4}&-\frac{1}{4}\\0&0&0&0&0\end{pmatrix},$$

对应同解方程组为$\begin{cases}x_1-\frac{3}{2}x_3+\frac{3}{4}x_4=\frac{5}{4},\\x_2-\frac{3}{2}x_3-\frac{7}{4}x_4=-\frac{1}{4},\end{cases}$

取定 x_3,x_4 为自由未知量,并令 $x_3=c_1,x_4=c_2$,这里 $c_1,c_2\in\mathbb{R}$,则有

$$\begin{cases}x_1=\frac{3}{2}c_1-\frac{3}{4}c_2+\frac{5}{4},\\x_2=\frac{3}{2}c_1+\frac{7}{4}c_2-\frac{1}{4},\\x_3=c_1,\\x_4=c_2.\end{cases}$$

所以原方程组的通解为 $\begin{pmatrix}x_1\\x_2\\x_3\\x_4\end{pmatrix}=c_1\begin{pmatrix}\frac{3}{2}\\\frac{3}{2}\\1\\0\end{pmatrix}+c_2\begin{pmatrix}-\frac{3}{4}\\\frac{7}{4}\\0\\1\end{pmatrix}+\begin{pmatrix}\frac{5}{4}\\-\frac{1}{4}\\0\\0\end{pmatrix}$ $(c_1,c_2\in\mathbb{R})$.

方法总结

解非齐次线性方程组 $\boldsymbol{Ax}=\boldsymbol{b}$ 的一般步骤:

(1)对增广矩阵 $\boldsymbol{B}$ 施行初等行变换,将其化为行阶梯形,观察 $R(\boldsymbol{A})$ 与 $R(\boldsymbol{B})$ 的值.

(2)若 $R(\boldsymbol{A})\neq R(\boldsymbol{B})$,则方程组无解,解题完毕;若 $R(\boldsymbol{A})=R(\boldsymbol{B})$,继续第(3)步.

(3)对增广矩阵 $\boldsymbol{B}$ 继续施行初等行变换化为行最简形矩阵.

(4)由行最简形矩阵写出原方程组的同解方程组,取定自由未知量写出方程组的通解.

【例 3】 λ 取何值时,方程组 $\begin{cases}2x_1+\lambda x_2-x_3=1,\\\lambda x_1-x_2+x_3=2,\\4x_1+5x_2-5x_3=-1\end{cases}$ 无解,有唯一解或有无穷多解?并在有无穷多解时写出方程组的通解.

解 **方法一** 对方程组的增广矩阵施行初等行变换:

$$\boldsymbol{B}=(\boldsymbol{A},\boldsymbol{b})=\left(\begin{array}{ccc:c}2&\lambda&-1&1\\\lambda&-1&1&2\\4&5&-5&-1\end{array}\right)\longrightarrow\left(\begin{array}{ccc:c}2&\lambda&-1&1\\\lambda+2&\lambda-1&0&3\\-6&-5\lambda+5&0&-6\end{array}\right)$$

$$\longrightarrow\left(\begin{array}{ccc:c}2&\lambda&-1&1\\\lambda+2&\lambda-1&0&3\\5\lambda+4&0&0&9\end{array}\right).$$

于是,当 $5\lambda+4=0$ 即 $\lambda=-\frac{4}{5}$ 时,$R(\boldsymbol{A})<R(\boldsymbol{B})$,方程组无解;

当 $5\lambda+4\neq0$ 且 $\lambda-1\neq0$ 即 $\lambda\neq-\frac{4}{5}$ 且 $\lambda\neq1$ 时,$R(\boldsymbol{A})=R(\boldsymbol{B})=3$,方程组有唯一解;

当 $\lambda=1$ 时,$R(\boldsymbol{A})=R(\boldsymbol{B})=2<3$,方程组有无穷多解,

此时 $\boldsymbol{B}=(\boldsymbol{A},\boldsymbol{b})\longrightarrow\begin{pmatrix}2&1&-1&1\\3&0&0&3\\9&0&0&9\end{pmatrix}\longrightarrow\begin{pmatrix}1&0&0&1\\0&1&-1&-1\\0&0&0&0\end{pmatrix}$,

得原方程组的同解方程组 $\begin{cases}x_1=1,\\x_2-x_3=-1,\end{cases}$ 取 x_3 为自由未知量.

得 $\begin{cases}x_1=1,\\x_2=x_3-1,\text{令 }x_3=c(c\in\mathbb{R}),\\x_3=x_3,\end{cases}$

则原方程组的通解为 $\begin{pmatrix}x_1\\x_2\\x_3\end{pmatrix}=c\begin{pmatrix}0\\1\\1\end{pmatrix}+\begin{pmatrix}1\\-1\\0\end{pmatrix}(c\in\mathbb{R})$.

方法二　原方程组的系数行列式

$$|\boldsymbol{A}|=\begin{vmatrix}2&\lambda&-1\\\lambda&-1&1\\4&5&-5\end{vmatrix}=5x^2-\lambda-4=(\lambda-1)(5\lambda+4).$$

所以当 $\lambda\neq1$ 且 $\lambda\neq-\frac{4}{5}$ 时,方程组有唯一解.

当 $\lambda=1$ 时,对增广矩阵 $\boldsymbol{B}$ 施行初等行变换:

$$\boldsymbol{B}=(\boldsymbol{A},\boldsymbol{b})=\left(\begin{array}{ccc:c}2&1&-1&1\\1&-1&1&2\\4&5&-5&-1\end{array}\right)\longrightarrow\left(\begin{array}{ccc:c}0&3&-3&-3\\1&-1&1&2\\0&9&-9&9\end{array}\right)$$

$$\longrightarrow\left(\begin{array}{ccc:c}1&-1&1&2\\0&1&-1&-1\\0&0&0&0\end{array}\right)\longrightarrow\left(\begin{array}{ccc:c}1&0&0&1\\0&1&-1&-1\\0&0&0&0\end{array}\right),$$

此时 $R(\boldsymbol{A})=R(\boldsymbol{B})=2<3$,原方程组有无穷多解.

同解方程组为 $\begin{cases}x_1=1,\\x_2=x_3-1,\quad(x_3\in\mathbb{R}),\text{令 }x_3=c,\\x_3=x_3\end{cases}$

得原方程组的通解为 $\begin{pmatrix}x_1\\x_2\\x_3\end{pmatrix}=c\begin{pmatrix}0\\1\\1\end{pmatrix}+\begin{pmatrix}1\\-1\\0\end{pmatrix}(c\in\mathbb{R})$.

当 $\lambda=-\frac{4}{5}$ 时,原方程组的同解方程组为 $\begin{cases}10x_1-4x_2-5x_3=5,\\4x_1+5x_2-5x_3=-10,\\4x_1+5x_2-5x_3=-1.\end{cases}$

对其增广矩阵施行初等行变换

$$\boldsymbol{B}=(\boldsymbol{A},\boldsymbol{b})=\left(\begin{array}{ccc:c}10 & -4 & -5 & 5\\ 4 & 5 & -5 & -10\\ 4 & 5 & -5 & -1\end{array}\right)\longrightarrow\left(\begin{array}{ccc:c}10 & -4 & -5 & 5\\ 4 & 5 & -5 & -10\\ 0 & 0 & 0 & 9\end{array}\right),$$

显然 $R(\boldsymbol{A})\neq R(\boldsymbol{B})$,原方程组无解.

方法总结

对于含参数的方程组的解的讨论,一般就这两种方法,方法一的初等变换法比较常用,但是带着参数化简矩阵比较困难;方法二虽然避免了带着参数化简,但是也具有局限性,一般仅限于系数矩阵的阶数较低且恰好构成系数行列式的方程组.

【例 4】 讨论 a,b 取何值时,下列方程组有解,并求其解.

$$\begin{cases}ax_1+bx_2+2x_3=1,\\ (b-1)x_2+x_3=0,\\ ax_1+bx_2+(1-b)x_3=3-2b.\end{cases}$$

解 对增广矩阵施行初等行变换

$$\boldsymbol{B}=\begin{pmatrix}a & b & 2 & 1\\ 0 & b-1 & 1 & 0\\ a & b & 1-b & 3-2b\end{pmatrix}\xrightarrow{r_3-r_1}\begin{pmatrix}a & b & 2 & 1\\ 0 & b-1 & 1 & 0\\ 0 & 0 & -1-b & 2-2b\end{pmatrix}$$

$$\longrightarrow\begin{pmatrix}a & b & 2 & 1\\ 0 & b-1 & 1 & 0\\ 0 & 0 & b+1 & 2(b-1)\end{pmatrix}.$$

下面分情况讨论:

(1)当 $a\neq 0$ 时:

① 若 $b\neq\pm1$ 时,则 $R(\boldsymbol{A})=R(\boldsymbol{B})=3$,原方程组有唯一解.

对应同解方程组为 $\begin{cases}ax_1+bx_2+2x_3=1,\\ (b-1)x_2+x_3=0,\\ (b+1)x_3=2(b-1).\end{cases}$

解此方程组得 $x_1=\dfrac{5-b}{a(b+1)},x_2=-\dfrac{2}{b+1},x_3=\dfrac{2(b-1)}{b+1}$.

② 若 $b=1$,此时 $\boldsymbol{B}\longrightarrow\begin{pmatrix}a & 1 & 2 & 1\\ 0 & 0 & 1 & 0\\ 0 & 0 & 2 & 0\end{pmatrix}\longrightarrow\begin{pmatrix}a & 1 & 2 & 1\\ 0 & 0 & 1 & 0\\ 0 & 0 & 0 & 0\end{pmatrix}$,

$R(\boldsymbol{A})=R(\boldsymbol{B})=2<3$,原方程组有无穷多解.

对应同解方程组为 $\begin{cases}ax_1+x_2+2x_3=1,\\ x_3=0.\end{cases}$ 解得 $\begin{cases}x_1=\dfrac{1}{a}(1-c),\\ x_2=c,\\ x_3=0\end{cases}$ $(c\in\mathbb{R})$.

③ 若 $b=-1$,此时:

$$\boldsymbol{B}\longrightarrow\begin{pmatrix}a & -1 & 2 & 1\\0 & -2 & 1 & 0\\0 & 0 & 0 & -4\end{pmatrix}$$,显然 $R(\boldsymbol{A})=2,R(\boldsymbol{B})=3,R(\boldsymbol{A})\neq R(\boldsymbol{B})$,

此时原方程组无解.

(2)当 $a=0$ 时,$\boldsymbol{B}\longrightarrow\begin{pmatrix}0 & b & 2 & 1\\0 & b-1 & 1 & 0\\0 & 0 & b+1 & 2(b-1)\end{pmatrix}$,

注意到 $\begin{vmatrix}2 & 1\\1 & 0\end{vmatrix}\neq 0$,故 $R(\boldsymbol{B})\geqslant 2$,而由于第一列元素全为 0,所以 $R(\boldsymbol{A})\leqslant 2$. 所以当且仅当 $R(\boldsymbol{A})=R(\boldsymbol{B})=2$ 时,方程组才有解.

要使 $R(\boldsymbol{B})=2$,须使 $\begin{vmatrix}b & 2 & 1\\b-1 & 1 & 0\\0 & b+1 & 2(b-1)\end{vmatrix}=(b-1)(5-b)=0$,即 $b=1$ 或 $b=5$.

① 当 $b=1$ 时,$\boldsymbol{B}\longrightarrow\begin{pmatrix}0 & 1 & 2 & 1\\0 & 0 & 1 & 0\\0 & 0 & 2 & 0\end{pmatrix}\longrightarrow\begin{pmatrix}0 & 1 & 2 & 1\\0 & 0 & 1 & 0\\0 & 0 & 0 & 0\end{pmatrix}\longrightarrow\begin{pmatrix}0 & 1 & 0 & 1\\0 & 0 & 1 & 0\\0 & 0 & 0 & 0\end{pmatrix}$,

$R(\boldsymbol{A})=R(\boldsymbol{B})=2<3$,方程组有无穷多解,对应同解方程组为 $\begin{cases}x_1=x_1,\\x_2=1,\\x_3=0,\end{cases}$

得原方程组通解 $\begin{pmatrix}x_1\\x_2\\x_3\end{pmatrix}=c\begin{pmatrix}1\\0\\0\end{pmatrix}+\begin{pmatrix}0\\1\\0\end{pmatrix}(c\in\mathbb{R})$.

② 当 $b=5$ 时,

$$\boldsymbol{B}\longrightarrow\begin{pmatrix}0 & 5 & 2 & 1\\0 & 4 & 1 & 0\\0 & 0 & 6 & 8\end{pmatrix}\longrightarrow\begin{pmatrix}0 & 1 & 1 & 1\\0 & 0 & -3 & -4\\0 & 0 & 0 & 0\end{pmatrix}\longrightarrow\begin{pmatrix}0 & 1 & 0 & -\frac{1}{3}\\0 & 0 & 1 & \frac{4}{3}\\0 & 0 & 0 & 0\end{pmatrix},$$

对应同解方程组为 $\begin{cases}x_1=x_1,\\x_2=-\frac{1}{3},\\x_3=\frac{4}{3},\end{cases}$ 得原方程组的通解 $\begin{pmatrix}x_1\\x_2\\x_3\end{pmatrix}=c\begin{pmatrix}1\\0\\0\end{pmatrix}+\begin{pmatrix}0\\-\frac{1}{3}\\\frac{4}{3}\end{pmatrix}(c\in\mathbb{R})$.

③ 当 $b\neq 1$ 且 $b\neq 5$ 时,$R(\boldsymbol{A})=2,R(\boldsymbol{B})=3$,原方程组无解.

方法总结

本题也是讨论含参变量的方程组的求解问题，但比较例 3 要复杂的多，如果不小心就会漏掉一部分，在利用已有条件的同时，应该学会全面考虑问题的能力，还要注意多个参数之间的关系.

【例 5】 设 $\boldsymbol{A}$ 为 $m\times n$ 矩阵，证明：若 $\boldsymbol{Ax}=\boldsymbol{Ay}$ 且 $R(\boldsymbol{A})=n$，则 $\boldsymbol{x}=\boldsymbol{y}$.

证 由题意可知 $\boldsymbol{A}(\boldsymbol{x}-\boldsymbol{y})=\boldsymbol{O}$，因为 $R(\boldsymbol{A})=n$，则齐次线性方程组 $\boldsymbol{Ax}=\boldsymbol{O}$ 只有零解，显然 $\boldsymbol{x}-\boldsymbol{y}$ 的每一列都是 $\boldsymbol{Ax}=\boldsymbol{O}$ 的解，所以 $\boldsymbol{x}-\boldsymbol{y}=\boldsymbol{O}$，即 $\boldsymbol{x}=\boldsymbol{y}$.

方法总结

本题主要考察齐次线性方程组只有零解的条件.

习题三解答

1. 用初等行变换把下列矩阵化为行最简形矩阵：

(1) $\begin{pmatrix}1&0&2&-1\\2&0&3&1\\3&0&4&3\end{pmatrix}$； (2) $\begin{pmatrix}0&2&-3&1\\0&3&-4&3\\0&4&-7&-1\end{pmatrix}$；

(3) $\begin{pmatrix}1&-1&3&-4&3\\3&-3&5&-4&1\\2&-2&3&-2&0\\3&-3&4&-2&-1\end{pmatrix}$； (4) $\begin{pmatrix}2&3&1&-3&-7\\1&2&0&-2&-4\\3&-2&8&3&0\\2&-3&7&4&3\end{pmatrix}$.

解 (1) $\begin{pmatrix}1&0&2&-1\\2&0&3&1\\3&0&4&3\end{pmatrix}\xrightarrow[r_3+(-3)r_1]{r_2+(-2)r_1}\begin{pmatrix}1&0&2&-1\\0&0&-1&3\\0&0&-2&6\end{pmatrix}\xrightarrow{r_3-2r_2,(-1)r_2}$

$\begin{pmatrix}1&0&2&-1\\0&0&1&-3\\0&0&0&0\end{pmatrix}\xrightarrow{r_1+(-2)r_2}\begin{pmatrix}1&0&0&5\\0&0&1&-3\\0&0&0&0\end{pmatrix}$.

(2) $\begin{pmatrix}0&2&-3&1\\0&3&-4&3\\0&4&-7&-1\end{pmatrix}\xrightarrow[r_3+(-2)r_1]{r_2\times2+(-3)r_1}\begin{pmatrix}0&2&-3&1\\0&0&1&3\\0&0&-1&-3\end{pmatrix}\xrightarrow{r_3+r_2,r_1+3r_2}$

$\begin{pmatrix}0&2&0&10\\0&0&1&3\\0&0&0&0\end{pmatrix}\xrightarrow{r_1\times\frac{1}{2}}\begin{pmatrix}0&1&0&5\\0&0&1&3\\0&0&0&0\end{pmatrix}$.

(3) $\begin{pmatrix}1&-1&3&-4&3\\3&-3&5&-4&1\\2&-2&3&-2&0\\3&-3&4&-2&-1\end{pmatrix}\xrightarrow[r_4+(-3)r_1]{r_2+(-3)r_1,r_3+(-2)r_1}\begin{pmatrix}1&-1&3&-4&3\\0&0&-4&8&-8\\0&0&-3&6&-6\\0&0&-5&10&-10\end{pmatrix}$

$$\xrightarrow[r_4\times\left(-\frac{1}{5}\right)]{r_2\times\left(-\frac{1}{4}\right),r_3\times\left(-\frac{1}{3}\right)}\begin{pmatrix}1&-1&3&-4&3\\0&0&1&-2&2\\0&0&1&-2&2\\0&0&1&-2&2\end{pmatrix}\xrightarrow[\substack{r_3-r_2\\r_4-r_2}]{r_1+(-3)r_2}\begin{pmatrix}1&-1&0&2&-3\\0&0&1&-2&2\\0&0&0&0&0\\0&0&0&0&0\end{pmatrix}.$$

(4) $\begin{pmatrix}2&3&1&-3&-7\\1&2&0&-2&-4\\3&-2&8&3&0\\2&-3&7&4&3\end{pmatrix}\xrightarrow[r_4-2r_2]{r_1-2r_2,r_3-3r_2}\begin{pmatrix}0&-1&1&1&1\\1&2&0&-2&-4\\0&-8&8&9&12\\0&-7&7&8&11\end{pmatrix}$

$$\xrightarrow[r_4-7r_1]{r_2+2r_1,r_3-8r_1}\begin{pmatrix}0&-1&1&1&1\\1&0&2&0&-2\\0&0&0&1&4\\0&0&0&1&4\end{pmatrix}\xrightarrow[r_4-r_3]{r_1\leftrightarrow r_2,r_2\times(-1)}\begin{pmatrix}1&0&2&0&-2\\0&1&-1&-1&-1\\0&0&0&1&4\\0&0&0&0&0\end{pmatrix}$$

$$\xrightarrow{r_2+r_3}\begin{pmatrix}1&0&2&0&-2\\0&1&-1&0&3\\0&0&0&1&4\\0&0&0&0&0\end{pmatrix}.$$

2. 设 $\boldsymbol{A}=\begin{pmatrix}1&2&3&4\\2&3&4&5\\5&4&3&2\end{pmatrix}$,求一个可逆矩阵 $\boldsymbol{P}$,使 $\boldsymbol{PA}$ 为行最简形矩阵.

解 $(\boldsymbol{A},\boldsymbol{E})=\begin{pmatrix}1&2&3&4&1&0&0\\2&3&4&5&0&1&0\\5&4&3&2&0&0&1\end{pmatrix}\xrightarrow[r_3-5r_1]{r_2-2r_1}\begin{pmatrix}1&2&3&4&1&0&0\\0&-1&-2&-3&-2&1&0\\0&-6&-12&-18&-5&0&1\end{pmatrix}$

$$\xrightarrow[\substack{r_1-2r_2\\r_3+6r_2}]{r_2\times(-1)}\begin{pmatrix}1&0&-1&-2&-3&2&0\\0&1&2&3&2&-1&0\\0&0&0&0&7&-6&1\end{pmatrix},$$

故 $\boldsymbol{P}=\begin{pmatrix}-3&2&0\\2&-1&0\\7&-6&1\end{pmatrix}$,并且 $\boldsymbol{A}$ 的行最简形为 $\boldsymbol{PA}=\begin{pmatrix}1&0&-1&-2\\0&1&2&3\\0&0&0&0\end{pmatrix}$.

3. 设 $\boldsymbol{A}=\begin{pmatrix}-5&3&1\\2&-1&1\end{pmatrix}$,求:

(1)可逆矩阵 $\boldsymbol{P}$,使 $\boldsymbol{PA}$ 为行最简形矩阵;

(2)可逆矩阵 $\boldsymbol{Q}$,使 $\boldsymbol{QA}^{\mathrm{T}}$ 为行最简形矩阵.

解 (1)$(\boldsymbol{A},\boldsymbol{E})=\begin{pmatrix}-5&3&1&1&0\\2&-1&1&0&1\end{pmatrix}\xrightarrow{r_1+3r_2}\begin{pmatrix}1&0&4&1&3\\2&-1&1&0&1\end{pmatrix}$

$$\xrightarrow[r_2\times(-1)]{r_2-2r_1}\begin{pmatrix}1&0&4&1&3\\0&1&7&2&5\end{pmatrix}.$$

于是 $\boldsymbol{P}=\begin{pmatrix}1&3\\2&5\end{pmatrix}$,且 $\boldsymbol{PA}=\begin{pmatrix}1&0&4\\0&1&7\end{pmatrix}$ 为 $\boldsymbol{A}$ 的行最简形.

(2)$(\boldsymbol{A}^{\mathrm{T}},\boldsymbol{E})=\begin{pmatrix}-5&2&1&0&0\\3&-1&0&1&0\\1&1&0&0&1\end{pmatrix}\xrightarrow{r_1+2r_2}\begin{pmatrix}1&0&1&2&0\\3&-1&0&1&0\\1&1&0&0&1\end{pmatrix}$

$$\xrightarrow[r_3-r_1]{r_2-3r_1}\begin{pmatrix}1&0&1&2&0\\0&-1&-3&-5&0\\0&1&-1&-2&1\end{pmatrix}\xrightarrow[r_3-r_2]{r_2\times(-1)}\begin{pmatrix}1&0&1&2&0\\0&1&3&5&0\\0&0&-4&-7&1\end{pmatrix},$$

于是 $\boldsymbol{Q}=\begin{pmatrix}1&2&0\\3&5&0\\-4&-7&1\end{pmatrix}$，并且 $\boldsymbol{QA}^{\mathrm{T}}=\begin{pmatrix}1&0\\0&1\\0&0\end{pmatrix}$ 为 $\boldsymbol{A}^{\mathrm{T}}$ 的行最简形.

4. 试利用矩阵的初等变换，求下列方阵的逆矩阵：

(1) $\begin{pmatrix}3&2&1\\3&1&5\\3&2&3\end{pmatrix}$；　　(2) $\begin{pmatrix}3&-2&0&-1\\0&2&2&1\\1&-2&-3&-2\\0&1&2&1\end{pmatrix}$.

解 (1)
$$(\boldsymbol{A}\vdots\boldsymbol{E})=\left(\begin{array}{ccc|ccc}3&2&1&1&0&0\\3&1&5&0&1&0\\3&2&3&0&0&1\end{array}\right)\longrightarrow\left(\begin{array}{ccc|ccc}3&2&1&1&0&0\\0&-1&4&-1&1&0\\0&0&2&-1&0&1\end{array}\right)\longrightarrow$$

$$\left(\begin{array}{ccc|ccc}3&2&0&\frac{3}{2}&0&-\frac{1}{2}\\0&-1&0&1&1&-2\\0&0&2&-1&0&1\end{array}\right)\longrightarrow\left(\begin{array}{ccc|ccc}3&0&0&\frac{7}{2}&2&-\frac{9}{2}\\0&-1&0&1&1&-2\\0&0&1&-\frac{1}{2}&0&\frac{1}{2}\end{array}\right)\longrightarrow$$

$$\left(\begin{array}{ccc|ccc}1&0&0&\frac{7}{6}&\frac{2}{3}&-\frac{3}{2}\\0&1&0&-1&-1&2\\0&0&1&-\frac{1}{2}&0&\frac{1}{2}\end{array}\right),\text{故 }\boldsymbol{A}^{-1}=\begin{pmatrix}\frac{7}{6}&\frac{2}{3}&-\frac{3}{2}\\-1&-1&2\\-\frac{1}{2}&0&\frac{1}{2}\end{pmatrix}.$$

(2)
$$(\boldsymbol{A}\vdots\boldsymbol{E})=\left(\begin{array}{cccc|cccc}3&-2&0&-1&1&0&0&0\\0&2&2&1&0&1&0&0\\1&-2&-3&-2&0&0&1&0\\0&1&2&1&0&0&0&1\end{array}\right)\longrightarrow\left(\begin{array}{cccc|cccc}1&-2&-3&-2&0&0&1&0\\0&1&2&1&0&0&0&1\\0&4&9&5&1&0&-3&0\\0&2&2&1&0&1&0&0\end{array}\right)$$

$$\longrightarrow\left(\begin{array}{cccc|cccc}1&-2&-3&-2&0&0&1&0\\0&1&2&1&0&0&0&1\\0&0&1&1&1&0&-3&-4\\0&0&-2&-1&0&1&0&-2\end{array}\right)\longrightarrow\left(\begin{array}{cccc|cccc}1&-2&-3&-2&0&0&1&0\\0&1&2&1&0&0&0&1\\0&0&1&1&1&0&-3&-4\\0&0&0&1&2&1&-6&-10\end{array}\right)$$

$$\longrightarrow\left(\begin{array}{cccc|cccc}1&-2&0&0&-1&-1&-2&-2\\0&1&0&0&0&1&0&-1\\0&0&1&0&-1&-1&3&6\\0&0&0&1&2&1&-6&-10\end{array}\right)\longrightarrow\left(\begin{array}{cccc|cccc}1&0&0&0&1&1&-2&-4\\0&1&0&0&0&1&0&-1\\0&0&1&0&-1&-1&3&6\\0&0&0&1&2&1&-6&-10\end{array}\right),$$

$$\text{故 }\boldsymbol{A}^{-1}=\begin{pmatrix}1&1&-2&-4\\0&1&0&-1\\-1&-1&3&6\\2&1&-6&-10\end{pmatrix}.$$

5. 试利用矩阵的初等行变换，求解第 2 章习题二第 15 题之(2).

解 对增广矩阵作初等行变换，得

$$(\boldsymbol{A}\vdots\boldsymbol{b})=\left(\begin{array}{ccc|c}1&1&1&2\\1&2&4&3\\1&3&9&5\end{array}\right)\xrightarrow[r_3-r_2]{r_2-r_1}\left(\begin{array}{ccc|c}1&1&1&2\\0&1&3&1\\0&1&5&2\end{array}\right)$$

$$\xrightarrow[\substack{r_3-r_2\\ r_3\times\frac{1}{2}}]{r_1-r_2}\left(\begin{array}{ccc|c}1&0&-2&1\\0&1&3&1\\0&0&1&\frac{1}{2}\end{array}\right)\xrightarrow[r_2-3r_3]{r_1+2r_3}\left(\begin{array}{ccc|c}1&0&0&2\\0&1&0&-\frac{1}{2}\\0&0&1&\frac{1}{2}\end{array}\right).$$

由此得方程组的解为 $x_1=2, x_2=-\frac{1}{2}, x_3=\frac{1}{2}$.

6. (1)设 $\boldsymbol{A}=\begin{pmatrix}4&1&-2\\2&2&1\\3&1&-1\end{pmatrix}$, $\boldsymbol{B}=\begin{pmatrix}1&-3\\2&2\\3&-1\end{pmatrix}$,求 $\boldsymbol{X}$ 使 $\boldsymbol{AX}=\boldsymbol{B}$;

(2)设 $\boldsymbol{A}=\begin{pmatrix}0&2&1\\2&-1&3\\-3&3&-4\end{pmatrix}$, $\boldsymbol{B}=\begin{pmatrix}1&2&3\\2&-3&1\end{pmatrix}$,求 $\boldsymbol{X}$ 使 $\boldsymbol{XA}=\boldsymbol{B}$;

(3)设 $\boldsymbol{A}=\begin{pmatrix}1&-1&0\\0&1&-1\\-1&0&1\end{pmatrix}$, $\boldsymbol{AX}=2\boldsymbol{X}+\boldsymbol{A}$,求 $\boldsymbol{X}$.

解 (1)因为

$$(\boldsymbol{A},\boldsymbol{B})=\begin{pmatrix}4&1&-2&1&-3\\2&2&1&2&2\\3&1&-1&3&-1\end{pmatrix}\xrightarrow{r_1-r_3}\begin{pmatrix}1&0&-1&-2&-2\\2&2&1&2&2\\3&1&-1&3&-1\end{pmatrix}\xrightarrow[r_3-3r_1]{r_2-2r_1}$$

$$\begin{pmatrix}1&0&-1&-2&2\\0&2&3&6&6\\0&1&2&9&5\end{pmatrix}\xrightarrow[r_3-2r_2]{r_2\leftrightarrow r_3}\begin{pmatrix}1&0&-1&-2&2\\0&1&2&9&5\\0&0&-1&-12&-4\end{pmatrix}\xrightarrow[\substack{r_1+r_3\\ r_2-2r_3}]{r_3\times(-1)}\begin{pmatrix}1&0&0&10&2\\0&1&0&-15&-3\\0&0&1&12&4\end{pmatrix},$$

所以 $\boldsymbol{X}=\boldsymbol{A}^{-1}\boldsymbol{B}=\begin{pmatrix}10&2\\-15&-3\\12&4\end{pmatrix}$.

(2)考虑 $\boldsymbol{A}^{\mathrm{T}}\boldsymbol{X}^{\mathrm{T}}=\boldsymbol{B}^{\mathrm{T}}$. 因为

$$(\boldsymbol{A}^{\mathrm{T}},\boldsymbol{B}^{\mathrm{T}})=\begin{pmatrix}0&2&-3&1&2\\2&-1&3&2&-3\\1&3&-4&3&1\end{pmatrix}\xrightarrow[r_2-2r_1]{r_1\leftrightarrow r_3}\begin{pmatrix}1&3&-4&3&1\\0&-7&11&-4&-5\\0&2&-3&1&2\end{pmatrix}\xrightarrow{r_2+4r_3}$$

$$\begin{pmatrix}1&3&-4&3&1\\0&1&-1&0&3\\0&2&-3&1&2\end{pmatrix}\xrightarrow[r_3-2r_2]{r_1-3r_2}\begin{pmatrix}1&0&-1&3&-8\\0&1&-1&0&3\\0&0&-1&1&-4\end{pmatrix}\xrightarrow[\substack{r_2-r_3\\ r_3\times(-1)}]{r_1-r_3}\begin{pmatrix}1&0&0&2&-4\\0&1&0&-1&7\\0&0&1&-1&4\end{pmatrix},$$

所以 $\boldsymbol{X}^{\mathrm{T}}=(\boldsymbol{A}^{\mathrm{T}})^{-1}\boldsymbol{B}^{\mathrm{T}}=\begin{pmatrix}2&-4\\-1&7\\-1&4\end{pmatrix}$,从而 $\boldsymbol{X}=\boldsymbol{BA}^{-1}=\begin{pmatrix}2&-1&-1\\-4&7&4\end{pmatrix}$.

(3)原方程化为 $(\boldsymbol{A}-2\boldsymbol{E})\boldsymbol{X}=\boldsymbol{A}$. 因为

$$(\boldsymbol{A}-2\boldsymbol{E},\boldsymbol{A})=\begin{pmatrix}-1&-1&0&1&-1&0\\0&-1&-1&0&1&-1\\-1&0&-1&-1&0&1\end{pmatrix}\xrightarrow[\substack{r_3+r_1\\ r_2\times(-1)}]{r_1\times(-1)}\begin{pmatrix}1&1&0&-1&1&0\\0&1&1&0&-1&1\\0&1&-1&-2&1&1\end{pmatrix}$$

$$\xrightarrow[r_3-r_2]{r_1-r_2}\begin{pmatrix}1&0&-1&-1&2&-1\\0&1&1&0&-1&1\\0&0&-2&-2&2&0\end{pmatrix}\xrightarrow[\substack{r_1+r_3\\ r_2-r_3}]{r_3\times(-\frac{1}{2})}\begin{pmatrix}1&0&0&0&1&-1\\0&1&0&-1&0&1\\0&0&1&1&-1&0\end{pmatrix},$$

由上可知 $\boldsymbol{A}-2\boldsymbol{E}\xrightarrow{r}\boldsymbol{E}$,所以 $\boldsymbol{A}-2\boldsymbol{E}$ 可逆,并且有 $\boldsymbol{X}=(\boldsymbol{A}-2\boldsymbol{E})^{-1}\boldsymbol{A}=\begin{pmatrix}0&1&-1\\-1&0&1\\1&-1&0\end{pmatrix}$.

7. 在秩是 r 的矩阵中,有没有等于 0 的 $r-1$ 阶子式? 有没有等于 0 的 r 阶子式?

解 在秩是 r 的矩阵中,可能存在等于 0 的 $r-1$ 阶子式,也可能存在等于 0 的 r 阶子式.

例如,$\boldsymbol{A}=\begin{pmatrix}1&0&0&0\\0&1&0&0\\0&0&1&0\end{pmatrix}$,$R(\boldsymbol{A})=3$.

$\begin{vmatrix}0&0\\0&0\end{vmatrix}$是等于 0 的 2 阶子式,$\begin{vmatrix}0&0&0\\1&0&0\\0&1&0\end{vmatrix}$是等于 0 的 3 阶子式.

8. 从矩阵 $\boldsymbol{A}$ 中划去一行得到矩阵 $\boldsymbol{B}$,问 $\boldsymbol{A},\boldsymbol{B}$ 的秩的关系怎样?

解 $R(\boldsymbol{A})\geqslant R(\boldsymbol{B})\geqslant R(\boldsymbol{A})-1$.

这是因为 $\boldsymbol{B}$ 的非零子式必是 $\boldsymbol{A}$ 的非零子式,故 $\boldsymbol{A}$ 的秩不会小于 $\boldsymbol{B}$ 的秩.

9. 求作一个秩是 4 的方阵,它的两个行向量是(1,0,1,0,0),(1,−1,0,0,0).

解 用已知向量容易构成一个有 4 个非零行的 5 阶下三角矩阵:$\begin{pmatrix}1&0&0&0&0\\1&-1&0&0&0\\1&0&1&0&0\\0&0&0&1&0\\0&0&0&0&0\end{pmatrix}$,

此矩阵的秩为 4,其第 2 行和第 3 行是已知向量.

10. 求下列矩阵的秩:

(1)$\begin{pmatrix}3&1&0&2\\1&-1&2&-1\\1&3&-4&4\end{pmatrix}$; (2)$\begin{pmatrix}3&2&-1&-3&-1\\2&-1&3&1&-3\\7&0&5&-1&-8\end{pmatrix}$; (3)$\begin{pmatrix}2&1&8&3&7\\2&-3&0&7&-5\\3&-2&5&8&0\\1&0&3&2&0\end{pmatrix}$.

解 (1)$\begin{pmatrix}3&1&0&2\\1&-1&2&-1\\1&3&-4&4\end{pmatrix}\xrightarrow{r_1\leftrightarrow r_2}\begin{pmatrix}1&-1&2&-1\\3&1&0&2\\1&3&-4&4\end{pmatrix}\xrightarrow[r_3-r_1]{r_2-3r_1}\begin{pmatrix}1&-1&2&-1\\0&4&-6&5\\0&4&-6&5\end{pmatrix}$

$\xrightarrow{r_3-r_2}\begin{pmatrix}1&-1&2&-1\\0&4&-6&5\\0&0&0&0\end{pmatrix}$,

所以矩阵的秩为 2,$\begin{vmatrix}3&1\\1&-1\end{vmatrix}=-4\neq0$ 是它的一个最高阶非零子式.

(2)$\begin{pmatrix}3&2&-1&-3&-2\\2&-1&3&1&-3\\7&0&5&-1&-8\end{pmatrix}\xrightarrow[\substack{r_2-2r_1\\r_3-7r_1}]{r_1-r_2}\begin{pmatrix}1&3&-4&-4&2\\0&-7&11&9&-7\\0&-21&33&27&-22\end{pmatrix}$

$\xrightarrow{r_3-3r_2}\begin{pmatrix}1&3&-4&-4&2\\0&-7&11&9&-7\\0&0&0&0&-1\end{pmatrix}$,

所以矩阵的秩是 3,$\begin{vmatrix}2&-1&3\\-1&3&1\\0&5&-1\end{vmatrix}=-30\neq0$ 是它的一个最高阶非零子式.

(3)$\begin{pmatrix}2&1&8&3&7\\2&-3&0&7&-5\\3&-2&5&8&0\\1&0&3&2&0\end{pmatrix}\xrightarrow[\substack{r_2-2r_4\\r_3-3r_4}]{r_1-2r_4}\begin{pmatrix}0&1&2&-1&7\\0&-3&-6&3&-5\\0&-2&-4&2&0\\1&0&3&2&0\end{pmatrix}\xrightarrow[\substack{r_3+2r_1\\r_1\leftrightarrow r_4}]{r_2+3r_1}$

$$\begin{pmatrix}1&0&3&2&0\\0&0&0&0&16\\0&0&0&0&14\\0&1&2&-1&7\end{pmatrix}\xrightarrow[r_2-16r_3]{r_3\times\frac{1}{14}}\begin{pmatrix}1&0&3&2&0\\0&0&0&0&0\\0&0&0&0&1\\0&1&2&-1&7\end{pmatrix}\xrightarrow{r_2\leftrightarrow r_4}\begin{pmatrix}1&0&3&2&0\\0&1&2&-1&7\\0&0&0&0&1\\0&0&0&0&0\end{pmatrix},$$

矩阵的秩为 3，$\begin{vmatrix}0&7&-5\\5&8&0\\3&2&0\end{vmatrix}=70\neq0$ 是一个最高阶非零子式.

11. 设 $\boldsymbol{A},\boldsymbol{B}$ 都是 $m\times n$ 矩阵，证明 $\boldsymbol{A}\sim\boldsymbol{B}$ 的充分必要条件是 $R(\boldsymbol{A})=R(\boldsymbol{B})$.

证 根据教材第三节定理 3 知必要性是成立的.

充分性：设 $R(\boldsymbol{A})=R(\boldsymbol{B})$，则 $\boldsymbol{A}$ 与 $\boldsymbol{B}$ 的标准形是相同的.

设 $\boldsymbol{A}$ 与 $\boldsymbol{B}$ 的标准形为 $\boldsymbol{D}$，则有 $\boldsymbol{A}\sim\boldsymbol{D},\boldsymbol{D}\sim\boldsymbol{B}$.

由等价关系的传递性，有 $\boldsymbol{A}\sim\boldsymbol{B}$.

12. 设 $\boldsymbol{A}=\begin{pmatrix}1&-2&3k\\-1&2k&-3\\k&-2&3\end{pmatrix}$，问 k 为何值，可使

(1) $R(\boldsymbol{A})=1$；(2) $R(\boldsymbol{A})=2$；(3) $R(\boldsymbol{A})=3$.

解 **方法一** 对 $\boldsymbol{A}$ 施行初等行变换：

$$\boldsymbol{A}=\begin{pmatrix}1&-2&3k\\-1&2k&-3\\k&-2&3\end{pmatrix}\xrightarrow[r_3-kr_1]{r_2+r_1}\begin{pmatrix}1&-2&3k\\0&2(k-1)&3(k-1)\\0&2(k-1)&-3(k^2-1)\end{pmatrix}\xrightarrow{r_3-r_2}$$

$$\begin{pmatrix}1&-2&3k\\0&2(k-1)&3(k-1)\\0&0&-3(k-1)(k+2)\end{pmatrix},$$

所以 (1) 当 $k=1$ 时，$R(\boldsymbol{A})=1$；

(2) 当 $k=-2$ 时，$R(\boldsymbol{A})=2$；

(3) 当 $k\neq1$ 且 $k\neq-2$ 时，$R(\boldsymbol{A})=3$.

方法二 因为 $\boldsymbol{A}$ 是 3 阶方阵，所以 $R(\boldsymbol{A})=3\Leftrightarrow|\boldsymbol{A}|\neq0$，

$$\text{而}\ |\boldsymbol{A}|=\begin{vmatrix}1&-2&3k\\-1&2k&-3\\k&-2&3\end{vmatrix}=\begin{vmatrix}1&-2&3k\\0&2(k-1)&3(k-1)\\0&2(k-1)&-3(k^2-1)\end{vmatrix}$$

$$=\begin{vmatrix}1&-2&3k\\0&2(k-1)&3(k-1)\\0&0&-3(k-1)(k+2)\end{vmatrix}=-6(k-1)^2(k+2).$$

所以 (1) 当 $k\neq1$ 且 $k\neq-2$ 时，$R(\boldsymbol{A})=3$；

(2) 当 $k=1$ 时，$\boldsymbol{A}=\begin{pmatrix}1&-2&3\\-1&2&3\\1&-2&3\end{pmatrix}\longrightarrow\begin{pmatrix}1&-2&3\\0&0&0\\0&0&0\end{pmatrix}$，所以 $R(\boldsymbol{A})=1$；

(3) 当 $k=-2$ 时，$R(\boldsymbol{A})\leqslant2$，又 $\boldsymbol{A}$ 的一个二阶子式 $\begin{vmatrix}1&-2\\-1&-4\end{vmatrix}=-2\neq0$.

所以 $R(\boldsymbol{A})\geqslant2$，从而 $R(\boldsymbol{A})=2$.

13. 讨论 n 阶 $(n\geqslant2)$ 方阵 $\boldsymbol{A}=\begin{pmatrix}a&b&\cdots&b\\b&a&\cdots&b\\\vdots&\vdots&&\vdots\\b&b&\cdots&a\end{pmatrix}$ 的秩的情况.

解 $\mathbf{A}=\begin{pmatrix} a & b & \cdots & b \\ b & a & \cdots & b \\ \vdots & \vdots & & \vdots \\ b & b & \cdots & a \end{pmatrix} \xrightarrow[i=2,3,\cdots,n]{r_i-r_1} \begin{pmatrix} a & b & \cdots & b \\ b-a & a-b & \cdots & 0 \\ \vdots & \vdots & & \vdots \\ b-a & 0 & \cdots & a-b \end{pmatrix}$

$\xrightarrow[i=2,3,\cdots,n]{c_1+c_i} \begin{pmatrix} a+(n-1)b & b & \cdots & b \\ 0 & a-b & \cdots & 0 \\ \vdots & \vdots & & \vdots \\ 0 & 0 & \cdots & a-b \end{pmatrix}.$

当 $a=b=0$ 时，$R(\mathbf{A})=0$；当 $a=b\neq 0$ 时，$R(\mathbf{A})=1$；当 $a+(n-1)b=0$ 且 $a\neq 0$ 时，$R(\mathbf{A})=n-1$；当 $a+(n-1)b\neq 0$ 且 $a\neq b$ 时，$R(\mathbf{A})=n$.

14. 求解下列齐次线性方程组：

(1) $\begin{cases} x_1+x_2+2x_3-x_4=0, \\ 2x_1+x_2+x_3-x_4=0, \\ 2x_1+2x_2+x_3+2x_4=0; \end{cases}$　(2) $\begin{cases} x_1+2x_2+x_3-x_4=0, \\ 3x_1+6x_2-x_3-3x_4=0, \\ 5x_1+10x_2+x_3-5x_4=0; \end{cases}$

(3) $\begin{cases} 2x_1+3x_2-x_3-7x_4=0, \\ 3x_1+x_2+2x_3-7x_4=0, \\ 4x_1+x_2-3x_3+6x_4=0, \\ x_1-2x_2+5x_3-5x_4=0; \end{cases}$　(4) $\begin{cases} 3x_1+4x_2-5x_3+7x_4=0, \\ 2x_1-3x_2+3x_3-2x_4=0, \\ 4x_1+11x_2-13x_3+16x_4=0, \\ 7x_1-2x_2+x_3+3x_4=0. \end{cases}$

解 (1)对系数矩阵 $\mathbf{A}$ 施行初等行变换，有：

$\mathbf{A}=\begin{pmatrix} 1 & 1 & 2 & -1 \\ 2 & 1 & 1 & -1 \\ 2 & 2 & 1 & 2 \end{pmatrix} \xrightarrow[r_3-2r_1]{r_2-2r_1} \begin{pmatrix} 1 & 1 & 2 & -1 \\ 0 & -1 & -3 & 1 \\ 0 & 0 & -3 & 4 \end{pmatrix} \xrightarrow[r_3\times(-\frac{1}{3})]{r_2\times(-1)} \begin{pmatrix} 1 & 1 & 2 & -1 \\ 0 & 1 & 3 & -1 \\ 0 & 0 & 1 & -\frac{4}{3} \end{pmatrix}$

$\xrightarrow{r_1-r_2} \begin{pmatrix} 1 & 0 & -1 & 0 \\ 0 & 1 & 3 & -1 \\ 0 & 0 & 1 & -\frac{4}{3} \end{pmatrix} \xrightarrow[r_2-3r_3]{r_1+r_3} \begin{pmatrix} 1 & 0 & 0 & -\frac{4}{3} \\ 0 & 1 & 0 & 3 \\ 0 & 0 & 1 & -\frac{4}{3} \end{pmatrix}$，于是 $\begin{cases} x_1=\frac{4}{3}x_4, \\ x_2=-3x_4, \\ x_3=\frac{4}{3}x_4, \\ x_4=x_4. \end{cases}$

令 $x_4=k$，得方程组的解为 $\begin{pmatrix} x_1 \\ x_2 \\ x_3 \\ x_4 \end{pmatrix}=k\begin{pmatrix} \frac{4}{3} \\ -3 \\ \frac{4}{3} \\ 1 \end{pmatrix}$ $(k\in\mathbb{R})$.

(2)对系数矩阵 $\mathbf{A}$ 进行初等行变换，有

$\mathbf{A}=\begin{pmatrix} 1 & 2 & 1 & -1 \\ 3 & 6 & -1 & -3 \\ 5 & 10 & 1 & -5 \end{pmatrix} \xrightarrow[r_3-5r_1]{r_2-3r_1} \begin{pmatrix} 1 & 2 & 1 & -1 \\ 0 & 0 & -4 & 0 \\ 0 & 0 & -4 & 0 \end{pmatrix} \xrightarrow[\substack{r_1-r_2 \\ r_3+4r_2}]{r_2\times(-\frac{1}{4})} \begin{pmatrix} 1 & 2 & 0 & -1 \\ 0 & 0 & 1 & 0 \\ 0 & 0 & 0 & 0 \end{pmatrix}$，

取 x_2 和 x_4 为自由未知量，得同解方程组 $\begin{cases} x_1=-2x_2+x_4, \\ x_2=x_2, \\ x_3=0, \\ x_4=x_4, \end{cases}$　令 $x_2=k_1, x_4=k_2$，

得方程组的解为 $\begin{pmatrix}x_1\\x_2\\x_3\\x_4\end{pmatrix}=k_1\begin{pmatrix}-2\\1\\0\\0\end{pmatrix}+k_2\begin{pmatrix}1\\0\\0\\1\end{pmatrix}(k_1,k_2\in\mathbb{R})$.

(3)对系数矩阵 **A** 进行初等行变换,有

$$\boldsymbol{A}=\begin{pmatrix}2&3&-1&-7\\3&1&2&-7\\4&1&-3&6\\1&-2&5&-5\end{pmatrix}\xrightarrow[\substack{r_3-4r_1\\r_4-2r_1}]{\substack{r_1\leftrightarrow r_4\\r_2-3r_1}}\begin{pmatrix}1&-2&5&-5\\0&7&-13&8\\0&9&-23&26\\0&7&-11&3\end{pmatrix}\xrightarrow[r_4-r_2]{r_3-r_2}\begin{pmatrix}1&-2&5&-5\\0&7&-13&8\\0&2&-10&18\\0&0&2&-5\end{pmatrix}$$

$$\xrightarrow[\substack{r_1+2r_3\\r_3-7r_2}]{\substack{r_2\leftrightarrow r_3\\r_2\times\frac{1}{2}}}\begin{pmatrix}1&0&-5&13\\0&1&-5&9\\0&0&22&-55\\0&0&2&-5\end{pmatrix}\xrightarrow[\substack{r_2+5r_3\\r_4-2r_3}]{\substack{r_3\times\frac{1}{22}\\r_1+5r_3}}\begin{pmatrix}1&0&0&\frac{1}{2}\\0&1&0&-\frac{7}{2}\\0&0&1&-\frac{5}{2}\\0&0&0&0\end{pmatrix}.$$

令 $x_4=k$,得同解方程组 $\begin{cases}x_1=-\frac{1}{2}x_4,\\x_2=\frac{7}{2}x_4,\\x_3=\frac{5}{2}x_4,\\x_4=x_4,\end{cases}$ 所以方程组的解为 $\begin{pmatrix}x_1\\x_2\\x_3\\x_4\end{pmatrix}=k\begin{pmatrix}-\frac{1}{2}\\\frac{7}{2}\\\frac{5}{2}\\1\end{pmatrix}(k\in\mathbb{R})$.

(4)对系数矩阵 **A** 进行初等行变换,有

$$\boldsymbol{A}=\begin{pmatrix}3&4&-5&7\\2&-3&3&-2\\4&11&-13&16\\7&-2&1&3\end{pmatrix}\xrightarrow{r_1-r_2}\begin{pmatrix}1&7&-8&9\\2&-3&3&-2\\4&11&-13&16\\7&-2&1&3\end{pmatrix}\xrightarrow[\substack{r_3-4r_1\\r_4-7r_1}]{r_2-2r_1}\begin{pmatrix}1&7&-8&9\\0&-17&19&-20\\0&-17&19&-20\\0&-51&57&-60\end{pmatrix}$$

$$\xrightarrow[\substack{r_4-3r_2\\r_2\times(-\frac{1}{17})}]{r_3-r_2}\begin{pmatrix}1&7&-8&9\\0&1&-\frac{19}{17}&\frac{20}{17}\\0&0&0&0\\0&0&0&0\end{pmatrix}\xrightarrow{r_1-7r_2}\begin{pmatrix}1&0&-\frac{3}{17}&\frac{13}{17}\\0&1&-\frac{19}{17}&\frac{20}{17}\\0&0&0&0\\0&0&0&0\end{pmatrix}$$,取 x_3、x_4 为自由未知量.

得同解方程组为 $\begin{cases}x_1=\frac{3}{17}x_3-\frac{13}{17}x_4,\\x_2=\frac{19}{17}x_3-\frac{20}{17}x_4,\\x_3=x_3,\\x_4=x_4,\end{cases}$ 令 $x_3=k_1,x_4=k_2$,

得方程组的解为 $\begin{pmatrix}x_1\\x_2\\x_3\\x_4\end{pmatrix}=k_1\begin{pmatrix}\frac{3}{17}\\\frac{19}{17}\\1\\0\end{pmatrix}+k_2\begin{pmatrix}-\frac{13}{17}\\-\frac{20}{17}\\0\\1\end{pmatrix}(k_1,k_2\in\mathbb{R})$.

15. 求解下列非齐次线性方程组：

(1) $\begin{cases}4x_1+2x_2-x_3=2,\\3x_1-x_2+2x_3=10,\\11x_1+3x_2=8;\end{cases}$　　(2) $\begin{cases}2x+3y+z=4,\\x-2y+4z=-5,\\3x+8y-2z=13,\\4x-y+9z=-6;\end{cases}$

(3) $\begin{cases}2x+y-z+w=1,\\4x+2y-2z+w=2,\\2x+y-z-w=1;\end{cases}$　　(4) $\begin{cases}2x+y-z+w=1,\\3x-2y+z-3w=4,\\x+4y-3z+5w=-2.\end{cases}$

解 (1)对增广矩阵 $\boldsymbol{B}$ 进行初等行变换，有

$$\boldsymbol{B}=\begin{pmatrix}4&2&-1&2\\3&-1&2&10\\11&3&0&8\end{pmatrix}\xrightarrow{r_1-r_2}\begin{pmatrix}1&3&-3&-8\\3&-1&2&10\\11&3&0&8\end{pmatrix}\xrightarrow[r_3-11r_1]{r_2-3r_1}\begin{pmatrix}1&3&-3&-8\\0&-10&11&34\\0&-30&33&96\end{pmatrix}$$

$$\xrightarrow{r_3-3r_2}\begin{pmatrix}1&3&-3&8\\0&-10&11&34\\0&0&0&-6\end{pmatrix}$$，于是 $R(\boldsymbol{A})=2$，而 $R(\boldsymbol{B})=3$，$R(\boldsymbol{A})\neq R(\boldsymbol{B})$，故方程组无解.

(2)对增广矩阵 $\boldsymbol{B}$ 进行初等行变换，有

$$\boldsymbol{B}=\begin{pmatrix}2&3&1&4\\1&-2&4&-5\\3&8&-2&13\\4&-1&9&-6\end{pmatrix}\xrightarrow{r_1\leftrightarrow r_2}\begin{pmatrix}1&-2&4&-5\\2&3&1&4\\3&8&-2&13\\4&-1&9&-6\end{pmatrix}\xrightarrow[\substack{r_3-3r_1\\r_4-4r_1}]{r_2-2r_1}\begin{pmatrix}1&-2&4&-5\\0&7&-7&14\\0&14&-14&28\\0&7&-7&14\end{pmatrix}$$

$$\xrightarrow[\substack{r_3-14r_2\\r_4-7r_2}]{r_2\times\frac{1}{7}}\begin{pmatrix}1&-2&4&-5\\0&1&-1&2\\0&0&0&0\\0&0&0&0\end{pmatrix}\xrightarrow{r_1+2r_2}\begin{pmatrix}1&0&2&-1\\0&1&-1&2\\0&0&0&0\\0&0&0&0\end{pmatrix},$$

因为 $R(\boldsymbol{A})=R(\boldsymbol{B})=2<3$，故方程组有无穷多解，

并且有 $3-R(\boldsymbol{A})=1$ 个自由未知量，同解方程组为 $\begin{cases}x=-2z-1,\\y=z+2,\\z=z,\end{cases}$　令 $z=k$，

即 $\begin{pmatrix}x\\y\\z\end{pmatrix}=k\begin{pmatrix}-2\\1\\1\end{pmatrix}+\begin{pmatrix}-1\\2\\0\end{pmatrix}(k\in\mathbb{R})$.

(3)对增广矩阵 $\boldsymbol{B}$ 进行初等行变换，有

$$\boldsymbol{B}=\begin{pmatrix}2&1&-1&1&1\\4&2&-2&1&2\\2&1&-1&-1&1\end{pmatrix}\xrightarrow[r_3-r_1]{r_2-2r_1}\begin{pmatrix}2&1&-1&1&1\\0&0&0&-1&0\\0&0&0&-2&0\end{pmatrix}\xrightarrow[r_3-2r_2]{r_1+r_2}\begin{pmatrix}2&1&-1&0&1\\0&0&0&-1&0\\0&0&0&0&0\end{pmatrix}$$

$$\xrightarrow[r_2\times(-1)]{r_1\times\frac{1}{2}}\begin{pmatrix}1&\frac{1}{2}&-\frac{1}{2}&0&\frac{1}{2}\\0&0&0&1&0\\0&0&0&0&0\end{pmatrix},$$

得同解方程组为 $\begin{cases}x=-\frac{1}{2}y+\frac{1}{2}z+\frac{1}{2},\\y=y,\\z=z,\\w=0,\end{cases}$　令 $y=k_1,z=k_2$，

即 $\begin{pmatrix} x \\ y \\ z \\ w \end{pmatrix} = k_1 \begin{pmatrix} -\frac{1}{2} \\ 1 \\ 0 \\ 0 \end{pmatrix} + k_2 \begin{pmatrix} \frac{1}{2} \\ 0 \\ 1 \\ 0 \end{pmatrix} + \begin{pmatrix} \frac{1}{2} \\ 0 \\ 0 \\ 0 \end{pmatrix} (k_1, k_2 \in \mathbb{R})$.

(4)对增广矩阵 $\boldsymbol{B}$ 进行初等行变换,有

$$\boldsymbol{B} = \begin{pmatrix} 2 & 1 & -1 & 1 & 1 \\ 3 & -2 & 1 & -3 & 4 \\ 1 & 4 & -3 & 5 & -2 \end{pmatrix} \xrightarrow{r_1 \leftrightarrow r_3} \begin{pmatrix} 1 & 4 & -3 & 5 & -2 \\ 3 & -2 & 1 & -3 & 4 \\ 2 & 1 & -1 & 1 & 1 \end{pmatrix}$$

$$\xrightarrow[r_3 - 2r_1]{r_2 - 3r_1} \begin{pmatrix} 1 & 4 & -3 & 5 & -2 \\ 0 & -14 & 10 & -18 & 10 \\ 0 & -7 & 5 & -9 & 5 \end{pmatrix} \xrightarrow[r_2 \times (-\frac{1}{14})]{r_3 - \frac{1}{2} r_2} \begin{pmatrix} 1 & 4 & -3 & 5 & -2 \\ 0 & 1 & -\frac{5}{7} & \frac{9}{7} & -\frac{5}{7} \\ 0 & 0 & 0 & 0 & 0 \end{pmatrix}$$

$$\xrightarrow{r_1 - 4r_2} \begin{pmatrix} 1 & 0 & -\frac{1}{7} & -\frac{1}{7} & \frac{6}{7} \\ 0 & 1 & -\frac{5}{7} & \frac{9}{7} & -\frac{5}{7} \\ 0 & 0 & 0 & 0 & 0 \end{pmatrix}$$,选 z, w 为自由未知量,

同解方程组为 $\begin{cases} x = \frac{1}{7} z + \frac{1}{7} w + \frac{6}{7}, \\ y = \frac{5}{7} z - \frac{9}{7} w - \frac{5}{7}, \\ z = z, \\ w = w, \end{cases}$ 令 $z = k_1, w = k_2$,

即 $\begin{pmatrix} x \\ y \\ z \\ w \end{pmatrix} = k_1 \begin{pmatrix} \frac{1}{7} \\ \frac{5}{7} \\ 1 \\ 0 \end{pmatrix} + k_2 \begin{pmatrix} \frac{1}{7} \\ -\frac{9}{7} \\ 0 \\ 1 \end{pmatrix} + \begin{pmatrix} \frac{6}{7} \\ -\frac{5}{7} \\ 0 \\ 0 \end{pmatrix} (k_1, k_2 \in \mathbb{R})$.

16. 写出一个以 $\boldsymbol{x} = c_1 \begin{pmatrix} 2 \\ -3 \\ 1 \\ 0 \end{pmatrix} + c_2 \begin{pmatrix} -2 \\ 4 \\ 0 \\ 1 \end{pmatrix}$ 为通解的齐次线性方程组.

解 根据已知,可得 $\begin{pmatrix} x_1 \\ x_2 \\ x_3 \\ x_4 \end{pmatrix} = c_1 \begin{pmatrix} 2 \\ -3 \\ 1 \\ 0 \end{pmatrix} + c_2 \begin{pmatrix} -2 \\ 4 \\ 0 \\ 1 \end{pmatrix}$,与此等价地可以写成 $\begin{cases} x_1 = 2c_1 - 2c_2, \\ x_2 = -3c_1 + 4c_2, \\ x_3 = c_1, \\ x_4 = c_2, \end{cases}$

或 $\begin{cases} x_1 = 2x_3 - 2x_4, \\ x_2 = -3x_3 + 4x_4, \end{cases}$ 或 $\begin{cases} x_1 - 2x_3 + 2x_4 = 0, \\ x_2 + 3x_3 - 4x_4 = 0, \end{cases}$ 这就是一个满足题目要求的齐次线性方程组.

17. 设有线性方程组 $\begin{pmatrix} 1 & \lambda - 1 & -2 \\ 0 & \lambda - 2 & \lambda + 1 \\ 0 & 0 & 2\lambda + 1 \end{pmatrix} \begin{pmatrix} x_1 \\ x_2 \\ x_3 \end{pmatrix} = \begin{pmatrix} 1 \\ 3 \\ 5 \end{pmatrix}$.

问 λ 为何值时(1)有唯一解;(2)无解;(3)有无限多解?并在有无限多解时求其通解.

解 因为增广矩阵为

$B=\begin{pmatrix}1&\lambda-1&-2&1\\0&\lambda-2&\lambda+1&3\\0&0&2\lambda+1&5\end{pmatrix}$，又 $|A|=\begin{vmatrix}1&\lambda-1&-2\\0&\lambda-2&\lambda+1\\0&0&2\lambda+1\end{vmatrix}=(\lambda-2)(2\lambda+1)$.

(1)当 $\lambda\neq-\frac{1}{2}$ 且 $\lambda\neq2$ 时，$R(A)=R(B)=3$，方程组有唯一解.

(2)当 $\lambda=-\frac{1}{2}$ 时，$B=\begin{pmatrix}1&-\frac{3}{2}&-2&1\\0&-\frac{5}{2}&\frac{1}{2}&3\\0&0&0&5\end{pmatrix}$，

$R(A)=2$，而 $R(B)=3$，故方程组无解.

(3)当 $\lambda=2$ 时，$B=\begin{pmatrix}1&1&-2&1\\0&0&3&3\\0&0&5&5\end{pmatrix}\to\begin{pmatrix}1&1&0&3\\0&0&1&1\\0&0&0&0\end{pmatrix}$，

所以，$R(A)=R(B)=2<3$，故方程组有无限多解，且同解方程组为 $\begin{cases}x_1=-x_2+3,\\x_3=1.\end{cases}$

令 $x_2=k$，故方程组的通解为 $\begin{pmatrix}x_1\\x_2\\x_3\end{pmatrix}=k\begin{pmatrix}-1\\1\\0\end{pmatrix}+\begin{pmatrix}3\\0\\1\end{pmatrix}$，$k\in\mathbb{R}$.

18. λ 取何值时，非齐次线性方程组 $\begin{cases}\lambda x_1+x_2+x_3=1,\\x_1+\lambda x_2+x_3=\lambda,\\x_1+x_2+\lambda x_3=\lambda^2\end{cases}$

(1)有唯一解；(2)无解；(3)有无限多解？并在有无限多解时求其通解.

解 **方法一** $B=\begin{pmatrix}\lambda&1&1&1\\1&\lambda&1&\lambda\\1&1&\lambda&\lambda^2\end{pmatrix}\xrightarrow{r_1\leftrightarrow r_3}\begin{pmatrix}1&1&\lambda&\lambda^2\\1&\lambda&1&\lambda\\\lambda&1&1&1\end{pmatrix}\xrightarrow[r_3-\lambda r_1]{r_2-r_1}\begin{pmatrix}1&1&\lambda&\lambda^2\\0&\lambda-1&1-\lambda&\lambda(1-\lambda)\\0&1-\lambda&1-\lambda^2&1-\lambda^3\end{pmatrix}$

$\xrightarrow{r_3+r_2}\begin{pmatrix}1&1&\lambda&\lambda^2\\0&\lambda-1&1-\lambda&\lambda(1-\lambda)\\0&0&(1-\lambda)(2+\lambda)&(1-\lambda)(\lambda+1)^2\end{pmatrix}$.

(1)要使方程组有唯一解，必须 $R(A)=3$.

因此当 $\lambda\neq1$ 且 $\lambda\neq-2$ 时，方程组有唯一解.

(2)要使方程组无解，必须 $R(A)<R(B)$，

故 $(1-\lambda)(2+\lambda)=0$，$(1-\lambda)(\lambda+1)^2\neq0$.

因此 $\lambda=-2$ 时，方程组无解.

(3)要使方程组有无限多解，必须 $R(A)=R(B)<3$，

故 $(1-\lambda)(2+\lambda)=0$，$(1-\lambda)(\lambda+1)^2=0$.

因此当 $\lambda=1$ 时，方程组有无限多解.

方法二 $|A|=\begin{vmatrix}\lambda&1&1\\1&\lambda&1\\1&1&\lambda\end{vmatrix}=(\lambda+2)\begin{vmatrix}1&1&1\\1&\lambda&1\\1&1&\lambda\end{vmatrix}$

$=(\lambda+2)\begin{vmatrix}1&1&1\\0&\lambda-1&0\\0&0&\lambda-1\end{vmatrix}=(\lambda+2)(\lambda-1)^2$.

当 $|A|\neq0$ 时，即当 $\lambda\neq1$ 且 $\lambda\neq-2$ 时，$R(A)=3$，方程组有唯一解.

当 $\lambda=1$ 时，增广矩阵 $\boldsymbol{B}=\begin{pmatrix}1&1&1&1\\1&1&1&1\\1&1&1&1\end{pmatrix}\longrightarrow\begin{pmatrix}1&1&1&1\\0&0&0&0\\0&0&0&0\end{pmatrix}$，

可见 $R(\boldsymbol{A})=R(\boldsymbol{B})=1<3$，方程组有无限多解.

当 $\lambda=-2$ 时，

$$\boldsymbol{B}=\begin{pmatrix}-2&1&1&1\\1&-2&1&-2\\1&1&-2&4\end{pmatrix}\xrightarrow[\substack{r_2-r_1\\r_3+2r_1}]{r_3\leftrightarrow r_1}\begin{pmatrix}1&1&-2&4\\0&-3&3&-6\\0&3&-3&9\end{pmatrix}\xrightarrow{r_3+r_2}\begin{pmatrix}1&1&-2&4\\0&-3&3&-6\\0&0&0&3\end{pmatrix},$$

可见 $R(\boldsymbol{A})=2,R(\boldsymbol{B})=3,R(\boldsymbol{A})\neq R(\boldsymbol{B})$，于是方程组无解.

19. 非齐次线性方程组 $\begin{cases}-2x_1+x_2+x_3=-2,\\x_1-2x_2+x_3=\lambda,\\x_1+x_2-2x_3=\lambda^2\end{cases}$ 当 λ 取何值时有解？并求出它的通解.

解 对增广矩阵施行初等行变换：

$$\boldsymbol{B}=\begin{pmatrix}-2&1&1&-2\\1&-2&1&\lambda\\1&1&-2&\lambda^2\end{pmatrix}\xrightarrow{r_1\leftrightarrow r_2}\begin{pmatrix}1&-2&1&\lambda\\-2&1&1&-2\\1&1&-2&\lambda^2\end{pmatrix}\xrightarrow[r_3-r_1]{r_2+2r_1}$$

$$\begin{pmatrix}1&-2&1&\lambda\\0&-3&3&-2+2\lambda\\0&3&-3&\lambda^2-\lambda\end{pmatrix}\xrightarrow[r_3-3r_2]{r_2\times(-\frac{1}{3})}\begin{pmatrix}1&-2&1&\lambda\\0&1&-1&\frac{2}{3}(1-\lambda)\\0&0&0&(\lambda-1)(\lambda+2)\end{pmatrix}.$$

因为 $R(\boldsymbol{A})=2$，故当 $R(\boldsymbol{B})=2$ 即当 $\lambda=1$ 或 $\lambda=-2$ 时，方程组有解.

当 $\lambda=1$ 时，$\boldsymbol{B}=\begin{pmatrix}-2&1&1&-2\\1&-2&1&1\\1&1&-2&1\end{pmatrix}\longrightarrow\begin{pmatrix}1&0&-1&1\\0&1&-1&0\\0&0&0&0\end{pmatrix}$，

同解方程组为 $\begin{cases}x_1=x_3+1,\\x_2=x_3,\end{cases}$ 或 $\begin{cases}x_1=x_3+1,\\x_2=x_3,\\x_3=x_3,\end{cases}$ 令 $x_3=k$，

得通解为 $\begin{pmatrix}x_1\\x_2\\x_3\end{pmatrix}=k\begin{pmatrix}1\\1\\1\end{pmatrix}+\begin{pmatrix}1\\0\\0\end{pmatrix}(k\in\mathbb{R})$.

当 $\lambda=-2$ 时，$\boldsymbol{B}=\begin{pmatrix}-2&1&1&-2\\1&-2&1&-2\\1&1&-2&4\end{pmatrix}\longrightarrow\begin{pmatrix}1&0&-1&2\\0&1&-1&2\\0&0&0&0\end{pmatrix}$，

同解方程组为 $\begin{cases}x_1=x_3+2,\\x_2=x_3+2,\end{cases}$ 或 $\begin{cases}x_1=x_3+2,\\x_2=x_3+2,\\x_3=x_3,\end{cases}$ 令 $x_3=k$，

得通解为 $\begin{pmatrix}x_1\\x_2\\x_3\end{pmatrix}=k\begin{pmatrix}1\\1\\1\end{pmatrix}+\begin{pmatrix}2\\2\\0\end{pmatrix}(k\in\mathbb{R})$.

20. 设 $\begin{cases}(2-\lambda)x_1+2x_2-2x_3=1,\\2x_1+(5-\lambda)x_2-4x_3=2,\\-2x_1-4x_2+(5-\lambda)x_3=-\lambda-1,\end{cases}$ 问 λ 为何值时，此方程组有唯一解、无解或有无限多解？并在有无限多解时求其通解.

解 **方法一** $\boldsymbol{B}=\begin{pmatrix}2-\lambda & 2 & -2 & 1\\ 2 & 5-\lambda & -4 & 2\\ -2 & -4 & 5-\lambda & -\lambda-1\end{pmatrix}$

$$\longrightarrow\begin{pmatrix}2 & 5-\lambda & -4 & 2\\ 0 & 1-\lambda & 1-\lambda & 1-\lambda\\ 0 & 0 & (1-\lambda)(10-\lambda) & (1-\lambda)(4-\lambda)\end{pmatrix}.$$

要使方程组有唯一解,必须 $R(\boldsymbol{A})=R(\boldsymbol{B})=3$,即必须 $(1-\lambda)(10-\lambda)\neq 0$,

所以当 $\lambda\neq 1$ 且 $\lambda\neq 10$ 时,方程组有唯一解.

要使方程组无解,必须 $R(\boldsymbol{A})<R(\boldsymbol{B})$,

即必须 $(1-\lambda)(10-\lambda)=0$ 且 $(1-\lambda)(4-\lambda)\neq 0$,所以当 $\lambda=10$ 时,方程组无解.

要使方程组有无限多解,必须 $R(\boldsymbol{A})=R(\boldsymbol{B})<3$,

即必须 $(1-\lambda)(10-\lambda)=0$ 且 $(1-\lambda)(4-\lambda)=0$,

所以当 $\lambda=1$ 时,方程组有无限多解,此时,增广矩阵为 $\boldsymbol{B}\longrightarrow\begin{pmatrix}1 & 2 & -2 & 1\\ 0 & 0 & 0 & 0\\ 0 & 0 & 0 & 0\end{pmatrix}$,

方程组的解为 $\begin{cases}x_1=-x_2+x_3+1,\\ x_2=x_2,\\ x_3=x_3,\end{cases}$

或 $\begin{pmatrix}x_1\\ x_2\\ x_3\end{pmatrix}=k_1\begin{pmatrix}-2\\ 1\\ 0\end{pmatrix}+k_2\begin{pmatrix}2\\ 0\\ 1\end{pmatrix}+\begin{pmatrix}1\\ 0\\ 0\end{pmatrix}(k_1,k_2\in\mathbb{R})$.

方法二 由于系数矩阵是方阵,其行列式

$$|\boldsymbol{A}|=\begin{vmatrix}2-\lambda & 2 & -2\\ 2 & 5-\lambda & -4\\ -2 & -4 & 5-\lambda\end{vmatrix}\xlongequal[c_3+c_2]{r_3+r_2}\begin{vmatrix}2-\lambda & 2 & 0\\ 2 & 5-\lambda & 1-\lambda\\ 0 & 1-\lambda & 2(1-\lambda)\end{vmatrix}$$

$$=(1-\lambda)\begin{vmatrix}2-\lambda & 2 & 0\\ 2 & 5-\lambda & 1-\lambda\\ 0 & 1 & 2\end{vmatrix}\xlongequal{c_3-2c_2}(1-\lambda)\begin{vmatrix}2-\lambda & 2 & -4\\ 2 & 5-\lambda & \lambda-9\\ 0 & 1 & 0\end{vmatrix}$$

$$=(\lambda-1)\begin{vmatrix}2-\lambda & 4\\ 2 & \lambda-9\end{vmatrix}=-(\lambda-1)^2(\lambda-10).$$

当 $|\boldsymbol{A}|\neq 0$,即 $\lambda\neq 1$ 且 $\lambda\neq 10$ 时,方程组有唯一解.

当 $\lambda=10$ 时,增广矩阵:

$$\boldsymbol{B}=\begin{pmatrix}-8 & 2 & -2 & 1\\ 2 & -5 & -4 & 2\\ -2 & -4 & -5 & -10\end{pmatrix}\xrightarrow[\substack{r_3+r_1\\ r_2+4r_1}]{r_1\leftrightarrow r_2}\begin{pmatrix}2 & -5 & -4 & 2\\ 0 & -18 & -18 & 9\\ 0 & -9 & -9 & -9\end{pmatrix}\longrightarrow\begin{pmatrix}2 & -5 & -4 & 2\\ 0 & 1 & 1 & \frac{1}{2}\\ 0 & 0 & 0 & 1\end{pmatrix},$$

可见 $R(\boldsymbol{A})=2,R(\boldsymbol{B})=3,R(\boldsymbol{A})\neq R(\boldsymbol{B})$,方程组无解.

当 $\lambda=1$ 时,$\boldsymbol{B}=\begin{pmatrix}1 & 2 & -2 & 1\\ 2 & 4 & -4 & 2\\ -2 & -4 & 4 & -2\end{pmatrix}\xrightarrow[r_3+2r_1]{r_2-2r_1}\begin{pmatrix}1 & 2 & -2 & 1\\ 0 & 0 & 0 & 0\\ 0 & 0 & 0 & 0\end{pmatrix}$,

可见 $R(\boldsymbol{A})=R(\boldsymbol{B})=1<3$,方程组有无穷多解,且其通解为

$$\begin{pmatrix}x_1\\ x_2\\ x_3\end{pmatrix}=k_1\begin{pmatrix}-2\\ 1\\ 0\end{pmatrix}+k_2\begin{pmatrix}2\\ 0\\ 1\end{pmatrix}+\begin{pmatrix}1\\ 0\\ 0\end{pmatrix}(k_1,k_2\in\mathbb{R}).$$

21. 证明 $R(\boldsymbol{A})=1$ 的充分必要条件是存在非零列向量 $\boldsymbol{a}$ 及非零行向量 $\boldsymbol{b}^{\mathrm{T}}$，使 $\boldsymbol{A}=\boldsymbol{a}\boldsymbol{b}^{\mathrm{T}}$.

证 必要性：由 $R(\boldsymbol{A})=1$ 知 $\boldsymbol{A}$ 的标准形为 $\begin{pmatrix}1&0&\cdots&0\\0&0&\cdots&0\\\vdots&\vdots&&\vdots\\0&0&\cdots&0\end{pmatrix}=\begin{pmatrix}1\\0\\\vdots\\0\end{pmatrix}(1,0,\cdots,0)$，

即存在可逆矩阵 $\boldsymbol{P}$ 和 $\boldsymbol{Q}$，使 $\boldsymbol{PAQ}=\begin{pmatrix}1\\0\\\vdots\\0\end{pmatrix}(1,0,\cdots,0)$，或 $\boldsymbol{A}=\boldsymbol{P}^{-1}\begin{pmatrix}1\\0\\\vdots\\0\end{pmatrix}(1,0,\cdots,0)\boldsymbol{Q}^{-1}$.

令 $\boldsymbol{a}=\boldsymbol{P}^{-1}\begin{pmatrix}1\\0\\\vdots\\0\end{pmatrix}$，$\boldsymbol{b}^{\mathrm{T}}=(1,0,\cdots,0)\boldsymbol{Q}^{-1}$，则 $\boldsymbol{a}$ 是非零列向量，$\boldsymbol{b}^{\mathrm{T}}$ 是非零行向量，且 $\boldsymbol{A}=\boldsymbol{a}\boldsymbol{b}^{\mathrm{T}}$.

充分性：因为 $\boldsymbol{a}$ 与 $\boldsymbol{b}^{\mathrm{T}}$ 是都是非零向量，所以 $\boldsymbol{A}$ 是非零矩阵，从而 $R(\boldsymbol{A})\geqslant 1$.

因为 $1\leqslant R(\boldsymbol{A})=R(\boldsymbol{a}\boldsymbol{b}^{\mathrm{T}})\leqslant\min\{R(\boldsymbol{a}),R(\boldsymbol{b}^{\mathrm{T}})\}=\min\{1,1\}=1$，所以 $R(\boldsymbol{A})=1$.

22. 证明秩为 $r(r\geqslant 1)$ 的矩阵 $\boldsymbol{A}$ 可表示为 r 个秩为 1 的矩阵之和.

证 因为 $\boldsymbol{A}$ 的秩为 r，所以存在可逆矩阵 $\boldsymbol{P}$ 和 $\boldsymbol{Q}$，使得

$$\boldsymbol{A}=\boldsymbol{P}\begin{pmatrix}\boldsymbol{E}_r&\boldsymbol{O}\\\boldsymbol{O}&\boldsymbol{O}\end{pmatrix}\boldsymbol{Q}=\boldsymbol{P}\begin{pmatrix}1&0&\cdots&0\\0&0&\cdots&0\\\vdots&\vdots&&\vdots\\0&0&\cdots&0\end{pmatrix}\boldsymbol{Q}+\boldsymbol{P}\begin{pmatrix}0&0&\cdots&0\\0&1&\cdots&0\\\vdots&\vdots&&\vdots\\0&0&\cdots&0\end{pmatrix}\boldsymbol{Q}+\cdots+$$

$$\boldsymbol{P}\begin{pmatrix}0&\cdots&0&\cdots&0\\\vdots&&\vdots&&\vdots\\0&\cdots&1&\cdots&0\\\vdots&&\vdots&&\vdots\\0&\cdots&0&\cdots&0\end{pmatrix}\boldsymbol{Q},$$

即 $\boldsymbol{A}$ 可表示为 r 个秩为 1 的矩阵之和.

23. 设 $\boldsymbol{A}$ 为列满秩矩阵，$\boldsymbol{AB}=\boldsymbol{C}$，证明方程 $\boldsymbol{Bx}=\boldsymbol{0}$ 与 $\boldsymbol{Cx}=\boldsymbol{0}$ 同解.

证 若 $\boldsymbol{x}$ 满足 $\boldsymbol{Bx}=\boldsymbol{0}$，则 $\boldsymbol{ABx}=\boldsymbol{0}$，即 $\boldsymbol{Cx}=\boldsymbol{0}$.

若 $\boldsymbol{x}$ 满足 $\boldsymbol{Cx}=\boldsymbol{0}$，即 $\boldsymbol{ABx}=\boldsymbol{0}$，因 $\boldsymbol{A}$ 是列满秩矩阵.

可知方程 $\boldsymbol{Ay}=\boldsymbol{0}$ 只有零解，故 $\boldsymbol{Bx}=\boldsymbol{0}$.

综上即知方程 $\boldsymbol{Bx}=\boldsymbol{0}$ 与 $\boldsymbol{Cx}=\boldsymbol{0}$ 同解.

24. 设 $\boldsymbol{A}$ 为 $m\times n$ 矩阵，证明方程 $\boldsymbol{AX}=\boldsymbol{E}_m$ 有解的充分必要条件是 $R(\boldsymbol{A})=m$.

证 方程 $\boldsymbol{AX}=\boldsymbol{E}_m$ 有解的充分必要条件是 $R(\boldsymbol{A})=R(\boldsymbol{A},\boldsymbol{E}_m)$，

而 $|\boldsymbol{E}_m|$ 是矩阵 $(\boldsymbol{A},\boldsymbol{E}_m)$ 的最高阶非零子式，故 $R(\boldsymbol{A})=R(\boldsymbol{A},\boldsymbol{E}_m)=m$.

因此，方程 $\boldsymbol{AX}=\boldsymbol{E}_m$ 有解的充分必要条件是 $R(\boldsymbol{A})=m$.

第三章自测题

一、填空题

1. 设 4 阶方阵 $\boldsymbol{A}$ 的秩为 2，则其伴随矩阵 $\boldsymbol{A}^*$ 的秩 $R(\boldsymbol{A}^*)$ 为________.

2. 秩为 2 的 3×4 矩阵并不唯一，其中形状最简单的矩阵应为________.

3. 设 $A=\begin{pmatrix} a & 1 & 1 & 1 \\ 1 & a & 1 & 1 \\ 1 & 1 & a & 1 \\ 1 & 1 & 1 & a \end{pmatrix}$ 且 $R(A)=3$，则 $a=$________.

4. 若线性方程组 $\begin{pmatrix} 1 & 2 & 1 \\ 2 & 3 & a+2 \\ 1 & a & -2 \end{pmatrix}\begin{pmatrix} x_1 \\ x_2 \\ x_3 \end{pmatrix}=\begin{pmatrix} 1 \\ 3 \\ 0 \end{pmatrix}$ 无解，则 $a=$________.

5. 设 n 元非齐次线性方程组 $\boldsymbol{Ax}=\boldsymbol{b}$ 有解，其中 $\boldsymbol{A}$ 为 $(n+1)\times n$ 矩阵，则 $|\boldsymbol{A} \vdots b|=$______.

6. 设矩阵 $A=\begin{pmatrix} 1 & 2 & -2 \\ 4 & t & 3 \\ 3 & -1 & 1 \end{pmatrix}$，$\boldsymbol{B}$ 为 3 阶非零矩阵，且 $\boldsymbol{AB}=\boldsymbol{O}$，则 $t=$________.

7. 已知线性方程组 $\begin{cases} x_1+x_2+x_3=0, \\ x_2+2x_3=1, \\ -x_2+(a-3)x_3=b \end{cases}$ 有无穷多解，则 $a=$________，$b=$________.

二、选择题

1. 设 n 阶方阵 $\boldsymbol{A}$ 的行列式不为零，则对 $\boldsymbol{A}$ 进行若干次初等变换后，其行列式(　　).
(A)保持不变　　(B)可以变成任何值
(C)保持不为零　　(D)保持相同的正负号

2. 若 $\boldsymbol{A},\boldsymbol{B}$ 均为 n 阶方阵且 $\boldsymbol{AB}=\boldsymbol{O}$，则(　　).
(A)$\boldsymbol{A}=\boldsymbol{O}$ 或 $\boldsymbol{B}=\boldsymbol{O}$　　(B)$(\boldsymbol{A}-\boldsymbol{B})^2=\boldsymbol{A}^2-\boldsymbol{B}^2$
(C)$|\boldsymbol{A}|=0$ 或 $|\boldsymbol{B}|=0$　　(D)$R(\boldsymbol{A}),R(\boldsymbol{B})$必有一个为 0

3. 设 n 阶矩阵 $\boldsymbol{A}$ 与 $\boldsymbol{B}$ 等价，则必有(　　).
(A)$\boldsymbol{AB}=\boldsymbol{E}$　　(B)当 $|\boldsymbol{A}|=0$ 时，$|\boldsymbol{B}|=0$
(C)$|\boldsymbol{A}|=|\boldsymbol{B}|$　　(D)当 $|\boldsymbol{A}|=a\neq0$ 时，$|\boldsymbol{B}|=a$

4. 设 $\boldsymbol{A}$ 是 3 阶方阵，将 $\boldsymbol{A}$ 的第 1 列与第 2 列交换得 $\boldsymbol{B}$，再把 $\boldsymbol{B}$ 的第 2 列加到第 3 列得 $\boldsymbol{C}$，则满足 $\boldsymbol{AQ}=\boldsymbol{C}$ 的可逆矩阵 $\boldsymbol{Q}$ 为(　　).

(A) $\begin{pmatrix} 0 & 1 & 0 \\ 1 & 0 & 0 \\ 1 & 0 & 1 \end{pmatrix}$　(B) $\begin{pmatrix} 0 & 1 & 0 \\ 1 & 0 & 1 \\ 0 & 0 & 1 \end{pmatrix}$　(C) $\begin{pmatrix} 0 & 1 & 0 \\ 1 & 0 & 0 \\ 0 & 1 & 1 \end{pmatrix}$　(D) $\begin{pmatrix} 0 & 1 & 1 \\ 1 & 0 & 0 \\ 0 & 0 & 1 \end{pmatrix}$

5. 如果矩阵 $\boldsymbol{A},\boldsymbol{B},\boldsymbol{C}$ 满足 $\boldsymbol{A}=\boldsymbol{BC}$，则下列结论一定正确的是(　　).
(A)$R(\boldsymbol{A})=R(\boldsymbol{B})$　　(B)$R(\boldsymbol{A})=R(\boldsymbol{C})$
(C)$R(\boldsymbol{A})\leqslant R(\boldsymbol{B})$　　(D)$R(\boldsymbol{A})\geqslant\max\{R(\boldsymbol{B}),R(\boldsymbol{C})\}$

6. 设 $\boldsymbol{A}$ 是 $m\times n$ 矩阵，$\boldsymbol{B}$ 是 $n\times m$ 矩阵，则(　　).
(A)当 $m>n$ 时，必有 $|\boldsymbol{AB}|\neq0$　　(B)当 $m>n$ 时，必有 $|\boldsymbol{AB}|=0$
(C)当 $n>m$ 时，必有 $|\boldsymbol{AB}|\neq0$　　(D)当 $n>m$ 时，必有 $|\boldsymbol{AB}|=0$

7. 设 $\boldsymbol{A}$ 是 $m\times n$ 矩阵，$\boldsymbol{C}$ 是 n 阶可逆矩阵，矩阵 $\boldsymbol{A}$ 的秩为 r，矩阵 $\boldsymbol{B}=\boldsymbol{AC}$ 的秩为 r_1，则(　　).
(A)$r>r_1$　　(B)$r<r_1$
(C)$r=r_1$　　(D)r 与 r_1 的关系依 $\boldsymbol{C}$ 而定

8. 设 3 阶矩阵 $A=\begin{pmatrix} a & b & b \\ b & a & b \\ b & b & a \end{pmatrix}$，若 $\boldsymbol{A}$ 的伴随矩阵的秩等于 1，则必有(　　).
(A)$a=b$ 或 $a+2b=0$　　(B)$a=b$ 或 $a+2b\neq0$

(C)$a\neq b$ 且 $a+2b=0$　　(D)$a\neq b$ 且 $a+2b\neq 0$

9. 齐次线性方程组 $\boldsymbol{A}_{3\times 5}\boldsymbol{X}_5=\boldsymbol{O}$(　　).

(A)只有零解　　(B)有非零解

(C)无解　　(D)不能确定

10. 非齐次线性方程组 $\boldsymbol{Ax}=\boldsymbol{b}$ 中未知量的个数为 n,方程的个数为 m,系数矩阵 $\boldsymbol{A}$ 的秩为 r,则(　　).

(A)$r=m$ 时,方程组 $\boldsymbol{Ax}=\boldsymbol{b}$ 有解　　(B)$r=n$ 时,方程组 $\boldsymbol{Ax}=\boldsymbol{b}$ 有唯一解

(C)$m=n$ 时,方程组 $\boldsymbol{Ax}=\boldsymbol{b}$ 有唯一解　　(D)$r<n$ 时,方程组 $\boldsymbol{Ax}=\boldsymbol{b}$ 有无穷多解

11. $\boldsymbol{A}$ 是 $m\times n$ 矩阵,则下列结论正确的是(　　)

(A)若 $\boldsymbol{Ax}=\boldsymbol{0}$仅有零解,则 $\boldsymbol{Ax}=\boldsymbol{b}$ 有唯一解;

(B)若 $\boldsymbol{Ax}=\boldsymbol{0}$有非零解,则 $\boldsymbol{Ax}=\boldsymbol{b}$ 有无穷解;

(C)若 $\boldsymbol{Ax}=\boldsymbol{b}$ 有无穷解,则 $\boldsymbol{Ax}=\boldsymbol{0}$仅有零解;

(D)若 $\boldsymbol{Ax}=\boldsymbol{b}$ 有无穷解,则 $\boldsymbol{Ax}=\boldsymbol{0}$有非零解.

12. 设 $\boldsymbol{A}$ 是 $m\times n$ 矩阵,$\boldsymbol{B}$ 是 $n\times m$ 矩阵,则线性方程组 $(\boldsymbol{AB})\boldsymbol{x}=\boldsymbol{0}$(　　).

(A)当 $n>m$ 时仅有零解　　(B)当 $n>m$ 时必有非零解

(C)当 $m>n$ 时仅有零解　　(D)当 $m>n$ 时必有非零解

三、计算题

1. $\boldsymbol{A}=\begin{pmatrix}3&1&0&2\\1&-1&2&-1\\1&3&-4&4\end{pmatrix}$,求出 $\boldsymbol{A}$ 的秩,并利用初等变换把 $\boldsymbol{A}$ 化成标准形.

2. 已知 $\boldsymbol{AB}-\boldsymbol{B}=\boldsymbol{A}$,且 $\boldsymbol{B}^{-1}=\begin{pmatrix}1&-2&0&0\\2&1&0&0\\0&1&3&0\\0&0&0&2\end{pmatrix}$,求 $\boldsymbol{A}$.

3. 已知 $\boldsymbol{\eta}_1,\boldsymbol{\eta}_2$ 为齐次线性方程组$\begin{cases}x_1+2x_2+x_3+2x_4=0,\\x_2+cx_3+cx_4=0,\\x_1+x_2+cx_4=0\end{cases}$的基础解系,

(1)求参数 c;(2)求此方程组的通解.

4. 求非齐次线性方程组$\begin{cases}x_1+5x_2-x_3-x_4=-1,\\x_1-2x_2+x_3+3x_4=3,\\3x_1+8x_2-x_3+x_4=1,\\x_1-9x_2+3x_3+7x_4=7\end{cases}$的通解.

5. 讨论 λ 为何值时,方程组$\begin{cases}x_1+(\lambda^2+1)x_2+2x_3=\lambda,\\\lambda x_1+\lambda x_2+(2\lambda+1)x_3=0,\\x_1+(2\lambda+1)x_2+2x_3=2\end{cases}$有唯一解? 无解? 有无穷多解?

并在有无穷多解时,求出其通解.

四、证明题

1. 设 $\boldsymbol{A}$ 为 n 阶方阵,证明:若 $\boldsymbol{A}^2=\boldsymbol{A}$,则 $R(\boldsymbol{A})+R(\boldsymbol{A}-\boldsymbol{E})=n$.

2. 设 $\boldsymbol{A}$ 为 $n(n\geqslant 2)$阶方阵,证明:

(1)$R(\boldsymbol{A}^*)=\begin{cases}n,R(\boldsymbol{A})=n,\\1,R(\boldsymbol{A})=n-1,\\0,R(\boldsymbol{A})<n-1.\end{cases}$　　(2)$(\boldsymbol{A}^*)^*=|\boldsymbol{A}|^{n-2}\boldsymbol{A}$.

第三章自测题答案

一、填空题

1. 0.

提示：因为 $\boldsymbol{A}$ 为 4 阶方阵，$R(\boldsymbol{A})=2$，因此 $\boldsymbol{A}$ 的所有三阶子式均为 0，从而所有元素的代数余子式 A_{ij} 均为 0，即 $\boldsymbol{A}^*=\boldsymbol{O}$，故 $R(\boldsymbol{A}^*)=0$，也可直接应用 $\boldsymbol{A}$ 与 $\boldsymbol{A}^*$ 秩的关系：

$$R(\boldsymbol{A}^*)=\begin{cases}n, R(\boldsymbol{A})=n,\\1, R(\boldsymbol{A})=n-1,\\0, R(\boldsymbol{A})<n-1,\end{cases}$$ 由 $R(\boldsymbol{A})=2<n-1=3$，可知 $R(\boldsymbol{A}^*)=0$.

2. $\begin{pmatrix}1&0&0&0\\0&1&0&0\\0&0&0&0\end{pmatrix}$.

提示：$R(\boldsymbol{A}_{3\times4})=2$ 的形状最简单的矩阵 $\boldsymbol{A}=\begin{pmatrix}1&0&0&0\\0&1&0&0\\0&0&0&0\end{pmatrix}$.

3. $a=-3$.

提示：因为 $R(\boldsymbol{A})=3$，所以 $|\boldsymbol{A}|=0$，而 $|\boldsymbol{A}|=(a+3)(a-1)^3=0$，故 $a=-3$ 或 $a=1$.

当 $a=1$ 时，$R(\boldsymbol{A})=1$，舍去. 因此 $a=-3$.

4. $a=-1$.

提示：$(\boldsymbol{A},\boldsymbol{b})=\begin{pmatrix}1&2&1&1\\2&3&a+2&3\\1&a&-2&0\end{pmatrix}\longrightarrow\begin{pmatrix}1&2&1&1\\0&-1&a&1\\0&a-2&-3&-1\end{pmatrix}\longrightarrow\begin{pmatrix}1&2&1&1\\0&1&-a&-1\\0&0&(a-3)(a+1)&a-3\end{pmatrix}$.

所以 $a=-1$ 时，$R(\boldsymbol{A})=2$，$R(\boldsymbol{A},\boldsymbol{b})=3$，$R(\boldsymbol{A})\neq R(\boldsymbol{A},\boldsymbol{b})$，方程组无解.

5. 0.

提示：$\boldsymbol{A}_{(n+1)\times n}\boldsymbol{x}=\boldsymbol{b}$ 有解$\Leftrightarrow R(\boldsymbol{A})=R(\boldsymbol{A},\boldsymbol{b})$，又 $R(\boldsymbol{A}_{(n+1)\times n})\leqslant n$，所以 $R(\boldsymbol{A},\boldsymbol{b})\leqslant n$，又 $|\boldsymbol{A}\vdots\boldsymbol{b}|$ 是 $n+1$ 阶行列式，故 $|\boldsymbol{A}\vdots\boldsymbol{b}|=0$.

6. -3.

提示：由 $\boldsymbol{AB}=\boldsymbol{O}$ 知 $\boldsymbol{B}$ 的列向量为齐次方程组 $\boldsymbol{Ax}=\boldsymbol{0}$ 的解，而 $\boldsymbol{B}$ 为 3 阶非零矩阵，故 $\boldsymbol{B}$ 中必有一列向量非零，这说明齐次方程组 $\boldsymbol{Ax}=\boldsymbol{0}$ 有非零解，从而 $|\boldsymbol{A}|=0$.

而 $|\boldsymbol{A}|=\begin{vmatrix}1&2&-2\\4&t&3\\3&-1&1\end{vmatrix}=\begin{vmatrix}1&0&0\\4&t+3&11\\3&0&7\end{vmatrix}=7(t+3)$，故必有 $t+3=0$，即 $t=-3$.

7. $a=-1, b=-1$.

提示：方程组 $\boldsymbol{Ax}=\boldsymbol{b}$ 有无穷多解$\Leftrightarrow R(\boldsymbol{A})=R(\boldsymbol{A},\boldsymbol{b})<3$，

而 $(\boldsymbol{A},\boldsymbol{b})=\begin{pmatrix}1&1&1&0\\0&1&2&1\\0&-1&a-3&b\end{pmatrix}\longrightarrow\begin{pmatrix}1&1&1&0\\0&1&2&1\\0&0&a-1&b+1\end{pmatrix}$，要使 $R(\boldsymbol{A})=R(\boldsymbol{A},\boldsymbol{b})<3$，

必有 $a-1=0$ 且 $b+1=0$，即 $a=1$ 且 $b=-1$.

二、选择题

1. C　提示：因为 $|\boldsymbol{A}|\neq0$，所以 $R(\boldsymbol{A})=n$，则 $\boldsymbol{A}\xrightarrow[\text{变换}]{\text{初等}}\boldsymbol{B}$，$R(\boldsymbol{B})=R(\boldsymbol{A})=n$，故 $|\boldsymbol{B}|\neq0$.

2. C　提示：n 阶方阵 $\boldsymbol{AB}=\boldsymbol{O}$，则 $|\boldsymbol{AB}|=|\boldsymbol{A}||\boldsymbol{B}|=0$，所以 $|\boldsymbol{A}|=0$ 或 $|\boldsymbol{B}|=0$.

由 $\boldsymbol{AB}=\boldsymbol{O}$ 不能推出 $\boldsymbol{A}=\boldsymbol{O}$ 或 $\boldsymbol{B}=\boldsymbol{O}$. 从而也不能推出 $R(\boldsymbol{A})=0$ 或 $R(\boldsymbol{B})=0$.

3. B　提示：n 阶方阵 $\boldsymbol{A}$ 与 $\boldsymbol{B}$ 等价，则 $R(\boldsymbol{A})=R(\boldsymbol{B})$，若 $|\boldsymbol{A}|=0$，则 $R(\boldsymbol{A})<n$，必有 $R(\boldsymbol{B})<n$，从而 $|\boldsymbol{B}|$

$=0$.

4. D　提示：$\boldsymbol{A}\xrightarrow{c_1\leftrightarrow c_2}\boldsymbol{B}\xrightarrow{c_3+c_2}\boldsymbol{C}\Leftrightarrow \boldsymbol{A}\boldsymbol{P}_1\boldsymbol{P}_2=\boldsymbol{C}$，其中 $\boldsymbol{P}_1=\begin{pmatrix}0&1&0\\1&0&0\\0&0&1\end{pmatrix}$，$\boldsymbol{P}_2=\begin{pmatrix}1&0&0\\0&1&1\\0&0&1\end{pmatrix}$，

所以满足 $\boldsymbol{AQ}=\boldsymbol{C}$ 的可逆阵 $\boldsymbol{Q}=\boldsymbol{P}_1\boldsymbol{P}_2=\begin{pmatrix}0&1&1\\1&0&0\\0&0&1\end{pmatrix}$.

5. C　提示：因为 $\boldsymbol{A}=\boldsymbol{BC}$，所以 $R(\boldsymbol{A})\leqslant\min\{R(\boldsymbol{B}),R(\boldsymbol{C})\}$，这是矩阵秩的性质.

6. B　提示：当 $m>n$ 时，由秩的性质，$R(\boldsymbol{A})\leqslant n$，$R(\boldsymbol{B})\leqslant n$. 而 $R(\boldsymbol{AB})\leqslant\min\{R(\boldsymbol{A}),R(\boldsymbol{B})\}\leqslant n<m$. 又 $\boldsymbol{A}_{m\times n}\boldsymbol{B}_{n\times m}$ 是 m 阶方阵，当 $R(\boldsymbol{AB})<m$ 时，必有 $|\boldsymbol{AB}|=0$.

7. C　提示：因为 $\boldsymbol{B}=\boldsymbol{AC}$，所以 $R(\boldsymbol{B})\leqslant R(\boldsymbol{A})$，又 $\boldsymbol{C}$ 可逆，则 $\boldsymbol{A}=\boldsymbol{BC}^{-1}$，有 $R(\boldsymbol{A})\leqslant R(\boldsymbol{B})$，故 $R(\boldsymbol{A})=R(\boldsymbol{B})$，即 $r=r_1$.

8. C　提示：根据 $\boldsymbol{A}$ 与其伴随矩阵 $\boldsymbol{A}^*$ 秩之间的关系（$\boldsymbol{A}$ 为 3 阶方阵）.

$$R(\boldsymbol{A}^*)=\begin{cases}n, R(\boldsymbol{A})=n,\\ 1, R(\boldsymbol{A})=n-1, \text{因为 } R(\boldsymbol{A}^*)=1, \text{所以 } R(\boldsymbol{A})=2.\\ 0, R(\boldsymbol{A})<n-1,\end{cases}$$

故有 $|\boldsymbol{A}|=\begin{vmatrix}a&b&b\\b&a&b\\b&b&a\end{vmatrix}=(a+2b)\begin{vmatrix}1&1&1\\b&a&b\\b&b&a\end{vmatrix}=(a+2b)(a-b)^2=0$.

即 $a+2b=0$ 或 $a-b=0$，

当 $a=b$ 时，显然 $R(\boldsymbol{A})=1\neq2$，所以 $a\neq b$.

故必有 $a+2b=0$ 且 $a\neq b$.

9. B　提示：$\boldsymbol{A}_{3\times5}\boldsymbol{X}_5=\boldsymbol{O}$，因为 $R(\boldsymbol{A})\leqslant3<5$（未知数个数），所以方程组必有非零解.

10. A　提示：当 $r=m$ 时，知 $R(\boldsymbol{A})=r=m$ 行满秩，所以 $R(\boldsymbol{A},\boldsymbol{b})=R(\boldsymbol{A})=m$，故 $\boldsymbol{Ax}=\boldsymbol{b}$ 有解.（B）（C）（D）选项中 $r=n,m=n,r<n$ 条件均不能保证 $R(\boldsymbol{A})=R(\boldsymbol{A},\boldsymbol{b})$（有解的充要条件）.

11. D　提示：$\boldsymbol{A}$ 为 $m\times n$ 矩阵，若 $\boldsymbol{Ax}=\boldsymbol{b}$ 有无穷多解，则必有 $R(\boldsymbol{A})=R(\boldsymbol{A},\boldsymbol{b})<n$，从而 $R(\boldsymbol{A})<n$，对应齐次 $\boldsymbol{Ax}=\boldsymbol{0}$ 必有非零解. 而（A）（B）选项中的条件不能保证 $R(\boldsymbol{A})=R(\boldsymbol{A},\boldsymbol{b})$（非齐次 $\boldsymbol{Ax}=\boldsymbol{b}$ 有解的充要条件）.

12. D　提示：$(\boldsymbol{A}_{m\times n}\boldsymbol{B}_{n\times m})\boldsymbol{x}=\boldsymbol{0}$ 有非零解 $\Leftrightarrow R(\boldsymbol{AB})<m$.

当 $m>n$ 时，$R(\boldsymbol{A})\leqslant n$，$R(\boldsymbol{B})\leqslant n$，$R(\boldsymbol{AB})\leqslant\min\{R(\boldsymbol{A}),R(\boldsymbol{B})\}\leqslant n<m$，所以 $\boldsymbol{Ax}=\boldsymbol{0}$ 有非零解.

当 $n>m$ 时，$R(\boldsymbol{A})\leqslant m$，$R(\boldsymbol{B})\leqslant m$，$R(\boldsymbol{AB})\leqslant\min\{R(\boldsymbol{A}),R(\boldsymbol{B})\}\leqslant m$，

$\begin{cases}R(\boldsymbol{AB})<m, \boldsymbol{Ax}=\boldsymbol{0}\text{ 有非零解},\\ R(\boldsymbol{AB})=m, \boldsymbol{Ax}=\boldsymbol{0}\text{ 只有零解}.\end{cases}$ 因此 A、B、C 均不正确.

三、计算题

1. 解　$\boldsymbol{A}=\begin{pmatrix}3&1&0&2\\1&-1&2&-1\\1&3&-4&4\end{pmatrix}\xrightarrow{r_1\leftrightarrow r_2}\begin{pmatrix}1&-1&2&-1\\3&1&0&2\\1&3&-4&4\end{pmatrix}\xrightarrow[r_3-r_1]{r_2-3r_1}$

$\begin{pmatrix}1&-1&2&1\\0&4&-6&5\\0&4&-6&5\end{pmatrix}\xrightarrow{r_3-r_2}\begin{pmatrix}1&-1&2&1\\0&4&-6&5\\0&0&0&0\end{pmatrix}$，所以 $R(\boldsymbol{A})=2$.

上式继续施行初等变换得：

$$\boldsymbol{A}\longrightarrow\begin{pmatrix}1&-1&2&1\\0&4&-6&5\\0&0&0&0\end{pmatrix}\xrightarrow[r_1+r_2]{r_2\times\frac{1}{4}}\begin{pmatrix}1&0&\frac{1}{2}&\frac{9}{4}\\0&1&-\frac{3}{2}&\frac{5}{4}\\0&0&0&0\end{pmatrix}\xrightarrow[\text{变换}]{\text{初等列}}\begin{pmatrix}1&0&0&0\\0&1&0&0\\0&0&0&0\end{pmatrix}.$$

2. 解　由 $AB-B=A$，得 $AB-A=B \Rightarrow A(B-E)=B$.

等式两边同时右乘 B^{-1}，得 $A(B-E)B^{-1}=E$，即 $A(E-B^{-1})=E$，

所以 $A=(E-B^{-1})$，而 $B^{-1}=\begin{pmatrix}1&-2&0&0\\2&1&0&0\\0&1&3&0\\0&0&0&2\end{pmatrix}$，

利用初等变换可得 $A=\begin{pmatrix}0&2&0&0\\-2&0&0&0\\0&-1&-2&0\\0&0&0&-1\end{pmatrix}^{-1}=\begin{pmatrix}0&-\frac{1}{2}&0&0\\\frac{1}{2}&0&0&0\\-\frac{1}{4}&0&-\frac{1}{2}&0\\0&0&0&-1\end{pmatrix}$.

3. 解　由 η_1,η_2 是齐次线性方程组 $A_{3\times4}x=0$ 的基础解系，

① $R(A)=4-2=2$.

从而 $A=\begin{pmatrix}1&2&1&2\\0&1&c&c\\1&1&0&c\end{pmatrix}\longrightarrow\begin{pmatrix}1&2&1&2\\0&1&c&c\\0&-1&-1&c-2\end{pmatrix}\longrightarrow\begin{pmatrix}1&2&1&2\\0&1&c&c\\0&0&c-1&2(c-1)\end{pmatrix}$，

所以当 $c=1$ 时，$R(A)=2$，故 $c=1$.

② 当 $c=1$ 时，$A\longrightarrow\begin{pmatrix}1&2&1&2\\0&1&1&1\\0&0&0&0\end{pmatrix}\longrightarrow\begin{pmatrix}1&0&-1&0\\0&1&1&1\\0&0&0&0\end{pmatrix}$，

对应同解方程组为 $\begin{cases}x_1=x_3,\\x_2=-x_3-x_4,\\x_3=x_3,\\x_4=x_4,\end{cases}$ 得基础解系 $\eta_1=\begin{pmatrix}1\\-1\\1\\0\end{pmatrix}$，$\eta_2=\begin{pmatrix}0\\-1\\0\\1\end{pmatrix}$.

所以方程组的通解为 $\begin{pmatrix}x_1\\x_2\\x_3\\x_4\end{pmatrix}=k_1\begin{pmatrix}1\\-1\\1\\0\end{pmatrix}+k_2\begin{pmatrix}0\\-1\\0\\1\end{pmatrix}$ $(k_1,k_2\in\mathbb{R})$.

4. 解　对增广矩阵施行初等行变换：

$$(A,b)=\begin{pmatrix}1&5&-1&-1&-1\\1&-2&1&3&3\\3&8&-1&1&1\\1&-9&3&7&7\end{pmatrix}\xrightarrow[\substack{r_3-3r_2\\r_4-r_2}]{r_1-r_2}\begin{pmatrix}0&7&-2&-4&-4\\1&-2&1&3&3\\0&14&-4&-8&-8\\0&-7&2&4&4\end{pmatrix}$$

$$\xrightarrow[r_4+r_1]{r_3-2r_1}\begin{pmatrix}0&7&-2&-4&-4\\1&-2&1&3&3\\0&0&0&0&0\\0&0&0&0&0\end{pmatrix}\xrightarrow[r_2+2r_1]{r_1\times\frac{1}{7}}\begin{pmatrix}0&1&-\frac{2}{7}&-\frac{4}{7}&-\frac{4}{7}\\1&0&\frac{3}{7}&\frac{13}{7}&\frac{13}{7}\\0&0&0&0&0\\0&0&0&0&0\end{pmatrix}$$

$$\xrightarrow{r_1\leftrightarrow r_2}\begin{pmatrix}1 & 0 & \frac{3}{7} & \frac{13}{7} & \frac{13}{7}\\ 0 & 1 & -\frac{2}{7} & -\frac{4}{7} & -\frac{4}{7}\\ 0 & 0 & 0 & 0 & 0\\ 0 & 0 & 0 & 0 & 0\end{pmatrix}$$，所以 $R(\boldsymbol{A})=R(\boldsymbol{A},\boldsymbol{b})=2<4$，方程组有无穷多解.

同解方程组为 $\begin{cases}x_1=-\frac{3}{7}x_3-\frac{13}{7}x_4+\frac{13}{7},\\ x_2=\frac{2}{7}x_3+\frac{4}{7}x_4-\frac{4}{7},\\ x_3=x_3,\\ x_4=x_4,\end{cases}$ 令 $x_3=k_1,x_4=k_2$，

得原方程组的通解为 $\begin{pmatrix}x_1\\x_2\\x_3\\x_4\end{pmatrix}=k_1\begin{pmatrix}-\frac{13}{7}\\ -\frac{2}{7}\\ 1\\ 0\end{pmatrix}+k_2\begin{pmatrix}-\frac{13}{7}\\ \frac{4}{7}\\ 0\\ 1\end{pmatrix}+\begin{pmatrix}\frac{13}{7}\\ -\frac{4}{7}\\ 0\\ 0\end{pmatrix}$ $(k_1,k_2\in\mathbb{R})$.

5. **解** 因为 $|\boldsymbol{A}|=\begin{vmatrix}1 & \lambda^2+1 & 2\\ \lambda & \lambda & 2\lambda+1\\ 1 & 2\lambda+1 & 2\end{vmatrix}=\begin{vmatrix}1 & \lambda^2+1 & 2\\ 0 & -\lambda^3 & 1\\ 0 & 2\lambda-\lambda^2 & 0\end{vmatrix}=\lambda(\lambda-2)$，

所以当 $\lambda=0$ 且 $\lambda\neq2$ 时 $|\boldsymbol{A}|\neq0$，方程组有唯一解；

当 $\lambda=0$ 时

$$(\boldsymbol{A},\boldsymbol{b})=\begin{pmatrix}1 & 1 & 2 & 0\\ 0 & 0 & 1 & 0\\ 1 & 1 & 2 & 2\end{pmatrix}\longrightarrow\begin{pmatrix}1 & 1 & 2 & 0\\ 0 & 0 & 1 & 0\\ 0 & 0 & 0 & 2\end{pmatrix},$$

由于 $R(\boldsymbol{A})=2,R(\boldsymbol{A},\boldsymbol{b})=3$，所以 $R(\boldsymbol{A})\neq R(\boldsymbol{A},\boldsymbol{b})$，方程组无解；

当 $\lambda=2$ 时

$$(\boldsymbol{A},\boldsymbol{b})=\begin{pmatrix}1 & 5 & 2 & 2\\ 2 & 2 & 5 & 0\\ 1 & 5 & 2 & 2\end{pmatrix}\longrightarrow\begin{pmatrix}1 & 5 & 2 & 2\\ 0 & -8 & 1 & -4\\ 0 & 0 & 0 & 0\end{pmatrix}\longrightarrow\begin{pmatrix}1 & 0 & \frac{21}{8} & -\frac{1}{2}\\ 0 & 1 & -\frac{1}{8} & \frac{1}{2}\\ 0 & 0 & 0 & 0\end{pmatrix},$$

由于 $R(\boldsymbol{A})=R(\boldsymbol{A},\boldsymbol{b})=2<3$，故方程组有无穷多解.

对应同解方程组为 $\begin{cases}x_1=-\frac{21}{8}x_3-\frac{1}{2},\\ x_2=\frac{1}{8}x_3+\frac{1}{2},\\ x_3=x_3,\end{cases}$ 令 $x_3=k$，

所以方程组的通解为 $\begin{pmatrix}x_1\\x_2\\x_3\end{pmatrix}=k\begin{pmatrix}-\frac{21}{8}\\ \frac{1}{8}\\ 1\end{pmatrix}+\begin{pmatrix}-\frac{1}{2}\\ \frac{1}{2}\\ 0\end{pmatrix}$ $(k\in\mathbb{R})$.

注：本题也可直接对增广矩阵施行初等行变换来解，不过由于含有参变量 λ，过程会比较繁琐，详略.

四、证明题

1. 证　由 $\boldsymbol{A}^2=\boldsymbol{A}$,得 $\boldsymbol{A}-\boldsymbol{A}^2=\boldsymbol{O}$,即 $\boldsymbol{A}(\boldsymbol{E}-\boldsymbol{A})=\boldsymbol{O}$.

由矩阵秩的性质:$\boldsymbol{AB}=\boldsymbol{O}$ 时 $R(\boldsymbol{A})+R(\boldsymbol{B})\leqslant n$,知 $R(\boldsymbol{A})+R(\boldsymbol{E}-\boldsymbol{A})\leqslant n$. (1)

又由于 $R(\boldsymbol{A})+R(\boldsymbol{E}-\boldsymbol{A})\geqslant R(\boldsymbol{A}+\boldsymbol{E}-\boldsymbol{A})=R(\boldsymbol{E})=n$. (2)

由(1)(2)知 $R(\boldsymbol{A})+R(\boldsymbol{E}-\boldsymbol{A})=n$.

又 $R(\boldsymbol{E}-\boldsymbol{A})=R(\boldsymbol{A}-\boldsymbol{E})$,所以 $R(\boldsymbol{A})+R(\boldsymbol{A}-\boldsymbol{E})=n$.

2. 证　(1)①当 $R(\boldsymbol{A})=n$ 时,$|\boldsymbol{A}|\neq 0$,因为 $\boldsymbol{AA}^*=|\boldsymbol{A}|\boldsymbol{E}$,所以 $|\boldsymbol{A}^*|=|\boldsymbol{A}|^{n-1}\neq 0$,

故 $\boldsymbol{A}^*$ 可逆,即 $R(\boldsymbol{A}^*)=n$;

②当 $R(\boldsymbol{A})=n-1$ 时,有 $|\boldsymbol{A}|=0$,由 $\boldsymbol{AA}^*=|\boldsymbol{A}|\boldsymbol{E}$ 得 $\boldsymbol{AA}^*=\boldsymbol{O}$,

从而 $R(\boldsymbol{A})+R(\boldsymbol{A}^*)\leqslant n$,即 $R(\boldsymbol{A}^*)\leqslant n-R(\boldsymbol{A})=1$.

因为 $R(\boldsymbol{A})=n-1$,所以至少有一个代数余子式 $A_{ij}\neq 0$,故 $R(\boldsymbol{A}^*)\geqslant 1$.

故 $R(\boldsymbol{A}^*)=1$.

③当 $0<R(\boldsymbol{A})<n-1$ 时,$|\boldsymbol{A}|$ 的任意一个元素的代数余子式 A_{ij} 都为零.

即 $\boldsymbol{A}^*=\boldsymbol{O}$,所以 $R(\boldsymbol{A}^*)=0$,综上可证.

(2)分两种情况证明:$|\boldsymbol{A}|\neq 0$ 和 $|\boldsymbol{A}|=0$,

①当 $|\boldsymbol{A}|\neq 0$ 时,$\boldsymbol{A}$ 可逆,即 $R(\boldsymbol{A})=n$,由(1)知 $R(\boldsymbol{A}^*)=n$,

且 $\boldsymbol{A}^*=|\boldsymbol{A}|\boldsymbol{A}^{-1}$,$|\boldsymbol{A}^*|=|\boldsymbol{A}|^{n-1}$,

$$\begin{aligned}\text{于是}(\boldsymbol{A}^*)^*&=|\boldsymbol{A}^*|(\boldsymbol{A}^*)^{-1}=|\boldsymbol{A}|^{n-1}(|\boldsymbol{A}|\boldsymbol{A}^{-1})^{-1}\\&=|\boldsymbol{A}|^{n-1}|\boldsymbol{A}|^{-1}\boldsymbol{A}=|\boldsymbol{A}|^{n-2}\boldsymbol{A}.\end{aligned}$$

②当 $|\boldsymbol{A}|=0$ 时,由(1)知 $R(\boldsymbol{A}^*)\leqslant 1$,

若 $n>2$,则 $|\boldsymbol{A}^*|$ 的任意一个元素的代数余子式都为零,

所以 $(\boldsymbol{A}^*)^*=\boldsymbol{O}$,因此 $(\boldsymbol{A}^*)^*=|\boldsymbol{A}|^{n-1}\boldsymbol{A}$.

若 $n=2$,令 $\boldsymbol{A}=\begin{pmatrix}a & b\\ c & d\end{pmatrix}$,则 $\boldsymbol{A}^*=\begin{pmatrix}d & -b\\ -c & a\end{pmatrix}$,也有

$(\boldsymbol{A}^*)^*=\begin{pmatrix}a & b\\ c & d\end{pmatrix}=\boldsymbol{A}=|\boldsymbol{A}|^{n-2}\boldsymbol{A}$.

第四章 向量组的线性相关性

为了在理论上深入地研究线性方程组有解的条件和解的结构，本章首先引入向量组及线性表示的概念，刻划了向量组的线性表示与矩阵秩的关系，通过研究向量组的线性相关性，向量组的秩等重要概念和性质，研究了线性方程组解的性质和解的结构等问题.

第一节 向量组及其线性组合

一、主要内容归纳

1. 向量

n 个有次序的数 $a_1,a_2,\cdots,a_n$ 所组成的数组称为 n 维向量，这 n 个数称为该向量的 n 个分量，第 i 个数 a_i 称为第 i 个分量.

2. 向量组

若干个同维数的列向量(或同维数的行向量)所组成的集合叫作向量组.

3. 线性组合

给定向量组 $A:\boldsymbol{a}_1,\boldsymbol{a}_2,\cdots,\boldsymbol{a}_m$，对于任何一组实数 $k_1,k_2,\cdots,k_m$，表达式 $k_1\boldsymbol{a}_1+k_2\boldsymbol{a}_2+\cdots+k_m\boldsymbol{a}_m$ 称为向量组 A 的一个线性组合，$k_1,k_2,\cdots,k_m$ 称为这个线性组合的系数.

4. 线性表示

给定向量组 $A:\boldsymbol{a}_1,\boldsymbol{a}_2,\cdots,\boldsymbol{a}_m$ 和向量 $\boldsymbol{b}$，如果存在一组数 $\lambda_1,\lambda_2,\cdots,\lambda_m$，使 $\boldsymbol{b}=\lambda_1\boldsymbol{a}_1+\lambda_2\boldsymbol{a}_2+\cdots+\lambda_m\boldsymbol{a}_m$，则向量 $\boldsymbol{b}$ 是向量组 A 的线性组合，这时称向量 $\boldsymbol{b}$ 能由向量组 A 线性表示.

5. 向量组等价

设有两个向量组 $A:\boldsymbol{a}_1,\boldsymbol{a}_2,\cdots,\boldsymbol{a}_m$ 及 $B:\boldsymbol{b}_1,\boldsymbol{b}_2,\cdots,\boldsymbol{b}_l$，若 B 组中的每个向量都能由向量组 A 线性表示，则称向量组 B 能由向量组 A 线性表示. 若向量组 A 与向量组 B 能相互线性表示，则称这两个向量组等价.

6. 向量组的线性表示与秩的关系

(1)向量 $\boldsymbol{b}$ 能由向量组 $A:\boldsymbol{a}_1,\boldsymbol{a}_2,\cdots,\boldsymbol{a}_m$ 线性表示的充分必要条件是矩阵 $\boldsymbol{A}=(\boldsymbol{a}_1,\boldsymbol{a}_2,\cdots,\boldsymbol{a}_m)$ 的秩等于矩阵 $\boldsymbol{B}=(\boldsymbol{a}_1,\boldsymbol{a}_2,\cdots,\boldsymbol{a}_m,\boldsymbol{b})$ 的秩.

(2)向量组 $B:\boldsymbol{b}_1,\boldsymbol{b}_2,\cdots,\boldsymbol{b}_l$ 能由向量组 $A:\boldsymbol{a}_1,\boldsymbol{a}_2,\cdots,\boldsymbol{a}_m$ 线性表示的充分必要条件是矩阵 $\boldsymbol{A}=(\boldsymbol{a}_1,\boldsymbol{a}_2,\cdots,\boldsymbol{a}_m)$ 的秩等于矩阵 $(\boldsymbol{A},\boldsymbol{B})=(\boldsymbol{a}_1,\cdots,\boldsymbol{a}_m,\boldsymbol{b}_1,\cdots,\boldsymbol{b}_l)$ 的秩，即 $R(\boldsymbol{A})=R(\boldsymbol{A},\boldsymbol{B})$.

(3)向量组 $A:\boldsymbol{a}_1,\boldsymbol{a}_2,\cdots,\boldsymbol{a}_m$ 与向量组 $B:\boldsymbol{b}_1,\boldsymbol{b}_2,\cdots,\boldsymbol{b}_l$ 等价的充分必要条件是 $R(\boldsymbol{A})=R(\boldsymbol{B})=R(\boldsymbol{A},\boldsymbol{B})$，其中 $\boldsymbol{A}$ 和 $\boldsymbol{B}$ 是向量组 A 和向量组 B 所构成的矩阵.

(4)设向量组 $B:\boldsymbol{b}_1,\boldsymbol{b}_2,\cdots,\boldsymbol{b}_l$ 能由向量组 $A:\boldsymbol{a}_1,\boldsymbol{a}_2,\cdots,\boldsymbol{a}_m$ 线性表示，则 $R(\boldsymbol{b}_1,\boldsymbol{b}_2,\cdots,\boldsymbol{b}_l)\leqslant R(\boldsymbol{a}_1,\boldsymbol{a}_2,\cdots,\boldsymbol{a}_m)$.

7. 本节重点

向量组的线性表示与秩的关系及向量组的等价. 难点是有关向量组间线性相关性的判定.

二、经典题型解析及解题方法总结

【例 1】 若 $\boldsymbol{\beta}=(0,k,k^2)$ 能由 $\boldsymbol{\alpha}_1=(1+k,1,1)$，$\boldsymbol{\alpha}_2=(1,1+k,1)$，$\boldsymbol{\alpha}_3=(1,1,1+k)$ 唯一线性表示，则 k ______.

解 若 $\boldsymbol{\beta}$ 可由 $\boldsymbol{\alpha}_1,\boldsymbol{\alpha}_2,\boldsymbol{\alpha}_3$ 唯一线性表示，则 $x_1\boldsymbol{\alpha}_1+x_2\boldsymbol{\alpha}_2+x_3\boldsymbol{\alpha}_3=\boldsymbol{\beta}$ 有唯一解，故 $|\boldsymbol{\alpha}_1^{\mathrm{T}},\boldsymbol{\alpha}_2^{\mathrm{T}},\boldsymbol{\alpha}_3^{\mathrm{T}}|\neq 0$，即

$$\begin{vmatrix}1+k & 1 & 1\\ 1 & 1+k & 1\\ 1 & 1 & 1+k\end{vmatrix}=k^2(3+k)\neq 0,$$

所以 $k\neq 0$，$k\neq -3$.

故应填 $\neq 0$，$k\neq -3$.

【例 2】 设 $\boldsymbol{\alpha}_1=(1,2,0)^{\mathrm{T}}$，$\boldsymbol{\alpha}_2=(1,a+2,-3a)^{\mathrm{T}}$，$\boldsymbol{\alpha}_3=(-1,-b-2,a+2b)^{\mathrm{T}}$，$\boldsymbol{\beta}=(1,3,-3)^{\mathrm{T}}$，试讨论当 a,b 为何值时.

(1)$\boldsymbol{\beta}$ 不能由 $\boldsymbol{\alpha}_1,\boldsymbol{\alpha}_2,\boldsymbol{\alpha}_3$ 线性表示；

(2)$\boldsymbol{\beta}$ 可由 $\boldsymbol{\alpha}_1,\boldsymbol{\alpha}_2,\boldsymbol{\alpha}_3$ 唯一线性表示，并求出表示式；

(3)$\boldsymbol{\beta}$ 可由 $\boldsymbol{\alpha}_1,\boldsymbol{\alpha}_2,\boldsymbol{\alpha}_3$ 线性表示，但表示式不唯一，并求出表示式.

解 设有数 k_1,k_2,k_3，使得

$$k_1\boldsymbol{\alpha}_1+k_2\boldsymbol{\alpha}_2+k_3\boldsymbol{\alpha}_3=\boldsymbol{\beta}. \qquad ①$$

设 $\boldsymbol{A}=(\boldsymbol{\alpha}_1,\boldsymbol{\alpha}_2,\boldsymbol{\alpha}_3)$，对矩阵 $(\boldsymbol{A},\boldsymbol{\beta})$ 施以初等行变换有

$$(\boldsymbol{A},\boldsymbol{\beta})=\begin{pmatrix}1 & 1 & -1 & 1\\ 2 & a+2 & -b-2 & 3\\ 0 & -3a & a+2b & -3\end{pmatrix}\to\begin{pmatrix}1 & 1 & -1 & 1\\ 0 & a & -b & 1\\ 0 & 0 & a-b & 0\end{pmatrix}.$$

(1)当 $a=0$，b 为任意实数时，有 $(\boldsymbol{A},\boldsymbol{\beta})\to\begin{pmatrix}1 & 1 & -1 & 1\\ 0 & 0 & -b & 1\\ 0 & 0 & 0 & -1\end{pmatrix}$，

可知 $R(\boldsymbol{A})\neq R(\boldsymbol{A},\boldsymbol{\beta})$，故方程组①无解，$\boldsymbol{\beta}$ 不能由 $\boldsymbol{\alpha}_1,\boldsymbol{\alpha}_2,\boldsymbol{\alpha}_3$ 线性表示.

(2)当 $a\neq 0$ 且 $a\neq b$ 时，有 $R(\boldsymbol{A})=R(\boldsymbol{A},\boldsymbol{\beta})=3$，

故方程组①有唯一解，此时 $k_1=1-\dfrac{1}{a}$，$k_2=\dfrac{1}{a}$，$k_3=0$，

则 $\boldsymbol{\beta}$ 可由 $\boldsymbol{\alpha}_1,\boldsymbol{\alpha}_2,\boldsymbol{\alpha}_3$ 唯一线性表示，其表示式为 $\boldsymbol{\beta}=(1-\frac{1}{a})\boldsymbol{\alpha}_1+\frac{1}{a}\boldsymbol{\alpha}_2+0\boldsymbol{\alpha}_3$.

(3) 当 $a=b\neq0$ 时，对 $(\boldsymbol{A},\boldsymbol{\beta})$ 施以初等行变换，有

$$(\boldsymbol{A},\boldsymbol{\beta})\to\begin{pmatrix}1&0&0&1-a\\0&1&-1&\frac{1}{a}\\0&0&0&0\end{pmatrix},$$

可知 $R(\boldsymbol{A})=R(\boldsymbol{A},\boldsymbol{\beta})=2<3$，故方程组①有无穷多解，其全部解为

$$k_1=1-\frac{1}{a},k_2=\frac{1}{a}+c,k_3=c,\quad 其中\ c\in\mathbb{R}.$$

$\boldsymbol{\beta}$ 可由 $\boldsymbol{\alpha}_1,\boldsymbol{\alpha}_2,\boldsymbol{\alpha}_3$ 线性表示，但表示式不唯一，其表示式为

$$\boldsymbol{\beta}=(1-\frac{1}{a})\boldsymbol{\alpha}_1+(\frac{1}{a}+c)\boldsymbol{\alpha}_2+c\boldsymbol{\alpha}_3,\quad 其中\ c\in\mathbb{R}.$$

方法总结

(1) 给定一个向量能否由一个向量组线性表示问题实质上是非齐次线性方程组有解无解的判定问题. 利用初等行变换将对应的增广矩阵化为行阶梯形，再利用方程组是否有解的判定定理加以讨论.

(2) 本题对参数 a,b 的讨论不要重复也不能遗漏.

(3) 非齐次线性方程组 $\boldsymbol{Ax}=\boldsymbol{b}$ 的解与线性表示之间的关系

① $\boldsymbol{Ax}=\boldsymbol{b}$ 有唯一解 $\Leftrightarrow$ 常数列 $\boldsymbol{b}$ 可由 $\boldsymbol{A}$ 的列向量组唯一线性表示.

② $\boldsymbol{Ax}=\boldsymbol{b}$ 有无穷多解 $\Leftrightarrow$ 常数列 $\boldsymbol{b}$ 可由 $\boldsymbol{A}$ 的列向量组线性表示，但表示式不唯一.

③ $\boldsymbol{Ax}=\boldsymbol{b}$ 无解 $\Leftrightarrow$ 常数列 $\boldsymbol{b}$ 不能由 $\boldsymbol{A}$ 的列向量组线性表示.

【例 3】 已知向量组(Ⅰ) $\boldsymbol{\alpha}_1=(0,1,2,3)^{\mathrm{T}},\boldsymbol{\alpha}_2=(3,0,1,2)^{\mathrm{T}},\boldsymbol{\alpha}_3=(2,3,0,1)^{\mathrm{T}}$ 和(Ⅱ) $\boldsymbol{\beta}_1=(2,1,1,2)^{\mathrm{T}},\boldsymbol{\beta}_2=(0,-2,1,1)^{\mathrm{T}},\boldsymbol{\beta}_3=(4,4,1,3)^{\mathrm{T}}$.

证明：(Ⅱ)可由(Ⅰ)线性表示，但(Ⅰ)不能由(Ⅱ)线性表示.

证 令 $\boldsymbol{A}=(\boldsymbol{\alpha}_1,\boldsymbol{\alpha}_2,\boldsymbol{\alpha}_3),\boldsymbol{B}=(\boldsymbol{\beta}_1,\boldsymbol{\beta}_2,\boldsymbol{\beta}_3)$，对矩阵 $(\boldsymbol{A},\boldsymbol{B})$ 施以初等行变换，得

$$(\boldsymbol{A},\boldsymbol{B})=\begin{pmatrix}0&3&2&2&0&4\\1&0&3&1&-2&4\\2&1&0&1&1&1\\3&2&1&2&1&3\end{pmatrix}\longrightarrow\begin{pmatrix}1&0&3&1&-2&4\\0&1&-6&-1&5&7\\0&0&4&1&-3&5\\0&0&0&0&0&0\end{pmatrix},$$

所以 $R(\boldsymbol{A})=R(\boldsymbol{A},\boldsymbol{B})=3$，即(Ⅱ)可由(Ⅰ)线性表示

$$同理(\boldsymbol{B},\boldsymbol{A})=\begin{pmatrix}2&0&4&0&3&2\\1&-2&4&1&0&3\\1&1&1&2&1&0\\2&1&3&3&2&1\end{pmatrix}\longrightarrow\begin{pmatrix}1&1&1&2&1&0\\0&-1&1&-1&0&1\\0&0&0&-2&1&0\\0&0&0&0&0&0\end{pmatrix}$$

所以 $R(\boldsymbol{B})=2$，而 $R(\boldsymbol{A},\boldsymbol{B})=3$，故（Ⅰ）不能由（Ⅱ）线性表示.

方法总结

本题利用向量组的线性表示与秩的关系知，一组向量 $\boldsymbol{\beta}_1,\boldsymbol{\beta}_2,\cdots,\boldsymbol{\beta}_t$ 能由 $\boldsymbol{\alpha}_1,\boldsymbol{\alpha}_2,\cdots,\boldsymbol{\alpha}_s$ 线性表示的充要条件是以 $\boldsymbol{\alpha}_1,\boldsymbol{\alpha}_2,\cdots,\boldsymbol{\alpha}_s$ 为列向量的矩阵与以 $\boldsymbol{\alpha}_1,\boldsymbol{\alpha}_2,\cdots,\boldsymbol{\alpha}_s,\boldsymbol{\beta}_1,\boldsymbol{\beta}_2,\cdots,\boldsymbol{\beta}_t$ 为列向量的矩阵有相同的秩.

【例 4】 已知向量组 $\boldsymbol{\beta}_1=(0,1,-1)^{\mathrm{T}},\boldsymbol{\beta}_2=(a,2,1)^{\mathrm{T}},\boldsymbol{\beta}_3=(b,1,0)^{\mathrm{T}}$ 与向量组 $\boldsymbol{\alpha}_1=(1,2,-3)^{\mathrm{T}},\boldsymbol{\alpha}_2=(3,0,1)^{\mathrm{T}},\boldsymbol{\alpha}_3=(9,6,-7)^{\mathrm{T}}$ 具有相同的秩，且 $\boldsymbol{\beta}_3$ 可由 $\boldsymbol{\alpha}_1,\boldsymbol{\alpha}_2,\boldsymbol{\alpha}_3$ 线性表示，求 a,b 的值.

解 由题意，$\boldsymbol{\beta}_3$ 可由 $\boldsymbol{\alpha}_1,\boldsymbol{\alpha}_2,\boldsymbol{\alpha}_3$ 线性表示，即存在 $\lambda_1,\lambda_2,\lambda_3$，使 $\boldsymbol{\beta}_3=\lambda_1\boldsymbol{\alpha}_1+\lambda_2\boldsymbol{\alpha}_2+\lambda_3\boldsymbol{\alpha}_3$，所以线性方程组 $\begin{pmatrix}1&3&9\\2&0&6\\-3&1&-7\end{pmatrix}\begin{pmatrix}x_1\\x_2\\x_3\end{pmatrix}=\begin{pmatrix}b\\1\\0\end{pmatrix}$ 有解.

对增广矩阵施以初等行变换，有 $\begin{pmatrix}1&3&9&b\\2&0&6&1\\-3&1&-7&0\end{pmatrix}\longrightarrow\begin{pmatrix}1&3&9&b\\0&1&2&\dfrac{2b-1}{6}\\0&0&0&\dfrac{3b}{10}-\dfrac{2b-1}{6}\end{pmatrix}$，

由于方程组有解，所以 $\dfrac{3b}{10}-\dfrac{2b-1}{6}=0$，解得 $b=5$.

另一方面由于向量组 $\boldsymbol{\beta}_1,\boldsymbol{\beta}_2,\boldsymbol{\beta}_3$ 与向量组 $\boldsymbol{\alpha}_1,\boldsymbol{\alpha}_2,\boldsymbol{\alpha}_3$ 具有相同的秩.

由上面的初等行变换，可得向量组 $\boldsymbol{\alpha}_1,\boldsymbol{\alpha}_2,\boldsymbol{\alpha}_3$ 的秩为 2.

又因 $(\boldsymbol{\beta}_1,\boldsymbol{\beta}_2,\boldsymbol{\beta}_3)=\begin{pmatrix}0&a&5\\1&2&1\\-1&1&0\end{pmatrix}\longrightarrow\begin{pmatrix}1&2&1\\0&3&1\\0&a-15&0\end{pmatrix}$，

由 $\boldsymbol{\beta}_1,\boldsymbol{\beta}_2,\boldsymbol{\beta}_3$ 的秩为 2，可得 $a=15$.

【例 5】 设 $\boldsymbol{\alpha}_1,\boldsymbol{\alpha}_2,\cdots,\boldsymbol{\alpha}_r,\boldsymbol{\beta}$ 都是 n 维向量，$\boldsymbol{\beta}$ 可由 $\boldsymbol{\alpha}_1,\boldsymbol{\alpha}_2,\cdots,\boldsymbol{\alpha}_r$ 线性表示，但 $\boldsymbol{\beta}$ 不能由 $\boldsymbol{\alpha}_1,\boldsymbol{\alpha}_2,\cdots,\boldsymbol{\alpha}_{r-1}$ 线性表示. 证明：$\boldsymbol{\alpha}_r$ 可由 $\boldsymbol{\alpha}_1,\boldsymbol{\alpha}_2,\cdots,\boldsymbol{\alpha}_{r-1},\boldsymbol{\beta}$ 线性表示.

证 由于 $\boldsymbol{\beta}$ 可由 $\boldsymbol{\alpha}_1,\boldsymbol{\alpha}_2,\cdots,\boldsymbol{\alpha}_r$ 线性表示，设 $\boldsymbol{\beta}=k_1\boldsymbol{\alpha}_1+k_2\boldsymbol{\alpha}_2+\cdots+k_{r-1}\boldsymbol{\alpha}_{r-1}+k_r\boldsymbol{\alpha}_r$.

而 $\boldsymbol{\beta}$ 不能由 $\boldsymbol{\alpha}_1,\boldsymbol{\alpha}_2,\cdots,\boldsymbol{\alpha}_{r-1}$ 线性表示，故 $k_r\neq0$，因而 $\boldsymbol{\alpha}_r=\dfrac{1}{k_r}(\boldsymbol{\beta}-k_1\boldsymbol{\alpha}_1-\cdots-k_{r-1}\boldsymbol{\alpha}_{r-1})$，

即 $\boldsymbol{\alpha}_r$ 可由 $\boldsymbol{\alpha}_1,\boldsymbol{\alpha}_2,\cdots,\boldsymbol{\alpha}_{r-1},\boldsymbol{\beta}$ 线性表示.

方法总结

判断抽象向量 $\boldsymbol{\beta}$ 是否可由抽象向量组 $\boldsymbol{\alpha}_1,\boldsymbol{\alpha}_2,\cdots,\boldsymbol{\alpha}_m$ 线性表示，首先要找一个包含 $\boldsymbol{\beta}$ 和 $\boldsymbol{\alpha}_1,\boldsymbol{\alpha}_2,\cdots,\boldsymbol{\alpha}_m$ 的关系式，然后考察 $\boldsymbol{\beta}$ 的系数，若 $\boldsymbol{\beta}$ 的系数不为零，可判断 $\boldsymbol{\beta}$ 可由 $\boldsymbol{\alpha}_1,\boldsymbol{\alpha}_2,\cdots,\boldsymbol{\alpha}_m$ 线性表示. 否则，$\boldsymbol{\beta}$ 不能由它们线性表示.

第二节　向量组的线性相关性

一、主要内容归纳

1. 线性相关与线性无关定义

给定向量组 $A:\boldsymbol{a}_1,\boldsymbol{a}_2,\cdots,\boldsymbol{a}_m$，如果存在不全为零的数 $k_1,k_2,\cdots,k_m$，使

$$k_1\boldsymbol{a}_1+k_2\boldsymbol{a}_2+\cdots+k_m\boldsymbol{a}_m=\boldsymbol{0},$$

则称向量组 A 线性相关. 否则称它线性无关.

2. 向量组线性相关性的重要结论

(1)对于向量组 $\boldsymbol{a}_1,\boldsymbol{a}_2,\cdots,\boldsymbol{a}_m$，若齐次线性方程组 $k_1\boldsymbol{a}_1+k_2\boldsymbol{a}_2+\cdots+k_m\boldsymbol{a}_m=\boldsymbol{0}$ 有非零解，则向量组 $\boldsymbol{a}_1,\boldsymbol{a}_2,\cdots,\boldsymbol{a}_m$ 线性相关；若齐次线性方程组只有零解，则向量组 $\boldsymbol{a}_1,\boldsymbol{a}_2,\cdots,\boldsymbol{a}_m$ 线性无关.

(2)向量组 $\boldsymbol{a}_1,\boldsymbol{a}_2,\cdots,\boldsymbol{a}_m(m\geqslant 2)$ 线性相关的充分必要条件是：其中至少有一个向量可以由其余向量线性表示.

(3)向量组 $\boldsymbol{a}_1,\boldsymbol{a}_2,\cdots,\boldsymbol{a}_m$ 线性相关的充分必要条件是它所构成的矩阵 $\boldsymbol{A}=(\boldsymbol{a}_1,\boldsymbol{a}_2,\cdots,\boldsymbol{a}_m)$ 的秩小于向量个数 m；向量组线性无关的充分必要条件是 $R(\boldsymbol{A})=m$.

(4)若向量组 $A:\boldsymbol{a}_1,\boldsymbol{a}_2,\cdots,\boldsymbol{a}_m$ 线性相关，则向量组 $B:\boldsymbol{a}_1,\boldsymbol{a}_2,\cdots,\boldsymbol{a}_m,\boldsymbol{a}_{m+1}$ 也线性相关，反言之，若向量组 B 线性无关，则向量组 A 也线性无关.

(5)m 个 n 维向量组成的向量组，当维数 n 小于向量个数 m 时一定线性相关. 特别地，$n+1$ 个 n 维向量一定线性相关.

(6)设向量组 $A:\boldsymbol{a}_1,\boldsymbol{a}_2,\cdots,\boldsymbol{a}_m$ 线性无关，而向量组 $B:\boldsymbol{a}_1,\cdots,\boldsymbol{a}_m,\boldsymbol{b}$ 线性相关，则向量 $\boldsymbol{b}$ 必能由向量组 A 线性表示，且表示式唯一.

3. 本节重点

掌握向量组的线性相关、线性无关. 向量组的秩和最大无关组的基本概念，明确线性方程组解的结构. 向量组的线性相关性等有关证明是本章的一个重点，更是本章的一个难点.

二、经典题型解析及解题方法总结

【例 1】　设 $\boldsymbol{a}_1=(1,1,1)^{\mathrm{T}},\boldsymbol{a}_2=(1,2,3)^{\mathrm{T}},\boldsymbol{a}_3=(1,3,t)^{\mathrm{T}}$.

试求(1)t 为何值时，向量组 $\boldsymbol{a}_1,\boldsymbol{a}_2,\boldsymbol{a}_3$ 线性相关？

(2)t 为何值时，向量组 $\boldsymbol{a}_1,\boldsymbol{a}_2,\boldsymbol{a}_3$ 线性无关？

(3)当向量组 $\boldsymbol{a}_1,\boldsymbol{a}_2,\boldsymbol{a}_3$ 线性相关时，将 $\boldsymbol{a}_3$ 表示为 $\boldsymbol{a}_1$ 与 $\boldsymbol{a}_2$ 的线性组合.

解　**方法一**　$\boldsymbol{a}_1,\boldsymbol{a}_2,\boldsymbol{a}_3$ 线性相关，等价于行列式 $|\boldsymbol{a}_1,\boldsymbol{a}_2,\boldsymbol{a}_3|=0$，

而 $|\boldsymbol{a}_1,\boldsymbol{a}_2,\boldsymbol{a}_3|=\begin{vmatrix}1&1&1\\1&2&3\\1&3&t\end{vmatrix}=t-5.$

所以(1)当 $t=5$ 时，$\boldsymbol{a}_1,\boldsymbol{a}_2,\boldsymbol{a}_3$ 线性相关.

(2)当 $t\neq5$ 时，$\boldsymbol{a}_1,\boldsymbol{a}_2,\boldsymbol{a}_3$ 线性无关.

(3)当 $t=5$ 时，设 $\boldsymbol{a}_3=x_1\boldsymbol{a}_1+x_2\boldsymbol{a}_2$，

则有$\begin{cases}x_1+x_2=1,\\x_1+2x_2=3,\\x_1+3x_2=5,\end{cases}$解得 $x_1=-1,x_2=2$.

于是有 $\boldsymbol{a}_3=-\boldsymbol{a}_1+2\boldsymbol{a}_2$.

方法二 设有一组数 k_1,k_2,k_3，使得 $k_1\boldsymbol{a}_1+k_2\boldsymbol{a}_2+k_3\boldsymbol{a}_3=\boldsymbol{0}$，

则$\begin{cases}k_1+k_2+k_3=0,\\k_1+2k_2+3k_3=0,\\k_1+3k_2+tk_3=0,\end{cases}$

此齐次线性方程组的系数行列式为$\begin{vmatrix}1&1&1\\1&2&3\\1&3&t\end{vmatrix}=t-5$.

则(1)当 $t=5$ 时方程组有非零解，因而 $\boldsymbol{a}_1,\boldsymbol{a}_2,\boldsymbol{a}_3$ 线性相关.

(2)当 $t\neq5$ 时方程组只有零解，故 $\boldsymbol{a}_1,\boldsymbol{a}_2,\boldsymbol{a}_3$ 线性无关.

(3)同方法一.

方法总结

(1)本题方法一利用行列式判别.

令 $\boldsymbol{A}=(\boldsymbol{a}_1,\boldsymbol{a}_2,\cdots,\boldsymbol{a}_n)$，$\boldsymbol{A}$ 为方阵，当 $|\boldsymbol{A}|=0$ 时，该向量组线性相关，否则该向量组线性无关.

(2)解法二采用定义的方法判别，这是判别向量组线性相关性的基本方法.

【例 2】 判断下列向量组是否线性相关.

(1)$\boldsymbol{a}_1=(1,-2,3)^{\mathrm{T}},\boldsymbol{a}_2=(0,2,-5)^{\mathrm{T}},\boldsymbol{a}_3=(-1,0,2)^{\mathrm{T}}$.

(2)$\boldsymbol{a}_1=(1,-2,0,3)^{\mathrm{T}},\boldsymbol{a}_2=(2,5,-1,0)^{\mathrm{T}},\boldsymbol{a}_3=(3,4,1,2)^{\mathrm{T}}$.

解 (1)由题意得矩阵

$$\boldsymbol{A}=(\boldsymbol{a}_1,\boldsymbol{a}_2,\boldsymbol{a}_3)=\begin{pmatrix}1&0&-1\\-2&2&0\\3&-5&2\end{pmatrix}\to\begin{pmatrix}1&0&-1\\0&2&-2\\0&0&0\end{pmatrix},$$

由于 $R(\boldsymbol{A})=2<3$，故向量组 $\boldsymbol{a}_1,\boldsymbol{a}_2,\boldsymbol{a}_3$ 线性相关.

(2)设 $k_1\boldsymbol{a}_1+k_2\boldsymbol{a}_2+k_3\boldsymbol{a}_3=\boldsymbol{0}$，则有齐次线性方程组

$\begin{cases}k_1+2k_2+3k_3=0,\\-2k_1+5k_2+4k_3=0,\\-k_2+k_3=0,\\3k_1+2k_3=0,\end{cases}$ 对齐次线性方程组的系数矩阵施以初等行变换，有

$\begin{pmatrix}1&2&3\\-2&5&4\\0&-1&1\\3&0&2\end{pmatrix}\to\begin{pmatrix}1&2&0\\0&1&0\\0&0&1\\0&0&0\end{pmatrix}$，从而原方程组的同解方程组为$\begin{cases}k_1+2k_2=0,\\k_2=0,\\k_3=0,\end{cases}$

所以 $k_1=k_2=k_3=0$，从而 $\boldsymbol{a}_1,\boldsymbol{a}_2,\boldsymbol{a}_3$线性无关.

【例 3】 设 $\boldsymbol{a}_1,\boldsymbol{a}_2,\cdots,\boldsymbol{a}_{m-1}(m>3)$线性无关，而 $\boldsymbol{a}_2,\boldsymbol{a}_3,\cdots,\boldsymbol{a}_{m-1},\boldsymbol{a}_m$线性相关，

试证：(1)$\boldsymbol{a}_m$可由 $\boldsymbol{a}_1,\boldsymbol{a}_2,\cdots,\boldsymbol{a}_{m-1}$线性表示；

(2)$\boldsymbol{a}_1$不能由 $\boldsymbol{a}_2,\boldsymbol{a}_3,\cdots,\boldsymbol{a}_m$线性表示.

证 (1)因为 $\boldsymbol{a}_1,\boldsymbol{a}_2,\cdots,\boldsymbol{a}_{m-1}$线性无关，所以其部分组 $\boldsymbol{a}_2,\boldsymbol{a}_3,\cdots,\boldsymbol{a}_{m-1}$也线性无关，又因 $\boldsymbol{a}_2,\boldsymbol{a}_3,\cdots,\boldsymbol{a}_m$线性相关，所以 $\boldsymbol{a}_m$可由 $\boldsymbol{a}_2,\boldsymbol{a}_3,\cdots,\boldsymbol{a}_{m-1}$线性表示.

即 $\boldsymbol{a}_m=k_2\boldsymbol{a}_2+k_3\boldsymbol{a}_3+\cdots+k_{m-1}\boldsymbol{a}_{m-1}$，也即 $\boldsymbol{a}_m=0\boldsymbol{a}_1+k_2\boldsymbol{a}_2+\cdots+k_{m-1}\boldsymbol{a}_{m-1}$，因此 $\boldsymbol{a}_m$可由 $\boldsymbol{a}_1,\boldsymbol{a}_2,\cdots,\boldsymbol{a}_{m-1}$线性表示.

(2)假设 $\boldsymbol{a}_1$可由 $\boldsymbol{a}_2,\boldsymbol{a}_3,\cdots,\boldsymbol{a}_m$线性表示，设 $\boldsymbol{a}_1=\lambda_1\boldsymbol{a}_2+\lambda_3\boldsymbol{a}_3+\cdots+\lambda_{m-1}\boldsymbol{a}_{m-1}+\lambda_m\boldsymbol{a}_m$.

由(1)的证明可知 $\boldsymbol{a}_m=k_2\boldsymbol{a}_2+\cdots+k_{m-1}\boldsymbol{a}_{m-1}$代入上式得

$$\boldsymbol{a}_1=(\lambda_2+\lambda_mk_2)\boldsymbol{a}_2+\cdots+(\lambda_{m-1}+\lambda_mk_{m-1})\boldsymbol{a}_{m-1}.$$

此式说明 $\boldsymbol{a}_1$可由 $\boldsymbol{a}_2,\boldsymbol{a}_3,\cdots,\boldsymbol{a}_{m-1}$线性表示，从而可推出 $\boldsymbol{a}_1,\boldsymbol{a}_2,\cdots,\boldsymbol{a}_{m-1}$线性相关，这与题设条件矛盾. 故 $\boldsymbol{a}_1$不能由 $\boldsymbol{a}_2,\boldsymbol{a}_3,\cdots,\boldsymbol{a}_m$线性表示.

方法总结

线性表示与线性相关、线性无关相结合是常见题型. 第(1)问由线性相关性的重要结论直接推出. 第(2)问采用的反证法是判别向量组线性相关性常用的方法.

【例 4】 设向量 $\boldsymbol{\alpha}_1,\boldsymbol{\alpha}_2,\cdots,\boldsymbol{\alpha}_t$是齐次线性方程组 $\boldsymbol{Ax}=\boldsymbol{0}$ 的一个基础解系，向量 $\boldsymbol{\beta}$ 不是方程组 $\boldsymbol{Ax}=\boldsymbol{0}$ 的解，即 $\boldsymbol{A\beta}\neq0$. 试证明 $\boldsymbol{\beta},\boldsymbol{\beta}+\boldsymbol{\alpha}_1,\boldsymbol{\beta}+\boldsymbol{\alpha}_2,\cdots,\boldsymbol{\beta}+\boldsymbol{\alpha}_t$线性无关.

证 **方法一** 若有一组数 $k,k_1,k_2,\cdots,k_t$使得

$$k\boldsymbol{\beta}+k_1(\boldsymbol{\beta}+\boldsymbol{\alpha}_1)+k_2(\boldsymbol{\beta}+\boldsymbol{\alpha}_2)+\cdots+k_t(\boldsymbol{\beta}+\boldsymbol{\alpha}_t)=\boldsymbol{0},\qquad(1)$$

因为 $\boldsymbol{\alpha}_1,\boldsymbol{\alpha}_2,\cdots,\boldsymbol{\alpha}_t$是 $\boldsymbol{Ax}=\boldsymbol{0}$ 的解，所以 $\boldsymbol{A\alpha}_i=\boldsymbol{0}(i=1,2,\cdots,t)$，用 $\boldsymbol{A}$ 左乘(1)式两端则有

$$k\boldsymbol{A\beta}+k_1(\boldsymbol{A\beta}+\boldsymbol{A\alpha}_1)+\cdots+k_t(\boldsymbol{A\beta}+\boldsymbol{A\alpha}_t)=\boldsymbol{0}.$$

即整理得$(k+k_1+\cdots+k_t)\boldsymbol{A\beta}=\boldsymbol{0}$，

由题意 $\boldsymbol{A\beta}\neq\boldsymbol{0}$，故 $k+k_1+\cdots+k_t=0$.

由(1)式整理可得$(k+k_1+\cdots+k_t)\boldsymbol{\beta}+k_1\boldsymbol{\alpha}_1+k_2\boldsymbol{\alpha}_2+\cdots+k_t\boldsymbol{\alpha}_t=\boldsymbol{0}$，

所以有 $k_1\boldsymbol{\alpha}_1+k_2\boldsymbol{\alpha}_2+\cdots+k_t\boldsymbol{\alpha}_t=\boldsymbol{0}$，

又因为 $\boldsymbol{\alpha}_1,\boldsymbol{\alpha}_2,\cdots,\boldsymbol{\alpha}_t$是方程组 $\boldsymbol{Ax}=\boldsymbol{0}$ 的一个基础解系，从而线性无关.

于是有 $k_1=k_2=\cdots=k_t=0$ 可推得 $k=0$，所以向量组 $\boldsymbol{\beta},\boldsymbol{\beta}+\boldsymbol{\alpha}_1,\boldsymbol{\beta}+\boldsymbol{\alpha}_2,\cdots,\boldsymbol{\beta}+\boldsymbol{\alpha}_t$线性无关.

方法二 对矩阵$(\boldsymbol{\beta},\boldsymbol{\beta}+\boldsymbol{\alpha}_1,\boldsymbol{\beta}+\boldsymbol{\alpha}_2,\cdots,\boldsymbol{\beta}+\boldsymbol{\alpha}_t)$作初等变换：

$(\boldsymbol{\beta},\boldsymbol{\beta}+\boldsymbol{\alpha}_1,\boldsymbol{\beta}+\boldsymbol{\alpha}_2,\cdots,\boldsymbol{\beta}+\boldsymbol{\alpha}_t)\rightarrow(\boldsymbol{\beta},\boldsymbol{\alpha}_1,\boldsymbol{\alpha}_2,\cdots,\boldsymbol{\alpha}_t)$,

所以 $R(\boldsymbol{\beta},\boldsymbol{\beta}+\boldsymbol{\alpha}_1,\boldsymbol{\beta}+\boldsymbol{\alpha}_2,\cdots,\boldsymbol{\beta}+\boldsymbol{\alpha}_t)=R(\boldsymbol{\beta},\boldsymbol{\alpha}_1,\boldsymbol{\alpha}_2,\cdots,\boldsymbol{\alpha}_t)$.

由题意 $\boldsymbol{\alpha}_1,\boldsymbol{\alpha}_2,\cdots,\boldsymbol{\alpha}_t$ 是方程组 $\boldsymbol{Ax}=\boldsymbol{0}$ 的基础解系,从而线性无关,即 $R(\boldsymbol{\alpha}_1,\boldsymbol{\alpha}_2,\cdots,\boldsymbol{\alpha}_t)=t$.

由于 $\boldsymbol{A\beta}\neq\boldsymbol{0}$,则 $\boldsymbol{\beta}$ 不能由 $\boldsymbol{\alpha}_1,\boldsymbol{\alpha}_2,\cdots,\boldsymbol{\alpha}_t$ 线性表示,所以 $R(\boldsymbol{\alpha}_1,\boldsymbol{\alpha}_2,\cdots,\boldsymbol{\alpha}_t,\boldsymbol{\beta})=t+1$.

故 $R(\boldsymbol{\beta},\boldsymbol{\beta}+\boldsymbol{\alpha}_1,\boldsymbol{\beta}+\boldsymbol{\alpha}_2,\cdots,\boldsymbol{\beta}+\boldsymbol{\alpha}_t)=t+1$.

即向量组 $\boldsymbol{\beta},\boldsymbol{\beta}+\boldsymbol{\alpha}_1,\boldsymbol{\beta}+\boldsymbol{\alpha}_2,\cdots,\boldsymbol{\beta}+\boldsymbol{\alpha}_t$ 线性无关.

方法总结

(1)弄清并掌握好向量组、矩阵、方程组三者之间的内在关系往往是做题的关键.

(2)通过把向量组转换到矩阵,再利用矩阵的初等行变换可以分析向量组的线性相关性,可以求向量组的秩等.

(3)本题分别采用了线性无关的定义和用秩来证明结论.

【例 5】 证明:若行向量组 $\boldsymbol{a}_1,\boldsymbol{a}_2,\cdots,\boldsymbol{a}_n(n\geqslant 2)$ 线性无关,当且仅当 n 为奇数时向量组 $\boldsymbol{a}_1+\boldsymbol{a}_2,\boldsymbol{a}_2+\boldsymbol{a}_3,\cdots,\boldsymbol{a}_{n-1}+\boldsymbol{a}_n,\boldsymbol{a}_n+\boldsymbol{a}_1$ 线性无关.

证　方法一　设有 $x_1,x_2,\cdots,x_n$,使

$x_1(\boldsymbol{a}_1+\boldsymbol{a}_2)+x_2(\boldsymbol{a}_2+\boldsymbol{a}_3)+\cdots+x_{n-1}(\boldsymbol{a}_{n-1}+\boldsymbol{a}_n)+x_n(\boldsymbol{a}_n+\boldsymbol{a}_1)=\boldsymbol{0}$,

即 $(x_1+x_n)\boldsymbol{a}_1+(x_1+x_2)\boldsymbol{a}_2+\cdots+(x_{n-1}+x_n)\boldsymbol{a}_n=\boldsymbol{0}$,

因为 $\boldsymbol{a}_1,\boldsymbol{a}_2,\cdots,\boldsymbol{a}_n$ 线性无关,所以有 $\begin{cases}x_1+x_n=0,\\x_1+x_2=0,\\\cdots\\x_{n-1}+x_n=0,\end{cases}$ ①

该方程组的系数行列式 $D_n=\begin{vmatrix}1&0&0&\cdots&0&0&1\\1&1&0&\cdots&0&0&0\\\vdots&\vdots&\vdots&&\vdots&\vdots&\vdots\\0&0&0&\cdots&1&1&0\\0&0&0&\cdots&0&1&1\end{vmatrix}$(按第一行展开)

$$=(-1)^{1+1}\begin{vmatrix}1&0&\cdots&0&0\\1&1&\cdots&0&0\\\vdots&\vdots&&\vdots&\vdots\\0&0&\cdots&1&0\\0&0&\cdots&1&1\end{vmatrix}+(-1)^{1+n}\begin{vmatrix}1&1&\cdots&0&0\\0&1&\cdots&0&0\\\vdots&\vdots&&\vdots&\vdots\\0&0&\cdots&1&1\\0&0&\cdots&0&1\end{vmatrix}=1+(-1)^{1+n}.$$

当 n 为偶数时,$D_n=0$,方程组①有非零解,因此向量组 $\boldsymbol{a}_1+\boldsymbol{a}_2,\boldsymbol{a}_2+\boldsymbol{a}_3,\cdots,\boldsymbol{a}_{n-1}+\boldsymbol{a}_n,\boldsymbol{a}_n+\boldsymbol{a}_1$ 线性相关.

当 n 为奇数时,$D_n=2\neq 0$,方程组①只有零解,因此向量组 $\boldsymbol{a}_1+\boldsymbol{a}_2,\boldsymbol{a}_2+\boldsymbol{a}_3,\cdots,\boldsymbol{a}_{n-1}+\boldsymbol{a}_n,\boldsymbol{a}_n+\boldsymbol{a}_1$ 线性无关.

方法二 用矩阵的秩判断.

令 $\boldsymbol{B}=\begin{pmatrix}\boldsymbol{\beta}_1\\\boldsymbol{\beta}_2\\\vdots\\\boldsymbol{\beta}_{n-1}\\\boldsymbol{\beta}_n\end{pmatrix}=\begin{pmatrix}\boldsymbol{a}_1+\boldsymbol{a}_2\\\boldsymbol{a}_2+\boldsymbol{a}_3\\\vdots\\\boldsymbol{a}_{n-1}+\boldsymbol{a}_n\\\boldsymbol{a}_n+\boldsymbol{a}_1\end{pmatrix}=\begin{pmatrix}1&1&0&\cdots&0&0\\0&1&1&\cdots&0&0\\\vdots&\vdots&\vdots&&\vdots&\vdots\\0&0&0&\cdots&1&1\\1&0&0&\cdots&0&1\end{pmatrix}\begin{pmatrix}\boldsymbol{a}_1\\\boldsymbol{a}_2\\\vdots\\\boldsymbol{a}_{n-1}\\\boldsymbol{a}_n\end{pmatrix}=\boldsymbol{CA}$,

由于 $\boldsymbol{a}_1,\boldsymbol{a}_2,\cdots,\boldsymbol{a}_n$ 线性无关,故 $R(\boldsymbol{A})=n$.

于是 $R(\boldsymbol{B})=R(\boldsymbol{CA})=R(\boldsymbol{C})$,

而 $|\boldsymbol{C}|=\begin{vmatrix}1&1&0&\cdots&0&0\\0&1&1&\cdots&0&0\\\vdots&\vdots&\vdots&&\vdots&\vdots\\0&0&0&\cdots&1&1\\1&0&0&\cdots&0&1\end{vmatrix}=1+(-1)^{1+n}=\begin{cases}0,当\ n\ 为偶数,\\2,当\ n\ 为奇数.\end{cases}$

因此可知,当 n 为偶数时 $R(\boldsymbol{C})<n$,故 $R(\boldsymbol{B})<n$,此时 $\boldsymbol{a}_1+\boldsymbol{a}_2,\boldsymbol{a}_2+\boldsymbol{a}_3,\cdots,\boldsymbol{a}_{n-1}+\boldsymbol{a}_n,\boldsymbol{a}_n+\boldsymbol{a}_1$ 线性相关.

当 n 为奇数时,$R(\boldsymbol{C})=n$,故 $R(\boldsymbol{B})=n$,此时 $\boldsymbol{a}_1+\boldsymbol{a}_2,\boldsymbol{a}_2+\boldsymbol{a}_3,\cdots,\boldsymbol{a}_{n-1}+\boldsymbol{a}_n,\boldsymbol{a}_n+\boldsymbol{a}_1$ 线性无关.

方法总结

判断向量组的线性相关性一般采用两种方法.

(1)用线性相关、线性无关的定义来判断(方法一).

(2)用矩阵的秩来判断(方法二).

方法二的关键是将两个向量组转化为矩阵的表达形式.

【例 6】 设 $\boldsymbol{\alpha}_i=(a_{i1},a_{i2},\cdots,a_{in})^{\mathrm{T}}(i=1,2,\cdots,r;\ r<n)$ 是 n 维实向量,且 $\boldsymbol{\alpha}_1,\boldsymbol{\alpha}_2,\cdots,\boldsymbol{\alpha}_r$ 线性无关. 已知 $\boldsymbol{\beta}=(b_1,b_2,\cdots,b_n)^{\mathrm{T}}$ 是线性方程组

$$\begin{cases}a_{11}x_1+a_{12}x_2+\cdots+a_{1n}x_n=0,\\a_{21}x_1+a_{22}x_2+\cdots+a_{2n}x_n=0,\\\cdots\cdots\cdots\cdots\\a_{r1}x_1+a_{r2}x_2+\cdots+a_{rn}x_n=0\end{cases}$$

的非零解向量,判断向量组 $\boldsymbol{\alpha}_1,\boldsymbol{\alpha}_2,\cdots,\boldsymbol{\alpha}_r,\boldsymbol{\beta}$ 的线性相关性.

解 设有一组数 $k_1,k_2,\cdots,k_r,l$,使得 $k_1\boldsymbol{\alpha}_1+k_2\boldsymbol{\alpha}_2+\cdots+k_r\boldsymbol{\alpha}_r+l\boldsymbol{\beta}=\boldsymbol{0}$. 由于 $\boldsymbol{\beta}$ 为线性方程组的非零解,所以有

$$\begin{cases}a_{11}b_1+a_{12}b_2+\cdots+a_{1n}b_n=0,\\a_{21}b_1+a_{22}b_2+\cdots+a_{2n}b_n=0,\\\cdots\cdots\cdots\cdots\\a_{r1}b_1+a_{r2}b_2+\cdots+a_{rn}b_n=0,\end{cases}$$

即 $\boldsymbol{\beta}^{\mathrm{T}}\boldsymbol{\alpha}_1=0,\boldsymbol{\beta}^{\mathrm{T}}\boldsymbol{\alpha}_2=0,\cdots,\boldsymbol{\beta}^{\mathrm{T}}\boldsymbol{\alpha}_r=0$，由 $k_1\boldsymbol{\alpha}_1+k_2\boldsymbol{\alpha}_2+\cdots+k_r\boldsymbol{\alpha}_r+l\boldsymbol{\beta}=\mathbf{0}$ 可得：

$$k_1\boldsymbol{\beta}^{\mathrm{T}}\boldsymbol{\alpha}_1+k_2\boldsymbol{\beta}^{\mathrm{T}}\boldsymbol{\alpha}_2+\cdots+k_r\boldsymbol{\beta}^{\mathrm{T}}\boldsymbol{\alpha}_r+l\boldsymbol{\beta}^{\mathrm{T}}\boldsymbol{\beta}=\mathbf{0},$$

所以 $l\boldsymbol{\beta}^{\mathrm{T}}\boldsymbol{\beta}=0$. 而 $\boldsymbol{\beta}\neq\mathbf{0}$，所以 $\boldsymbol{\beta}^{\mathrm{T}}\boldsymbol{\beta}>0$，从而 $l=0$，因此有 $k_1\boldsymbol{\alpha}_1+k_2\boldsymbol{\alpha}_2+\cdots+k_r\boldsymbol{\alpha}_r=\mathbf{0}$. 而 $\boldsymbol{\alpha}_1,\boldsymbol{\alpha}_2,\cdots,\boldsymbol{\alpha}_r$ 线性无关，从而有 $k_1=k_2=\cdots=k_r=0$，即向量组 $\boldsymbol{\alpha}_1,\boldsymbol{\alpha}_2,\cdots,\boldsymbol{\alpha}_r,\boldsymbol{\beta}$ 线性无关.

第三节　向量组的秩

一、主要内容归纳

1. 最大无关组

定义　设有向量组 A，如果在 A 中能选出 r 个向量 $\boldsymbol{a}_1,\boldsymbol{a}_2,\cdots,\boldsymbol{a}_r$ 线性无关，而向量组 A 中任意 $r+1$ 个向量(如果 A 中有 $r+1$ 个向量的话)都线性相关，那么称 $\boldsymbol{a}_1,\boldsymbol{a}_2,\cdots,\boldsymbol{a}_r$ 为向量组 A 的一个最大线性无关向量组(简称最大无关组).

等价定义　设向量组 $A_0:\boldsymbol{a}_1,\boldsymbol{a}_2,\cdots,\boldsymbol{a}_r$ 是向量组 A 的一个部分组，且向量组 A_0 线性无关，向量组 A 中的任一向量都能由向量组 A_0 线性表示，那么向量组 A_0 便是向量组 A 的一个最大无关组.

2. 向量组的秩

向量组 A 的最大无关组所含向量的个数 r 称为向量组 A 的秩.

3. 矩阵的秩

矩阵的秩等于它的行向量组的秩，也等于它的列向量组的秩. 把矩阵 $\boldsymbol{A}$ 的行向量组的秩称为矩阵 $\boldsymbol{A}$ 的行秩，$\boldsymbol{A}$ 的列向量组的秩称为 $\boldsymbol{A}$ 的列秩，则任一矩阵的行秩与列秩相等.

4. 向量组线性表示与向量组秩的关系

(1)向量组 $\boldsymbol{b}_1,\boldsymbol{b}_2,\cdots,\boldsymbol{b}_l$ 能由向量组 $\boldsymbol{a}_1,\boldsymbol{a}_2,\cdots,\boldsymbol{a}_m$ 线性表示的充分必要条件是 $R(\boldsymbol{a}_1,\boldsymbol{a}_2,\cdots,\boldsymbol{a}_m)=R(\boldsymbol{a}_1,\cdots,\boldsymbol{a}_m,\boldsymbol{b}_1,\cdots,\boldsymbol{b}_l)$.

(2)若向量组 B 能由向量组 A 线性表示，向量组 A 和 B 的秩分别表示为 R_A,R_B. 则 $R_B\leqslant R_A$.

(3)等价的向量组有相同的秩.

5. 向量组等价的结论

(1)任一向量组和它的最大无关组等价；

(2)向量组的任意两个最大无关组等价；

(3)两个等价的线性无关的向量组所含向量的个数相同；

(4)两个向量组等价的充要条件是它们的最大无关组等价.

6. 本节重点

向量组的最大无关组和向量组的秩的定义，会求向量组的秩与向量组的最大无关组.

二、经典题型解析及解题方法总结

【例 1】 求向量组 $\boldsymbol{a}_1=(1,-2,0,3)^{\mathrm{T}}$，$\boldsymbol{a}_2=(2,-5,-3,6)^{\mathrm{T}}$，$\boldsymbol{a}_3=(0,1,3,0)^{\mathrm{T}}$，$\boldsymbol{a}_4=(2,-1,4,-7)^{\mathrm{T}}$，$\boldsymbol{a}_5=(5,-8,1,2)^{\mathrm{T}}$的秩和一个最大线性无关组，并将其余向量表示成该最大线性无关组的线性组合.

解 将 $\boldsymbol{a}_1,\boldsymbol{a}_2,\boldsymbol{a}_3,\boldsymbol{a}_4,\boldsymbol{a}_5$ 为列作矩阵 $\boldsymbol{A}$，对 $\boldsymbol{A}$ 施以初等行变换.

$$\boldsymbol{A}=\begin{pmatrix}1&2&0&2&5\\-2&-5&1&-1&-8\\0&-3&3&4&1\\3&6&0&-7&2\end{pmatrix}\longrightarrow\begin{pmatrix}1&2&0&2&5\\0&-1&1&3&2\\0&0&0&1&1\\0&0&0&0&0\end{pmatrix}=\boldsymbol{B}.$$

因 $\boldsymbol{B}$ 中有三个非零行，所以向量组的秩为 3，又因非零行的第一个不等于零的数分别在 1，2，4 列，所以 $\boldsymbol{a}_1,\boldsymbol{a}_2,\boldsymbol{a}_4$ 是一个最大线性无关组.

对矩阵 $\boldsymbol{B}$ 继续作行变换化为行最简形矩阵即

$$\boldsymbol{B}\longrightarrow\begin{pmatrix}1&0&2&0&1\\0&1&-1&0&1\\0&0&0&1&1\\0&0&0&0&0\end{pmatrix},$$可得 $\boldsymbol{a}_3=2\boldsymbol{a}_1-\boldsymbol{a}_2+0\boldsymbol{a}_4$，$\boldsymbol{a}_5=\boldsymbol{a}_1+\boldsymbol{a}_2+\boldsymbol{a}_4$.

方法总结

初等变换法求最大线性无关组和秩的步骤：

(1)将向量组中的向量作为列构成矩阵 $\boldsymbol{A}$；

(2)对 $\boldsymbol{A}$ 施以初等行变换使之成为行阶梯形矩阵，即可求出秩；

(3)在阶梯的同一高度上各取一个向量，即可得到最大无关组.

注意：向量组的最大无关组是不唯一的，本题中 $\boldsymbol{a}_1,\boldsymbol{a}_2,\boldsymbol{a}_5$ 和 $\boldsymbol{a}_1,\boldsymbol{a}_3,\boldsymbol{a}_4$ 以及 $\boldsymbol{a}_1,\boldsymbol{a}_3,\boldsymbol{a}_5$ 都是最大无关组.

【例 2】 已知向量组 $\boldsymbol{\beta}_1=\begin{pmatrix}0\\1\\-1\end{pmatrix}$，$\boldsymbol{\beta}_2=\begin{pmatrix}a\\2\\1\end{pmatrix}$，$\boldsymbol{\beta}_3=\begin{pmatrix}b\\1\\0\end{pmatrix}$与向量组 $\boldsymbol{\alpha}_1=\begin{pmatrix}1\\2\\-3\end{pmatrix}$，$\boldsymbol{\alpha}_2=\begin{pmatrix}3\\0\\1\end{pmatrix}$，$\boldsymbol{\alpha}_3=\begin{pmatrix}9\\6\\-7\end{pmatrix}$具有相同的秩，且 $\boldsymbol{\beta}_3$ 可由 $\boldsymbol{\alpha}_1,\boldsymbol{\alpha}_2,\boldsymbol{\alpha}_3$ 线性表示，求 a,b 的值.

解 方法一 $$(\boldsymbol{\alpha}_1,\boldsymbol{\alpha}_2,\boldsymbol{\alpha}_3)=\begin{pmatrix}1&3&9\\2&0&6\\-3&1&-7\end{pmatrix}\longrightarrow\begin{pmatrix}1&3&9\\0&-6&-12\\0&10&20\end{pmatrix}\longrightarrow\begin{pmatrix}1&3&9\\0&1&2\\0&0&0\end{pmatrix},$$

所以 $R(\boldsymbol{\alpha}_1,\boldsymbol{\alpha}_2,\boldsymbol{\alpha}_3)=2$，并且 $\boldsymbol{\alpha}_1,\boldsymbol{\alpha}_2$ 为 $\boldsymbol{\alpha}_1,\boldsymbol{\alpha}_2,\boldsymbol{\alpha}_3$ 的一个最大无关组，

又因为 $R(\boldsymbol{\beta}_1,\boldsymbol{\beta}_2,\boldsymbol{\beta}_3)=R(\boldsymbol{\alpha}_1,\boldsymbol{\alpha}_2,\boldsymbol{\alpha}_3)$，所以$R(\boldsymbol{\beta}_1,\boldsymbol{\beta}_2,\boldsymbol{\beta}_3)=2$.

故$|\boldsymbol{\beta}_1,\boldsymbol{\beta}_2,\boldsymbol{\beta}_3|=\begin{vmatrix}0&a&b\\1&2&1\\-1&1&0\end{vmatrix}=3b-a=0$,从而$a=3b$.

另一方面,由于$\boldsymbol{\beta}_3$可由$\boldsymbol{\alpha}_1,\boldsymbol{\alpha}_2,\boldsymbol{\alpha}_3$线性表示,因而可由$\boldsymbol{\alpha}_1,\boldsymbol{\alpha}_2$线性表示.

所以$\boldsymbol{\alpha}_1,\boldsymbol{\alpha}_2,\boldsymbol{\beta}_3$线性相关,即$|\boldsymbol{\alpha}_1,\boldsymbol{\alpha}_2,\boldsymbol{\beta}_3|=\begin{vmatrix}1&3&b\\2&0&1\\-3&1&0\end{vmatrix}=2b-10=0$,

所以$b=5,a=3b=15$.

方法二 因为$\boldsymbol{\beta}_3$可由$\boldsymbol{\alpha}_1,\boldsymbol{\alpha}_2,\boldsymbol{\alpha}_3$线性表示,设$\boldsymbol{\beta}_3=x_1\boldsymbol{\alpha}_1+x_2\boldsymbol{\alpha}_2+x_3\boldsymbol{\alpha}_3=(\boldsymbol{\alpha}_1,\boldsymbol{\alpha}_2,\boldsymbol{\alpha}_3)\begin{pmatrix}x_1\\x_2\\x_3\end{pmatrix}$,

所以线性方程组$\begin{pmatrix}1&3&9\\2&0&6\\-3&1&-7\end{pmatrix}\begin{pmatrix}x_1\\x_2\\x_3\end{pmatrix}=\begin{pmatrix}b\\1\\0\end{pmatrix}$有解.

对方程组的增广矩阵施以初等行变换,有

$$\begin{pmatrix}1&3&9&b\\2&0&6&1\\-3&1&-7&0\end{pmatrix}\longrightarrow\begin{pmatrix}1&3&9&b\\0&-6&-12&1-2b\\0&0&0&5-b\end{pmatrix}.$$

因方程组有解,则系数矩阵的秩与增广矩阵的秩相同,从而$b=5$.

同时可知$\boldsymbol{\alpha}_1,\boldsymbol{\alpha}_2,\boldsymbol{\alpha}_3$的秩为2,从而$R(\boldsymbol{\beta}_1,\boldsymbol{\beta}_2,\boldsymbol{\beta}_3)=2$.

所以行列式$\begin{vmatrix}0&a&5\\1&2&1\\-1&1&0\end{vmatrix}=0,15-a=0,a=15$,所以$a=15,b=5$.

方法总结

(1)方法一利用了最大线性无关组的性质,将$\boldsymbol{\beta}_3$可由$\boldsymbol{\alpha}_1,\boldsymbol{\alpha}_2,\boldsymbol{\alpha}_3$线性表示这一条件,转化为$\boldsymbol{\beta}_3$可由$\boldsymbol{\alpha}_1,\boldsymbol{\alpha}_2$线性表示,即可求出$a,b$.

(2)方法二利用非齐次线性方程组有解,则系数矩阵与增广矩阵的秩相等,从而求得a,b.

(3)n维向量组$\boldsymbol{\beta}_1,\boldsymbol{\beta}_2,\cdots,\boldsymbol{\beta}_n$线性相关的充要条件是$|\boldsymbol{\beta}_1,\boldsymbol{\beta}_2,\cdots,\boldsymbol{\beta}_n|=0$.

【例3】 (2019数学二,数学三,11分)已知向量组

(Ⅰ)$\boldsymbol{\alpha}_1=(1,1,4)^{\mathrm{T}},\boldsymbol{\alpha}_2=(1,0,4)^{\mathrm{T}},\boldsymbol{\alpha}_3=(1,2,a^2+3)^{\mathrm{T}}$;

(Ⅱ)$\boldsymbol{\beta}_1=(1,1,a+3)^{\mathrm{T}},\boldsymbol{\beta}_2=(0,2,1-a)^{\mathrm{T}},\boldsymbol{\beta}_3=(1,3,a^2+3)^{\mathrm{T}}$.

若向量组(Ⅰ)与向量组(Ⅱ)等价,求a的取值,并将$\boldsymbol{\beta}_3$用$\boldsymbol{\alpha}_1,\boldsymbol{\alpha}_2,\boldsymbol{\alpha}_3$线性表示.

解 记$\boldsymbol{A}=(\boldsymbol{\alpha}_1,\boldsymbol{\alpha}_2,\boldsymbol{\alpha}_3\vdots\boldsymbol{\beta}_1,\boldsymbol{\beta}_2,\boldsymbol{\beta}_3)$,对$\boldsymbol{A}$施以初等行变换,有

$$A=\left(\begin{array}{ccc:ccc}1&1&1&1&0&1\\1&0&2&1&2&3\\4&4&a^2+3&a+3&1-a&a^2+3\end{array}\right)\to\left(\begin{array}{ccc:ccc}1&0&2&1&2&3\\0&1&-1&0&-2&-2\\0&0&a^2-1&a-1&1-a&a^2-1\end{array}\right)=B.$$

当 $a=-1$ 时，由于 $B=\left(\begin{array}{ccc:ccc}1&0&2&1&2&3\\0&1&-1&0&-2&-2\\0&0&0&-2&2&0\end{array}\right)$，

故 $\boldsymbol{\beta}_1$ 不能由 $\boldsymbol{\alpha}_1,\boldsymbol{\alpha}_2,\boldsymbol{\alpha}_3$ 线性表示，所以向量组（Ⅰ）与向量组（Ⅱ）不等价.

当 $a=1$ 时，$B=\left(\begin{array}{ccc:ccc}1&0&2&1&2&3\\0&1&-1&0&-2&-2\\0&0&0&0&0&0\end{array}\right)$，

易知 $\boldsymbol{\alpha}_1,\boldsymbol{\alpha}_2$ 为向量组（Ⅰ）的极大线性无关组，$\boldsymbol{\beta}_1,\boldsymbol{\beta}_2$ 为向量组（Ⅱ）的极大线性无关组，且

$$(\boldsymbol{\beta}_1,\boldsymbol{\beta}_2)=(\boldsymbol{\alpha}_1,\boldsymbol{\alpha}_2)\begin{pmatrix}1&2\\0&-2\end{pmatrix}.$$

又 $\begin{pmatrix}1&2\\0&-2\end{pmatrix}$ 可逆，故 $\boldsymbol{\alpha}_1,\boldsymbol{\alpha}_2$ 与 $\boldsymbol{\beta}_1,\boldsymbol{\beta}_2$ 等价，因此向量组（Ⅰ）与（Ⅱ）等价，且 $\boldsymbol{\beta}_3=3\boldsymbol{\alpha}_1-2\boldsymbol{\alpha}_2$.

当 $a\neq\pm1$ 时，由于行列式 $|\boldsymbol{\alpha}_1,\boldsymbol{\alpha}_2,\boldsymbol{\alpha}_3|=1-a^2\neq0$，$|\boldsymbol{\beta}_1,\boldsymbol{\beta}_2,\boldsymbol{\beta}_3|=2(a^2-1)\neq0$，所以向量组（Ⅰ）与（Ⅱ）等价. 又 $(\boldsymbol{\alpha}_1,\boldsymbol{\alpha}_2,\boldsymbol{\alpha}_3\vdots\boldsymbol{\beta}_3)\to\left(\begin{array}{ccc:c}1&0&0&1\\0&1&0&-1\\0&0&1&1\end{array}\right)$，

所以 $\boldsymbol{\beta}_3=\boldsymbol{\alpha}_1-\boldsymbol{\alpha}_2+\boldsymbol{\alpha}_3$.

【例 4】 设向量组 $\boldsymbol{a}_1=(1,1,1,3)^{\mathrm{T}},\boldsymbol{a}_2=(-1,-3,5,1)^{\mathrm{T}},\boldsymbol{a}_3=(3,2,-1,p+2)^{\mathrm{T}},\boldsymbol{a}_4=(-2,-6,10,p)^{\mathrm{T}}$

(1) p 为何值时，该向量组线性无关？并在此时将向量 $\boldsymbol{a}=(4,1,6,10)^{\mathrm{T}}$ 用 $\boldsymbol{a}_1,\boldsymbol{a}_2,\boldsymbol{a}_3,\boldsymbol{a}_4$ 线性表示.

(2) p 为何值时，该向量组线性相关？并在此时求出它的秩和一个最大线性无关组.

解 对矩阵 $(\boldsymbol{a}_1,\boldsymbol{a}_2,\boldsymbol{a}_3,\boldsymbol{a}_4,\boldsymbol{a})$ 作初等行变换

$$\begin{pmatrix}1&-1&3&-2&4\\1&-3&2&-6&1\\1&5&-1&10&6\\3&1&p+2&p&10\end{pmatrix}\to\begin{pmatrix}1&-1&3&-2&4\\0&-2&-1&-4&-3\\0&6&-4&12&2\\0&4&p-7&p+6&-2\end{pmatrix}\to$$

$$\begin{pmatrix}1&-1&3&-2&4\\0&-2&-1&-4&-3\\0&0&-7&0&-7\\0&0&p-9&p-2&-8\end{pmatrix}\to\begin{pmatrix}1&-1&3&-2&4\\0&-2&-1&-4&-3\\0&0&1&0&1\\0&0&0&p-2&1-p\end{pmatrix}.$$

(1)当 $p\neq2$ 时，向量组 $\boldsymbol{a}_1,\boldsymbol{a}_2,\boldsymbol{a}_3,\boldsymbol{a}_4$ 线性无关，此时设 $\boldsymbol{a}=x_1\boldsymbol{a}_1+x_2\boldsymbol{a}_2+x_3\boldsymbol{a}_3+x_4\boldsymbol{a}_4$，

解得 $x_1=2,x_2=\frac{3p-4}{p-2},x_3=1,x_4=\frac{1-p}{p-2}$；此时 $\boldsymbol{a}=2\boldsymbol{a}_1+\frac{3p-4}{p-2}\boldsymbol{a}_2+\boldsymbol{a}_3+\frac{1-p}{p-2}\boldsymbol{a}_4$.

(2)当 $p=2$ 时，向量组 $\boldsymbol{a}_1,\boldsymbol{a}_2,\boldsymbol{a}_3,\boldsymbol{a}_4$ 线性相关，此时向量组的秩等于 3.

$\boldsymbol{a}_1,\boldsymbol{a}_2,\boldsymbol{a}_3$（或 $\boldsymbol{a}_1,\boldsymbol{a}_3,\boldsymbol{a}_4$）为其一个最大线性无关组.

【例 5】 设向量组（Ⅰ）：$\boldsymbol{a}_1,\boldsymbol{a}_2,\boldsymbol{a}_3$；（Ⅱ）$\boldsymbol{a}_1,\boldsymbol{a}_2,\boldsymbol{a}_3,\boldsymbol{a}_4$；（Ⅲ）$\boldsymbol{a}_1,\boldsymbol{a}_2,\boldsymbol{a}_3,\boldsymbol{a}_5$ 且已知 R（Ⅰ）$=R$（Ⅱ）$=3$，R（Ⅲ）$=4$. 求 $R(\boldsymbol{a}_1,\boldsymbol{a}_2,\boldsymbol{a}_3,\boldsymbol{a}_4+\boldsymbol{a}_5)$.

解 由于 R（Ⅰ）$=R$（Ⅱ）$=3$，故 $\boldsymbol{a}_1,\boldsymbol{a}_2,\boldsymbol{a}_3$ 线性无关，而 $\boldsymbol{a}_1,\boldsymbol{a}_2,\boldsymbol{a}_3,\boldsymbol{a}_4$ 线性相关，则 $\boldsymbol{a}_4$ 可由 $\boldsymbol{a}_1,\boldsymbol{a}_2,\boldsymbol{a}_3$ 线性表示.

设 $\boldsymbol{a}_4=k_1\boldsymbol{a}_1+k_2\boldsymbol{a}_2+k_3\boldsymbol{a}_3$，下面讨论 $\boldsymbol{a}_1,\boldsymbol{a}_2,\boldsymbol{a}_3,\boldsymbol{a}_4+\boldsymbol{a}_5$ 的线性相关性.

方法一 设存在常数 l_1,l_2,l_3,l_4 使 $l_1\boldsymbol{a}_1+l_2\boldsymbol{a}_2+l_3\boldsymbol{a}_3+l_4(\boldsymbol{a}_4+\boldsymbol{a}_5)=\mathbf{0}$，将 $\boldsymbol{a}_4=k_1\boldsymbol{a}_1+k_2\boldsymbol{a}_2+k_3\boldsymbol{a}_3$ 代入上式得到 $l_1\boldsymbol{a}_1+l_2\boldsymbol{a}_2+l_3\boldsymbol{a}_3+l_4(k_1\boldsymbol{a}_1+k_2\boldsymbol{a}_2+k_3\boldsymbol{a}_3+\boldsymbol{a}_5)=\mathbf{0}$，

即 $(l_1+l_4k_1)\boldsymbol{a}_1+(l_2+l_4k_2)\boldsymbol{a}_2+(l_3+l_4k_3)\boldsymbol{a}_3+l_4\boldsymbol{a}_5=\mathbf{0}$，

由于 R（Ⅲ）$=4$，故 $\boldsymbol{a}_1,\boldsymbol{a}_2,\boldsymbol{a}_3,\boldsymbol{a}_5$ 线性无关，则 $\begin{cases}l_1+l_4k_1=0,\\ l_2+l_4k_2=0,\\ l_3+l_4k_3=0,\\ l_4=0,\end{cases}$ 解得 $l_1=l_2=l_3=l_4=0$.

从而 $\boldsymbol{a}_1,\boldsymbol{a}_2,\boldsymbol{a}_3,\boldsymbol{a}_4+\boldsymbol{a}_5$ 线性无关. 故 $R(\boldsymbol{a}_1,\boldsymbol{a}_2,\boldsymbol{a}_3,\boldsymbol{a}_4+\boldsymbol{a}_5)=4$.

方法二 假设 $\boldsymbol{a}_1,\boldsymbol{a}_2,\boldsymbol{a}_3,\boldsymbol{a}_4+\boldsymbol{a}_5$ 线性相关.

由于 $\boldsymbol{a}_1,\boldsymbol{a}_2,\boldsymbol{a}_3$ 线性无关，则 $\boldsymbol{a}_4+\boldsymbol{a}_5$ 可以表为 $\boldsymbol{a}_1,\boldsymbol{a}_2,\boldsymbol{a}_3$ 的线性组合.

设 $\boldsymbol{a}_4+\boldsymbol{a}_5=m_1\boldsymbol{a}_1+m_2\boldsymbol{a}_2+m_3\boldsymbol{a}_3$，

又已知 $\boldsymbol{a}_4=k_1\boldsymbol{a}_1+k_2\boldsymbol{a}_2+k_3\boldsymbol{a}_3$ 代入上式得 $\boldsymbol{a}_5=(m_1-k_1)\boldsymbol{a}_1+(m_2-k_2)\boldsymbol{a}_2+(m_3-k_3)\boldsymbol{a}_3$，

表明 $\boldsymbol{a}_5$ 可以表示为 $\boldsymbol{a}_1,\boldsymbol{a}_2,\boldsymbol{a}_3$ 的线性组合，即 $\boldsymbol{a}_1,\boldsymbol{a}_2,\boldsymbol{a}_3,\boldsymbol{a}_5$ 线性相关，与已知条件矛盾，

因此 $\boldsymbol{a}_1,\boldsymbol{a}_2,\boldsymbol{a}_3,\boldsymbol{a}_4+\boldsymbol{a}_5$ 线性无关，故 $R(\boldsymbol{a}_1,\boldsymbol{a}_2,\boldsymbol{a}_3,\boldsymbol{a}_4+\boldsymbol{a}_5)=4$.

方法总结

本题要判断 $\boldsymbol{a}_1,\boldsymbol{a}_2,\boldsymbol{a}_3,\boldsymbol{a}_4+\boldsymbol{a}_5$ 的秩是否为 4，实际上取决于 $\boldsymbol{a}_4+\boldsymbol{a}_5$ 能否为 $\boldsymbol{a}_1,\boldsymbol{a}_2,\boldsymbol{a}_3$ 的线性组合.

方法一利用向量组的线性无关的定义直接判断 $\boldsymbol{a}_1,\boldsymbol{a}_2,\boldsymbol{a}_3,\boldsymbol{a}_4+\boldsymbol{a}_5$ 线性无关，从而秩为 4.

方法二利用反证法. 假设 $\boldsymbol{a}_1,\boldsymbol{a}_2,\boldsymbol{a}_3,\boldsymbol{a}_4+\boldsymbol{a}_5$ 线性相关，推出与题设相矛盾的结论，从而求得秩为 4.

【例 6】（2022 数学一，数学二，数学三，5 分）设 $\boldsymbol{\alpha}_1=\begin{pmatrix}\lambda\\1\\1\end{pmatrix},\boldsymbol{\alpha}_2=\begin{pmatrix}1\\\lambda\\1\end{pmatrix},\boldsymbol{\alpha}_3=\begin{pmatrix}1\\1\\\lambda\end{pmatrix},\boldsymbol{\alpha}_4=\begin{pmatrix}1\\\lambda\\\lambda^2\end{pmatrix}$.
若向量组 $\boldsymbol{\alpha}_1,\boldsymbol{\alpha}_2,\boldsymbol{\alpha}_3$ 与 $\boldsymbol{\alpha}_1,\boldsymbol{\alpha}_2,\boldsymbol{\alpha}_4$ 等价，则 λ 的取值范围是________.

(A) $\{\lambda|\lambda\in\mathbb{R}\}$　　(B) $\{\lambda|\lambda\in\mathbb{R},\lambda\neq-2\}$

(C) $\{\lambda|\lambda\in\mathbb{R},\lambda\neq-1,\lambda\neq-2\}$　　(D) $\{\lambda|\lambda\in\mathbb{R},\lambda\neq-1\}$

解 $(\boldsymbol{\alpha}_1,\boldsymbol{\alpha}_2,\boldsymbol{\alpha}_3,\boldsymbol{\alpha}_4)=\begin{pmatrix}\lambda&1&1&1\\1&\lambda&1&\lambda\\1&1&\lambda&\lambda^2\end{pmatrix}\to\begin{pmatrix}1&1&\lambda&\lambda^2\\0&\lambda-1&1-\lambda&\lambda-\lambda^2\\0&1-\lambda&1-\lambda^2&1-\lambda^3\end{pmatrix}$

$$\to\begin{pmatrix}1&1&\lambda&\lambda^2\\0&\lambda-1&1-\lambda&\lambda(1-\lambda)\\0&0&(2+\lambda)(1-\lambda)&(\lambda+1)^2(1-\lambda)\end{pmatrix}$$

当 $\lambda=1$ 时，$(\boldsymbol{\alpha}_1,\boldsymbol{\alpha}_2,\boldsymbol{\alpha}_3,\boldsymbol{\alpha}_4)\to\begin{pmatrix}1&1&1&1\\0&0&0&0\\0&0&0&0\end{pmatrix}$，$R(\boldsymbol{\alpha}_1,\boldsymbol{\alpha}_2,\boldsymbol{\alpha}_3)=R(\boldsymbol{\alpha}_1,\boldsymbol{\alpha}_2,\boldsymbol{\alpha}_4)$，

此时 $\boldsymbol{\alpha}_1,\boldsymbol{\alpha}_2,\boldsymbol{\alpha}_3$ 与 $\boldsymbol{\alpha}_1,\boldsymbol{\alpha}_2,\boldsymbol{\alpha}_4$ 等价.

当 $\lambda=-2$ 时，$(\boldsymbol{\alpha}_1,\boldsymbol{\alpha}_2,\boldsymbol{\alpha}_3,\boldsymbol{\alpha}_4)\to\begin{pmatrix}1&1&-2&4\\0&-3&3&-6\\0&0&0&3\end{pmatrix}$，

$R(\boldsymbol{\alpha}_1,\boldsymbol{\alpha}_2,\boldsymbol{\alpha}_3)=2$，$R(\boldsymbol{\alpha}_1,\boldsymbol{\alpha}_2,\boldsymbol{\alpha}_4)=3$，$R(\boldsymbol{\alpha}_1,\boldsymbol{\alpha}_2,\boldsymbol{\alpha}_3)\neq R(\boldsymbol{\alpha}_1,\boldsymbol{\alpha}_2,\boldsymbol{\alpha}_4)$，

此时 $\boldsymbol{\alpha}_1,\boldsymbol{\alpha}_2,\boldsymbol{\alpha}_3$ 与 $\boldsymbol{\alpha}_1,\boldsymbol{\alpha}_2,\boldsymbol{\alpha}_4$ 不等价.

当 $\lambda=-1$ 时，$(\boldsymbol{\alpha}_1,\boldsymbol{\alpha}_2,\boldsymbol{\alpha}_3,\boldsymbol{\alpha}_4)\to\begin{pmatrix}1&1&-1&1\\0&-2&2&-2\\0&0&2&0\end{pmatrix}$，

$R(\boldsymbol{\alpha}_1,\boldsymbol{\alpha}_2,\boldsymbol{\alpha}_3)=3$，$R(\boldsymbol{\alpha}_1,\boldsymbol{\alpha}_2,\boldsymbol{\alpha}_4)=2$，$R(\boldsymbol{\alpha}_1,\boldsymbol{\alpha}_2,\boldsymbol{\alpha}_3)\neq R(\boldsymbol{\alpha}_1,\boldsymbol{\alpha}_2,\boldsymbol{\alpha}_4)$，

此时 $\boldsymbol{\alpha}_1,\boldsymbol{\alpha}_2,\boldsymbol{\alpha}_3$ 与 $\boldsymbol{\alpha}_1,\boldsymbol{\alpha}_2,\boldsymbol{\alpha}_4$ 不等价.

当 $\lambda\neq1,-2,-1$ 时，$R(\boldsymbol{\alpha}_1,\boldsymbol{\alpha}_2,\boldsymbol{\alpha}_3)=R(\boldsymbol{\alpha}_1,\boldsymbol{\alpha}_2,\boldsymbol{\alpha}_4)=3$，此时 $\boldsymbol{\alpha}_1,\boldsymbol{\alpha}_2,\boldsymbol{\alpha}_3$ 与 $\boldsymbol{\alpha}_1,\boldsymbol{\alpha}_2,\boldsymbol{\alpha}_4$ 等价.

所以 λ 的取值范围为 $\{\lambda|\lambda\in\mathbb{R},\lambda\neq-1,\lambda\neq-2\}$.

故应选(C).

【例 7】 设向量组(Ⅰ)：$\boldsymbol{\alpha}_1=(1,0,2)^{\mathrm{T}}$，$\boldsymbol{\alpha}_2=(1,1,3)^{\mathrm{T}}$，$\boldsymbol{\alpha}_3=(1,-1,a+2)^{\mathrm{T}}$ 和向量组(Ⅱ)：$\boldsymbol{\beta}_1=(1,2,a+3)^{\mathrm{T}}$，$\boldsymbol{\beta}_2=(2,1,a+6)^{\mathrm{T}}$，$\boldsymbol{\beta}_3=(2,1,a+4)^{\mathrm{T}}$.

试问(1)当 a 为何值时，向量组(Ⅰ)与(Ⅱ)等价?

(2)当 a 为何值时，向量组(Ⅰ)与(Ⅱ)不等价.

解 对以 $\boldsymbol{\alpha}_1,\boldsymbol{\alpha}_2,\boldsymbol{\alpha}_3,\boldsymbol{\beta}_1,\boldsymbol{\beta}_2,\boldsymbol{\beta}_3$ 构成的矩阵施以初等行变换，得

$$(\boldsymbol{\alpha}_1,\boldsymbol{\alpha}_2,\boldsymbol{\alpha}_3|\boldsymbol{\beta}_1,\boldsymbol{\beta}_2,\boldsymbol{\beta}_3)=\left(\begin{array}{ccc:ccc}1&1&1&1&2&2\\0&1&-1&2&1&1\\2&3&a+2&a+3&a+6&a+4\end{array}\right)$$

$$\to\left(\begin{array}{ccc:ccc}1&0&2&-1&1&1\\0&1&-1&2&1&1\\0&0&a+1&a-1&a+1&a-1\end{array}\right).$$

由此可得:(1)当 $a=-1$ 时,由行列式 $|\boldsymbol{\alpha}_1,\boldsymbol{\alpha}_2,\boldsymbol{\alpha}_3|=a+1\neq0$,$R(\boldsymbol{\alpha}_1,\boldsymbol{\alpha}_2,\boldsymbol{\alpha}_3)=3$. 故线性方程组 $x_1\boldsymbol{\alpha}_1+x_2\boldsymbol{\alpha}_2+x_3\boldsymbol{\alpha}_3=\boldsymbol{\beta}_i(i=1,2,3)$均有唯一解. 所以 $\boldsymbol{\beta}_1,\boldsymbol{\beta}_2,\boldsymbol{\beta}_3$ 可由向量组(Ⅰ)线性表示.

同样,行列式 $|\boldsymbol{\beta}_1,\boldsymbol{\beta}_2,\boldsymbol{\beta}_3|=6\neq0$,$R(\boldsymbol{\beta}_1,\boldsymbol{\beta}_2,\boldsymbol{\beta}_3)=3$.

故 $\boldsymbol{\alpha}_1,\boldsymbol{\alpha}_2,\boldsymbol{\alpha}_3$ 可由向量组(Ⅱ)线性表示. 因此,向量组(Ⅰ)与(Ⅱ)等价.

(2)当 $a=-1$ 时,有 $(\boldsymbol{\alpha}_1,\boldsymbol{\alpha}_2,\boldsymbol{\alpha}_3|\boldsymbol{\beta}_1,\boldsymbol{\beta}_2,\boldsymbol{\beta}_3)\longrightarrow\begin{bmatrix}1&0&2&\vdots&-1&1&1\\0&1&-1&\vdots&2&1&1\\0&0&0&\vdots&-2&0&-2\end{bmatrix}$.

由于 $R(\boldsymbol{\alpha}_1,\boldsymbol{\alpha}_2,\boldsymbol{\alpha}_3)\neq R(\boldsymbol{\alpha}_1,\boldsymbol{\alpha}_2,\boldsymbol{\alpha}_3\vdots\boldsymbol{\beta})$,线性方程组 $x_1\boldsymbol{\alpha}_1+x_2\boldsymbol{\alpha}_2+x_3\boldsymbol{\alpha}_3=\boldsymbol{\beta}_1$ 无解. 故向量 $\boldsymbol{\beta}_1$ 不能由 $\boldsymbol{\alpha}_1,\boldsymbol{\alpha}_2,\boldsymbol{\alpha}_3$ 线性表示,因此向量组(Ⅰ)与(Ⅱ)不等价.

方法总结

本题涉及到参数 a 的讨论,可用行列式讨论. 由 $|\boldsymbol{\alpha}_1,\boldsymbol{\alpha}_2,\boldsymbol{\alpha}_3|=a+1$,$|\boldsymbol{\beta}_1,\boldsymbol{\beta}_2,\boldsymbol{\beta}_3|=6\neq0$. 来讨论 a 的取值.

(1)当 $a\neq-1$ 时,$R(\boldsymbol{\alpha}_1,\boldsymbol{\alpha}_2,\boldsymbol{\alpha}_3)=R(\boldsymbol{\beta}_1,\boldsymbol{\beta}_2,\boldsymbol{\beta}_3)$,而向量均为三维向量,可知向量组(Ⅰ)与(Ⅱ)等价.

(2)当 $a=-1$ 时,$R(\boldsymbol{\alpha}_1,\boldsymbol{\alpha}_2,\boldsymbol{\alpha}_3)\neq R(\boldsymbol{\beta}_1,\boldsymbol{\beta}_2,\boldsymbol{\beta}_3)$,因此向量组(Ⅰ)与(Ⅱ)不等价.

【例 8】 设 n 阶矩阵 $\boldsymbol{A}$ 的秩为 $r<n$,若从 $\boldsymbol{A}$ 中任取 $s(s<n)$ 行构造一个新的矩阵 $\boldsymbol{B}$,证明 $R(\boldsymbol{B})\geqslant r+s-n$.

证 将 n 阶矩阵 $\boldsymbol{A}$ 按行分块为 $\boldsymbol{A}=\begin{bmatrix}\boldsymbol{a}_1\\\boldsymbol{a}_2\\\vdots\\\boldsymbol{a}_n\end{bmatrix}$,其中 $\boldsymbol{a}_i$ 为 $\boldsymbol{A}$ 的第 i 个行向量,$i=1,2,\cdots,n$.

若从 $\boldsymbol{A}$ 中任取 s 行,构造矩阵 $\boldsymbol{B}$,设 $R(\boldsymbol{B})=r_1$,并设 $\boldsymbol{\alpha}_{i1},\boldsymbol{\alpha}_{i2},\cdots,\boldsymbol{\alpha}_{ir_1}$ 为 $\boldsymbol{B}$ 的行向量组的一个最大无关组,则显然有 $r_1\leqslant r$,

(1)如果 $r_1=r$,则由 $s<n$,有 $s-r_1<n-r$ 即 $R(\boldsymbol{B})>r+s-n$;

(2)如果 $r_1<r$,则必可在 $\boldsymbol{\alpha}_{i1},\boldsymbol{\alpha}_{i2},\cdots,\boldsymbol{\alpha}_{ir_1}$ 的基础上,在 $\boldsymbol{A}$ 的行向量中,找到 $r-r_1$ 个向量,与 $\boldsymbol{\alpha}_{i1},\boldsymbol{\alpha}_{i2},\cdots,\boldsymbol{\alpha}_{ir_1}$ 合在一起,组成 $\boldsymbol{A}$ 的行向量组的一个最大线性无关组,由于 $\boldsymbol{\alpha}_{i1},\boldsymbol{\alpha}_{i2},\cdots,\boldsymbol{\alpha}_{ir_1}$ 已经是 $\boldsymbol{B}$ 的一个最大无关组,故这 $r-r_1$ 个向量只能取自 $\boldsymbol{A}$ 中除 $\boldsymbol{B}$ 以外的 $n-s$ 个行向量,对于向量个数 $r-r_1$ 与 $n-s$,显然有 $r-r_1\leqslant n-s$,即 $R(\boldsymbol{B})\geqslant r+s-n$,由(1)(2)知 $R(\boldsymbol{B})\geqslant r+s-n$.

方法总结

由于 $\boldsymbol{A}$ 的秩即为其行秩,故本题是通过 $\boldsymbol{A}$ 的行向量组,利用最大线性无关组的向量个数为向量组的秩来证明.

【例 9】 若 $\boldsymbol{\alpha}_1,\boldsymbol{\alpha}_2,\cdots,\boldsymbol{\alpha}_n$ 是 n 个线性无关的 n 维向量，$\boldsymbol{\alpha}_{n+1}=k_1\boldsymbol{\alpha}_1+k_2\boldsymbol{\alpha}_2+\cdots+k_n\boldsymbol{\alpha}_n$，其中 $k_1,k_2,\cdots,k_n$ 全不为零. 证明：$\boldsymbol{\alpha}_1,\boldsymbol{\alpha}_2,\cdots,\boldsymbol{\alpha}_n,\boldsymbol{\alpha}_{n+1}$ 中任意 n 个向量都线性无关.

证 **方法一** 设 $\boldsymbol{\alpha}_1,\boldsymbol{\alpha}_2,\cdots,\boldsymbol{\alpha}_{i-1},\boldsymbol{\alpha}_{i+1},\cdots,\boldsymbol{\alpha}_n,\boldsymbol{\alpha}_{n+1}$ 为 $\boldsymbol{\alpha}_1,\boldsymbol{\alpha}_2,\cdots,\boldsymbol{\alpha}_n,\boldsymbol{\alpha}_{n+1}$ 中的任意 n 个向量，其中$1\leqslant i\leqslant n$. 若有一组数 $l_1,l_2,\cdots,l_{i-1},l_{i+1},\cdots,l_n,l_{n+1}$，使得

$$l_1\boldsymbol{\alpha}_1+l_2\boldsymbol{\alpha}_2+\cdots+l_{i-1}\boldsymbol{\alpha}_{i-1}+l_{i+1}\boldsymbol{\alpha}_{i+1}+\cdots+l_n\boldsymbol{\alpha}_n+l_{n+1}\boldsymbol{\alpha}_{n+1}=\mathbf{0},$$

将 $\boldsymbol{\alpha}_{n+1}=k_1\boldsymbol{\alpha}_1+k_2\boldsymbol{\alpha}_2+\cdots+k_n\boldsymbol{\alpha}_n$ 代入上式整理可得

$$(l_1+l_{n+1}k_1)\boldsymbol{\alpha}_1+(l_2+l_{n+1}k_2)\boldsymbol{\alpha}_2+\cdots+(l_{i-1}+l_{n+1}k_{i-1})\boldsymbol{\alpha}_{i-1}+l_{n+1}k_i\boldsymbol{\alpha}_i+(l_{i+1}+l_{n+1}k_{i+1})\boldsymbol{\alpha}_{i+1}$$
$$+\cdots+(l_n+l_{n+1}k_n)\boldsymbol{\alpha}_n=\mathbf{0}.$$

因为 $\boldsymbol{\alpha}_1,\boldsymbol{\alpha}_2,\cdots,\boldsymbol{\alpha}_n$ 线性无关，所以有齐次线性方程组

$$\begin{cases} l_1+l_{n+1}k_1=0, \\ l_2+l_{n+1}k_2=0, \\ \cdots\cdots\cdots\cdots \\ l_{i-1}+l_{n+1}k_{i-1}=0, \\ l_{n+1}k_i=0, \\ l_{i+1}+l_{n+1}k_{i+1}=0, \\ \cdots\cdots\cdots\cdots \\ l_n+l_{n+1}k_n=0. \end{cases}$$

因为 $l_{n+1}k_i=0$，且 $k_i\neq 0$，所以 $l_{n+1}=0$，从而

$$l_1=l_2=\cdots=l_{i-1}=l_{i+1}=\cdots=l_n=0,$$

所以 $\boldsymbol{\alpha}_1,\boldsymbol{\alpha}_2,\cdots,\boldsymbol{\alpha}_{i-1},\boldsymbol{\alpha}_{i+1},\cdots,\boldsymbol{\alpha}_n,\boldsymbol{\alpha}_{n+1}$线性无关. 若令 $i=n+1$，则 $\boldsymbol{\alpha}_1,\boldsymbol{\alpha}_2,\cdots,\boldsymbol{\alpha}_n$ 线性无关是已知条件，所以 $\boldsymbol{\alpha}_1,\boldsymbol{\alpha}_2,\cdots,\boldsymbol{\alpha}_n,\boldsymbol{\alpha}_{n+1}$ 中任意 n 个向量都线性无关.

方法二 设 $\boldsymbol{\alpha}_1,\boldsymbol{\alpha}_2,\cdots,\boldsymbol{\alpha}_{i-1},\boldsymbol{\alpha}_{i+1},\cdots,\boldsymbol{\alpha}_n,\boldsymbol{\alpha}_{n+1}$ 为 $\boldsymbol{\alpha}_1,\boldsymbol{\alpha}_2,\cdots,\boldsymbol{\alpha}_n,\boldsymbol{\alpha}_{n+1}$ 中任意 n 个向量，其中 $1\leqslant i\leqslant n$，则

$$(\boldsymbol{\alpha}_1,\boldsymbol{\alpha}_2,\cdots,\boldsymbol{\alpha}_{i-1},\boldsymbol{\alpha}_{i+1},\cdots,\boldsymbol{\alpha}_n,\boldsymbol{\alpha}_{n+1})=(\boldsymbol{\alpha}_1,\boldsymbol{\alpha}_2,\cdots,\boldsymbol{\alpha}_n)\begin{pmatrix} 1 & 0 & \cdots & 0 & 0 & \cdots & 0 & k_1 \\ 0 & 1 & \cdots & 0 & 0 & \cdots & 0 & k_2 \\ \vdots & \vdots & & \vdots & \vdots & & \vdots & \vdots \\ 0 & 0 & \cdots & 1 & 0 & \cdots & 0 & k_{i-1} \\ 0 & 0 & \cdots & 0 & 0 & \cdots & 0 & k_i \\ 0 & 0 & \cdots & 0 & 1 & \cdots & 0 & k_{i+1} \\ \vdots & \vdots & & \vdots & \vdots & & \vdots & \vdots \\ 0 & 0 & \cdots & 0 & 0 & \cdots & 1 & k_n \end{pmatrix}$$
$$=(\boldsymbol{\alpha}_1,\boldsymbol{\alpha}_2,\cdots,\boldsymbol{\alpha}_n)\boldsymbol{B}.$$

因为 $\boldsymbol{\alpha}_1,\boldsymbol{\alpha}_2,\cdots,\boldsymbol{\alpha}_n$ 线性无关，所以 $R(\boldsymbol{\alpha}_1,\boldsymbol{\alpha}_2,\cdots,\boldsymbol{\alpha}_{i-1},\boldsymbol{\alpha}_{i+1},\cdots,\boldsymbol{\alpha}_n,\boldsymbol{\alpha}_{n+1})=R(\boldsymbol{B})$，而$|\boldsymbol{B}|=(-1)^{i+n}k_i\neq 0$，故 $R(\boldsymbol{B})=n=R(\boldsymbol{\alpha}_1,\boldsymbol{\alpha}_2,\cdots,\boldsymbol{\alpha}_{i-1},\boldsymbol{\alpha}_{i+1},\cdots,\boldsymbol{\alpha}_n,\boldsymbol{\alpha}_{n+1})$.

所以 $\boldsymbol{\alpha}_1,\boldsymbol{\alpha}_2,\cdots,\boldsymbol{\alpha}_{i-1},\boldsymbol{\alpha}_{i+1},\cdots,\boldsymbol{\alpha}_n,\boldsymbol{\alpha}_{n+1}$线性无关.

方法三 设向量组 $A:\boldsymbol{\alpha}_1,\boldsymbol{\alpha}_2,\cdots,\boldsymbol{\alpha}_{i-1},\boldsymbol{\alpha}_{i+1},\cdots,\boldsymbol{\alpha}_n,\boldsymbol{\alpha}_{n+1}$，向量组 $B:\boldsymbol{\alpha}_1,\boldsymbol{\alpha}_2,\cdots,\boldsymbol{\alpha}_{i-1},\boldsymbol{\alpha}_i,\boldsymbol{\alpha}_{i+1},\cdots,\boldsymbol{\alpha}_n$，由已知条件可知向量组 A 能被向量组 B 线性表示.

反之，B 中向量 $\boldsymbol{\alpha}_1,\boldsymbol{\alpha}_2,\cdots,\boldsymbol{\alpha}_{i-1},\boldsymbol{\alpha}_{i+1},\cdots,\boldsymbol{\alpha}_n$ 显然能由向量组 A 线性表示. 下证 $\boldsymbol{\alpha}_i$ 能由向量组 A 线性表示.

由 $\boldsymbol{\alpha}_{n+1}=k_1\boldsymbol{\alpha}_1+k_2\boldsymbol{\alpha}_2+\cdots+k_i\boldsymbol{\alpha}_i+\cdots+k_n\boldsymbol{\alpha}_n$，而且 k_i 全不为零，可得

$$\boldsymbol{\alpha}_i=-\frac{1}{k_i}(k_1\boldsymbol{\alpha}_1+k_2\boldsymbol{\alpha}_2+\cdots+k_{i-1}\boldsymbol{\alpha}_{i-1}+k_{i+1}\boldsymbol{\alpha}_{i+1}+\cdots+k_n\boldsymbol{\alpha}_n-\boldsymbol{\alpha}_{n+1}),$$

从而 $\boldsymbol{\alpha}_i$ 可由向量组 A 线性表示，所以向量组 B 能由向量组 A 线性表示. 故向量组 A 与向量组 B 等价，而等价的向量组有相同的秩，并且 $R(B)=n$，所以 $R(A)=n$，从而向量组 A 中的 n 个向量线性无关.

第四节　向量空间

一、主要内容归纳

1. 向量空间

(1)定义　设 V 为 n 维向量的集合，如果集合 V 非空，且集合 V 对于向量的加法及乘数两种运算封闭，即满足

①若 $\boldsymbol{\alpha}\in V,\boldsymbol{\beta}\in V$，则 $\boldsymbol{\alpha}+\boldsymbol{\beta}\in V$，

②若 $\boldsymbol{\alpha}\in V,\lambda\in\mathbb{R}$，则 $\lambda\boldsymbol{\alpha}\in V$，

则称集合 V 为向量空间.

(2)解空间　齐次线性方程组的解集 $S=\{\boldsymbol{x}\mid\boldsymbol{A}\boldsymbol{x}=\boldsymbol{0}\}$ 是一个向量空间，称为齐次线性方程组的解空间.

(3)由向量组 $\boldsymbol{a}_1,\boldsymbol{a}_2,\cdots,\boldsymbol{a}_m$ 所生成的向量空间为

$$L=\{\boldsymbol{x}=\lambda_1\boldsymbol{a}_1+\lambda_2\boldsymbol{a}_2+\cdots+\lambda_m\boldsymbol{a}_m\mid\lambda_1,\lambda_2,\cdots,\lambda_m\in\mathbb{R}\}.$$

2. 子空间

设有向量空间 V_1 及 V_2，若 $V_1\subset V_2$，就称 V_1 是 V_2 的子空间，任一由 n 维向量所组成的向量空间 V 都是 $\mathbb{R}^n$ 的子空间. $\mathbb{R}^n$ 是 n 维向量的全体，也是一个向量空间.

3. 向量空间的维数，基与坐标

(1)设 V 为向量空间，如果 r 个向量 $\boldsymbol{a}_1,\boldsymbol{a}_2,\cdots,\boldsymbol{a}_r\in V$，且满足

①$\boldsymbol{a}_1,\boldsymbol{a}_2,\cdots,\boldsymbol{a}_r$ 线性无关；

②V 中任一向量都可由 $\boldsymbol{a}_1,\boldsymbol{a}_2,\cdots,\boldsymbol{a}_r$ 线性表示，

那么，向量组 $\boldsymbol{a}_1,\boldsymbol{a}_2,\cdots,\boldsymbol{a}_r$ 就称为向量空间 V 的一个基，r 称为向量空间 V 的维数，并称 V 为 r 维向量空间.

(2)如果在向量空间 V 中取定一个基 $\boldsymbol{a}_1,\boldsymbol{a}_2,\cdots,\boldsymbol{a}_r$，那么 V 中任一向量 $\boldsymbol{x}$ 可唯一地表示

为 $\boldsymbol{x}=\lambda_1\boldsymbol{a}_1+\lambda_2\boldsymbol{a}_2+\cdots+\lambda_r\boldsymbol{a}_r$.

数组 $\lambda_1,\lambda_2,\cdots,\lambda_r$ 称为向量 $\boldsymbol{x}$ 在基 $\boldsymbol{a}_1,\boldsymbol{a}_2,\cdots,\boldsymbol{a}_r$ 下的坐标. 特别地在 n 维向量空间 $\mathbb{R}^n$ 中，单位坐标向量组 $\boldsymbol{e}_1,\boldsymbol{e}_2,\cdots,\boldsymbol{e}_n$ 叫作 $\mathbb{R}^n$ 中的自然基.

4. 两组基之间的过渡矩阵，基变换公式与坐标变换公式

(1)设 $\boldsymbol{\alpha}_1,\boldsymbol{\alpha}_2,\cdots,\boldsymbol{a}_n$ 与 $\boldsymbol{\beta}_1,\boldsymbol{\beta}_2,\cdots,\boldsymbol{\beta}_n$ 是 n 维向量空间 V 的两组基，则它们可以相互线性表示，若设

$$\begin{cases}\boldsymbol{\beta}_1=a_{11}\boldsymbol{\alpha}_1+a_{21}\boldsymbol{\alpha}_2+\cdots+a_{n1}\boldsymbol{\alpha}_n,\\ \boldsymbol{\beta}_2=a_{12}\boldsymbol{\alpha}_1+a_{22}\boldsymbol{\alpha}_2+\cdots+a_{n2}\boldsymbol{\alpha}_n,\\ \cdots\\ \boldsymbol{\beta}_n=a_{1n}\boldsymbol{\alpha}_1+a_{2n}\boldsymbol{\alpha}_2+\cdots+a_{nn}\boldsymbol{\alpha}_n,\end{cases} \qquad ①$$

利用分块矩阵乘法，可将上式表为

$$(\boldsymbol{\beta}_1,\boldsymbol{\beta}_2,\cdots,\boldsymbol{\beta}_n)=(\boldsymbol{\alpha}_1,\boldsymbol{\alpha}_2,\cdots,\boldsymbol{\alpha}_n)\boldsymbol{A}, \qquad ②$$

其中 $\boldsymbol{A}=\begin{pmatrix}a_{11}&a_{12}&\cdots&a_{1n}\\a_{21}&a_{22}&\cdots&a_{2n}\\\vdots&\vdots&&\vdots\\a_{n1}&a_{n2}&\cdots&a_{nn}\end{pmatrix}$，称为由基 $\boldsymbol{\alpha}_1,\boldsymbol{\alpha}_2,\cdots,\boldsymbol{a}_n$ 到基 $\boldsymbol{\beta}_1,\boldsymbol{\beta}_2,\cdots,\boldsymbol{\beta}_n$ 的过渡矩阵.

式①(或式②)称为基变换公式.

(2)在已知①式成立的条件下，若 $\boldsymbol{\alpha}\in V$，在基 $\boldsymbol{\alpha}_1,\boldsymbol{\alpha}_2,\cdots,\boldsymbol{\alpha}_n$ 与基 $\boldsymbol{\beta}_1,\boldsymbol{\beta}_2,\cdots,\boldsymbol{\beta}_n$ 下的坐标分别为 $(x_1,x_2,\cdots,x_n)^{\mathrm{T}}$ 与 $(y_1,y_2,\cdots,y_n)^{\mathrm{T}}$，则有

$$\begin{pmatrix}x_1\\x_2\\\vdots\\n_n\end{pmatrix}=\begin{pmatrix}a_{11}&a_{12}&\cdots&a_{1n}\\a_{21}&a_{22}&\cdots&a_{2n}\\\vdots&\vdots&&\vdots\\a_{n1}&a_{n2}&\cdots&a_{nn}\end{pmatrix}\begin{pmatrix}y_1\\y_2\\\vdots\\y_n\end{pmatrix} \text{或} \begin{pmatrix}y_1\\y_2\\\vdots\\y_n\end{pmatrix}=\begin{pmatrix}a_{11}&a_{12}&\cdots&a_{1n}\\a_{21}&a_{22}&\cdots&a_{2n}\\\vdots&\vdots&&\vdots\\a_{n1}&a_{n2}&\cdots&a_{nn}\end{pmatrix}^{-1}\begin{pmatrix}x_1\\x_2\\\vdots\\x_n\end{pmatrix}.$$

上述两式称为坐标变换公式.

5. 本节重点

理解向量空间、基、坐标等基本概念.

掌握基变换和坐标变换，会求过渡矩阵，这也是本节的一个难点.

二、经典题型解析及解题方法总结

【例 1】 已知三维向量空间的一个基为 $\boldsymbol{\alpha}_1=(1,1,0)^{\mathrm{T}},\boldsymbol{\alpha}_2=(1,0,1)^{\mathrm{T}},\boldsymbol{a}_3=(0,1,1)^{\mathrm{T}}$，求向量 $\boldsymbol{\beta}=(2,0,0)^{\mathrm{T}}$ 在此基下的坐标.

解 **方法一** 令 $x_1\boldsymbol{\alpha}_1+x_2\boldsymbol{\alpha}_2+x_3\boldsymbol{\alpha}_3=\boldsymbol{\beta}$，则 $\begin{cases}x_1+x_2=2,\\x_1+x_3=0,\\x_2+x_3=0,\end{cases}$ 解得 $x_1=1,x_2=1,x_3=-1$. 故向量 $\boldsymbol{\beta}$ 在基 $\boldsymbol{a}_1,\boldsymbol{\alpha}_2,\boldsymbol{\alpha}_3$ 下的坐标是 $(1,1,-1)^{\mathrm{T}}$.

方法二 设向量 $\boldsymbol{\beta}$ 在 $\boldsymbol{\alpha}_1,\boldsymbol{\alpha}_2,\boldsymbol{\alpha}_3$ 下的坐标为 $(x_1,x_2,x_3)^{\mathrm{T}}$.

则有 $\boldsymbol{\beta}=x_1\boldsymbol{\alpha}_1+x_2\boldsymbol{\alpha}_2+x_3\boldsymbol{\alpha}_3$，即

$$\begin{pmatrix}2\\0\\0\end{pmatrix}=x_1\begin{pmatrix}1\\1\\0\end{pmatrix}+x_2\begin{pmatrix}1\\0\\1\end{pmatrix}+x_3\begin{pmatrix}0\\1\\1\end{pmatrix}=\begin{pmatrix}1&1&0\\1&0&1\\0&1&1\end{pmatrix}\begin{pmatrix}x_1\\x_2\\x_3\end{pmatrix},$$

故 $$\begin{pmatrix}x_1\\x_2\\x_3\end{pmatrix}=\begin{pmatrix}1&1&0\\1&0&1\\0&1&1\end{pmatrix}^{-1}\begin{pmatrix}2\\0\\0\end{pmatrix}=\begin{pmatrix}\frac{1}{2}&\frac{1}{2}&-\frac{1}{2}\\\frac{1}{2}&-\frac{1}{2}&\frac{1}{2}\\-\frac{1}{2}&\frac{1}{2}&\frac{1}{2}\end{pmatrix}\begin{pmatrix}2\\0\\0\end{pmatrix}=\begin{pmatrix}1\\1\\-1\end{pmatrix}.$$

向量 $\boldsymbol{\beta}$ 在此基下的坐标是 $(1,1,-1)^{\mathrm{T}}$.

方法总结

方法一是求向量 $\boldsymbol{\beta}$ 在基 $\boldsymbol{\alpha}_1,\boldsymbol{\alpha}_2,\boldsymbol{\alpha}_3$ 下的坐标，相当于解方程组 $x_1\boldsymbol{\alpha}_1+x_2\boldsymbol{\alpha}_2+x_3\boldsymbol{\alpha}_3=\boldsymbol{\beta}$.
方法二是通过求逆矩阵计算基下的坐标.

【例 2】 设 $\boldsymbol{\alpha}_1=(1,1,0)^{\mathrm{T}},\boldsymbol{\alpha}_2=(0,1,1)^{\mathrm{T}},\boldsymbol{\alpha}_3=(0,0,1)^{\mathrm{T}}$ 和 $\boldsymbol{\beta}_1=(1,-1,-1)^{\mathrm{T}},\boldsymbol{\beta}_2=(1,1,-1)^{\mathrm{T}},\boldsymbol{\beta}_3=(-1,1,0)^{\mathrm{T}}$ 是向量空间 $\mathbb{R}^3$ 的两组基.

(1)求由基 $\boldsymbol{\alpha}_1,\boldsymbol{\alpha}_2,\boldsymbol{\alpha}_3$ 到基 $\boldsymbol{\beta}_1,\boldsymbol{\beta}_2,\boldsymbol{\beta}_3$ 的过渡矩阵.

(2)求由基 $\boldsymbol{\beta}_1,\boldsymbol{\beta}_2,\boldsymbol{\beta}_3$ 到基 $\boldsymbol{\alpha}_1,\boldsymbol{\alpha}_2,\boldsymbol{\alpha}_3$ 的过渡矩阵.

(3)求向量 $\boldsymbol{\alpha}=\boldsymbol{\alpha}_1+2\boldsymbol{\alpha}_2-3\boldsymbol{\alpha}_3$ 在基 $\boldsymbol{\beta}_1,\boldsymbol{\beta}_2,\boldsymbol{\beta}_3$ 下的坐标.

解 (1)设矩阵 $\boldsymbol{A}$ 是由基 $\boldsymbol{\alpha}_1,\boldsymbol{\alpha}_2,\boldsymbol{\alpha}_3$ 到基 $\boldsymbol{\beta}_1,\boldsymbol{\beta}_2,\boldsymbol{\beta}_3$ 的过渡矩阵，则 $(\boldsymbol{\beta}_1,\boldsymbol{\beta}_2,\boldsymbol{\beta}_3)=(\boldsymbol{\alpha}_1,\boldsymbol{\alpha}_2,\boldsymbol{\alpha}_3)\boldsymbol{A}$，即

$$\begin{pmatrix}1&1&-1\\-1&1&1\\-1&-1&0\end{pmatrix}=\begin{pmatrix}1&0&0\\1&1&0\\0&1&1\end{pmatrix}\boldsymbol{A}.$$

由于 $\boldsymbol{\alpha}_1,\boldsymbol{\alpha}_2,\boldsymbol{\alpha}_3$ 线性无关，故 $\begin{pmatrix}1&0&0\\1&1&0\\0&1&1\end{pmatrix}$ 可逆，因此

$$\boldsymbol{A}=\begin{pmatrix}1&0&0\\1&1&0\\0&1&1\end{pmatrix}^{-1}\begin{pmatrix}1&1&-1\\-1&1&1\\-1&-1&0\end{pmatrix}=\begin{pmatrix}1&0&0\\-1&1&0\\1&-1&1\end{pmatrix}\begin{pmatrix}1&1&-1\\-1&1&1\\-1&-1&0\end{pmatrix}=\begin{pmatrix}1&1&-1\\-2&0&2\\1&-1&-2\end{pmatrix}.$$

(2)由 $(\boldsymbol{\beta}_1,\boldsymbol{\beta}_2,\boldsymbol{\beta}_3)=(\boldsymbol{\alpha}_1,\boldsymbol{\alpha}_2,\boldsymbol{\alpha}_3)\boldsymbol{A}$，可得 $(\boldsymbol{\alpha}_1,\boldsymbol{a}_2,\boldsymbol{\alpha}_3)=(\boldsymbol{\beta}_1,\boldsymbol{\beta}_2,\boldsymbol{\beta}_3)\boldsymbol{A}^{-1}$，即 $\boldsymbol{A}^{-1}$ 为由基 $\boldsymbol{\beta}_1,\boldsymbol{\beta}_2,\boldsymbol{\beta}_3$ 到基 $\boldsymbol{\alpha}_1\boldsymbol{\alpha}_2,\boldsymbol{\alpha}_3$ 的过渡矩阵

$$\boldsymbol{A}^{-1}=\begin{pmatrix}1&1&-1\\-2&0&2\\1&-1&-2\end{pmatrix}^{-1}=\begin{pmatrix}-1&-\frac{3}{2}&-1\\1&\frac{1}{2}&0\\-1&-1&-1\end{pmatrix}.$$

(3)已知 $\boldsymbol{\alpha}$ 在基 $\boldsymbol{\alpha}_1,\boldsymbol{\alpha}_2,\boldsymbol{\alpha}_3$ 下的坐标是$(1,2,-3)^{\mathrm{T}}$，设 $\boldsymbol{\alpha}$ 在基 $\boldsymbol{\beta}_1,\boldsymbol{\beta}_2,\boldsymbol{\beta}_3$ 下坐标为$(y_1,y_2,y_3)^{\mathrm{T}}$，则

$$\begin{pmatrix}y_1\\y_2\\y_3\end{pmatrix}=\boldsymbol{A}^{-1}\begin{pmatrix}1\\2\\-3\end{pmatrix}=\begin{pmatrix}-1&-\frac{3}{2}&-1\\1&\frac{1}{2}&0\\-1&-1&-1\end{pmatrix}\begin{pmatrix}1\\2\\-3\end{pmatrix}=\begin{pmatrix}-1\\2\\0\end{pmatrix}.$$

【例 3】 设 $\boldsymbol{\alpha}_1,\boldsymbol{\alpha}_2,\boldsymbol{\alpha}_3$ 为三维向量空间 V 的一个基，而 $\boldsymbol{\beta}_1,\boldsymbol{\beta}_2,\boldsymbol{\beta}_3$ 与 $\boldsymbol{\gamma}_1,\boldsymbol{\gamma}_2,\boldsymbol{\gamma}_3$ 为 V 中两个向量组，且

$$\begin{cases}\boldsymbol{\beta}_1=\boldsymbol{\alpha}_1+\boldsymbol{\alpha}_2+\boldsymbol{\alpha}_3,\\\boldsymbol{\beta}_2=\boldsymbol{\alpha}_1-\boldsymbol{\alpha}_3,\\\boldsymbol{\beta}_3=\boldsymbol{\alpha}_1+\boldsymbol{\alpha}_3,\end{cases}\qquad\begin{cases}\boldsymbol{\gamma}_1=\boldsymbol{\alpha}_1+2\boldsymbol{\alpha}_2+\boldsymbol{\alpha}_3,\\\boldsymbol{\gamma}_2=2\boldsymbol{\alpha}_1+3\boldsymbol{\alpha}_2+4\boldsymbol{\alpha}_3,\\\boldsymbol{\gamma}_3=3\boldsymbol{\alpha}_1+4\boldsymbol{\alpha}_2+3\boldsymbol{\alpha}_2.\end{cases}$$

(1)验证 $\boldsymbol{\beta}_1,\boldsymbol{\beta}_2,\boldsymbol{\beta}_3$ 及 $\boldsymbol{\gamma}_1,\boldsymbol{\gamma}_2,\boldsymbol{\gamma}_3$ 都是 V 的基.

(2)求由 $\boldsymbol{\beta}_1,\boldsymbol{\beta}_2,\boldsymbol{\beta}_3$ 到 $\boldsymbol{\gamma}_1,\boldsymbol{\gamma}_2,\boldsymbol{\gamma}_3$ 的过渡矩阵.

解 (1) $(\boldsymbol{\beta}_1,\boldsymbol{\beta}_2,\boldsymbol{\beta}_3)=(\boldsymbol{\alpha}_1,\boldsymbol{\alpha}_2,\boldsymbol{\alpha}_3)\begin{pmatrix}1&1&1\\1&0&0\\1&-1&1\end{pmatrix}=(\boldsymbol{\alpha}_1,\boldsymbol{\alpha}_2,\boldsymbol{\alpha}_3)\boldsymbol{B}$,

$$(\boldsymbol{\gamma}_1,\boldsymbol{\gamma}_2,\boldsymbol{\gamma}_3)=(\boldsymbol{\alpha}_1,\boldsymbol{\alpha}_2,\boldsymbol{\alpha}_3)\begin{pmatrix}1&2&3\\2&3&4\\1&4&3\end{pmatrix}=(\boldsymbol{\alpha}_1,\boldsymbol{\alpha}_2,\boldsymbol{\alpha}_3)\boldsymbol{C}.$$

由于$|\boldsymbol{B}|\neq0$，故 $\boldsymbol{B}$ 为可逆矩阵，而 $\boldsymbol{\alpha}_1,\boldsymbol{\alpha}_2,\boldsymbol{\alpha}_3$ 为 V 的基，故 $\boldsymbol{\beta}_1,\boldsymbol{\beta}_2,\boldsymbol{\beta}_3$ 线性无关. 所以 $\boldsymbol{\beta}_1,\boldsymbol{\beta}_2,\boldsymbol{\beta}_3$ 为三维向量空间 V 的一个基. 同理由$|\boldsymbol{C}|\neq0$ 知 $\boldsymbol{\gamma}_1,\boldsymbol{\gamma}_2,\boldsymbol{\gamma}_3$ 也是 V 的基.

(2)由(1)知$(\boldsymbol{\beta}_1,\boldsymbol{\beta}_2,\boldsymbol{\beta}_3)=(\boldsymbol{\alpha}_1,\boldsymbol{\alpha}_2,\boldsymbol{\alpha}_3)\boldsymbol{B}$，从而$(\boldsymbol{\alpha}_1,\boldsymbol{\alpha}_2,\boldsymbol{\alpha}_3)=(\boldsymbol{\beta}_1,\boldsymbol{\beta}_2,\boldsymbol{\beta}_3)\boldsymbol{B}^{-1}$,

$(\boldsymbol{\gamma}_1,\boldsymbol{\gamma}_2,\boldsymbol{\gamma}_3)=(\boldsymbol{\alpha}_1,\boldsymbol{\alpha}_2,\boldsymbol{\alpha}_3)\boldsymbol{C}=(\boldsymbol{\beta}_1,\boldsymbol{\beta}_2,\boldsymbol{\beta}_3)\boldsymbol{B}^{-1}\boldsymbol{C}$.

所以，从 $\boldsymbol{\beta}_1,\boldsymbol{\beta}_2,\boldsymbol{\beta}_3$ 到 $\boldsymbol{\gamma}_1,\boldsymbol{\gamma}_2,\boldsymbol{\gamma}_3$ 的过渡矩阵为

$$\boldsymbol{B}^{-1}\boldsymbol{C}=\begin{pmatrix}1&1&1\\1&0&0\\1&-1&1\end{pmatrix}^{-1}\begin{pmatrix}1&2&3\\2&3&4\\1&4&3\end{pmatrix}=\begin{pmatrix}2&3&4\\0&-1&0\\-1&0&-1\end{pmatrix}.$$

【例 4】 设 $\boldsymbol{\alpha}_1,\boldsymbol{\alpha}_2,\cdots,\boldsymbol{\alpha}_n$ 是 n 维向量空间$\mathbb{R}^n$中的 n 个向量，又$\mathbb{R}^n$中任一向量都可由它们线性表示，证明 $\boldsymbol{\alpha}_1,\boldsymbol{\alpha}_2,\cdots,\boldsymbol{a}_n$ 是$\mathbb{R}^n$的一组基.

证 由$\mathbb{R}^n$中任一向量都可由 $\boldsymbol{\alpha}_1,\boldsymbol{\alpha}_2,\cdots,\boldsymbol{\alpha}_n$ 线性表示知，单位向量组 $\boldsymbol{e}_1,\boldsymbol{e}_2,\cdots,\boldsymbol{e}_n$ 也可由 $\boldsymbol{\alpha}_1,\boldsymbol{\alpha}_2,\cdots,\boldsymbol{\alpha}_n$ 线性表示. 而显然向量组 $\boldsymbol{\alpha}_1,\boldsymbol{\alpha}_2,\cdots,\boldsymbol{\alpha}_n$ 中任一向量均可由 $\boldsymbol{e}_1,\boldsymbol{e}_2,\cdots,\boldsymbol{e}_n$ 线性表示，从而向量组 $\boldsymbol{\alpha}_1,\boldsymbol{\alpha}_2,\cdots,\boldsymbol{\alpha}_n$ 与 $\boldsymbol{e}_1,\boldsymbol{e}_2,\cdots,\boldsymbol{e}_n$ 等价，根据等价的向量组有相同的秩得 $R(\boldsymbol{\alpha}_1,\boldsymbol{\alpha}_2,\cdots,\boldsymbol{\alpha}_n)=n$. 所以 $\boldsymbol{\alpha}_1,\boldsymbol{\alpha}_2,\cdots,\boldsymbol{a}_n$ 线性无关，故可成为$\mathbb{R}^n$的一组基.

方法总结

单位坐标向量组 $e_1,e_2,\cdots,e_n$ 在 $\mathbb{R}^n$ 中具有特殊性质，即 $\mathbb{R}^n$ 中任一向量 $\boldsymbol{\beta}$ 均可由 $e_1,e_2,\cdots,e_n$ 线性表示. 通过这一特点，可证明向量组 $\boldsymbol{\alpha}_1,\boldsymbol{\alpha}_2,\cdots,\boldsymbol{\alpha}_n$ 与 $e_1,e_2,\cdots,e_n$ 等价，等秩. 即可证明 $\boldsymbol{\alpha}_1,\boldsymbol{\alpha}_2,\cdots,\boldsymbol{\alpha}_n$ 是 $\mathbb{R}^n$ 的一组基.

【例 5】 (2019 数学一，11 分)设向量组 $\boldsymbol{\alpha}_1=(1,2,1)^T,\boldsymbol{\alpha}_2=(1,3,2)^T,\boldsymbol{\alpha}_3=(1,a,3)^T$ 为 $\mathbb{R}^3$ 的一个基，$\boldsymbol{\beta}=(1,1,1)^T$ 在这个基下的坐标为 $(b,c,1)^T$.

(1)求 a,b,c；

(2)证明：$\boldsymbol{\alpha}_2,\boldsymbol{\alpha}_3,\boldsymbol{\beta}$ 为 $\mathbb{R}^3$ 的一个基，并求 $\boldsymbol{\alpha}_2,\boldsymbol{\alpha}_3,\boldsymbol{\beta}$ 到 $\boldsymbol{\alpha}_1,\boldsymbol{\alpha}_2,\boldsymbol{\alpha}_3$ 的过渡矩阵.

(1)**解** 由题意知，$\boldsymbol{\beta}=b\boldsymbol{\alpha}_1+c\boldsymbol{\alpha}_2+\boldsymbol{\alpha}_3$，即 $\begin{cases}b+c+1=1,\\2b+3c+a=1,\\b+2c+3=1.\end{cases}$

解得 $a=3,b=2,c=-2$.

(2)**证** 因为 $|\boldsymbol{\alpha}_2,\boldsymbol{\alpha}_3,\boldsymbol{\beta}|=\begin{vmatrix}1&1&1\\3&3&1\\2&3&1\end{vmatrix}=2\neq0$，故 $\boldsymbol{\alpha}_2,\boldsymbol{\alpha}_3,\boldsymbol{\beta}$ 线性无关，当然是 $\mathbb{R}^3$ 的基.

设 $(\boldsymbol{\alpha}_1,\boldsymbol{\alpha}_2,\boldsymbol{\alpha}_3)=(\boldsymbol{\alpha}_2,\boldsymbol{\alpha}_3,\boldsymbol{\beta})\boldsymbol{Q}$，则 $\boldsymbol{Q}=(\boldsymbol{\alpha}_2,\boldsymbol{\alpha}_3,\boldsymbol{\beta})^{-1}(\boldsymbol{\alpha}_1,\boldsymbol{\alpha}_2,\boldsymbol{\alpha}_3)$.

$$(\boldsymbol{\alpha}_2,\boldsymbol{\alpha}_3,\boldsymbol{\beta}\vdots\boldsymbol{E})=\left(\begin{array}{ccc:ccc}1&1&1&1&0&0\\3&3&1&0&1&0\\2&3&1&0&0&1\end{array}\right)\rightarrow\left(\begin{array}{ccc:ccc}1&0&0&0&1&-1\\0&1&0&-\frac{1}{2}&-\frac{1}{2}&1\\0&0&1&\frac{3}{2}&-\frac{1}{2}&0\end{array}\right),$$

$$(\boldsymbol{\alpha}_2,\boldsymbol{\alpha}_3,\boldsymbol{\beta})^{-1}=\begin{pmatrix}0&1&-1\\-\frac{1}{2}&-\frac{1}{2}&1\\\frac{3}{2}&-\frac{1}{2}&0\end{pmatrix}.$$

于是 $\boldsymbol{Q}=\begin{pmatrix}0&1&-1\\-\frac{1}{2}&-\frac{1}{2}&1\\\frac{3}{2}&-\frac{1}{2}&0\end{pmatrix}\begin{pmatrix}1&1&1\\2&3&3\\1&2&3\end{pmatrix}=\begin{pmatrix}1&1&0\\-\frac{1}{2}&0&1\\\frac{1}{2}&0&0\end{pmatrix}$.

【例 6】 已知 $\mathbb{R}^3$ 的向量 $\boldsymbol{\gamma}=(1,0,-1)^T$ 及 $\mathbb{R}^3$ 的一组基 $\boldsymbol{\varepsilon}_1=(1,0,1)^T$，$\boldsymbol{\varepsilon}_2=(1,1,1)^T$，$\boldsymbol{\varepsilon}_3=(1,0,0)^T$. $\boldsymbol{A}$ 是一个 3 阶矩阵，已知 $\boldsymbol{A\varepsilon}_1=\boldsymbol{\varepsilon}_1+\boldsymbol{\varepsilon}_3$，$\boldsymbol{A\varepsilon}_2=\boldsymbol{\varepsilon}_2-\boldsymbol{\varepsilon}_3$，$\boldsymbol{A\varepsilon}_3=2\boldsymbol{\varepsilon}_1-\boldsymbol{\varepsilon}_2+\boldsymbol{\varepsilon}_3$，求 $\boldsymbol{A\gamma}$ 在 $\boldsymbol{\varepsilon}_1,\boldsymbol{\varepsilon}_2,\boldsymbol{\varepsilon}_3$ 下的坐标.

解 由已知条件，有 $\boldsymbol{A}(\boldsymbol{\varepsilon}_1,\boldsymbol{\varepsilon}_2,\boldsymbol{\varepsilon}_3)=(\boldsymbol{\varepsilon}_1,\boldsymbol{\varepsilon}_2,\boldsymbol{\varepsilon}_3)\begin{pmatrix}1&0&2\\0&1&-1\\1&-1&1\end{pmatrix}$，

由于 $\boldsymbol{\varepsilon}_1,\boldsymbol{\varepsilon}_2,\boldsymbol{\varepsilon}_3$ 是 $\mathbb{R}^3$ 的一组基，它们线性无关，所以 $(\boldsymbol{\varepsilon}_1,\boldsymbol{\varepsilon}_2,\boldsymbol{\varepsilon}_3)$ 可逆，有

$$\boldsymbol{A}=(\boldsymbol{\varepsilon}_1,\boldsymbol{\varepsilon}_2,\boldsymbol{\varepsilon}_3)\begin{pmatrix}1&0&2\\0&1&-1\\1&-1&1\end{pmatrix}(\boldsymbol{\varepsilon}_1,\boldsymbol{\varepsilon}_2,\boldsymbol{\varepsilon}_3)^{-1}=\begin{pmatrix}1&1&1\\0&1&0\\1&1&0\end{pmatrix}\begin{pmatrix}1&0&2\\0&1&-1\\1&-1&1\end{pmatrix}\begin{pmatrix}1&1&1\\0&1&0\\1&1&0\end{pmatrix}^{-1}.$$

易求 $\begin{pmatrix}1&1&1\\0&1&0\\1&1&0\end{pmatrix}^{-1}=\begin{pmatrix}0&-1&1\\0&1&0\\1&0&-1\end{pmatrix}$. 所以

$$\boldsymbol{A}=\begin{pmatrix}2&-2&0\\-1&1&1\\1&0&0\end{pmatrix},\boldsymbol{A\gamma}=\begin{pmatrix}2&-2&0\\-1&1&1\\1&0&0\end{pmatrix}\begin{pmatrix}1\\0\\-1\end{pmatrix}=\begin{pmatrix}2\\-2\\1\end{pmatrix}.$$

设 $\boldsymbol{A\gamma}$ 在基 $\boldsymbol{\varepsilon}_1,\boldsymbol{\varepsilon}_2,\boldsymbol{\varepsilon}_3$ 下的坐标是 $\boldsymbol{x}$，则 $\boldsymbol{A\gamma}=(\boldsymbol{\varepsilon}_1,\boldsymbol{\varepsilon}_2,\boldsymbol{\varepsilon}_3)\boldsymbol{x}$，

$$\boldsymbol{x}=(\boldsymbol{\varepsilon}_1,\boldsymbol{\varepsilon}_2,\boldsymbol{\varepsilon}_3)^{-1}\boldsymbol{A\gamma}=\begin{pmatrix}0&-1&1\\0&1&0\\1&0&-1\end{pmatrix}\begin{pmatrix}2\\-2\\1\end{pmatrix}=\begin{pmatrix}3\\-2\\1\end{pmatrix},\text{即 } \boldsymbol{A\gamma}=3\boldsymbol{\varepsilon}_1-2\boldsymbol{\varepsilon}_2+\boldsymbol{\varepsilon}_3.$$

所以 $\boldsymbol{A\gamma}$ 在基 $\boldsymbol{\varepsilon}_1,\boldsymbol{\varepsilon}_2,\boldsymbol{\varepsilon}_3$ 下的坐标为 $(3,-2,1)^{\mathrm{T}}$.

第五节　线性方程组的解的结构

一、主要内容归纳

1. 齐次线性方程组解的性质及解的结构

(1)若 $\boldsymbol{\xi}_1,\boldsymbol{\xi}_2$ 为方程组 $\boldsymbol{Ax}=\boldsymbol{0}$ 的解，则 $\boldsymbol{\xi}_1+\boldsymbol{\xi}_2$ 也是 $\boldsymbol{Ax}=\boldsymbol{0}$ 的解.

(2)若 $\boldsymbol{\xi}_1$ 为方程组 $\boldsymbol{Ax}=\boldsymbol{0}$ 的解，k 为实数，则 $k\boldsymbol{\xi}_1$ 也是 $\boldsymbol{Ax}=\boldsymbol{0}$ 的解.

(3)齐次线性方程组的解集的最大无关组称为该齐次线性方程组的基础解系.

(4)若 $\boldsymbol{\xi}_1,\boldsymbol{\xi}_2,\cdots,\boldsymbol{\xi}_{n-r}$ 是方程组 $\boldsymbol{Ax}=\boldsymbol{0}$ 的基础解系，则方程组 $\boldsymbol{Ax}=\boldsymbol{0}$ 的任一解向量都可由 $\boldsymbol{\xi}_1,\boldsymbol{\xi}_2,\cdots,\boldsymbol{\xi}_{n-r}$ 线性表示.

即 $\boldsymbol{Ax}=\boldsymbol{0}$ 的通解为

$$\boldsymbol{x}=k_1\boldsymbol{\xi}_1+k_2\boldsymbol{\xi}_2+\cdots+k_{n-r}\boldsymbol{\xi}_{n-r}(k_1,k_2,\cdots,k_{n-r}\text{为任意实数}).$$

(5)设 $m\times n$ 矩阵 $\boldsymbol{A}$ 的秩 $R(\boldsymbol{A})=r$，则 n 元齐次线性方程组 $\boldsymbol{Ax}=\boldsymbol{0}$ 的解集 S 的秩 $R_S=n-r$.

2. 非齐次线性方程组解的性质及解的结构

(1)设 $\boldsymbol{\eta}_1$ 及 $\boldsymbol{\eta}_2$ 都是非齐次线性方程组 $\boldsymbol{Ax}=\boldsymbol{b}$ 的解，则 $\boldsymbol{\eta}_1-\boldsymbol{\eta}_2$ 为对应的齐次线性方程组 $\boldsymbol{Ax}=\boldsymbol{0}$ 的解.

(2)设 $\boldsymbol{\eta}$ 是方程组 $\boldsymbol{Ax}=\boldsymbol{b}$ 的解，$\boldsymbol{\xi}$ 是方程组 $\boldsymbol{Ax}=\boldsymbol{0}$ 的解，则 $\boldsymbol{\xi}+\boldsymbol{\eta}$ 仍是方程组 $\boldsymbol{Ax}=\boldsymbol{b}$ 的解.

(3)若 $\boldsymbol{\eta}^*$ 是方程组 $\boldsymbol{Ax}=\boldsymbol{b}$ 的特解，$\boldsymbol{\xi}_1,\boldsymbol{\xi}_2,\cdots,\boldsymbol{\xi}_{n-r}$ 是对应的齐次线性方程组 $\boldsymbol{Ax}=\boldsymbol{0}$ 的基

础解系，则方程组 $\boldsymbol{A}\boldsymbol{x}=\boldsymbol{b}$ 的通解为 $\boldsymbol{x}=k_1\boldsymbol{\xi}_1+k_2\boldsymbol{\xi}_2+\cdots+k_{n-r}\boldsymbol{\xi}_{n-r}+\boldsymbol{\eta}^*$（$k_1,k_2\cdots,k_{n-r}$ 为任意实数）.

3. 本节重点

求齐次线性方程组的基础解系及通解，求非齐次线性方程组的通解.

难点是综合运用线性方程组解的判定定理、性质、结构定理解题，以及有关线性方程组的证明问题.

二、经典题型解析及解题方法总结

【例 1】 求下列齐次线性方程组的基础解系和通解.

(1) $\begin{cases} x_1+x_2+x_5=0, \\ x_1+x_2-x_3=0, \\ x_3+x_4+x_5=0; \end{cases}$　　(2) $\begin{cases} x_1-x_2-3x_3+x_4=0, \\ 2x_1-2x_2-5x_3+3x_4=0, \\ 4x_1-4x_2+3x_3+19x_4=0, \\ x_1-x_2-2x_3+2x_4=0. \end{cases}$

解 (1)对方程组的系数矩阵施行初等行变换，有

$$\boldsymbol{A}=\begin{pmatrix} 1 & 1 & 0 & 0 & 1 \\ 1 & 1 & -1 & 0 & 0 \\ 0 & 0 & 1 & 1 & 1 \end{pmatrix}\longrightarrow\begin{pmatrix} 1 & 1 & 0 & 0 & 1 \\ 0 & 0 & -1 & 0 & -1 \\ 0 & 0 & 1 & 1 & 1 \end{pmatrix}\longrightarrow\begin{pmatrix} 1 & 1 & 0 & 0 & 1 \\ 0 & 0 & 1 & 0 & 1 \\ 0 & 0 & 0 & 1 & 0 \end{pmatrix}.$$

可知 $R(\boldsymbol{A})=3<5$，方程组的基础解系所含向量的个数为 $5-3=2$，并且原方程组的同解方程组为

$$\begin{cases} x_1=-x_2-x_5, \\ x_3=-x_5, \qquad x_2,x_5 \text{为自由未知量}, \\ x_4=0, \end{cases}$$

取 $\begin{pmatrix} x_2 \\ x_5 \end{pmatrix}=\begin{pmatrix} 1 \\ 0 \end{pmatrix}$ 及 $\begin{pmatrix} 0 \\ 1 \end{pmatrix}$， 则得 $\begin{pmatrix} x_1 \\ x_3 \\ x_4 \end{pmatrix}=\begin{pmatrix} -1 \\ 0 \\ 0 \end{pmatrix}$ 及 $\begin{pmatrix} -1 \\ -1 \\ 0 \end{pmatrix}$.

所以方程组的基础解系为 $\boldsymbol{\xi}_1=\begin{pmatrix} -1 \\ 1 \\ 0 \\ 0 \\ 0 \end{pmatrix}$，$\boldsymbol{\xi}_2=\begin{pmatrix} -1 \\ 0 \\ -1 \\ 0 \\ 1 \end{pmatrix}$，

于是所求通解为 $\boldsymbol{x}=k_1\boldsymbol{\xi}_1+k_2\boldsymbol{\xi}_2$（$k_1,k_2\in\mathbb{R}$）.

(2)对系数矩阵 $\boldsymbol{A}$ 作初等行变换化为行最简形

$$\boldsymbol{A}=\begin{pmatrix} 1 & -1 & -3 & 1 \\ 2 & -2 & -5 & 3 \\ 4 & -4 & 3 & 19 \\ 1 & -1 & -2 & 2 \end{pmatrix}\longrightarrow\begin{pmatrix} 1 & -1 & 0 & 4 \\ 0 & 0 & 1 & 1 \\ 0 & 0 & 0 & 0 \\ 0 & 0 & 0 & 0 \end{pmatrix}.$$

可知 $R(\mathbf{A})=2<4$，故方程组有无穷多解，方程组的基础解系所含向量的个数为 $4-2=2$ 个.

原方程组的同解方程组为 $\begin{cases} x_1=x_2-4x_4, \\ x_3=-x_4, \end{cases}$ x_2,x_4 为自由未知量，取 $\begin{pmatrix} x_2 \\ x_4 \end{pmatrix}=\begin{pmatrix} 1 \\ 0 \end{pmatrix}$ 和 $\begin{pmatrix} 0 \\ 1 \end{pmatrix}$，得

$\begin{pmatrix} x_1 \\ x_3 \end{pmatrix}=\begin{pmatrix} 1 \\ 0 \end{pmatrix}$ 和 $\begin{pmatrix} -4 \\ -1 \end{pmatrix}$，基础解系为 $\boldsymbol{\xi}_1=\begin{pmatrix} 1 \\ 1 \\ 0 \\ 0 \end{pmatrix}$，$\boldsymbol{\xi}_2=\begin{pmatrix} -4 \\ 0 \\ -1 \\ 1 \end{pmatrix}$.

所以，齐次线性方程组的通解为 $\boldsymbol{x}=k_1\boldsymbol{\xi}_1+k_2\boldsymbol{\xi}_2\ (k_1,k_2\in\mathbb{R})$.

方法总结

(1)本题用初等行变换将原方程组的系数矩阵化为行最简形，再求同解方程组的基础解系.

(2)基础解系所含向量的个数由 $n-R(\mathbf{A})$ 确定.

(3)基础解系并不唯一. 如本例(2)只要对 $\begin{pmatrix} x_2 \\ x_4 \end{pmatrix}$ 取两个线性无关的向量代入同解方程组，求出 $\begin{pmatrix} x_1 \\ x_3 \end{pmatrix}$ 也可求出基础解系.

(4)本题也可用拆分方法直接令自由未知量为任意实数，代入同解方程组，直接得到齐次线性方程组通解，从而得到基础解系.

【例 2】 (2016 数学二，数学三，11 分)设矩阵 $\mathbf{A}=\begin{pmatrix} 1 & 1 & 1-a \\ 1 & 0 & a \\ a+1 & 1 & a+1 \end{pmatrix}$，$\boldsymbol{\beta}=\begin{pmatrix} 0 \\ 1 \\ 2a-2 \end{pmatrix}$，且方程组 $\mathbf{A}\boldsymbol{x}=\boldsymbol{\beta}$ 无解.

(1)求 a 的值；

(2)求方程组 $\mathbf{A}^{\mathrm{T}}\mathbf{A}\boldsymbol{x}=\mathbf{A}^{\mathrm{T}}\boldsymbol{\beta}$ 的通解.

解 (1) $(\mathbf{A},\boldsymbol{\beta})=\begin{pmatrix} 1 & 1 & 1-a & 0 \\ 1 & 0 & a & 1 \\ a+1 & 1 & a+1 & 2a-2 \end{pmatrix}\rightarrow\begin{pmatrix} 1 & 1 & 1-a & 0 \\ 0 & -1 & 2a-1 & 1 \\ 0 & 0 & 2a-a^2 & a-2 \end{pmatrix}$.

因方程组 $\mathbf{A}\boldsymbol{x}=\boldsymbol{\beta}$ 无解，故 $R(\mathbf{A})\neq R(\overline{\mathbf{A}})$.

从而 $2a-a^2=0$，$a-2\neq 0$，故 $a=0$.

(2) $\mathbf{A}=\begin{pmatrix} 1 & 1 & 1 \\ 1 & 0 & 0 \\ 1 & 1 & 1 \end{pmatrix}$，$\mathbf{A}^{\mathrm{T}}\mathbf{A}=\begin{pmatrix} 3 & 2 & 2 \\ 2 & 2 & 2 \\ 2 & 2 & 2 \end{pmatrix}$，$\mathbf{A}^{\mathrm{T}}\boldsymbol{\beta}=\begin{pmatrix} -1 \\ -2 \\ -2 \end{pmatrix}$.

由$(\boldsymbol{A}^{\mathrm{T}}\boldsymbol{A},\boldsymbol{A}^{\mathrm{T}}\boldsymbol{\beta})=\begin{pmatrix}3&2&2&-1\\2&2&2&-2\\2&2&2&-2\end{pmatrix}\to\begin{pmatrix}1&0&0&1\\0&1&1&-2\\0&0&0&0\end{pmatrix}$,

得方程组 $\boldsymbol{A}^{\mathrm{T}}\boldsymbol{A}\boldsymbol{x}=\boldsymbol{A}^{\mathrm{T}}\boldsymbol{\beta}$ 的通解为 $\boldsymbol{x}=\begin{pmatrix}1\\-2\\0\end{pmatrix}+k\begin{pmatrix}0\\-1\\1\end{pmatrix}$($k$ 为任意常数).

【例 3】 设线性方程组$\begin{cases}x_1+\lambda x_2+\mu x_3+x_4=0,\\2x_1+x_2+x_3+2x_4=0,\\3x_1+(2+\lambda)x_2+(4+\mu)x_3+4x_4=1.\end{cases}$

已知$(1,-1,1,-1)^{\mathrm{T}}$是该方程组的一个解,试求

(1)方程组的通解; (2)该方程组满足 $x_2=x_3$ 的全部解.

解 将$(1,-1,1,-1)^{\mathrm{T}}$代入方程组得 $\lambda=\mu$,对方程组的增广矩阵作初等行变换

$$\boldsymbol{B}=(\boldsymbol{A}|\boldsymbol{b})=\begin{pmatrix}1&\lambda&\lambda&1&0\\2&1&1&2&0\\3&2+\lambda&4+\lambda&4&1\end{pmatrix}\longrightarrow\begin{pmatrix}2&1&1&2&0\\2&2&4&3&1\\1&\lambda&\lambda&1&0\end{pmatrix}\longrightarrow\begin{pmatrix}2&1&1&2&0\\0&1&3&1&1\\0&2\lambda-1&2\lambda-1&0&0\end{pmatrix}.$$

(1)若 $2\lambda-1=0$,对增广矩阵进一步作初等行变换,得

$$\begin{pmatrix}2&0&-2&1&-1\\0&1&3&1&1\\0&0&0&0&0\end{pmatrix}\longrightarrow\begin{pmatrix}1&0&-1&\frac{1}{2}&-\frac{1}{2}\\0&1&3&1&1\\0&0&0&0&0\end{pmatrix},$$

可见 $R(\boldsymbol{A})=R(\boldsymbol{B})=2<4$,故方程组有解,并有$\begin{cases}x_1=x_3-\frac{1}{2}x_4-\frac{1}{2},\\x_2=-3x_3-x_4+1,\end{cases}$

方程组的通解为$(-\frac{1}{2},1,0,0)^{\mathrm{T}}+k_1(1,-3,1,0)^{\mathrm{T}}+k_2(-\frac{1}{2},-1,0,1)^{\mathrm{T}}(k_1,k_2\in\mathbb{R})$.

若 $2\lambda-1\neq0$,对增广矩阵进一步作初等行变换,得

$$\begin{pmatrix}2&1&1&2&0\\0&1&3&1&1\\0&1&1&0&0\end{pmatrix}\longrightarrow\begin{pmatrix}1&0&0&1&0\\0&1&0&-\frac{1}{2}&-\frac{1}{2}\\0&0&1&\frac{1}{2}&\frac{1}{2}\end{pmatrix},R(\boldsymbol{A})=R(\boldsymbol{B})=3<4.$$

故方程组的通解为$(0,-\frac{1}{2},\frac{1}{2},0)^{\mathrm{T}}+k(-1,\frac{1}{2},-\frac{1}{2},1)^{\mathrm{T}}(k\in\mathbb{R})$.

(2)**方法一** 由题意该方程组满足 $x_2=x_3$ 的全部解. 相当于原方程中加一个方程 $x_2-x_3=0$. 当 $2\lambda-1=0$ 时增广矩阵为

$$\begin{pmatrix}1&0&-1&\frac{1}{2}&-\frac{1}{2}\\0&1&3&1&1\\0&-1&1&0&0\\0&0&0&0&0\end{pmatrix}\longrightarrow\begin{pmatrix}1&0&0&\frac{3}{4}&-\frac{1}{4}\\0&1&0&\frac{1}{4}&\frac{1}{4}\\0&0&1&\frac{1}{4}&\frac{1}{4}\\0&0&0&0&0\end{pmatrix},$$

方程组的通解为$\left(-\frac{1}{4},\frac{1}{4},\frac{1}{4},0\right)^{T}+k\left(-\frac{3}{4},-\frac{1}{4},-\frac{1}{4},1\right)^{T}(k\in\mathbb{R})$.

当 $2\lambda-1\neq0$ 时增广矩阵为

$$\begin{pmatrix}1&0&0&1&0\\0&1&0&-\frac{1}{2}&-\frac{1}{2}\\0&0&1&\frac{1}{2}&\frac{1}{2}\\0&-1&1&0&0\end{pmatrix}\longrightarrow\begin{pmatrix}1&0&0&1&0\\0&1&0&-\frac{1}{2}&-\frac{1}{2}\\0&0&1&\frac{1}{2}&\frac{1}{2}\\0&0&1&-\frac{1}{2}&-\frac{1}{2}\end{pmatrix}\longrightarrow\begin{pmatrix}1&0&0&0&-1\\0&1&0&0&0\\0&0&1&0&0\\0&0&0&1&1\end{pmatrix},$$

此时 $R(\boldsymbol{A})=R(\boldsymbol{B})=4$,方程组有唯一解$(-1,0,0,1)^{T}$.

方法二 当 $2\lambda-1=0$ 时,$x_2=x_3$,由第一问所求的通解

$$\begin{pmatrix}x_1\\x_2\\x_3\\x_4\end{pmatrix}=\begin{pmatrix}-\frac{1}{2}\\1\\0\\0\end{pmatrix}+k_1\begin{pmatrix}1\\-3\\1\\0\end{pmatrix}+k_2\begin{pmatrix}-\frac{1}{2}\\-1\\0\\1\end{pmatrix},$$

可知 $1-3k_1-k_2=k_1$ 从而 $k_2=1-4k_1$,

将 $k_2=1-4k_1$ 代入上式此时通解为$(-1,0,0,1)^{T}+k_1(3,1,1,-4)^{T}(k_1\in\mathbb{R})$.

同理当 $2\lambda-1\neq0$ 时,$x_2=x_3$ 即$-\frac{1}{2}+\frac{1}{2}k=\frac{1}{2}-\frac{1}{2}k$,解得 $k=1$.

方程组的解为$\left(0,-\frac{1}{2},\frac{1}{2},0\right)^{T}+\left(-1,\frac{1}{2},-\frac{1}{2},1\right)^{T}=(-1,0,0,1)^{T}$.

方法总结

(1)本题利用方程组的一个已知解,代入原方程得出两个参数 μ 与 λ 的关系式,从而将原方程中系数矩阵变为只含有一个参数的系数矩阵,通过对增广矩阵作初等行变换,对参数进行讨论,即可得到方程组的通解.

(2)本题的第二问采用了两种方法,一是在原方程组中加入 $x_2-x_3=0$ 的方程进行求通解.二是在第一问已求出通解的基础上,利用 $x_2=x_3$ 的关系,将原通解化简,即可得到所需要的方程组的通解.

【例 4】 (2023 数学二,数学三,5 分)已知线性方程组$\begin{cases}ax_1+x_3=1,\\x_1+ax_2+x_3=0,\\x_1+2x_2+ax_3=0,\\ax_1+bx_2=2\end{cases}$有解,其中 a、b 为常数.若$\begin{vmatrix}a&0&1\\1&a&1\\1&2&a\end{vmatrix}=4$,则$\begin{vmatrix}1&a&1\\1&2&a\\a&b&0\end{vmatrix}=$________.

解 已知方程组有解,所以 $R(\boldsymbol{A})=R(\boldsymbol{B})$,其中 $\boldsymbol{A}=\begin{pmatrix}a&0&1\\1&a&1\\1&2&a\\a&b&0\end{pmatrix}$,$\boldsymbol{B}=\begin{pmatrix}a&0&1&1\\1&a&1&0\\1&2&a&0\\a&b&0&2\end{pmatrix}$.

又因为$\begin{vmatrix}a&0&1\\1&a&1\\1&2&a\end{vmatrix}=4\neq0$,所以 $R(\boldsymbol{A})=3$,从而 $R(\boldsymbol{B})=3$,$|\boldsymbol{B}|=0$.

$$|\boldsymbol{B}|=\begin{vmatrix}a&0&1&1\\1&a&1&0\\1&2&a&0\\a&b&0&2\end{vmatrix}\xlongequal{\text{按第四列展开}}-\begin{vmatrix}1&a&1\\1&2&a\\a&b&0\end{vmatrix}+2\begin{vmatrix}a&0&1\\1&a&1\\1&2&a\end{vmatrix}=8-\begin{vmatrix}1&a&1\\1&2&a\\a&b&0\end{vmatrix}=0.$$

所以$\begin{vmatrix}1&a&1\\1&2&a\\a&b&0\end{vmatrix}=8$.

故应填 8.

【例 5】 (2019 数学三,4 分)已知矩阵 $\boldsymbol{A}=\begin{pmatrix}1&0&-1\\1&1&-1\\0&1&a^2-1\end{pmatrix}$,$\boldsymbol{b}=\begin{pmatrix}0\\1\\a\end{pmatrix}$.若线性方程组 $\boldsymbol{Ax}=\boldsymbol{b}$ 有无穷多解,则 $a=$________.

解 $(\boldsymbol{A}\,\vdots\,\boldsymbol{b})=\left(\begin{array}{ccc:c}1&0&-1&0\\1&1&-1&1\\0&1&a^2-1&a\end{array}\right)\to\left(\begin{array}{ccc:c}1&0&-1&0\\0&1&0&1\\0&0&a^2-1&a-1\end{array}\right)$.

由方程组有无穷多解知 $R(\boldsymbol{A})=R(\boldsymbol{A}\,\vdots\,\boldsymbol{b})<3$.于是,$a^2-1=a-1=0$,所以 $a=1$.

故应填 1.

【例 6】 (2022 数学二,数学三,5 分)设矩阵 $\boldsymbol{A}=\begin{pmatrix}1&1&1\\1&a&a^2\\1&b&b^2\end{pmatrix}$,$\boldsymbol{b}=\begin{pmatrix}1\\2\\4\end{pmatrix}$,则线性方程组 $\boldsymbol{Ax}=\boldsymbol{b}$ 解的情况为________.

(A)无解　(B)有解　(C)有无穷多解或无解　(D)有唯一解或无解

解 易知$|\boldsymbol{A}|$为范德蒙德行列式，则$|\boldsymbol{A}|=(a-1)(b-1)(b-a)$.

若$|\boldsymbol{A}|\neq 0$，则$\boldsymbol{Ax}=\boldsymbol{b}$有唯一解.

若$|\boldsymbol{A}|=0$，则$\boldsymbol{A}$中至少两行完全一样，观察$\boldsymbol{b}$的形式（三个数字互不相等）知，只要系数矩阵$|\boldsymbol{A}|=0$，则$\boldsymbol{Ax}=\boldsymbol{b}$一定无解.

故线性方程组$\boldsymbol{Ax}=\boldsymbol{b}$有唯一解或无解.

故应选(D).

【例 7】 设$\boldsymbol{\alpha}=\begin{pmatrix}1\\2\\1\end{pmatrix}$，$\boldsymbol{\beta}=\begin{pmatrix}1\\\frac{1}{2}\\0\end{pmatrix}$，$\boldsymbol{\gamma}=\begin{pmatrix}0\\0\\8\end{pmatrix}$，$\boldsymbol{A}=\boldsymbol{\alpha\beta}^{\mathrm{T}}$，$\boldsymbol{B}=\boldsymbol{\beta}^{\mathrm{T}}\boldsymbol{\alpha}$其中$\boldsymbol{\beta}^{\mathrm{T}}$是$\boldsymbol{\beta}$的转置，求解方程$2\boldsymbol{B}^2\boldsymbol{A}^2\boldsymbol{x}=\boldsymbol{A}^4\boldsymbol{x}+\boldsymbol{B}^4\boldsymbol{x}+\boldsymbol{\gamma}$.

解 由题意$\boldsymbol{A}=\boldsymbol{\alpha\beta}^{\mathrm{T}}=\begin{pmatrix}1\\2\\1\end{pmatrix}\left(1,\frac{1}{2},0\right)=\begin{pmatrix}1&\frac{1}{2}&0\\2&1&0\\1&\frac{1}{2}&0\end{pmatrix}$，$\boldsymbol{B}=\boldsymbol{\beta}^{\mathrm{T}}\boldsymbol{\alpha}=\left(1,\frac{1}{2},0\right)\begin{pmatrix}1\\2\\1\end{pmatrix}=2$.

于是，$\boldsymbol{A}^2=\boldsymbol{\alpha\beta}^{\mathrm{T}}\cdot\boldsymbol{\alpha\beta}^{\mathrm{T}}=\boldsymbol{\alpha}(\boldsymbol{\beta}^{\mathrm{T}}\boldsymbol{\alpha})\boldsymbol{\beta}^{\mathrm{T}}=2\boldsymbol{\alpha\beta}^{\mathrm{T}}=2\boldsymbol{A}$，$\boldsymbol{A}^4=8\boldsymbol{A}$

将$\boldsymbol{A}^2=2\boldsymbol{A}$，$\boldsymbol{A}^4=8\boldsymbol{A}$，$\boldsymbol{B}^2=4$，$\boldsymbol{B}^4=16$代入原方程，得$16\boldsymbol{Ax}=8\boldsymbol{Ax}+16\boldsymbol{x}+\boldsymbol{\gamma}$，

整理得$8(\boldsymbol{A}-2\boldsymbol{E})\boldsymbol{x}=\boldsymbol{\gamma}$.

令$\boldsymbol{x}=(x_1,x_2,x_3)^{\mathrm{T}}$代入上式，得到非齐次线性方程组$\begin{cases}-x_1+\frac{1}{2}x_2=0,\\2x_1-x_2=0,\\x_1+\frac{1}{2}x_2-2x_3=1,\end{cases}$

解其对应的齐次线性方程组，得通解$\boldsymbol{\xi}=k(1,2,1)^{\mathrm{T}}(k\in\mathbb{R})$.

显然，非齐次线性方程的一个特解为$\boldsymbol{\eta}^*=(0,0,-\frac{1}{2})^{\mathrm{T}}$.

于是所求方程组的解为$\boldsymbol{x}=\boldsymbol{\xi}+\boldsymbol{\eta}^*$，即$\boldsymbol{x}=k(1,2,1)^{\mathrm{T}}+(0,0,-\frac{1}{2})^{\mathrm{T}}(k\in\mathbb{R})$.

方法总结

(1)本题先由题设将矩阵方程化简，得$8(\boldsymbol{A}-2\boldsymbol{E})\boldsymbol{x}=\boldsymbol{\gamma}$后，直观看是解矩阵方程，但由于矩阵$(\boldsymbol{A}-2\boldsymbol{E})$不可逆，从而转化为非齐次线性方程组求通解.

(2)注意$\boldsymbol{A}^k=\boldsymbol{\alpha\beta}^{\mathrm{T}}\cdot\boldsymbol{\alpha\beta}^{\mathrm{T}}\cdots\boldsymbol{\alpha\beta}^{\mathrm{T}}=\boldsymbol{\alpha}(\boldsymbol{\beta}^{\mathrm{T}}\boldsymbol{\alpha})^{k-1}\boldsymbol{\beta}^{\mathrm{T}}=(\boldsymbol{\beta}^{\mathrm{T}}\boldsymbol{\alpha})^{k-1}\cdot\boldsymbol{A}$，此关系式应用比较广泛.

【例 8】 (2021 数学二，5 分)设三阶矩阵$\boldsymbol{A}=(\boldsymbol{\alpha}_1,\boldsymbol{\alpha}_2,\boldsymbol{\alpha}_3)$，$\boldsymbol{B}=(\boldsymbol{\beta}_1,\boldsymbol{\beta}_2,\boldsymbol{\beta}_3)$，若向量组$\boldsymbol{\alpha}_1$，$\boldsymbol{\alpha}_2$，$\boldsymbol{\alpha}_3$可以由向量组$\boldsymbol{\beta}_1$，$\boldsymbol{\beta}_2$线性表出，则________.

(A)$\boldsymbol{Ax}=\boldsymbol{0}$的解均为$\boldsymbol{Bx}=\boldsymbol{0}$的解

(B)$\boldsymbol{A}^{\mathrm{T}}\boldsymbol{x}=\boldsymbol{0}$ 的解均为 $\boldsymbol{B}^{\mathrm{T}}\boldsymbol{x}=\boldsymbol{0}$ 的解

(C)$\boldsymbol{B}\boldsymbol{x}=\boldsymbol{0}$ 的解均为 $\boldsymbol{A}\boldsymbol{x}=\boldsymbol{0}$ 的解

(D)$\boldsymbol{B}^{\mathrm{T}}\boldsymbol{x}=\boldsymbol{0}$ 的解均为 $\boldsymbol{A}^{\mathrm{T}}\boldsymbol{x}=\boldsymbol{0}$ 的解

解 由条件知$(\boldsymbol{\alpha}_1,\boldsymbol{\alpha}_2,\boldsymbol{\alpha}_3)=(\boldsymbol{\beta}_1,\boldsymbol{\beta}_2,\boldsymbol{\beta}_3)\boldsymbol{P}$,即 $\boldsymbol{A}=\boldsymbol{B}\boldsymbol{P}$,故 $\boldsymbol{A}^{\mathrm{T}}=\boldsymbol{P}^{\mathrm{T}}\boldsymbol{B}^{\mathrm{T}}$. 从而 $\boldsymbol{B}^{\mathrm{T}}\boldsymbol{x}=\boldsymbol{0}$ 的解是 $\boldsymbol{A}^{\mathrm{T}}\boldsymbol{x}=\boldsymbol{0}$ 的解.

故应选(D).

【例 9】 设四元齐次线性方程组(Ⅰ)为$\begin{cases}2x_1+3x_2-x_3=0,\\x_1+2x_2+x_3-x_4=0,\end{cases}$且已知另一四元齐次线性方程组(Ⅱ)的一个基础解系为 $\boldsymbol{\alpha}_1=(2,-1,a+2,1)^{\mathrm{T}},\boldsymbol{\alpha}_2=(-1,2,4,a+8)^{\mathrm{T}}$.

(1)求方程组(Ⅰ)的一个基础解系.

(2)当 a 为何值时,方程组(Ⅰ)与(Ⅱ)有非零公共解?在有非零公共解时,求出全部非零公共解.

解 **方法一** (1)对方程组(Ⅰ)的系数矩阵作初等行变换,有

$$\boldsymbol{A}=\begin{pmatrix}2&3&-1&0\\1&2&1&-1\end{pmatrix}\longrightarrow\begin{pmatrix}1&0&-5&3\\0&1&3&-2\end{pmatrix},$$

得与(Ⅰ)的同解方程组$\begin{cases}x_1=5x_3-3x_4,\\x_2=-3x_2+2x_4,\end{cases}$

由此可得方程(Ⅰ)的一个基础解系为

$$\boldsymbol{\xi}_1=(5,-3,1,0)^{\mathrm{T}},\boldsymbol{\xi}_2=(-3,2,0,1)^{\mathrm{T}}.$$

(2)由题设条件方程组(Ⅱ)的全部解可表示为

$$k_1\boldsymbol{\alpha}_1+k_2\boldsymbol{\alpha}_2=\begin{pmatrix}2k_1-k_2\\-k_1+2k_2\\(a+2)k_1+4k_2\\k_1+(a+8)k_2\end{pmatrix}(k_1,k_2\text{为任意实数}).\qquad ①$$

将①式代入方程组(Ⅰ)得 $\begin{cases}(a+1)k_1=0,\\(a+1)k_1-(a+1)k_2=0,\end{cases}$ ②

要使方程组(Ⅰ)与(Ⅱ)有非零公共解,只需关于 k_1,k_2的方程组②有非零解.

因$\begin{vmatrix}a+1&0\\a+1&-(a+1)\end{vmatrix}=-(a+1)^2$,所以当 $a\neq-1$ 时方程组(Ⅰ)与(Ⅱ)无非零公共解.

当 $a=-1$ 时方程组②有非零解,即 k_1,k_2为不全为零的任意常数.

此时,由①可得方程组(Ⅰ)与(Ⅱ)的全部非零公共解为

$$k_1(2,-1,1,1)^{\mathrm{T}}+k_2(-1,2,4,7)^{\mathrm{T}}(k_1,k_2\text{为不全为零的任意实数}).$$

方法二 (1)对方程组(Ⅰ)的系数矩阵作初等行变换,有

$$\boldsymbol{A}=\begin{pmatrix}2&3&-1&0\\1&2&1&-1\end{pmatrix}\longrightarrow\begin{pmatrix}-2&-3&1&0\\-3&-5&0&1\end{pmatrix},$$

得方程组(Ⅰ)的同解方程组$\begin{cases}x_3=2x_1+3x_2,\\x_4=3x_1+5x_2,\end{cases}$

由此可得方程组(Ⅰ)的基础解系为$\boldsymbol{\beta}_1=(1,0,2,3)^{\mathrm{T}},\boldsymbol{\beta}_2=(0,1,3,5)^{\mathrm{T}}$.

(2)设方程组(Ⅰ)与(Ⅱ)公共解为$\boldsymbol{\eta}$,则有数k_1,k_2,k_3,k_4使得

$$\boldsymbol{\eta}=k_1\boldsymbol{\beta}_1+k_2\boldsymbol{\beta}_2=k_3\boldsymbol{\alpha}_1+k_4\boldsymbol{\alpha}_2,$$

由此得线性方程组(Ⅲ)$\begin{cases}-k_1+2k_3-k_4=0,\\-k_2-k_3+2k_4=0,\\-2k_1-3k_2+(a+2)k_3+4k_4=0,\\-3k_1-5k_2+k_3+(a+8)k_4=0.\end{cases}$

对方程组(Ⅲ)的系数矩阵作初等行变换,有

$$\begin{pmatrix}-1&0&2&-1\\0&-1&-1&2\\-2&-3&a+2&4\\-3&-5&1&a+8\end{pmatrix}\longrightarrow\begin{pmatrix}1&0&-2&1\\0&1&1&-2\\0&0&a+1&0\\0&0&0&a+1\end{pmatrix}.$$

由此可知,当$a\neq-1$时,方程组(Ⅲ)仅有零解.故方程组(Ⅰ)与(Ⅱ)无非零公共解.

当$a=-1$时,方程组(Ⅲ)的同解方程组为$\begin{cases}k_1=2k_3-k_4,\\k_2=-k_3+2k_4,\end{cases}$

令$k_3=c_1,k_4=c_2$,得方程组(Ⅰ)与(Ⅱ)的非零公共解为

$c_1\begin{pmatrix}2\\-1\\1\\1\end{pmatrix}+c_2\begin{pmatrix}-1\\2\\4\\7\end{pmatrix}$,其中$c_1,c_2$为不全为零的任意实数.

方法总结

(1)本题第一小问题,利用方法一、方法二分别求出方程组(Ⅰ)的两组基础解系,说明方程组的基础解系不唯一.

(2)若已知条件给定方程组(Ⅰ)的一般表示式及方程组(Ⅱ)的基础解系,要求方程组(Ⅰ)与(Ⅱ)的公共解问题,只须将方程组(Ⅱ)的通解代入(Ⅰ)中去,讨论任意常数所满足的条件,从而求得公共解.若题目求非零公共解,则需要注意最后得到的公共解中要把零解去掉.

【例 10】 设$\boldsymbol{\alpha}_1,\boldsymbol{\alpha}_2,\cdots,\boldsymbol{\alpha}_s$为齐次线性方程组$\boldsymbol{Ax}=\boldsymbol{0}$的一个基础解系,$\boldsymbol{\beta}_1=t_1\boldsymbol{\alpha}_1+t_2\boldsymbol{\alpha}_2$,$\boldsymbol{\beta}_2=t_1\boldsymbol{\alpha}_2+t_2\boldsymbol{\alpha}_3,\cdots,\boldsymbol{\beta}_s=t_1\boldsymbol{\alpha}_s+t_2\boldsymbol{\alpha}_1$,其中$t_1,t_2$为实常数,试问$t_1,t_2$满足什么关系时,$\boldsymbol{\beta}_1,\boldsymbol{\beta}_2,\cdots,\boldsymbol{\beta}_s$也是$\boldsymbol{Ax}=\boldsymbol{0}$的一个基础解系?

解 因为$\boldsymbol{\alpha}_1,\boldsymbol{\alpha}_2,\cdots,\boldsymbol{\alpha}_s$为方程组$\boldsymbol{Ax}=\boldsymbol{0}$的解,而$\boldsymbol{\beta}_i(i=1,2,\cdots,s)$为$\boldsymbol{\alpha}_1,\boldsymbol{\alpha}_2,\cdots,\boldsymbol{\alpha}_s$的线性组合,所以$\boldsymbol{\beta}_i(i=1,2,\cdots,s)$也是$\boldsymbol{Ax}=\boldsymbol{0}$的解.若有一组数$k_1,k_2,\cdots,k_s$,使$k_1\boldsymbol{\beta}_1+k_2\boldsymbol{\beta}_2+\cdots+$

$k_s\boldsymbol{\beta}_s=\mathbf{0}$,则

$$(t_1k_1+t_2k_s)\boldsymbol{\alpha}_1+(t_2k_1+t_1k_2)\boldsymbol{\alpha}_2+\cdots+(t_2k_{s-1}+t_1k_\alpha)\boldsymbol{\alpha}_s=\mathbf{0},$$

由题意 $\boldsymbol{\alpha}_1,\boldsymbol{\alpha}_2,\cdots,\boldsymbol{\alpha}_s$线性无关,所以有齐次线性方程组$\begin{cases}t_1k_1+t_2k_s=0,\\t_2k_1+t_1k_2=0,\\\cdots\\t_2k_{s-1}+t_1k_s=0,\end{cases}$

而方程组的系数矩阵为

$$\begin{vmatrix}t_1&0&0&\cdots&0&t_2\\t_2&t_1&0&\cdots&0&0\\0&t_2&t_1&\cdots&0&0\\\vdots&\vdots&\vdots&&\vdots&\vdots\\0&0&0&\cdots&t_2&t_1\end{vmatrix}=t_1^s+(-1)^{s+1}t_2^s.$$

当 s 为偶数时,$t_1\neq\pm t_2$,当 s 为奇数时,$t_1^s+(-1)^{s+1}t_2^2\neq0$,所以方程组只有零解,从而 $\boldsymbol{\beta}_1,\boldsymbol{\beta}_2,\cdots,\boldsymbol{\beta}_s$线性无关,于是 $\boldsymbol{\beta}_1,\boldsymbol{\beta}_2,\cdots,\boldsymbol{\beta}_s$是方程组 $\boldsymbol{Ax}=\mathbf{0}$ 的一个基础解系.

方法总结

本题由题设 $\boldsymbol{\alpha}_1,\boldsymbol{\alpha}_2,\cdots,\boldsymbol{\alpha}_s$ 为方程组 $\boldsymbol{Ax}=\mathbf{0}$ 的一个基础解系,可知 $\boldsymbol{\alpha}_1,\boldsymbol{\alpha}_2,\cdots,a_s$ 线性无关,秩为 s,只要证明 $\boldsymbol{\beta}_1,\boldsymbol{\beta}_2,\cdots,\boldsymbol{\beta}_s$ 线性无关,且为 $\boldsymbol{Ax}=\mathbf{0}$ 的解,即可证明 $\boldsymbol{\beta}_1,\boldsymbol{\beta}_2,\cdots,\boldsymbol{\beta}_s$ 就是 $\boldsymbol{Ax}=\mathbf{0}$ 的一个基础解系,实际上将 $\boldsymbol{\beta}_1,\boldsymbol{\beta}_2,\cdots,\boldsymbol{\beta}_s$ 的线性相关性问题转化为线性方程组解的问题来讨论.

【例 11】 设 $\boldsymbol{A}$ 为 $m\times n$ 矩阵,秩为 m,$\boldsymbol{B}$ 为 $n\times(n-m)$ 矩阵,秩为 $n-m$;又知 $\boldsymbol{AB}=\mathbf{0}$,$\boldsymbol{\alpha}$ 是满足条件 $\boldsymbol{A\alpha}=\mathbf{0}$ 的一个 n 维列向量,证明:存在唯一的一个 $n-m$ 维列向量 $\boldsymbol{\beta}$,使得 $\boldsymbol{\alpha}=\boldsymbol{B\beta}$.

证 先证存在性. 设 $\boldsymbol{\eta}_1,\boldsymbol{\eta}_2,\cdots,\boldsymbol{\eta}_{n-m}$是矩阵 $\boldsymbol{B}$ 的 $n-m$ 个列向量,由于 $R(\boldsymbol{B})=n-m$,所以 $\boldsymbol{\eta}_1,\boldsymbol{\eta}_2,\cdots,\boldsymbol{\eta}_{n-m}$线性无关.

又由 $\boldsymbol{AB}=\boldsymbol{O}$,可知 $\boldsymbol{A\eta}_i=\mathbf{0}(i=1,2,\cdots,n-m)$,从而 $\boldsymbol{\eta}_1,\boldsymbol{\eta}_2,\cdots,\boldsymbol{\eta}_{n-m}$是线性方程组 $\boldsymbol{Ax}=\mathbf{0}$ 的 $n-m$ 个线性无关的解向量.

又因为 $R(\boldsymbol{A})=m$,所以方程组 $\boldsymbol{Ax}=\mathbf{0}$ 的基础解系含有 $n-m$ 个解向量,综上可知矩阵 $\boldsymbol{B}$ 的 $n-m$ 个列向量 $\boldsymbol{\eta}_1,\boldsymbol{\eta}_2,\cdots,\boldsymbol{\eta}_{n-m}$是方程组 $\boldsymbol{Ax}=\mathbf{0}$ 的基础解系. 因为 $\boldsymbol{A\alpha}=\mathbf{0}$,所以 $\boldsymbol{\alpha}$ 是方程组 $\boldsymbol{Ax}=\mathbf{0}$的一个解向量,从而存在一组数 $k_1,k_2,\cdots,k_{n-m}$,使

$$\boldsymbol{\alpha}=k_1\boldsymbol{\eta}_1+k_2\boldsymbol{\eta}_2+k_3\boldsymbol{\eta}_3+\cdots+k_{n-m}\boldsymbol{\eta}_{n-m}=(\boldsymbol{\eta}_1,\boldsymbol{\eta}_2,\cdots,\boldsymbol{\eta}_{n-m})(k_1,k_2,\cdots,k_{n-m})^{\mathrm{T}}.$$

取 $\boldsymbol{\beta}=(k_1,k_2,\cdots,k_{n-m})^{\mathrm{T}}$,则 $\boldsymbol{\alpha}=\boldsymbol{B\beta}$.

最后证唯一性. 假设 $\boldsymbol{\beta}_1,\boldsymbol{\beta}_2$ 是两个 $n-m$ 维列向量,满足 $\boldsymbol{\alpha}=\boldsymbol{B\beta}_1,\boldsymbol{\alpha}=\boldsymbol{B\beta}_2$,则 $\boldsymbol{B}(\boldsymbol{\beta}_1-\boldsymbol{\beta}_2)=\mathbf{0}$. 又因 $R(\boldsymbol{B})=n-m$. 所以方程组 $\boldsymbol{Bx}=\mathbf{0}$只有零解,从而 $\boldsymbol{\beta}_1=\boldsymbol{\beta}_2$. 所以满足 $\boldsymbol{\alpha}=\boldsymbol{B\beta}$ 的 $n-m$ 维列向量 $\boldsymbol{\beta}$ 是唯一的.

方法总结

本题利用线性方程组解的结构与性质证题，由 $\boldsymbol{AB}=\boldsymbol{0}$，$R(\boldsymbol{B})=n-m$ 可知 $\boldsymbol{B}$ 的列向量组 $\boldsymbol{\eta}_1,\boldsymbol{\eta}_2,\cdots,\boldsymbol{\eta}_{n-m}$ 是 $\boldsymbol{Ax}=\boldsymbol{0}$ 的 $n-m$ 个线性无关的解向量. 又由 $\boldsymbol{Ax}=\boldsymbol{0}$ 可推出 $\boldsymbol{\alpha}$ 是 $\boldsymbol{\eta}_1,\boldsymbol{\eta}_2,\cdots,\boldsymbol{\eta}_{n-m}$ 的线性组合，从而可证存在性. 再利用反证法，证得唯一性.

习题四解答

1. 已知向量组

$$A:\boldsymbol{a}_1=\begin{pmatrix}0\\1\\2\\3\end{pmatrix},\boldsymbol{a}_2=\begin{pmatrix}3\\0\\1\\2\end{pmatrix},\boldsymbol{a}_3=\begin{pmatrix}2\\3\\0\\1\end{pmatrix};\quad B:\boldsymbol{b}_1=\begin{pmatrix}2\\1\\1\\2\end{pmatrix},\boldsymbol{b}_2=\begin{pmatrix}0\\-2\\1\\1\end{pmatrix},\boldsymbol{b}_3=\begin{pmatrix}4\\4\\1\\3\end{pmatrix},$$

证明向量组 B 能由向量组 A 线性表示，但向量组 A 不能由向量组 B 线性表示 .

证　向量组 B 能由向量组 A 线性表示 $\Leftrightarrow R(\boldsymbol{A},\boldsymbol{B})=R(\boldsymbol{A})$，

向量组 A 不能由向量组 B 线性表示 $\Leftrightarrow R(\boldsymbol{B},\boldsymbol{A})>R(\boldsymbol{B})$.

具体计算如下

$$(\boldsymbol{A},\boldsymbol{B})=\begin{pmatrix}0&3&2&2&0&4\\1&0&3&1&-2&4\\2&1&0&1&1&1\\3&2&1&2&1&3\end{pmatrix}\xrightarrow{r}\begin{pmatrix}1&0&3&1&-2&4\\0&3&2&2&0&4\\0&1&-6&-1&5&-7\\0&2&-8&-1&7&-9\end{pmatrix}\xrightarrow{r}$$

$$\begin{pmatrix}1&0&3&1&-2&4\\0&1&-6&-1&5&-7\\0&0&20&5&-15&25\\0&0&4&1&-3&5\end{pmatrix}\xrightarrow{r}\begin{pmatrix}1&0&3&1&-2&4\\0&1&-6&-1&5&-7\\0&0&4&1&-3&5\\0&0&0&0&0&0\end{pmatrix},$$

知 $R(\boldsymbol{A})=R(\boldsymbol{A},\boldsymbol{B})=3$，所以向量组 B 能由向量组 A 线性表示.

$$\text{由 }\boldsymbol{B}=\begin{pmatrix}2&0&4\\1&-2&4\\1&1&1\\2&1&3\end{pmatrix}\xrightarrow{r}\begin{pmatrix}1&0&2\\0&-2&2\\0&1&-1\\0&1&-1\end{pmatrix}\xrightarrow{r}\begin{pmatrix}1&0&2\\0&1&-1\\0&0&0\\0&0&0\end{pmatrix},$$

知 $R(\boldsymbol{B})=2$. 因为 $R(\boldsymbol{B})\neq R(\boldsymbol{B},\boldsymbol{A})$，所以向量组 A 不能由向量组 B 线性表示.

2. 已知向量组

$$A:\boldsymbol{a}_1=\begin{pmatrix}0\\1\\1\end{pmatrix},\boldsymbol{a}_2=\begin{pmatrix}1\\1\\0\end{pmatrix};\quad B:\boldsymbol{b}_1=\begin{pmatrix}-1\\0\\1\end{pmatrix},\boldsymbol{b}_2=\begin{pmatrix}1\\2\\1\end{pmatrix},\boldsymbol{b}_3=\begin{pmatrix}3\\2\\-1\end{pmatrix},$$

证明向量组 A 与向量组 B 等价.

证　记矩阵 $\boldsymbol{A}=(\boldsymbol{a}_1,\boldsymbol{a}_2)$，$\boldsymbol{B}=(\boldsymbol{b}_1,\boldsymbol{b}_2,\boldsymbol{b}_3)$. 因向量组 A 与向量组 B 等价 $\Leftrightarrow R(\boldsymbol{A})=R(\boldsymbol{B})=R(\boldsymbol{A},\boldsymbol{B})$.

$$(\boldsymbol{B},\boldsymbol{A})=\begin{pmatrix}-1&1&3&0&1\\0&2&2&1&1\\1&1&-1&1&0\end{pmatrix}\xrightarrow{r}\begin{pmatrix}-1&1&3&0&1\\0&2&2&1&1\\0&2&2&1&1\end{pmatrix}\xrightarrow{r}\begin{pmatrix}-1&1&3&0&1\\0&2&2&1&1\\0&0&0&0&0\end{pmatrix},$$

知 $R(\boldsymbol{B})=R(\boldsymbol{B},\boldsymbol{A})=2$. 显然在 A 中有二阶非零子式，故 $R(\boldsymbol{A})\geqslant 2$，又 $R(\boldsymbol{A})\leqslant R(\boldsymbol{B},\boldsymbol{A})=2$，所以 $R(\boldsymbol{A})=2$，从而 $R(\boldsymbol{A})=R(\boldsymbol{B})=R(\boldsymbol{A},\boldsymbol{B})$. 因此向量组 A 与向量组 B 等价.

3. 判定下列向量组是线性相关还是线性无关：

(1) $\begin{pmatrix}-1\\3\\1\end{pmatrix},\begin{pmatrix}2\\1\\0\end{pmatrix},\begin{pmatrix}1\\4\\1\end{pmatrix}$； (2) $\begin{pmatrix}2\\3\\0\end{pmatrix},\begin{pmatrix}-1\\4\\0\end{pmatrix},\begin{pmatrix}0\\0\\2\end{pmatrix}$.

解 (1)以所给向量为列向量的矩阵记为 $\boldsymbol{A}$. 因为

$$\boldsymbol{A}=\begin{pmatrix}-1&2&1\\3&1&4\\1&0&1\end{pmatrix}\xrightarrow{r}\begin{pmatrix}-1&2&1\\0&7&7\\0&2&2\end{pmatrix}\xrightarrow{r}\begin{pmatrix}-1&2&1\\0&1&1\\0&0&0\end{pmatrix},$$

所以 $R(\boldsymbol{A})=2$，小于向量的个数，从而所给向量组线性相关.

(2)以所给向量为列向量的矩阵记为 $\boldsymbol{B}$，因为 $|\boldsymbol{B}|=\begin{vmatrix}2&-1&0\\3&4&0\\0&0&2\end{vmatrix}=22\neq 0$，

所以 $R(\boldsymbol{B})=3$，等于向量的个数，从而所给向量组线性无关.

4. 问 a 取什么值时下列向量组线性相关？

$$\boldsymbol{a}_1=\begin{pmatrix}a\\1\\1\end{pmatrix},\boldsymbol{a}_2=\begin{pmatrix}1\\a\\-1\end{pmatrix},\boldsymbol{a}_3=\begin{pmatrix}1\\-1\\a\end{pmatrix}.$$

解 记 $\boldsymbol{A}=(\boldsymbol{a}_1,\boldsymbol{a}_2,\boldsymbol{a}_3)$，

则 $|\boldsymbol{A}|=\begin{vmatrix}a&1&1\\1&a&-1\\1&-1&a\end{vmatrix}=\begin{vmatrix}a&1&1\\a+1&a+1&0\\1&-1&a\end{vmatrix}=\begin{vmatrix}a-1&1&1\\0&a+1&0\\2&-1&a\end{vmatrix}=(a+1)^2(a-2)$.

于是，当 $a=-1$ 或 $a=2$ 时，$|\boldsymbol{A}|=0$，即 $R(\boldsymbol{A})<3$，此时向量组 $\boldsymbol{a}_1,\boldsymbol{a}_2,\boldsymbol{a}_3$ 线性相关.

5. 设矩阵 $\boldsymbol{A}=\boldsymbol{a}\boldsymbol{a}^{\mathrm{T}}+\boldsymbol{b}\boldsymbol{b}^{\mathrm{T}}$，这里 $\boldsymbol{a},\boldsymbol{b}$ 为 n 维列向量，证明

(1)$R(\boldsymbol{A})\leqslant 2$；(2)当 $\boldsymbol{a},\boldsymbol{b}$ 线性相关时，$R(\boldsymbol{A})\leqslant 1$.

证 (1)由矩阵秩的性质

$R(\boldsymbol{A})=R(\boldsymbol{a}\boldsymbol{a}^{\mathrm{T}}+\boldsymbol{b}\boldsymbol{b}^{\mathrm{T}})\leqslant R(\boldsymbol{a}\boldsymbol{a}^{\mathrm{T}})+R(\boldsymbol{b}\boldsymbol{b}^{\mathrm{T}})\leqslant R(\boldsymbol{a})+R(\boldsymbol{b})\leqslant 1+1=2$.

(2)当 $\boldsymbol{a},\boldsymbol{b}$ 线性相关时，若 $\boldsymbol{a},\boldsymbol{b}$ 均为零向量，则 $\boldsymbol{A}=\boldsymbol{O}$，结论成立；当 $\boldsymbol{a},\boldsymbol{b}$ 不全为零向量，不妨设 $\boldsymbol{a}\neq\boldsymbol{0}$，因此时 $\boldsymbol{a}$ 与 $\boldsymbol{b}$ 成比例，有 $\boldsymbol{b}=\lambda\boldsymbol{a}$（$\lambda$ 可能为 0），于是

$$\boldsymbol{a}\boldsymbol{a}^{\mathrm{T}}+\boldsymbol{b}\boldsymbol{b}^{\mathrm{T}}=(1+\lambda^2)\boldsymbol{a}\boldsymbol{a}^{\mathrm{T}},$$

从而有 $R(\boldsymbol{A})=R((1+\lambda^2)\boldsymbol{a}\boldsymbol{a}^{\mathrm{T}})=R(\boldsymbol{a}\boldsymbol{a}^{\mathrm{T}})\leqslant R(\boldsymbol{a})=1$.

6. 设 $\boldsymbol{a}_1,\boldsymbol{a}_2$ 线性无关，$\boldsymbol{a}_1+\boldsymbol{b},\boldsymbol{a}_2+\boldsymbol{b}$ 线性相关，求向量 $\boldsymbol{b}$ 用 $\boldsymbol{a}_1,\boldsymbol{a}_2$ 线性表示的表示式.

解 **方法一** 因为 $\boldsymbol{a}_1+\boldsymbol{b},\boldsymbol{a}_2+\boldsymbol{b}$ 线性相关，故存在不全为零的数 λ_1,λ_2 使

$$\lambda_1(\boldsymbol{a}_1+\boldsymbol{b})+\lambda_2(\boldsymbol{a}_2+\boldsymbol{b})=\boldsymbol{0}\text{，由此得 }\boldsymbol{b}=-\frac{\lambda_1}{\lambda_1+\lambda_2}\boldsymbol{a}_1-\frac{\lambda_2}{\lambda_1+\lambda_2}\boldsymbol{a}_2(\lambda_1,\lambda_2\in\mathbb{R},\lambda_1+\lambda_2\neq 0).$$

方法二 因 $\boldsymbol{a}_1+\boldsymbol{b},\boldsymbol{a}_2+\boldsymbol{b}$ 线性相关，故 $(\boldsymbol{a}_1+\boldsymbol{b})-(\boldsymbol{a}_2+\boldsymbol{b}),\boldsymbol{a}_2+\boldsymbol{b}$ 线性相关，即 $\boldsymbol{a}_1-\boldsymbol{a}_2,\boldsymbol{a}_2+\boldsymbol{b}$ 线性相关. 又因 $\boldsymbol{a}_1,\boldsymbol{a}_2$ 线性无关，故 $\boldsymbol{a}_1-\boldsymbol{a}_2\neq\boldsymbol{0}$，于是存在 λ 使

$\boldsymbol{a}_2+\boldsymbol{b}=\lambda(\boldsymbol{a}_1-\boldsymbol{a}_2)$，即 $\boldsymbol{b}=\lambda\boldsymbol{a}_1-(\lambda+1)\boldsymbol{a}_2(\lambda\in\mathbb{R})$.

这与方法一的结果相同.

7. 设 $\boldsymbol{a}_1,\boldsymbol{a}_2$ 线性相关，$\boldsymbol{b}_1,\boldsymbol{b}_2$ 也线性相关，问 $\boldsymbol{a}_1+\boldsymbol{b}_1,\boldsymbol{a}_2+\boldsymbol{b}_2$ 是否一定线性相关？试举例说明之.

解 向量组 $\boldsymbol{a}_1+\boldsymbol{b}_1,\boldsymbol{a}_2+\boldsymbol{b}_2$ 不一定线性相关，例如：

当 $\boldsymbol{a}_1=(1,2)^{\mathrm{T}},\boldsymbol{a}_2=(2,4)^{\mathrm{T}},\boldsymbol{a}_1,\boldsymbol{a}_2$ 线性相关.

$b_1=(-1,-1)^T, b_2=(0,0)^T, b_1, b_2$ 也线性相关.

但向量组 $a_1+b_1=(0,1)^T, a_2+b_2=(2,4)^T$，可见 a_1+b_1, a_2+b_2 的对应分量不成比例，线性无关.

8. 举例说明下列各命题是错误的：

(1)若向量组 $a_1, a_2, \cdots, a_m$ 是线性相关的，则 a_1 可由 $a_2, \cdots, a_m$ 线性表示；

(2)若有不全为 0 的数 $\lambda_1, \lambda_2, \cdots, \lambda_m$ 使 $\lambda_1 a_1+\cdots+\lambda_m a_m+\lambda_1 b_1+\cdots+\lambda_m b_m=\mathbf{0}$ 成立，则 $a_1, a_2, \cdots, a_m$ 线性相关，$b_1, b_2, \cdots, b_m$ 亦线性相关；

(3)若只有当 $\lambda_1, \lambda_2, \cdots, \lambda_m$ 全为 0 时，等式 $\lambda_1 a_1+\cdots+\lambda_m a_m+\lambda_1 b_1+\cdots+\lambda_m b_m=\mathbf{0}$ 才能成立，则 $a_1, a_2, \cdots, a_m$ 线性无关，$b_1, b_2, \cdots, b_m$ 亦线性无关；

(4)若 $a_1, a_2, \cdots, a_m$ 线性相关，$b_1, b_2 \cdots, b_m$ 亦线性相关，则有不全为 0 的数 $\lambda_1, \lambda_2, \cdots, \lambda_m$，使 $\lambda_1 a_1+\cdots+\lambda_m a_m=\mathbf{0}, \lambda_1 b_1+\cdots+\lambda_m b_m=\mathbf{0}$ 同时成立.

解 (1)命题是错误的. 反例：取向量 $a_1=e_1=(1,0,0,\cdots,0)^T, a_2=a_3=\cdots=a_m=\mathbf{0}$，则 $a_1, a_2, \cdots, a_m$ 是线性相关的，但 a_1 并不能由 $a_2, a_3 \cdots, a_m$ 线性表示.

(2)命题是错误的. 反例. 取 $a_1=e_1, a_2=e_2, \cdots, a_m=e_m$ 为单位坐标向量组. 取 $b_1=-a_1, b_2=-a_2, \cdots, b_m=-a_m$. 取 $\lambda_1, \lambda_2, \cdots, \lambda_m$ 不全为 0 的数，则有 $\lambda_1 a_1+\cdots+\lambda_m a_m+\lambda_1 b_1+\cdots+\lambda_m b_m=\mathbf{0}$ 成立. 但 $a_1, a_2, \cdots, a_m$ 和 $b_1, b_2, \cdots, b_m$ 均线性无关.

(3)命题是错误的. 反例. 取 $a_1=a_2=\cdots=a_m=\mathbf{0}$，取 $b_1, b_2, \cdots, b_m$ 为线性无关组，则它们满足只有当 $\lambda_1, \lambda_2, \cdots, \lambda_m$ 全为零时，等式 $\lambda_1 a_1+\cdots+\lambda_m a_m+\lambda_1 b_1+\cdots+\lambda_m b_m=\mathbf{0}$ 成立，但 $a_1, a_2, \cdots, a_m$ 线性相关.

(4)命题是错误的. 反例取 $a_1=(1,0)^T, a_2=(2,0)^T, b_1=(0,3)^T, b_2=(0,4)^T$，

则向量组 a_1, a_2 和向量组 b_1, b_2 均线性相关，$\lambda_1 a_1+\lambda_2 a_2=\mathbf{0} \Rightarrow \lambda_1=-2\lambda_2$，

$\lambda_1 b_1+\lambda_2 b_2=\mathbf{0} \Rightarrow \lambda_1=-\frac{3}{4}\lambda_2$. 所以可以推出 $\lambda_1=\lambda_2=0$ 与题设矛盾.

9. 设 $b_1=a_1+a_2, b_2=a_2+a_3, b_3=a_3+a_4, b_4=a_4+a_1$，证明向量组 b_1, b_2, b_3, b_4 线性相关.

证 **方法一** $b_1-b_2+b_3-b_4=(a_1+a_2)-(a_2+a_3)+(a_3+a_4)-(a_4+a_1)=\mathbf{0}$.

由线性相关的定义，知向量组 b_1, b_2, b_3, b_4 线性相关.

方法二 两向量组线性表示的矩阵形式为

$(b_1, b_2, b_3, b_4)=(a_1, a_2, a_3, a_4)\,\boldsymbol{K}$,

其中 $\boldsymbol{K}=\begin{pmatrix}1&0&0&1\\1&1&0&0\\0&1&1&0\\0&0&1&1\end{pmatrix}$，而 $|\boldsymbol{K}|=\begin{vmatrix}1&0&0&1\\1&1&0&0\\0&1&1&0\\0&0&1&1\end{vmatrix}=0$,

故 $R(\boldsymbol{K})<4$，由矩阵秩的性质知 $R(b_1, b_2, b_3, b_4) \leqslant R(\boldsymbol{K})<4$,

由此可得向量组 b_1, b_2, b_3, b_4 线性相关.

10. 设 $b_1=a_1, b_2=a_1+a_2, \cdots, b_r=a_1+a_2+\cdots+a_r$，且向量组 $a_1, a_2, \cdots, a_r$ 线性无关，证明向量组 $b_1, b_2, \cdots, b_r$ 线性无关.

证 先把向量组 $b_1, b_2, \cdots, b_r$ 由向量组 $a_1, a_2, \cdots, a_r$ 线性表示的关系式写成矩阵形式

$$(b_1, b_2, \cdots, b_r)=(a_1, a_2, \cdots, a_r)\begin{pmatrix}1&1&\cdots&1\\0&1&\cdots&1\\\vdots&\vdots&&\vdots\\0&0&\cdots&1\end{pmatrix}=(a_1, a_2, \cdots a_r)\boldsymbol{K},$$

上式记为 $\boldsymbol{B}=\boldsymbol{AK}$. 因为 $|\boldsymbol{K}|=1\neq 0$，$\boldsymbol{K}$ 可逆，所以 $R(\boldsymbol{B})=R(\boldsymbol{A})=r$,

从而向量组 $b_1, b_2, \cdots, b_r$ 线性无关.

11. 设向量组 a_1, a_2, a_3 线性无关，判断向量组 b_1, b_2, b_3 的线性相关性：

(1) $b_1=a_1+a_2, b_2=2a_2+3a_3, b_3=5a_1+3a_2$；

(2) $b_1=a_1+2a_2+3a_3, b_2=2a_1+2a_2+4a_3, b_3=3a_1+a_2+3a_3$；

(3)$b_1=a_1-a_2,b_2=2a_2+a_3,b_3=a_1+a_2+a_3$.

解 (1)令 $A=(a_1,a_2,a_3),B=(b_1,b_2,b_3)$.

因为$(b_1,b_2,b_3)=(a_1,a_2,a_3)\begin{pmatrix}1&0&5\\1&2&3\\0&3&0\end{pmatrix}$,

记$K=\begin{pmatrix}1&0&5\\1&2&3\\0&3&0\end{pmatrix}$,又$|K|=6\neq0$,$K$可逆,由$B=AK$得$A=BK^{-1}$.

因而向量组 a_1,a_2,a_3 与向量组 b_1,b_2,b_3 等价,故 $R(A)=R(B)=3$.

所以 b_1,b_2,b_3 线性无关.

(2)$(b_1,b_2,b_3)=(a_1,a_2,a_3)\begin{pmatrix}1&2&3\\2&2&1\\3&4&3\end{pmatrix}$,

记$K=\begin{pmatrix}1&2&3\\2&2&1\\3&4&3\end{pmatrix}$,则$K\to\begin{pmatrix}1&2&3\\0&-2&-5\\0&-2&-6\end{pmatrix}\to\begin{pmatrix}1&2&3\\0&2&5\\0&0&1\end{pmatrix}$,

故$R(K)=3$,K可逆,$B=AK$,可推出$BK^{-1}=A$,即两个向量组等秩.

$R(A)=R(B)=3$,所以 b_1,b_2,b_3 线性无关.

(3)$(b_1,b_2,b_3)=(a_1,a_2,a_3)\begin{pmatrix}1&0&1\\-1&2&1\\0&1&1\end{pmatrix}$,

记$K=\begin{pmatrix}1&0&1\\-1&2&1\\0&1&1\end{pmatrix}$,则$K\to\begin{pmatrix}1&0&1\\0&2&2\\0&1&1\end{pmatrix}\to\begin{pmatrix}1&0&1\\0&1&1\\0&0&0\end{pmatrix}$,所以$R(K)=2$.

$B=AK,R(B)\leqslant\min\{R(A),R(K)\}$.

所以$R(B)\leqslant2$,而$R(A)=3$.

即 b_1,b_2,b_3 线性相关.

12. 设向量组 $B:b_1,b_2,\cdots,b_r$ 能由向量组 $A:a_1,a_2,\cdots,a_s$ 线性表示为$(b_1,b_2,\cdots,b_r)=(a_1,a_2,\cdots,a_s)K$,其中 K 为$s\times r$矩阵,且向量组 A 线性无关. 证明向量组 B 线性无关的充分必要条件是矩阵 K 的秩$R(K)=r$.

证 令 $B=(b_1,b_2,\cdots,b_r),A=(a_1,a_2,\cdots,a_s)$,则有 $B=AK$.

必要性:设向量组 B 线性无关,即 $R(B)=r$.

由向量组 B 线性无关及矩阵秩的性质,有

$r=R(B)=R(AK)\leqslant\min\{R(A),R(K)\}\leqslant R(K)$,及 $R(K)\leqslant\min\{r,s\}\leqslant r$.

即 $R(K)=r$,K 为列满秩矩阵.

充分性:因为 $R(K)=r$,所以存在可逆矩阵 C,使 $KC=\begin{pmatrix}e_r\\O\end{pmatrix}$为 K 的标准形.

于是$(b_1,b_2\cdots,b_r)C=(a_1,a_2\cdots,a_s)KC=(a_1,a_2\cdots,a_r)$.

因为 C 可逆,所以 $R(b_1,b_2,\cdots,b_r)=R(a_1,a_2,\cdots,a_r)=r$,从而 $b_1,b_2,\cdots,b_r$ 线性无关.

13. 求下列向量组的秩,并求一个最大无关组:

(1)$a_1=\begin{pmatrix}1\\2\\-1\\4\end{pmatrix},a_2=\begin{pmatrix}9\\100\\10\\4\end{pmatrix},a_3=\begin{pmatrix}-2\\-4\\2\\-8\end{pmatrix}$;　(2)$a_1=\begin{pmatrix}1\\2\\1\\3\end{pmatrix},a_2=\begin{pmatrix}4\\-1\\-5\\-6\end{pmatrix},a_3=\begin{pmatrix}1\\-3\\-4\\-7\end{pmatrix}$.

解 (1)对 $\boldsymbol{A}=(\boldsymbol{a}_1,\boldsymbol{a}_2,\boldsymbol{a}_3)$作初等行变换,化成行阶梯形.

$$\boldsymbol{A}=(\boldsymbol{a}_1,\boldsymbol{a}_2,\boldsymbol{a}_3)=\begin{pmatrix}1&9&-2\\2&100&-4\\-1&10&2\\4&4&-8\end{pmatrix}\xrightarrow{r}\begin{pmatrix}1&9&-2\\0&82&0\\0&19&0\\0&-32&0\end{pmatrix}\xrightarrow{r}\begin{pmatrix}1&9&-2\\0&1&0\\0&0&0\\0&0&0\end{pmatrix},$$

知 $R(\boldsymbol{a}_1,\boldsymbol{a}_2,\boldsymbol{a}_3)=2$,并且 $\boldsymbol{a}_1,\boldsymbol{a}_2$ 是一个最大无关组.

$$(2)\boldsymbol{A}=(\boldsymbol{a}_1,\boldsymbol{a}_2,\boldsymbol{a}_3)=\begin{pmatrix}1&4&1\\2&-1&-3\\1&-5&-4\\3&-6&-7\end{pmatrix}\xrightarrow{r}\begin{pmatrix}1&4&1\\0&-9&-5\\0&-9&-5\\0&-18&-10\end{pmatrix}\xrightarrow{r}\begin{pmatrix}1&4&1\\0&-9&-5\\0&0&0\\0&0&0\end{pmatrix},$$

由此可知 $R(\boldsymbol{a}_1,\boldsymbol{a}_2,\boldsymbol{a}_3)=2$,并且 $\boldsymbol{a}_1,\boldsymbol{a}_2$ 是它的一个最大无关组.

14. 利用初等行变换求下列矩阵的列向量组的一个最大无关组,并把其余列向量用最大无关组线性表示.

$$(1)\begin{pmatrix}25&31&17&43\\75&94&53&132\\75&94&54&134\\25&32&20&48\end{pmatrix};\quad(2)\begin{pmatrix}1&1&2&2&1\\0&2&1&5&-1\\2&0&3&-1&3\\1&1&0&4&-1\end{pmatrix}.$$

解 (1)记 $\boldsymbol{A}=(\boldsymbol{a}_1,\boldsymbol{a}_2,\boldsymbol{a}_3,\boldsymbol{a}_4)$.

$$\boldsymbol{A}=\begin{pmatrix}25&31&17&43\\75&94&53&132\\75&94&54&134\\25&32&20&48\end{pmatrix}\xrightarrow[r_4-r_1]{\substack{r_2-3r_1\\r_3-3r_1}}\begin{pmatrix}25&31&17&43\\0&1&2&3\\0&1&3&5\\0&1&3&5\end{pmatrix}\xrightarrow[r_3-r_2]{r_4-r_3}\begin{pmatrix}25&31&17&43\\0&1&2&3\\0&0&1&2\\0&0&0&0\end{pmatrix}$$

$$\xrightarrow[r_2-2r_3]{r_1-17r_3}\begin{pmatrix}25&31&0&9\\0&1&0&-1\\0&0&1&2\\0&0&0&0\end{pmatrix}\xrightarrow{r_1-31r_2}\begin{pmatrix}25&0&0&40\\0&1&0&-1\\0&0&1&2\\0&0&0&0\end{pmatrix}\xrightarrow{r_1\div 25}\begin{pmatrix}1&0&0&\frac{8}{5}\\0&1&0&-1\\0&0&1&2\\0&0&0&0\end{pmatrix}.$$

由 $\boldsymbol{A}$ 的行最简形可知 $\boldsymbol{a}_1,\boldsymbol{a}_2,\boldsymbol{a}_3$ 是 $\boldsymbol{A}$ 的列向量组的一个最大无关组,

且 $\boldsymbol{a}_4=\frac{8}{5}\boldsymbol{a}_1-\boldsymbol{a}_2+2\boldsymbol{a}_3$.

(2)记 $\boldsymbol{A}=(\boldsymbol{a}_1,\boldsymbol{a}_2,\boldsymbol{a}_3,\boldsymbol{a}_4,\boldsymbol{a}_5)$.

$$\boldsymbol{A}=\begin{pmatrix}1&1&2&2&1\\0&2&1&5&-1\\2&0&3&-1&3\\1&1&0&4&-1\end{pmatrix}\xrightarrow[r_4-r_1]{r_3-2r_1}\begin{pmatrix}1&1&2&2&1\\0&2&1&5&-1\\0&-2&-1&-5&1\\0&0&-2&2&-2\end{pmatrix}\xrightarrow[r_3\leftrightarrow r_4]{r_3+r_2}\begin{pmatrix}1&1&2&2&1\\0&2&1&5&-1\\0&0&-2&2&-2\\0&0&0&0&0\end{pmatrix}$$

$$\xrightarrow[r_2-r_3]{r_1-2r_3}\begin{pmatrix}1&1&0&4&-1\\0&2&0&6&-2\\0&0&1&-1&1\\0&0&0&0&0\end{pmatrix}\xrightarrow[r_1-r_2]{r_2\div 2}\begin{pmatrix}1&0&0&1&0\\0&1&0&3&-1\\0&0&1&-1&1\\0&0&0&0&0\end{pmatrix}.$$

从由 $\boldsymbol{A}$ 的行最简形可知 $\boldsymbol{a}_1,\boldsymbol{a}_2,\boldsymbol{a}_3$ 是 $\boldsymbol{A}$ 的列向量组的一个最大无关组,

且 $\boldsymbol{a}_4=\boldsymbol{a}_1+3\boldsymbol{a}_2-\boldsymbol{a}_3,\boldsymbol{a}_5=-\boldsymbol{a}_2+\boldsymbol{a}_3$.

15. 设向量组 $\boldsymbol{a}_1=\begin{pmatrix}a\\3\\1\end{pmatrix},\boldsymbol{a}_2=\begin{pmatrix}2\\b\\3\end{pmatrix},\boldsymbol{a}_3=\begin{pmatrix}1\\2\\1\end{pmatrix},\boldsymbol{a}_4=\begin{pmatrix}2\\3\\1\end{pmatrix}$ 的秩为 2,求参数 a,b.

解 对含参数 a 和 b 的矩阵作初等行变换,化为行阶梯形.

$$\begin{pmatrix}1&2&a&2\\2&3&3&b\\1&1&1&3\end{pmatrix}\xrightarrow{r}\begin{pmatrix}1&1&1&3\\0&1&a-1&-1\\0&1&1&b-6\end{pmatrix}\xrightarrow{r}\begin{pmatrix}1&1&1&3\\0&1&a-1&-1\\0&0&2-a&b-5\end{pmatrix},$$

而$R(\boldsymbol{a}_1,\boldsymbol{a}_2,\boldsymbol{a}_3,\boldsymbol{a}_4)=2$,所以$a=2,b=5$.

16. 设向量组$A:\boldsymbol{a}_1,\boldsymbol{a}_2$;向量组$B:\boldsymbol{a}_1,\boldsymbol{a}_2,\boldsymbol{a}_3$;向量组$C:\boldsymbol{a}_1,\boldsymbol{a}_2,\boldsymbol{a}_4$的秩为$R_{\boldsymbol{A}}=R_{\boldsymbol{B}}=2,R_{\boldsymbol{C}}=3$,求向量组$D$:$\boldsymbol{a}_1,\boldsymbol{a}_2,2\boldsymbol{a}_3-3\boldsymbol{a}_4$的秩.

解 由$R(\boldsymbol{A})=2$可知$\boldsymbol{a}_1,\boldsymbol{a}_2$线性无关.

由$R(\boldsymbol{B})=2$可知$\boldsymbol{a}_1,\boldsymbol{a}_2,\boldsymbol{a}_3$线性相关,且存在$\lambda_1,\lambda_2$,使得$\boldsymbol{a}_3=\lambda_1\boldsymbol{a}_1+\lambda_2\boldsymbol{a}_2$.

设存在一组数k_1,k_2,k_3使$k_1\boldsymbol{a}_1+k_2\boldsymbol{a}_2+k_3(2\boldsymbol{a}_3-3\boldsymbol{a}_4)=\boldsymbol{0}$.

将$\boldsymbol{a}_3=\lambda_1\boldsymbol{a}_1+\lambda_2\boldsymbol{a}_2$代入,整理得$(k_1+2\lambda_1k_3)\boldsymbol{a}_1+(k_2-3\lambda_2k_3)\boldsymbol{a}_2-3k_3\boldsymbol{a}_4=\boldsymbol{0}$,

因$R(\boldsymbol{C})=3$,所以$\begin{cases}k_1+2\lambda_1k_3=0,\\k_2-3\lambda_2k_3=0,\\k_3=0,\end{cases}$ 故$k_1=k_2=k_3=0$,即$\boldsymbol{a}_1,\boldsymbol{a}_2,2\boldsymbol{a}_3-3\boldsymbol{a}_4$线性无关.

所以$R(\boldsymbol{D})=3$.

17. 设有n维向量组$A:\boldsymbol{a}_1,\boldsymbol{a}_2,\cdots,\boldsymbol{a}_n$,证明它们线性无关的充分必要条件是:任一$n$维向量都可由它们线性表示.

证 必要性:设$\boldsymbol{a}$为任一n维向量.因为$\boldsymbol{a}_1,\boldsymbol{a}_2,\cdots,\boldsymbol{a}_n$线性无关,而$\boldsymbol{a}_1,\boldsymbol{a}_2,\cdots,\boldsymbol{a}_n,\boldsymbol{a}$是$n+1$个$n$维向量,线性相关,故向量$\boldsymbol{a}$能由$\boldsymbol{a}_1,\boldsymbol{a}_2,\cdots,\boldsymbol{a}_n$线性表示,且表示式唯一.

充分性:已知任一n维向量都可由$\boldsymbol{a}_1,\boldsymbol{a}_2,\cdots,\boldsymbol{a}_n$线性表示,

特别地n维单位坐标向量组$\boldsymbol{e}_1,\boldsymbol{e}_2,\cdots,\boldsymbol{e}_n$能由$\boldsymbol{a}_1,\boldsymbol{a}_2,\cdots,\boldsymbol{a}_n$线性表示,

于是有$n=R(\boldsymbol{e}_1,\boldsymbol{e}_2,\cdots,\boldsymbol{e}_n)\leqslant R(\boldsymbol{a}_1,\boldsymbol{a}_2,\cdots,\boldsymbol{a}_n)\leqslant n$,

即$R(\boldsymbol{a}_1,\boldsymbol{a}_2,\cdots,\boldsymbol{a}_n)=n$,所以$\boldsymbol{a}_1,\boldsymbol{a}_2,\cdots,\boldsymbol{a}_n$线性无关.

18. 设向量组$\boldsymbol{a}_1,\boldsymbol{a}_2,\cdots,\boldsymbol{a}_m$线性相关,且$\boldsymbol{a}_1\neq\boldsymbol{0}$,证明存在某个向量$\boldsymbol{a}_k(2\leqslant k\leqslant m)$,使$\boldsymbol{a}_k$能由$\boldsymbol{a}_1,\boldsymbol{a}_2,\cdots,\boldsymbol{a}_{k-1}$线性表示.

证 因为$\boldsymbol{a}_1,\boldsymbol{a}_2,\cdots,\boldsymbol{a}_m$线性相关,所以存在不全为零的数$\lambda_1,\lambda_2,\cdots,\lambda_m$,使$\lambda_1\boldsymbol{a}_1+\lambda_1\boldsymbol{a}_2+\cdots+\lambda_m\boldsymbol{a}_m=\boldsymbol{0}$,

而且$\lambda_2,\lambda_3,\cdots,\lambda_m$不全为零.这是因为,如若不然,则$\lambda_1\boldsymbol{a}_1=\boldsymbol{0}$,由$\boldsymbol{a}_1\neq\boldsymbol{0}$知$\lambda_1=0$,矛盾.

因此存在$k(2\leqslant k\leqslant m)$,使$\lambda_k\neq0,\lambda_{k+1}=\lambda_{k+2}=\cdots=\lambda_m=0$,于是$\lambda_1\boldsymbol{a}_1+\lambda_2\boldsymbol{a}_2+\cdots+\lambda_k\boldsymbol{a}_k=\boldsymbol{0}$,且$\lambda_k\neq0$,$k\geqslant2$.

$\boldsymbol{a}_k=-(1/\lambda_k)(\lambda_1\boldsymbol{a}_1+\lambda_2\boldsymbol{a}_2+\cdots+\lambda_{k-1}\boldsymbol{a}_{k-1})$,即$\boldsymbol{a}_k$能由$\boldsymbol{a}_1,\boldsymbol{a}_2,\cdots,\boldsymbol{a}_{k-1}$线性表示.

19. 设$\begin{cases}\boldsymbol{\beta}_1=\quad\ \ \boldsymbol{\alpha}_2+\boldsymbol{\alpha}_3+\cdots+\boldsymbol{\alpha}_n,\\\boldsymbol{\beta}_2=\boldsymbol{\alpha}_1+\quad\ \ \boldsymbol{\alpha}_3+\cdots+\boldsymbol{\alpha}_n,\\\cdots\cdots\cdots\cdots\\\boldsymbol{\beta}_n=\boldsymbol{\alpha}_1\quad+\boldsymbol{\alpha}_2+\cdots+\boldsymbol{\alpha}_{n-1},\end{cases}$证明向量组$\boldsymbol{\alpha}_1,\boldsymbol{\alpha}_2,\cdots,\boldsymbol{\alpha}_n$与向量组$\boldsymbol{\beta}_1,\boldsymbol{\beta}_2,\cdots,\boldsymbol{\beta}_n$等价.

证 列向量组$\boldsymbol{\alpha}_1,\boldsymbol{\alpha}_2,\cdots,\boldsymbol{\alpha}_n$与$\boldsymbol{\beta}_1,\boldsymbol{\beta}_2,\cdots,\boldsymbol{\beta}_n$依次构成矩阵$\boldsymbol{A}$和$\boldsymbol{B}$有

$$(\boldsymbol{\beta}_1,\boldsymbol{\beta}_2,\cdots,\boldsymbol{\beta}_n)=(\boldsymbol{\alpha}_1,\boldsymbol{\alpha}_2,\cdots,\boldsymbol{\alpha}_n)\begin{pmatrix}0&1&1&\cdots&1\\1&0&1&\cdots&1\\1&1&0&\cdots&1\\\vdots&\vdots&\vdots&&\vdots\\1&1&1&\cdots&0\end{pmatrix},$$

上式记为$\boldsymbol{B}=\boldsymbol{AK}$.因为$|\boldsymbol{K}|=(-1)^{n-1}(n-1)\neq0(n\geqslant2)$,所以$\boldsymbol{K}$可逆,故有$\boldsymbol{A}=\boldsymbol{BK}^{-1}$.由$\boldsymbol{B}=\boldsymbol{AK}$和$\boldsymbol{A}=\boldsymbol{BK}^{-1}$可知向量组$\boldsymbol{\alpha}_1,\boldsymbol{\alpha}_2,\cdots,\boldsymbol{\alpha}_n$与向量组$\boldsymbol{\beta}_1,\boldsymbol{\beta}_2,\cdots,\boldsymbol{\beta}_n$可相互线性表示.

因此向量组$\boldsymbol{\alpha}_1,\boldsymbol{\alpha}_2,\cdots\boldsymbol{\alpha}_n$与$\boldsymbol{\beta}_1,\boldsymbol{\beta}_2,\cdots,\boldsymbol{\beta}_n$等价.

20. 已知 3 阶矩阵 $\boldsymbol{A}$ 与 3 维列向量 $\boldsymbol{x}$ 满足 $\boldsymbol{A}^3\boldsymbol{x}=3\boldsymbol{A}\boldsymbol{x}-\boldsymbol{A}^2\boldsymbol{x}$，且向量组 $\boldsymbol{x},\boldsymbol{A}\boldsymbol{x},\boldsymbol{A}^2\boldsymbol{x}$ 线性无关.

(1)记 $\boldsymbol{y}=\boldsymbol{A}\boldsymbol{x},\boldsymbol{z}=\boldsymbol{A}\boldsymbol{y},\boldsymbol{P}=(\boldsymbol{x},\boldsymbol{y},\boldsymbol{z})$，求 3 阶矩阵 $\boldsymbol{B}$，使 $\boldsymbol{A}\boldsymbol{P}=\boldsymbol{P}\boldsymbol{B}$；

(2)求 $|\boldsymbol{A}|$.

解 (1)因矩阵 $\boldsymbol{P}$ 的列向量组线性无关，故 $\boldsymbol{P}$ 可逆，因为

$$\begin{aligned}\boldsymbol{A}\boldsymbol{P}&=\boldsymbol{A}(\boldsymbol{x},\boldsymbol{y},\boldsymbol{z})=(\boldsymbol{A}\boldsymbol{x},\boldsymbol{A}\boldsymbol{y},\boldsymbol{A}\boldsymbol{y})=(\boldsymbol{A}\boldsymbol{x},\boldsymbol{A}^2\boldsymbol{x},\boldsymbol{A}^3\boldsymbol{x})=(\boldsymbol{A}\boldsymbol{x},\boldsymbol{A}^2\boldsymbol{x},3\boldsymbol{A}\boldsymbol{x}-\boldsymbol{A}^2\boldsymbol{x})\\&=(\boldsymbol{x},\boldsymbol{A}\boldsymbol{x},\boldsymbol{A}^2\boldsymbol{x})\begin{pmatrix}0&0&0\\1&0&3\\0&1&-1\end{pmatrix},\end{aligned}$$

所以 $\boldsymbol{B}=\begin{pmatrix}0&0&0\\1&0&3\\0&1&-1\end{pmatrix}$.

(2)由 $\boldsymbol{B}=\boldsymbol{P}^{-1}\boldsymbol{A}\boldsymbol{P}$ 两边取行列式，有 $|\boldsymbol{A}|=|\boldsymbol{B}|=0$.

21. 设 $V_1=\{(x_1,x_2,\cdots,x_n)^{\mathrm{T}}\mid x_1,\cdots,x_n\in\mathbb{R}$，满足 $x_1+x_2+\cdots+x_n=0\}$，

$V_2=\{(x_1,x_2,\cdots,x_n)^{\mathrm{T}}\mid x_1,\cdots,x_n\in\mathbb{R}$，满足 $x_1+x_2+\cdots+x_n=1\}$，

问 V_1,V_2 是不是向量空间？为什么？

解 V_1 是向量空间，因为任取

$\boldsymbol{\alpha}=(a_1,a_2,\cdots,a_n)^{\mathrm{T}}\in V_1,\boldsymbol{\beta}=(b_1,b_2,\cdots,b_n)^{\mathrm{T}}\in V_1,\lambda\in\mathbb{R}$，

有 $a_1+a_2+\cdots+a_n=0,b_1+b_2+\cdots+b_n=0$，

从而 $(a_1+b_1)+(a_2+b_2)+\cdots+(a_n+b_n)=(a_1+a_2+\cdots+a_n)+(b_1+b_2+\cdots+b_n)=0$，

$\lambda a_1+\lambda a_2+\cdots+\lambda a_n=\lambda(a_1+a_2+\cdots+a_n)=0$，

所以 $\boldsymbol{\alpha}+\boldsymbol{\beta}=(a_1+b_1,a_2+b_2,\cdots,a_n+b_n)^{\mathrm{T}}\in V_1,\lambda\boldsymbol{\alpha}=(\lambda a_1,\lambda a_2,\cdots,\lambda a_n)^{\mathrm{T}}\in V_1$，故 V_1 是向量空间.

V_2 不是向量空间，因为任取 $\boldsymbol{\alpha}=(a_1,a_2,\cdots,a_n)^{\mathrm{T}}\in V_1,\boldsymbol{\beta}=(b_1,b_2,\cdots,b_n)^{\mathrm{T}}\in V_1$，

有 $a_1+a_2+\cdots+a_n=1,\quad b_1+b_2+\cdots+b_n=1$，

从而 $(a_1+b_1)+(a_2+b_2)+\cdots+(a_n+b_n)=(a_1+a_2+\cdots+a_n)+(b_1+b_2+\cdots+b_n)=2$，

所以 $\boldsymbol{\alpha}+\boldsymbol{\beta}=(a_1+b_1,a_2+b_2,\cdots,a_n+b_n)^{\mathrm{T}}\notin V_1$. 故 V_2 不是线性空间.

22. 由 $\boldsymbol{a}_1=(1,1,0,0)^{\mathrm{T}},\boldsymbol{a}_2=(1,0,1,1)^{\mathrm{T}}$ 所生成的向量空间记作 L_1，由 $\boldsymbol{b}_1=(2,-1,3,3)^{\mathrm{T}},\boldsymbol{b}_2=(0,1,-1,-1)^{\mathrm{T}}$ 所生成的向量空间记作 L_2，试证 $L_1=L_2$.

证 设 $\boldsymbol{A}=(\boldsymbol{a}_1,\boldsymbol{a}_2),\boldsymbol{B}=(\boldsymbol{b}_1,\boldsymbol{b}_2)$. 显然 $R(\boldsymbol{A})=R(\boldsymbol{B})=2$，又由

$$(\boldsymbol{A},\boldsymbol{B})=\begin{pmatrix}1&1&2&0\\1&0&-1&1\\0&1&3&-1\\0&1&3&-1\end{pmatrix}\xrightarrow{r}\begin{pmatrix}1&1&2&0\\0&-1&-3&1\\0&0&0&0\\0&0&0&0\end{pmatrix},$$

知 $R(\boldsymbol{A},\boldsymbol{B})=2$，所以 $R(\boldsymbol{A})=R(\boldsymbol{B})=R(\boldsymbol{A},\boldsymbol{B})$，从而向量组 $\boldsymbol{a}_1,\boldsymbol{a}_2$ 与向量组 $\boldsymbol{b}_1,\boldsymbol{b}_2$ 等价，所以这两个向量组所生成的向量空间相同，即 $L_1=L_2$.

23. 验证 $\boldsymbol{a}_1=(1,-1,0)^{\mathrm{T}},\boldsymbol{a}_2=(2,1,3)^{\mathrm{T}},\boldsymbol{a}_3=(3,1,2)^{\mathrm{T}}$ 为 $\mathbb{R}^3$ 的一个基，并把 $\boldsymbol{v}_1=(5,0,7)^{\mathrm{T}},\boldsymbol{v}_2=(-9,-8,-13)^{\mathrm{T}}$ 用这个基线性表示.

解 **方法一** 设 $\boldsymbol{A}=(\boldsymbol{a}_1,\boldsymbol{a}_2,\boldsymbol{a}_3)$，由 $|(\boldsymbol{a}_1,\boldsymbol{a}_2,\boldsymbol{a}_3)|=\begin{vmatrix}1&2&3\\-1&1&1\\0&3&2\end{vmatrix}=-6\neq0$，

知 $R(\boldsymbol{A})=3$，故 $\boldsymbol{a}_1,\boldsymbol{a}_2,\boldsymbol{a}_3$ 线性无关，所以 $\boldsymbol{a}_1,\boldsymbol{a}_2,\boldsymbol{a}_3$ 为 $\mathbb{R}^3$ 的一个基.

设 $x_1\boldsymbol{a}_1+x_2\boldsymbol{a}_2+x_3\boldsymbol{a}_3=\boldsymbol{v}_1$，则 $\begin{cases}x_1+2x_2+3x_3=5,\\-x_1+x_2+x_3=0,\\3x_2+2x_3=7,\end{cases}$

解得 $x_1=2,x_2=3,x_3=-1$，故 $\boldsymbol{v}_1=2\boldsymbol{a}_1+3\boldsymbol{a}_2-\boldsymbol{a}_3$.

设 $x_1\boldsymbol{a}_1+x_2\boldsymbol{a}_2+x_3\boldsymbol{a}_3=\boldsymbol{v}_2$，则$\begin{cases}x_1+2x_2+3x_3=-9,\\-x_1+x_2+x_3=-8,\\3x_2+2x_3=-13,\end{cases}$

解得 $x_1=3,x_2=-3,x_3=-2$，故 $\boldsymbol{v}_2=3\boldsymbol{a}_1-3\boldsymbol{a}_2-2\boldsymbol{a}_3$.

方法二 由$(\boldsymbol{a}_1,\boldsymbol{a}_2,\boldsymbol{a}_3,\boldsymbol{v}_1,\boldsymbol{v}_2)=\begin{pmatrix}1&2&3&5&-9\\-1&1&1&0&-8\\0&3&2&7&-13\end{pmatrix}\xrightarrow{r}\begin{pmatrix}1&0&0&2&3\\0&1&0&3&-3\\0&0&1&-1&-2\end{pmatrix}$.

所以可知$(\boldsymbol{a}_1,\boldsymbol{a}_2,\boldsymbol{a}_3)\xrightarrow{r}\boldsymbol{E}$，从而 $R(\boldsymbol{a}_1,\boldsymbol{a}_2,\boldsymbol{a}_3)=3$. 故 $\boldsymbol{a}_1,\boldsymbol{a}_2,\boldsymbol{a}_3$ 为 $\mathbf{R}^3$ 的一个基，$\boldsymbol{v}_1,\boldsymbol{v}_2$ 用此基线性表示式为 $\boldsymbol{v}_1=2\boldsymbol{a}_1+3\boldsymbol{a}_2-\boldsymbol{a}_3,\boldsymbol{v}_2=3\boldsymbol{a}_1-3\boldsymbol{a}_2-2\boldsymbol{a}_3$.

24. 已知$\mathbb{R}^3$的两个基为

$$\boldsymbol{a}_1=\begin{pmatrix}1\\1\\1\end{pmatrix},\boldsymbol{a}_2=\begin{pmatrix}1\\0\\-1\end{pmatrix},\boldsymbol{a}_3=\begin{pmatrix}1\\0\\1\end{pmatrix},\text{及 }\boldsymbol{b}_1=\begin{pmatrix}1\\2\\1\end{pmatrix},\boldsymbol{b}_2=\begin{pmatrix}2\\3\\4\end{pmatrix},\boldsymbol{b}_3=\begin{pmatrix}3\\4\\3\end{pmatrix}.$$

(1) 求由基 $\boldsymbol{a}_1,\boldsymbol{a}_2,\boldsymbol{a}_3$ 到基 $\boldsymbol{b}_1,\boldsymbol{b}_2,\boldsymbol{b}_3$ 的过渡矩阵 $\boldsymbol{P}$.

(2) 设向量 $\boldsymbol{x}$ 在前一基中的坐标为$(1,1,3)^{\mathrm{T}}$，求它在后一基中的坐标.

解 (1) 设 $\boldsymbol{e}_1,\boldsymbol{e}_2,\boldsymbol{e}_3$ 是三维单位坐标向量组，则

$$(\boldsymbol{a}_1,\boldsymbol{a}_2,\boldsymbol{a}_3)=(\boldsymbol{e}_1,\boldsymbol{e}_2,\boldsymbol{e}_3)\begin{pmatrix}1&1&1\\1&0&0\\1&-1&1\end{pmatrix},\quad(\boldsymbol{e}_1,\boldsymbol{e}_2,\boldsymbol{e}_3)=(\boldsymbol{a}_1,\boldsymbol{a}_2,\boldsymbol{a}_3)\begin{pmatrix}1&1&1\\1&0&0\\1&-1&1\end{pmatrix}^{-1},$$

于是

$$(\boldsymbol{b}_1,\boldsymbol{b}_2,\boldsymbol{b}_3)=(\boldsymbol{e}_1,\boldsymbol{e}_2,\boldsymbol{e}_3)\begin{pmatrix}1&2&3\\2&3&4\\1&4&3\end{pmatrix}=(\boldsymbol{a}_1,\boldsymbol{a}_2,\boldsymbol{a}_3)=\begin{pmatrix}1&1&1\\1&0&0\\1&-1&1\end{pmatrix}^{-1}\begin{pmatrix}1&2&3\\2&3&4\\1&4&3\end{pmatrix},$$

故由基 $\boldsymbol{a}_1,\boldsymbol{a}_2,\boldsymbol{a}_3$ 到基 $\boldsymbol{b}_1,\boldsymbol{b}_2,\boldsymbol{b}_3$ 的过渡矩阵为

$$\boldsymbol{P}=\begin{pmatrix}1&1&1\\1&0&0\\1&-1&1\end{pmatrix}^{-1}\begin{pmatrix}1&2&3\\2&3&4\\1&4&3\end{pmatrix}=\begin{pmatrix}2&3&4\\0&-1&0\\-1&0&-1\end{pmatrix}.$$

(2) 由$(\boldsymbol{a}_1,\boldsymbol{a}_2,\boldsymbol{a}_3)\begin{pmatrix}1\\1\\3\end{pmatrix}=(\boldsymbol{b}_1,\boldsymbol{b}_2,\boldsymbol{b}_3)\begin{pmatrix}y_1\\y_2\\y_3\end{pmatrix}$，这里 y_1,y_2,y_3 是 $\boldsymbol{x}$ 在后一基中的坐标，得

$$\begin{pmatrix}y_1\\y_2\\y_3\end{pmatrix}=(\boldsymbol{b}_1,\boldsymbol{b}_2,\boldsymbol{b}_3)^{-1}(\boldsymbol{a}_1,\boldsymbol{a}_2,\boldsymbol{a}_3)\begin{pmatrix}1\\1\\3\end{pmatrix}=\boldsymbol{B}^{-1}\boldsymbol{A}\begin{pmatrix}1\\1\\3\end{pmatrix}=\boldsymbol{P}^{-1}\begin{pmatrix}1\\1\\3\end{pmatrix}.$$

因 $\boldsymbol{P}^{-1}=-\dfrac{1}{2}\begin{pmatrix}1&3&4\\0&2&0\\-1&-3&-2\end{pmatrix}$，故 $\begin{pmatrix}y_1\\y_2\\y_3\end{pmatrix}=-\dfrac{1}{2}\begin{pmatrix}1&3&4\\0&2&0\\-1&-3&-2\end{pmatrix}\begin{pmatrix}1\\1\\3\end{pmatrix}=\begin{pmatrix}-8\\-1\\5\end{pmatrix}$.

25. 求下列齐次线性方程组的基础解系：

(1)$\begin{cases}x_1-8x_2+10x_3+2x_4=0,\\2x_1+4x_2+5x_3-x_4=0,\\3x_1+8x_2+6x_3-2x_4=0;\end{cases}$ (2)$\begin{cases}2x_1-3x_2-2x_3+x_4=0,\\3x_1+5x_2+4x_3-2x_4=0,\\8x_1+7x_2+6x_3-3x_4=0;\end{cases}$

(3)$nx_1+(n-1)x_2+\cdots+2x_{n-1}+x_n=0$.

解 (1) 对系数矩阵进行初等行变换，有

$$\boldsymbol{A}=\begin{pmatrix}1&-8&10&2\\2&4&5&-1\\3&8&6&-2\end{pmatrix}\xrightarrow{r}\begin{pmatrix}1&0&4&0\\0&1&-3/4&-1/4\\0&0&0&0\end{pmatrix},$$

可知原方程组的同解方程组为$\begin{cases}x_1=-4x_3,\\x_2=(3/4)x_3+(1/4)x_4.\end{cases}$

取$(x_3,x_4)^{\mathrm{T}}=(4,0)^{\mathrm{T}}$，得$(x_1,x_2)^{\mathrm{T}}=(-16,3)^{\mathrm{T}}$；

取$(x_3,x_4)^{\mathrm{T}}=(0,4)^{\mathrm{T}}$，得$(x_1,x_2)^{\mathrm{T}}=(0,1)^{\mathrm{T}}$.

因此方程组的基础解系为

$\boldsymbol{\xi}_1=(-16,3,4,0)^{\mathrm{T}},\boldsymbol{\xi}_2=(0,1,0,4)^{\mathrm{T}}$.

(2)对系数矩阵作初等行变换有

$$\boldsymbol{A}=\begin{pmatrix}2&-3&-2&1\\3&5&4&-2\\8&7&6&-3\end{pmatrix}\xrightarrow{r}\begin{pmatrix}2&-3&-2&1\\7&-1&0&0\\14&-2&0&0\end{pmatrix}\xrightarrow{r}\begin{pmatrix}-19&0&-2&1\\-7&1&0&0\\0&0&0&0\end{pmatrix},$$

可得同解方程组为$\begin{cases}x_2=7x_1,\\x_4=19x_1+2x_3.\end{cases}$

分别取$\begin{pmatrix}x_1\\x_3\end{pmatrix}=\begin{pmatrix}1\\0\end{pmatrix}$和$\begin{pmatrix}0\\1\end{pmatrix}$，得基础解系为

$\boldsymbol{\xi}_1=(1,7,0,19)^{\mathrm{T}},\boldsymbol{\xi}_2=(0,0,1,2)^{\mathrm{T}}$.

(3)$\boldsymbol{A}=(n,n-1,\cdots,1)$可见$R(\boldsymbol{A})=1$，从而有$n-R(\boldsymbol{A})=n-1$个线性无关的解，构成此方程组的基础解系，并且由

$$x_n=-nx_1-(n-1)x_2-\cdots-2x_{n-1},\quad \text{分别取}\begin{pmatrix}x_1\\x_2\\\vdots\\x_{n-1}\end{pmatrix}=\begin{pmatrix}1\\0\\\vdots\\0\end{pmatrix},\begin{pmatrix}0\\1\\\vdots\\0\end{pmatrix},\cdots,\begin{pmatrix}0\\0\\\vdots\\1\end{pmatrix},$$

得方程组的基础解系为

$$\boldsymbol{\xi}_1=\begin{pmatrix}1\\0\\\vdots\\-n\end{pmatrix},\boldsymbol{\xi}_2=\begin{pmatrix}0\\1\\\vdots\\-(n-1)\end{pmatrix},\cdots,\boldsymbol{\xi}_{n-1}=\begin{pmatrix}0\\\vdots\\1\\-2\end{pmatrix}.$$

26. 设$\boldsymbol{A}=\begin{pmatrix}2&-2&1&3\\9&-5&2&8\end{pmatrix}$，求一个$4\times2$矩阵$\boldsymbol{B}$，使$\boldsymbol{AB}=\boldsymbol{O}$，且$R(\boldsymbol{B})=2$.

解 将$\boldsymbol{B}$按列分块为$\boldsymbol{B}=(\boldsymbol{\xi}_1,\boldsymbol{\xi}_2)$，因$R(\boldsymbol{B})=2$，故$\boldsymbol{\xi}_1,\boldsymbol{\xi}_2$线性无关.

又因$\boldsymbol{AB}=\boldsymbol{O}\Rightarrow\boldsymbol{A}(\boldsymbol{\xi}_1,\boldsymbol{\xi}_2)=\boldsymbol{O}\Rightarrow\boldsymbol{\xi}_1,\boldsymbol{\xi}_2$是方程组的解.

由题设可知$R(\boldsymbol{A})=2$，于是可知$\boldsymbol{\xi}_1,\boldsymbol{\xi}_2$是方程组$\boldsymbol{Ax}=\boldsymbol{0}$的一个基础解系.

$$\boldsymbol{A}=\begin{pmatrix}2&-2&1&3\\9&-5&2&8\end{pmatrix}\xrightarrow{r}\begin{pmatrix}1&0&-\frac{1}{8}&\frac{1}{8}\\0&1&-\frac{5}{8}&-\frac{11}{8}\end{pmatrix},$$

所以与方程组$\boldsymbol{AB}=\boldsymbol{O}$同解的方程组为$\begin{cases}x_1=\left(\frac{1}{8}\right)x_3-\left(\frac{1}{8}\right)x_4,\\x_2=\left(\frac{5}{8}\right)x_3+\left(\frac{11}{8}\right)x_4,\end{cases}$

取$(x_3,x_4)^{\mathrm{T}}=(8,0)^{\mathrm{T}}$，得$(x_1,x_2)^{\mathrm{T}}=(1,5)^{\mathrm{T}}$；

取$(x_3,x_4)^{\mathrm{T}}=(0,8)^{\mathrm{T}}$，得$(x_1,x_2)^{\mathrm{T}}=(-1,11)^{\mathrm{T}}$.

方程组 $\boldsymbol{AB}=\boldsymbol{O}$ 的基础解系为 $\boldsymbol{\xi}_1=(1,5,8,0)^{\mathrm{T}}$，$\boldsymbol{\xi}_2=(-1,11,0,8)^{\mathrm{T}}$.

因此所求矩阵 $\boldsymbol{B}=\begin{pmatrix}1&-1\\5&11\\8&0\\0&8\end{pmatrix}$.

27. 求一个齐次线性方程组，使它的基础解系为 $\boldsymbol{\xi}_1=(0,1,2,3)^{\mathrm{T}}$，$\boldsymbol{\xi}_2=(3,2,1,0)^{\mathrm{T}}$.

解 显然原方程组的通解为 $\begin{pmatrix}x_1\\x_2\\x_3\\x_4\end{pmatrix}=k_1\begin{pmatrix}0\\1\\2\\3\end{pmatrix}+k_2\begin{pmatrix}3\\2\\1\\0\end{pmatrix}$，即 $\begin{cases}x_1=3k_2,\\x_2=k_1+2k_2,\\x_3=2k_1+k_2,\\x_4=3k_1\end{cases}$ $(k_1,k_2\in\mathbb{R})$，消去 k_1,k_2 得

$\begin{cases}2x_1-3x_2+x_4=0,\\x_1-3x_3+2x_4=0,\end{cases}$ 此即所求的齐次线性方程组.

28. 设四元齐次线性方程组Ⅰ：$\begin{cases}x_1+x_2=0,\\x_2-x_4=0,\end{cases}$ Ⅱ：$\begin{cases}x_1-x_2+x_3=0,\\x_2-x_3+x_4=0.\end{cases}$ 求：

(1)方程组Ⅰ与Ⅱ的基础解系；(2)Ⅰ与Ⅱ的公共解.

解 (1)由方程组Ⅰ得 $\begin{cases}x_1=-x_2,\\x_2=x_4,\end{cases}$

取 $(x_3,x_4)^{\mathrm{T}}=(1,0)^{\mathrm{T}}$，得 $(x_1,x_2)^{\mathrm{T}}=(0,0)^{\mathrm{T}}$；取 $(x_3,x_4)^{\mathrm{T}}=(0,1)^{\mathrm{T}}$，得 $(x_1,x_2)^{\mathrm{T}}=(-1,1)^{\mathrm{T}}$.

因此方程组Ⅰ的基础解系为 $\boldsymbol{\xi}_1=(-1,1,0,1)^{\mathrm{T}}$，$\boldsymbol{\xi}_2=(0,0,1,0)^{\mathrm{T}}$.

求方程组Ⅱ的基础解系，系数矩阵为 $\begin{pmatrix}1&-1&1&0\\0&1&-1&1\end{pmatrix}$，

基础解系为 $\boldsymbol{\eta}_1=(1,1,0,-1)^{\mathrm{T}}$，$\boldsymbol{\eta}_2=(-1,0,1,1)^{\mathrm{T}}$.

(2)设 $x=(x_1,x_2,x_3,x_4)^{\mathrm{T}}$ 为Ⅰ与Ⅱ的公共解. 下面用两种方法求 $\boldsymbol{x}$ 的一般表达式.

方法一 以Ⅰ的通解 $\boldsymbol{x}=(-C_1,C_1,C_2,C_1)^{\mathrm{T}}$ 代入Ⅱ得：

$\begin{cases}-C_1-C_1+C_2=0,\\C_1-C_2+C_1=0,\end{cases}\Rightarrow C_2=2C_1$，

这表明Ⅰ中的解中所有形如 $(-C_1,C_1,2C_1,C_1)^{\mathrm{T}}$ 的解也是Ⅱ的解.

从而是Ⅰ和Ⅱ的公共解，即为 $\boldsymbol{x}=k(-1,1,2,1)^{\mathrm{T}}$，$k\in\mathbb{R}$.

方法二 $\boldsymbol{x}$ 是Ⅰ与Ⅱ的共公解 $\Leftrightarrow\boldsymbol{x}$ 是方程组Ⅲ的解，方程组Ⅲ为Ⅰ与Ⅱ合起来的方程组，即Ⅲ：

$\begin{cases}x_1+x_2=0,\\x_2-x_4=0,\\x_1-x_2+x_3=0,\\x_2-x_3+x_4=0,\end{cases}$ 其系数矩阵 $\begin{pmatrix}1&1&0&0\\0&1&0&-1\\1&-1&1&0\\0&1&-1&1\end{pmatrix}\xrightarrow{r}\begin{pmatrix}1&0&0&1\\0&1&0&-1\\0&0&1&-2\\0&0&0&0\end{pmatrix}$.

其基础解系为 $(-1,1,2,1)^{\mathrm{T}}$. 于是Ⅰ和Ⅱ的公共解为 $\boldsymbol{x}=k(-1,1,2,1)^{\mathrm{T}}$，$k\in\mathbb{R}$.

29. 设 n 阶矩阵 $\mathbf{A}$ 满足 $\mathbf{A}^2=\mathbf{A}$，$\boldsymbol{E}$ 为 n 阶单位矩阵，证明 $R(\mathbf{A})+R(\mathbf{A}-\mathbf{E})=n$.

提示：利用矩阵的性质⑥和⑧.

证 因为 $\mathbf{A}(\mathbf{A}-\mathbf{E})=\mathbf{A}^2-\mathbf{A}=\mathbf{A}-\mathbf{A}=\mathbf{O}$，所以 $R(\mathbf{A})+R(\mathbf{A}-\mathbf{E})\leqslant n$.

又 $R(\mathbf{A}-\mathbf{E})=R(\mathbf{E}-\mathbf{A})$，可知

$R(\mathbf{A})+R(\mathbf{A}-\mathbf{E})=R(\mathbf{A})+R(\mathbf{E}-\mathbf{A})\geqslant R(\mathbf{A}+\mathbf{E}-\mathbf{A})=R(\mathbf{E})=n$，

由此 $R(\mathbf{A})+R(\mathbf{A}-\mathbf{E})=n$.

30. 设 $\mathbf{A}$ 为 n 阶矩阵 $(n\geqslant 2)$，$\mathbf{A}^*$ 为 $\mathbf{A}$ 的伴随矩阵，证明 $R(\mathbf{A}^*)=\begin{cases}n, & \text{当 } R(\mathbf{A})=n,\\1, & \text{当 } R(\mathbf{A})=n-1,\\0, & \text{当 } R(\mathbf{A})\leqslant n-2.\end{cases}$

证 (1)当 $R(\boldsymbol{A})=n$ 时，$|\boldsymbol{A}|\neq 0$，故有 $|\boldsymbol{A}\boldsymbol{A}^*|=||\boldsymbol{A}|\boldsymbol{E}|=|\boldsymbol{A}|^n\neq 0$，$|\boldsymbol{A}^*|\neq 0$，所以 $R(\boldsymbol{A}^*)=n$.

(2)当 $R(\boldsymbol{A})=n-1$ 时，$|\boldsymbol{A}|=0$，故有 $\boldsymbol{A}\boldsymbol{A}^*=|\boldsymbol{A}|\boldsymbol{E}=\boldsymbol{O}$，

即 $\boldsymbol{A}^*$ 的列向量都是方程组 $\boldsymbol{Ax}=\boldsymbol{0}$ 的解. 因为 $R(\boldsymbol{A})=n-1$，所以方程组 $\boldsymbol{Ax}=\boldsymbol{0}$ 的基础解系中只含一个解向量，即基础解系的秩为 1. 因此 $R(\boldsymbol{A}^*)=1$.

(3)当 $R(\boldsymbol{A})\leqslant n-2$ 时，$\boldsymbol{A}$ 中每个元素的代数余子式都为 0，故 $\boldsymbol{A}^*=\boldsymbol{O}$，从而 $R(\boldsymbol{A}^*)=0$.

31. 求下列非齐次线性方程组的一个解及对应的齐次线性方程组的基础解系：

(1) $\begin{cases} x_1+x_2=5, \\ 2x_1+x_2+x_3+2x_4=1, \\ 5x_1+3x_2+2x_3+2x_4=3; \end{cases}$ (2) $\begin{cases} x_1-5x_2+2x_3-3x_4=11, \\ 5x_1+3x_2+6x_3-x_4=-1, \\ 2x_1+4x_2+2x_3+x_4=-6. \end{cases}$

解 (1)对增广矩阵进行初等行变换，有

$$\boldsymbol{B}=\begin{pmatrix} 1 & 1 & 0 & 0 & 5 \\ 2 & 1 & 1 & 2 & 1 \\ 5 & 3 & 2 & 2 & 3 \end{pmatrix} \xrightarrow{r} \begin{pmatrix} 1 & 0 & 1 & 0 & -8 \\ 0 & 1 & -1 & 0 & 13 \\ 0 & 0 & 0 & 1 & 2 \end{pmatrix}.$$

同解方程组为 $\begin{cases} x_1=-x_3-8, \\ x_2=x_3+13, \\ x_4=2. \end{cases}$

取 $x_3=0$ 得特解 $\boldsymbol{\eta}=(-8,13,0,2)^{\mathrm{T}}$.

取 $x_3=1$ 得对应齐次方程组的基础解系 $\boldsymbol{\xi}=(-1,1,1,0)^{\mathrm{T}}$.

(2)对增广矩阵进行初等行变换，有

$$\boldsymbol{B}=\begin{pmatrix} 1 & -5 & 2 & -3 & 11 \\ 5 & 3 & 6 & -1 & -1 \\ 2 & 4 & 2 & 1 & -6 \end{pmatrix} \xrightarrow{r} \begin{pmatrix} 1 & 0 & \frac{9}{7} & -\frac{1}{2} & 1 \\ 0 & 1 & -\frac{1}{7} & \frac{1}{2} & -2 \\ 0 & 0 & 0 & 0 & 0 \end{pmatrix}.$$

与所给方程组同解的方程组为 $\begin{cases} x_1=-\left(\frac{9}{7}\right)x_3+\left(\frac{1}{2}\right)x_4+1, \\ x_2=\left(\frac{1}{7}\right)x_3-\left(\frac{1}{2}\right)x_4-2. \end{cases}$

当 $x_3=x_4=0$ 时，得所给方程组的一个特解 $\boldsymbol{\eta}=(1,-2,0,0)^{\mathrm{T}}$.

与对应的齐次方程组同解的方程组为 $\begin{cases} x_1=-\left(\frac{9}{7}\right)x_3+\left(\frac{1}{2}\right)x_4, \\ x_2=\left(\frac{1}{7}\right)x_3-\left(\frac{1}{2}\right)x_4. \end{cases}$

分别取 $(x_3,x_4)^{\mathrm{T}}=(1,0)^{\mathrm{T}},(0,1)^{\mathrm{T}}$，得对应的齐次方程组的基础解系

$\boldsymbol{\xi}_1=(-9,1,7,0)^{\mathrm{T}},\boldsymbol{\xi}_2=(1,-1,0,2)^{\mathrm{T}}$.

32. 设四元非齐次线性方程组的系数矩阵的秩为 3，已知 $\boldsymbol{\eta}_1,\boldsymbol{\eta}_2,\boldsymbol{\eta}_3$ 是它的三个解向量，且 $\boldsymbol{\eta}_1=(2,3,4,5)^{\mathrm{T}},\boldsymbol{\eta}_2+\boldsymbol{\eta}_3=(1,2,3,4)^{\mathrm{T}}$，求该方程组的通解.

解 由于方程组中未知数的个数是 4，系数矩阵的秩为 3，所以对应的齐次线性方程组的基础解系含有一个解向量，且由于 $\boldsymbol{\eta}_1,\boldsymbol{\eta}_2,\boldsymbol{\eta}_3$ 均为方程组的解，由非齐次线性方程组解的结构性质得 $2\boldsymbol{\eta}_1-(\boldsymbol{\eta}_2+\boldsymbol{\eta}_3)=(\boldsymbol{\eta}_1-\boldsymbol{\eta}_2)+(\boldsymbol{\eta}_1-\boldsymbol{\eta}_3)=(3,4,5,6)^{\mathrm{T}}$ 为其基础解系中的向量，故此方程组的通解 $\boldsymbol{x}=k(3,4,5,6)^{\mathrm{T}}+(2,3,4,5)^{\mathrm{T}}(k\in\mathbb{R})$.

33. 设有向量组 A：$\boldsymbol{a}_1=\begin{pmatrix}\alpha\\2\\10\end{pmatrix},\boldsymbol{a}_2=\begin{pmatrix}-2\\1\\5\end{pmatrix},\boldsymbol{a}_3=\begin{pmatrix}-1\\1\\4\end{pmatrix}$ 及向量 $\boldsymbol{b}=\begin{pmatrix}1\\\beta\\-1\end{pmatrix}$，问 α,β 为何值时：

(1)向量 $\boldsymbol{b}$ 不能由向量组 A 线性表示；

(2)向量 $\boldsymbol{b}$ 能由向量组 A 线性表示,且表示式唯一;

(3)向量 $\boldsymbol{b}$ 能由向量组 A 线性表示,且表示式不唯一,并求一般表示式.

解 设矩阵 $\boldsymbol{A}=(\boldsymbol{a}_1,\boldsymbol{a}_2,\boldsymbol{a}_3)$,那么方程组 $\boldsymbol{Ax}=\boldsymbol{b}$ 有解 $\Leftrightarrow \boldsymbol{b}$ 可由向量组 A 线性表示,因而本题可归结为含参数的非齐次线性方程组求解问题:

$$(\boldsymbol{a}_3,\boldsymbol{a}_2,\boldsymbol{a}_1,\boldsymbol{b})=\begin{pmatrix}-1&-2&\alpha&1\\1&1&2&\beta\\4&5&10&-1\end{pmatrix}\xrightarrow{r}\begin{pmatrix}-1&-2&\alpha&1\\0&-1&1+\alpha&\beta+1\\0&0&4+\alpha&-3\beta\end{pmatrix}.$$

(1)当 $\alpha=-4,\beta\neq0$ 时,$R(\boldsymbol{A})\neq R(\boldsymbol{A},\boldsymbol{b})$,此时向量 $\boldsymbol{b}$ 不能由向量组 A 线性表示.

(2)当 $\alpha\neq-4$ 时,$R(\boldsymbol{A})=R(\boldsymbol{A},\boldsymbol{b})=3$,此时向量组 $\boldsymbol{a}_1,\boldsymbol{a}_2,\boldsymbol{a}_3$ 线性无关,而向量组 $\boldsymbol{a}_1,\boldsymbol{a}_2,\boldsymbol{a}_3,\boldsymbol{b}$ 线性相关,故向量 $\boldsymbol{b}$ 能由向量组 A 线性表示,且表示式唯一.

(3)当 $\alpha=-4,\beta=0$ 时,$R(\boldsymbol{A})=R(\boldsymbol{A},\boldsymbol{b})=2$,此时向量 $\boldsymbol{b}$ 能由向量组 A 线性表示,且表示式不唯一.

当 $\alpha=-4,\beta=0$ 时,

$$(\boldsymbol{a}_3,\boldsymbol{a}_2,\boldsymbol{a}_1,\boldsymbol{b})=\begin{pmatrix}-1&-2&-4&1\\1&1&2&0\\4&5&10&-1\end{pmatrix}\xrightarrow{r}\begin{pmatrix}1&0&-2&1\\0&1&3&-1\\0&0&0&0\end{pmatrix},$$

方程组 $(\boldsymbol{a}_3,\boldsymbol{a}_2,\boldsymbol{a}_1)\boldsymbol{x}=\boldsymbol{b}$ 的解为 $\begin{pmatrix}x_1\\x_2\\x_3\end{pmatrix}=c\begin{pmatrix}2\\-3\\1\end{pmatrix}+\begin{pmatrix}1\\-1\\0\end{pmatrix}=\begin{pmatrix}2c+1\\-3c-1\\c\end{pmatrix},c\in\mathbb{R}.$

因此 $\boldsymbol{b}=(2c+1)\boldsymbol{a}_3+(-3c-1)\boldsymbol{a}_2+c\boldsymbol{a}_1$,

即 $\boldsymbol{b}=c\boldsymbol{a}_1+(-3c-1)\boldsymbol{a}_2+(2c+1)\boldsymbol{a}_3,c\in\mathbb{R}.$

34. 设 $\boldsymbol{a}=\begin{pmatrix}a_1\\a_2\\a_3\end{pmatrix},\boldsymbol{b}=\begin{pmatrix}b_1\\b_2\\b_3\end{pmatrix},\boldsymbol{c}=\begin{pmatrix}c_1\\c_2\\c_3\end{pmatrix},(a_i^2+b_i^2\neq0,i=1,2,3)$,证明三直线 $\begin{cases}l_1:a_1x+b_1y+c_1=0,\\l_2:a_2x+b_2y+c_2=0,\\l_3:a_3x+b_3y+c_3=0\end{cases}$ 相交于一点的充分必要条件为:向量组 $\boldsymbol{a},\boldsymbol{b}$ 线性无关,且向量组 $\boldsymbol{a},\boldsymbol{b},\boldsymbol{c}$ 线性相关.

证 三直线 l_1,l_2,l_3 相交于一点 $\Leftrightarrow$ 非齐次方程 $(\boldsymbol{a},\boldsymbol{b})\begin{pmatrix}x\\y\end{pmatrix}=-\boldsymbol{c}$ 有唯一解

$\Leftrightarrow R(\boldsymbol{a},\boldsymbol{b})=R(\boldsymbol{a},\boldsymbol{b},\boldsymbol{c})=2$

$\Leftrightarrow$ 向量组 $\boldsymbol{a},\boldsymbol{b}$ 线性无关,且向量组 $\boldsymbol{a},\boldsymbol{b},\boldsymbol{c}$ 线性相关.

35. 设矩阵 $\boldsymbol{A}=(\boldsymbol{a}_1,\boldsymbol{a}_2,\boldsymbol{a}_3,\boldsymbol{a}_4)$,其中 $\boldsymbol{a}_2,\boldsymbol{a}_3,\boldsymbol{a}_4$ 线性无关,$\boldsymbol{a}_1=2\boldsymbol{a}_2-\boldsymbol{a}_3$,向量 $\boldsymbol{b}=\boldsymbol{a}_1+\boldsymbol{a}_2+\boldsymbol{a}_3+\boldsymbol{a}_4$,求方程组 $\boldsymbol{Ax}=\boldsymbol{b}$ 的通解.

解 由 $\boldsymbol{b}=\boldsymbol{a}_1+\boldsymbol{a}_2+\boldsymbol{a}_3+\boldsymbol{a}_4$ 知 $\boldsymbol{\eta}=(1,1,1,1)^{\mathrm{T}}$ 是方程组 $\boldsymbol{Ax}=\boldsymbol{b}$ 的一个解.

又由 $\boldsymbol{a}_1=2\boldsymbol{a}_2-\boldsymbol{a}_3$ 得 $\boldsymbol{a}_1-2\boldsymbol{a}_2+\boldsymbol{a}_3=0$,知 $\boldsymbol{\xi}=(1,-2,1,0)^{\mathrm{T}}$ 是 $\boldsymbol{Ax}=\boldsymbol{0}$ 的一个解.

因 $\boldsymbol{a}_2,\boldsymbol{a}_3,\boldsymbol{a}_4$ 线性无关知 $R(\boldsymbol{A})=3$,故方程组 $\boldsymbol{Ax}=\boldsymbol{b}$ 所对应的齐次线性方程组 $\boldsymbol{Ax}=\boldsymbol{0}$ 的基础解系中含一个解向量.因此 $\boldsymbol{\xi}=(1,-2,1,0)^{\mathrm{T}}$ 是方程组 $\boldsymbol{Ax}=\boldsymbol{0}$ 的基础解系.

故方程组 $\boldsymbol{Ax}=\boldsymbol{b}$ 的通解为 $\boldsymbol{x}=c(1,-2,1,0)^{\mathrm{T}}+(1,1,1,1)^{\mathrm{T}},c\in\mathbb{R}.$

36. 设 $\boldsymbol{\eta}^*$ 是非齐次线性方程组 $\boldsymbol{Ax}=\boldsymbol{b}$ 的一个解,$\boldsymbol{\xi}_1,\boldsymbol{\xi}_2,\cdots,\boldsymbol{\xi}_{n-r}$ 是对应的齐次线性方程组的一个基础解系,证明:

(1)$\boldsymbol{\eta}^*,\boldsymbol{\xi}_1,\boldsymbol{\xi}_2,\cdots,\boldsymbol{\xi}_{n-r}$ 线性无关;

(2)$\boldsymbol{\eta}^*,\boldsymbol{\eta}^*+\boldsymbol{\xi}_1,\boldsymbol{\eta}^*+\boldsymbol{\xi}_2,\cdots,\boldsymbol{\eta}^*+\boldsymbol{\xi}_{n-r}$ 线性无关.

证 (1)反证法,假设 $\boldsymbol{\eta}^*,\boldsymbol{\xi}_1,\boldsymbol{\xi}_2,\cdots,\boldsymbol{\xi}_{n-r}$ 线性相关,因为 $\boldsymbol{\xi}_1,\boldsymbol{\xi}_2,\cdots,\boldsymbol{\xi}_{n-r}$ 线性无关,所以 $\boldsymbol{\eta}^*$ 可由 $\boldsymbol{\xi}_1,\boldsymbol{\xi}_2,\cdots,\boldsymbol{\xi}_{n-r}$ 线性表示,且表示式是唯一的,这说明 $\boldsymbol{\eta}^*$ 也是齐次线性方程组的解,与题设矛盾,故 $\boldsymbol{\eta}^*,\boldsymbol{\xi}_1,\boldsymbol{\xi}_2,\cdots,\boldsymbol{\xi}_{n-r}$ 线性无关.

注:本题(1)也可用定义直接证明.

(2)**方法一** 显然向量组 $\boldsymbol{\eta}^*,\boldsymbol{\eta}^*+\xi_1,\boldsymbol{\eta}^*+\xi_2,\cdots,\boldsymbol{\eta}^*+\xi_{n-r}$ 与向量组 $\boldsymbol{\eta}^*,\xi_1,\xi_2,\cdots,\xi_{n-r}$ 可以相互表示,故这两个向量组等价,而由(1)知向量组 $\boldsymbol{\eta}^*,\xi_1,\xi_2,\cdots,\xi_{n-r}$ 线性无关,所以向量组 $\boldsymbol{\eta}^*,\boldsymbol{\eta}^*+\xi_1,\boldsymbol{\eta}^*+\xi_2,\cdots,\boldsymbol{\eta}^*+\xi_{n-r}$ 也线性无关.

方法二 设有关系式

$\lambda_0\boldsymbol{\eta}^*+\lambda_1(\boldsymbol{\eta}^*+\xi_1)+\cdots+\lambda_{n-r}(\boldsymbol{\eta}^*+\xi_{n-r})=\mathbf{0}$,

即 $(\lambda_0+\lambda_1+\cdots+\lambda_{n-r})\boldsymbol{\eta}^*+\lambda_1\xi_1+\cdots+\lambda_{n-r}\xi_{n-r}=\mathbf{0}$,

由(1)知向量组 $\boldsymbol{\eta}^*,\xi_1,\cdots,\xi_{n-r}$ 线性无关,故 $\lambda_1=\lambda_2=\cdots=\lambda_{n-r}=0$,

且 $\lambda_0+\lambda_1+\cdots+\lambda_{n-r}=0$,故 $\lambda_0=0$.

因此向量组 $\boldsymbol{\eta}^*,\boldsymbol{\eta}^*+\xi_1,\cdots,\boldsymbol{\eta}^*+\xi_{n-r}$ 线性无关.

37. 设 $\boldsymbol{\eta}_1,\boldsymbol{\eta}_2,\cdots,\boldsymbol{\eta}_s$ 是非齐次线性方程组 $\boldsymbol{Ax}=\boldsymbol{b}$ 的 s 个解,$k_1,k_2,\cdots,k_s$ 为实数,满足 $k_1+k_2+\cdots+k_s=1$. 证明 $\boldsymbol{x}=k_1\boldsymbol{\eta}_1+k_2\boldsymbol{\eta}_2+\cdots+k_s\boldsymbol{\eta}_s$ 也是它的解.

证 因为 $\boldsymbol{\eta}_1,\boldsymbol{\eta}_2,\cdots,\boldsymbol{\eta}_s$ 都是方程组 $\boldsymbol{Ax}=\boldsymbol{b}$ 的解,所以 $\boldsymbol{A\eta}_i=\boldsymbol{b}(i=1,2,\cdots,s)$,

从而 $\boldsymbol{A}(k_1\boldsymbol{\eta}_1+k_2\boldsymbol{\eta}_2+\cdots+k_s\boldsymbol{\eta}_s)=k_1\boldsymbol{A\eta}_1+k_2\boldsymbol{A\eta}_2+\cdots+k_s\boldsymbol{A\eta}_s=(k_1+k_2+\cdots+k_s)\boldsymbol{b}=\boldsymbol{b}$.

故 $\boldsymbol{x}=k_1\boldsymbol{\eta}_1+k_2\boldsymbol{\eta}_2+\cdots+k_s\boldsymbol{\eta}_s$ 也是方程组 $\boldsymbol{Ax}=\boldsymbol{b}$ 的解.

38. 设非齐次线性方程组 $\boldsymbol{Ax}=\boldsymbol{b}$ 的系数矩阵的秩为 r,$\boldsymbol{\eta}_1,\boldsymbol{\eta}_2,\cdots,\boldsymbol{\eta}_{n-r+1}$ 是它的 $n-r+1$ 个线性无关的解由题 36 知它确有 $n-r+1$ 个线性无关的解. 试证它的任一解可表示为

$\boldsymbol{x}=k_1\boldsymbol{\eta}_1+k_2\boldsymbol{\eta}_2+\cdots+k_{n-r+1}\boldsymbol{\eta}_{n-r+1}$(其中 $k_1+k_2+\cdots+k_{n-r+1}=1$).

证 因为 $\boldsymbol{\eta}_1,\boldsymbol{\eta}_2,\cdots,\boldsymbol{\eta}_{n-r+1}$ 均为 $\boldsymbol{Ax}=\boldsymbol{b}$ 的解,所以 $\xi_1=\boldsymbol{\eta}_2-\boldsymbol{\eta}_1,\xi_2=\boldsymbol{\eta}_3-\boldsymbol{\eta}_1,\cdots,\xi_{n-r}=\boldsymbol{\eta}_{n-r+1}-\boldsymbol{\eta}_1$ 均为 $\boldsymbol{Ax}=\mathbf{0}$ 的解.

用反证法证:$\xi_1,\xi_2,\cdots,\xi_{n-r}$ 线性无关.

假设它们线性相关,则存在不全为零的数 $\lambda_1,\lambda_2,\cdots,\lambda_{n-r}$,使得 $\lambda_1\xi_1+\lambda_2\xi_2+\cdots+\lambda_{n-r}\xi_{n-r}=\mathbf{0}$,

即 $\lambda_1(\boldsymbol{\eta}_2-\boldsymbol{\eta}_1)+\lambda_2(\boldsymbol{\eta}_3-\boldsymbol{\eta}_1)+\cdots+\lambda_{n-r}(\boldsymbol{\eta}_{n-r+1}-\boldsymbol{\eta}_1)=\mathbf{0}$,

整理得 $-(\lambda_1+\lambda_2+\cdots+\lambda_{n-r})\boldsymbol{\eta}_1+\lambda_1\boldsymbol{\eta}_2+\lambda_2\boldsymbol{\eta}_3+\cdots+\lambda_{n-r}\boldsymbol{\eta}_{n-r+1}=\mathbf{0}$,

由题设 $\boldsymbol{\eta}_1,\boldsymbol{\eta}_2,\cdots,\boldsymbol{\eta}_{n-r+1}$ 线性无关,知 $\lambda_1+\lambda_2+\cdots+\lambda_{n-r}=\lambda_1=\lambda_2=\cdots=\lambda_{n-r}=0$,

与假设矛盾,因此 $\xi_1,\xi_2,\cdots,\xi_{n-r}$ 线性无关,且为 $\boldsymbol{Ax}=\mathbf{0}$ 的一个基础解系.

设 $\boldsymbol{x}$ 为 $\boldsymbol{Ax}=\boldsymbol{b}$ 的任一解,则 $\boldsymbol{x}-\boldsymbol{\eta}_1$ 为 $\boldsymbol{Ax}=\mathbf{0}$ 的解,故 $\boldsymbol{x}-\boldsymbol{\eta}_1$ 可由 $\xi_1,\xi_2,\cdots,\xi_{n-r}$ 线性表出,设

$$\begin{aligned}\boldsymbol{x}-\boldsymbol{\eta}_1&=k_2\xi_1+k_3\xi_2+\cdots+k_{n-r+1}\xi_{n-r}\\&=k_2(\boldsymbol{\eta}_2-\boldsymbol{\eta}_1)+k_3(\boldsymbol{\eta}_3-\boldsymbol{\eta}_1)+\cdots+k_{n-r+1}(\boldsymbol{\eta}_{n-r+1}-\boldsymbol{\eta}_1),\end{aligned}$$

$\boldsymbol{x}=\boldsymbol{\eta}_1(1-k_2-k_3\cdots-k_{n-r+1})+k_2\boldsymbol{\eta}_2+k_3\boldsymbol{\eta}_3+\cdots+k_{n-r+1}\boldsymbol{\eta}_{n-r+1}$.

令 $k_1=1-k_2-k_3\cdots-k_{n-r+1}$,则 $k_1+k_2+k_3+\cdots+k_{n-r+1}=1$,于是,它的任一解可表示为

$\boldsymbol{x}=k_1\boldsymbol{\eta}_1+k_2\boldsymbol{\eta}_2+\cdots+k_{n-r+1}\boldsymbol{\eta}_{n-r+1}(k_1+k_2+\cdots+k_{n-r+1}=1)$.

第四章自测题

一、填空题

1. 已知向量组 $\boldsymbol{a}_1^{\mathrm{T}}=(1,2,-1,1),\boldsymbol{a}_2^{\mathrm{T}}=(2,0,t,0),\boldsymbol{a}_3^{\mathrm{T}}=(0,-4,5,-2)$ 的秩为 2,则 $t=$________.

2. 如果向量 $\boldsymbol{b}=(1,k,5)^{\mathrm{T}}$ 能由向量组 $\boldsymbol{a}_1=(1,-3,2)^{\mathrm{T}},\boldsymbol{a}_2=(2,-1,1)^{\mathrm{T}}$ 线性表示,则 $k=$________.

3. 设向量组 $\boldsymbol{\alpha}_1=(a,0,c),\boldsymbol{\alpha}_2=(b,c,0),\boldsymbol{\alpha}_3=(0,a,b)$ 线性无关,则 a,b,c 必满足关系式________.

4. 向量 $\boldsymbol{b}=(1,1,0)^{\mathrm{T}}$ 在基 $\boldsymbol{a}_1=(1,2,1)^{\mathrm{T}},\boldsymbol{a}_2=(2,3,4)^{\mathrm{T}},\boldsymbol{a}_3=(3,4,3)^{\mathrm{T}}$ 下的坐标是________.

5. 设三元非齐次线性方程组 $\boldsymbol{Ax}=\boldsymbol{b}$ 有三个特解 $\boldsymbol{\alpha}_1,\boldsymbol{\alpha}_2,\boldsymbol{\alpha}_3$,且 $\boldsymbol{\alpha}_1+\boldsymbol{\alpha}_2+\boldsymbol{\alpha}_3=(1,1,1)^{\mathrm{T}},\boldsymbol{\alpha}_3-\boldsymbol{\alpha}_2=(1,0,0)^{\mathrm{T}}$,而 $R(\boldsymbol{A})=2$,则 $\boldsymbol{Ax}=\boldsymbol{b}$ 的通解为________.

6. 设 $\boldsymbol{\alpha}_1,\boldsymbol{\alpha}_2,\boldsymbol{\alpha}_3$ 是三维向量空间的一组基，则由基 $\boldsymbol{\alpha}_1,\frac{1}{2}\boldsymbol{\alpha}_2,\frac{1}{3}\boldsymbol{\alpha}_3$ 到基 $\boldsymbol{\alpha}_1+\boldsymbol{\alpha}_2,\boldsymbol{\alpha}_2+\boldsymbol{\alpha}_3,\boldsymbol{\alpha}_3+\boldsymbol{\alpha}_1$ 的过渡矩阵为________.

二、选择题

1. 设 $\boldsymbol{\alpha}_1,\boldsymbol{a}_2,\cdots,\boldsymbol{a}_m$ 均为 n 维向量，那么下列结论正确的是(　　).

(A)若 $k_1\boldsymbol{\alpha}_1+k_2\boldsymbol{\alpha}_2+\cdots+k_m\boldsymbol{\alpha}_m=\mathbf{0}$，则 $\boldsymbol{\alpha}_1,\boldsymbol{\alpha}_2,\cdots,\boldsymbol{\alpha}_m$ 线性相关

(B)若对任意一组不全为零的数 $k_1,k_2,\cdots,k_m$ 都有 $k_1\boldsymbol{\alpha}_1+k_2\boldsymbol{\alpha}_2+\cdots+k_m\boldsymbol{\alpha}_m\neq\mathbf{0}$，则 $\boldsymbol{\alpha}_1,\boldsymbol{\alpha}_2,\cdots,\boldsymbol{\alpha}_m$ 线性无关

(C)若 $\boldsymbol{\alpha}_1,\boldsymbol{\alpha}_2,\cdots,\boldsymbol{\alpha}_m$ 线性相关，则对任意一组不全为零的数 $k_1,k_2,\cdots,k_m$，都有 $k_1\boldsymbol{\alpha}_1+k_2\boldsymbol{\alpha}_2+\cdots+k_m\boldsymbol{\alpha}_m=\mathbf{0}$

(D)若 $0\boldsymbol{\alpha}_1+0\boldsymbol{\alpha}_2+\cdots+0\boldsymbol{\alpha}_m=\mathbf{0}$，则 $\boldsymbol{\alpha}_1,\boldsymbol{\alpha}_2,\cdots,\boldsymbol{\alpha}_m$ 线性无关

2. 设 $\boldsymbol{A}$ 是 n 阶方阵，且 $R(\boldsymbol{A})=r$，下列结论正确的是(　　).

(A)若 $|\boldsymbol{A}|=0$，则 $r\leqslant n$

(B)若 $r<n$，则 $\boldsymbol{A}$ 中任一列向量是其余列向量的线性组合

(C)$\boldsymbol{A}$ 中任意 r 个行向量都线性无关

(D)若 $|\boldsymbol{A}|=0$，则 $\boldsymbol{A}$ 中任意 $r+1$ 个行向量都线性相关

3. 向量组 $\boldsymbol{\alpha}_1,\boldsymbol{\alpha}_2,\cdots,\boldsymbol{\alpha}_s$ 线性无关的充分必要条件是(　　).

(A)$\boldsymbol{\alpha}_1,\boldsymbol{\alpha}_2,\cdots,\boldsymbol{\alpha}_s$ 均不为零向量

(B)$\boldsymbol{\alpha}_1,\boldsymbol{\alpha}_2,\cdots,\boldsymbol{\alpha}_s$ 中任意两个向量的分量不成比例

(C)$\boldsymbol{\alpha}_1,\boldsymbol{\alpha}_2,\cdots,\boldsymbol{\alpha}_s$ 中任意一个向量均不能由其余 $s-1$ 个向量线性表示

(D)$\boldsymbol{\alpha}_1,\boldsymbol{\alpha}_2,\cdots,\boldsymbol{\alpha}_s$ 中有一部分向量线性无关

4. 已知向量组 $\boldsymbol{\alpha}_1,\boldsymbol{\alpha}_2,\boldsymbol{\alpha}_3$ 线性无关，若向量组 $\boldsymbol{\alpha}_1+\boldsymbol{\alpha}_2,\boldsymbol{\alpha}_2+\boldsymbol{\alpha}_3,k\boldsymbol{\alpha}_3+l\boldsymbol{\alpha}_1$ 线性相关，则数 k 和数 l 应满足的条件为(　　).

(A)$k=l=1$　　(B)$k-l=1$　　(C)$k+l=1$　　(D)$k+l=0$

5. 设向量组 $\boldsymbol{\alpha},\boldsymbol{\beta},\boldsymbol{\gamma}$ 及数 k,l,m 满足 $k\boldsymbol{\alpha}+l\boldsymbol{\beta}+m\boldsymbol{\gamma}=\mathbf{0}$ 且 $km\neq0$，则(　　).

(A)$\boldsymbol{\alpha},\boldsymbol{\beta}$ 与 $\boldsymbol{\alpha},\boldsymbol{\gamma}$ 等价　　(B)$\boldsymbol{\alpha},\boldsymbol{\beta}$ 与 $\boldsymbol{\beta},\boldsymbol{\gamma}$ 等价　　(C)$\boldsymbol{\alpha}_1,\boldsymbol{\gamma}$ 与 $\boldsymbol{\beta},\boldsymbol{\gamma}$ 等价　　(D)$\boldsymbol{\alpha}$ 与 $\boldsymbol{\gamma}$ 等价

6. 设 $\boldsymbol{\alpha}_1=\begin{pmatrix}1\\0\\0\\k_1\end{pmatrix},\boldsymbol{\alpha}_2=\begin{pmatrix}1\\2\\0\\k_2\end{pmatrix},\boldsymbol{\alpha}_3=\begin{pmatrix}1\\2\\3\\k_3\end{pmatrix},\boldsymbol{\alpha}_4=\begin{pmatrix}1\\1\\1\\k_4\end{pmatrix}$，其中 k_1,k_2,k_3,k_4 是任意常数，则(　　).

(A)$\boldsymbol{\alpha}_1,\boldsymbol{\alpha}_2,\boldsymbol{\alpha}_3$ 线性无关　　(B)$\boldsymbol{\alpha}_1,\boldsymbol{\alpha}_2,\boldsymbol{\alpha}_3$ 线性相关

(C)$\boldsymbol{\alpha}_1,\boldsymbol{\alpha}_2,\boldsymbol{\alpha}_3,\boldsymbol{\alpha}_4$ 线性相关　　(D)$\boldsymbol{\alpha}_1,\boldsymbol{\alpha}_2,\boldsymbol{\alpha}_3,\boldsymbol{\alpha}_4$ 线性无关

7. 已知 $\boldsymbol{\xi}_1,\boldsymbol{\xi}_2,\boldsymbol{\xi}_3$ 是齐次线性方程组 $\boldsymbol{Ax}=\mathbf{0}$ 的基础解系，那么该方程组的基础解系还可以是(　　).

(A)$k_1\boldsymbol{\xi}_1+k_2\boldsymbol{\xi}_2+k_3\boldsymbol{\xi}_3$　　(B)$\boldsymbol{\xi}_1+\boldsymbol{\xi}_2,\boldsymbol{\xi}_2+\boldsymbol{\xi}_3,-\boldsymbol{\xi}_3+\boldsymbol{\xi}_1$

(C)$\boldsymbol{\xi}_1-\boldsymbol{\xi}_2,\boldsymbol{\xi}_2-\boldsymbol{\xi}_3$　　(D)$\boldsymbol{\xi}_1,\boldsymbol{\xi}_1-\boldsymbol{\xi}_2+\boldsymbol{\xi}_3,\boldsymbol{\xi}_3-\boldsymbol{\xi}_3$

8. 已知 $\boldsymbol{\beta}_1,\boldsymbol{\beta}_2$ 是非齐次线性方程组 $\boldsymbol{Ax}=\boldsymbol{b}$ 的两个不同的解，$\boldsymbol{\alpha}_1,\boldsymbol{\alpha}_2$ 是对应齐次线性方程组 $\boldsymbol{Ax}=\mathbf{0}$ 的基础解系，k_1,k_2 为任意常数，则方程组 $\boldsymbol{Ax}=\boldsymbol{b}$ 的通解是(　　).

(A)$k_1\boldsymbol{\alpha}_1+k_2(\boldsymbol{\alpha}_1+\boldsymbol{\alpha}_2)+\frac{\boldsymbol{\beta}_1-\boldsymbol{\beta}_2}{2}$　　(B)$k_1\boldsymbol{\alpha}_1+k_2(\boldsymbol{\beta}_2-\boldsymbol{\beta}_1)+\frac{\boldsymbol{\beta}_1-\boldsymbol{\beta}_2}{2}$

(C)$k_1\boldsymbol{\alpha}_1+k_2(\boldsymbol{\alpha}_1-\boldsymbol{\alpha}_2)+\frac{\boldsymbol{\beta}_1+\boldsymbol{\beta}_2}{2}$　　(D)$k_1\boldsymbol{\alpha}_1+k_2(\boldsymbol{\beta}_2-\boldsymbol{\beta}_1)+\frac{\boldsymbol{\beta}_1+\boldsymbol{\beta}_2}{2}$

三、已知向量组 $\boldsymbol{\alpha}_1=(1,-1,2,4)^{\mathrm{T}},\boldsymbol{\alpha}_2=(0,3,1,2)^{\mathrm{T}},\boldsymbol{\alpha}_3=(3,0,7,14)^{\mathrm{T}},\boldsymbol{\alpha}_4=(2,1,5,6)^{\mathrm{T}},\boldsymbol{\alpha}_5=(1,-1,2,0)^{\mathrm{T}}$.

(1)说明 $\boldsymbol{\alpha}_1,\boldsymbol{\alpha}_2$ 线性无关；

(2)求包含 $\boldsymbol{\alpha}_1,\boldsymbol{\alpha}_5$ 的一个最大线性无关组；

(3)将其余向量用该最大无关组线性表示.

四、设有向量组(Ⅰ)$\boldsymbol{\alpha}_1=(1,0,2)^{\mathrm{T}},\boldsymbol{\alpha}_2=(1,1,3)^{\mathrm{T}},\boldsymbol{\alpha}_3=(1,-1,a+2)^{\mathrm{T}}$ 和向量组(Ⅱ)$\boldsymbol{\beta}_1=(1,2,a+3)^{\mathrm{T}},\boldsymbol{\beta}_2=(2,1,a+6)^{\mathrm{T}},\boldsymbol{\beta}_3=(2,1,a+4)^{\mathrm{T}}$.

试问①当 a 为何值时，向量组(Ⅰ)与(Ⅱ)等价.

②当 a 为何值时，向量组(Ⅰ)与(Ⅱ)不等价.

五、设方程组(Ⅰ)$\begin{cases}x_1+2x_2-x_3+x_4=r,\\3x_1+px_2+3x_3+2x_4=-11,\\2x_1+2x_2+qx_3+x_3=-4\end{cases}$ 与方程组(Ⅱ)$\begin{cases}x_1+x_3=-2,\\x_2-2x_3=5,\\x_4=-10\end{cases}$ 是同解方程组. 试确定方程组(Ⅰ)中的 p,q,r 的值.

六、设 $\boldsymbol{A}$ 是 $n\times m$ 矩阵，$\boldsymbol{B}$ 是 $m\times n$ 矩阵，其中 $n<m$，$\boldsymbol{E}$ 是 n 阶单位矩阵. 若 $\boldsymbol{AB}=\boldsymbol{E}$，证明 $\boldsymbol{B}$ 的列向量组线性无关.

七、设 $\boldsymbol{\alpha}_0,\boldsymbol{\alpha}_1,\cdots,\boldsymbol{\alpha}_{n-r}$ 为 $\boldsymbol{Ax}=\boldsymbol{b}(\boldsymbol{b}\neq\boldsymbol{0})$ 的 $n-r+1$ 个线性无关的解向量，$\boldsymbol{A}$ 的秩为 r. 证明 $\boldsymbol{\alpha}_1-\boldsymbol{\alpha}_0,\boldsymbol{\alpha}_2-\boldsymbol{\alpha}_0,\boldsymbol{\alpha}_{n-r}-\boldsymbol{\alpha}_0$ 是对应的齐次线性方程组 $\boldsymbol{Ax}=\boldsymbol{0}$ 的基础解系.

八、已知 n 维向量 $\boldsymbol{\alpha}_1,\boldsymbol{\alpha}_2,\cdots,\boldsymbol{\alpha}_n$ 中，前 $n-1$ 个向量线性相关，后 $n-1$ 个向量线性无关，又 $\boldsymbol{\beta}=\boldsymbol{\alpha}_1+\boldsymbol{\alpha}_2+\cdots+\boldsymbol{\alpha}_n$，矩阵 $\boldsymbol{A}=(\boldsymbol{\alpha}_1,\boldsymbol{\alpha}_2,\cdots,\boldsymbol{\alpha}_n)$ 是 n 阶矩阵. 证明方程组 $\boldsymbol{Ax}=\boldsymbol{\beta}$ 必有无穷多解，且其任一解 $(b_1,b_2,\cdots,b_n)^{\mathrm{T}}$ 中必有 $b_n=1$.

第四章自测题答案

一、填空题

1. $t=3$.

提示：对矩阵施以初等行变换

$$\begin{pmatrix}\boldsymbol{\alpha}_1^{\mathrm{T}}\\\boldsymbol{\alpha}_2^{\mathrm{T}}\\\boldsymbol{\alpha}_3^{\mathrm{T}}\end{pmatrix}=\begin{pmatrix}1&2&-1&1\\2&0&t&0\\0&-4&5&-2\end{pmatrix}\to\begin{pmatrix}1&2&-1&1\\0&-4&t+2&-2\\0&-4&5&-2\end{pmatrix}\to\begin{pmatrix}1&2&-1&1\\0&-4&t+2&-2\\0&0&3-t&0\end{pmatrix},$$

由 $\boldsymbol{\alpha}_1,\boldsymbol{\alpha}_2,\boldsymbol{\alpha}_3$ 的秩为 $2\Rightarrow3-t=0\Rightarrow$即 $t=3$.

2. $k=-8$.

提示：由 $\boldsymbol{a}_1x_1+\boldsymbol{a}_2x_2=\boldsymbol{b}$ 可知，系数矩阵与增广矩阵的秩相等为 2.

即 $\begin{pmatrix}1&2&\vdots&1\\-3&-1&\vdots&k\\2&1&\vdots&5\end{pmatrix}\to\begin{pmatrix}1&2&1\\0&5&k+3\\0&-3&3\end{pmatrix}$，此时只需 $\dfrac{5}{-3}=\dfrac{k+3}{3}$，即 $k=-8$.

3. $abc\neq0$.

提示：利用三阶行列式不为零即可推出.

4. $-\dfrac{1}{4},-\dfrac{1}{2},\dfrac{3}{4}$.

提示：由 $\boldsymbol{b}=x_1\boldsymbol{a}_1+x_2\boldsymbol{a}_2+x_3\boldsymbol{a}_3$ 解方程组.

5. $\dfrac{1}{3}(1,1,1)^{\mathrm{T}}+k(1,0,0)^{\mathrm{T}}(k\in\mathbb{R})$.

提示：由 $R(\boldsymbol{A})=2,n=3$ 知 $\boldsymbol{Ax}=\boldsymbol{0}$ 的基础解系只含一个解向量，而 $\boldsymbol{\alpha}_3-\boldsymbol{\alpha}_2$ 为 $\boldsymbol{Ax}=\boldsymbol{0}$ 的非零解向量，故可作为基础解系. 因 $\boldsymbol{A}(\dfrac{\boldsymbol{\alpha}_1+\boldsymbol{\alpha}_2+\boldsymbol{\alpha}_3}{3})=\dfrac{1}{3}(\boldsymbol{A\alpha}_1+\boldsymbol{A\alpha}_2+\boldsymbol{A\alpha}_3)=b$，故可选 $\dfrac{1}{3}(\boldsymbol{\alpha}_1+\boldsymbol{\alpha}_2+\boldsymbol{\alpha}_3)$ 为 $\boldsymbol{Ax}=\boldsymbol{b}$ 的一个特解，因此 $\boldsymbol{Ax}=\boldsymbol{b}$ 的通解为 $\dfrac{1}{3}(\boldsymbol{\alpha}_1+\boldsymbol{\alpha}_2+\boldsymbol{\alpha}_3)+k(\boldsymbol{\alpha}_3-\boldsymbol{\alpha}_2)$. 故应填 $\dfrac{1}{3}(1,1,1)^{\mathrm{T}}+k(1,0,0)^{\mathrm{T}}$.

6. $\begin{pmatrix}1&0&1\\2&2&0\\0&3&3\end{pmatrix}$.

提示：由 $(\boldsymbol{\alpha}_1,\frac{1}{2}\boldsymbol{\alpha}_2,\frac{1}{3}\boldsymbol{\alpha}_3)=(\boldsymbol{\alpha}_1,\boldsymbol{\alpha}_2,\boldsymbol{\alpha}_3)\begin{pmatrix}1&0&0\\0&\frac{1}{2}&0\\0&0&\frac{1}{3}\end{pmatrix}$，可得 $(\boldsymbol{\alpha}_1,\boldsymbol{\alpha}_2,\boldsymbol{\alpha}_3)=(\boldsymbol{\alpha}_1,\frac{1}{2}\boldsymbol{\alpha}_2,\frac{1}{3}\boldsymbol{\alpha}_3)$

$\begin{pmatrix}1&0&0\\0&2&0\\0&0&3\end{pmatrix}$. 故 $(\boldsymbol{\alpha}_1+\boldsymbol{\alpha}_2,\boldsymbol{\alpha}_2+\boldsymbol{\alpha}_3,\boldsymbol{\alpha}_3+\boldsymbol{\alpha}_1)=(\boldsymbol{\alpha}_1,\boldsymbol{\alpha}_2,\boldsymbol{\alpha}_3)\begin{pmatrix}1&0&1\\1&1&0\\0&1&1\end{pmatrix}=(\boldsymbol{\alpha}_1,\frac{1}{2}\boldsymbol{\alpha}_2,\frac{1}{3}\boldsymbol{\alpha}_3)\begin{pmatrix}1&0&1\\2&2&0\\0&3&3\end{pmatrix}$.

二、选择题

1. B　提示：明确向量组线性相关和线性无关的概念，用定义判断.

2. D　提示：由 $|\boldsymbol{A}|=0,R(\boldsymbol{A})=r$ 可知 $r<n$. 由向量组的最大无关组定义即可判断.

3. C　提示：A,B,D 均是线性无关的必要条件，但不充分，只有 C 正确.

4. D　提示：设有一组数 x_1,x_2,x_3 得 $x_1(\boldsymbol{\alpha}_1+\boldsymbol{\alpha}_2)+x_2(\boldsymbol{\alpha}_2+\boldsymbol{\alpha}_3)+x_3(k\boldsymbol{\alpha}_3+l\boldsymbol{\alpha}_1)=\mathbf{0}$，则 $(x_1+lx_3)\boldsymbol{\alpha}_1+(x_1+x_2)\boldsymbol{\alpha}_2+(x_2+kx_3)\boldsymbol{\alpha}_3=\mathbf{0}$,

由 $\boldsymbol{\alpha}_1,\boldsymbol{\alpha}_2,\boldsymbol{\alpha}_3$ 线性无关，可知 $\begin{cases}x_1+lx_3=0,\\x_1+x_2=0,\\x_2+kx_3=0,\end{cases}$　①

又由题意，$\boldsymbol{\alpha}_1+\boldsymbol{\alpha}_2,\boldsymbol{\alpha}_2+\boldsymbol{\alpha}_3,k\boldsymbol{\alpha}_3+l\boldsymbol{\alpha}_1$ 线性相关，所以存在不全为零的数 x_1,x_2,x_3. 因此齐次线性方程组①有非零解，从而其系数行列式等于 0，经计算 $k+l=0$，故选 D.

5. B　提示：由于 l 不知道是否为零，不能确定 $\boldsymbol{\beta}$ 可否由 $\boldsymbol{\alpha},\boldsymbol{\gamma}$ 线性表示. 因此排除了(A)(C)(D).
由 $k\boldsymbol{\alpha}+l\boldsymbol{\beta}+m\boldsymbol{\gamma}=\mathbf{0}$ 及由 $km\neq0$ 知，$\boldsymbol{\alpha}$ 可由 $\boldsymbol{\beta}$、$\boldsymbol{\gamma}$ 线性表示，而 $\boldsymbol{\beta}=\boldsymbol{\beta}+0\boldsymbol{\gamma}$. 又 $\boldsymbol{\gamma}$ 可由 $\boldsymbol{\alpha},\boldsymbol{\beta}$ 线性表示且 $\boldsymbol{\beta}=\boldsymbol{\beta}+0\boldsymbol{\alpha}$，所以 $\boldsymbol{\alpha},\boldsymbol{\beta}$ 与 $\boldsymbol{\beta},\boldsymbol{\gamma}$ 等价.

6. A　提示：设 $\boldsymbol{\alpha}'_1=\begin{pmatrix}1\\0\\0\end{pmatrix},\boldsymbol{\alpha}'_2=\begin{pmatrix}1\\2\\0\end{pmatrix},\boldsymbol{\alpha}'_3=\begin{pmatrix}1\\2\\3\end{pmatrix}$，由于 $|\boldsymbol{\alpha}'_1,\boldsymbol{\alpha}'_2,\boldsymbol{\alpha}'_3|=3\neq0$，所以 $\boldsymbol{\alpha}'_1,\boldsymbol{\alpha}'_2,\boldsymbol{\alpha}'_3$ 线性无关，
由性质可知，添加分量后得到的向量组必定线性无关. 故 A 为正确答案.
而 $\boldsymbol{\alpha}_1,\boldsymbol{\alpha}_2,\boldsymbol{\alpha}_3,\boldsymbol{\alpha}_4$ 是否线性相关与 k_1,k_2,k_3,k_4 的取值有关.
例如当 $k_1=0,k_2=0,k_3=0,k_4=1$，则线性无关，若取 $k_1=k_2=k_3=k_4=0$，则线性相关，所以(C)(D)不成立.

7. B　提示：由 $\boldsymbol{\xi}_1,\boldsymbol{\xi}_2,\boldsymbol{\xi}_3$ 是 $\boldsymbol{Ax}=\mathbf{0}$ 的基础解系，可知基础解系所含向量的个数为 3，排除了 A 与 C，又因 $\boldsymbol{\xi}_1+\boldsymbol{\xi}_2,\boldsymbol{\xi}_2+\boldsymbol{\xi}_3,\boldsymbol{\xi}_3+\boldsymbol{\xi}_1$ 线性无关，故选 B.

8. C　提示：由非齐次线性方程组解的结构知 $\frac{\boldsymbol{\beta}_1-\boldsymbol{\beta}_2}{2}$ 不是 $\boldsymbol{Ax}=\boldsymbol{b}$ 的特解，排除(A)，(B)，而(D)中不含有基础解系.

三、解

(1)由向量 $\boldsymbol{\alpha}_1,\boldsymbol{\alpha}_2$ 的对应分量不成比例知 $\boldsymbol{\alpha}_1,\boldsymbol{\alpha}_2$ 线性无关.

(2)把向量组排成列矩阵，施行初等行变换

$$(\boldsymbol{\alpha}_1,\boldsymbol{\alpha}_2,\boldsymbol{\alpha}_3,\boldsymbol{\alpha}_4,\boldsymbol{\alpha}_5)=\begin{pmatrix}1&0&3&2&1\\-1&3&0&1&-1\\2&1&7&5&2\\4&2&14&6&0\end{pmatrix}\to\begin{pmatrix}1&0&3&2&1\\0&1&1&1&0\\0&0&0&-4&-4\\0&0&0&0&0\end{pmatrix}=\boldsymbol{B},$$

观察可得，包含 $\boldsymbol{\alpha}_1,\boldsymbol{\alpha}_5$ 的一个最大无关组为 $\boldsymbol{\alpha}_1,\boldsymbol{\alpha}_2,\boldsymbol{\alpha}_5$.

(3)把矩阵继续作初等行变换化成行最简形.

$$\boldsymbol{B}\to\begin{pmatrix}1&0&3&1&0\\0&1&1&1&0\\0&0&0&1&1\\0&0&0&0&0\end{pmatrix},\text{则 }\boldsymbol{\alpha}_3=3\boldsymbol{\alpha}_1+\boldsymbol{\alpha}_2+0\boldsymbol{\alpha}_5,\boldsymbol{\alpha}_4=\boldsymbol{\alpha}_1+\boldsymbol{\alpha}_2+\boldsymbol{\alpha}_5.$$

四、解　对 $\boldsymbol{\alpha}_1,\boldsymbol{\alpha}_2,\boldsymbol{\alpha}_3,\boldsymbol{\beta}_1,\boldsymbol{\beta}_2,\boldsymbol{\beta}_3$ 构成的矩阵施以初等行变换,有:

$$(\boldsymbol{\alpha}_1,\boldsymbol{\alpha}_2,\boldsymbol{\alpha}_3,\boldsymbol{\beta}_1,\boldsymbol{\beta}_2,\boldsymbol{\beta}_3)=\begin{pmatrix}1&1&1&1&2&2\\0&1&-1&2&1&1\\2&3&a+2&a+3&a+6&a+4\end{pmatrix}\longrightarrow$$

$$\begin{pmatrix}1&1&1&1&2&2\\0&1&-1&2&1&1\\0&1&a&a+1&a+2&a\end{pmatrix}\longrightarrow\begin{pmatrix}1&1&1&1&2&2\\0&1&-1&2&1&1\\0&0&a+1&a-1&a+1&a-1\end{pmatrix}.$$

①当 $a\neq-1$ 时,$R(\boldsymbol{\alpha}_1,\boldsymbol{\alpha}_2,\boldsymbol{\alpha}_3)=R(\boldsymbol{\alpha}_1,\boldsymbol{\alpha}_2,\boldsymbol{\alpha}_3,\boldsymbol{\beta}_1,\boldsymbol{\beta}_2,\boldsymbol{\beta}_3)=3$,

所以方程组 $x_1\boldsymbol{\alpha}_1+x_2\boldsymbol{\alpha}_2+x_3\boldsymbol{\alpha}_3=\boldsymbol{\beta}_i(i=1,2,3)$有解,从而向量组(Ⅱ)可由向量组(Ⅰ)线性表示.

另外 $|\boldsymbol{\beta}_1,\boldsymbol{\beta}_2,\boldsymbol{\beta}_3|=\begin{vmatrix}1&2&2\\2&1&1\\a+3&a+6&a+4\end{vmatrix}=6\neq0$,所以 $\boldsymbol{\beta}_1,\boldsymbol{\beta}_2,\boldsymbol{\beta}_3$ 线性无关,从而向量组(Ⅰ)可由向量组(Ⅱ)线性表示,所以向量组(Ⅰ)与(Ⅱ)等价.

②当 $a=1$ 时,$(\boldsymbol{\alpha}_1,\boldsymbol{\alpha}_2,\boldsymbol{\alpha}_3,\boldsymbol{\beta})\to\begin{pmatrix}1&1&1&1\\0&1&-1&2\\0&0&0&-2\end{pmatrix}$,$R(\boldsymbol{\alpha}_1,\boldsymbol{\alpha}_2,\boldsymbol{\alpha}_3)\neq R(\boldsymbol{\alpha}_1,\boldsymbol{\alpha}_2,\boldsymbol{\alpha}_3,\boldsymbol{\beta}_1)$,

即 $\boldsymbol{\beta}_1$ 不能由 $\boldsymbol{\alpha}_1,\boldsymbol{\alpha}_2,\boldsymbol{\alpha}_3$ 线性表示,从而向量组(Ⅰ)与(Ⅱ)不等价.

五、解　(Ⅱ)的同解方程组为 $\begin{cases}x_1=-2-3x_3,\\x_2=5+2x_3,\\x_4=-10.\end{cases}$

令 $x_3=0$,得(Ⅱ)的一个特解为 $\boldsymbol{\eta}^*=(-2,5,0,-10)^{\mathrm{T}}$.

令 $x_3=1$,则(Ⅱ)的基础解系为 $\boldsymbol{\xi}=(-3,2,1,0)^{\mathrm{T}}$.

故方程组(Ⅱ)的通解为 $\begin{pmatrix}x_1\\x_2\\x_3\\x_4\end{pmatrix}=k\begin{pmatrix}-3\\2\\1\\0\end{pmatrix}+\begin{pmatrix}-2\\5\\0\\10\end{pmatrix}(k\in\mathbb{R})$,由题设(Ⅰ)与(Ⅱ)是同解方程组,将(Ⅱ)的通解代入方程组(Ⅰ)中,有 $\begin{cases}(-3k-2)+2(2k+5)-k-10=r,\\3(-3k-2)+p(2k+5)-3k-20=-11,\\2(-3k-2)+2(2k+5)+qk-10=-4.\end{cases}$

即 $\begin{cases}-2=r,\\(p-3)(2k+5)=0,\\(-2+q)k=0,\end{cases}\Rightarrow$ 令 $k\neq0,k\neq-\dfrac{5}{2}$ 得,$r=-2,p=3,q=2$.

六、证　**方法一**　用定义法.

设 $\boldsymbol{B}=(\boldsymbol{b}_1,\boldsymbol{b}_2,\cdots,\boldsymbol{b}_n)$,其中 $\boldsymbol{b}_i(i=1,2,\cdots,n)$是 $\boldsymbol{B}$ 的第 i 个列向量.若 $k_1\boldsymbol{b}_1+k_2\boldsymbol{b}_2+\cdots+k_n\boldsymbol{b}_n=\boldsymbol{0}$,

即 $(\boldsymbol{b}_1,\boldsymbol{b}_2,\cdots,\boldsymbol{b}_n)\begin{pmatrix}k_1\\k_2\\\vdots\\k_n\end{pmatrix}=\boldsymbol{B}\begin{pmatrix}k_1\\k_2\\\vdots\\k_n\end{pmatrix}=\boldsymbol{0}$.

上式两边左乘 $\boldsymbol{A}$ 得，$\boldsymbol{AB}\begin{pmatrix}k_1\\k_2\\\vdots\\k_n\end{pmatrix}=\boldsymbol{E}\begin{pmatrix}k_1\\k_2\\\vdots\\k_n\end{pmatrix}=\begin{pmatrix}k_1\\k_2\\\vdots\\k_n\end{pmatrix}=\boldsymbol{0}$，即 $k_1=k_2=\cdots=k_n=0$.

所以 $\boldsymbol{b}_1,\boldsymbol{b}_2,\cdots,\boldsymbol{b}_n$ 线性无关

方法二 利用矩阵秩证明.

因 $R(\boldsymbol{B})\leqslant\min(m,n)\leqslant n$，又 $R(\boldsymbol{B})\geqslant R(\boldsymbol{AB})=R(\boldsymbol{E})=n$，

故 $R(\boldsymbol{B})=n$，所以 $\boldsymbol{B}$ 的列向量组线性无关.

方法三 转化为齐次线性方程组进行判定.

设 $\boldsymbol{x}$ 为 $\boldsymbol{Bx}=\boldsymbol{0}$ 的任一解向量.

则由 $\boldsymbol{ABx}=\boldsymbol{A}\cdot\boldsymbol{0}=\boldsymbol{0}$ 知 $\boldsymbol{Ex}=\boldsymbol{x}=\boldsymbol{0}$，则必有 $\boldsymbol{x}=\boldsymbol{0}$，说明 $\boldsymbol{Bx}=\boldsymbol{0}$ 只有零解.

所以 $R(\boldsymbol{B})=n$，即 $\boldsymbol{B}$ 的列向量组线性无关.

七、证 $\boldsymbol{\alpha}_1-\boldsymbol{\alpha}_0,\boldsymbol{\alpha}_2-\boldsymbol{\alpha}_0,\cdots,\boldsymbol{\alpha}_{n-r}-\boldsymbol{\alpha}_0$ 是 $n-r$ 个向量构成的向量组，若能证明它们均是 $\boldsymbol{Ax}=\boldsymbol{0}$ 的解向量，且线性无关，即可证得它们为 $\boldsymbol{Ax}=\boldsymbol{0}$ 的基础解系.

由题设 $\boldsymbol{A\alpha}_0=\boldsymbol{b},\boldsymbol{A\alpha}_1=\boldsymbol{b},\cdots,\boldsymbol{A\alpha}_{n-r}=\boldsymbol{b}$，故 $\boldsymbol{A}(\boldsymbol{\alpha}_i-\boldsymbol{\alpha}_0)=\boldsymbol{A\alpha}_i-\boldsymbol{A\alpha}_0=\boldsymbol{b}-\boldsymbol{b}=\boldsymbol{0}(i=1,2,\cdots,n-r)$，

即 $\boldsymbol{\alpha}_i-\boldsymbol{\alpha}_0$ 为 $\boldsymbol{Ax}=\boldsymbol{0}$ 的解向量.

下面证明它们线性无关.

设 $k_1(\boldsymbol{\alpha}_1-\boldsymbol{\alpha}_0)+k_2(\boldsymbol{\alpha}_2-\boldsymbol{\alpha}_0)+\cdots+k_{n-r}(\boldsymbol{\alpha}_{n-r}-\boldsymbol{\alpha}_0)=\boldsymbol{0}$，

即 $k_1\boldsymbol{\alpha}_1+k_2\boldsymbol{\alpha}_2+\cdots+k_{n-r}\boldsymbol{\alpha}_{n-r}+(-k_1-k_2-\cdots-k_{n-r})\boldsymbol{\alpha}_0=\boldsymbol{0}$，

因 $\boldsymbol{\alpha}_0,\boldsymbol{\alpha}_1,\cdots,\boldsymbol{\alpha}_{n-r}$ 线性无关，故 $k_1=k_2=\cdots=k_{n-r}=0$，

即 $\boldsymbol{\alpha}_1-\boldsymbol{\alpha}_0,\boldsymbol{\alpha}_2-\boldsymbol{\alpha}_1,\cdots,\boldsymbol{\alpha}_{n-r}-\boldsymbol{\alpha}_0$ 线性无关，从而为 $\boldsymbol{Ax}=\boldsymbol{0}$ 的一个基础解系.

八、证 由 $\boldsymbol{\beta}=\boldsymbol{\alpha}_1+\boldsymbol{\alpha}_2+\cdots+\boldsymbol{\alpha}_n=(\boldsymbol{\alpha}_1,\boldsymbol{\alpha}_2,\cdots,\boldsymbol{\alpha}_n)\begin{pmatrix}1\\1\\\vdots\\1\end{pmatrix}=\boldsymbol{A}\begin{pmatrix}1\\1\\\vdots\\1\end{pmatrix}$，可知方程组 $\boldsymbol{Ax}=\boldsymbol{\beta}$ 有解，

$(1,1,\cdots,1)^{\mathrm{T}}$ 是其一个解. 由题设 $\boldsymbol{\alpha}_1,\boldsymbol{\alpha}_2,\cdots,\boldsymbol{\alpha}_{n-1}$ 线性相关，$\boldsymbol{\alpha}_2,\boldsymbol{\alpha}_3,\cdots,\boldsymbol{\alpha}_n$ 线性无关.

故 $\boldsymbol{\alpha}_2,\boldsymbol{\alpha}_3,\cdots,\boldsymbol{\alpha}_{n-1}$ 线性无关且 $\boldsymbol{\alpha}_1$ 可由 $\boldsymbol{\alpha}_2,\boldsymbol{\alpha}_3,\cdots,\boldsymbol{\alpha}_{n-1}$ 线性表示，于是可知 $R(\boldsymbol{A})=n-1$，$\boldsymbol{Ax}=\boldsymbol{0}$ 有无穷多解，且基础解系仅含一个非零向量. 由 $\boldsymbol{\alpha}_1,\boldsymbol{\alpha}_2,\cdots,\boldsymbol{\alpha}_{n-1}$ 线性相关，知存在不全为零的数 $l_1,l_2,\cdots,l_{n-1}$ 使 $l_1\boldsymbol{\alpha}_1+l_2\boldsymbol{\alpha}_2+\cdots+l_{n-1}\boldsymbol{\alpha}_{n-1}=\boldsymbol{0}$. 于是 $(l_1,l_2,\cdots,l_{n-1},0)^{\mathrm{T}}$ 是 $\boldsymbol{Ax}=\boldsymbol{0}$ 的基础解系，那么 $\boldsymbol{Ax}=\boldsymbol{\beta}$ 的通解是 $(1,1,\cdots,1)^{\mathrm{T}}+k(l_1,l_2,\cdots,l_{n-1},0)^{\mathrm{T}}$，所以 $\boldsymbol{Ax}=\boldsymbol{\beta}$ 的任一解中必有 $b_n=1$.

第五章 相似矩阵及二次型

矩阵的特征值理论是矩阵的重要理论知识，也是线性代数的最主要的内容之一. 本章的概念比较多，其中特征值与特征向量是最重要的两个概念. 应结合定义、性质和应用多个方面加以全面理解，实对称矩阵的对角化是本章的中心问题，二次型的标准化是它的直接应用. 理解好各种对角化方法的原理是掌握相应方法的捷径.

第一节 向量的内积、长度及正交性

一、主要内容归纳

1. 内积的定义

设有 n 维向量 $\boldsymbol{x}=(x_1,x_2,\cdots,x_n)^{\mathrm{T}}$，$\boldsymbol{y}=(y_1,y_2,\cdots,y_n)^{\mathrm{T}}$，令 $(\boldsymbol{x},\boldsymbol{y})=x_1y_1+x_2y_2+\cdots+x_ny_n$，称 $(\boldsymbol{x},\boldsymbol{y})$ 为向量 $\boldsymbol{x}$ 与 $\boldsymbol{y}$ 的内积.

2. 内积的性质

(1) $(\boldsymbol{x},\boldsymbol{y})=(\boldsymbol{y},\boldsymbol{x})$；

(2) $(\lambda\boldsymbol{x},\boldsymbol{y})=\lambda(\boldsymbol{x},\boldsymbol{y})$；

(3) $(\boldsymbol{x}+\boldsymbol{y},\boldsymbol{z})=(\boldsymbol{x},\boldsymbol{z})+(\boldsymbol{y},\boldsymbol{z})$；

(4) 当 $\boldsymbol{x}=\boldsymbol{0}$ 时，$(\boldsymbol{x},\boldsymbol{x})=0$，当 $\boldsymbol{x}\neq\boldsymbol{0}$ 时，$(\boldsymbol{x},\boldsymbol{x})>0$；

(5) 施瓦茨不等式 $(\boldsymbol{x},\boldsymbol{y})^2\leqslant(\boldsymbol{x},\boldsymbol{x})(\boldsymbol{y},\boldsymbol{y})$（其中 $\boldsymbol{x},\boldsymbol{y},\boldsymbol{z}$ 为 n 维向量，λ 为实数）.

3. 向量长度定义及性质

令 $\|\boldsymbol{x}\|=\sqrt{(\boldsymbol{x},\boldsymbol{x})}=\sqrt{x_1^2+x_2^2+\cdots+x_n^2}$，称 $\|\boldsymbol{x}\|$ 为 n 维向量 $\boldsymbol{x}$ 的长度（或范数）.

(1) 非负性　当 $\boldsymbol{x}\neq\boldsymbol{0}$ 时，$\|\boldsymbol{x}\|>0$；当 $\boldsymbol{x}=\boldsymbol{0}$ 时，$\|\boldsymbol{x}\|=0$；

(2) 齐次性　$|\lambda\boldsymbol{x}|=|\lambda|\,\|\boldsymbol{x}\|$；

(3) 三角不等式　$\|\boldsymbol{x}+\boldsymbol{y}\|\leqslant\|\boldsymbol{x}\|+\|\boldsymbol{y}\|$.

4. 正交向量组及其性质

(1) 当 $(\boldsymbol{x},\boldsymbol{y})=0$ 时，称向量 $\boldsymbol{x}$ 与 $\boldsymbol{y}$ 正交.

(2) 一两两正交的非零向量组称为正交向量组.

(3) 若 n 维向量 $\boldsymbol{a}_1,\boldsymbol{a}_2,\cdots,\boldsymbol{a}_r$ 是一组两两正交的非零向量，则 $\boldsymbol{a}_1,\boldsymbol{a}_2,\cdots,\boldsymbol{a}_r$ 线性无关.

(4) 若一个向量空间的基是一组正交向量组，则称是一组正交基. 若正交且 $\boldsymbol{e}_1,\boldsymbol{e}_2,\cdots,\boldsymbol{e}_r$

都是单位向量，则称 $e_1, e_2, \cdots, e_r$ 是向量空间的规范正交基.

5. 施密特正交化过程

从线性无关向量组 $a_1, a_2, \cdots, a_r$ 导出正交向量组 $b_1, b_2, \cdots, b_r$ 的过程称为施密特正交化过程.

6. 正交矩阵及性质

如果 n 阶矩阵 A 满足 $A^TA=E$(即 $A^{-1}=A^T$)，那么称 A 为正交矩阵，简称正交阵.

(1)方阵 A 为正交矩阵的充分必要条件是 A 的列(行)向量都是单位向量，且两两正交.

(2)若 A 为正交矩阵，则 $A^{-1}=A^T$ 也是正交矩阵，且 $|A|=1$ 或 -1.

(3)若 A 和 B 都是正交矩阵，则 AB 也是正交矩阵.

7. 正交变换

若 P 为正交矩阵，则线性变换 $y=Px$ 称为正交变换. 正交变换有保持长度不变的性质.

8. 本节重点

向量组的施密特正交化过程，这是本节的重点，也是难点. 要熟练掌握这种方法，在化矩阵为正交矩阵以及矩阵对角化问题上都有广泛的应用.

二、 经典题型解析及解题方法总结

【例 1】 把向量组 $\boldsymbol{\alpha}_1=(1,1,1)^T, \boldsymbol{\alpha}_2=(0,1,1)^T, \boldsymbol{\alpha}_3=(0,0,1)^T$ 正交化、规范化.

解 先正交化，取 $\boldsymbol{\beta}_1=\boldsymbol{\alpha}_1=(1,1,1)^T$,

$$\boldsymbol{\beta}_2=\boldsymbol{\alpha}_2-\frac{(\boldsymbol{\alpha}_2,\boldsymbol{\beta}_1)}{(\boldsymbol{\beta}_1,\boldsymbol{\beta}_1)}\boldsymbol{\beta}_1=\begin{pmatrix}0\\1\\1\end{pmatrix}-\frac{2}{3}\begin{pmatrix}1\\1\\1\end{pmatrix}=\begin{pmatrix}-\frac{2}{3}\\\frac{1}{3}\\\frac{1}{3}\end{pmatrix},$$

$$\boldsymbol{\beta}_3=\boldsymbol{\alpha}_3-\frac{(\boldsymbol{\alpha}_3,\boldsymbol{\beta}_1)}{(\boldsymbol{\beta}_1\boldsymbol{\beta}_1)}\boldsymbol{\beta}_1-\frac{(\boldsymbol{\alpha}_3,\boldsymbol{\beta}_2)}{(\boldsymbol{\beta}_2,\boldsymbol{\beta}_2)}\boldsymbol{\beta}_2=\begin{pmatrix}0\\0\\1\end{pmatrix}-\frac{1}{3}\begin{pmatrix}1\\1\\1\end{pmatrix}-\frac{1}{2}\begin{pmatrix}-\frac{2}{3}\\\frac{1}{3}\\\frac{1}{3}\end{pmatrix}=\begin{pmatrix}0\\-\frac{1}{2}\\\frac{1}{2}\end{pmatrix}.$$

再单位化得 $\boldsymbol{\eta}_1=\frac{\boldsymbol{\beta}_1}{\|\boldsymbol{\beta}_1\|}=\frac{1}{\sqrt{3}}\begin{pmatrix}1\\1\\1\end{pmatrix}, \boldsymbol{\eta}_2=\frac{\boldsymbol{\beta}_2}{\|\boldsymbol{\beta}_2\|}=\frac{1}{\sqrt{6}}\begin{pmatrix}-2\\1\\1\end{pmatrix}, \boldsymbol{\eta}_3=\frac{\boldsymbol{\beta}_3}{\|\boldsymbol{\beta}_3\|}=\frac{1}{\sqrt{2}}\begin{pmatrix}0\\-1\\1\end{pmatrix}$.

则 $\boldsymbol{\eta}_1, \boldsymbol{\eta}_2, \boldsymbol{\eta}_3$ 为所求.

方法总结

(1)利用施密特正交化方法，给定一线性无关向量组 $\boldsymbol{\alpha}_1,\boldsymbol{\alpha}_2,\cdots,\boldsymbol{\alpha}_s$ 用正交化公式，使其生成等价的 s 个向量的正交向量组 $\boldsymbol{\beta}_1,\boldsymbol{\beta}_2,\cdots,\boldsymbol{\beta}_s$，其次再将向量组 $\boldsymbol{\beta}_1,\boldsymbol{\beta}_2,\cdots,\boldsymbol{\beta}_s$ 单位化.

(2)要熟练掌握施密特正交化的公式，一定先正交化再单位化.

【例 2】 设 $\boldsymbol{\alpha}_1=\begin{pmatrix}1\\2\\3\end{pmatrix}$，求非零向量 $\boldsymbol{\alpha}_2,\boldsymbol{\alpha}_3$，使向量组 $\boldsymbol{\alpha}_1,\boldsymbol{\alpha}_2,\boldsymbol{\alpha}_3$ 为正交向量组.

解　设 $\boldsymbol{x}=(x_1,x_2,x_3)^{\mathrm{T}}$ 与 $\boldsymbol{\alpha}_1$ 正交，则

$$x_1+2x_2+3x_3=0,$$

求解得基础解系为 $(-2,1,0)^{\mathrm{T}},(-3,0,1)^{\mathrm{T}}$.

正交化得 $\boldsymbol{\alpha}_1=(1,2,3)^{\mathrm{T}},\boldsymbol{\alpha}_2=(-2,1,0)^{\mathrm{T}},\boldsymbol{\alpha}_3=(-3,-6,5)^{\mathrm{T}}$.

这一向量组即为所求的正交向量组.

【例 3】 已知 $\boldsymbol{\alpha}=(2,1,3,2)^{\mathrm{T}}$， $\boldsymbol{\beta}=(1,2,-2,1)^{\mathrm{T}}$，求 $\|\boldsymbol{\alpha}\|$，$\|\boldsymbol{\beta}\|$，$(\boldsymbol{\alpha},\boldsymbol{\beta})$，$\|\boldsymbol{\alpha}+\boldsymbol{\beta}\|$

解　$\|\boldsymbol{\alpha}\|=\sqrt{(\boldsymbol{\alpha},\boldsymbol{\alpha})}=\sqrt{2^2+1^2+3^2+2^2}=\sqrt{18}=3\sqrt{2}$.

$\|\boldsymbol{\beta}\|=\sqrt{(\boldsymbol{\beta},\boldsymbol{\beta})}=\sqrt{1^2+2^2+(-2)^2+1^2}=\sqrt{10}$.

$(\boldsymbol{\alpha},\boldsymbol{\beta})=2\times1+1\times2+3\times(-2)+2\times1=0$.

$\|\boldsymbol{\alpha}+\boldsymbol{\beta}\|=\sqrt{(\boldsymbol{\alpha}+\boldsymbol{\beta},\boldsymbol{\alpha}+\boldsymbol{\beta})}=\sqrt{3^2+3^2+1^2+3^2}=2\sqrt{7}$.

【例 4】 若矩阵 $\boldsymbol{A},\boldsymbol{B}$ 都是 n 阶正交矩阵，证明分块矩阵 $\begin{pmatrix}\boldsymbol{A}&\boldsymbol{O}\\\boldsymbol{O}&\boldsymbol{B}\end{pmatrix}$ 也是正交矩阵.

证　由题意知 $\boldsymbol{A}\boldsymbol{A}^{\mathrm{T}}=\boldsymbol{E},\boldsymbol{B}\boldsymbol{B}^{\mathrm{T}}=\boldsymbol{E}$.

$$\begin{pmatrix}\boldsymbol{A}&\boldsymbol{O}\\\boldsymbol{O}&\boldsymbol{B}\end{pmatrix}\begin{pmatrix}\boldsymbol{A}&\boldsymbol{O}\\\boldsymbol{O}&\boldsymbol{B}\end{pmatrix}^{\mathrm{T}}=\begin{pmatrix}\boldsymbol{A}&\boldsymbol{O}\\\boldsymbol{O}&\boldsymbol{B}\end{pmatrix}\begin{pmatrix}\boldsymbol{A}^{\mathrm{T}}&\boldsymbol{O}\\\boldsymbol{O}&\boldsymbol{B}^{\mathrm{T}}\end{pmatrix}=\begin{pmatrix}\boldsymbol{A}\boldsymbol{A}^{\mathrm{T}}&\boldsymbol{O}\\\boldsymbol{O}&\boldsymbol{B}\boldsymbol{B}^{\mathrm{T}}\end{pmatrix}=\begin{pmatrix}\boldsymbol{E}_n&\boldsymbol{O}\\\boldsymbol{O}&\boldsymbol{E}_n\end{pmatrix}=\boldsymbol{E}_{2n},$$

所以 $\begin{pmatrix}\boldsymbol{A}&\boldsymbol{O}\\\boldsymbol{O}&\boldsymbol{B}\end{pmatrix}$ 是正交矩阵.

【例 5】 已知 n 维向量组 $\boldsymbol{\alpha}_1,\boldsymbol{\alpha}_2,\cdots,\boldsymbol{\alpha}_n$ 线性无关，若向量 $\boldsymbol{\beta}$ 与 $\boldsymbol{\alpha}_1,\boldsymbol{\alpha}_2,\cdots,\boldsymbol{\alpha}_n$ 都正交，证明 $\boldsymbol{\beta}$ 为零向量.

证　因为 $\boldsymbol{\beta},\boldsymbol{\alpha}_1,\boldsymbol{\alpha}_2,\cdots,\boldsymbol{\alpha}_n$ 是 $n+1$ 个 n 维向量，所以向量组 $\boldsymbol{\beta},\boldsymbol{\alpha}_1,\boldsymbol{\alpha}_2,\cdots,\boldsymbol{\alpha}_n$ 线性相关.

又因 $\boldsymbol{\alpha}_1,\boldsymbol{\alpha}_2,\cdots,\boldsymbol{\alpha}_n$ 线性无关，故 $\boldsymbol{\beta}$ 可由 $\boldsymbol{\alpha}_1,\boldsymbol{\alpha}_2,\cdots,\boldsymbol{\alpha}_n$ 线性表示，设 $\boldsymbol{\beta}=k_1\boldsymbol{\alpha}_1+k_2\boldsymbol{\alpha}_2+\cdots+k_n\boldsymbol{\alpha}_n$.

由题设 $\boldsymbol{\beta}$ 与 $\boldsymbol{\alpha}_1,\boldsymbol{\alpha}_2,\cdots,\boldsymbol{\alpha}_n$ 都正交，即 $(\boldsymbol{\beta},\boldsymbol{\alpha}_i)=0(i=1,2,\cdots,n)$；

所以 $(\boldsymbol{\beta},\boldsymbol{\beta})=(\boldsymbol{\beta},k_1\boldsymbol{\alpha}_1+k_2\boldsymbol{\alpha}_2+\cdots+k_n\boldsymbol{\alpha}_n)=k_1(\boldsymbol{\beta},\boldsymbol{\alpha}_1)+k_2(\boldsymbol{\beta},\boldsymbol{\alpha}_2)+\cdots+k_n(\boldsymbol{\beta},\boldsymbol{\alpha}_n)=0$.

故 $\boldsymbol{\beta}=\boldsymbol{0}$.

【例 6】 证明下列命题成立.

(1)矩阵 $\boldsymbol{A}$ 是正交矩阵的充要条件是 $|\boldsymbol{A}|=\pm1$,且

$|\boldsymbol{A}|=1$ 时 $a_{ij}=A_{ij}$,$|\boldsymbol{A}|=-1$ 时,$a_{ij}=-A_{ij}$.

(2)若 $\boldsymbol{A}$ 是正交矩阵,则 $\boldsymbol{A}^{\mathrm{T}},\boldsymbol{A}^{-1},\boldsymbol{A}^{*}$ 均是正交矩阵.

证 (1)(⇒)$\boldsymbol{A}$ 是正交矩阵,$\boldsymbol{AA}^{\mathrm{T}}=\boldsymbol{E}$,因此 $|\boldsymbol{A}|^2=1$ 即 $|\boldsymbol{A}|=\pm1$.

当 $|\boldsymbol{A}|=1$ 时,$\boldsymbol{AA}^{*}=\boldsymbol{E}$,即 $\boldsymbol{A}^{*}=\boldsymbol{A}^{-1}=\boldsymbol{A}^{\mathrm{T}}$, 故 $A_{ij}=a_{ij}$.

当 $|\boldsymbol{A}|=-1$ 时,$\boldsymbol{AA}^{*}=-\boldsymbol{E}$,$\boldsymbol{A}^{*}=-\boldsymbol{A}^{-1}=-\boldsymbol{A}^{\mathrm{T}}$, 故 $A_{ij}=-a_{ij}$.

(⇐)$|\boldsymbol{A}|=\pm1$,$\boldsymbol{AA}^{*}=|\boldsymbol{A}|\boldsymbol{E}$.

当 $|\boldsymbol{A}|=1$ 时,$a_{ij}=A_{ij}$,有 $\boldsymbol{A}^{*}=\boldsymbol{A}^{\mathrm{T}}$,$\boldsymbol{A}^{\mathrm{T}}\boldsymbol{A}=\boldsymbol{E}$.

当 $|\boldsymbol{A}|=-1$ 时 $a_{ij}=-A_{ij}$,有 $\boldsymbol{A}^{*}=-\boldsymbol{A}^{\mathrm{T}}$,$\boldsymbol{AA}^{*}=-\boldsymbol{AA}^{\mathrm{T}}=-\boldsymbol{E}$.

故 $\boldsymbol{AA}^{\mathrm{T}}=\boldsymbol{E}$,因此 $\boldsymbol{A}$ 是正交矩阵.

(2)因为 $\boldsymbol{A}$ 为正交矩阵,所以 $\boldsymbol{A}^{\mathrm{T}}=\boldsymbol{A}^{-1}$,且 $\boldsymbol{A}^{\mathrm{T}}(\boldsymbol{A}^{\mathrm{T}})^{\mathrm{T}}=(\boldsymbol{AA}^{\mathrm{T}})^{\mathrm{T}}=\boldsymbol{E}$,显然 $\boldsymbol{A}^{\mathrm{T}}$,$\boldsymbol{A}^{-1}$ 都是正交矩阵.

因 $\boldsymbol{A}$ 为正交矩阵,所以 $|\boldsymbol{A}|=\pm1$,$\boldsymbol{A}^{*}=\dfrac{1}{|\boldsymbol{A}|}\boldsymbol{A}^{-1}$,$(\boldsymbol{A}^{*})^{\mathrm{T}}=\dfrac{1}{|\boldsymbol{A}|}(\boldsymbol{A}^{-1})^{\mathrm{T}}$,所以 $\boldsymbol{A}^{*}(\boldsymbol{A}^{*})^{\mathrm{T}}=\boldsymbol{E}$.

故 $\boldsymbol{A}^{*}$ 是正交矩阵.

第二节　方阵的特征值与特征向量

一、主要内容归纳

1. 特征值与特征向量

设 $\boldsymbol{A}$ 是 n 阶矩阵,如果数 λ 和 n 维非零列向量 $\boldsymbol{x}$ 使 $\boldsymbol{Ax}=\lambda\boldsymbol{x}$ 成立,那么 λ 称为矩阵 $\boldsymbol{A}$ 的特征值,非零向量 $\boldsymbol{x}$ 称为 $\boldsymbol{A}$ 的对应于特征值 λ 的特征向量.

显然特征值是 $|\lambda\boldsymbol{E}-\boldsymbol{A}|$ 的根,$\lambda\boldsymbol{E}-\boldsymbol{A}$ 称为 $\boldsymbol{A}$ 的特征矩阵. $|\lambda\boldsymbol{E}-\boldsymbol{A}|$ 称为 $\boldsymbol{A}$ 的特征多项式,$|\lambda\boldsymbol{E}-\boldsymbol{A}|=0$ 称为 $\boldsymbol{A}$ 的特征方程.

2. 特征值的性质及有关运算

(1)设 n 阶矩阵 $\boldsymbol{A}=(a_{ij})$ 的特征值为 $\lambda_1,\lambda_2,\cdots,\lambda_n$,则

①$\lambda_1+\lambda_2+\cdots+\lambda_n=a_{11}+a_{22}+\cdots+a_{nn}$;②$\lambda_1\lambda_2\cdots\lambda_n=|\boldsymbol{A}|$.

(2)若 λ 是 $\boldsymbol{A}$ 的特征值,则

①$k\boldsymbol{A}$ 的特征值为 $k\lambda$.　②$\boldsymbol{A}^m$ 的特征值为 λ^m.　③$\boldsymbol{A}^{-1}$ 的特征值为 $\dfrac{1}{\lambda}(\lambda\neq0)$.

④$\boldsymbol{A}^{*}$ 的特征值为 $\dfrac{|\boldsymbol{A}|}{\lambda}(\lambda\neq0)$.

⑤$\varphi(\boldsymbol{A})=a_0\boldsymbol{E}+a_1\boldsymbol{A}+\cdots+a_m\boldsymbol{A}^m$ 的特征值是 $\varphi(\lambda)=\sum_{i=0}^{m}a_i\lambda^i$.

3. 特征多项式的性质

设 $\lambda_1,\lambda_2,\cdots,\lambda_m$ 是方阵 $\boldsymbol{A}$ 的 m 个特征值，$\boldsymbol{p}_1,\boldsymbol{p}_2,\cdots,\boldsymbol{p}_m$ 依次是与之对应的特征向量，如果 $\lambda_1,\lambda_2,\cdots,\lambda_m$ 互不相等，则 $\boldsymbol{p}_1,\boldsymbol{p}_2,\cdots,\boldsymbol{p}_m$ 线性无关.

4. 特征值和特征向量的求法

求矩阵 $\boldsymbol{A}$ 的特征值 λ 及其对应的特征向量，步骤如下：

(1)计算 $|\lambda\boldsymbol{E}-\boldsymbol{A}|$；

(2)求 $|\lambda\boldsymbol{E}-\boldsymbol{A}|=0$ 的所有根 $\lambda_1,\lambda_2,\cdots,\lambda_n$，即为 $\boldsymbol{A}$ 的全部特征值；

(3)固定一个特征值 λ_0，解线性方程组 $(\lambda_0\boldsymbol{E}-\boldsymbol{A})\boldsymbol{x}=\boldsymbol{0}$，求出基础解系 $\boldsymbol{\eta}_1,\boldsymbol{\eta}_2,\cdots,\boldsymbol{\eta}_{n-r}$，则 $\boldsymbol{A}$ 的属于 λ_0 的所有特征向量为 $k_1\boldsymbol{\eta}_1+k_2\boldsymbol{\eta}_2+\cdots+k_{n-r}\boldsymbol{\eta}_{n-r}$，其中 $r=R(\lambda_0\boldsymbol{E}-\boldsymbol{A})$，$k_i\in\mathbf{R}(i=1,2,\cdots,n-r)$.

5. 本节重点

特征值与特征向量具体求解.

难点是对于特征向量线性无关性的讨论.

二、经典题型解析及解题方法总结

【例 1】（2017 数学二，4 分）设矩阵 $\boldsymbol{A}=\begin{pmatrix}4&1&-2\\1&2&a\\3&1&-1\end{pmatrix}$ 的一个特征向量为 $\begin{pmatrix}1\\1\\2\end{pmatrix}$，则 $a=$________.

解 设 $\boldsymbol{\alpha}=\begin{pmatrix}1\\1\\2\end{pmatrix}$ 是矩阵 $\boldsymbol{A}$ 的对应于特征值 λ 的特征向量，则由特征值与特征向量的定义，

得 $\begin{pmatrix}4&1&-2\\1&2&a\\3&1&-1\end{pmatrix}\begin{pmatrix}1\\1\\2\end{pmatrix}=\lambda\begin{pmatrix}1\\1\\2\end{pmatrix}$，即 $\begin{cases}1=\lambda,\\3+2a=\lambda,\end{cases}$ 解得 $a=-1$.

故应填 -1.

【例 2】 求下列矩阵的特征值及对应的特征向量.

(1)$\boldsymbol{A}=\begin{pmatrix}0&-1&-1\\-1&0&-1\\-1&-1&0\end{pmatrix}$； (2)$\boldsymbol{A}=\begin{pmatrix}0&1\\-1&0\end{pmatrix}$.

解 (1)由 $|\lambda\boldsymbol{E}-\boldsymbol{A}|=\begin{vmatrix}\lambda&1&1\\1&\lambda&1\\1&1&\lambda\end{vmatrix}=(\lambda+2)\begin{vmatrix}1&1&1\\1&\lambda&1\\1&1&\lambda\end{vmatrix}=(\lambda+2)\begin{vmatrix}1&1&1\\0&\lambda-1&0\\0&0&\lambda-1\end{vmatrix}$

$$=(\lambda+2)(\lambda-1)^2=0,$$

求得 $\boldsymbol{A}$ 的特征值为 -2 和 1.

当 $\lambda=-2$，解 $(-2\boldsymbol{E}-\boldsymbol{A})\boldsymbol{x}=\boldsymbol{0}$，即 $\begin{pmatrix}-2 & 1 & 1\\ 1 & -2 & 1\\ 1 & 1 & -2\end{pmatrix}\begin{pmatrix}x_1\\ x_2\\ x_3\end{pmatrix}=\boldsymbol{0}$，得基础解系 $\boldsymbol{\xi}_1=(1,1,1)^{\mathrm{T}}$.

所以属于特征值 -2 的全部特征向量为 $k(1,1,1)^{\mathrm{T}}$，$k\neq 0$.

当 $\lambda=1$，解 $(\boldsymbol{E}-\boldsymbol{A})\boldsymbol{x}=\boldsymbol{0}$，即 $\begin{pmatrix}1 & 1 & 1\\ 1 & 1 & 1\\ 1 & 1 & 1\end{pmatrix}\begin{pmatrix}x_1\\ x_2\\ x_3\end{pmatrix}=\boldsymbol{0}$，得方程组的基础解系为 $\boldsymbol{\xi}_2=(-1,1,0)^{\mathrm{T}}$，$\boldsymbol{\xi}_3=(-1,0,1)^{\mathrm{T}}$，

所以属于特征值 1 的全部特征向量为

$$k_1(-1,1,0)^{\mathrm{T}}+k_2(-1,0,1)^{\mathrm{T}},k_1,k_2\text{ 不全为零.}$$

(2) $|\lambda\boldsymbol{E}-\boldsymbol{A}|=\begin{vmatrix}\lambda & -1\\ 1 & \lambda\end{vmatrix}=\lambda^2+1=(\lambda+\mathrm{i})(\lambda-\mathrm{i})=0$，解得 $\lambda_1=-\mathrm{i}$，$\lambda_2=\mathrm{i}$.

当 $\lambda_1=-\mathrm{i}$ 时，解 $(-\mathrm{i}\boldsymbol{E}-\boldsymbol{A})\boldsymbol{x}=\boldsymbol{0}$，得基础解系为 $\begin{pmatrix}\mathrm{i}\\ 1\end{pmatrix}$，于是 $k_1\begin{pmatrix}\mathrm{i}\\ 1\end{pmatrix}$ 为属于特征值 $-\mathrm{i}$ 的全部特征向量 $(k_1\neq 0)$.

当 $\lambda_2=\mathrm{i}$ 时，解 $(\mathrm{i}\boldsymbol{E}-\boldsymbol{A})\boldsymbol{x}=\boldsymbol{0}$，得基础解系为 $\begin{pmatrix}-\mathrm{i}\\ 1\end{pmatrix}$，于是 $k_2\begin{pmatrix}-\mathrm{i}\\ 1\end{pmatrix}$ 为属于特征值 i 的全部特征向量 $(k_2\neq 0)$.

方法总结

(1) 数值型矩阵的特征值与特征向量，一般可由特征方程 $|\lambda\boldsymbol{E}-\boldsymbol{A}|=0$ 直接解出特征值，但需注意的是，若 $\boldsymbol{A}$ 为三阶以上矩阵，先利用行列式运算性质，通过提取公因式等方法化简特征方程求解，再由线性方程组 $(\lambda_i\boldsymbol{E}-\boldsymbol{A})\boldsymbol{x}=\boldsymbol{0}$ 求出相应的特征向量.

(2) 注意到第 2 小题求出的特征值为复数，若本题限定在实数范围内求 $\boldsymbol{A}$ 的特征值和特征向量，则 $\boldsymbol{A}$ 就没有特征值和特征向量.

【例 3】 已知 3 阶方阵 $\boldsymbol{A}$ 的三个特征值为 $1,-2,3$.

求 (1) $|\boldsymbol{A}|$； (2) $\boldsymbol{A}^{-1}$ 的特征值； (3) $\boldsymbol{A}^*$ 的特征值； (4) $\boldsymbol{A}^2+2\boldsymbol{A}+\boldsymbol{E}$ 的特征值.

解 (1) $|\boldsymbol{A}|=\lambda_1\lambda_2\lambda_3=1\times(-2)\times 3=-6$.

(2) 设 $\boldsymbol{x}$ 为 $\boldsymbol{A}$ 的属于 $\lambda(\lambda\neq 0)$ 的特征向量，则有 $\boldsymbol{A}\boldsymbol{x}=\lambda\boldsymbol{x}$，从而 $\boldsymbol{A}^{-1}\boldsymbol{x}=\frac{1}{\lambda}\boldsymbol{x}$，

即 $\boldsymbol{A}^{-1}$ 的特征值为 $\frac{1}{\lambda}$. 因此本题 $\boldsymbol{A}^{-1}$ 的特征值为 $1,-\frac{1}{2},\frac{1}{3}$.

(3)因 $A^*A=|A|E$. 设 x 是 A 的属于 $\lambda(\lambda\neq 0)$ 的特征向量，则 $A^*Ax=|A|x$，即 $A^*x=\frac{|A|}{\lambda}x$ 因此本题 A^* 的特征值为 $-6,3,-2$.

(4)若 λ 是 A 的特征值，$f(A)$ 为 A 的矩阵多项式，则 $f(\lambda)$ 为 $f(A)$ 的特征值.

因此 A^2+2A+E 的特征值为 $4,1,16$.

方法总结

对没有给出具体元素的抽象矩阵，其特征值可按下列思路求解：

(1)利用矩阵特征值的定义式 $Ax=\lambda x,x\neq 0$ 满足该定义式的 λ 即为矩阵 A 的特征值.

(2)利用矩阵的特征方程 $|\lambda E-A|=0$ 满足该特征方程的值 λ 即为矩阵 A 的特征值.

【例 4】 设矩阵 $A=\begin{pmatrix} a & -1 & c \\ 5 & b & 3 \\ 1-c & 0 & -a \end{pmatrix}$，其行列式 $|A|=-1$，又 A 的伴随矩阵 A^* 有一个特征值 λ_0，属于 λ_0 的一个特征向量为 $\boldsymbol{\alpha}=(-1,-1,1)^T$，求 a,b,c 和 λ_0 的值.

解 由题设 $AA^*=|A|E=-E$ 和 $A^*\boldsymbol{\alpha}=\lambda_0\boldsymbol{\alpha}$.

于是 $AA^*\boldsymbol{\alpha}=A(\lambda_0\boldsymbol{\alpha})=\lambda_0A\boldsymbol{\alpha}$.

另一方面 $AA^*\boldsymbol{\alpha}=-E\boldsymbol{\alpha}=-\boldsymbol{\alpha}$，所以 $\lambda_0A\boldsymbol{\alpha}=-\boldsymbol{\alpha}$，

即 $\lambda_0\begin{pmatrix} a & -1 & c \\ 5 & b & 3 \\ 1-c & 0 & -a \end{pmatrix}\begin{pmatrix} -1 \\ -1 \\ 1 \end{pmatrix}=-\begin{pmatrix} -1 \\ -1 \\ 1 \end{pmatrix}\Rightarrow\begin{cases} \lambda_0(-a+1+c)=1, \\ \lambda_0(-5-b+3)=1, \\ \lambda_0(-1+c-a)=-1, \end{cases}$ 解得 $\lambda_0=1,b=-3,a=c$.

又由 $|A|=-1$ 和 $a=c$ 有 $\begin{vmatrix} a & -1 & a \\ 5 & -3 & 3 \\ 1-a & 0 & -a \end{vmatrix}=a-3=-1$，

可知 $a=2$，因此 $a=2,b=-3,c=2,\lambda_0=1$.

【例 5】 设 3 阶矩阵 A 满足 $A\boldsymbol{\alpha}_i=i\boldsymbol{\alpha}_i(i=1,2,3)$，其中 $\boldsymbol{\alpha}_1=(1,2,2)^T$，$\boldsymbol{\alpha}_2=(2,-2,1)^T$，$\boldsymbol{\alpha}_3=(-2,-1,2)^T$，试求矩阵 A.

解 由 $A\boldsymbol{\alpha}_i=i\boldsymbol{\alpha}_i(i=1,2,3)$，可得 $A(\boldsymbol{\alpha}_1,\boldsymbol{\alpha}_2,\boldsymbol{\alpha}_3)=(\boldsymbol{\alpha}_1,2\boldsymbol{\alpha}_2,3\boldsymbol{\alpha}_3)$，上式可写为 $AP=B$，因

$|P|=|\boldsymbol{\alpha}_1,\boldsymbol{\alpha}_2,\boldsymbol{\alpha}_3|=\begin{vmatrix} 1 & 2 & -2 \\ 2 & -2 & -1 \\ 2 & 1 & 2 \end{vmatrix}=-27\neq 0$，所以矩阵 P 可逆，

因此 $A=BP^{-1}$，而 $P^{-1}=\frac{1}{9}\begin{pmatrix} 1 & 2 & 2 \\ 2 & -2 & 1 \\ -2 & -1 & 2 \end{pmatrix}$，

所以 $A=\frac{1}{9}\begin{pmatrix}1&4&-6\\2&-4&-3\\2&2&6\end{pmatrix}\begin{pmatrix}1&2&2\\2&-2&1\\-2&-1&2\end{pmatrix}=\begin{pmatrix}\frac{7}{3}&0&-\frac{2}{3}\\0&\frac{5}{3}&-\frac{2}{3}\\-\frac{2}{3}&-\frac{2}{3}&2\end{pmatrix}$.

方法总结

根据特征值和特征向量定义：$A\boldsymbol{\alpha}_i=i\boldsymbol{\alpha}_i$ 可得矩阵关系式 $A(\boldsymbol{\alpha}_1,\boldsymbol{\alpha}_2,\boldsymbol{\alpha}_3)=(\boldsymbol{\alpha}_1,2\boldsymbol{\alpha}_2,3\boldsymbol{\alpha}_3)$，从而 $A=P^{-1}B$，这是解决这类问题的常用技巧.

【例 6】 设 3 阶对称矩阵 A 的特征值为 6,3,3，与 6 对应的特征向量为 $\boldsymbol{\eta}_1=(1,1,1)^{\mathrm{T}}$，求 A.

解 设对应于 3 的特征向量为 $\boldsymbol{\xi}=(x,y,z)^{\mathrm{T}}$，因为 A 是对称阵，则 $\boldsymbol{\xi}^{\mathrm{T}}\boldsymbol{\eta}=0$，即 $x+y+z=0$，基础解系为 $\boldsymbol{\xi}_1=(-1,1,0)^{\mathrm{T}}$，$\boldsymbol{\xi}_2=(-1,0,1)^{\mathrm{T}}$.

令 $P=\begin{pmatrix}-1&-1&1\\1&0&1\\0&1&1\end{pmatrix}$，$\Lambda=\begin{pmatrix}3&&\\&3&\\&&6\end{pmatrix}$，则 $P^{-1}AP=\Lambda$ 得 $A=P\Lambda P^{-1}$.

即 $A=\begin{pmatrix}-1&-1&1\\1&0&1\\0&1&1\end{pmatrix}\begin{pmatrix}3&&\\&3&\\&&6\end{pmatrix}\begin{pmatrix}-1&-1&1\\1&0&1\\0&1&1\end{pmatrix}^{-1}=\begin{pmatrix}4&1&1\\1&4&1\\1&1&4\end{pmatrix}$.

方法总结

已知矩阵的部分特征值、特征向量，反求矩阵的另一部分特征值，特征向量以及矩阵本身，此类问题主要针对实对称矩阵讨论，利用“实对称矩阵属于不同特征值的特征向量相互正交”的结论即可得到关于所求特征向量所满足的方程组，解得特征向量，进而确定所求矩阵.

【例 7】 求方阵 $B=A^4-2A^3+11A^2-15A+29E$ 的逆矩阵，其中 $A=\begin{pmatrix}1&-3\\3&1\end{pmatrix}$.

解 令 $f(\lambda)=|\lambda E-A|=\begin{vmatrix}\lambda-1&3\\-3&\lambda+1\end{vmatrix}=\lambda^2+8$，

因此有 $f(A)=A^2+8E=O$.

令 $F(\lambda)=\lambda^4-2\lambda^3+11\lambda^2-15\lambda+29=(\lambda^2-2\lambda+3)(\lambda^2+8)+\lambda+5$.

故 $B=(A^2-2A+3E)(A^2+8E)+A+5E=A+5E=\begin{pmatrix}6&-3\\3&4\end{pmatrix}$，

$$B^{-1}=\frac{1}{33}\begin{pmatrix}4 & 3\\ -3 & 6\end{pmatrix}.$$

方法总结

当所求矩阵较复杂时，我们要先考虑特征多项式，利用特征多项式分解化简，达到化简矩阵的目的.

【例 8】 设 n 阶可逆矩阵 $\boldsymbol{A}$ 的各行元素之和为 a.

证明 (1)$a\neq 0$； (2)$\boldsymbol{A}^{-1}$的各行元素之和为$\frac{1}{a}$； (3)求 $4\boldsymbol{A}^{-1}-7\boldsymbol{A}$ 的各行元素之和.

证 (1)因 $\boldsymbol{A}$ 的各行元素之和为 a，从而 $\boldsymbol{A}\begin{pmatrix}1\\1\\\vdots\\1\end{pmatrix}=a\begin{pmatrix}1\\1\\\vdots\\1\end{pmatrix}$，

即 a 为矩阵 $\boldsymbol{A}$ 的特征值. 由题意 $\boldsymbol{A}$ 为可逆矩阵，故 $a\neq 0$.

(2)由 $\boldsymbol{A}\begin{pmatrix}1\\1\\\vdots\\1\end{pmatrix}=a\begin{pmatrix}1\\1\\\vdots\\1\end{pmatrix}$，可得 $\boldsymbol{A}^{-1}\begin{pmatrix}1\\1\\\vdots\\1\end{pmatrix}=\frac{1}{a}\begin{pmatrix}1\\1\\\vdots\\1\end{pmatrix}$，

从而 $\boldsymbol{A}^{-1}$的各行元素之和为$\frac{1}{a}$.

(3)由 $(4\boldsymbol{A}^{-1}-7\boldsymbol{A})\begin{pmatrix}1\\1\\\vdots\\1\end{pmatrix}=4\boldsymbol{A}^{-1}\begin{pmatrix}1\\1\\\vdots\\1\end{pmatrix}-7\boldsymbol{A}\begin{pmatrix}1\\1\\\vdots\\1\end{pmatrix}=\frac{4}{a}\begin{pmatrix}1\\1\\\vdots\\1\end{pmatrix}-7a\begin{pmatrix}1\\1\\\vdots\\1\end{pmatrix}=\left(\frac{4}{a}-7a\right)\begin{pmatrix}1\\1\\\vdots\\1\end{pmatrix}$，

因此矩阵 $4\boldsymbol{A}^{-1}-7\boldsymbol{A}$ 的各行元素之和为$\frac{4}{a}-7a$.

方法总结

(1)本题巧妙的把元素行之和与特征值、特征向量联系起来，得到重要关系式

$$\boldsymbol{A}\begin{pmatrix}1\\1\\\vdots\\1\end{pmatrix}=a\begin{pmatrix}1\\1\\\vdots\\1\end{pmatrix}.$$

(2)关系式中 a 是矩阵 $\boldsymbol{A}$ 的一个特征值，而向量$(1,1,\cdots,1)^{\mathrm{T}}$ 是 $\boldsymbol{A}$ 的与 $\lambda=a$ 对应的特征向量，此结论须记住.

第三节 相似矩阵

一、主要内容归纳

1. 相似矩阵的概念

设 $\boldsymbol{A},\boldsymbol{B}$ 都是 n 阶矩阵，若有可逆矩阵 $\boldsymbol{P}$，使 $\boldsymbol{P}^{-1}\boldsymbol{AP}=\boldsymbol{B}$，则称 $\boldsymbol{B}$ 是 $\boldsymbol{A}$ 的相似矩阵，或说矩阵 $\boldsymbol{A}$ 与 $\boldsymbol{B}$ 相似.

对 $\boldsymbol{A}$ 进行运算 $\boldsymbol{P}^{-1}\boldsymbol{AP}$ 称为对 $\boldsymbol{A}$ 进行相似变换，可逆矩阵 $\boldsymbol{P}$ 称为把 $\boldsymbol{A}$ 变成 $\boldsymbol{B}$ 的相似变换矩阵.

2. 相似矩阵的性质

(1)若 n 阶矩阵 $\boldsymbol{A}$ 与 $\boldsymbol{B}$ 相似，则 $\boldsymbol{A}$ 与 $\boldsymbol{B}$ 的特征多项式相同，从而 $\boldsymbol{A}$ 与 $\boldsymbol{B}$ 的特征值亦相同.

(2)若 n 阶矩阵 $\boldsymbol{A}$ 与对角阵 $\mathrm{diag}(\lambda_1,\lambda_2,\cdots,\lambda_n)$ 相似，则 $\lambda_1,\lambda_2,\cdots,\lambda_n$ 即是 $\boldsymbol{A}$ 的 n 个特征值.

(3)若 $\boldsymbol{A}\sim\boldsymbol{B}$，则 $\boldsymbol{A}^{\mathrm{T}}\sim\boldsymbol{B}^{\mathrm{T}}$，$\boldsymbol{A}^{-1}\sim\boldsymbol{B}^{-1}$(若 $\boldsymbol{A}$ 可逆)，$\boldsymbol{A}^k\sim\boldsymbol{B}^k$.

(4)若 $\boldsymbol{A}\sim\boldsymbol{B}$，则 $|\boldsymbol{A}|=|\boldsymbol{B}|$.

(5)若 $\boldsymbol{A}\sim\boldsymbol{B}$，则 $f(\boldsymbol{A})\sim f(\boldsymbol{B})$ 且 $R(\boldsymbol{A})=R(\boldsymbol{B})$.

3. 知阵的相似对角化

(1)对 n 阶矩阵 $\boldsymbol{A}$，若存在可逆阵 $\boldsymbol{P}$，使 $\boldsymbol{P}^{-1}\boldsymbol{AP}=\boldsymbol{\Lambda}$ 为对角阵，则称把方阵 $\boldsymbol{A}$ 对角化.

(2)n 阶矩阵 $\boldsymbol{A}$ 与对角阵相似的充分必要条件是 $\boldsymbol{A}$ 有 n 个线性无关的特征向量.

(3)如果 n 阶矩阵 $\boldsymbol{A}$ 的 n 个特征值互不相等，则 $\boldsymbol{A}$ 与对角阵相似.

(4)n 阶矩阵 $\boldsymbol{A}$ 可对角化的充要条件是对应于 $\boldsymbol{A}$ 的每个特征值的线性无关的特征向量的个数恰好等于该特征值的重数.

4. 矩阵对角化的步骤

(1)求出 $\boldsymbol{A}$ 的全部特征值 $\lambda_1,\lambda_2,\cdots,\lambda_s$.

(2)对于不同的特征值 λ_i，解方程组 $(\lambda_i\boldsymbol{E}-\boldsymbol{A})\boldsymbol{x}=\boldsymbol{0}$. 求出所有的基础解系，如果每一个 λ_i 的重数等于基础解系中向量的个数，则 $\boldsymbol{A}$ 可对角化，否则 $\boldsymbol{A}$ 不可对角化.

(3)若 $\boldsymbol{A}$ 可对角化，设所有特征向量为 $\boldsymbol{\xi}_1,\boldsymbol{\xi}_2,\cdots,\boldsymbol{\xi}_n$，则所求的可逆矩阵为 $\boldsymbol{P}=(\boldsymbol{\xi}_1,\boldsymbol{\xi}_2,\cdots,\boldsymbol{\xi}_n)$，并且有 $\boldsymbol{P}^{-1}\boldsymbol{AP}=\boldsymbol{\Lambda}$，其中 $\boldsymbol{\Lambda}=\begin{pmatrix}\lambda_1 & & & \\ & \lambda_2 & & \\ & & \ddots & \\ & & & \lambda_n\end{pmatrix}$，$\boldsymbol{\Lambda}$ 的主对角线元素为全部特征值，其排列顺序与 $\boldsymbol{P}$ 中列向量的排列顺序对应.

5. 本节重点

判定一个矩阵能否对角化，掌握矩阵相似对角化步骤，这种方法在下一节及二次型化简中都有广泛的应用，这部分也是历届考研的重点.

二、经典题型解析及解题方法总结

【例 1】 (2023 数学一，5 分)下列矩阵中不能相似于对角矩阵的是________.

(A) $\begin{pmatrix}1&1&a\\0&2&2\\0&0&3\end{pmatrix}$ (B) $\begin{pmatrix}1&1&a\\1&2&0\\a&0&3\end{pmatrix}$ (C) $\begin{pmatrix}1&1&a\\0&2&0\\0&0&2\end{pmatrix}$ (D) $\begin{pmatrix}1&1&a\\0&2&2\\0&0&2\end{pmatrix}$

解 选项(A)的矩阵有特征值 1,2,3，所以必相似于对角阵.

选项(B)的矩阵是对称矩阵，必相似于对角阵.

选项(C)的矩阵有二重特征值 2.

$\begin{pmatrix}1&1&a\\0&2&0\\0&0&2\end{pmatrix}-2\boldsymbol{E}=\begin{pmatrix}-1&1&a\\0&0&0\\0&0&0\end{pmatrix}$，秩为 1，故可以相似于对角阵.

选项(D)的矩阵有 2 重特征值 2.

$\begin{pmatrix}1&1&a\\0&2&2\\0&0&2\end{pmatrix}-2\boldsymbol{E}=\begin{pmatrix}-1&1&a\\0&0&2\\0&0&0\end{pmatrix}$，秩为 2，不能相似于对角阵.

故应选(D).

【例 2】 设 $\boldsymbol{A}=\begin{pmatrix}1&0&2\\0&1&4\\m+5&-m-2&2m\end{pmatrix}$，问 $\boldsymbol{A}$ 能否对角化?

解 $|\lambda\boldsymbol{E}-\boldsymbol{A}|=\begin{vmatrix}\lambda-1&0&-2\\0&\lambda-1&-4\\-m-5&m+2&\lambda-2m\end{vmatrix}=(\lambda-1)(\lambda-2)[\lambda-(2m-1)]$.

(1)当 $2m-1\neq1,2$ 时，即当 $m\neq1,\frac{3}{2}$ 时，$\boldsymbol{A}$ 有三个不同的特征值，所以 $\boldsymbol{A}$ 可对角化.

(2)当 $2m-1=1$ 时，即当 $m=1$ 时，$\boldsymbol{A}$ 的特征值为 1(二重)，2.

$\boldsymbol{E}-\boldsymbol{A}=\begin{pmatrix}0&0&-2\\0&0&-4\\-4&-3&2\end{pmatrix}$，$R(\boldsymbol{E}-\boldsymbol{A})=2$，所以 $\boldsymbol{A}$ 不能对角化.

(3)当 $2m-1=2$ 时，即当 $m=\frac{3}{2}$ 时，$\boldsymbol{A}$ 的特征值为 1，2(二重).

$2\boldsymbol{E}-\boldsymbol{A}=\begin{pmatrix}1&0&-2\\0&1&-4\\-\frac{13}{2}&\frac{7}{2}&-1\end{pmatrix}\to\begin{pmatrix}1&0&-2\\0&1&-4\\0&0&0\end{pmatrix}$，$R(2\boldsymbol{E}-\boldsymbol{A})=2$，所以 $\boldsymbol{A}$ 不能对角化.

综上所述当 $m\neq 1,\frac{3}{2}$ 时，$\boldsymbol{A}$ 可对角化.

方法总结

(1)判断矩阵 $\boldsymbol{A}$ 是否可对角化，应先求出 $\boldsymbol{A}$ 的全部特征值，若每个特征值的重数与属于该特征值的线性无关的特征向量个数相同，则该矩阵可对角化.

(2)对含有参数的矩阵，要对参数的不同取值进行讨论.

【例 3】 判断下列矩阵 $\boldsymbol{A},\boldsymbol{B}$ 是否相似，若相似，求出可逆矩阵 $\boldsymbol{M}$，使得 $\boldsymbol{B}=\boldsymbol{M}^{-1}\boldsymbol{A}\boldsymbol{M}$，

其中 $\boldsymbol{A}=\begin{pmatrix}2&0&0\\0&0&1\\0&1&0\end{pmatrix}$，$\boldsymbol{B}=\begin{pmatrix}1&0&0\\0&-1&0\\0&-6&2\end{pmatrix}$.

解 由 $|\lambda\boldsymbol{E}-\boldsymbol{A}|=\begin{vmatrix}\lambda-2&0&0\\0&\lambda&-1\\0&-1&\lambda\end{vmatrix}=(\lambda-2)(\lambda-1)(\lambda+1)$，

得 $\boldsymbol{A}$ 的特征值为 $\lambda_1=2,\lambda_2=1,\lambda_3=-1$.

又 $|\lambda\boldsymbol{E}-\boldsymbol{B}|=\begin{vmatrix}\lambda-1&0&0\\0&\lambda+1&0\\0&6&\lambda-2\end{vmatrix}=(\lambda-2)(\lambda-1)(\lambda+1)$，

得 $\boldsymbol{B}$ 的特征值为 $\lambda_1=2,\lambda_2=1,\lambda_3=-1$.

$\boldsymbol{A}$ 与 $\boldsymbol{B}$ 均有三个不相同的特征值，且 $\boldsymbol{A}$ 与 $\boldsymbol{B}$ 同时与对角阵 $\begin{pmatrix}2&&\\&1&\\&&-1\end{pmatrix}$ 相似，由相似关系的传递性知，$\boldsymbol{A}\sim\boldsymbol{B}$.

又对应特征值 $2,1,-1$，$\boldsymbol{A}$ 有特征向量分别为

$$\boldsymbol{\xi}_1=(1,0,0)^{\mathrm{T}},\boldsymbol{\xi}_2=(0,1,1)^{\mathrm{T}},\boldsymbol{\xi}_3=(0,0,-1)^{\mathrm{T}}.$$

同理，$\boldsymbol{B}$ 有对应的特征向量分别为 $\boldsymbol{\eta}_1=(0,2,1)^{\mathrm{T}},\boldsymbol{\eta}_2=(1,0,0)^{\mathrm{T}},\boldsymbol{\eta}_3=(1,0,2)^{\mathrm{T}}$

故存在 $\boldsymbol{P}=(\boldsymbol{\xi}_1,\boldsymbol{\xi}_2,\boldsymbol{\xi}_3)=\begin{pmatrix}1&0&0\\0&1&0\\0&1&-1\end{pmatrix}$，$\boldsymbol{Q}=(\boldsymbol{\eta}_1,\boldsymbol{\eta}_2,\boldsymbol{\eta}_3)=\begin{pmatrix}0&1&0\\0&0&1\\1&0&2\end{pmatrix}$，

使得 $\boldsymbol{P}^{-1}\boldsymbol{A}\boldsymbol{P}=\boldsymbol{Q}^{-1}\boldsymbol{B}\boldsymbol{Q}=\begin{pmatrix}2&0&0\\0&1&0\\0&0&-1\end{pmatrix}$，故 $\boldsymbol{B}=\boldsymbol{Q}\boldsymbol{P}^{-1}\boldsymbol{A}\boldsymbol{P}\boldsymbol{Q}^{-1}=(\boldsymbol{P}\boldsymbol{Q}^{-1})^{-1}\boldsymbol{A}(\boldsymbol{P}\boldsymbol{Q}^{-1})$，

令 $\boldsymbol{M}=\boldsymbol{P}\boldsymbol{Q}^{-1}$，则 $\boldsymbol{M}$ 可逆，使得 $\boldsymbol{B}=\boldsymbol{M}^{-1}\boldsymbol{A}\boldsymbol{M}$.

这里 $\boldsymbol{P}\boldsymbol{Q}^{-1}=\begin{pmatrix}1&0&0\\0&1&0\\0&1&-1\end{pmatrix}\begin{pmatrix}0&1&0\\0&0&1\\1&0&2\end{pmatrix}^{-1}=\begin{pmatrix}0&-2&1\\1&0&0\\1&-1&0\end{pmatrix}$.

方法总结

判断两个同阶方阵的相似性，下面的结论一定要明确：若 $\boldsymbol{A}\sim\boldsymbol{B}$，则这两个矩阵的特征多项式、行列式、秩及迹等均相等. 其逆命题常常用来判断两个矩阵不相似.

【例 4】 设矩阵 $\boldsymbol{A}=\begin{pmatrix}3 & 2 & -2\\ -k & -1 & k\\ 4 & 2 & -3\end{pmatrix}$，问当 k 为何值时，存在可逆矩阵 $\boldsymbol{P}$，使得 $\boldsymbol{P}^{-1}\boldsymbol{A}\boldsymbol{P}$ 为对角阵？并求出 $\boldsymbol{P}$ 和相应的对角矩阵.

解　由 $|\lambda\boldsymbol{E}-\boldsymbol{A}|=\begin{vmatrix}\lambda-3 & -2 & 2\\ k & \lambda+1 & -k\\ -4 & -2 & \lambda+3\end{vmatrix}=(\lambda+1)^2(\lambda-1)$，

$\boldsymbol{A}$ 的特征值为 $\lambda_1=\lambda_2=-1.\ \lambda_3=1$.

对于 $\lambda_1=-1$ 有，$-\boldsymbol{E}-\boldsymbol{A}=\begin{pmatrix}-4 & -2 & 2\\ k & 0 & -k\\ -4 & -2 & 2\end{pmatrix}\to\begin{pmatrix}-4 & -2 & -2\\ k & 0 & -k\\ 0 & 0 & 0\end{pmatrix}$，

由题设，当 $k=0$ 时，$R(-\boldsymbol{E}-\boldsymbol{A})=1$.

对应 $\lambda_1=\lambda_2=-1$，必有两个特征向量，

此时对应的特征向量为 $\boldsymbol{\xi}_1=(-1,2,0)^{\mathrm{T}}$，$\boldsymbol{\xi}_2=(1,0,2)^{\mathrm{T}}$.

对于 $\lambda_3=1$ 有，$\boldsymbol{E}-\boldsymbol{A}=\begin{pmatrix}-2 & -2 & 2\\ k & 2 & -k\\ -4 & -2 & 4\end{pmatrix}\to\begin{pmatrix}1 & 0 & -1\\ 0 & 1 & 0\\ 0 & 0 & 0\end{pmatrix}$，

对应的特征向量为 $\boldsymbol{\xi}_3=(1,0,1)^{\mathrm{T}}$.

因此，当 $k=0$ 时，令 $\boldsymbol{P}=\begin{pmatrix}-1 & 1 & 1\\ 2 & 0 & 0\\ 0 & 2 & 1\end{pmatrix}$，　则 $\boldsymbol{P}^{-1}\boldsymbol{A}\boldsymbol{P}=\begin{pmatrix}-1 & 0 & 0\\ 0 & -1 & 0\\ 0 & 0 & 1\end{pmatrix}$ 为相应的对角矩阵.

方法总结

(1)本题先求出 $\boldsymbol{A}$ 的特征值，若矩阵 $\boldsymbol{A}$ 可对角化，则利用对角化的条件反求矩阵 $\boldsymbol{A}$ 中的参数.

(2)在矩阵可对角化的情况下，把它的 n 个线性无关的特征向量作为矩阵 $\boldsymbol{P}$ 的列向量，则 $\boldsymbol{P}$ 就是所求相似变换矩阵.

【例 5】 (2021 数学二，数学三，12 分)设矩阵 $\boldsymbol{A}=\begin{pmatrix}2 & 1 & 0\\ 1 & 2 & 0\\ 1 & a & b\end{pmatrix}$ 仅有两个不同的特征值，若

$\boldsymbol{A}$ 相似于对角矩阵，求 a,b 的值，并求可逆矩阵 $\boldsymbol{P}$，使 $\boldsymbol{P}^{-1}\boldsymbol{AP}$ 为对角矩阵.

解 由 $|\lambda\boldsymbol{E}-\boldsymbol{A}|=\begin{vmatrix}\lambda-2 & -1 & 0\\ -1 & \lambda-2 & 0\\ -1 & -a & \lambda-b\end{vmatrix}=(\lambda-b)(\lambda-1)(\lambda-3)=0$，得特征值 $\lambda_1=1,\lambda_2=3,\lambda_3=b$.

由题设矩阵 $\boldsymbol{A}$ 仅有两个不同特征值，故 $b=1$ 或 $b=3$.

若 $b=1$. 因为 $\boldsymbol{A}$ 可相似对角化，所以 $R(\boldsymbol{A}-\boldsymbol{E})=1$，故 $a=1$.

$(\boldsymbol{E}-\boldsymbol{A})\boldsymbol{x}=\boldsymbol{0}$ 的基础解系为 $\boldsymbol{\xi}_1=(1,-1,0)^{\mathrm{T}},\boldsymbol{\xi}_2=(0,0,1)^{\mathrm{T}}$.

$(3\boldsymbol{E}-\boldsymbol{A})\boldsymbol{x}=\boldsymbol{0}$ 的基础解系为 $\boldsymbol{\xi}_3=(1,1,1)^{\mathrm{T}}$，

取 $\boldsymbol{P}=(\boldsymbol{\xi}_1,\boldsymbol{\xi}_2,\boldsymbol{\xi}_3)=\begin{pmatrix}1 & 0 & 1\\ -1 & 0 & 1\\ 0 & 1 & 1\end{pmatrix}$，则 $\boldsymbol{P}^{-1}\boldsymbol{AP}=\begin{pmatrix}1 & 0 & 0\\ 0 & 1 & 0\\ 0 & 0 & 3\end{pmatrix}$.

若 $b=3$，因为 $\boldsymbol{A}$ 可相似对角化，所以 $R(\boldsymbol{A}-3\boldsymbol{E})=1$，故 $a=-1$.

$(\boldsymbol{E}-\boldsymbol{A})\boldsymbol{x}=\boldsymbol{0}$ 的基础解系为 $\boldsymbol{\xi}_1=(-1,1,1)^{\mathrm{T}}$，

$(3\boldsymbol{E}-\boldsymbol{A})\boldsymbol{x}=\boldsymbol{0}$ 的基础解系为 $\boldsymbol{\xi}_2=(0,0,1)^{\mathrm{T}},\boldsymbol{\xi}_3=(1,1,0)^{\mathrm{T}}$，

取 $\boldsymbol{P}=(\boldsymbol{\xi}_1,\boldsymbol{\xi}_2,\boldsymbol{\xi}_3)=\begin{pmatrix}-1 & 0 & 1\\ 1 & 0 & 1\\ 1 & 1 & 0\end{pmatrix}$，则 $\boldsymbol{P}^{-1}\boldsymbol{AP}=\begin{pmatrix}1 & 0 & 0\\ 0 & 3 & 0\\ 0 & 0 & 3\end{pmatrix}$.

【例 6】 已知向量 $\boldsymbol{\xi}=\begin{pmatrix}1\\ 1\\ -1\end{pmatrix}$ 是矩阵 $\boldsymbol{A}=\begin{pmatrix}2 & -1 & 2\\ 5 & a & 3\\ -1 & b & -2\end{pmatrix}$ 的一个特征向量.

(1)求参数 a、b 及 $\boldsymbol{\xi}$ 所对应的特征值.

(2)$\boldsymbol{A}$ 能否相似于对角阵？

解 (1)设 $\boldsymbol{\xi}$ 是属于特征值 λ_0 的特征向量，即

$$\begin{pmatrix}2 & -1 & 2\\ 5 & a & 3\\ -1 & b & -2\end{pmatrix}\begin{pmatrix}1\\ 1\\ -1\end{pmatrix}=\lambda_0\begin{pmatrix}1\\ 1\\ -1\end{pmatrix},$$

即 $\begin{cases}2-1-2=\lambda_0,\\ 5+a-3=\lambda_0,\\ -1+b+2=-\lambda_0,\end{cases}$ 解得 $\lambda_0=-1,a=-3,b=0$.

(2) $|\lambda\boldsymbol{E}-\boldsymbol{A}|=\begin{vmatrix}\lambda-2 & 1 & -2\\ -5 & \lambda+3 & -3\\ 1 & 0 & \lambda+2\end{vmatrix}=(\lambda+1)^3$，因此特征值为 $\lambda_1=\lambda_2=\lambda_3=-1$.

又因为 $R(-\boldsymbol{E}-\boldsymbol{A})=2$. 因此属于 -1 的特征向量只有 1 个，故 $\boldsymbol{A}$ 不能对角化.

方法总结

本题属基本题型,判断矩阵是否可对角化,只需求出所有特征值及相应的特征向量,判断特征值的重数是否等于其对应的线性无关的特征向量的个数.

【例 7】 设矩阵 $\boldsymbol{A}=\begin{pmatrix}3&2&2\\2&3&2\\2&2&3\end{pmatrix}$,$\boldsymbol{P}=\begin{pmatrix}0&1&0\\1&0&1\\0&0&1\end{pmatrix}$,$\boldsymbol{B}=\boldsymbol{P}^{-1}\boldsymbol{A}^*\boldsymbol{P}$,求 $\boldsymbol{B}+2\boldsymbol{E}$ 的特征值和特征向量,其中 $\boldsymbol{A}^*$ 为 $\boldsymbol{A}$ 的伴随矩阵,$\boldsymbol{E}$ 为 3 阶单位矩阵.

解 先求 $\boldsymbol{A}$ 的特征值和特征向量.

$$|\lambda\boldsymbol{E}-\boldsymbol{A}|=\begin{vmatrix}\lambda-3&-2&-2\\-2&\lambda-3&-2\\-2&-2&\lambda-3\end{vmatrix}=\begin{vmatrix}\lambda-7&\lambda-7&\lambda-7\\-2&\lambda-3&-2\\0&1-\lambda&\lambda-1\end{vmatrix}=(\lambda-1)^2(\lambda-7),$$

所以 $\boldsymbol{A}$ 的特征值为 $\lambda_1=\lambda_2=1,\lambda_3=7$.

又因 $|\boldsymbol{A}|=\lambda_1\lambda_2\lambda_3=7$,所以 $\boldsymbol{A}^*$ 的特征值为 $\dfrac{|\boldsymbol{A}|}{\lambda}$,即为 7,7,1.

当 $\lambda=1$ 时,由 $(\boldsymbol{E}-\boldsymbol{A})\boldsymbol{x}=\boldsymbol{0}$,得 $x_1+x_2+x_3=0$,其基础解系为 $\boldsymbol{\xi}_1=(-1,1,0)^{\mathrm{T}}$,$\boldsymbol{\xi}_2=(-1,0,1)^{\mathrm{T}}$.

当 $\lambda=7$ 时,由 $(7\boldsymbol{E}-\boldsymbol{A})\boldsymbol{x}=\boldsymbol{0}$,得 $\begin{cases}x_1-2x_2+x_3=0,\\x_2-x_3=0,\end{cases}$ 其基础解系为 $\boldsymbol{\xi}_3=(1,1,1)^{\mathrm{T}}$.

因 $\boldsymbol{B}=\boldsymbol{P}^{-1}\boldsymbol{A}^*\boldsymbol{P}$,故 $\boldsymbol{B}\sim\boldsymbol{A}^*$,所以 $\boldsymbol{B}$ 的特征值为 7,7,1,从而 $\boldsymbol{B}+2\boldsymbol{E}$ 的特征值为 9,9,3. 若 $\boldsymbol{x}$ 是 $\boldsymbol{A}$ 的属于 λ 的特征向量,则 $\boldsymbol{x}$ 是 $\boldsymbol{A}^*$ 的属于 $\dfrac{|\boldsymbol{A}|}{\lambda}$ 的特征向量.

则 $\boldsymbol{B}$ 的属于 $\dfrac{|\boldsymbol{A}|}{\lambda}$ 的特征向量为 $\boldsymbol{P}^{-1}\boldsymbol{x}$,因此 $\boldsymbol{B}+2\boldsymbol{E}$ 属于特征值 $\dfrac{|\boldsymbol{A}|}{\lambda}+2$ 的特征向量为 $\boldsymbol{P}^{-1}\boldsymbol{x}$.

故 $\boldsymbol{P}^{-1}\boldsymbol{\xi}_1=\begin{pmatrix}1\\-1\\0\end{pmatrix}$,$\boldsymbol{P}^{-1}\boldsymbol{\xi}_2=\begin{pmatrix}-1\\-1\\1\end{pmatrix}$,$\boldsymbol{P}^{-1}\boldsymbol{\xi}_3=\begin{pmatrix}0\\1\\1\end{pmatrix}$.

所以,$\boldsymbol{B}+2\boldsymbol{E}$ 属于特征值 $\lambda=9$ 的特征向量为 $k_1\begin{pmatrix}1\\-1\\0\end{pmatrix}+k_2\begin{pmatrix}-1\\-1\\1\end{pmatrix}$($k_1,k_2$ 不全为零),

$\boldsymbol{B}+2\boldsymbol{E}$ 属于特征值 $\lambda=3$ 的特征向量为 $k_3\begin{pmatrix}0\\1\\1\end{pmatrix}$($k_3\neq0$).

方法总结

(1)本题综合运用了A,A^*及A^*的相似矩阵的特征值与特征向量的关系,应熟练掌握此方法并灵活运用.

(2)本题也可直接求$B+2E$的特征值和特征向量,但计算量较大.

【例 8】 (2023 数学二,数学三,12 分)设矩阵A满足对任意x_1,x_2,x_3均有

$$A\begin{pmatrix}x_1\\x_2\\x_3\end{pmatrix}=\begin{pmatrix}x_1+x_2+x_3\\2x_1-x_2+x_3\\x_2-x_3\end{pmatrix}.$$

(1)求A;

(2)求可逆矩阵P与对角矩阵Λ,使得$P^{-1}AP=\Lambda$.

解 (1)$A=AE=A\begin{pmatrix}1&0&0\\0&1&0\\0&0&1\end{pmatrix}=\begin{pmatrix}1&1&1\\2&-1&1\\0&1&-1\end{pmatrix}$.

(2)令$|A-\lambda E|=\begin{vmatrix}1-\lambda&1&1\\2&-1-\lambda&1\\0&1&-1-\lambda\end{vmatrix}\xlongequal{(1+\lambda)c_2+c_3}\begin{vmatrix}1-\lambda&1&2+\lambda\\2&-1-\lambda&1-(1+\lambda)^2\\0&1&0\end{vmatrix}$

$$=-(\lambda+2)(\lambda-2)(\lambda+1)=0,$$

得A的特征值为$\lambda_1=-1,\lambda_2=-2,\lambda_3=2$.

解方程组$(A+E)x=0$,$A+E=\begin{pmatrix}2&1&1\\2&0&1\\0&1&0\end{pmatrix}\longrightarrow\begin{pmatrix}1&0&\frac{1}{2}\\0&1&0\\0&0&0\end{pmatrix}$,

得A的属于$\lambda_1=-1$的特征向量$\xi_1=(-1,0,2)^T$.

解$(A+2E)x=0$,$A+2E=\begin{pmatrix}3&1&1\\2&1&1\\0&1&1\end{pmatrix}\longrightarrow\begin{pmatrix}1&0&0\\0&1&1\\0&0&0\end{pmatrix}$,

得A的属于$\lambda_2=-2$的特征向量为$\xi_2=(0,1,-1)^T$.

解$(A-2E)x=0$,$A-2E=\begin{pmatrix}-1&1&1\\2&-3&1\\0&1&-3\end{pmatrix}\longrightarrow\begin{pmatrix}1&0&-4\\0&1&-3\\0&0&0\end{pmatrix}$,

得A的属于$\lambda_3=2$的特征向量为$\xi_3=(4,3,1)^T$.

令$P=(\xi_1,\xi_2,\xi_3)=\begin{pmatrix}-1&0&4\\0&1&3\\2&-1&1\end{pmatrix}$,则$P^{-1}AP=\begin{pmatrix}-1&0&0\\0&-2&0\\0&0&2\end{pmatrix}$.

【例 9】 (2020 数学一,数学二,数学三,11 分)设 $\boldsymbol{A}$ 为 2 阶矩阵,$\boldsymbol{P}=(\boldsymbol{\alpha},\boldsymbol{A\alpha})$,其中 $\boldsymbol{\alpha}$ 是非零向量且不是 $\boldsymbol{A}$ 的特征向量.

(1)证明:$\boldsymbol{P}$ 为可逆矩阵;

(2)若 $\boldsymbol{A}^2\boldsymbol{\alpha}+\boldsymbol{A\alpha}-6\boldsymbol{\alpha}=\boldsymbol{0}$,求 $\boldsymbol{P}^{-1}\boldsymbol{AP}$,并判断 $\boldsymbol{A}$ 是否相似于对角矩阵.

(1)证 **方法一** 因 $\boldsymbol{\alpha}$ 是非零向量且不是 $\boldsymbol{A}$ 的特征向量,故 $\boldsymbol{A\alpha}\neq k\boldsymbol{\alpha}$,即 $\boldsymbol{A\alpha}$ 与 $\boldsymbol{\alpha}$ 线性无关. 所以 $R(\boldsymbol{P})=2$,矩阵 $\boldsymbol{P}$ 可逆.

方法二(反证法) 假设 $\boldsymbol{P}$ 不可逆,即 $\boldsymbol{\alpha},\boldsymbol{A\alpha}$ 线性相关,则存在不全为零的常数 k_1,k_2,使得

$$k_1\boldsymbol{\alpha}+k_2\boldsymbol{A\alpha}=\boldsymbol{0}.$$

显然 $k_2\neq 0$(若 $k_2=0$,则 $k_1\boldsymbol{\alpha}=\boldsymbol{0}$,由 $\boldsymbol{\alpha}\neq\boldsymbol{0}$ 得 $k_1=0$,矛盾).

于是,$\boldsymbol{A\alpha}=-\dfrac{k_1}{k_2}\boldsymbol{\alpha}$,矛盾,故 $\boldsymbol{P}$ 可逆.

(2)解 由 $\boldsymbol{AP}=\boldsymbol{A}(\boldsymbol{\alpha},\boldsymbol{A\alpha})=(\boldsymbol{A\alpha},\boldsymbol{A}^2\boldsymbol{\alpha})=(\boldsymbol{A\alpha},6\boldsymbol{\alpha}-\boldsymbol{A\alpha})=\boldsymbol{P}\begin{pmatrix}0 & 6\\ 1 & -1\end{pmatrix}$,

得 $\boldsymbol{P}^{-1}\boldsymbol{AP}=\begin{pmatrix}0 & 6\\ 1 & -1\end{pmatrix}$.

令 $\boldsymbol{B}=\begin{pmatrix}0 & 6\\ 1 & -1\end{pmatrix}$,则 $\boldsymbol{A}\sim\boldsymbol{B}$. 由 $|\lambda\boldsymbol{E}-\boldsymbol{B}|=\begin{vmatrix}\lambda & -6\\ -1 & \lambda+1\end{vmatrix}=(\lambda+3)(\lambda-2)=0$,

得 $\lambda_1=-3,\lambda_2=2$.

因 $\lambda_1\neq\lambda_2$,故 $\boldsymbol{B}$ 可以相似对角化,则 $\boldsymbol{A}$ 也可以相似对角化.

第四节 对称矩阵的对角化

一、主要内容归纳

1. 实对称矩阵的性质

(1)实对称矩阵的特征值为实数.

(2)实对称矩阵的对应于不同特征值的特征向量是正交的.

(3)设 $\boldsymbol{A}$ 为 n 阶对称矩阵,则必有正交矩阵 $\boldsymbol{P}$,使 $\boldsymbol{P}^{-1}\boldsymbol{AP}=\boldsymbol{P}^{\mathrm{T}}\boldsymbol{AP}=\boldsymbol{\Lambda}$,

其中 $\boldsymbol{\Lambda}$ 是以 $\boldsymbol{A}$ 的 n 个特征值为对角元的对角矩阵.

(4)设 $\boldsymbol{A}$ 为 n 阶对称矩阵,λ 是 $\boldsymbol{A}$ 的特征方程的 k 重根,则 $R(\lambda\boldsymbol{E}-\boldsymbol{A})=n-k$.

2. 如何求正交矩阵 $\boldsymbol{P}$,使 $\boldsymbol{P}^{-1}\boldsymbol{AP}=\boldsymbol{\Lambda}$,计算步骤如下

(1)求出 $\boldsymbol{A}$ 的全部特征值 $\lambda_1,\lambda_2,\cdots,\lambda_s$.

(2)对每一个特征值 λ_i,由 $(\lambda_i\boldsymbol{E}-\boldsymbol{A})\boldsymbol{x}=\boldsymbol{0}$ 求出基础解系(特征向量).

(3)将基础解系(特征向量)正交化,再单位化.

(4)以这些单位向量作为列向量构成一个正交矩阵 P,则 $P^{-1}AP=\Lambda$.

注 P 中列向量的次序与矩阵 Λ 对角线上的特征值的次序相对应.

3. 本节重点

掌握实对称矩阵的特征值和特征向量的性质,会求正交矩阵 P,使对称矩阵 A 对角化,求正交矩阵也是本节的难点.

二、经典题型解析及解题方法总结

【例 1】 将矩阵 $A=\begin{pmatrix}1&-2&2\\-2&-2&4\\2&4&-2\end{pmatrix}$ 正交相似对角化,并求出正交矩阵 Q,使 $Q^{-1}AQ=\Lambda$ 为对角矩阵.

解 $|\lambda E-A|=\begin{vmatrix}\lambda-1&2&-2\\2&\lambda+2&-4\\-2&-4&\lambda+2\end{vmatrix}=(\lambda-2)^2(\lambda+7)$,

得 A 的特征值为 $\lambda_1=\lambda_2=2,\lambda_3=-7$.

当 $\lambda_1=\lambda_2=2$ 时,解 $(2E-A)x=0$,得基础解系为 $\xi_1=(-2,1,0)^T,\xi_2=(2,0,1)^T$.

当 $\lambda_3=-7$ 时,解 $(-7E-A)x=0$,得基础解系为 $\xi_3=(-1,-2,2)^T$.

将 ξ_1 与 ξ_2 正交化得 $\eta_1=(-2,1,0)^T,\eta_2=(\frac{2}{5},\frac{4}{5},1)^T$.

再把 η_1,η_2,ξ_3 单位化得 $\alpha_1=(-\frac{2}{\sqrt{5}},\frac{1}{\sqrt{5}},0)^T$.

$$\alpha_2=(\frac{2}{3\sqrt{5}},\frac{4}{3\sqrt{5}},\frac{5}{3\sqrt{5}})^T,$$

$$\alpha_3=(-\frac{1}{3},-\frac{2}{3},\frac{2}{3})^T.$$

令 $Q=(\alpha_1,\alpha_2,\alpha_3)=\begin{pmatrix}-\frac{2}{\sqrt{5}}&\frac{2}{3\sqrt{5}}&-\frac{1}{3}\\\frac{1}{\sqrt{5}}&\frac{4}{3\sqrt{5}}&-\frac{2}{3}\\0&\frac{5}{3\sqrt{5}}&\frac{2}{3}\end{pmatrix}$,则 Q 是正交矩阵,且 $Q^{-1}AQ=\begin{pmatrix}2&0&0\\0&2&0\\0&0&-7\end{pmatrix}$.

【例 2】 设矩阵 $A=\begin{pmatrix}1&1&a\\1&a&1\\a&1&1\end{pmatrix},\beta=\begin{pmatrix}1\\1\\-2\end{pmatrix}$,已知线性方程组 $Ax=\beta$ 有解但不唯一.

试求(1)a 的值;(2)正交矩阵 Q,使 Q^TAQ 为对角矩阵.

解 (1)对线性方程组 $Ax=\beta$ 的增广矩阵作初等行变换有

$$(\boldsymbol{A}\vdots\boldsymbol{\beta})=\begin{pmatrix}1&1&a&\vdots&1\\1&a&1&\vdots&1\\a&1&1&\vdots&-2\end{pmatrix}\rightarrow\begin{pmatrix}1&1&a&\vdots&1\\0&a-1&1-a&\vdots&0\\0&0&(a-1)(a+2)&\vdots&a+2\end{pmatrix},$$

因 $\boldsymbol{Ax}=\boldsymbol{\beta}$ 有解但不唯一，所以 $R(\boldsymbol{A})=R(\boldsymbol{A},\boldsymbol{\beta})<3$，故 $a=-2$.

(2)由(1)知 $\boldsymbol{A}=\begin{pmatrix}1&1&-2\\1&-2&1\\-2&1&1\end{pmatrix}$.

$\boldsymbol{A}$ 的特征多项式为 $|\lambda\boldsymbol{E}-\boldsymbol{A}|=\lambda(\lambda-3)(\lambda+3)$，故 $\boldsymbol{A}$ 的特征值为 $\lambda_1=3,\lambda_2=-3,\lambda_3=0$，对应的特征向量依次是：

$\boldsymbol{\alpha}_1=(1,0,-1)^{\mathrm{T}},\boldsymbol{\alpha}_2=(1,-2,1)^{\mathrm{T}},\boldsymbol{\alpha}_3=(1,1,1)^{\mathrm{T}}$.

将 $\boldsymbol{\alpha}_1,\boldsymbol{\alpha}_2,\boldsymbol{\alpha}_3$ 单位化得 $\boldsymbol{\beta}_1=(\frac{1}{\sqrt{2}},0,-\frac{1}{\sqrt{2}})^{\mathrm{T}},\boldsymbol{\beta}_2=(\frac{1}{\sqrt{6}},-\frac{2}{\sqrt{6}},\frac{1}{\sqrt{6}})^{\mathrm{T}},\boldsymbol{\beta}_3=(\frac{1}{\sqrt{3}},\frac{1}{\sqrt{3}},\frac{1}{\sqrt{3}})^{\mathrm{T}}$.

令 $\boldsymbol{Q}=\begin{pmatrix}\frac{1}{\sqrt{2}}&\frac{1}{\sqrt{6}}&\frac{1}{\sqrt{3}}\\0&-\frac{2}{\sqrt{6}}&\frac{1}{\sqrt{3}}\\-\frac{1}{\sqrt{2}}&\frac{1}{\sqrt{6}}&\frac{1}{\sqrt{3}}\end{pmatrix}$，则 $\boldsymbol{Q}^{\mathrm{T}}\boldsymbol{AQ}=\begin{pmatrix}3&0&0\\0&-3&0\\0&0&0\end{pmatrix}$.

方法总结

(1)第一问除利用秩求解外，还可以利用行列式的值与方程组的解的存在定理来求得 a.

(2)注意到本题第二问，由于三个特征值各不相同，此时三个特征值对应的特征向量必正交，不需要再正交化，直接把三个特征向量单位化即可.

【例 3】 设矩阵 $\boldsymbol{A}=\begin{pmatrix}0&-1&4\\-1&3&a\\4&a&0\end{pmatrix}$，正交矩阵 $\boldsymbol{Q}$，使 $\boldsymbol{Q}^{\mathrm{T}}\boldsymbol{AQ}$ 为对角矩阵，若 $\boldsymbol{Q}$ 的第一列为 $\frac{1}{\sqrt{6}}(1,2,1)^{\mathrm{T}}$，求 $a,\boldsymbol{Q}$.

解 由于 $\boldsymbol{A}=\begin{pmatrix}0&-1&4\\-1&3&a\\4&a&0\end{pmatrix}$ 可正交对角化，且 $\boldsymbol{Q}$ 的第 1 列为 $\frac{1}{\sqrt{6}}(1,2,1)^{\mathrm{T}}$.

故 $\boldsymbol{A}$ 对应于 λ_1 的特征向量 $\boldsymbol{\xi}_1=\frac{1}{\sqrt{6}}(1,2,1)^{\mathrm{T}}$，

由 $\boldsymbol{A\xi}_1=\lambda_1\boldsymbol{\xi}_1$，即 $\frac{1}{\sqrt{6}}\begin{pmatrix}0&-1&4\\-1&3&a\\4&a&0\end{pmatrix}\begin{pmatrix}1\\2\\1\end{pmatrix}=\frac{\lambda_1}{\sqrt{6}}\begin{pmatrix}1\\2\\1\end{pmatrix}$，

解得 $\lambda_1=2, a=-1$.

于是 $\boldsymbol{A}=\begin{pmatrix}0&-1&4\\-1&3&-1\\4&-1&0\end{pmatrix}$.

由 $|\lambda\boldsymbol{E}-\boldsymbol{A}|=\begin{vmatrix}\lambda&1&-4\\1&\lambda-3&1\\-4&1&\lambda\end{vmatrix}=(\lambda-2)(\lambda+4)(\lambda-5)=0$，得 $\lambda_1=2,\lambda_2=-4,\lambda_3=5$，

且 $\lambda_1=2$ 对应的特征向量为 $\boldsymbol{\xi}_1=\frac{1}{\sqrt{6}}(1,2,1)^{\mathrm{T}}$.

由 $(\lambda_2\boldsymbol{E}-\boldsymbol{A})\boldsymbol{x}=\boldsymbol{0}$，得属于 $\lambda_2=-4$ 的特征向量，$\boldsymbol{\xi}_2=(-1,0,1)^{\mathrm{T}}$.

由 $(\lambda_3\boldsymbol{E}-\boldsymbol{A})\boldsymbol{x}=\boldsymbol{0}$，得属于 $\lambda_3=5$ 的特征向量，$\boldsymbol{\xi}_3=(1,-1,1)^{\mathrm{T}}$.

由于 $\boldsymbol{A}$ 为实对称矩阵，$\boldsymbol{\xi}_1,\boldsymbol{\xi}_2,\boldsymbol{\xi}_3$ 为对应于不同特征值的特征向量，所以 $\boldsymbol{\xi}_1,\boldsymbol{\xi}_2,\boldsymbol{\xi}_3$ 相互正交，只需单位化：

$$\boldsymbol{\eta}_1=\boldsymbol{\xi}_1=\frac{1}{\sqrt{6}}(1,2,1)^{\mathrm{T}}\quad \boldsymbol{\eta}_2=\frac{1}{\sqrt{2}}(-1,0,1)^{\mathrm{T}}\quad \boldsymbol{\eta}_3=\frac{1}{\sqrt{3}}(1,-1,1)^{\mathrm{T}}.$$

令 $\boldsymbol{Q}=\begin{pmatrix}\frac{1}{\sqrt{6}}&-\frac{1}{\sqrt{2}}&\frac{1}{\sqrt{3}}\\\frac{2}{\sqrt{6}}&0&-\frac{1}{\sqrt{3}}\\\frac{1}{\sqrt{6}}&\frac{1}{\sqrt{2}}&\frac{1}{\sqrt{3}}\end{pmatrix}$，则 $\boldsymbol{Q}^{\mathrm{T}}\boldsymbol{A}\boldsymbol{Q}=\begin{pmatrix}2&&\\&-4&\\&&5\end{pmatrix}$.

【例 4】 试构造一个 3 阶实对称矩阵 $\boldsymbol{A}$，使其特征值为 $\lambda_1=\lambda_2=1,\lambda_3=-1$，且有特征向量 $\boldsymbol{\xi}_1=(1,1,1)^{\mathrm{T}},\boldsymbol{\xi}_2=(2,2,1)^{\mathrm{T}}$.

解 因 $\boldsymbol{\xi}_1,\boldsymbol{\xi}_2$ 线性无关，且 $\boldsymbol{\xi}_1$ 与 $\boldsymbol{\xi}_2$ 不正交，所以 $\boldsymbol{\xi}_1,\boldsymbol{\xi}_2$ 为特征值 $\lambda_1=\lambda_2=1$ 所对应的线性无关的特征向量.

设 $\boldsymbol{\xi}_3=(x_1,x_2,x_3)^{\mathrm{T}}$ 为属于特征值 $\lambda_3=-1$ 的特征向量，则 $\boldsymbol{\xi}_1,\boldsymbol{\xi}_2$ 都与 $\boldsymbol{\xi}_3$ 正交，则 $\begin{cases}x_1+x_2+x_3=0,\\2x_1+2x_2+x_3=0,\end{cases}$ 解得基础解系 $\boldsymbol{\xi}_3=(-1,1,0)^{\mathrm{T}}$.

令 $\boldsymbol{P}=(\boldsymbol{\xi}_1,\boldsymbol{\xi}_2,\boldsymbol{\xi}_3)$，有 $\boldsymbol{P}^{-1}\boldsymbol{A}\boldsymbol{P}=\begin{pmatrix}1&&\\&1&\\&&-1\end{pmatrix}$，

因此

$$\boldsymbol{A}=\boldsymbol{P}\begin{pmatrix}1&&\\&1&\\&&-1\end{pmatrix}\boldsymbol{P}^{-1}=\begin{pmatrix}1&2&-1\\1&2&1\\1&1&0\end{pmatrix}\begin{pmatrix}1&&\\&1&\\&&-1\end{pmatrix}\begin{pmatrix}1&2&-1\\1&2&1\\1&1&0\end{pmatrix}^{-1}=\begin{pmatrix}0&1&0\\1&0&0\\0&0&1\end{pmatrix}.$$

方法总结

本题是已知特征值和部分特征向量，反求矩阵.

涉及的结论有：实对称矩阵属于不同特征值的特征向量相互正交，利用此结论可得到关于所有特征向量满足的方程组，解得特征向量.

再用特征向量构成可逆矩阵 $\boldsymbol{P}$，利用关系式 $\boldsymbol{A}=\boldsymbol{P\Lambda P}^{-1}$，即可求出矩阵 $\boldsymbol{A}$.

【例 5】 设 $\boldsymbol{A}=\begin{pmatrix}3&1&1\\1&2&0\\1&0&2\end{pmatrix}$.

(1)求 $\boldsymbol{A}$ 的所有特征值与特征向量.

(2)判断 $\boldsymbol{A}$ 能否对角化？若能对角化，则求出相似变换矩阵 $\boldsymbol{P}$，将 $\boldsymbol{A}$ 化为对角形矩阵.

(3)计算 $\boldsymbol{A}^{100}\begin{pmatrix}1\\-1\\-1\end{pmatrix}$，$\boldsymbol{A}^{100}\begin{pmatrix}1\\2\\2\end{pmatrix}$，$\boldsymbol{A}^{m}$.

解 (1)由 $|\lambda\boldsymbol{E}-\boldsymbol{A}|=\begin{vmatrix}\lambda-3&-1&-1\\-1&\lambda-2&0\\-1&0&\lambda-2\end{vmatrix}=(\lambda-1)(\lambda-2)(\lambda-4)$，

得 $\boldsymbol{A}$ 的特征值为 $\lambda_1=1,\lambda_2=2,\lambda_3=4$.

当 $\lambda_1=1$ 时，解 $(\boldsymbol{E}-\boldsymbol{A})\boldsymbol{x}=\boldsymbol{0}$，得基础解系为 $\boldsymbol{\xi}_1=(1,-1,-1)^{\mathrm{T}}$，

当 $\lambda_2=2$ 时，解 $(2\boldsymbol{E}-\boldsymbol{A})\boldsymbol{x}=\boldsymbol{0}$，得基础解系为 $\boldsymbol{\xi}_2=(0,1,-1)^{\mathrm{T}}$，

当 $\lambda_3=4$ 时，解 $(4\boldsymbol{E}-\boldsymbol{A})\boldsymbol{x}=\boldsymbol{0}$，得基础解系为 $\boldsymbol{\xi}_3=(2,1,1)^{\mathrm{T}}$.

(2)$\boldsymbol{A}$ 有三个不同特征值，对应的特征向量 $\boldsymbol{\xi}_1,\boldsymbol{\xi}_2,\boldsymbol{\xi}_3$ 一定线性无关.

因此 $\boldsymbol{A}$ 可以对角化，令

$$\boldsymbol{P}=(\boldsymbol{\xi}_1,\boldsymbol{\xi}_2,\boldsymbol{\xi}_3)=\begin{pmatrix}1&0&2\\-1&1&1\\-1&-1&1\end{pmatrix}，则\ \boldsymbol{P}^{-1}\boldsymbol{AP}=\begin{pmatrix}1&0&0\\0&2&0\\0&0&4\end{pmatrix}.$$

(3)因 $\boldsymbol{P}=\begin{pmatrix}1&0&2\\-1&1&1\\-1&-1&1\end{pmatrix}$，则 $\boldsymbol{P}^{-1}=\begin{pmatrix}1/3&-1/3&-1/3\\0&1/2&1/2\\1/3&1/6&1/6\end{pmatrix}$，

因 $\boldsymbol{P}^{-1}\boldsymbol{AP}=\begin{pmatrix}1&0&0\\0&2&0\\0&0&4\end{pmatrix}$，$\boldsymbol{A}=\boldsymbol{P}\begin{pmatrix}1&0&0\\0&2&0\\0&0&4\end{pmatrix}\boldsymbol{P}^{-1}$.

$\boldsymbol{A}^m=\boldsymbol{P}\begin{pmatrix}1&0&0\\0&2&0\\0&0&4\end{pmatrix}^m\boldsymbol{P}^{-1}$， 故 $\boldsymbol{A}^m=\dfrac{1}{6}\begin{pmatrix}2+2^{2m+2}&-2+2^{2m+1}&-2+2^{2m+1}\\-2+2^{2m+1}&2+3\times2^m+2^{2m}&2-3\times2^m+2^{2m}\\-2+2^{2m+1}&2-3\times2^m+2^{2m}&2+3\times2^m+2^{2m}\end{pmatrix}$.

于是 $A^{100}\begin{pmatrix}1\\-1\\1\end{pmatrix}=\begin{pmatrix}1\\-1\\-1\end{pmatrix}$，$A^{100}\begin{pmatrix}1\\2\\2\end{pmatrix}=\begin{pmatrix}-1+2^{201}\\1+2^{200}\\1+2^{200}\end{pmatrix}$.

方法总结

(1)本题的前两问属基本题型，利用特征值、特征向量的定义计算，利用矩阵相似对角化的条件，判断矩阵 $\boldsymbol{A}$ 能否对角化.

(2)求矩阵 $\boldsymbol{A}$ 的高次幂. 可将矩阵 $\boldsymbol{A}$ 对角化，若存在可逆矩阵 $\boldsymbol{P}$，使 $\boldsymbol{P}^{-1}\boldsymbol{AP}=\boldsymbol{\Lambda}\Rightarrow\boldsymbol{A}=\boldsymbol{P\Lambda P}^{-1}$，则 $\boldsymbol{A}^m=\boldsymbol{P\Lambda}^m\boldsymbol{P}^{-1}$，其中 $\boldsymbol{\Lambda}$ 为 $\boldsymbol{A}$ 的对角阵. 从而可方便求出矩阵的幂 $\boldsymbol{A}^m$.

(3)本题第三问也可利用特征值定义计算.

因 $\boldsymbol{Ax}=\lambda\boldsymbol{x}$ 有 $\quad\boldsymbol{A}^m\boldsymbol{x}=\boldsymbol{A}^{m-1}(\boldsymbol{Ax})=\lambda\boldsymbol{A}^{m-1}\boldsymbol{x}=\cdots=\lambda^m\boldsymbol{x}$.

即可求解 $\boldsymbol{A}^m$.

【例 6】 设 3 阶实对称矩阵 $\boldsymbol{A}$ 的各行元素之和均为 3，向量 $\boldsymbol{\alpha}_1=(-1,2,-1)^{\mathrm{T}}$，$\boldsymbol{\alpha}_2=(0,-1,1)^{\mathrm{T}}$ 是齐次线性方程组 $\boldsymbol{Ax}=\boldsymbol{0}$ 的两个解.

(1)求 $\boldsymbol{A}$ 的特征值与特征向量.

(2)求正交矩阵 $\boldsymbol{Q}$ 和对角矩阵 $\boldsymbol{\Lambda}$，使得 $\boldsymbol{Q}^{\mathrm{T}}\boldsymbol{AQ}=\boldsymbol{\Lambda}$.

(3)求 $\boldsymbol{A}$ 及 $(\boldsymbol{A}-\frac{3}{2}\boldsymbol{E})^6$，其中 $\boldsymbol{E}$ 为 3 阶单位矩阵.

解 (1)由于矩阵 $\boldsymbol{A}$ 的各行元素之和为 3，所以 $\boldsymbol{A}\begin{pmatrix}1\\1\\1\end{pmatrix}=3\begin{pmatrix}1\\1\\1\end{pmatrix}$.

因为 $\boldsymbol{A\alpha}_1=\boldsymbol{0}$，$\boldsymbol{A\alpha}_2=\boldsymbol{0}$，即 $\boldsymbol{A\alpha}_1=0\boldsymbol{\alpha}_1$，$\boldsymbol{A\alpha}_2=0\boldsymbol{\alpha}_2$.

故 $\lambda_1=\lambda_2=0$ 是 $\boldsymbol{A}$ 的二重特征值，$\boldsymbol{\alpha}_1,\boldsymbol{\alpha}_2$ 为 $\boldsymbol{A}$ 的属于特征值 0 的两个线性无关的特征向量. $\lambda_3=3$ 是 $\boldsymbol{A}$ 的一个特征值，$\boldsymbol{\alpha}_3=(1,1,1)^{\mathrm{T}}$ 为 $\boldsymbol{A}$ 的属于特征值 3 的特征向量.

总之，$\boldsymbol{A}$ 的特征值为 0，0，3. 属于特征值 0 的全体特征向量为 $k_1\boldsymbol{\alpha}_1+k_2\boldsymbol{\alpha}_2$（$k_1,k_2$ 不全为零），属于特征值 3 的全体特征向量为 $k_3\boldsymbol{\alpha}_3(k_3\neq0)$.

(2)对 $\boldsymbol{\alpha}_1,\boldsymbol{\alpha}_2$ 正交化.

令 $\boldsymbol{\xi}_1=\boldsymbol{\alpha}_1=(-1,2,-1)^{\mathrm{T}}$，$\boldsymbol{\xi}_2=\boldsymbol{\alpha}_2-\frac{(\boldsymbol{\alpha}_2,\boldsymbol{\xi}_1)}{(\boldsymbol{\xi}_1,\boldsymbol{\xi}_1)}\boldsymbol{\xi}_1=\frac{1}{2}(-1,0,1)^{\mathrm{T}}$，再分别将 $\boldsymbol{\xi}_1,\boldsymbol{\xi}_2,\boldsymbol{\alpha}_3$ 单位化，得

$$\boldsymbol{\beta}_1=\frac{1}{\sqrt{6}}(-1,2,-1)^{\mathrm{T}},\boldsymbol{\beta}_2=\frac{1}{\sqrt{2}}(-1,0,-1)^{\mathrm{T}},\boldsymbol{\beta}_3=\frac{1}{\sqrt{3}}(1,1,1)^{\mathrm{T}}.$$

令 $\boldsymbol{Q}=(\boldsymbol{\beta}_1,\boldsymbol{\beta}_2,\boldsymbol{\beta}_3)=\begin{bmatrix}-\frac{1}{\sqrt{6}} & -\frac{1}{\sqrt{2}} & \frac{1}{\sqrt{3}}\\ \frac{2}{\sqrt{6}} & 0 & \frac{1}{\sqrt{3}}\\ -\frac{1}{\sqrt{6}} & \frac{1}{\sqrt{2}} & \frac{1}{\sqrt{3}}\end{bmatrix}$，$\boldsymbol{\Lambda}=\begin{pmatrix}0&&\\&0&\\&&3\end{pmatrix}$，

则 $\boldsymbol{Q}$ 为正交矩阵，且 $\boldsymbol{Q}^{\mathrm{T}}\boldsymbol{A}\boldsymbol{Q}=\boldsymbol{\Lambda}$.

(3)因 $\boldsymbol{Q}^{\mathrm{T}}\boldsymbol{A}\boldsymbol{Q}=\boldsymbol{\Lambda}$，且 $\boldsymbol{Q}$ 为正交矩阵，故 $\boldsymbol{A}=\boldsymbol{Q}\boldsymbol{\Lambda}\boldsymbol{Q}^{\mathrm{T}}$

$$\boldsymbol{A}=\begin{pmatrix}-\frac{1}{\sqrt{6}} & -\frac{1}{\sqrt{2}} & \frac{1}{\sqrt{3}}\\ \frac{2}{\sqrt{6}} & 0 & \frac{1}{\sqrt{3}}\\ -\frac{1}{\sqrt{6}} & \frac{1}{\sqrt{2}} & \frac{1}{\sqrt{3}}\end{pmatrix}\begin{pmatrix}0 & & \\ & 0 & \\ & & 3\end{pmatrix}\begin{pmatrix}-\frac{1}{\sqrt{6}} & \frac{2}{\sqrt{6}} & -\frac{1}{\sqrt{6}}\\ -\frac{1}{\sqrt{2}} & 0 & \frac{1}{\sqrt{2}}\\ \frac{1}{\sqrt{3}} & \frac{1}{\sqrt{3}} & \frac{1}{\sqrt{3}}\end{pmatrix}=\begin{pmatrix}1 & 1 & 1\\ 1 & 1 & 1\\ 1 & 1 & 1\end{pmatrix}.$$

由 $\boldsymbol{A}=\boldsymbol{Q}\boldsymbol{\Lambda}\boldsymbol{Q}^{\mathrm{T}}$，得 $\boldsymbol{A}-\frac{3}{2}\boldsymbol{E}=\boldsymbol{Q}(\boldsymbol{\Lambda}-\frac{3}{2}\boldsymbol{E})\boldsymbol{Q}^{\mathrm{T}}$，所以 $(\boldsymbol{A}-\frac{3}{2}\boldsymbol{E})^6=\boldsymbol{Q}(\boldsymbol{\Lambda}-\frac{3}{2}\boldsymbol{E})^6\boldsymbol{Q}^{\mathrm{T}}=(\frac{3}{2})^6\boldsymbol{E}$.

方法总结

(1)求抽象矩阵的特征值和特征向量，通常有两种方法. 利用定义和利用一些常用结论.

(2)矩阵相似对角化的一重要应用是求矩阵的幂，设方阵 $\boldsymbol{A}$ 可以相似对角化，则存在可逆矩阵 $\boldsymbol{P}$ 和对角矩阵 $\boldsymbol{\Lambda}$ 使得 $\boldsymbol{P}^{-1}\boldsymbol{A}\boldsymbol{P}=\boldsymbol{\Lambda}$，所以 $\boldsymbol{A}^n=\boldsymbol{P}\boldsymbol{\Lambda}^n\boldsymbol{P}^{-1}$. 由于 $\boldsymbol{\Lambda}$ 为对角矩阵，$\boldsymbol{A}^n$ 容易求得，从而通过 $\boldsymbol{P}\boldsymbol{\Lambda}^n\boldsymbol{P}^{-1}$ 可求得 $\boldsymbol{A}^n$.

第五节　二次型及其标准形

一、主要内容归纳

1. 二次型及其矩阵

(1)**定义**　含有 n 个变量 $x_1,x_2,\cdots,x_n$ 的二次齐次函数 $f(x_1,x_2,\cdots,x_n)=a_{11}x_1^2+a_{22}x_2^2+\cdots+a_{nn}x_n^2+2a_{12}x_1x_2+2a_{13}x_1x_3+\cdots+2a_{n-1n}x_{n-1}x_n$，称为二次型. 当 a_{ij} 为复数时，f 称为复二次型；当 a_{ij} 为实数时，f 称为实二次型.

(2)**矩阵表示**　对于实二次型 $f(x_1,x_2,\cdots,x_n)$ 可以用矩阵表示，即

$$f(x_1,x_2,\cdots,x_n)=(x_1,x_2,\cdots,x_n)\begin{pmatrix}a_{11} & a_{12} & \cdots & a_{1n}\\ a_{21} & a_{22} & \cdots & a_{2n}\\ \vdots & \vdots & & \vdots\\ a_{n1} & a_{n2} & \cdots & a_{nn}\end{pmatrix}\begin{pmatrix}x_1\\ x_2\\ \vdots\\ x_n\end{pmatrix}(a_{ij}=a_{ji},i,j=1,2,\cdots,n).$$

记 $\boldsymbol{A}=\begin{pmatrix}a_{11} & a_{12} & \cdots & a_{1n}\\ a_{21} & a_{22} & \cdots & a_{2n}\\ \vdots & \vdots & & \vdots\\ a_{n1} & a_{n2} & \cdots & a_{nn}\end{pmatrix}$，$\boldsymbol{x}=\begin{pmatrix}x_1\\ x_2\\ \vdots\\ x_n\end{pmatrix}$，则二次型可记作 $f=\boldsymbol{x}^{\mathrm{T}}\boldsymbol{A}\boldsymbol{x}$，称 $f(\boldsymbol{x})=\boldsymbol{x}^{\mathrm{T}}\boldsymbol{A}\boldsymbol{x}$ 为二

次型的矩阵形式，对称矩阵 $\boldsymbol{A}$ 叫作二次型 f 的矩阵，也把 f 叫作对称矩阵 $\boldsymbol{A}$ 的二次型. 对称矩阵 $\boldsymbol{A}$ 的秩就叫作二次型 f 的秩.

2. 标准形和规范形

(1)只含有平方项的二次型 $f=k_1y_1^2+k_2y_2^2+\cdots+k_ny_n^2$，称为二次型的标准形.

(2)如果上式标准形中的系数 $k_1,k_2,\cdots,k_n$ 只在 $1,-1,0$ 三个数中取值，即 $f=y_1^2+\cdots+y_p^2-y_{p+1}^2-\cdots-y_r^2$，称为二次型的规范形.

3. 矩阵的合同

(1)**定义** 设 $\boldsymbol{A}$ 和 $\boldsymbol{B}$ 是 n 阶矩阵，若有可逆矩阵 $\boldsymbol{C}$，使 $\boldsymbol{B}=\boldsymbol{C}^{\mathrm{T}}\boldsymbol{A}\boldsymbol{C}$，则称矩阵 $\boldsymbol{A}$ 与 $\boldsymbol{B}$ 合同.

(2)**性质** ①反身性 对任意方阵 $\boldsymbol{A}$，$\boldsymbol{A}$ 合同于 $\boldsymbol{A}$.

②对称性 若 $\boldsymbol{A}$ 合同于 $\boldsymbol{B}$，则 $\boldsymbol{B}$ 合同于 $\boldsymbol{A}$.

③传递性 若 $\boldsymbol{A}$ 合同于 $\boldsymbol{B}$，$\boldsymbol{B}$ 合同于 $\boldsymbol{C}$，则 $\boldsymbol{A}$ 合同于 $\boldsymbol{C}$.

④若 $\boldsymbol{A}$ 为对称矩阵，且 $\boldsymbol{A}$ 与 $\boldsymbol{B}$ 合同，则 $\boldsymbol{B}$ 也是对称矩阵，且 $R(\boldsymbol{A})=R(\boldsymbol{B})$.

4. 正交变换化二次型为标准形或规范形

(1) 任给二次型 $f=\sum\limits_{i,j=1}^{n}a_{ij}x_ix_j\ (a_{ij}=a_{ji})$，总有正交变换 $\boldsymbol{x}=\boldsymbol{P}\boldsymbol{y}$，使 f 化为标准形：$f=\lambda_1y_1^2+\lambda_2y_2^2+\cdots+\lambda_ny_n^2$，其中 $\lambda_1,\lambda_2,\cdots,\lambda_n$ 是 f 的矩阵 $\boldsymbol{A}=(a_{ij})$的特征值.

(2)任给 n 元二次型 $f(\boldsymbol{x})=\boldsymbol{x}^{\mathrm{T}}\boldsymbol{A}\boldsymbol{x}(\boldsymbol{A}^{\mathrm{T}}=\boldsymbol{A})$，总有可逆变换 $\boldsymbol{x}=\boldsymbol{C}\boldsymbol{z}$，使 $f(\boldsymbol{C}\boldsymbol{z})$为规范形.

5. 用正交变换化二次型为标准形的基本步骤

(1)将二次型表示成矩阵形式 $f=\boldsymbol{x}^{\mathrm{T}}\boldsymbol{A}\boldsymbol{x}$，写出 $\boldsymbol{A}$；

(2)求出 $\boldsymbol{A}$ 的所有特征值 $\lambda_1,\lambda_2,\cdots,\lambda_n$；

(3)求出对应于各特征值的线性无关的特征向量 $\boldsymbol{\xi}_1,\boldsymbol{\xi}_2,\cdots,\boldsymbol{\xi}_n$；

(4)将特征向量 $\boldsymbol{\xi}_1,\boldsymbol{\xi}_2,\cdots,\boldsymbol{\xi}_n$ 正交化，单位化，得 $\boldsymbol{\eta}_1,\boldsymbol{\eta}_2,\cdots,\boldsymbol{\eta}_n$，令

$$\boldsymbol{Q}=(\boldsymbol{\eta}_1,\boldsymbol{\eta}_2,\cdots,\boldsymbol{\eta}_n).$$

(5)作正交变换 $\boldsymbol{x}=\boldsymbol{Q}\boldsymbol{y}$，则得 f 的标准形 $f=\lambda_1y_1^2+\lambda_2y_2^2+\cdots+\lambda_ny_n^2$.

6. 本节重点

理解二次型与对称矩阵的一一对应关系，会求正交变换 $\boldsymbol{x}=\boldsymbol{Q}\boldsymbol{y}$ 化二次型为标准形的方法，这是本节的重点，也是历届考研的重点.

二、经典题型解析及解题方法总结

【例 1】 写出下列二次型的矩阵

(1)$f(x_1,x_2,x_3,x_4)=x_1^2+3x_2^2-x_3^2+x_1x_2-2x_1x_3+3x_2x_3$；

(2)$f(x_1,x_2,x_3)=(x_1,x_2,x_3)\begin{pmatrix}1&2&3\\4&5&6\\7&8&9\end{pmatrix}\begin{pmatrix}x_1\\x_2\\x_3\end{pmatrix}$.

解 (1)二次型的矩阵为 $\boldsymbol{A}=\begin{pmatrix}1 & \frac{1}{2} & -1 & 0\\ \frac{1}{2} & 3 & \frac{3}{2} & 0\\ -1 & \frac{3}{2} & -1 & 0\\ 0 & 0 & 0 & 0\end{pmatrix}$.

(2)因为 $f(x_1,x_2,x_3)=(x_1,x_2,x_3)\begin{pmatrix}1&2&3\\4&5&6\\7&8&9\end{pmatrix}\begin{pmatrix}x_1\\x_2\\x_3\end{pmatrix}$

$$=x_1^2+5x_2^2+9x_3^2+6x_1x_2+10x_1x_3+14x_2x_3,$$

所以 $f(x_1,x_2,x_3)$ 的矩阵为 $\begin{pmatrix}1&3&5\\3&5&7\\5&7&9\end{pmatrix}$.

方法总结

(1)要求 $\boldsymbol{A}$ 中元素按下列规则取值，a_{ii} 取 x_i^2 项的系数，$a_{ij}(i<j)$ 取 x_ix_j 系数的一半，二次型中不出现的元素项对应元素取成 0.

(2)第 2 小题中给出的矩阵不是对称矩阵，需要先变化二次型的一般表达式，再求二次型矩阵，注意二次型与对称矩阵是一一对应关系.

【例 2】 求正交变换化二次型 $2x_3^2-2x_1x_2+2x_1x_3-2x_2x_3$ 为标准形，并写出所用的正交变换.

解 二次型的矩阵 $\boldsymbol{A}=\begin{pmatrix}0&-1&1\\-1&0&-1\\1&-1&2\end{pmatrix}$，由

$|\lambda\boldsymbol{E}-\boldsymbol{A}|=\begin{vmatrix}\lambda&1&-1\\1&\lambda&1\\-1&1&\lambda-2\end{vmatrix}=(\lambda-1)(\lambda^2-3\lambda)$，得 $\boldsymbol{A}$ 的特征值是 $\lambda_1=3,\lambda_2=-1,\lambda_3=0$.

当 $\lambda_1=3$ 时，解 $(3\boldsymbol{E}-\boldsymbol{A})\boldsymbol{x}=\boldsymbol{0}$，得基础解系为 $\boldsymbol{x}_1=(1,-1,2)^{\mathrm{T}}$，

当 $\lambda_2=-1$ 时，解 $(-\boldsymbol{E}-\boldsymbol{A})\boldsymbol{x}=\boldsymbol{0}$，得基础解系为 $\boldsymbol{x}_2=(1,1,0)^{\mathrm{T}}$，

当 $\lambda_3=0$ 时，解 $\boldsymbol{A}\boldsymbol{x}=\boldsymbol{0}$，得基础解系为 $\boldsymbol{x}_3=(-1,1,1)^{\mathrm{T}}$.

由于特征值互不相同，故对应的特征向量两两正交，因而只需将 $\boldsymbol{x}_1,\boldsymbol{x}_2,\boldsymbol{x}_3$ 单位化得

$\boldsymbol{\eta}_1=\frac{1}{\sqrt{6}}(1,-1,2)^{\mathrm{T}},\boldsymbol{\eta}_2=\frac{1}{\sqrt{2}}(1,1,0)^{\mathrm{T}},\boldsymbol{\eta}_3=\frac{1}{\sqrt{3}}(-1,1,1)^{\mathrm{T}}$，

构造正交矩阵 $Q=\begin{pmatrix} \frac{1}{\sqrt{6}} & \frac{1}{\sqrt{2}} & -\frac{1}{\sqrt{3}} \\ -\frac{1}{\sqrt{6}} & \frac{1}{\sqrt{2}} & \frac{1}{\sqrt{3}} \\ \frac{2}{\sqrt{6}} & 0 & \frac{1}{\sqrt{3}} \end{pmatrix}$.

令 $\boldsymbol{x}=\boldsymbol{Q}\boldsymbol{y}$,二次型 $\boldsymbol{x}^{\mathrm{T}}\boldsymbol{A}\boldsymbol{x}=3y_1^2-y_2^2$ 为所求标准形.

方法总结

用正交变换化二次型为标准形的步骤为

(1)将二次型表示成矩阵形式 $f=\boldsymbol{x}^{\mathrm{T}}\boldsymbol{A}\boldsymbol{x}$,写出 $\boldsymbol{A}$.

(2)求出 $\boldsymbol{A}$ 的所有特征值 $\lambda_1,\lambda_2,\cdots,\lambda_n$ 及特征值所对应的特征向量 $\boldsymbol{\xi}_1,\boldsymbol{\xi}_2,\cdots,\boldsymbol{\xi}_n$.

(3)将 $\boldsymbol{\xi}_1,\boldsymbol{\xi}_2,\cdots,\boldsymbol{\xi}_n$ 正交化,单位化,得 $\boldsymbol{\eta}_1,\boldsymbol{\eta}_2,\cdots,\boldsymbol{\eta}_n$,令 $\boldsymbol{Q}=(\boldsymbol{\eta}_1,\boldsymbol{\eta}_2,\cdots,\boldsymbol{\eta}_n)$.

(4)作正交变换 $\boldsymbol{x}=\boldsymbol{Q}\boldsymbol{y}$,则得 f 的标准形 $f=\lambda_1y_1^2+\lambda_2y_2^2+\cdots+\lambda_ny_n^2$.

【例 3】 设二次型 $f(x_1,x_2,x_3)=ax_1^2+ax_2^2+(a-1)x_3^2+2x_1x_2-2x_2x_3$.

(1)求二次型 f 的矩阵的所有特征值.

(2)若二次型 f 的规范型为 $y_1^2+y_2^2$,求 a 的值.

解 (1)二次型 f 的矩阵 $\boldsymbol{A}=\begin{pmatrix} a & 0 & 1 \\ 0 & a & -1 \\ 1 & -1 & a-1 \end{pmatrix}$.

由于 $|\lambda\boldsymbol{E}-\boldsymbol{A}|=\begin{vmatrix} \lambda-a & 0 & -1 \\ 0 & \lambda-a & 1 \\ -1 & 1 & \lambda-a+1 \end{vmatrix}=(\lambda-a)[\lambda-(a+1)][\lambda-(a-2)]$,

所以 $\boldsymbol{A}$ 的特征值为 $\lambda_1=a,\lambda_2=a+1,\lambda_3=a-2$.

(2)由于 f 的规范形为 $y_1^2+y_2^2$,所以 $\boldsymbol{A}$ 的特征值有 2 个正数 1 个为零. 又 $a-2<a<a+1$,所以 $a=2$.

【例 4】 已知二次型 $f(x_1,x_2,x_3)=5x_1^2+5x_2^2+cx_3^2-2x_1x_2+6x_1x_3+6x_2x_3$ 的秩为 2.

(1)求参数 c 及此二次型对应矩阵的特征值.

(2)指出方程 $f(x_1,x_2,x_3)=1$ 表示何种二次曲面.

解 (1)二次型的矩阵 $\boldsymbol{A}=\begin{pmatrix} 5 & -1 & 3 \\ -1 & 5 & -3 \\ 3 & -3 & c \end{pmatrix}$.

作初等变换 $\boldsymbol{A}=\begin{pmatrix} 5 & -1 & 3 \\ -1 & 5 & -3 \\ 3 & -3 & c \end{pmatrix}\to\begin{pmatrix} -1 & 5 & -3 \\ 0 & 2 & 1 \\ 0 & 0 & c-3 \end{pmatrix}$,

$R(\boldsymbol{A})=2$，解得 $c=3$.

这时 $|\lambda\boldsymbol{E}-\boldsymbol{A}|=\begin{vmatrix}\lambda-5 & 1 & -3\\ 1 & \lambda-5 & 3\\ -3 & 3 & \lambda-3\end{vmatrix}=\lambda(\lambda-4)(\lambda-9)$，

故所求特征值为 $\lambda=0,\lambda=4,\lambda=9$.

(2)因此 $f(x_1,x_2,x_3)=1$ 经正交变换后化为 $4y_2^2+9y_3^2=1$.

故 $f(x_1,x_2,x_3)=1$ 表示椭圆柱面.

【例 5】 已知二次曲面方程 $x^2+ay^2+z^2+2bxy+2xz+2yz=4$，经正交变换 $(x,y,z)^{\mathrm{T}}=\boldsymbol{Q}(\xi,\eta,\zeta)^{\mathrm{T}}$ 化为椭圆柱面方程 $\eta^2+4\zeta^2=4$，求 a,b 的值和正交矩阵 $\boldsymbol{Q}$.

解 二次型的矩阵 $\boldsymbol{A}=\begin{pmatrix}1 & b & 1\\ b & a & 1\\ 1 & 1 & 1\end{pmatrix}$，标准形矩阵 $\boldsymbol{\Lambda}=\begin{pmatrix}0 & & \\ & 1 & \\ & & 4\end{pmatrix}$，

由已知存在正交矩阵 $\boldsymbol{Q}$，使 $\boldsymbol{Q}^{\mathrm{T}}\boldsymbol{A}\boldsymbol{Q}=\boldsymbol{Q}^{-1}\boldsymbol{A}\boldsymbol{Q}=\begin{pmatrix}0 & & \\ & 1 & \\ & & 4\end{pmatrix}=\boldsymbol{\Lambda}$.

由相似矩阵性质有 $\mathrm{tr}(\boldsymbol{A})=\mathrm{tr}(\boldsymbol{\Lambda})$， 即 $1+a+1=0+1+4$，所以 $a=3$.

又 $|\boldsymbol{A}|=|\boldsymbol{\Lambda}|$，即 $\begin{vmatrix}1 & b & 1\\ b & a & 1\\ 1 & 1 & 1\end{vmatrix}=-(b-1)^2=\begin{vmatrix}0 & 0 & 0\\ 0 & 1 & 0\\ 0 & 0 & 4\end{vmatrix}=0$，

得 $b=1$， 从而 $\boldsymbol{A}=\begin{pmatrix}1 & 1 & 1\\ 1 & 3 & 1\\ 1 & 1 & 1\end{pmatrix}\sim\boldsymbol{\Lambda}=\begin{pmatrix}0 & & \\ & 1 & \\ & & 4\end{pmatrix}$.

故 $\boldsymbol{A}$ 的特征值为 $\lambda_1=0,\lambda_2=1,\lambda_3=4$.

由 $\lambda_1=0$ 时，由 $(0\boldsymbol{E}-\boldsymbol{A})\boldsymbol{x}=\boldsymbol{0}$，得基础解系为 $\boldsymbol{x}_1=(1,0,-1)^{\mathrm{T}}$.

由 $\lambda_2=1$ 时，由 $(1\boldsymbol{E}-\boldsymbol{A})\boldsymbol{x}=\boldsymbol{0}$，得基础解系为 $\boldsymbol{x}_2=(1,-1,1)^{\mathrm{T}}$.

由 $\lambda_3=4$ 时，由 $(4\boldsymbol{E}-\boldsymbol{A})\boldsymbol{x}=\boldsymbol{0}$，得基础解系为 $\boldsymbol{x}_3=(1,2,1)^{\mathrm{T}}$.

将 $\boldsymbol{x}_1,\boldsymbol{x}_2,\boldsymbol{x}_3$ 单位化得 $\boldsymbol{\beta}_1=\frac{1}{\sqrt{2}}(1,0,-1)^{\mathrm{T}},\boldsymbol{\beta}_2=\frac{1}{\sqrt{3}}(1,-1,1)^{\mathrm{T}},\boldsymbol{\beta}_3=\frac{1}{\sqrt{6}}(1,2,1)^{\mathrm{T}}$，令 $\boldsymbol{Q}=(\boldsymbol{\beta}_1,\boldsymbol{\beta}_2,\boldsymbol{\beta}_3)$，则 $\boldsymbol{Q}$ 即为所求的正交矩阵.

方法总结

(1)利用相似矩阵的性质，若 $\boldsymbol{A}\sim\boldsymbol{B}$，则 $\mathrm{tr}(\boldsymbol{A})=\mathrm{tr}(\boldsymbol{B})$ 及 $|\boldsymbol{A}|=|\boldsymbol{B}|$，由此来确定参数 a、b 的值.

(2)二次型矩阵与其标准形矩阵，既合同又相似.

【例 6】 (2022 数学一，12 分)已知二次型 $f(x_1,x_2,x_3)=\sum\limits_{i=1}^{3}\sum\limits_{j=1}^{3}ijx_ix_j$.

(1)写出 $f(x_1,x_2,x_3)$ 对应的矩阵；

(2)求正交矩阵 $\boldsymbol{Q}$，使正交变换 $\boldsymbol{x}=\boldsymbol{Q}\boldsymbol{y}$ 化二次型 $f(x_1,x_2,x_3)$ 为标准形；

(3)求 $f(x_1,x_2,x_3)=0$ 的解.

解 (1)二次型 $f(x_1,x_2,x_3)=\sum\limits_{i=1}^{3}\sum\limits_{j=1}^{3}ijx_ix_j=x_1^2+4x_2^2+9x_3^2+4x_1x_2+6x_1x_3+12x_2x_3$，则对应二次型的矩阵为 $\boldsymbol{A}=\begin{pmatrix}1&2&3\\2&4&6\\3&6&9\end{pmatrix}$.

(2) $|\lambda\boldsymbol{E}-\boldsymbol{A}|=\begin{vmatrix}\lambda-1&-2&-3\\-2&\lambda-4&-6\\-3&-6&\lambda-9\end{vmatrix}=\lambda^2(\lambda-14)=0$，则 $\boldsymbol{A}$ 的特征值为 0,0,14.

当 $\lambda_1=\lambda_2=0$ 时，$(\lambda\boldsymbol{E}-\boldsymbol{A})\boldsymbol{x}=\boldsymbol{0}$ 的基础解系为 $\boldsymbol{\alpha}_1=(-2,1,0)^{\mathrm{T}}$，$\boldsymbol{\alpha}_2=(-3,0,1)^{\mathrm{T}}$.

当 $\lambda_3=14$ 时，$(\lambda\boldsymbol{E}-\boldsymbol{A})\boldsymbol{x}=\boldsymbol{0}$ 的基础解系为 $\boldsymbol{\alpha}_3=(1,2,3)^{\mathrm{T}}$.

由实对称矩阵不同特征值对应的特征向量正交可知，只需将 $\boldsymbol{\alpha}_1,\boldsymbol{\alpha}_2$ 正交化即可.

$\boldsymbol{\eta}_1=(-2,1,0)^{\mathrm{T}}$，$\boldsymbol{\eta}_2=\boldsymbol{\alpha}_2-\dfrac{(\boldsymbol{\alpha}_2,\boldsymbol{\eta}_1)}{(\boldsymbol{\eta}_1,\boldsymbol{\eta}_1)}\boldsymbol{\eta}_1=\left(-\dfrac{3}{5},-\dfrac{6}{5},1\right)^{\mathrm{T}}$.

再将 $\boldsymbol{\eta}_1,\boldsymbol{\eta}_2,\boldsymbol{\alpha}_3$ 单位化得 $\boldsymbol{\xi}_1=\dfrac{1}{\sqrt{5}}(-2,1,0)^{\mathrm{T}}$，$\boldsymbol{\xi}_2=\dfrac{1}{\sqrt{70}}(-3,-6,5)^{\mathrm{T}}$，$\boldsymbol{\xi}_3=\dfrac{1}{\sqrt{14}}(1,2,3)^{\mathrm{T}}$，

则 $\boldsymbol{Q}=(\boldsymbol{\xi}_1,\boldsymbol{\xi}_2,\boldsymbol{\xi}_3)=\begin{pmatrix}-\frac{2}{\sqrt{5}}&-\frac{3}{\sqrt{70}}&\frac{1}{\sqrt{14}}\\\frac{1}{\sqrt{5}}&-\frac{6}{\sqrt{70}}&\frac{2}{\sqrt{14}}\\0&\frac{5}{\sqrt{70}}&\frac{3}{\sqrt{14}}\end{pmatrix}$，经正交变换 $\boldsymbol{x}=\boldsymbol{Q}\boldsymbol{y}$，将 f 化为 $14y_3^2$.

(3) $f(x_1,x_2,x_3)=0$ 时，$f(y_1,y_2,y_3)=14y_3^2=0$，则 $y_3=0$.

$$\begin{pmatrix}x_1\\x_2\\x_3\end{pmatrix}=\begin{pmatrix}-\frac{2}{\sqrt{5}}&-\frac{3}{\sqrt{70}}&\frac{1}{\sqrt{14}}\\\frac{1}{\sqrt{5}}&-\frac{6}{\sqrt{70}}&\frac{2}{\sqrt{14}}\\0&\frac{5}{\sqrt{70}}&\frac{3}{\sqrt{14}}\end{pmatrix}\begin{pmatrix}y_1\\y_2\\0\end{pmatrix}，则\begin{cases}x_1=-2y_1-3y_2,\\x_2=y_1-6y_2,\\x_3=5y_2,\end{cases}\quad y_1,y_2 \text{ 为任意常数.}$$

【例 7】 (2020 数学一，数学三，11 分)设二次型 $f(x_1,x_2)=x_1^2-4x_1x_2+4x_2^2$ 经正交变换 $\begin{pmatrix}x_1\\x_2\end{pmatrix}=\boldsymbol{Q}\begin{pmatrix}y_1\\y_2\end{pmatrix}$ 化为二次型 $g(y_1,y_2)=ay_1^2+4y_1y_2+by_2^2$，其中 $a\geqslant b$.

(1)求 a,b 值；　(2)求正交矩阵 $\boldsymbol{Q}$.

解 (1) 设 $f(\boldsymbol{x})=\boldsymbol{x}^{\mathrm{T}}\boldsymbol{A}\boldsymbol{x}$，其中 $\boldsymbol{A}=\begin{pmatrix}1&-2\\-2&4\end{pmatrix}$，经正交变换 $\boldsymbol{x}=\boldsymbol{Q}\boldsymbol{y}$ 得 $f(\boldsymbol{y})=\boldsymbol{y}^{\mathrm{T}}\boldsymbol{Q}^{\mathrm{T}}\boldsymbol{A}\boldsymbol{Q}\boldsymbol{y}=$

$\boldsymbol{y}^{\mathrm{T}}\boldsymbol{B}\boldsymbol{y}$,其中 $\boldsymbol{B}=\begin{pmatrix} a & 2 \\ 2 & b \end{pmatrix}$.

于是 $\boldsymbol{Q}^{\mathrm{T}}\boldsymbol{A}\boldsymbol{Q}=\boldsymbol{Q}^{-1}\boldsymbol{A}\boldsymbol{Q}=\boldsymbol{B}$,即 $\boldsymbol{A}$ 相似于 $\boldsymbol{B}$. 从而,$\mathrm{tr}(\boldsymbol{A})=\mathrm{tr}(\boldsymbol{B})$,$|\boldsymbol{A}|=|\boldsymbol{B}|$,

即 $1+4=a+b$,$ab=4$,故 $a=4$,$b=1$.

(2)设 $\boldsymbol{P}_1^{-1}\boldsymbol{A}\boldsymbol{P}_1=\boldsymbol{\Lambda}$,$\boldsymbol{P}_2^{-1}\boldsymbol{B}\boldsymbol{P}_2=\boldsymbol{\Lambda}$,则 $(\boldsymbol{P}_1\boldsymbol{P}_2^{-1})^{-1}\boldsymbol{A}(\boldsymbol{P}_1\boldsymbol{P}_2^{-1})=\boldsymbol{B}$,故 $\boldsymbol{Q}=\boldsymbol{P}_1\boldsymbol{P}_2^{-1}$.

由 $|\lambda\boldsymbol{E}-\boldsymbol{A}|=\begin{vmatrix} \lambda-1 & 2 \\ 2 & \lambda-4 \end{vmatrix}=0$,得 $\lambda_1=0$,$\lambda_2=5$.

由 $0\boldsymbol{E}-\boldsymbol{A}=\begin{pmatrix} -1 & 2 \\ 2 & -4 \end{pmatrix}\to\begin{pmatrix} 1 & -2 \\ 0 & 0 \end{pmatrix}$,得单位特征向量 $\boldsymbol{\xi}_1=\dfrac{1}{\sqrt{5}}(2,1)^{\mathrm{T}}$.

由 $5\boldsymbol{E}-\boldsymbol{A}=\begin{pmatrix} 4 & 2 \\ 2 & 1 \end{pmatrix}\to\begin{pmatrix} 2 & 1 \\ 0 & 0 \end{pmatrix}$,得单位特征向量 $\boldsymbol{\xi}_2=\dfrac{1}{\sqrt{5}}(1,-2)^{\mathrm{T}}$.

于是 $\boldsymbol{P}_1=(\boldsymbol{\xi}_1,\boldsymbol{\xi}_2)=\dfrac{1}{\sqrt{5}}\begin{pmatrix} 2 & 1 \\ 1 & -2 \end{pmatrix}$.

由 $0\boldsymbol{E}-\boldsymbol{B}=\begin{pmatrix} -4 & -2 \\ -2 & -1 \end{pmatrix}\to\begin{pmatrix} 2 & 1 \\ 0 & 0 \end{pmatrix}$,得单位特征向量 $\boldsymbol{\eta}_1=\dfrac{1}{\sqrt{5}}(1,-2)^{\mathrm{T}}$.

由 $5\boldsymbol{E}-\boldsymbol{B}=\begin{pmatrix} 1 & -2 \\ -2 & 4 \end{pmatrix}\to\begin{pmatrix} 1 & -2 \\ 0 & 0 \end{pmatrix}$,得单位特征向量 $\boldsymbol{\eta}_2=\dfrac{1}{\sqrt{5}}(2,1)^{\mathrm{T}}$.

于是 $\boldsymbol{P}_2=(\boldsymbol{\eta}_1,\boldsymbol{\eta}_2)=\dfrac{1}{\sqrt{5}}\begin{pmatrix} 1 & 2 \\ -2 & 1 \end{pmatrix}$,从而 $\boldsymbol{Q}=\boldsymbol{P}_1\boldsymbol{P}_2^{-1}=\begin{pmatrix} \dfrac{4}{5} & -\dfrac{3}{5} \\ -\dfrac{3}{5} & -\dfrac{4}{5} \end{pmatrix}$.

【例 8】 (2020 数学二,11 分)设二次型 $f(x_1,x_2,x_3)=x_1^2+x_2^2+x_3^2+2ax_1x_2+2ax_1x_3+2ax_2x_3$ 经可逆线性变换 $\begin{pmatrix} x_1 \\ x_2 \\ x_3 \end{pmatrix}=\boldsymbol{P}\begin{pmatrix} y_1 \\ y_2 \\ y_3 \end{pmatrix}$ 化为二次型 $g(y_1,y_2,y_3)=y_1^2+y_2^2+4y_3^2+2y_1y_2$.

(1)求 a 的值;　　(2)求可逆矩阵 $\boldsymbol{P}$.

解　(1)令 $\boldsymbol{A}=\begin{pmatrix} 1 & a & a \\ a & 1 & a \\ a & a & 1 \end{pmatrix}$,$\boldsymbol{x}=\begin{pmatrix} x_1 \\ x_2 \\ x_3 \end{pmatrix}$,则 $f(x_1,x_2,x_3)=\boldsymbol{x}^{\mathrm{T}}\boldsymbol{A}\boldsymbol{x}$.

令 $\boldsymbol{B}=\begin{pmatrix} 1 & 1 & 0 \\ 1 & 1 & 0 \\ 0 & 0 & 4 \end{pmatrix}$,$\boldsymbol{y}=\begin{pmatrix} y_1 \\ y_2 \\ y_3 \end{pmatrix}$,则 $g(y_1,y_2,y_3)=\boldsymbol{y}^{\mathrm{T}}\boldsymbol{B}\boldsymbol{y}$.

因 $\boldsymbol{A}$ 与 $\boldsymbol{B}$ 合同,故 $R(\boldsymbol{A})=R(\boldsymbol{B})$. 由 $R(\boldsymbol{B})=2$,得 $R(\boldsymbol{A})=2<3$,从而 $|\boldsymbol{A}|=0$.

由 $|\boldsymbol{A}|=\begin{vmatrix} 1 & a & a \\ a & 1 & a \\ a & a & 1 \end{vmatrix}=(2a+1)(a-1)^2=0$,得 $a=-\dfrac{1}{2}$ 或 $a=1$.

当 $a=1$ 时，$R(\boldsymbol{A})=1\neq R(\boldsymbol{B})$，舍去，故 $a=-\frac{1}{2}$.

(2) $f(x_1,x_2,x_3)=x_1^2+x_2^2+x_3^2-x_1x_2-x_1x_3-x_2x_3$

$$=\left(x_1-\frac{1}{2}x_2-\frac{1}{2}x_3\right)^2+\frac{3}{4}(x_2-x_3)^2.$$

令 $\begin{cases}x_1-\frac{1}{2}x_2-\frac{1}{2}x_3=u_1,\\ \frac{\sqrt{3}}{2}(x_2-x_3)=u_2,\\ x_3=u_3,\end{cases}$ 或 $\boldsymbol{P}_1\boldsymbol{x}=\boldsymbol{u}$，其中 $\boldsymbol{P}_1=\begin{pmatrix}1&-\frac{1}{2}&-\frac{1}{2}\\0&\frac{\sqrt{3}}{2}&-\frac{\sqrt{3}}{2}\\0&0&1\end{pmatrix}$，

则 $f(x_1,x_2,x_3)=\boldsymbol{x}^{\mathrm{T}}\boldsymbol{A}\boldsymbol{x}\xlongequal{\boldsymbol{x}=\boldsymbol{P}_1^{-1}\boldsymbol{u}}u_1^2+u_2^2$，即 $(\boldsymbol{P}_1^{-1})^{\mathrm{T}}\boldsymbol{A}\boldsymbol{P}_1^{-1}=\begin{pmatrix}1&0&0\\0&1&0\\0&0&0\end{pmatrix}$.

$g(y_1,y_2,y_3)=y_1^2+y_2^2+4y_3^2+2y_1y_2=(y_1+y_2)^2+4y_3^2$.

令 $\begin{cases}y_1+y_2=u_1,\\ 2y_3=u_2,\\ y_2=u_3\end{cases}$ 即 $\boldsymbol{P}_2\boldsymbol{y}=\boldsymbol{u}$，其中 $\boldsymbol{P}_2=\begin{pmatrix}1&1&0\\0&0&2\\0&1&0\end{pmatrix}$，

则 $g(y_1,y_2,y_3)=\boldsymbol{y}^{\mathrm{T}}\boldsymbol{B}\boldsymbol{y}\xlongequal{\boldsymbol{y}=\boldsymbol{P}_2^{-1}\boldsymbol{u}}u_1^2+u_2^2$，即 $(\boldsymbol{P}_2^{-1})^{\mathrm{T}}\boldsymbol{B}\boldsymbol{P}_2^{-1}=\begin{pmatrix}1&0&0\\0&1&0\\0&0&0\end{pmatrix}$.

综上，$(\boldsymbol{P}_1^{-1})^{\mathrm{T}}\boldsymbol{A}\boldsymbol{P}_1^{-1}=(\boldsymbol{P}_2^{-1})^{\mathrm{T}}\boldsymbol{B}\boldsymbol{P}_2^{-1}$.

于是，$(\boldsymbol{P}_1^{-1}\boldsymbol{P}_2)^{\mathrm{T}}\boldsymbol{A}\boldsymbol{P}_1^{-1}\boldsymbol{P}_2=\boldsymbol{B}$，故 $\boldsymbol{P}=\boldsymbol{P}_1^{-1}\boldsymbol{P}_2=\begin{pmatrix}1&\frac{1}{\sqrt{3}}&1\\0&\frac{2}{\sqrt{3}}&1\\0&0&1\end{pmatrix}\begin{pmatrix}1&1&0\\0&0&2\\0&1&0\end{pmatrix}=\begin{pmatrix}1&2&\frac{2}{\sqrt{3}}\\0&1&\frac{4}{\sqrt{3}}\\0&1&0\end{pmatrix}$.

【例 9】 (2023 数学一，12 分)已知二次型

$$f(x_1,x_2,x_3)=x_1^2+2x_2^2+2x_3^2+2x_1x_2-2x_1x_3,$$
$$g(y_1,y_2,y_3)=y_1^2+y_2^2+y_3^2+2y_2y_3.$$

(1)求可逆变换 $\boldsymbol{x}=\boldsymbol{P}\boldsymbol{y}$ 将 $f(x_1,x_2,x_3)$ 化成 $g(y_1,y_2,y_3)$；

(2)是否存在正交变换 $\boldsymbol{x}=\boldsymbol{Q}\boldsymbol{y}$ 将 $f(x_1,x_2,x_3)$ 化成 $g(y_1,y_2,y_3)$？

解 记 $f=\boldsymbol{x}^{\mathrm{T}}\boldsymbol{A}\boldsymbol{x}$，$\boldsymbol{x}=(x_1,x_2,x_3)^{\mathrm{T}}$，$\boldsymbol{A}=\begin{pmatrix}1&1&-1\\1&2&0\\-1&0&2\end{pmatrix}$，

$$g=\boldsymbol{y}^{\mathrm{T}}\boldsymbol{B}\boldsymbol{y},\boldsymbol{y}=(y_1,y_2,y_3)^{\mathrm{T}},\boldsymbol{B}=\begin{pmatrix}1&0&0\\0&1&1\\0&1&1\end{pmatrix}.$$

(1)先用配方法化二次型为规范形

$$f=x_1^2+2x_2^2+2x_3^2+2x_1x_2-2x_1x_3=(x_1+x_2-x_3)^2+x_2^2+x_3^2+2x_2x_3$$
$$=(x_1+x_2-x_3)^2+(x_2+x_3)^2=z_1^2+z_2^2,$$

其中$\begin{cases}z_1=x_1+x_2-x_3,\\z_2=x_2+x_3,\\z_3=x_3,\end{cases}$ 即$\begin{cases}x_1=z_1-z_2+2z_3,\\x_2=z_2-z_3,\\x_3=z_3.\end{cases}$

$$g=y_1^2+y_2^2+y_3^2+2y_2y_3=y_1^2+(y_2+y_3)^2=z_1^2+z_2^2,$$

其中$\begin{cases}z_1=y_1,\\z_2=y_2+y_3,\\z_3=y_3,\end{cases}$所以

$$\begin{pmatrix}x_1\\x_2\\x_3\end{pmatrix}=\begin{pmatrix}1&-1&2\\0&1&-1\\0&0&1\end{pmatrix}\begin{pmatrix}z_1\\z_2\\z_3\end{pmatrix}=\begin{pmatrix}1&-1&2\\0&1&-1\\0&0&1\end{pmatrix}\begin{pmatrix}1&0&0\\0&1&1\\0&0&1\end{pmatrix}\begin{pmatrix}y_1\\y_2\\y_3\end{pmatrix}=\begin{pmatrix}1&-1&1\\0&1&0\\0&0&1\end{pmatrix}\begin{pmatrix}y_1\\y_2\\y_3\end{pmatrix},$$

令 $\boldsymbol{P}=\begin{pmatrix}1&-1&1\\0&1&0\\0&0&1\end{pmatrix}$,在可逆变换 $\boldsymbol{x}=\boldsymbol{P}\boldsymbol{y}$ 下,$f(x_1,x_2,x_3)$化为 $g(y_1,y_2,y_3)$.

(2)不存在正交矩阵 $\boldsymbol{Q}$,使得在正交变换 $\boldsymbol{x}=\boldsymbol{Q}\boldsymbol{y}$ 下,$f(x_1,x_2,x_3)$化为 $g(y_1,y_2,y_3)$.

若存在正交变换 $\boldsymbol{x}=\boldsymbol{Q}\boldsymbol{y}$,使 $f=\boldsymbol{x}^{\mathrm{T}}\boldsymbol{A}\boldsymbol{x}=(\boldsymbol{Q}\boldsymbol{y})^{\mathrm{T}}\boldsymbol{A}(\boldsymbol{Q}\boldsymbol{y})=\boldsymbol{y}^{\mathrm{T}}\boldsymbol{Q}^{\mathrm{T}}\boldsymbol{A}\boldsymbol{Q}\boldsymbol{y}=\boldsymbol{y}^{\mathrm{T}}\boldsymbol{B}\boldsymbol{y}$,则 $\boldsymbol{B}=\boldsymbol{Q}^{\mathrm{T}}\boldsymbol{A}\boldsymbol{Q}$ 与 $\boldsymbol{A}$ 相似,从而特征值相同.

令 $|\boldsymbol{B}-\lambda\boldsymbol{E}|=\begin{vmatrix}1-\lambda&0&0\\0&1-\lambda&1\\0&1&1-\lambda\end{vmatrix}=(1-\lambda)(2-\lambda)(-\lambda)=0,$

求得 $\boldsymbol{B}$ 的三个特征值为$\lambda_1=0,\lambda_2=1,\lambda_3=2$.

而$|\boldsymbol{A}-\boldsymbol{E}|=\begin{vmatrix}0&1&-1\\1&1&0\\-1&0&1\end{vmatrix}\neq0$,这说明 $\lambda_2=1$ 不是 $\boldsymbol{A}$ 的特征值,所以 $\boldsymbol{A}$ 与 $\boldsymbol{B}$ 不相似,矛盾.

第六节　用配方法化二次型成标准形

一、主要内容归纳

配方法化二次型为标准形的步骤

(1)若二次型中含有 x_i 的平方项,则先把这些 x_i 放在一起,配成平方项,然后再对剩下的变量依次进行,直到都配成平方项即可.

(2)若二次型中不含平方项,则作可逆变换 $\begin{cases} x_i=y_i+y_j, \\ x_j=y_i-y_j, \\ x_k=y_k \end{cases}$ $(k\neq i,j)$.

这样代换后二次型中出现平方项,再按(1)中进行配方.

注:化二次型为标准形本章介绍了两种方法,在上节,我们介绍了正交变换法,这一节我们介绍了配方法,学习时可根据不同题型选择不同的方法.

二、经典题型解析及解题方法总结

【例 1】 用配方法化二次型 $f(x_1,x_2,x_3)=x_1^2+5x_2^2+5x_3^2+2x_1x_2-4x_1x_3$ 为标准形,并求出所用的变换矩阵.

解
$$\begin{aligned} f(x_1,x_2,x_3)&=x_1^2+5x_2^2+5x_3^2+2x_1x_2-4x_1x_3 \\ &=x_1^2+2x_1(x_2-2x_3)+(x_2-2x_3)^2+5x_2^2+5x_3^2-(x_2-2x_3)^2 \\ &=(x_1+x_2-2x_3)^2+4x_2^2+4x_2x_3+x_3^2 \\ &=(x_1+x_2-2x_3)^2+(2x_2+x_3)^2. \end{aligned}$$

令 $\begin{cases} y_1=x_1+x_2-2x_3, \\ y_2=2x_2+x_3, \\ y_3=x_3, \end{cases}$ $\begin{cases} x_1=y_1-\frac{1}{2}y_2+\frac{5}{2}y_3, \\ x_2=\frac{1}{2}y_2+\frac{1}{2}y_3, \\ x_3=y_3, \end{cases}$

则有 $f=y_1^2+y_2^2$,所用变换矩阵为 $\boldsymbol{C}=\begin{pmatrix} 1 & -\frac{1}{2} & \frac{5}{2} \\ 0 & \frac{1}{2} & \frac{1}{2} \\ 0 & 0 & 1 \end{pmatrix}$.

方法总结

利用配方法较繁,要注意观察,若二次型含有 x_i 的平方项,则先把 x_i 乘积项集中,然后配方.再对其余的变量进行类似处理,直到都配成平方项为止,经过非退化线性替换,即得标准形.

【例 2】 将二次型 $f(x_1,x_2,x_3)=4x_1x_2-2x_1x_3-2x_2x_3$ 化为规范形.

解 方法一 （配方法）由于已知二次型中不含任何变量的平方项，

故先作线性变换 $\begin{cases} x_1=y_1+y_2, \\ x_2=y_1-y_2, \\ x_3=y_3, \end{cases}$

则原二次型化为 $f=4y_1^2-4y_2^2-4y_1y_3=4(y_1-\frac{1}{2}y_3)^2-4y_2^2-y_3^2$.

再作线性变换 $\begin{cases} z_1=2(y_1-\frac{1}{2}y_3), \\ z_2=2y_2, \\ z_3=y_3, \end{cases}$ 即 $\begin{cases} y_1=\frac{1}{2}z_1+\frac{1}{2}z_3, \\ y_2=\frac{1}{2}z_2, \\ y_3=z_3, \end{cases}$

则原二次型的规范形为 $f=z_1^2-z_2^2-z_3^2$.

方法二 二次型 f 的矩阵为 $\boldsymbol{A}=\begin{pmatrix} 0 & 2 & -1 \\ 2 & 0 & -1 \\ -1 & -1 & 0 \end{pmatrix}$,

$\boldsymbol{A}$ 的特征多项式 $\det(\lambda\boldsymbol{E}-\boldsymbol{A})=\begin{vmatrix} \lambda & -2 & 1 \\ -2 & \lambda & 1 \\ 1 & 1 & \lambda \end{vmatrix}=(\lambda+2)(\lambda^2-2\lambda-2)$,

得 $\boldsymbol{A}$ 的特征值为 $\lambda_1=1+\sqrt{3}>0,\lambda_2=1-\sqrt{3}<0.\lambda_3=-2<0$.

由此可知原二次型的规范形为 $f=z_1^2-z_2^2-z_3^2$.

【例 3】 （2023 数学二，数学三，5 分）二次型 $f(x_1,x_2,x_3)=(x_1+x_2)^2+(x_1+x_3)^2-4(x_2-x_3)^2$ 的规范形为________.

(A) $y_1^2+y_2^2$　　(B) $y_1^2-y_2^2$　　(C) $y_1^2+y_2^2-4y_3^2$　　(D) $y_1^2+y_2^2-y_3^2$

解 **方法一** 配方法

$$\begin{aligned}
&(x_1+x_2)^2+(x_1+x_3)^2-4(x_2-x_3)^2 \\
&=x_1^2+2x_1x_2+x_2^2+x_1^2+2x_1x_3+x_3^2-4x_2^2+8x_2x_3-4x_3^2 \\
&=2x_1^2-3x_2^2-3x_3^2+2x_1x_2+2x_1x_3+8x_2x_3 \\
&=2\left[\left(x_1+\frac{1}{2}x_2+\frac{1}{2}x_3\right)^2-\frac{1}{4}x_2^2-\frac{1}{4}x_3^2-\frac{1}{2}x_2x_3\right]-3x_2^2-3x_3^2+8x_2x_3 \\
&=2\left(x_1+\frac{1}{2}x_2+\frac{1}{2}x_3\right)^2-\frac{7}{2}x_2^2-\frac{7}{2}x_3^2+7x_2x_3 \\
&=2\left(x_1+\frac{1}{2}x_2+\frac{1}{2}x_3\right)^2-\frac{7}{2}(x_2-x_3)^2
\end{aligned}$$

方法二 合同变换法

二次型对应的对称矩阵 $\boldsymbol{A}=\begin{pmatrix} 2 & 1 & 1 \\ 1 & -3 & 4 \\ 1 & 4 & -3 \end{pmatrix}$,

$$\begin{pmatrix} A \\ \hdashline E \end{pmatrix}=\begin{pmatrix} 2 & 1 & 1 \\ 1 & -3 & 4 \\ 1 & 4 & -3 \\ \hdashline 1 & 0 & 0 \\ 0 & 1 & 0 \\ 0 & 0 & 1 \end{pmatrix}\to\begin{pmatrix} 2 & 0 & 0 \\ 0 & -\frac{7}{2} & \frac{7}{2} \\ 0 & \frac{7}{2} & -\frac{7}{2} \\ \hdashline 1 & -\frac{1}{2} & -\frac{1}{2} \\ 0 & 1 & 0 \\ 0 & 0 & 1 \end{pmatrix}\to\begin{pmatrix} 2 & 0 & 0 \\ 0 & -\frac{7}{2} & 0 \\ 0 & 0 & 0 \\ \hdashline 1 & -\frac{1}{2} & -1 \\ 0 & 1 & 1 \\ 0 & 0 & 1 \end{pmatrix}\to\begin{pmatrix} 1 & 0 & 0 \\ 0 & -1 & 0 \\ 0 & 0 & 0 \\ \hdashline \frac{1}{\sqrt{2}} & -\frac{\sqrt{2}}{2\sqrt{7}} & -1 \\ 0 & \frac{\sqrt{2}}{\sqrt{7}} & 1 \\ 0 & 0 & 1 \end{pmatrix}.$$

令 $P=\begin{pmatrix} \frac{1}{\sqrt{2}} & -\frac{\sqrt{2}}{2\sqrt{7}} & -1 \\ 0 & \frac{\sqrt{2}}{\sqrt{7}} & 1 \\ 0 & 0 & 1 \end{pmatrix}$，$x=Py$，则 $f=y_1^2-y_2^2$.

方法三 特征值法

二次型对应的对称矩阵 $A=\begin{pmatrix} 2 & 1 & 1 \\ 1 & -3 & 4 \\ 1 & 4 & -3 \end{pmatrix}$.

由 $|\lambda E-A|=\begin{vmatrix} \lambda-2 & -1 & -1 \\ -1 & \lambda+3 & -4 \\ -1 & -4 & \lambda+3 \end{vmatrix}=\lambda(\lambda+7)(\lambda-3)=0$，得 A 的特征值为 $3,-7,0$，故正惯性指数为 1，负惯性指数为 1. 故规范形为 $y_1^2-y_2^2$.

方法四 可逆线性变换

令 $\begin{cases} z_1=x_1+x_2, \\ z_2=x_1+x_3, \\ z_3=x_3, \end{cases}$ 则 $f=z_1^2+z_2^2-4(z_1-z_2)^2=-3z_1^2-3z_2^2+8z_1z_2$.

再由配方法、合同变化法或特征值法，得

二次型对应的矩阵 $A=\begin{pmatrix} -3 & 4 & 0 \\ 4 & -3 & 0 \\ 0 & 0 & 0 \end{pmatrix}$，$A$ 的特征值为 $1,-7,0$，正惯性指数为 1，负惯性指数为 1.

故应选(B).

【例 4】 (2018 数学一，数学二，数学三，11 分)设实二次型 $f(x_1,x_2,x_3)=(x_1-x_2+x_3)^2+(x_2+x_3)^2+(x_1+ax_3)^2$，其中 a 是参数.

(1)求 $f(x_1,x_2,x_3)=0$ 的解；

(2)求 $f(x_1,x_2,x_3)$ 的规范形.

解 (1) $f(x_1,x_2,x_3)=(x_1-x_2+x_3)^2+(x_2+x_3)^2+(x_1+ax_3)^2=0$ 的充要条件是

$$\begin{cases}x_1-x_2+x_3=0,\\ x_2+x_3=0,\\ x_1+ax_3=0.\end{cases}\quad \boldsymbol{A}=\begin{pmatrix}1&-1&1\\0&1&1\\1&0&a\end{pmatrix}\to\begin{pmatrix}1&-1&1\\0&1&1\\0&0&a-2\end{pmatrix},$$

当 $a\neq 2$ 时，$f(x_1,x_2,x_3)=0$ 仅有零解.

当 $a=2$ 时，$\boldsymbol{A}\to\begin{pmatrix}1&0&2\\0&1&1\\0&0&0\end{pmatrix}$，$f(x_1,x_2,x_3)=0$ 有通解 $k(-2,-1,1)^{\mathrm{T}}$，其中 k 为任意常数.

(2) 当 $a\neq 2$ 时，令 $\begin{pmatrix}y_1\\y_2\\y_3\end{pmatrix}=\begin{pmatrix}1&-1&1\\0&1&1\\1&0&a\end{pmatrix}\begin{pmatrix}x_1\\x_2\\x_3\end{pmatrix}$，因 $\begin{vmatrix}1&-1&1\\0&1&1\\1&0&a\end{vmatrix}=a-2\neq 0$，故矩阵 $\begin{pmatrix}1&-1&1\\0&1&1\\1&0&a\end{pmatrix}$ 可逆.

因此 $f(x_1,x_2,x_3)$ 的规范形为 $f(y_1,y_2,y_3)=y_1^2+y_2^2+y_3^2$.

当 $a=2$ 时，由配方法得

$$\begin{aligned}f(x_1,x_2,x_3)&=(x_1-x_2+x_3)^2+(x_2+x_3)^2+(x_1+ax_3)^2\\&=2x_1^2+2x_2^2+6x_3^2-2x_1x_2+6x_1x_3\\&=2\left(x_1-\frac{1}{2}x_2+\frac{3}{2}x_3\right)^2+\frac{3}{2}x_2^2+\frac{3}{2}x_3^2+3x_2x_3\\&=2\left(x_1-\frac{1}{2}x_2+\frac{3}{2}x_3\right)^2+\frac{3}{2}(x_2+x_3)^2.\end{aligned}$$

因此 $f(x_1,x_2,x_3)$ 的规范形为 $f(y_1,y_2,y_3)=y_1^2+y_2^2$.

第七节　正定二次型

一、主要内容归纳

1. 惯性定理

设有二次型 $f=\boldsymbol{x}^{\mathrm{T}}\boldsymbol{A}\boldsymbol{x}$，它的秩为 r，有两个可逆变换

$$\boldsymbol{x}=\boldsymbol{C}\boldsymbol{y}\ \text{及}\ \boldsymbol{x}=\boldsymbol{P}\boldsymbol{z},$$

使 $f=k_1y_1^2+k_2y_2^2+\cdots+k_ry_r^2(k_i\neq 0,i=1,2,\cdots,r)$ 及 $f=\lambda_1z_1^2+\lambda_2z_2^2+\cdots+\lambda_rz_r^2(\lambda_i\neq 0,i=1,2,\cdots,r)$，则 $k_1,k_2,\cdots,k_r$ 中正(负)数的个数与 $\lambda_1,\lambda_2,\cdots,\lambda_r$ 中正(负)数的个数相等.

正系数的个数称为正惯性指数，负系数的个数称为负惯性指数.

2. 正定性定义

设有二次型 $f(\boldsymbol{x})=\boldsymbol{x}^{\mathrm{T}}\boldsymbol{A}\boldsymbol{x}$,如果对任何 $\boldsymbol{x}\neq\boldsymbol{0}$,都有 $f(\boldsymbol{x})>0$(显然 $f(\boldsymbol{0})=0$),则称 f 为正定二次型,并称对称矩阵 $\boldsymbol{A}$ 是正定矩阵;如果对任何 $\boldsymbol{x}\neq\boldsymbol{0}$,都有 $f(\boldsymbol{x})<0$,则称 f 为负定二次型,并称对称矩阵 $\boldsymbol{A}$ 是负定矩阵.

3. 对称矩阵 A 正定性的判定

设 $\boldsymbol{A}$ 为 n 阶实对称矩阵,则下列命题等价.

(1)$\boldsymbol{A}$ 是正定矩阵;

(2)$\boldsymbol{A}$ 的正惯性指数等于 n;

(3)$\boldsymbol{A}$ 的各阶顺序主子式都为正;

(4)$\boldsymbol{A}$ 合同于单位矩阵 $\boldsymbol{E}$;

(5)矩阵 $\boldsymbol{A}$ 的特征值全为正;

(6)存在可逆矩阵 $\boldsymbol{P}$,使 $\boldsymbol{A}=\boldsymbol{P}^{\mathrm{T}}\boldsymbol{P}$.

4. 对称矩阵 A 负定的充要条件

(1)$\boldsymbol{A}$ 是负定矩阵;

(2)负惯性指数为 n;

(3)$\boldsymbol{A}$ 的特征值全小于 0;

(4)奇数阶顺序主子式全小于 0,偶数阶顺序主子式全大于 0.

5. 本节重点

对称矩阵 $\boldsymbol{A}$ 正定性的判定和性质,而带参数的矩阵正定性的判定是本节的难点也是考研的重点内容之一.

二、经典题型解析及解题方法总结

【例 1】 设 $\boldsymbol{A}$ 为 $m\times n$ 矩阵,$\boldsymbol{B}=\lambda\boldsymbol{E}+\boldsymbol{A}^{\mathrm{T}}\boldsymbol{A}$,试证当 $\lambda>0$ 时,矩阵 $\boldsymbol{B}$ 为正定矩阵.

证 因为 $\boldsymbol{B}^{\mathrm{T}}=(\lambda\boldsymbol{E}+\boldsymbol{A}^{\mathrm{T}}\boldsymbol{A})^{\mathrm{T}}=\lambda\boldsymbol{E}+\boldsymbol{A}^{\mathrm{T}}\boldsymbol{A}=\boldsymbol{B}$,

所以 $\boldsymbol{B}$ 为 n 阶对称矩阵,对于任意的实 n 维向量 $\boldsymbol{x}$,有

$\boldsymbol{x}^{\mathrm{T}}\boldsymbol{B}\boldsymbol{x}=\boldsymbol{x}^{\mathrm{T}}(\lambda\boldsymbol{E}+\boldsymbol{A}^{\mathrm{T}}\boldsymbol{A})\boldsymbol{x}=\lambda\boldsymbol{x}^{\mathrm{T}}\boldsymbol{x}+\boldsymbol{x}^{\mathrm{T}}\boldsymbol{A}^{\mathrm{T}}\boldsymbol{A}\boldsymbol{x}=\lambda\boldsymbol{x}^{\mathrm{T}}\boldsymbol{x}+(\boldsymbol{A}\boldsymbol{x})^{\mathrm{T}}(\boldsymbol{A}\boldsymbol{x})$

当 $\boldsymbol{x}\neq\boldsymbol{0}$ 时,有 $\boldsymbol{x}^{\mathrm{T}}\boldsymbol{x}>0$,$(\boldsymbol{A}\boldsymbol{x})^{\mathrm{T}}(\boldsymbol{A}\boldsymbol{x})\geqslant\boldsymbol{0}$,

因此当 $\lambda>0$ 时,对任意 $\boldsymbol{x}\neq\boldsymbol{0}$ 有

$\boldsymbol{x}^{\mathrm{T}}\boldsymbol{B}\boldsymbol{x}=\lambda\boldsymbol{x}^{\mathrm{T}}\boldsymbol{x}+(\boldsymbol{A}\boldsymbol{x})^{\mathrm{T}}(\boldsymbol{A}\boldsymbol{x})>0$,故 $\boldsymbol{B}$ 为正定矩阵.

【例 2】 设 $\boldsymbol{A}$ 为 n 阶正定矩阵,则 $\boldsymbol{A}^*$ 也是正定矩阵.

证 因 $(\boldsymbol{A}^*)^{\mathrm{T}}=(\boldsymbol{A}^{\mathrm{T}})^*=\boldsymbol{A}^*$,故 $\boldsymbol{A}^*$ 是对称矩阵.

设 $\boldsymbol{A}$ 的特征值为 $\lambda_1,\lambda_2,\cdots,\lambda_n$,由 $\boldsymbol{A}$ 正定,可知 $\lambda_i>0(i=1,2,\cdots,n)$ 且 $|\boldsymbol{A}|>0$,又 $\boldsymbol{A}^*$ 的特征值为 $\frac{|\boldsymbol{A}|}{\lambda_1},\frac{|\boldsymbol{A}|}{\lambda_2},\cdots,\frac{|\boldsymbol{A}|}{\lambda_n}$,于是 $\frac{|\boldsymbol{A}|}{\lambda_i}>0(i=1,2,\cdots,n)$,即 $\boldsymbol{A}^*$ 的全部特征值都大于零. 故 $\boldsymbol{A}^*$ 是正定矩阵.

【例 3】 判定下列二次型的正定性.

(1) $f=99x_1^2-12x_1x_2+48x_1x_3+130x_2^2-60x_2x_3+71x_3^2$;

(2) $f=10x_1^2+8x_1x_2+24x_1x_3+2x_2^2-28x_2x_3+x_3^2$.

解 (1)二次型 f 的矩阵 $\boldsymbol{A}=\begin{pmatrix}99 & -6 & 24\\ -6 & 130 & -30\\ 24 & -30 & 71\end{pmatrix}$,

由于 $|\boldsymbol{A}_1|=99>0$, $|\boldsymbol{A}_2|=\begin{vmatrix}99 & -6\\ -6 & 130\end{vmatrix}>0$, $|\boldsymbol{A}|=755874>0$,

即 $\boldsymbol{A}$ 的所有顺序主子式都大于零,故二次型 f 为正定二次型.

(2)二次型 f 的矩阵 $\boldsymbol{A}=\begin{pmatrix}10 & 4 & 12\\ 4 & 2 & -14\\ 12 & -14 & 1\end{pmatrix}$,

由于 $|\boldsymbol{A}_1|=10>0$, $|\boldsymbol{A}_2|=\begin{vmatrix}10 & 4\\ 4 & 2\end{vmatrix}=12>0$, $|\boldsymbol{A}|=-3588<0$,故 f 不是正定二次型.

【例 4】 设矩阵 $\boldsymbol{A}=\begin{pmatrix}1 & 0 & 1\\ 0 & 2 & 0\\ 1 & 0 & 1\end{pmatrix}$,矩阵 $\boldsymbol{B}=(k\boldsymbol{E}+\boldsymbol{A})^2$,其中 k 为实数,$\boldsymbol{E}$ 为单位矩阵,求对角矩阵 $\boldsymbol{\Lambda}$,使 $\boldsymbol{B}$ 与 $\boldsymbol{\Lambda}$ 相似,并求 k 为何值时,$\boldsymbol{B}$ 为正定矩阵.

解 由 $|\lambda\boldsymbol{E}-\boldsymbol{A}|=\begin{vmatrix}\lambda-1 & 0 & -1\\ 0 & \lambda-2 & 0\\ -1 & 0 & \lambda-1\end{vmatrix}=\lambda(\lambda-2)^2$,得 $\boldsymbol{A}$ 的特征值为 $\lambda_1=0$, $\lambda_2=\lambda_3=2$.

又因 $\boldsymbol{A}$ 是对称矩阵,所以

$$\boldsymbol{B}^{\mathrm{T}}=[(k\boldsymbol{E}+\boldsymbol{A})^2]^{\mathrm{T}}=[(k\boldsymbol{E}+\boldsymbol{A})^{\mathrm{T}}]^2=(k\boldsymbol{E}+\boldsymbol{A})^2=\boldsymbol{B},$$

因此 $\boldsymbol{B}$ 为对称矩阵,故 $\boldsymbol{B}$ 可相似对角化.

由特征值性质,$\boldsymbol{B}$ 的特征值为 k^2, $(k+2)^2$, $(k+2)^2$,

因此 $\boldsymbol{B}\sim\begin{pmatrix}k^2 & & \\ & (k+2)^2 & \\ & & (k+2)^2\end{pmatrix}=\boldsymbol{\Lambda}$,

要使 $\boldsymbol{B}$ 正定,只须满足 $k^2>0$, $(k+2)^2>0$ 即可.

即 $k\neq0$ 且 $k\neq-2$ 时,$\boldsymbol{B}$ 为正定矩阵.

【例 5】 设 $\boldsymbol{A}$ 为 m 阶实对称矩阵且正定,$\boldsymbol{B}$ 为 $m\times n$ 阶实矩阵,$\boldsymbol{B}^{\mathrm{T}}$ 为 $\boldsymbol{B}$ 的转置. 试证 $\boldsymbol{B}^{\mathrm{T}}\boldsymbol{A}\boldsymbol{B}$ 为正定矩阵的充要条件是 $R(\boldsymbol{B})=n$.

证 必要性:设 $\boldsymbol{B}^{\mathrm{T}}\boldsymbol{A}\boldsymbol{B}$ 为正定矩阵,则对于任意的 n 维列向量 $\boldsymbol{x}\neq\boldsymbol{0}$ 有,$\boldsymbol{x}^{\mathrm{T}}(\boldsymbol{B}^{\mathrm{T}}\boldsymbol{A}\boldsymbol{B})\boldsymbol{x}>0$,即 $(\boldsymbol{B}\boldsymbol{x})^{\mathrm{T}}\boldsymbol{A}(\boldsymbol{B}\boldsymbol{x})>0$.

由已知 $\boldsymbol{A}$ 是正定矩阵,从而 $\boldsymbol{B}\boldsymbol{x}\neq\boldsymbol{0}$. 即当 $\boldsymbol{x}\neq\boldsymbol{0}$ 时,$\boldsymbol{B}\boldsymbol{x}\neq\boldsymbol{0}$,故 $\boldsymbol{B}\boldsymbol{x}=\boldsymbol{0}$ 只有零解,从而 $R(\boldsymbol{B})=n$.

充分性：设 $R(\boldsymbol{B})=n$，由 $(\boldsymbol{B}^{\mathrm{T}}\boldsymbol{A}\boldsymbol{B})^{\mathrm{T}}=\boldsymbol{B}^{\mathrm{T}}\boldsymbol{A}\boldsymbol{B}$ 知，$\boldsymbol{B}^{\mathrm{T}}\boldsymbol{A}\boldsymbol{B}$ 是对称矩阵，由 $R(\boldsymbol{B})=n$ 知 $\boldsymbol{B}\boldsymbol{x}=\boldsymbol{0}$ 只有零解.

即 $\boldsymbol{x}\neq\boldsymbol{0}$ 时，必有 $\boldsymbol{B}\boldsymbol{x}\neq 0$，故 $(\boldsymbol{B}\boldsymbol{x})^{\mathrm{T}}\boldsymbol{A}(\boldsymbol{B}\boldsymbol{x})>0$，即 $\boldsymbol{x}^{\mathrm{T}}(\boldsymbol{B}^{\mathrm{T}}\boldsymbol{A}\boldsymbol{B})\boldsymbol{x}>0$.

由正定矩阵的定义知，$\boldsymbol{B}^{\mathrm{T}}\boldsymbol{A}\boldsymbol{B}$ 是正定矩阵.

【例 6】 (2021 数学一，12 分)已知矩阵 $\boldsymbol{A}=\begin{pmatrix} a & 1 & -1 \\ 1 & a & -1 \\ -1 & -1 & a \end{pmatrix}$，

(1)求正交矩阵 $\boldsymbol{P}$，使得 $\boldsymbol{P}^{\mathrm{T}}\boldsymbol{A}\boldsymbol{P}$ 为对角矩阵；

(2)求正定矩阵 $\boldsymbol{C}$，使 $\boldsymbol{C}^2=(a+3)\boldsymbol{E}-\boldsymbol{A}$，其中 $\boldsymbol{E}$ 为 3 阶单位矩阵.

解 (1)令 $|\lambda\boldsymbol{E}-\boldsymbol{A}|=\begin{vmatrix} \lambda-a & -1 & 1 \\ -1 & \lambda-a & 1 \\ 1 & 1 & \lambda-a \end{vmatrix}=(\lambda-a+1)^2(\lambda-a-2)=0$，

则 $\lambda_1=\lambda_2=a-1$，$\lambda_3=a+2$.

当 $\lambda_1=\lambda_2=a-1$ 时，方程组 $[(a-1)\boldsymbol{E}-\boldsymbol{A}]\boldsymbol{x}=\boldsymbol{0}$ 的基础解系为

$\boldsymbol{\xi}_1=(-1,1,0)^{\mathrm{T}}$，$\boldsymbol{\xi}_2=(1,0,1)^{\mathrm{T}}$，

对 $\boldsymbol{\xi}_1$，$\boldsymbol{\xi}_2$ 进行施密特正交化 $\boldsymbol{\eta}_1=(-1,1,0)^{\mathrm{T}}$，$\boldsymbol{\eta}_2=\frac{1}{2}(1,1,2)^{\mathrm{T}}$.

进而单位化 $\widetilde{\boldsymbol{\eta}_1}=\frac{1}{\sqrt{2}}(-1,1,0)^{\mathrm{T}}$，$\widetilde{\boldsymbol{\eta}_2}=\frac{1}{\sqrt{6}}(1,1,2)^{\mathrm{T}}$.

当 $\lambda_3=a+2$ 时，方程组 $[(a+2)\boldsymbol{E}-\boldsymbol{A}]\boldsymbol{x}=\boldsymbol{0}$ 的基础解系为 $\boldsymbol{\xi}_3=(-1,-1,1)^{\mathrm{T}}$.

单位化 $\widetilde{\boldsymbol{\eta}_3}=\frac{1}{\sqrt{3}}(-1,-1,1)^{\mathrm{T}}$. 正交矩阵 $\boldsymbol{P}=(\widetilde{\boldsymbol{\eta}_1},\widetilde{\boldsymbol{\eta}_2},\widetilde{\boldsymbol{\eta}_3})=\begin{pmatrix} -\frac{1}{\sqrt{2}} & \frac{1}{\sqrt{6}} & -\frac{1}{\sqrt{3}} \\ \frac{1}{\sqrt{2}} & \frac{1}{\sqrt{6}} & -\frac{1}{\sqrt{3}} \\ 0 & \frac{2}{\sqrt{6}} & \frac{1}{\sqrt{3}} \end{pmatrix}$.

(2)由(1)知，$\boldsymbol{P}^{\mathrm{T}}\boldsymbol{A}\boldsymbol{P}=\begin{pmatrix} a-1 & 0 & 0 \\ 0 & a-1 & 0 \\ 0 & 0 & a+2 \end{pmatrix}$，则 $\boldsymbol{A}=\boldsymbol{P}\begin{pmatrix} a-1 & 0 & 0 \\ 0 & 0 & a-1 \\ 0 & 0 & a+2 \end{pmatrix}\boldsymbol{P}^{\mathrm{T}}$.

而 $(a+3)\boldsymbol{E}-\boldsymbol{A}=\boldsymbol{P}\begin{pmatrix} 4 & 0 & 0 \\ 0 & 4 & 0 \\ 0 & 0 & 1 \end{pmatrix}\boldsymbol{P}^{\mathrm{T}}=\boldsymbol{P}\begin{pmatrix} 2 & 0 & 0 \\ 0 & 2 & 0 \\ 0 & 0 & 1 \end{pmatrix}\boldsymbol{P}^{\mathrm{T}}\cdot\boldsymbol{P}\begin{pmatrix} 2 & 0 & 0 \\ 0 & 2 & 0 \\ 0 & 0 & 1 \end{pmatrix}\boldsymbol{P}^{\mathrm{T}}=\boldsymbol{C}^2$.

其中 $\boldsymbol{C}=\boldsymbol{P}\begin{pmatrix} 2 & 0 & 0 \\ 0 & 2 & 0 \\ 0 & 0 & 1 \end{pmatrix}\boldsymbol{P}^{\mathrm{T}}$ 即为所求.

习题五解答

1. 设 $\boldsymbol{a}=\begin{pmatrix}1\\0\\-2\end{pmatrix}$，$\boldsymbol{b}=\begin{pmatrix}-4\\2\\3\end{pmatrix}$，$\boldsymbol{c}$ 与 $\boldsymbol{a}$ 正交，且 $\boldsymbol{b}=\lambda\boldsymbol{a}+\boldsymbol{c}$，求 λ 和 $\boldsymbol{c}$.

解 以 $\boldsymbol{a}^{\mathrm{T}}$ 左乘题设关系式得 $\boldsymbol{a}^{\mathrm{T}}\boldsymbol{b}=\lambda\boldsymbol{a}^{\mathrm{T}}\boldsymbol{a}+\boldsymbol{a}^{\mathrm{T}}\boldsymbol{c}$.

因 $\boldsymbol{a}$ 与 $\boldsymbol{c}$ 正交，有 $\boldsymbol{a}^{\mathrm{T}}\boldsymbol{c}=0$，$\boldsymbol{a}\neq 0$，有 $\boldsymbol{a}^{\mathrm{T}}\boldsymbol{a}\neq 0$. 故有 $\lambda=\dfrac{\boldsymbol{a}^{\mathrm{T}}\boldsymbol{b}}{\boldsymbol{a}^{\mathrm{T}}\boldsymbol{a}}=\dfrac{-10}{5}=-2$.

而 $\boldsymbol{c}=\boldsymbol{b}-\lambda\boldsymbol{a}=\begin{pmatrix}-4\\2\\3\end{pmatrix}+2\begin{pmatrix}1\\0\\-2\end{pmatrix}=\begin{pmatrix}-2\\2\\-1\end{pmatrix}$.

2. 试把下列向量组施密特正交化，然后再单位化：

(1) $(\boldsymbol{a}_1,\boldsymbol{a}_2,\boldsymbol{a}_3)=\begin{pmatrix}1&1&1\\1&2&4\\1&3&9\end{pmatrix}$；　　(2) $(\boldsymbol{a}_1,\boldsymbol{a}_2,\boldsymbol{a}_3)=\begin{pmatrix}1&1&-1\\0&-1&1\\-1&0&1\\1&1&0\end{pmatrix}$.

解 根据施密特正交化方法，

(1) $\boldsymbol{b}_1=\boldsymbol{a}_1=\begin{pmatrix}1\\1\\1\end{pmatrix}$，$\boldsymbol{b}_2=\boldsymbol{a}_2-\dfrac{(\boldsymbol{b}_1,\boldsymbol{a}_2)}{(\boldsymbol{b}_1,\boldsymbol{b}_1)}\boldsymbol{b}_1=\begin{pmatrix}-1\\0\\1\end{pmatrix}$，

$$\boldsymbol{b}_3=\boldsymbol{a}_3-\frac{(\boldsymbol{b}_1,\boldsymbol{a}_3)}{(\boldsymbol{b}_1,\boldsymbol{b}_1)}\boldsymbol{b}_1-\frac{(\boldsymbol{b}_2,\boldsymbol{a}_3)}{(\boldsymbol{b}_2,\boldsymbol{b}_2)}\boldsymbol{b}_2=\frac{1}{3}\begin{pmatrix}1\\-2\\1\end{pmatrix}.$$

再把它们单位化，得

$$\boldsymbol{e}_1=\frac{\boldsymbol{b}_1}{\|\boldsymbol{b}_1\|}=\frac{1}{\sqrt{3}}\begin{pmatrix}1\\1\\1\end{pmatrix},\boldsymbol{e}_2=\frac{\boldsymbol{b}_2}{\|\boldsymbol{b}_2\|}=\frac{1}{\sqrt{2}}\begin{pmatrix}-1\\0\\1\end{pmatrix},\boldsymbol{e}_3=\frac{\boldsymbol{b}_3}{\|\boldsymbol{b}_3\|}=\frac{1}{\sqrt{6}}\begin{pmatrix}1\\-2\\1\end{pmatrix}.$$

(2) $\boldsymbol{b}_1=\boldsymbol{a}_1=\begin{pmatrix}1\\0\\-1\\1\end{pmatrix}$，$\boldsymbol{b}_2=\boldsymbol{a}_2-\dfrac{(\boldsymbol{b}_1,\boldsymbol{a}_2)}{(\boldsymbol{b}_1,\boldsymbol{b}_1)}\boldsymbol{b}_1=\dfrac{1}{3}\begin{pmatrix}1\\-3\\2\\1\end{pmatrix}$，

$$\boldsymbol{b}_3=\boldsymbol{a}_3-\frac{(\boldsymbol{b}_1,\boldsymbol{a}_3)}{(\boldsymbol{b}_1,\boldsymbol{b}_1)}\boldsymbol{b}_1-\frac{(\boldsymbol{b}_2,\boldsymbol{a}_3)}{(\boldsymbol{b}_2,\boldsymbol{b}_2)}\boldsymbol{b}_2=\frac{1}{5}\begin{pmatrix}-1\\3\\3\\4\end{pmatrix}.$$

再把它们单位化，得

$$\boldsymbol{e}_1=\frac{\boldsymbol{b}_1}{\|\boldsymbol{b}_1\|}=\frac{1}{\sqrt{3}}\begin{pmatrix}1\\0\\-1\\1\end{pmatrix},\boldsymbol{e}_2=\frac{\boldsymbol{b}_2}{\|\boldsymbol{b}_2\|}=\frac{1}{\sqrt{15}}\begin{pmatrix}1\\-3\\2\\1\end{pmatrix},\boldsymbol{e}_3=\frac{\boldsymbol{b}_3}{\|\boldsymbol{b}_3\|}=\frac{1}{\sqrt{35}}\begin{pmatrix}-1\\3\\3\\4\end{pmatrix}.$$

3. 下列矩阵是不是正交矩阵？并说明理由：

(1) $\begin{pmatrix} 1 & -\frac{1}{2} & \frac{1}{3} \\ -\frac{1}{2} & 1 & \frac{1}{2} \\ \frac{1}{3} & \frac{1}{2} & -1 \end{pmatrix}$；　　(2) $\begin{pmatrix} \frac{1}{9} & -\frac{8}{9} & -\frac{4}{9} \\ -\frac{8}{9} & \frac{1}{9} & -\frac{4}{9} \\ -\frac{4}{9} & -\frac{4}{9} & \frac{7}{9} \end{pmatrix}$.

解 (1)不是，此矩阵的第一个行向量非单位向量，故不是正交矩阵.

(2)是，因为此矩阵的 3 个列(行)向量构成规范正交基，即它们两两正交，并且都是单位向量.

4. (1)设 $\boldsymbol{x}$ 为 n 维列向量，$\boldsymbol{x}^{\mathrm{T}}\boldsymbol{x}=1$，令 $\boldsymbol{H}=\boldsymbol{E}-2\boldsymbol{x}\boldsymbol{x}^{\mathrm{T}}$，证明 $\boldsymbol{H}$ 是对称的正交矩阵.

(2)设 $\boldsymbol{A}$ 与 $\boldsymbol{B}$ 都是正交矩阵，证明 $\boldsymbol{AB}$ 也是正交矩阵.

证 (1)对称性：$\boldsymbol{H}^{\mathrm{T}}=(\boldsymbol{E}-2\boldsymbol{x}\boldsymbol{x}^{\mathrm{T}})^{\mathrm{T}}=\boldsymbol{E}-2(\boldsymbol{x}\boldsymbol{x}^{\mathrm{T}})^{\mathrm{T}}$

$=\boldsymbol{E}-2(\boldsymbol{x}^{\mathrm{T}})^{\mathrm{T}}\boldsymbol{x}^{\mathrm{T}}=\boldsymbol{E}-2\boldsymbol{x}\boldsymbol{x}^{\mathrm{T}}=\boldsymbol{H}.$

所以 $\boldsymbol{H}$ 是对称矩阵.

正交性：$\boldsymbol{H}^{\mathrm{T}}\boldsymbol{H}=\boldsymbol{H}\boldsymbol{H}=(\boldsymbol{E}-2\boldsymbol{x}\boldsymbol{x}^{\mathrm{T}})(\boldsymbol{E}-2\boldsymbol{x}\boldsymbol{x}^{\mathrm{T}})=\boldsymbol{E}-2\boldsymbol{x}\boldsymbol{x}^{\mathrm{T}}-2\boldsymbol{x}\boldsymbol{x}^{\mathrm{T}}+(2\boldsymbol{x}\boldsymbol{x}^{\mathrm{T}})(2\boldsymbol{x}\boldsymbol{x}^{\mathrm{T}})$

$=\boldsymbol{E}-4\boldsymbol{x}\boldsymbol{x}^{\mathrm{T}}+4\boldsymbol{x}(\boldsymbol{x}^{\mathrm{T}}\boldsymbol{x})\boldsymbol{x}^{\mathrm{T}}=\boldsymbol{E}-4\boldsymbol{x}\boldsymbol{x}^{\mathrm{T}}+4\boldsymbol{x}\boldsymbol{x}^{\mathrm{T}}=\boldsymbol{E}(\boldsymbol{x}^{\mathrm{T}}\boldsymbol{x}=1).$

所以 $\boldsymbol{H}$ 是正交矩阵.

(2)**方法一** 因为 $\boldsymbol{A},\boldsymbol{B}$ 都是正交矩阵，故 $\boldsymbol{A}^{-1}=\boldsymbol{A}^{\mathrm{T}},\boldsymbol{B}^{-1}=\boldsymbol{B}^{\mathrm{T}}$，

$$(\boldsymbol{AB})^{\mathrm{T}}(\boldsymbol{AB})=\boldsymbol{B}^{\mathrm{T}}\boldsymbol{A}^{\mathrm{T}}\boldsymbol{AB}=\boldsymbol{B}^{-1}\boldsymbol{A}^{-1}\boldsymbol{AB}=\boldsymbol{E}.$$

故 $\boldsymbol{AB}$ 也是正交矩阵.

方法二 因 $\boldsymbol{A}^{-1}=\boldsymbol{A}^{\mathrm{T}},\boldsymbol{B}^{-1}=\boldsymbol{B}^{\mathrm{T}}$，

于是 $\boldsymbol{AB}$ 可逆，且有 $(\boldsymbol{AB})^{-1}=\boldsymbol{B}^{-1}\boldsymbol{A}^{-1}=\boldsymbol{B}^{\mathrm{T}}\boldsymbol{A}^{\mathrm{T}}=(\boldsymbol{AB})^{\mathrm{T}}$.

从而 $\boldsymbol{AB}$ 是正交矩阵.

5. 设 $\boldsymbol{a}_1,\boldsymbol{a}_2,\boldsymbol{a}_3$ 为两两正交的单位向量组，$\boldsymbol{b}_1=-\frac{1}{3}\boldsymbol{a}_1+\frac{2}{3}\boldsymbol{a}_2+\frac{2}{3}\boldsymbol{a}_3$，$\boldsymbol{b}_2=\frac{2}{3}\boldsymbol{a}_1+\frac{2}{3}\boldsymbol{a}_2-\frac{1}{3}\boldsymbol{a}_3$，$\boldsymbol{b}_3=-\frac{2}{3}\boldsymbol{a}_1+\frac{1}{3}\boldsymbol{a}_2-\frac{2}{3}\boldsymbol{a}_3$，证明 $\boldsymbol{b}_1,\boldsymbol{b}_2,\boldsymbol{b}_3$ 也是两两正交的单位向量组.

证 $(\boldsymbol{b}_1,\boldsymbol{b}_2)=\left(-\frac{1}{3}\boldsymbol{a}_1+\frac{2}{3}\boldsymbol{a}_2+\frac{2}{3}\boldsymbol{a}_3,\frac{2}{3}\boldsymbol{a}_1+\frac{2}{3}\boldsymbol{a}_2-\frac{1}{3}\boldsymbol{a}_3\right)$

$=-\frac{2}{9}(\boldsymbol{a}_1,\boldsymbol{a}_1)+\frac{4}{9}(\boldsymbol{a}_2,\boldsymbol{a}_2)-\frac{2}{9}(\boldsymbol{a}_3,\boldsymbol{a}_3)$

$=-\frac{2}{9}+\frac{4}{9}-\frac{2}{9}=0.$

故 $\boldsymbol{b}_1$ 与 $\boldsymbol{b}_2$ 正交，类似可证 $\boldsymbol{b}_1$ 与 $\boldsymbol{b}_3$，$\boldsymbol{b}_2$ 与 $\boldsymbol{b}_3$ 正交；又

$(\boldsymbol{b}_1,\boldsymbol{b}_1)=\left(-\frac{1}{3}\boldsymbol{a}_1+\frac{2}{3}\boldsymbol{a}_2+\frac{2}{3}\boldsymbol{a}_3,-\frac{1}{3}\boldsymbol{a}_1+\frac{2}{3}\boldsymbol{a}_2+\frac{2}{3}\boldsymbol{a}_3\right)$

$=\frac{1}{9}(\boldsymbol{a}_1,\boldsymbol{a}_1)+\frac{4}{9}(\boldsymbol{a}_2,\boldsymbol{a}_2)+\frac{4}{9}(\boldsymbol{a}_3,\boldsymbol{a}_3)$

$=\frac{1}{9}+\frac{4}{9}+\frac{4}{9}=1.$

故 $\boldsymbol{b}_1$ 为单位向量，类似可证 $\boldsymbol{b}_2,\boldsymbol{b}_3$ 为单位向量.

所以 $\boldsymbol{b}_1,\boldsymbol{b}_2,\boldsymbol{b}_3$ 是两两正交的单位向量组.

6. 求下列矩阵的特征值和特征向量：

(1) $\begin{pmatrix} 2 & -1 & 2 \\ 5 & -3 & 3 \\ -1 & 0 & -2 \end{pmatrix}$；　(2) $\begin{pmatrix} 1 & 2 & 3 \\ 2 & 1 & 3 \\ 3 & 3 & 6 \end{pmatrix}$；　(3) $\begin{pmatrix} 0 & 0 & 0 & 1 \\ 0 & 0 & 1 & 0 \\ 0 & 1 & 0 & 0 \\ 1 & 0 & 0 & 0 \end{pmatrix}$.

解 (1) $|\boldsymbol{A}-\lambda\boldsymbol{E}|=\begin{vmatrix}2-\lambda & -1 & 2\\ 5 & -3-\lambda & 3\\ -1 & 0 & -2-\lambda\end{vmatrix}\xlongequal{c_3-(\lambda+2)c_1}\begin{vmatrix}2-\lambda & -1 & \lambda^2-2\\ 5 & -3-\lambda & -7-5\lambda\\ -1 & 0 & 0\end{vmatrix}$

$=\begin{vmatrix}-1 & \lambda^2-2\\ 3+\lambda & 7+5\lambda\end{vmatrix}=-(1+\lambda)^3.$

故 $\boldsymbol{A}$ 的特征值为 $\lambda=-1$(三重).

对于特征值 $\lambda=-1$,解 $(\boldsymbol{A}+\boldsymbol{E})\boldsymbol{x}=\boldsymbol{0}$,因 $\boldsymbol{A}+\boldsymbol{E}=\begin{pmatrix}3 & -1 & 2\\ 5 & -2 & 3\\ -1 & 0 & -1\end{pmatrix}\to\begin{pmatrix}1 & 0 & 1\\ 0 & 1 & 1\\ 0 & 0 & 0\end{pmatrix}$,

得基础解系为 $\boldsymbol{p}_1=(1,1,-1)^{\mathrm{T}}$,向量 $\boldsymbol{p}_1$ 就是对应于特征值 $\lambda=-1$ 的特征向量.

(2) $|\boldsymbol{A}-\lambda\boldsymbol{E}|=\begin{vmatrix}1-\lambda & 2 & 3\\ 2 & 1-\lambda & 3\\ 3 & 3 & 6-\lambda\end{vmatrix}\xlongequal{c_1-c_2}\begin{vmatrix}-(1+\lambda) & 2 & 3\\ 1+\lambda & 1-\lambda & 3\\ 0 & 3 & 6-\lambda\end{vmatrix}$

$\xlongequal[r_2+r_1]{\text{第一列提取公因子 }1+\lambda}(1+\lambda)\begin{vmatrix}-1 & 2 & 3\\ 0 & 3-\lambda & 6\\ 0 & 3 & 6-\lambda\end{vmatrix}=-\lambda(\lambda+1)(\lambda-9)$,

所以 $\boldsymbol{A}$ 的特征值为 $\lambda_1=0,\lambda_2=-1,\lambda_3=9$.

当 $\lambda_1=0$ 时,解方程组 $\boldsymbol{A}\boldsymbol{x}=\boldsymbol{0}$,由

$$\boldsymbol{A}=\begin{pmatrix}1 & 2 & 3\\ 2 & 1 & 3\\ 3 & 3 & 6\end{pmatrix}\to\begin{pmatrix}1 & 2 & 3\\ 0 & -3 & -3\\ 0 & -3 & -3\end{pmatrix}\to\begin{pmatrix}1 & 2 & 2\\ 0 & 1 & 1\\ 0 & 0 & 0\end{pmatrix}\to\begin{pmatrix}1 & 0 & 1\\ 0 & 1 & 1\\ 0 & 0 & 0\end{pmatrix},$$

得对应的特征向量 $\boldsymbol{p}_1=(-1,-1,1)^{\mathrm{T}}$.

当 $\lambda_2=-1$ 时,解方程组 $(\boldsymbol{A}+\boldsymbol{E})\boldsymbol{x}=\boldsymbol{0}$,由

$$\boldsymbol{A}+\boldsymbol{E}=\begin{pmatrix}2 & 2 & 3\\ 2 & 2 & 3\\ 3 & 3 & 7\end{pmatrix}\to\begin{pmatrix}1 & 1 & 4\\ 0 & 0 & 1\\ 0 & 0 & 0\end{pmatrix}\to\begin{pmatrix}1 & 1 & 0\\ 0 & 0 & 1\\ 0 & 0 & 0\end{pmatrix},$$

得对应的特征向量 $\boldsymbol{p}_2=(-1,1,0)^{\mathrm{T}}$.

当 $\lambda_3=9$ 时,解方程组 $(\boldsymbol{A}-9\boldsymbol{E})\boldsymbol{x}=\boldsymbol{0}$,由

$$\boldsymbol{A}-9\boldsymbol{E}=\begin{pmatrix}-8 & 2 & 3\\ 2 & -8 & 3\\ 3 & 3 & -3\end{pmatrix}\to\begin{pmatrix}-5 & 5 & 0\\ 5 & -5 & 0\\ -1 & -1 & 1\end{pmatrix}\to\begin{pmatrix}0 & 0 & 0\\ 1 & -1 & 0\\ 0 & -2 & 1\end{pmatrix}\to\begin{pmatrix}1 & -1 & 0\\ 0 & -2 & 1\\ 0 & 0 & 0\end{pmatrix},$$

得对应的特征向量 $\boldsymbol{p}_3=(1,1,2)^{\mathrm{T}}$.

(3) $|\boldsymbol{A}-\lambda\boldsymbol{E}|=\begin{vmatrix}-\lambda & 0 & 0 & 1\\ 0 & -\lambda & 1 & 0\\ 0 & 1 & -\lambda & 0\\ 1 & 0 & 0 & -\lambda\end{vmatrix}\xlongequal[\substack{c_4\leftrightarrow c_3\\ c_3\leftrightarrow c_2}]{\substack{r_4\leftrightarrow r_3\\ r_3\leftrightarrow r_2}}\begin{vmatrix}-\lambda & 1 & 0 & 0\\ 1 & -\lambda & 0 & 0\\ 0 & 0 & -\lambda & 1\\ 0 & 0 & 1 & -\lambda\end{vmatrix}$

$=\begin{vmatrix}-\lambda & 1\\ 1 & -\lambda\end{vmatrix}\begin{vmatrix}-\lambda & 1\\ 1 & -\lambda\end{vmatrix}=(\lambda^2-1)^2$,

故 $\boldsymbol{A}$ 的特征值为 $\lambda_1=\lambda_2=-1,\lambda_3=\lambda_4=1$.

对于特征值 $\lambda_1=\lambda_2=-1$,由

$$\boldsymbol{A}+\boldsymbol{E}=\begin{pmatrix}1 & 0 & 0 & 1\\ 0 & 1 & 1 & 0\\ 0 & 1 & 1 & 0\\ 1 & 0 & 0 & 1\end{pmatrix}\to\begin{pmatrix}1 & 0 & 0 & 1\\ 0 & 1 & 1 & 0\\ 0 & 0 & 0 & 0\\ 0 & 0 & 0 & 0\end{pmatrix},$$

得基础解系为 $\boldsymbol{p}_1=(1,0,0,-1)^{\mathrm{T}}$，$\boldsymbol{p}_2=(0,1,-1,0)^{\mathrm{T}}$，向量 $\boldsymbol{p}_1$ 和 $\boldsymbol{p}_2$ 是对应于特征值 $\lambda_1=\lambda_2=-1$ 的线性无关的特征向量.

对于特征值 $\lambda_3=\lambda_4=1$，由

$$\boldsymbol{A}-\boldsymbol{E}=\begin{pmatrix}-1&0&0&1\\0&-1&1&0\\0&1&-1&0\\1&0&0&-1\end{pmatrix}\rightarrow\begin{pmatrix}1&0&0&-1\\0&1&-1&0\\0&0&0&0\\0&0&0&0\end{pmatrix},$$

得基础解系为 $\boldsymbol{p}_3=(1,0,0,1)^{\mathrm{T}}$，$\boldsymbol{p}_4=(0,1,1,0)^{\mathrm{T}}$，向量 $\boldsymbol{p}_3$ 和 $\boldsymbol{p}_4$ 是对应于特征值 $\lambda_3=\lambda_4=1$ 的线性无关的特征向量.

7. 设 $\boldsymbol{A}$ 为 n 阶矩阵，证明 $\boldsymbol{A}^{\mathrm{T}}$ 与 $\boldsymbol{A}$ 的特征值相同.

证 因为 $|\lambda\boldsymbol{E}-\boldsymbol{A}^{\mathrm{T}}|=|(\lambda\boldsymbol{E}-\boldsymbol{A})^{\mathrm{T}}|=|\lambda\boldsymbol{E}-\boldsymbol{A}|$，

所以 $\boldsymbol{A}^{\mathrm{T}}$ 与 $\boldsymbol{A}$ 的特征多项式相同，从而 $\boldsymbol{A}^{\mathrm{T}}$ 与 $\boldsymbol{A}$ 的特征值相同.

8. 设 n 阶矩阵 $\boldsymbol{A},\boldsymbol{B}$ 满足 $R(\boldsymbol{A})+R(\boldsymbol{B})<n$，证明 $\boldsymbol{A}$ 与 $\boldsymbol{B}$ 有公共的特征值和公共的特征向量.

证 **方法一** 显然 $R(\boldsymbol{A})<n$，另一方面 $R(\boldsymbol{A})<n\Leftrightarrow\boldsymbol{A}$ 不可逆 $\Leftrightarrow 0$ 是 $\boldsymbol{A}$ 的特征值. 同理，0 也是 $\boldsymbol{B}$ 的特征值. 于是 $\boldsymbol{A}$ 与 $\boldsymbol{B}$ 有公共的特征值 0.

$\boldsymbol{A}$ 与 $\boldsymbol{B}$ 的对应 $\lambda=0$ 的特征向量依次是方程 $\boldsymbol{Ax}=\boldsymbol{0}$ 和 $\boldsymbol{Bx}=\boldsymbol{0}$ 的非零解.

于是 $\boldsymbol{A}$ 与 $\boldsymbol{B}$ 有对应于 $\lambda=0$ 的公共特征向量

$\Leftrightarrow$ 方程组 $\begin{cases}\boldsymbol{Ax}=\boldsymbol{0},\\ \boldsymbol{Bx}=\boldsymbol{0}\end{cases}$ 有非零解

$\Leftrightarrow$ 方程 $\begin{pmatrix}\boldsymbol{A}\\ \boldsymbol{B}\end{pmatrix}\boldsymbol{x}=\boldsymbol{0}$ 有非零解 $\Leftrightarrow R\begin{pmatrix}\boldsymbol{A}\\ \boldsymbol{B}\end{pmatrix}<n$.

另一方面，由矩阵秩的性质

$$R\begin{pmatrix}\boldsymbol{A}\\ \boldsymbol{B}\end{pmatrix}=R(\boldsymbol{A}^{\mathrm{T}},\boldsymbol{B}^{\mathrm{T}})\leqslant R(\boldsymbol{A}^{\mathrm{T}})+R(\boldsymbol{B}^{\mathrm{T}})=R(\boldsymbol{A})+R(\boldsymbol{B})<n.$$

综上，$\boldsymbol{A}$ 与 $\boldsymbol{B}$ 有公共的特征向量.

方法二 设 $R(\boldsymbol{A})=r$，$R(\boldsymbol{B})=t$，则 $r+t<n$.

若 $\boldsymbol{a}_1,\boldsymbol{a}_2,\cdots,\boldsymbol{a}_{n-r}$ 是齐次方程组 $\boldsymbol{Ax}=\boldsymbol{0}$ 的基础解系，显然它们是 $\boldsymbol{A}$ 的对应于特征值 $\lambda=0$ 的线性无关的特征向量.

类似地，设 $\boldsymbol{b}_1,\boldsymbol{b}_2,\cdots,\boldsymbol{b}_{n-t}$ 是齐次方程组 $\boldsymbol{Bx}=\boldsymbol{0}$ 的基础解系，则它们是 $\boldsymbol{B}$ 的对应于特征值 $\lambda=0$ 的线性无关的特征向量.

由于 $(n-r)+(n-t)=n+(n-r-t)>n$，故 $\boldsymbol{a}_1,\boldsymbol{a}_2,\cdots,\boldsymbol{a}_{n-r},\boldsymbol{b}_1,\boldsymbol{b}_2,\cdots,\boldsymbol{b}_{n-t}$ 必线性相关. 于是有不全为 0 的数 $k_1,k_2,\cdots,k_{n-r},l_1,l_2,\cdots,l_{n-t}$，使

$$k_1\boldsymbol{a}_1+k_2\boldsymbol{a}_2+\cdots+k_{n-r}\boldsymbol{a}_{n-r}+l_1\boldsymbol{b}_1+l_2\boldsymbol{b}_2+\cdots+l_{n-t}\boldsymbol{b}_{n-t}=\boldsymbol{0}.$$

记 $$\boldsymbol{\gamma}=k_1\boldsymbol{a}_1+k_2\boldsymbol{a}_2+\cdots+k_{n-r}\boldsymbol{a}_{n-r}=-(l_1\boldsymbol{b}_1+l_2\boldsymbol{b}_2+\cdots+l_{n-t}\boldsymbol{b}_{n-t}),$$

则 $k_1,k_2,\cdots,k_{n-r}$ 不全为 0，否则 $l_1,l_2,\cdots,l_{n-t}$ 不全为 0，而

$$l_1\boldsymbol{b}_1+l_2\boldsymbol{b}_2+\cdots+l_{n-t}\boldsymbol{b}_{n-t}=\boldsymbol{0},$$

与 $\boldsymbol{b}_1,\boldsymbol{b}_2,\cdots,\boldsymbol{b}_{n-t}$ 线性无关相矛盾.

因此，$\boldsymbol{\gamma}\neq\boldsymbol{0}$，$\boldsymbol{\gamma}$ 是 $\boldsymbol{A}$ 的也是 $\boldsymbol{B}$ 的关于 $\lambda=0$ 的特征向量，所以 $\boldsymbol{A}$ 与 $\boldsymbol{B}$ 有公共的特征值和公共的特征向量.

9. 设 $\boldsymbol{A}^2-3\boldsymbol{A}+2\boldsymbol{E}=\boldsymbol{O}$，证明 $\boldsymbol{A}$ 的特征值只能取 1 或 2.

证 设 λ 是 $\boldsymbol{A}$ 的任意一个特征值，$\boldsymbol{x}$ 是 $\boldsymbol{A}$ 的对应于 λ 的特征向量，则

$$(\boldsymbol{A}^2-3\boldsymbol{A}+2\boldsymbol{E})\boldsymbol{x}=\lambda^2\boldsymbol{x}-3\lambda\boldsymbol{x}+2\boldsymbol{x}=(\lambda^2-3\lambda+2)\boldsymbol{x}=\boldsymbol{0}.$$

因为 $\boldsymbol{x}\neq\boldsymbol{0}$，所以 $\lambda^2-3\lambda+2=0$，所以 $\lambda=1$ 或 $\lambda=2$.

10. 设 A 为正交矩阵，且 $|A|=-1$，证明 $\lambda=-1$ 是 A 的特征值.

证 $\lambda=-1$ 是 A 的特征值 $\Leftrightarrow |A+E|=0$.

因此，只需证 $|A+E|=0$，而

$|A+E|=|A+A^{T}A|=|(E+A^{T})A|=|A+E|\,|A|=-|A+E|$，

所以 $2|A+E|=0$，即 $|A+E|=0$.

11. 设 $\lambda\neq0$ 是 m 阶矩阵 $A_{m\times n}B_{n\times m}$ 的特征值，证明 λ 也是 n 阶矩阵 BA 的特征值.

证 设 λ 是矩阵 AB 的任一非零特征值.

x 是 AB 的对应于 $\lambda\neq0$ 的特征向量，则有 $(AB)x=\lambda x$，

于是 $$B(AB)x=B(\lambda x),$$

或 $$BA(Bx)=\lambda(Bx),$$

从而 λ 是 BA 的特征值，且 Bx 是 BA 的对应于 λ 的特征向量.

12. 已知 3 阶矩阵 A 的特征值为 1,2,3，求 $|A^3-5A^2+7A|$.

解 令 $\varphi(\lambda)=\lambda^3-5\lambda^2+7\lambda$，

因 1,2,3 是 A 的特征值. 故 $\varphi(1)=3,\varphi(2)=2,\varphi(3)=3$ 是

$\varphi(A)=A^3-5A^2+7A$ 的特征值.

又 $\varphi(A)$ 为 3 阶方阵，于是 $\varphi(1),\varphi(2),\varphi(3)$ 是 $\varphi(A)$ 的全部特征值. 由特征值性质得

$\det(\varphi(A))=\varphi(1)\varphi(2)\varphi(3)=3\times2\times3=18.$

13. 已知 3 阶矩阵 A 的特征值为 1,2,−3，求 $|A^*+3A+2E|$.

解 因为 $|A|=1\times2\times(-3)=-6\neq0$，所以 A 可逆，故 $A^*=|A|A^{-1}=-6A^{-1}$，$A^*+3A+2E=-6A^{-1}+3A+2E$.

令 $\varphi(\lambda)=-6\lambda^{-1}+3\lambda+2$，则 $\varphi(1)=-1,\varphi(2)=5,\varphi(-3)=-5$ 是 $\varphi(A)$ 的特征值，故

$|A^*+3A+2E|=|-6A^{-1}+3A+2E|=|\varphi(A)|$

$=\varphi(1)\varphi(2)\varphi(-3)=(-1)\times5\times(-5)=25.$

14. 设 A,B 都是 n 阶矩阵，且 A 可逆，证明 AB 与 BA 相似.

证 因 A 可逆，取 $P=A$，则 $P^{-1}ABP=A^{-1}ABA=BA$，即 AB 与 BA 相似.

15. 设矩阵 $A=\begin{pmatrix}2&0&1\\3&1&x\\4&0&5\end{pmatrix}$ 可相似对角化，求 x.

解 先求 A 的特征值，$|A-\lambda E|=\begin{vmatrix}2-\lambda&0&1\\3&1-\lambda&x\\4&0&5-\lambda\end{vmatrix}=-(\lambda-1)^2(\lambda-6)$，

得 A 的特征值为 $\lambda_1=6,\lambda_2=\lambda_3=1$.

因为 A 可相似对角化，所以对于 $\lambda_2=\lambda_3=1$，齐次线性方程组 $(A-E)x=0$ 有两个线性无关的解，因此 $R(A-E)=1$. 由

$$A-E=\begin{pmatrix}1&0&1\\3&0&x\\4&0&4\end{pmatrix}\xrightarrow{r}\begin{pmatrix}1&0&1\\0&0&x-3\\0&0&0\end{pmatrix}$$

知，当 $x=3$ 时，$R(A-E)=1$，即 $x=3$ 为所求.

16. 已知 $p=\begin{pmatrix}1\\1\\-1\end{pmatrix}$ 是矩阵 $A=\begin{pmatrix}2&-1&2\\5&a&3\\-1&b&-2\end{pmatrix}$ 的一个特征向量.

(1)求参数 a,b 及特征向量 p 所对应的特征值；

(2)问 A 能不能相似对角化？并说明理由.

解 (1)设 $\boldsymbol{p}$ 所对应的特征值是 λ,则由题设

$$(\boldsymbol{A}-\lambda\boldsymbol{E})\boldsymbol{p}=\boldsymbol{0},\text{即}\begin{pmatrix}2-\lambda & -1 & 2\\ 5 & a-\lambda & 3\\ -1 & b & -2-\lambda\end{pmatrix}\begin{pmatrix}1\\1\\-1\end{pmatrix}=\begin{pmatrix}0\\0\\0\end{pmatrix},$$

于是,得到以 a,b,λ 为未知数的线性方程组

$$\begin{cases}\lambda+1=0,\\ a-\lambda+2=0,\\ b+\lambda+1=0,\end{cases}\text{解得 }\lambda=-1,a=-3,b=0.$$

(2)当 $a=-3,b=0$ 时,$|\boldsymbol{A}-\lambda\boldsymbol{E}|=\begin{vmatrix}2-\lambda & -1 & 2\\ 5 & -3-\lambda & 3\\ -1 & 0 & -2-\lambda\end{vmatrix}=-(\lambda+1)^3$,

故 $\lambda=-1$ 是 $\boldsymbol{A}$ 的三重特征值,有

$$\boldsymbol{A}+\boldsymbol{E}=\begin{pmatrix}3 & -1 & 2\\ 5 & -2 & 3\\ -1 & 0 & -1\end{pmatrix}\to\begin{pmatrix}1 & 0 & 1\\ 0 & 1 & 1\\ 0 & 0 & 0\end{pmatrix}.$$

由此可知 $R(\boldsymbol{A}+\boldsymbol{E})=2$,所以齐次线性方程组 $(\boldsymbol{A}+\boldsymbol{E})\boldsymbol{x}=\boldsymbol{0}$ 的基础解系只有一个解向量,没有 3 个线性无关的特征向量. 因此 $\boldsymbol{A}$ 不能相似对角化.

17. 设 $\boldsymbol{A}=\begin{pmatrix}1 & 4 & 2\\ 0 & -3 & 4\\ 0 & 4 & 3\end{pmatrix}$,求 $\boldsymbol{A}^{100}$.

解 (1)求 $\boldsymbol{A}$ 的特征值.

$$|\boldsymbol{A}-\lambda\boldsymbol{E}|=\begin{vmatrix}1-\lambda & 4 & 2\\ 0 & -3-\lambda & 4\\ 0 & 4 & 3-\lambda\end{vmatrix}=(1-\lambda)\begin{vmatrix}-3-\lambda & 4\\ 4 & 3-\lambda\end{vmatrix}=(1-\lambda)(\lambda-5)(\lambda+5),$$

所以 $\boldsymbol{A}$ 的特征值为 $\lambda_1=1,\lambda_2=5,\lambda_3=-5$,并且它们互不相同,故 $\boldsymbol{A}$ 可对角化.

(2)对应 $\lambda_1=1$,解 $(\boldsymbol{A}-\boldsymbol{E})\boldsymbol{x}=\boldsymbol{0}$,由 $\boldsymbol{A}-\boldsymbol{E}=\begin{pmatrix}0 & 4 & 2\\ 0 & -4 & 4\\ 0 & 4 & 2\end{pmatrix}\xrightarrow{r}\begin{pmatrix}0 & 1 & 0\\ 0 & 0 & 1\\ 0 & 0 & 0\end{pmatrix}$,

得特征向量 $\boldsymbol{p}_1=(1,0,0)^{\mathrm{T}}$.

对应 $\lambda_2=5$,解 $(\boldsymbol{A}-5\boldsymbol{E})\boldsymbol{x}=\boldsymbol{0}$,由 $\boldsymbol{A}-5\boldsymbol{E}=\begin{pmatrix}-4 & 4 & 2\\ 0 & -8 & 4\\ 0 & 4 & -2\end{pmatrix}\xrightarrow{r}\begin{pmatrix}1 & -2 & 0\\ 0 & -2 & 1\\ 0 & 0 & 0\end{pmatrix}$,

得特征向量 $\boldsymbol{p}_2=(2,1,2)^{\mathrm{T}}$.

对应 $\lambda_3=-5$,解 $(\boldsymbol{A}+5\boldsymbol{E})\boldsymbol{x}=\boldsymbol{0}$,由 $\boldsymbol{A}+5\boldsymbol{E}=\begin{pmatrix}6 & 4 & 2\\ 0 & 2 & 4\\ 0 & 4 & 8\end{pmatrix}\xrightarrow{r}\begin{pmatrix}1 & 0 & -1\\ 0 & 1 & 2\\ 0 & 0 & 0\end{pmatrix}$,

得特征向量 $\boldsymbol{p}_3=(1,-2,1)^{\mathrm{T}}$.

令 $\boldsymbol{P}=(\boldsymbol{p}_1,\boldsymbol{p}_2,\boldsymbol{p}_3)$,则

$$\boldsymbol{P}^{-1}\boldsymbol{A}\boldsymbol{P}=\mathrm{diag}(1,5,-5)=\boldsymbol{\Lambda},$$
$$\boldsymbol{A}=\boldsymbol{P}\boldsymbol{\Lambda}\boldsymbol{P}^{-1},\boldsymbol{A}^{100}=\boldsymbol{P}\boldsymbol{\Lambda}^{100}\boldsymbol{P}^{-1}.$$

因为 $\boldsymbol{\Lambda}^{100}=\mathrm{diag}(1,5^{100},5^{100})$,$\boldsymbol{P}^{-1}=\begin{pmatrix}1 & 2 & 1\\ 0 & 1 & -2\\ 0 & 2 & 1\end{pmatrix}^{-1}=\frac{1}{5}\begin{pmatrix}5 & 0 & -5\\ 0 & 1 & 2\\ 0 & -2 & 1\end{pmatrix}$,

得 $A^{100}=\frac{1}{5}\begin{pmatrix}1&2&1\\0&1&-2\\0&2&1\end{pmatrix}\begin{pmatrix}1&&\\&5^{100}&\\&&5^{100}\end{pmatrix}\begin{pmatrix}5&0&-5\\0&1&2\\0&-2&1\end{pmatrix}=\begin{pmatrix}1&0&5^{100}-1\\0&5^{100}&0\\0&0&5^{100}\end{pmatrix}$.

18. 在某国,每年有比例为 p 的农村居民移居城镇,有比例为 q 的城镇居民移居农村.假设该国总人口数不变,且上述人口迁移的规律也不变.把 n 年后农村人口和城镇人口占总人口的比例依次记为 x_n 和 $y_n(x_n+y_n=1)$.

(1)求关系式 $\begin{pmatrix}x_{n+1}\\y_{n+1}\end{pmatrix}=A\begin{pmatrix}x_n\\y_n\end{pmatrix}$ 中的矩阵 A;

(2)设目前农村人口与城镇人口相等,即 $\begin{pmatrix}x_0\\y_0\end{pmatrix}=\begin{pmatrix}0.5\\0.5\end{pmatrix}$,求 $\begin{pmatrix}x_n\\y_n\end{pmatrix}$.

解 (1)这是一个应用问题.关系式 $\begin{pmatrix}x_{n+1}\\y_{n+1}\end{pmatrix}=A\begin{pmatrix}x_n\\y_n\end{pmatrix}$ 可看做是向量 $\begin{pmatrix}x_n\\y_n\end{pmatrix}$ 到 $\begin{pmatrix}x_{n+1}\\y_{n+1}\end{pmatrix}$ 的递推关系式,从而有

$$\begin{pmatrix}x_n\\y_n\end{pmatrix}=A\begin{pmatrix}x_{n-1}\\y_{n-1}\end{pmatrix}=\cdots=A^n\begin{pmatrix}x_0\\y_0\end{pmatrix}=\frac{1}{2}A^n\begin{pmatrix}1\\1\end{pmatrix}.$$

即把应用问题归结为求 A 的幂 A^n,遵循这一思路,先求 A.

由题意知

$$x_{n+1}=x_n+qy_n-px_n=(1-p)x_n+qy_n,$$
$$y_{n+1}=y_n+px_n-qy_n=px_n+(1-q)y_n,$$

可用矩阵表示为 $\begin{pmatrix}x_{n+1}\\y_{n+1}\end{pmatrix}=\begin{pmatrix}1-p&q\\p&1-q\end{pmatrix}\begin{pmatrix}x_n\\y_n\end{pmatrix}$,

因此 $A=\begin{pmatrix}1-p&q\\p&1-q\end{pmatrix}$.

(2)下面求 A 的特征值和特征向量.

$|A-\lambda E|=\begin{vmatrix}1-p-\lambda&q\\p&1-q-\lambda\end{vmatrix}=(\lambda-1)(\lambda-1+p+q)$,

得 A 的特征值为 $\lambda_1=1,\lambda_2=r$,其中 $r=1-p-q$.

对于 $\lambda_1=1$,解 $(A-E)x=0$,得特征向量 $p_1=(q,p)^{\mathrm T}$.

对于 $\lambda_1=r$,解 $(A-rE)x=0$,得特征向量 $p_2=(-1,1)^{\mathrm T}$.

令 $P=(p_1,p_2)=\begin{pmatrix}q&-1\\p&1\end{pmatrix}$,则 p 可逆,且

$$P^{-1}AP=\mathrm{diag}(1,r)=\Lambda,$$
$$A=P\Lambda P^{-1},A^n=P\Lambda^nP^{-1}.$$

于是 $A^n=\begin{pmatrix}q&-1\\p&1\end{pmatrix}\begin{pmatrix}1&0\\0&r\end{pmatrix}^n\begin{pmatrix}q&-1\\p&1\end{pmatrix}^{-1}=\frac{1}{p+q}\begin{pmatrix}q&-1\\p&1\end{pmatrix}\begin{pmatrix}1&0\\0&r^n\end{pmatrix}\begin{pmatrix}1&1\\-p&q\end{pmatrix}$

$=\frac{1}{p+q}\begin{pmatrix}q+pr^n&q-qr^n\\p-pr^n&p+qr^n\end{pmatrix}$,

$\begin{pmatrix}x_n\\y_n\end{pmatrix}=\frac{1}{p+q}\begin{pmatrix}q+pr^n&q-qr^n\\p-pr^n&p+qr^n\end{pmatrix}\begin{pmatrix}0.5\\0.5\end{pmatrix}=\frac{1}{2(p+q)}\begin{pmatrix}2q+(p-q)r^n\\2p+(q-p)r^n\end{pmatrix}$,其中 $r=1-p-q$.

19. 试求一个正交的相似变换矩阵,将下列对称矩阵化为对角矩阵:

(1) $\begin{pmatrix} 2 & -2 & 0 \\ -2 & 1 & -2 \\ 0 & -2 & 0 \end{pmatrix}$;　　(2) $\begin{pmatrix} 2 & 2 & -2 \\ 2 & 5 & -4 \\ -2 & -4 & 5 \end{pmatrix}$.

解 (1)将所给矩阵记为 $\boldsymbol{A}$. 由 $|\boldsymbol{A}-\lambda\boldsymbol{E}|=\begin{vmatrix} 2-\lambda & -2 & 0 \\ -2 & 1-\lambda & -2 \\ 0 & -2 & -\lambda \end{vmatrix}=(1-\lambda)(\lambda-4)(\lambda+2)$,

得矩阵 $\boldsymbol{A}$ 的特征值为 $\lambda_1=-2,\lambda_2=1,\lambda_3=4$.

对于 $\lambda_1=-2$,解方程组 $(\boldsymbol{A}+2\boldsymbol{E})\boldsymbol{x}=\boldsymbol{0}$,即 $\begin{pmatrix} 4 & -2 & 0 \\ -2 & 3 & -2 \\ 0 & -2 & 2 \end{pmatrix}\begin{pmatrix} x_1 \\ x_2 \\ x_3 \end{pmatrix}=\begin{pmatrix} 0 \\ 0 \\ 0 \end{pmatrix}$,

得特征向量 $(1,2,2)^{\mathrm{T}}$,单位化得 $\boldsymbol{p}_1=\left(\frac{1}{3},\frac{2}{3},\frac{2}{3}\right)^{\mathrm{T}}$.

对于 $\lambda_2=1$,解方程组 $(\boldsymbol{A}-\boldsymbol{E})\boldsymbol{x}=\boldsymbol{0}$,即 $\begin{pmatrix} 1 & -2 & 0 \\ -2 & 0 & -2 \\ 0 & -2 & -1 \end{pmatrix}\begin{pmatrix} x_1 \\ x_2 \\ x_3 \end{pmatrix}=\begin{pmatrix} 0 \\ 0 \\ 0 \end{pmatrix}$,

得特征向量 $(2,1,-2)^{\mathrm{T}}$,单位化得 $\boldsymbol{p}_2=\left(\frac{2}{3},\frac{1}{3},-\frac{2}{3}\right)^{\mathrm{T}}$.

对于 $\lambda_3=4$,解方程组 $(\boldsymbol{A}-4\boldsymbol{E})\boldsymbol{x}=\boldsymbol{0}$,即 $\begin{pmatrix} -2 & -2 & 0 \\ -2 & -3 & -2 \\ 0 & -2 & -4 \end{pmatrix}\begin{pmatrix} x_1 \\ x_2 \\ x_3 \end{pmatrix}=\begin{pmatrix} 0 \\ 0 \\ 0 \end{pmatrix}$,

得特征向量 $(2,-2,1)^{\mathrm{T}}$,单位化得 $\boldsymbol{p}_3=\left(\frac{2}{3},-\frac{2}{3},\frac{1}{3}\right)^{\mathrm{T}}$.

于是有正交矩阵 $\boldsymbol{P}=(\boldsymbol{p}_1,\boldsymbol{p}_2,\boldsymbol{p}_3)$,使 $\boldsymbol{P}^{-1}\boldsymbol{A}\boldsymbol{P}=\mathrm{diag}(-2,1,4)$.

(2)将所给矩阵记为 $\boldsymbol{A}$. 由 $|\boldsymbol{A}-\lambda\boldsymbol{E}|=\begin{vmatrix} 2-\lambda & 2 & -2 \\ 2 & 5-\lambda & -4 \\ -2 & -4 & 5-\lambda \end{vmatrix}=-(\lambda-1)^2(\lambda-10)$,

得矩阵 $\boldsymbol{A}$ 的特征值为 $\lambda_1=\lambda_2=1,\lambda_3=10$.

对于 $\lambda_1=\lambda_2=1$,解方程组 $(\boldsymbol{A}-\boldsymbol{E})\boldsymbol{x}=\boldsymbol{0}$,由 $\boldsymbol{A}-\boldsymbol{E}=\begin{pmatrix} 1 & 2 & -2 \\ 2 & 4 & -4 \\ -2 & -4 & 4 \end{pmatrix}\to\begin{pmatrix} 1 & 2 & -2 \\ 0 & 0 & 0 \\ 0 & 0 & 0 \end{pmatrix}$,

得线性无关的特征向量 $\boldsymbol{\alpha}_1=(0,1,1)^{\mathrm{T}},\boldsymbol{\alpha}_2=(2,0,1)^{\mathrm{T}}$.

将 $\boldsymbol{\alpha}_1$ 和 $\boldsymbol{\alpha}_2$ 正交化得 $\boldsymbol{b}_1=\boldsymbol{a}_1=\begin{pmatrix} 0 \\ 1 \\ 1 \end{pmatrix}$,$\boldsymbol{b}_2=\boldsymbol{a}_2-\frac{(\boldsymbol{b}_1,\boldsymbol{a}_2)}{(\boldsymbol{b}_1,\boldsymbol{b}_1)}\boldsymbol{b}_1=\begin{pmatrix} 2 \\ 0 \\ 1 \end{pmatrix}-\frac{1}{2}\begin{pmatrix} 0 \\ 1 \\ 1 \end{pmatrix}=\frac{1}{2}\begin{pmatrix} 4 \\ -1 \\ 1 \end{pmatrix}$.

再单位化得 $\boldsymbol{p}_1=\frac{1}{\sqrt{2}}\begin{pmatrix} 0 \\ 1 \\ 1 \end{pmatrix}$,$\boldsymbol{p}_2=\frac{1}{3\sqrt{2}}\begin{pmatrix} 4 \\ -1 \\ 1 \end{pmatrix}$.

对于 $\lambda_3=10$,解方程组 $(\boldsymbol{A}-10\boldsymbol{E})\boldsymbol{x}=\boldsymbol{0}$,即 $\begin{pmatrix} -8 & 2 & -2 \\ 2 & -5 & -4 \\ -2 & -4 & -5 \end{pmatrix}\begin{pmatrix} x_1 \\ x_2 \\ x_3 \end{pmatrix}=\begin{pmatrix} 0 \\ 0 \\ 0 \end{pmatrix}$,

得特征向量 $(1,2,-2)^{\mathrm{T}}$,单位化得 $\boldsymbol{p}_3=\frac{1}{3}(1,2,-2)^{\mathrm{T}}$.

令 $P=(p_1,p_2,p_3)=\begin{pmatrix} 0 & \frac{4}{3\sqrt{2}} & \frac{1}{3} \\ \frac{1}{\sqrt{2}} & -\frac{1}{3\sqrt{2}} & \frac{2}{3} \\ \frac{1}{\sqrt{2}} & \frac{1}{3\sqrt{2}} & -\frac{2}{3} \end{pmatrix}$，

则 P 为正交矩阵，且有 $P^{-1}AP=P^{\mathrm{T}}AP=\begin{pmatrix} 1 & 0 & 0 \\ 0 & 1 & 0 \\ 0 & 0 & 10 \end{pmatrix}$.

20. 设矩阵 $A=\begin{pmatrix} 1 & -2 & -4 \\ -2 & x & -2 \\ -4 & -2 & 1 \end{pmatrix}$ 与 $\Lambda=\begin{pmatrix} 5 & & \\ & -4 & \\ & & y \end{pmatrix}$ 相似，求 x,y；并求一个正交矩阵 P，使 $P^{-1}AP=\Lambda$.

解 已知相似矩阵有相同的特征值，显然 $\lambda=5,\lambda=-4,\lambda=y$ 是 Λ 的特征值，故它们也是 A 的特征值. 因为 $\lambda=-4$ 是 A 的特征值，所以

$$|A+4E|=\begin{vmatrix} 5 & -2 & -4 \\ -2 & x+4 & -2 \\ -4 & -2 & 5 \end{vmatrix}=9(x-4)=0,$$

解得 $x=4$.

由特征值的性质，$5+(-4)+y=\sum_{i=1}^{3}\lambda_i=\mathrm{tr}(A)=2+x$，得 $y=1+x$，所以 $y=5$.

于是 A 的特征值为 $\lambda_1=\lambda_3=5,\lambda_2=-4$.

对于 $\lambda_1=5$，解方程组 $(A-5E)x=0$，得两个线性无关的特征向量 $(1,0,-1)^{\mathrm{T}},(1,-2,0)^{\mathrm{T}}$. 将它们正交化、单位化得 $p_1=\frac{1}{\sqrt{2}}(1,0,-1)^{\mathrm{T}}$，$p_2=\frac{1}{3\sqrt{2}}(1,-4,1)^{\mathrm{T}}$.

对于 $\lambda_2=-4$，解方程组 $(A+4E)x=0$，得特征向量 $(2,1,2)^{\mathrm{T}}$，单位化得 $p_3=\frac{1}{3}(2,1,2)^{\mathrm{T}}$.

令 $P=(p_1,p_2,p_3)$，于是有正交矩阵 $P=\begin{pmatrix} \frac{1}{\sqrt{2}} & \frac{2}{3} & \frac{1}{3\sqrt{2}} \\ 0 & \frac{1}{3} & -\frac{4}{3\sqrt{2}} \\ -\frac{1}{\sqrt{2}} & \frac{2}{3} & \frac{1}{3\sqrt{2}} \end{pmatrix}$，

且有 $P^{-1}AP=P^{\mathrm{T}}AP=\Lambda$.

21. 设 3 阶矩阵 A 的特征值为 $\lambda_1=2,\lambda_2=-2,\lambda_3=1$，对应的特征向量依次为 $p_1=\begin{pmatrix} 0 \\ 1 \\ 1 \end{pmatrix}$，$p_2=\begin{pmatrix} 1 \\ 1 \\ 1 \end{pmatrix}$，$p_3=\begin{pmatrix} 1 \\ 1 \\ 0 \end{pmatrix}$，求 A.

解 令 $P=(p_1,p_2,p_3)$，则 $P^{-1}AP=\mathrm{diag}(2,-2,1)=\Lambda$，$A=P\Lambda P^{-1}$.

因为 $P^{-1}=\begin{pmatrix} 0 & 1 & 1 \\ 1 & 1 & 1 \\ 1 & 1 & 0 \end{pmatrix}^{-1}=\begin{pmatrix} -1 & 1 & 0 \\ 1 & -1 & 1 \\ 0 & 1 & -1 \end{pmatrix}$，

所以 $A=P\Lambda P^{-1}=\begin{pmatrix} 0 & 1 & 1 \\ 1 & 1 & 1 \\ 1 & 1 & 0 \end{pmatrix}\begin{pmatrix} 2 & 0 & 0 \\ 0 & -2 & 0 \\ 0 & 0 & 1 \end{pmatrix}\begin{pmatrix} -1 & 1 & 0 \\ 1 & -1 & 1 \\ 0 & 1 & -1 \end{pmatrix}=\begin{pmatrix} -2 & 3 & -3 \\ -4 & 5 & -3 \\ -4 & 4 & -2 \end{pmatrix}$.

22. 设 3 阶对称矩阵 $\boldsymbol{A}$ 的特征值为 $\lambda_1=1,\lambda_2=-1,\lambda_3=0$，对应 λ_1,λ_2 的特征向量依次为 $\boldsymbol{p}_1=\begin{pmatrix}1\\2\\2\end{pmatrix},\boldsymbol{p}_2=\begin{pmatrix}2\\1\\-2\end{pmatrix}$，求 $\boldsymbol{A}$.

解 因 $\boldsymbol{A}$ 为实对称矩阵，则必有正交矩阵 $\boldsymbol{Q}=(\boldsymbol{q}_1,\boldsymbol{q}_2,\boldsymbol{q}_3)$，使 $\boldsymbol{Q}^{\mathrm{T}}\boldsymbol{AQ}=\boldsymbol{Q}^{-1}\boldsymbol{AQ}=\begin{pmatrix}1&0&0\\0&0&-1\\0&0&0\end{pmatrix}$，

显然 $\boldsymbol{q}_1,\boldsymbol{q}_2$ 可依次取为 $\boldsymbol{p}_1,\boldsymbol{p}_2$ 的单位化向量，即得

$$\boldsymbol{q}_1=\frac{1}{3}\begin{pmatrix}1\\2\\2\end{pmatrix},\boldsymbol{q}_2=\frac{1}{3}\begin{pmatrix}2\\1\\-2\end{pmatrix}.$$

由于 $\boldsymbol{q}_3$ 与 $\boldsymbol{p}_1,\boldsymbol{p}_2$ 正交，于是 $\boldsymbol{q}_3$ 可取为方程 $\begin{pmatrix}\boldsymbol{p}_1^{\mathrm{T}}\\\boldsymbol{p}_2^{\mathrm{T}}\end{pmatrix}\boldsymbol{x}=\boldsymbol{0}$ 的单位解向量.

由 $\begin{pmatrix}\boldsymbol{p}_1^{\mathrm{T}}\\\boldsymbol{p}_2^{\mathrm{T}}\end{pmatrix}=\begin{pmatrix}1&2&2\\2&1&-2\end{pmatrix}\overset{r}{\sim}\begin{pmatrix}1&0&-2\\0&1&2\end{pmatrix}$，可知 $\boldsymbol{q}_3=\frac{1}{3}\begin{pmatrix}2\\-2\\1\end{pmatrix}$，于是

$$\boldsymbol{A}=\boldsymbol{Q}\mathrm{diag}(1,-1,0)\boldsymbol{Q}^{\mathrm{T}}=\frac{1}{9}\begin{pmatrix}1&2&2\\2&1&-2\\2&-2&1\end{pmatrix}\begin{pmatrix}1&0&0\\0&-1&0\\0&0&0\end{pmatrix}\begin{pmatrix}1&2&2\\2&1&-2\\2&-2&1\end{pmatrix}$$
$$=\frac{1}{3}\begin{pmatrix}-1&0&2\\0&1&2\\2&2&0\end{pmatrix}.$$

23. 设 3 阶对称矩阵 $\boldsymbol{A}$ 的特征值 $\lambda_1=6,\lambda_2=3,\lambda_3=3$，与特征值 $\lambda_1=6$ 对应的特征向量为 $\boldsymbol{p}_1=(1,1,1)^{\mathrm{T}}$，求 $\boldsymbol{A}$.

解 **方法一** 求矩阵 $\boldsymbol{A}$ 的对应于特征值 $\lambda_2=\lambda_3=3$ 的两个线性无关的特征向量 $\boldsymbol{p}_2,\boldsymbol{p}_3$. 由对称矩阵特征向量的性质知 $\boldsymbol{p}_1$ 与 $\boldsymbol{p}_2$ 和 $\boldsymbol{p}_3$ 都正交，即有 $\begin{cases}\boldsymbol{p}_1^{\mathrm{T}}\boldsymbol{p}_2=0,\\\boldsymbol{p}_1^{\mathrm{T}}\boldsymbol{p}_3=0,\end{cases}$

其系数矩阵 $\boldsymbol{p}_1^{\mathrm{T}}$ 的秩等于 1. 于是，$\boldsymbol{p}_2,\boldsymbol{p}_3$ 是它的基础解系. 取 $\boldsymbol{p}_2=(-1,1,0)^{\mathrm{T}},\boldsymbol{p}_3=(-1,0,1)^{\mathrm{T}}$.

再把向量组 $\boldsymbol{p}_2,\boldsymbol{p}_3$ 正交化，得 $\widetilde{\boldsymbol{p}_2}=\begin{pmatrix}-1\\1\\0\end{pmatrix},\widetilde{\boldsymbol{p}_3}=\frac{1}{2}\begin{pmatrix}-1\\-1\\2\end{pmatrix}$，

再将向量 $\boldsymbol{p}_1,\widetilde{\boldsymbol{p}_2},\widetilde{\boldsymbol{p}_3}$ 单位化得 $\boldsymbol{\xi}_1=\frac{1}{\sqrt{3}}\begin{pmatrix}1\\1\\1\end{pmatrix},\boldsymbol{\xi}_2=\frac{1}{\sqrt{2}}\begin{pmatrix}-1\\1\\0\end{pmatrix},\boldsymbol{\xi}_3=\frac{1}{\sqrt{6}}\begin{pmatrix}-1\\-1\\2\end{pmatrix}$.

令 $\boldsymbol{P}=(\boldsymbol{\xi}_1,\boldsymbol{\xi}_2,\boldsymbol{\xi}_3)=\begin{pmatrix}\frac{1}{\sqrt{3}}&-\frac{1}{\sqrt{2}}&-\frac{1}{\sqrt{6}}\\\frac{1}{\sqrt{3}}&\frac{1}{\sqrt{2}}&-\frac{1}{\sqrt{6}}\\\frac{1}{\sqrt{3}}&0&\frac{2}{\sqrt{6}}\end{pmatrix}$，则 $\boldsymbol{P}$ 为正交矩阵，并有

$\boldsymbol{P}^{\mathrm{T}}\boldsymbol{AP}=\boldsymbol{P}^{-1}\boldsymbol{AP}=\mathrm{diag}(6,3,3)$.

于是 $A=P\mathrm{diag}(6,3,3)P^{-1}=P\mathrm{diag}(6,3,3)P^{\mathrm{T}}=\begin{pmatrix}4&1&1\\1&4&1\\1&1&4\end{pmatrix}$.

方法二 设 $A=\begin{pmatrix}x_1&x_2&x_3\\x_2&x_4&x_5\\x_3&x_5&x_6\end{pmatrix}$. 因为 $\lambda_1=6$ 对应的特征向量为 $p_1=(1,1,1)^{\mathrm{T}}$，所以有

$$A\begin{pmatrix}1\\1\\1\end{pmatrix}=6\begin{pmatrix}1\\1\\1\end{pmatrix},\text{即}\begin{cases}x_1+x_2+x_3=6,\\x_2+x_4+x_5=6,\\x_3+x_5+x_6=6.\end{cases}\qquad①$$

$\lambda_2=\lambda_3=3$ 是 A 的二重特征值，根据实对称矩阵的性质定理知 $R(A-3E)=1$. 利用①可推出

$$A-3E=\begin{pmatrix}x_1-3&x_2&x_3\\x_2&x_4-3&x_5\\x_3&x_5&x_6-3\end{pmatrix}\sim\begin{pmatrix}1&1&1\\x_2&x_4-3&x_5\\x_3&x_5&x_6-3\end{pmatrix}.$$

因为 $R(A-3E)=1$，所以 $x_2=x_4-3=x_5$ 且 $x_3=x_5=x_6-3$，解之得

$$x_2=x_3=x_5=1,x_1=x_4=x_6=4.$$

因此 $A=\begin{pmatrix}4&1&1\\1&4&1\\1&1&4\end{pmatrix}$.

24. 设 $a=(a_1,a_2,\cdots,a_n)^{\mathrm{T}},a_1\neq0,A=aa^{\mathrm{T}}$.

(1)证明 $\lambda=0$ 是 A 的 $n-1$ 重特征值；

(2)求 A 的非零特征值及 n 个线性无关的特征向量.

证 (1)首先证明 $\lambda=0$ 是 A 的 $n-1$ 重特征值.

设 λ 是 A 的任意一个特征值. x 是 A 的对应于 λ 的特征向量，则有 $Ax=\lambda x$.

$$\lambda^2x=A^2x=aa^{\mathrm{T}}aa^{\mathrm{T}}x=a^{\mathrm{T}}aAx=\lambda a^{\mathrm{T}}ax,$$

于是可得 $\lambda^2=\lambda a^{\mathrm{T}}a$，从而 $\lambda=0$ 或 $\lambda=a^{\mathrm{T}}a$.

设 $\lambda_1,\lambda_2,\cdots,\lambda_n$ 是 A 的所有特征值，因为 $A=aa^{\mathrm{T}}$ 的主对角线性上的元素为 $a_1^2,a_2^2,\cdots,a_n^2$，所以

$$a_1^2+a_2^2+\cdots+a_n^2=a^{\mathrm{T}}a=\lambda_1+\lambda_2+\cdots+\lambda_n,$$

这说明在 $\lambda_1,\lambda_2,\cdots,\lambda_n$ 中有且只有一个等于 $a^{\mathrm{T}}a$，而其余 $n-1$ 个全为 0，

即 $\lambda=0$ 是 A 的 $n-1$ 重特征值.

(2)求 A 的非零特征值及 n 个线性无关的特征向量.

设 $\lambda_1=a^{\mathrm{T}}a,\lambda_2=\cdots=\lambda_n=0$.

因为 $A\alpha=aa^{\mathrm{T}}a=(a^{\mathrm{T}}a)a=\lambda_1a$，所以 $p_1=a$ 是对应于 $\lambda_1=a^{\mathrm{T}}a$ 的特征向量.

对于 $\lambda_2=\cdots=\lambda_n=0$，解方程组 $Ax=0$，即 $aa^{\mathrm{T}}x=0$. 因为 $a\neq0$，所以 $a^{\mathrm{T}}x=0$，

即 $a_1x_1+a_2x_2+\cdots+a_nx_n=0$，其线性无关解为

$$p_2=(-a_2,a_1,0,\cdots,0)^{\mathrm{T}},$$
$$p_3=(-a_3,0,a_1,\cdots,0)^{\mathrm{T}},$$
$$\cdots$$
$$p_n=(-a_n,0,0,\cdots,a_1)^{\mathrm{T}}.$$

因此 n 个线性无关特征向量构成的矩阵为

$$(p_1,p_2,\cdots,p_n)=\begin{pmatrix}a_1&-a_2&\cdots&-a_n\\a_2&a_1&\cdots&0\\\vdots&\vdots&&\vdots\\a_n&0&\cdots&a_1\end{pmatrix}.$$

25. 设 $\boldsymbol{A},\boldsymbol{B}$ 均为 n 阶方阵，证明 $\mathrm{tr}(\boldsymbol{AB})=\mathrm{tr}(\boldsymbol{BA})$.

证 **方法一** 设 $\boldsymbol{A}=(a_{ij})_{n\times n},\boldsymbol{B}=(b_{ij})_{n\times n}$，且 $\boldsymbol{AB}=(c_{ij})_{n\times n},\boldsymbol{BA}=(d_{ij})_{n\times n}$，

则 $c_{ii}=\sum\limits_{k=1}^{n}a_{ik}b_{ki},\quad d_{kk}=\sum\limits_{i=1}^{n}b_{ki}a_{ik},\quad i=1,2,\cdots,n,k=1,2,\cdots,n,$

从而 $\mathrm{tr}(\boldsymbol{AB})=\sum\limits_{i=1}^{n}c_{ii}=\sum\limits_{i=1}^{n}\left(\sum\limits_{k=1}^{n}a_{ik}b_{ki}\right)$

$$=\sum_{k=1}^{n}\left(\sum_{i=1}^{n}b_{ki}a_{ik}\right)=\sum_{k=1}^{n}d_{kk}=\mathrm{tr}(\boldsymbol{BA}).$$

方法二 由 $\begin{pmatrix}\boldsymbol{E}&-\boldsymbol{A}\\\boldsymbol{O}&\lambda\boldsymbol{E}\end{pmatrix}\begin{pmatrix}\boldsymbol{A}&\lambda\boldsymbol{E}\\\boldsymbol{E}&\boldsymbol{B}\end{pmatrix}=\begin{pmatrix}\boldsymbol{O}&\lambda\boldsymbol{E}-\boldsymbol{AB}\\\lambda\boldsymbol{E}&\lambda\boldsymbol{B}\end{pmatrix}$，两边取行列式，得

$$\lambda^n\begin{vmatrix}\boldsymbol{A}&\lambda\boldsymbol{E}\\\boldsymbol{E}&\boldsymbol{B}\end{vmatrix}=\lambda^n(-1)^{n^2}|\lambda\boldsymbol{E}-\boldsymbol{AB}|. \qquad ①$$

同理，由 $\begin{pmatrix}\boldsymbol{E}&\boldsymbol{O}\\-\boldsymbol{B}&\lambda\boldsymbol{E}\end{pmatrix}\begin{pmatrix}\boldsymbol{A}&\lambda\boldsymbol{E}\\\boldsymbol{E}&\boldsymbol{B}\end{pmatrix}=\begin{pmatrix}\boldsymbol{A}&\lambda\boldsymbol{E}\\\lambda\boldsymbol{E}-\boldsymbol{BA}&\boldsymbol{O}\end{pmatrix}$，

得

$$\lambda^n\begin{vmatrix}\boldsymbol{A}&\lambda\boldsymbol{E}\\\boldsymbol{E}&\boldsymbol{B}\end{vmatrix}=\lambda^n(-1)^{n^2}|\lambda\boldsymbol{E}-\boldsymbol{BA}|, \qquad ②$$

比较①与②两式，即得 $|\lambda\boldsymbol{E}-\boldsymbol{AB}|=|\lambda\boldsymbol{E}-\boldsymbol{BA}|$.

故 $\boldsymbol{AB}$ 与 $\boldsymbol{BA}$ 有相同的特征值，又矩阵的迹等于所有特征值之和，则 $\mathrm{tr}(\boldsymbol{AB})=\mathrm{tr}(\boldsymbol{BA})$.

26. (1)设 $\boldsymbol{A}=\begin{pmatrix}3&-2\\-2&3\end{pmatrix}$，求 $\varphi(\boldsymbol{A})=\boldsymbol{A}^{10}-5\boldsymbol{A}^9$；

(2)设 $\boldsymbol{A}=\begin{pmatrix}2&1&2\\1&2&2\\2&2&1\end{pmatrix}$，求 $\varphi(\boldsymbol{A})=\boldsymbol{A}^{10}-6\boldsymbol{A}^9+5\boldsymbol{A}^8$.

解 (1)由 $|\boldsymbol{A}-\lambda\boldsymbol{E}|=\begin{vmatrix}3-\lambda&-2\\-2&3-\lambda\end{vmatrix}=(\lambda-1)(\lambda-5)$，

得 $\boldsymbol{A}$ 的特征值为 $\lambda_1=1,\lambda_2=5$.

对于 $\lambda_1=1$，解方程组 $(\boldsymbol{A}-\boldsymbol{E})\boldsymbol{x}=\boldsymbol{0}$，得单位特征向量 $\boldsymbol{p}_1=\frac{1}{\sqrt{2}}(1,1)^{\mathrm{T}}$.

对于 $\lambda_1=5$，解方程组 $(\boldsymbol{A}-5\boldsymbol{E})\boldsymbol{x}=\boldsymbol{0}$，得单位特征向量 $\boldsymbol{p}_2=\frac{1}{\sqrt{2}}(-1,1)^{\mathrm{T}}$.

令 $\boldsymbol{P}=(\boldsymbol{p}_1,\boldsymbol{p}_2)=\frac{1}{\sqrt{2}}\begin{pmatrix}1&-1\\1&1\end{pmatrix}$，则 $\boldsymbol{P}$ 是正交矩阵，且有 $\boldsymbol{P}^{-1}\boldsymbol{AP}=\mathrm{diag}(1,5)=\boldsymbol{\Lambda}$，

从而 $\boldsymbol{A}=\boldsymbol{P\Lambda P}^{-1},\boldsymbol{A}^k=\boldsymbol{P\Lambda}^k\boldsymbol{P}^{-1}$. 因此

$$\begin{aligned}\varphi(\boldsymbol{A})&=\boldsymbol{P}\varphi(\boldsymbol{\Lambda})\boldsymbol{P}^{-1}=\boldsymbol{P}(\boldsymbol{\Lambda}^{10}-5\boldsymbol{\Lambda}^9)\boldsymbol{P}^{-1}=\boldsymbol{P}[\mathrm{diag}(1,5^{10})-5\mathrm{diag}(1,5^9)]\boldsymbol{P}^{-1}\\&=\boldsymbol{P}\mathrm{diag}(-4,0)\boldsymbol{P}^{-1}=\frac{1}{\sqrt{2}}\begin{pmatrix}1&-1\\1&1\end{pmatrix}\begin{pmatrix}-4&0\\0&0\end{pmatrix}\frac{1}{\sqrt{2}}\begin{pmatrix}1&1\\-1&1\end{pmatrix}\\&=\begin{pmatrix}-2&-2\\-2&-2\end{pmatrix}=-2\begin{pmatrix}1&1\\1&1\end{pmatrix}.\end{aligned}$$

(2)由 $|\boldsymbol{A}-\lambda\boldsymbol{E}|=\begin{vmatrix}2-\lambda&1&2\\1&2-\lambda&2\\2&2&1-\lambda\end{vmatrix}=(1-\lambda)(1+\lambda)(\lambda-5)$，

于是 A 的特征值为 $\lambda_1=-1,\lambda_2=1,\lambda_3=5$.

因为 A 是对称矩阵,一定存在正交矩阵 $P=(\xi_1,\xi_2,\xi_3)$,使

$P^TAP=P^{-1}AP=\mathrm{diag}(-1,1,5)=\Lambda$,即 $A=P\Lambda P^T$.

并且 P 的列向量 ξ_i 是对应于特征值 λ_i 的单位特征向量,$i=1,2,3$,从而有

$$\begin{aligned}\varphi(A)&=P\varphi(\Lambda)P^{-1}=P(\Lambda^{10}-6\Lambda^9+5\Lambda^8)P^{-1}\\&=P[\Lambda^8(\Lambda-E)(\Lambda-5E)]P^{-1}\\&=P\mathrm{diag}(1,1,5^8)\mathrm{diag}(-2,0,4)\mathrm{diag}(-6,-4,0)P^{-1}\\&=P\mathrm{diag}(12,0,0)P^{-1}=(\xi_1,\xi_2,\xi_3)\begin{pmatrix}12&0&0\\0&0&0\\0&0&0\end{pmatrix}\begin{pmatrix}\xi_1^T\\\xi_2^T\\\xi_3^T\end{pmatrix}\\&=12\xi_1\xi_1^T,(*)\end{aligned}$$

这样只需要计算出 ξ_1. 即对应于 $\lambda=-1$ 的单位特征向量.

解方程组 $(A+E)x=0$,由 $A+E\to\begin{pmatrix}1&-1&0\\0&2&1\\0&0&6\end{pmatrix}$,

得单位特征向量 $\xi_1=\frac{1}{\sqrt{6}}\begin{pmatrix}1\\1\\-2\end{pmatrix}$,代入$(*)$式,即求得 $\varphi(A)=2\begin{pmatrix}1&1&-2\\1&1&-2\\-2&-2&4\end{pmatrix}$.

27. 用矩阵记号表示下列二次型:

(1) $f=x^2+4xy+4y^2+2xz+z^2+4yz$;

(2) $f=x^2+y^2-7z^2-2xy-4xy-4yz$;

(3) $f=x_1^2+x_2^2+x_3^2-2x_1x_2+6x_2x_3$

解 (1) $f=(x,y,z)\begin{pmatrix}1&2&1\\2&4&2\\1&2&1\end{pmatrix}\begin{pmatrix}x\\y\\z\end{pmatrix}$. (2) $f=(x,y,z)\begin{pmatrix}1&-1&-2\\-1&1&-2\\-2&-2&-7\end{pmatrix}\begin{pmatrix}x\\y\\z\end{pmatrix}$.

(3) $f=(x_1,x_2,x_3)\begin{pmatrix}1&-1&0\\-1&1&3\\0&3&1\end{pmatrix}\begin{pmatrix}x_1\\x_2\\x_3\end{pmatrix}$.

28. 写出下列二次型的矩阵:

(1) $f(x)=x^T\begin{pmatrix}2&1\\3&1\end{pmatrix}x$;(2) $f(x)=x^T\begin{pmatrix}1&2&3\\4&5&6\\7&8&9\end{pmatrix}x$.

解 (1)令 $x=\begin{pmatrix}x_1\\x_2\end{pmatrix}$,则

$$\begin{aligned}f(x)&=(x_1,x_2)\begin{pmatrix}2&1\\3&1\end{pmatrix}\begin{pmatrix}x_1\\x_2\end{pmatrix}\\&=2x_1^2+x_2^2+x_1x_2+3x_2x_1=2x_1^2+x_2^2+4x_1x_2=(x_1x_2)\begin{pmatrix}2&2\\2&1\end{pmatrix}\begin{pmatrix}x_1\\x_2\end{pmatrix},\end{aligned}$$

故 f 的矩阵为 $\begin{pmatrix}2&2\\2&1\end{pmatrix}$.

(2)方法同上,可得

$$f(\boldsymbol{x})=\boldsymbol{x}^{\mathrm{T}}\begin{pmatrix}1&2&3\\4&5&6\\7&8&9\end{pmatrix}\boldsymbol{x}=\boldsymbol{x}^{\mathrm{T}}\begin{pmatrix}1&3&5\\3&5&7\\5&7&9\end{pmatrix}\boldsymbol{x},$$

故 f 的矩阵为 $\begin{pmatrix}1&3&5\\3&5&7\\5&7&9\end{pmatrix}$.

29. 求一个正交变换将下列二次型化成标准形：

(1) $f=2x_1^2+3x_2^2+3x_3^2+4x_2x_3$； (2) $f=x_1^2+x_3^2+2x_1x_2-2x_2x_3$.

解 (1)二次型的矩阵 $\boldsymbol{A}=\begin{pmatrix}2&0&0\\0&3&2\\0&2&3\end{pmatrix}$，由

$$|\boldsymbol{A}-\lambda\boldsymbol{E}|=\begin{vmatrix}2-\lambda&0&0\\0&3-\lambda&2\\0&2&3-\lambda\end{vmatrix}=(2-\lambda)(5-\lambda)(1-\lambda),$$

得 $\boldsymbol{A}$ 的特征值为 $\lambda_1=2,\lambda_2=5,\lambda_3=1$.

当 $\lambda_1=2$ 时，解方程组 $(\boldsymbol{A}-2\boldsymbol{E})\boldsymbol{x}=\boldsymbol{0}$，由 $\boldsymbol{A}-2\boldsymbol{E}=\begin{pmatrix}0&0&0\\0&1&2\\0&2&1\end{pmatrix}\to\begin{pmatrix}0&1&2\\0&0&1\\0&0&0\end{pmatrix}$，

得特征向量 $(1,0,0)^{\mathrm{T}}$，取 $\boldsymbol{p}_1=(1,0,0)^{\mathrm{T}}$.

当 $\lambda_2=5$ 时，解方程组 $(\boldsymbol{A}-5\boldsymbol{E})\boldsymbol{x}=\boldsymbol{0}$，由 $\boldsymbol{A}-5\boldsymbol{E}=\begin{pmatrix}-3&0&0\\0&-2&2\\0&2&-2\end{pmatrix}\to\begin{pmatrix}1&0&0\\0&1&-1\\0&0&0\end{pmatrix}$，

得特征向量 $(0,1,1)^{\mathrm{T}}$，取 $\boldsymbol{p}_2=(0,\frac{1}{\sqrt{2}},\frac{1}{\sqrt{2}})^{\mathrm{T}}$.

当 $\lambda_3=1$ 时，解方程组 $(\boldsymbol{A}-\boldsymbol{E})\boldsymbol{x}=\boldsymbol{0}$，由 $\boldsymbol{A}-\boldsymbol{E}=\begin{pmatrix}1&0&0\\0&2&2\\0&2&2\end{pmatrix}\to\begin{pmatrix}1&0&0\\0&1&1\\0&0&0\end{pmatrix}$，

得特征向量 $(0,-1,1)^{\mathrm{T}}$，取 $\boldsymbol{p}_3=(0,-\frac{1}{\sqrt{2}},\frac{1}{\sqrt{2}})^{\mathrm{T}}$.

于是有正交矩阵 $\boldsymbol{P}=(\boldsymbol{p}_1,\boldsymbol{p}_2,\boldsymbol{p}_3)$ 和正交变换 $\boldsymbol{x}=\boldsymbol{P}\boldsymbol{y}$，使 $f=2y_1^2+5y_2^2+y_3^2$.

(2)二次型的矩阵 $\boldsymbol{A}=\begin{pmatrix}1&1&0\\1&0&-1\\0&-1&1\end{pmatrix}$，由

$$|\boldsymbol{A}-\lambda\boldsymbol{E}|=\begin{vmatrix}1-\lambda&1&0\\0&-\lambda&-1\\0&-1&1-\lambda\end{vmatrix}=-(\lambda-2)(\lambda-1)(\lambda+1),$$

所以 $\boldsymbol{A}$ 的特征值为 $\lambda_1=2,\lambda_2=1,\lambda_3=-1$.

当 $\lambda_1=2$ 时，解方程组 $(\boldsymbol{A}-2\boldsymbol{E})\boldsymbol{x}=\boldsymbol{0}$，由 $\boldsymbol{A}-2\boldsymbol{E}=\begin{pmatrix}-1&1&0\\1&-2&-1\\0&-1&-1\end{pmatrix}\xrightarrow{r}\begin{pmatrix}1&-1&0\\0&1&1\\0&0&0\end{pmatrix}$，

得单位特征向量 $\boldsymbol{p}_1=\frac{1}{\sqrt{3}}(1,1,-1)^{\mathrm{T}}$.

当 $\lambda_2=1$ 时，解方程组 $(\boldsymbol{A}-\boldsymbol{E})\boldsymbol{x}=\boldsymbol{0}$，由 $\boldsymbol{A}-\boldsymbol{E}=\begin{pmatrix}0&1&0\\1&-1&-1\\0&-1&0\end{pmatrix}\to\begin{pmatrix}1&0&-1\\0&1&0\\0&0&0\end{pmatrix}$，

得单位特征向量 $\boldsymbol{p}_2=\frac{1}{\sqrt{2}}(1,0,1)^{\mathrm{T}}$.

当 $\lambda_3=-1$ 时,解方程组 $(\boldsymbol{A}+\boldsymbol{E})\boldsymbol{x}=\boldsymbol{0}$,由 $\boldsymbol{A}+\boldsymbol{E}=\begin{pmatrix}2&1&0\\1&1&-1\\0&-1&2\end{pmatrix}\to\begin{pmatrix}1&0&1\\0&1&-2\\0&0&0\end{pmatrix}$,

得单位特征向量 $\boldsymbol{p}_3=\frac{1}{\sqrt{6}}(-1,2,1)^{\mathrm{T}}$.

令 $\boldsymbol{P}=(\boldsymbol{p}_1,\boldsymbol{p}_2,\boldsymbol{p}_3)$,则 $\boldsymbol{P}$ 为正交矩阵,再作正交变换 $\boldsymbol{x}=\boldsymbol{P}\boldsymbol{y}$,

即 $\begin{pmatrix}x_1\\x_2\\x_3\end{pmatrix}=\begin{pmatrix}\frac{1}{\sqrt{3}}&\frac{1}{\sqrt{2}}&-\frac{1}{\sqrt{6}}\\\frac{1}{\sqrt{3}}&0&\frac{2}{\sqrt{6}}\\-\frac{1}{\sqrt{3}}&\frac{1}{\sqrt{2}}&\frac{1}{\sqrt{6}}\end{pmatrix}\begin{pmatrix}y_1\\y_2\\y_3\end{pmatrix}$,则 f 的标准形为 $f=2y_1^2+y_2^2-y_3^2$.

30. 求一个正交变换把二次曲面的方程 $3x^2+5y^2+5z^2+4xy-4xz-10yz=1$ 化成标准方程.

解 二次型的矩阵 $\boldsymbol{A}=\begin{pmatrix}3&2&-2\\2&5&-5\\-2&-5&5\end{pmatrix}$.

由 $|\boldsymbol{A}-\lambda\boldsymbol{E}|=\begin{vmatrix}3-\lambda&2&-2\\2&5-\lambda&-5\\-2&-5&5-\lambda\end{vmatrix}=-\lambda(\lambda-2)(\lambda-11)$,

得 $\boldsymbol{A}$ 的特征值为 $\lambda_1=2,\lambda_2=11,\lambda_3=0$.

对于 $\lambda_1=2$,解方程组 $(\boldsymbol{A}-2\boldsymbol{E})\boldsymbol{x}=\boldsymbol{0}$,得特征向量 $(4,-1,1)^{\mathrm{T}}$,

单位化得 $\boldsymbol{p}_1=\left(\frac{4}{3\sqrt{2}},-\frac{1}{3\sqrt{2}},\frac{1}{3\sqrt{2}}\right)^{\mathrm{T}}$.

对于 $\lambda_2=11$,解方程组 $(\boldsymbol{A}-11\boldsymbol{E})\boldsymbol{x}=\boldsymbol{0}$,得特征向量 $(1,2,-2)^{\mathrm{T}}$,

单位化得 $\boldsymbol{p}_2=(\frac{1}{3},\frac{2}{3},-\frac{2}{3})^{\mathrm{T}}$.

对于 $\lambda_3=0$,解方程组 $\boldsymbol{A}\boldsymbol{x}=\boldsymbol{0}$,得特征向量 $(0,1,1)^{\mathrm{T}}$,单位化得 $\boldsymbol{p}_3=(0,\frac{1}{\sqrt{2}},\frac{1}{\sqrt{2}})^{\mathrm{T}}$.

于是有正交矩阵 $\boldsymbol{P}=(\boldsymbol{p}_1,\boldsymbol{p}_2,\boldsymbol{p}_3)$,使 $\boldsymbol{P}^{-1}\boldsymbol{A}\boldsymbol{P}=\mathrm{diag}(2,11,0)$,从而有正交变换

$$\begin{pmatrix}x\\y\\z\end{pmatrix}=\begin{pmatrix}\frac{4}{3\sqrt{2}}&\frac{1}{3}&0\\-\frac{1}{3\sqrt{2}}&\frac{2}{3}&\frac{1}{\sqrt{2}}\\\frac{1}{3\sqrt{2}}&-\frac{2}{3}&\frac{1}{\sqrt{2}}\end{pmatrix}\begin{pmatrix}u\\v\\w\end{pmatrix},$$

使原二次方程变为标准方程 $2u^2+11v^2=1$(它是椭圆柱面).

31. 证明:二次型 $f=\boldsymbol{x}^{\mathrm{T}}\boldsymbol{A}\boldsymbol{x}$ 在 $\|\boldsymbol{x}\|=1$ 时的最大值为矩阵 $\boldsymbol{A}$ 的最大特征值.

证 $\boldsymbol{A}$ 为实对称矩阵,则有一正交矩阵 $\boldsymbol{T}$,使得 $\boldsymbol{T}\boldsymbol{A}\boldsymbol{T}^{-1}=\mathrm{diag}(\lambda_1,\lambda_2,\cdots,\lambda_n)=\boldsymbol{\Lambda}$ 成立,其中 $\lambda_1,\lambda_2,\cdots,\lambda_n$ 为 $\boldsymbol{A}$ 的特征值,不妨设 λ_1 最大.作正交变换 $\boldsymbol{y}=\boldsymbol{T}\boldsymbol{x}$,即 $\boldsymbol{x}=\boldsymbol{T}^{\mathrm{T}}\boldsymbol{y}$,注意到 $\boldsymbol{T}^{-1}=\boldsymbol{T}^{\mathrm{T}}$,有 $f=\boldsymbol{x}^{\mathrm{T}}\boldsymbol{A}\boldsymbol{x}=\boldsymbol{y}^{\mathrm{T}}\boldsymbol{T}\boldsymbol{A}\boldsymbol{T}^{\mathrm{T}}\boldsymbol{y}=\boldsymbol{y}^{\mathrm{T}}\boldsymbol{\Lambda}\boldsymbol{y}=\lambda_1y_1^2+\lambda_2y_2^2+\cdots+\lambda_ny_n^2$.

因为 $\boldsymbol{y}=\boldsymbol{T}\boldsymbol{x}$ 为正交变换,所以当 $\|\boldsymbol{x}\|=1$ 时,有

$$\|\boldsymbol{y}\|=\|\boldsymbol{x}\|=1,\text{即 } y_1^2+y_2^2+\cdots+y_n^2=1.$$

另一方面,$f=\lambda_1y_1^2+\lambda_2y_2^2+\cdots+\lambda_ny_n^2\leqslant\lambda_1(y_1^2+y_2^2+\cdots+y_n^2)\leqslant\lambda_1$.

又当 $y_1=1,y_2=y_3=\cdots=y_n=0$ 时 $f=\lambda_1$，所以 $f_{\max}=\lambda_1$.

32. 用配方法化下列二次型为规范形，并写出所用的变换矩阵：

(1) $f(x_1,x_2,x_3)=x_1^2+3x_2^2+5x_3^2+2x_1x_2-4x_1x_3$;

(2) $f(x_1,x_2,x_3)=x_1^2+2x_3^2+2x_1x_3+2x_2x_3$;

(3) $f(x_1,x_2,x_3)=2x_1^2+x_2^2+4x_3^2+2x_1x_2-2x_2x_3$.

解 (1)由于 f 中含有变量 x_1 的平方项，故把含 x_1 的项归并起来，配方可得

$$\begin{aligned}f(x_1,x_2,x_3)&=x_1^2+3x_2^2+5x_3^2+2x_1x_2-4x_1x_3\\&=(x_1+x_2-2x_3)^2+4x_2x_3+2x_2^2+x_3^2\\&=(x_1+x_2-2x_3)^2+2(x_2+x_3)^2-x_3^2.\end{aligned}$$

令 $\begin{cases}y_1=x_1+x_2-2x_3,\\y_2=\sqrt{2}(x_2+x_3),\\y_3=x_3,\end{cases}$ 即 $\begin{cases}x_1=y_1-\dfrac{1}{\sqrt{2}}y_2+3y_3,\\x_2=\dfrac{1}{\sqrt{2}}y_2-y_3,\\x_3=y_3,\end{cases}$

写成矩阵形式 $\boldsymbol{x}=\boldsymbol{C}\boldsymbol{y}$，这里 $\boldsymbol{C}=\begin{pmatrix}1&-\dfrac{1}{\sqrt{2}}&3\\0&\dfrac{1}{\sqrt{2}}&-1\\0&0&1\end{pmatrix}$ 为可逆矩阵，

在此可逆变换下，f 化为规范形 $f(\boldsymbol{x})=f(\boldsymbol{C}\boldsymbol{y})=y_1^2+y_2^2-y_3^2$.

(2)由于 f 中含有变量 x_1 的平方项，故把含 x_1 的项归并起来，配方可得

$$\begin{aligned}f(x_1,x_2,x_3)&=x_1^2+2x_3^2+2x_1x_3+2x_2x_3=(x_1+x_3)^2+x_3^2+2x_2x_3;\\&=(x_1+x_3)^2-x_2^2+(x_2+x_3)^2.\end{aligned}$$

令 $\begin{cases}y_1=x_1+x_3,\\y_2=x_2,\\y_3=x_2+x_3,\end{cases}$ 即 $\begin{cases}x_1=y_1+y_2-y_3,\\x_2=y_2,\\x_3=-y_2+y_3,\end{cases}$

写成矩阵形式 $\boldsymbol{x}=\boldsymbol{C}\boldsymbol{y}$，这里 $\boldsymbol{C}=\begin{pmatrix}1&1&-1\\0&1&0\\0&-1&1\end{pmatrix}$ 为可逆矩阵，

在此可逆变换下，f 化为规范形 $f(\boldsymbol{x})=f(\boldsymbol{C}\boldsymbol{y})=y_1^2-y_1^2+y_3^2$.

(3)由于 f 中含变量 x_1 的平方项，故把含 x_1 的项归并起来，配方可得

$$\begin{aligned}f(x_1,x_2,x_3)&=2x_1^2+x_2^2+4x_3^2+2x_1x_2-2x_2x_3\\&=2(x_1+\frac{1}{2}x_2)^2+\frac{1}{2}x_2^2+4x_3^2-2x_2x_3\\&=2(x_1+\frac{1}{2}x_2)^2+\frac{1}{2}(x_2-2x_3)^2+2x_3^2.\end{aligned}$$

令 $\begin{cases}y_1=\sqrt{2}(x_1+\dfrac{1}{2}x_2),\\y_2=\dfrac{1}{\sqrt{2}}(x_2-2x_3),\\y_3=\sqrt{2}x_3,\end{cases}$ 即 $\begin{cases}x_1=\dfrac{1}{\sqrt{2}}y_1-\dfrac{1}{\sqrt{2}}y_2-\dfrac{1}{\sqrt{2}}y_3,\\x_2=\sqrt{2}y_2+\dfrac{2}{\sqrt{2}}y_3,\\x_3=\dfrac{1}{\sqrt{2}}y_3,\end{cases}$

写出矩阵形式 $\boldsymbol{x}=\boldsymbol{C}\boldsymbol{y}$，这里 $\boldsymbol{C}=\dfrac{1}{\sqrt{2}}\begin{pmatrix}1&-1&-1\\0&2&2\\0&0&1\end{pmatrix}$ 为可逆矩阵.

在此可逆变换下，f 化为规范形 $f(x)=f(Cy)=y_1^2+y_1^2+y_3^2$.

33. 设 $f=x_1^2+x_2^2+5x_3^2+2ax_1x_2-2x_1x_3+4x_2x_3$ 为正定二次型，求 a.

解 二次型的矩阵 $A=\begin{pmatrix}1&a&-1\\a&1&2\\-1&2&5\end{pmatrix}$，其各阶顺序主子式为

$$a_{11}=1,\begin{vmatrix}1&a\\a&1\end{vmatrix}=1-a^2,\begin{vmatrix}1&a&-1\\a&1&2\\-1&2&5\end{vmatrix}=-a(5a+4).$$

由定理可知，A 正定$\Leftrightarrow\begin{vmatrix}1&a\\a&1\end{vmatrix}>0$，且 $|A|>0$.

所以必有 $1-a^2>0$ 且 $-a(5a+4)>0$，解得 $-\frac{4}{5}<a<0$.

故当 $-\frac{4}{5}<a<0$ 时，A 正定，从而 f 正定.

34. 判别下列二次型的正定性：

(1) $f=-2x_1^2-6x_2^2-4x_3^2+2x_1x_2+2x_1x_3$；

(2) $f=x_1^2+3x_2^2+9x_3^2-2x_1x_2+4x_1x_3$.

解 (1)二次型 f 的矩阵 $A=\begin{pmatrix}-2&1&1\\1&-6&0\\1&0&-4\end{pmatrix}$. 因为 $a_{11}=-2<0$，$\begin{vmatrix}-2&1\\1&-6\end{vmatrix}=11>0$，$|A|=-38<0$，

所以 f 为负定二次型.

(2)二次型 f 的矩阵 $A=\begin{pmatrix}1&-1&2\\-1&3&0\\2&0&9\end{pmatrix}$，因为

它的 1 阶主子式 $a_{11}=1>0$，

2 阶顺序主子式 $\begin{vmatrix}1&-1\\-1&3\end{vmatrix}=2>0$，

3 阶顺序主子式即 $|A|=6>0$，故 f 为正定二次型.

35. 证明对称矩阵 A 为正定的充分必要条件是：存在可逆矩阵 U，使 $A=U^TU$，即 A 与单位矩阵 E 合同.

证 充分性：若存在可逆矩阵 U，使 $A=U^TU$，任取 $x\in R^n$，$x\neq 0$ 就有 $Ux\neq 0$，并且 A 的二次型在该处的值 $f(x)=x^TAx=x^TU^TUx=(Ux,Ux)>0$.

即矩阵 A 的二次型是正定的，从而由定义知，A 是正定矩阵.

必要性：因 A 是对称矩阵，必存在正交矩阵 Q，使 $Q^TAQ=\Lambda=\mathrm{diag}(\lambda_1,\lambda_2,\cdots,\lambda_n)$，

其中 $\lambda_1,\lambda_2,\cdots,\lambda_n$ 是 A 的全部特征值，由 A 为正定矩阵，故 $\lambda_i>0$，$i=1,2,\cdots,n$.

令对角矩阵 $\Lambda_1=\mathrm{diag}(\sqrt{\lambda_1},\sqrt{\lambda_2},\cdots,\sqrt{\lambda_n})$，则有

$$\Lambda_1^2=\mathrm{diag}(\sqrt{\lambda_1},\sqrt{\lambda_2},\cdots,\sqrt{\lambda_n})\mathrm{diag}(\sqrt{\lambda_1},\sqrt{\lambda_2},\cdots,\sqrt{\lambda_n})=\Lambda.$$

从而 $A=Q\Lambda Q^T=Q\Lambda_1\Lambda_1Q^T=(Q\Lambda_1)(Q\Lambda_1)^T$，取 $U=(Q\Lambda_1)^T$，显然 U 可逆，且 $A=U^TU$.

第五章自测题

一、填空题

1. 设 n 阶矩阵 A 的元素全为 1，则 A 的 n 个特征值是__________.

2. 已知 $\lambda_1=0$ 是 3 阶矩阵 $\boldsymbol{A}=\begin{pmatrix}1&0&1\\0&2&0\\1&0&a\end{pmatrix}$ 的特征值，则 $a=$________，其他特征值 $\lambda_2=$________，$\lambda_3=$________.

3. $\boldsymbol{A}$ 为 n 阶方阵，$\boldsymbol{Ax}=\boldsymbol{0}$ 有非零解的充分必要条件是 $\boldsymbol{A}$ 必有一个特征值为________.

4. 若矩阵 $\begin{pmatrix}6&0\\-2&x\end{pmatrix}$ 与 $\begin{pmatrix}1&2\\y&4\end{pmatrix}$ 相似，则 $x=$________，$y=$________.

5. 已知 4 阶方阵 $\boldsymbol{A}$，$|\boldsymbol{A}|=2$，又知 $2\boldsymbol{A}+\boldsymbol{E}$ 不可逆，则 $\boldsymbol{A}^*-\boldsymbol{E}$ 的一个特征值 $\lambda=$________.

6. 若 4 阶矩阵 $\boldsymbol{A}$ 与 $\boldsymbol{B}$ 相似，且 $\boldsymbol{A}$ 的特征值为 1，2，3，4，则 $|\boldsymbol{B}^*+2\boldsymbol{E}|=$________.

7. 设 $\boldsymbol{A}$ 是 3 阶矩阵，相似于对角矩阵 $\boldsymbol{\Lambda}=\begin{pmatrix}\lambda_1&&\\&\lambda_2&\\&&\lambda_3\end{pmatrix}$，设 $\boldsymbol{B}=(\boldsymbol{A}-\lambda_1\boldsymbol{E})(\boldsymbol{A}-\lambda_2\boldsymbol{E})(\boldsymbol{A}-\lambda_3\boldsymbol{E})$，则 $\boldsymbol{B}=$________.

8. 若二次型 $f(x_1,x_2,x_3)=2x_1^2+x_2^2+x_3^2+2x_1x_2+tx_2x_3$ 是正定的，则 t 的取值范围是________.

二、选择题

1. 如果 n 阶矩阵 $\boldsymbol{A}$ 任意一行的 n 个元素之和都是 $a\neq0$，则 $\boldsymbol{A}$ 必有一个特征值为（　　）.

(A) a　　(B) $-a$　　(C) 0　　(D) a^{-1}

2. 已知矩阵 $\boldsymbol{A}=\begin{pmatrix}1&-1&1\\2&4&a\\-3&-3&5\end{pmatrix}$，且 $\boldsymbol{A}$ 的特征值为 6，2，2，则 a 的值是（　　）.

(A) 2　　(B) -2　　(C) 4　　(D) -4

3. 若 2 阶矩阵 $\boldsymbol{A}$ 的特征值为 $1,\dfrac{1}{2}$，矩阵 $\boldsymbol{B}=3\boldsymbol{A}^{-2}-2\boldsymbol{A}^*$，则行列式 $|\boldsymbol{B}|$ 的值为（　　）.

(A) $\dfrac{1}{4}$　　(B) $\dfrac{23}{2}$　　(C) 18　　(D) 20

4. 设 $\boldsymbol{A}$ 为 3 阶矩阵，满足 $|3\boldsymbol{A}+2\boldsymbol{E}|=|\boldsymbol{A}-\boldsymbol{E}|=|3\boldsymbol{E}-2\boldsymbol{A}|=0$，则 $|\boldsymbol{A}^*-\boldsymbol{E}|=$（　　）.

(A) $\dfrac{5}{3}$　　(B) $\dfrac{2}{3}$　　(C) $-\dfrac{2}{3}$　　(D) $-\dfrac{5}{3}$

5. 设 3 阶矩阵 $\boldsymbol{A}=\begin{pmatrix}0&0&1\\x&1&0\\1&0&0\end{pmatrix}$ 有 3 个线性无关的特征向量，则 x 为（　　）.

(A) -1　　(B) 1　　(C) 0　　(D) 2

6. 设 $\boldsymbol{A}$ 为 4 阶实对称矩阵，且 $\boldsymbol{A}^2+\boldsymbol{A}=\boldsymbol{O}$，若 $\boldsymbol{A}$ 的秩为 3，则 $\boldsymbol{A}$ 相似于（　　）.

(A) $\begin{pmatrix}1&&&\\&1&&\\&&1&\\&&&0\end{pmatrix}$　　(B) $\begin{pmatrix}1&&&\\&1&&\\&&-1&\\&&&0\end{pmatrix}$

(C) $\begin{pmatrix}1&&&\\&-1&&\\&&-1&\\&&&0\end{pmatrix}$　　(D) $\begin{pmatrix}-1&&&\\&-1&&\\&&-1&\\&&&0\end{pmatrix}$

7. 二次型 $f(x_1,x_2,x_3)=x_1^2+x_2^2+x_3^2+4x_1x_2$ 的正惯性指数为（　　）.

(A) 0　　(B) 1　　(C) 2　　(D) 3

8. 设矩阵 $A=\begin{pmatrix}1&1&1&1\\1&1&1&1\\1&1&1&1\\1&1&1&1\end{pmatrix}$，$B=\begin{pmatrix}4&0&0&0\\0&0&0&0\\0&0&0&0\\0&0&0&0\end{pmatrix}$，则 A 与 B(　　).

(A)合同且相似　　(B)合同但不相似

(C)不合同但相似　　(D)不合同且不相似

三、已知矩阵 $A=\begin{pmatrix}4&-3\\2&x\end{pmatrix}$ 有一个特征向量 $\begin{pmatrix}3\\2\end{pmatrix}$，

(1)求 x 的值.

(2)矩阵 A 是否与对角矩阵 Λ 相似？若相似，求相似变换矩阵 P 及对角矩阵 Λ.

四、设 A 是 3 阶矩阵，它的三个特征值为 $\lambda_1=1,\lambda_2=-1,\lambda_3=2$. 设 $B=A^3-5A^2$.

求①$|B|$；②$|A-5E|$.

五、考虑二次型 $f(x_1,x_2,x_3)=x_1^2+2x_2^2+(1-k)x_3^2+2kx_1x_2+2x_1x_3$，$-1<k<0$，问 k 为何值时 f 为正定二次型.

六、求二次型 $f(x_1,x_2,x_3)=(x_1+x_2)^2+(x_2-x_3)^2+(x_3+x_1)^2$ 的正、负惯性指数，指出方程 $f(x_1,x_2,x_3)=1$ 表示何种二次曲面.

七、求正交变换 $x=Py$，将二次型 $f(x_1,x_2,x_3)=2x_1^2+5x_2^2+5x_3^2+4x_1x_2-4x_1x_3-8x_2x_3$ 化为标准形.

第五章自测题答案

一、填空题

1. $n,\overbrace{0,\cdots,0}^{n-1个}$.

提示：因 $|\lambda E-A|=\begin{vmatrix}\lambda-1&-1&\cdots&-1\\-1&\lambda-1&\cdots&-1\\\vdots&\vdots&&\vdots\\-1&-1&\cdots&\lambda-1\end{vmatrix}=(\lambda-n)\begin{vmatrix}1&-1&-1&\cdots&-1\\1&\lambda-1&-1&\cdots&-1\\\vdots&\vdots&\vdots&&\vdots\\1&-1&-1&\cdots&\lambda-1\end{vmatrix}$

$=(\lambda-n)\begin{vmatrix}1&-1&-1&\cdots&-1\\0&\lambda&0&\cdots&0\\\vdots&\vdots&\vdots&&\vdots\\0&0&0&\cdots&\lambda\end{vmatrix}=(\lambda-n)\lambda^{n-1}$.

故 A 的 n 个特征值为 $n,\overbrace{0,\cdots,0}^{n-1个}$.

2. $a=1,\lambda_2=\lambda_3=2$.

提示：由 $\lambda_1=0$ 为矩阵 A 的特征值知 $|\lambda_1E-A|=|-A|=0$.

从而 $|A|=2(a-1)=0$，故 $a=1$.

把 $a=1$ 代入矩阵 A. 通过计算 $|\lambda E-A|=\lambda(\lambda-2)^2=0$，得 $\lambda_2=\lambda_3=2$.

3. 0.

提示：由 $Ax=0$ 有非零解 $\Leftrightarrow|A|=0$. 设 n 阶方阵 A 的特征值为 $\lambda_1,\lambda_2,\cdots,\lambda_n$，

则必有 $|A|=\lambda_1\lambda_2\cdots\lambda_n=0$，故 A 必有一个特征值为 0.

4. $x=-1,y=5$.

提示：由相似矩阵的性质，两个矩阵具有相同的特征值.

即有 $6+x=5\Rightarrow x=-1$. 由 $|A|=|B|=-6\Rightarrow y=5$.

5. $\lambda=-5$.

提示：因为 $2\boldsymbol{A}+\boldsymbol{E}$ 不可逆，所以 $|2\boldsymbol{A}+\boldsymbol{E}|=0$，即 $\left|-2(-\frac{1}{2}\boldsymbol{E}-\boldsymbol{A})\right|=(-2)^4\left|-\frac{1}{2}\boldsymbol{E}-\boldsymbol{A}\right|=0$，

可见 $-\frac{1}{2}$ 是 $\boldsymbol{A}$ 的特征值. 由 $|\boldsymbol{A}|=2\neq0$，$\boldsymbol{A}$ 可逆.

所以 $\boldsymbol{A}^*-\boldsymbol{E}$ 的一个特征值为 $\lambda=-4-1=-5$.

6. 29120.

提示：因 $\boldsymbol{A}\sim\boldsymbol{B}$，可知 $\boldsymbol{B}$ 的特征值 1，2，3，4，$\boldsymbol{B}^*$ 的特征值为 $\frac{|\boldsymbol{B}|}{\lambda}$，即 24，12，8，6，

所以 $\boldsymbol{B}^*+2\boldsymbol{E}$ 的特征值为 26，14，10，8.

即 $|\boldsymbol{B}^*+2\boldsymbol{E}|=26\times14\times10\times8=29120$.

7. $\boldsymbol{O}$.

提示：$\boldsymbol{A}\sim\boldsymbol{\Lambda}$，故存在可逆矩阵 $\boldsymbol{P}$，使 $\boldsymbol{P}^{-1}\boldsymbol{AP}=\boldsymbol{\Lambda}$，所以

$$\begin{aligned}\boldsymbol{B}&=(\boldsymbol{A}-\lambda_1\boldsymbol{E})(\boldsymbol{A}-\lambda_2\boldsymbol{E})(\boldsymbol{A}-\lambda_3\boldsymbol{E})\\&=(\boldsymbol{P\Lambda P}^{-1}-\lambda_1\boldsymbol{E})(\boldsymbol{P\Lambda P}^{-1}-\lambda_2\boldsymbol{E})(\boldsymbol{P\Lambda P}^{-1}-\lambda_3\boldsymbol{E})\\&=\boldsymbol{P}(\boldsymbol{\Lambda}-\lambda_1\boldsymbol{E})\boldsymbol{P}^{-1}\boldsymbol{P}(\boldsymbol{\Lambda}-\lambda_2\boldsymbol{E})\boldsymbol{P}^{-1}\boldsymbol{P}(\boldsymbol{\Lambda}-\lambda_3\boldsymbol{E})\boldsymbol{P}^{-1}\\&=\boldsymbol{P}\begin{pmatrix}0&&\\&\lambda_2-\lambda_1&\\&&\lambda_3-\lambda_1\end{pmatrix}\begin{pmatrix}\lambda_1-\lambda_2&&\\&0&\\&&\lambda_3-\lambda_2\end{pmatrix}\begin{pmatrix}\lambda_1-\lambda_3&&\\&\lambda_2-\lambda_3&\\&&0\end{pmatrix}\boldsymbol{P}^{-1}=\boldsymbol{O}.\end{aligned}$$

8. $-\sqrt{2}<t<\sqrt{2}$.

提示：二次型所对应的矩阵 $\boldsymbol{A}=\begin{pmatrix}2&1&0\\1&1&t/2\\0&t/2&1\end{pmatrix}$，

其顺序主子式：$|2|=2$，$\begin{vmatrix}2&1\\1&1\end{vmatrix}=1$，$\begin{vmatrix}2&1&0\\1&1&t/2\\0&t/2&1\end{vmatrix}=1-\frac{1}{2}t^2$，由 $\boldsymbol{A}$ 正定，可得 $1-\frac{1}{2}t^2>0$，

解得 $-\sqrt{2}<t<\sqrt{2}$.

二、选择题

1. A　提示：$\boldsymbol{A}\begin{pmatrix}1\\1\\\vdots\\1\end{pmatrix}=a\begin{pmatrix}1\\1\\\vdots\\1\end{pmatrix}$，$a$ 是矩阵 $\boldsymbol{A}$ 的一个特征值.

2. B　提示：由特征值的性质 $|\boldsymbol{A}|=\lambda_1\lambda_2\lambda_3$，即可求出 $a=-2$.

3. D　提示：若 λ 是 $\boldsymbol{A}$ 的特征值，则 $\boldsymbol{A}^{-1}$ 的特征值为 $\frac{1}{\lambda}$，$\boldsymbol{A}^*$ 为特征值为 $\frac{|\boldsymbol{A}|}{\lambda}$，利用上述关系即可求出 $\boldsymbol{B}$ 的两个特征值. 再利用上题可求 $|\boldsymbol{B}|$.

4. A　提示：由 $|3\boldsymbol{A}+2\boldsymbol{E}|=|\boldsymbol{A}-\boldsymbol{E}|=|3\boldsymbol{E}-2\boldsymbol{A}|=0$，可推出 $\boldsymbol{A}$ 的特征值为 $\lambda_1=-\frac{2}{3}$，$\lambda_2=1$ 和 $\lambda_3=\frac{3}{2}$，即 $|\boldsymbol{A}|=-1$.

又 $\boldsymbol{A}^*$ 对应的特征值为 $\mu_1=\frac{|\boldsymbol{A}|}{\lambda_1}=\frac{3}{2}$，$\mu_2=-1$. $\mu_3=-\frac{2}{3}$.

于是 $\boldsymbol{A}^*-\boldsymbol{E}$ 对应的特征值为 μ_1-1，μ_2-1，μ_3-1. 所以

$|A^* - E| = (\mu_1 - 1)(\mu_2 - 1)(\mu_3 - 1) = \frac{5}{3}$.

5. C　提示：若 A 有三个线性无关的特征向量，则 A 必可对角化.

$|\lambda E - A| = (\lambda + 1)(\lambda - 1)^2$，即 A 的特征值 $\lambda_1 = -1, \lambda_2 = \lambda_3 = 1$. 对于二重特征值 $\lambda_2 = \lambda_3 = 1, R(E-A) = 1$，因此对矩阵 $E-A$ 施以初等行变换

$$E - A = \begin{pmatrix} 1 & 0 & -1 \\ -x & 0 & 0 \\ -1 & 0 & 1 \end{pmatrix} \to \begin{pmatrix} 1 & 0 & -1 \\ -x & 0 & 0 \\ 0 & 0 & 0 \end{pmatrix}，可得 x=0.$$

6. D　提示：设 λ 为 A 的任一特征值，由 $A^2 + A = O$，知 $\lambda^2 + \lambda = 0$，即 A 的特征值为 $-1, 0$. 由 A 为实对称矩阵，故 A 可相似对角化，且由 $R(A) = R(\Lambda) = 3$，所以选(D).

7. C　提示：二次型 f 的矩阵 $A = \begin{pmatrix} 1 & 2 & 0 \\ 2 & 1 & 0 \\ 0 & 0 & 1 \end{pmatrix}$，$A$ 的正特征值个数即为二次型 f 的正惯性指数.

由 $|\lambda E - A| = (\lambda - 1)(\lambda - 3)(\lambda + 1)$，得 A 的特征值为 $\lambda_1 = 1, \lambda_2 = 3, \lambda_3 = -1$. 所以正惯性指数 $p = 2$. 故应选(C).

8. A　提示：A 为实对称矩阵，故存在正交矩阵 Q，使 $Q^{-1}AQ$ 为对角矩阵 Λ，其中 Λ 为对角线上元素为 A 的特征值.

因 A 的特征多项式 $|\lambda E - A| = \lambda^3(\lambda - 4)$，可得 A 的特征值为 4,0,0,0.

注意到 $Q^T = Q^{-1}$，所以 $Q^T A Q = Q^{-1} A Q = B$.

三、解　(1)因为 $\begin{pmatrix} 4 & -3 \\ 2 & x \end{pmatrix}\begin{pmatrix} 3 \\ 2 \end{pmatrix} = \lambda \begin{pmatrix} 3 \\ 2 \end{pmatrix}$，解得 $x = -1, \lambda = 2$.

(2)由 $|A - \lambda E| = \begin{vmatrix} 4-\lambda & -3 \\ 2 & -1-\lambda \end{vmatrix} = 0$，得矩阵 A 有两个不同的特征值 2,1，所以 A 与对角矩阵 Λ 相似. 解方程组 $(A - E)x = 0$，得 A 对应于 1 的特征向量为 $(1,1)^T$，又由(1)知：相似变换矩阵 $P = \begin{pmatrix} 3 & 1 \\ 2 & 1 \end{pmatrix}$，对角矩阵 $\Lambda = \begin{pmatrix} 2 & 0 \\ 0 & 1 \end{pmatrix}$.

四、解　①利用 A 的行列式与特征值的重要关系 $|A| = \lambda_1 \lambda_2 \cdots \lambda_n$ 计算 $|A|$.

令 $f(x) = x^3 - 5x^2$，$\lambda_1, \lambda_2, \lambda_3$ 是 A 的全部特征值.

所以 $f(\lambda_i)$ 是 $f(A) = A^3 - 5A^2 = B$ 的全部特征值.

故 $|B| = |f(A)| = f(\lambda_1) f(\lambda_2) f(\lambda_3) = (-4)(-6)(-12) = -288$.

②**方法一**　下面计算 $|A - 5E|$.

令 $g(A) = A - 5E$，则 $g(A)$ 的所有特征值为 $g(\lambda_1), g(\lambda_2), g(\lambda_3)$

$$|A - 5E| = |g(A)| = g(1) g(-1) g(2) = -72.$$

方法二　因 A 的所有特征值为 $\lambda_1 = 1, \lambda_2 = -1, \lambda_3 = 2$.

故 $|A| = 1 \times (-1) \times 2 = -2$.

又 $B = A^3 - 5A^2 = A^2(A - 5E)$，$|B| = |A|^2 \cdot |A - 5E|$.

由 $|B| = -288$. 故 $|A - 5E| = |B| / |A|^2 = -72$.

五、解　判定二次型是否为正定二次型可用顺序主子式法.

$$|A| = \begin{vmatrix} 1 & k & 1 \\ k & 2 & 0 \\ 1 & 0 & 1-k \end{vmatrix} = k(k^2 - k - 2) > 0,$$

由$\begin{cases}2-k^2>0,\\k(k^2-k-2)>0,\end{cases}\Rightarrow\begin{cases}-\sqrt{2}<k<\sqrt{2},\\k<0,-1<k<0,\end{cases}$其公共部分为$-1<k<0$，

故使 f 正定的 k 的取值范围是$-1<k<0$.

六、解 $f=(2x_1^2+2x_1x_2+2x_1x_3)+2x_2^2-2x_2x_3+2x_3^2=2(x_1+\frac{1}{2}x_2+\frac{1}{2}x_3)^2+\frac{3}{2}(x_2+x_3)^2$，

由于二次型的标准形是 $2y_1^2+\frac{3}{2}y_2^2$，所以正惯性指数 $p=2$，负惯性指数 $q=0$.

故当 $f=1$ 时，$2y_1^2+\frac{3}{2}y_2^2=1$ 表示椭圆柱面.

七、解 二次型的矩阵 $\boldsymbol{A}=\begin{pmatrix}2&2&-2\\2&5&-4\\-2&-4&5\end{pmatrix}$，由

$$|\boldsymbol{A}-\lambda\boldsymbol{E}|=\begin{vmatrix}2-\lambda&2&-2\\2&5-\lambda&-4\\-2&-4&5-\lambda\end{vmatrix}=-(\lambda-1)^2(\lambda-10)=0,$$得 $\boldsymbol{A}$ 的特征值为 1,1,10.

对于 $\lambda=1$，解线性方程组 $(\boldsymbol{A}-\boldsymbol{E})\boldsymbol{x}=\boldsymbol{0}$，得 $\boldsymbol{A}$ 对应于 1 的两个线性无关的特征向量为 $(-2,1,0)^{\mathrm{T}}$，$(2,0,1)^{\mathrm{T}}$. 由 Schimidt 正交化得：

$$\boldsymbol{p}_1=\frac{1}{\sqrt{5}}(-2,1,0)^{\mathrm{T}},\boldsymbol{p}_2=\frac{1}{3\sqrt{5}}(2,4,5)^{\mathrm{T}}.$$

对于 $\lambda=10$，解线性方程组 $(\boldsymbol{A}-10\boldsymbol{E})\boldsymbol{x}=\boldsymbol{0}$，得 $\boldsymbol{A}$ 对应于 10 的特征向量为 $(1,2,-2)^{\mathrm{T}}$.

单位化得 $\boldsymbol{p}_3=\frac{1}{3}(1,2,-2)^{\mathrm{T}}$. 令 $\boldsymbol{P}=\begin{pmatrix}-\frac{2}{\sqrt{5}}&\frac{2}{3\sqrt{5}}&\frac{1}{3}\\\frac{1}{\sqrt{5}}&\frac{4}{3\sqrt{5}}&\frac{2}{3}\\0&\frac{5}{3\sqrt{5}}&-\frac{2}{3}\end{pmatrix}$，

则二次型经正交变换 $\boldsymbol{x}=\boldsymbol{P}\boldsymbol{y}$ 化为标准形 $y_1^2+y_2^2+10y_3^2$.

*第六章 线性空间与线性变换

本章主要讨论了线性空间和线性变换的相关问题，在学习第四章的基础上，推广了向量、向量空间以及向量空间的维数、基和坐标等概念，进一步讨论了基变换和坐标变换，最后给出了线性变换的定义及性质，并介绍了线性变换的矩阵表示式.

第一节 线性空间的定义与性质

一、主要内容归纳

1. 线性空间的定义

若 V 是非空集合，$\mathbb{R}$ 为实数域，如果对任意两个元素 $\boldsymbol{\alpha},\boldsymbol{\beta}\in V$，总有唯一的一个元素 $\boldsymbol{\gamma}\in V$ 与之对应，称为 $\boldsymbol{\alpha}$ 与 $\boldsymbol{\beta}$ 的和，记为 $\boldsymbol{\gamma}=\boldsymbol{\alpha}+\boldsymbol{\beta}$；对任一数 $\lambda\in\mathbb{R}$ 与任一元素 $\boldsymbol{\alpha}\in V$，总有唯一一个元素 $\boldsymbol{\delta}\in V$ 与之对应，称为 λ 与 $\boldsymbol{\alpha}$ 的积，记作 $\boldsymbol{\delta}=\lambda\boldsymbol{\alpha}$. 这两种运算满足以下八条运算规律：

(1) **交换律** $\boldsymbol{\alpha}+\boldsymbol{\beta}=\boldsymbol{\beta}+\boldsymbol{\alpha}$；

(2) **结合律** $(\boldsymbol{\alpha}+\boldsymbol{\beta})+\boldsymbol{\gamma}=\boldsymbol{\alpha}+(\boldsymbol{\beta}+\boldsymbol{\gamma})$；

(3) **有零元素** $\boldsymbol{0}\in V$ 使 $\forall\boldsymbol{\alpha}\in V$ 有：$\boldsymbol{0}+\boldsymbol{\alpha}=\boldsymbol{\alpha}$；

(4) **有负元素** $\forall\boldsymbol{\alpha}\in V$，有 $\boldsymbol{\beta}\in V$，使 $\boldsymbol{\alpha}+\boldsymbol{\beta}=\boldsymbol{0}$；

(5) **有单位元素** $\mathbb{R}$ 中有数 1，使 $1\cdot\boldsymbol{\alpha}=\boldsymbol{\alpha}$；

(6) **乘法结合律** $\lambda(\mu\boldsymbol{\alpha})=(\lambda\mu)\boldsymbol{\alpha}$；

(7) **数的分配律** $(\lambda+\mu)\boldsymbol{\alpha}=\lambda\boldsymbol{\alpha}+\mu\boldsymbol{\alpha}$；

(8) **元素的分配律** $\lambda(\boldsymbol{\alpha}+\boldsymbol{\beta})=\lambda\boldsymbol{\alpha}+\lambda\boldsymbol{\beta}$.

则称 V 为线性空间(或向量空间).

V 中的元素称为向量，但这向量不一定是有序数组，可以是多项式，矩阵等.

2. 线性空间的性质

(1) 零元素是唯一的；

(2) 任一元素的负元素是唯一的；

(3) $0\boldsymbol{\alpha}=\boldsymbol{0}$；$(-1)\boldsymbol{\alpha}=-\boldsymbol{\alpha}$；$\lambda\boldsymbol{0}=\boldsymbol{0}$；

(4) 如果 $\lambda\boldsymbol{\alpha}=\boldsymbol{0}$，则 $\lambda=0$ 或 $\boldsymbol{\alpha}=\boldsymbol{0}$.

3. 本节重点

线性空间的定义及性质，以及线性空间的判定.

二、经典题型解析及解题方法总结

【例 1】 判定下列集合对指定的运算是否构成线性空间：

(1)所有 n 阶实对称矩阵，对于矩阵的加法和数量乘法；

(2)所有 n 阶实可逆矩阵，对于矩阵的加法和数量乘法；

(3)全体正实数，记为$\mathbb{R}^+$，加法和数量乘法运算定义为：

$a\oplus b=ab(a,b\in\mathbb{R}^+)$，$\lambda\circ a=a^\lambda(\lambda\in\mathbb{R},a\in\mathbb{R}^+)$.

解 (1)由矩阵的加法和数乘运算可知，n 阶实对称矩阵对加法和数乘运算封闭，进一步，由矩阵的运算规律可知，满足八条运算规律，因此所有 n 阶实对称矩阵，对于矩阵的加法和数量乘法，构成实数域上的线性空间.

(2)由于两个 n 阶实可逆矩阵的和不一定可逆，例如 $n=2$ 时，可逆矩阵 $\boldsymbol{A}=\begin{pmatrix}1&1\\0&1\end{pmatrix}$ 与 $\boldsymbol{B}=\begin{pmatrix}1&0\\0&-1\end{pmatrix}$ 的和 $\boldsymbol{A}+\boldsymbol{B}=\begin{pmatrix}2&1\\0&0\end{pmatrix}$ 不可逆. 从而对加法不封闭.(事实上对数量乘法，也不封闭)，因此所有 n 阶实可逆矩阵，对于矩阵的加法和数量乘法不构成线性空间.

(3)先检验对两种运算是否封闭：

设 $a,b\in\mathbb{R}^+$，$a\oplus b=ab\in\mathbb{R}^+$；$\forall\lambda\in\mathbb{R}$，$\lambda\circ a=a^\lambda\in\mathbb{R}^+$.

故对加法和数量乘法运算封闭.

再依次检验是否满足八条运算规律：

①$a\oplus b=ab=ba=b\oplus a$；

②$(a\oplus b)\oplus c=(ab)\oplus c=(ab)c=a(bc)=a\oplus(b\oplus c)$；

③$\mathbb{R}^+$存在零元素 1，对 $\forall a\in\mathbb{R}^+$，有 $a\oplus 1=a\cdot 1=a$；

④对 $\forall a\in\mathbb{R}^+$，有负元素 $a^{-1}\in\mathbb{R}^+$，使 $a\oplus a^{-1}=a\cdot a^{-1}=1$；

⑤$1\circ a=a^1=a$；

⑥$\lambda\circ(\mu\circ a)=\lambda\circ a^\mu=(a^\mu)^\lambda=a^{\lambda\mu}=(\lambda\mu)\circ a$；

⑦$(\lambda+\mu)\circ a=a^{\lambda+\mu}=a^\lambda\cdot a^\mu=a^\lambda\oplus a^\mu=\lambda\circ a\oplus\mu\circ a$；

⑧$\lambda\circ(a\oplus b)=\lambda\circ(ab)=(ab)^\lambda=a^\lambda b^\lambda=a^\lambda\oplus b^\lambda=\lambda\circ a\oplus\lambda\circ b$.

因此，$\mathbb{R}^+$对于所定义的运算构成线性空间.

方法总结

线性空间的判定方法：

(1)一个集合，对于定义的加法和数乘运算不封闭，或者运算不满足八条性质的某一条，则此集合就不能构成线性空间；

(2)一个集合，若定义的加法和数乘运算是通常的实数间的加乘运算，则只需检验对运算的封闭性；

(3)一个集合，若定义的加法和数乘运算不是通常的实数间的加、乘运算，则必须检验是否满足八条运算规律.

第二节 维数、基与坐标

一、主要内容归纳

1. 线性空间的基与维数

在线性空间 V 中，如果存在 n 个元素 $\boldsymbol{\alpha}_1,\boldsymbol{\alpha}_2,\cdots,\boldsymbol{\alpha}_n$，满足：

(1) $\boldsymbol{\alpha}_1,\boldsymbol{\alpha}_2,\cdots,\boldsymbol{\alpha}_n$ 线性无关；

(2) V 中任一元素 $\boldsymbol{\alpha}$ 总可由 $\boldsymbol{\alpha}_1,\boldsymbol{\alpha}_1,\cdots,\boldsymbol{\alpha}_n$ 线性表示，

则 $\boldsymbol{\alpha}_1,\boldsymbol{\alpha}_2,\cdots,\boldsymbol{\alpha}_n$ 就称为线性空间 V 的一个基，n 称为线性空间 V 的维数.

注：只含一个零元素的线性空间没有基，规定它的维数为 0；

维数为 n 的线性空间称为 n 维线性空间，记作 V_n；

若线性空间的维数不是有限，则称为无穷维线性空间.

对于 n 维线性空间 V_n，若知 $\boldsymbol{\alpha}_1,\boldsymbol{\alpha}_2,\cdots,\boldsymbol{\alpha}_n$ 为 V_n 的一个基，则 V_n 可表示为：

$V_n=\{\boldsymbol{\alpha}=x_1\boldsymbol{\alpha}_1+x_2\boldsymbol{\alpha}_2+\cdots+x_n\boldsymbol{\alpha}_n \mid x_1,x_2,\cdots,x_n\in\mathbb{R}\}$.

2. 坐标

设 $\boldsymbol{\alpha}_1,\boldsymbol{\alpha}_2,\cdots,\boldsymbol{\alpha}_n$ 是线性空间 V_n 的一个基，对于任一元素 $\boldsymbol{\alpha}\in V_n$，总有且仅有一组有序数 $x_1,x_2,\cdots,x_n$，使 $\boldsymbol{\alpha}=x_1\boldsymbol{\alpha}_1+x_2\boldsymbol{\alpha}_2+\cdots+x_n\boldsymbol{\alpha}_n$，则 $x_1,x_2,\cdots,x_n$ 这组有序数组就称为元素 $\boldsymbol{\alpha}$ 在 $\boldsymbol{\alpha}_1,\boldsymbol{\alpha}_2,\cdots,\boldsymbol{\alpha}_n$ 这个基下的坐标，并记作 $\boldsymbol{\alpha}=(x_1,x_2,\cdots,x_n)^{\mathrm{T}}$.

3. 线性空间的同构

设 U,V 是两个线性空间，如果他们的元素之间有一一对应关系，且这个对应关系保持线性组合的对应，那么就称线性空间 U 和 V 同构.

注：任何 n 维线性空间都和 $\mathbb{R}^n$ 同构，即维数相等的线性空间都同构，从而可知线性空间的结构完全被它的维数所决定.

4. 本节重点

求线性空间的基与维数，以及求元素在基下的坐标.

二、经典题型解析及解题方法总结

【例 1】 实数域上二阶方阵所构成的线性空间 V 中，求它的一组基与维数.

解 取 $\boldsymbol{E}_{11}=\begin{pmatrix}1&0\\0&0\end{pmatrix},\boldsymbol{E}_{12}=\begin{pmatrix}0&1\\0&0\end{pmatrix},\boldsymbol{E}_{21}=\begin{pmatrix}0&0\\1&0\end{pmatrix},\boldsymbol{E}_{22}=\begin{pmatrix}0&0\\0&1\end{pmatrix}$,

则 V 中任一元 $\boldsymbol{A}=\begin{pmatrix}a&b\\c&d\end{pmatrix}$ 均可由 $\boldsymbol{E}_{11},\boldsymbol{E}_{12},\boldsymbol{E}_{21},\boldsymbol{E}_{22}$ 线性表示，即：

$$\boldsymbol{A}=\begin{pmatrix}a&b\\c&d\end{pmatrix}=a\begin{pmatrix}1&0\\0&0\end{pmatrix}+b\begin{pmatrix}0&1\\0&0\end{pmatrix}+c\begin{pmatrix}0&0\\1&0\end{pmatrix}+d\begin{pmatrix}0&0\\0&1\end{pmatrix}=a\boldsymbol{E}_{11}+b\boldsymbol{E}_{12}+c\boldsymbol{E}_{21}+d\boldsymbol{E}_{22}.$$

下面证明 $\boldsymbol{E}_{11},\boldsymbol{E}_{12},\boldsymbol{E}_{21},\boldsymbol{E}_{22}$ 线性无关，设存在一组数 k_1,k_2,k_3,k_4 使

$k_1\boldsymbol{E}_{11}+k_2\boldsymbol{E}_{12}+k_3\boldsymbol{E}_{21}+k_4\boldsymbol{E}_{22}=\boldsymbol{O}$,

则有 $\begin{pmatrix}k_1&0\\0&0\end{pmatrix}+\begin{pmatrix}0&k_2\\0&0\end{pmatrix}+\begin{pmatrix}0&0\\k_3&0\end{pmatrix}+\begin{pmatrix}0&0\\0&k_4\end{pmatrix}=\begin{pmatrix}0&0\\0&0\end{pmatrix}$,

即 $\begin{pmatrix}k_1&k_2\\k_3&k_4\end{pmatrix}=\begin{pmatrix}0&0\\0&0\end{pmatrix}$，从而 $k_1=k_2=k_3=k_4=0$.

所以 $\boldsymbol{E}_{11},\boldsymbol{E}_{12},\boldsymbol{E}_{21},\boldsymbol{E}_{22}$ 线性无关，于是 $\boldsymbol{E}_{11},\boldsymbol{E}_{12},\boldsymbol{E}_{21},\boldsymbol{E}_{22}$ 构成二阶方阵所生成的线性空间 V 的一组基，并且 V 的维数为 4.

【例 2】 求线性空间 $V=\{(x_1,x_2,\cdots,x_n)\mid x_1+x_2+\cdots+x_n=0,x_i\in\mathbb{R}\}$ 的一组基与维数.

解 线性空间 V 是由齐次线性方程组 $x_1+x_2+\cdots+x_n=0$ 的解生成的.

解方程组可得其基础解系为：$\boldsymbol{\zeta}_1=(-1,1,0,\cdots,0)^{\mathrm{T}},\boldsymbol{\zeta}_2=(-1,0,1,\cdots,0)^{\mathrm{T}},\cdots,\boldsymbol{\zeta}_{n-1}=(-1,0,0,\cdots,1)^{\mathrm{T}}$，$V$ 中任一元素为方程组的解，从而均可由 $\boldsymbol{\zeta}_1,\boldsymbol{\zeta}_2,\cdots,\boldsymbol{\zeta}_{n-1}$ 线性表示，并且 $\boldsymbol{\zeta}_1,\boldsymbol{\zeta}_2,\cdots,\boldsymbol{\zeta}_{n-1}$ 线性无关，于是 $\boldsymbol{\zeta}_1,\boldsymbol{\zeta}_2,\cdots,\boldsymbol{\zeta}_{n-1}$ 是 V 的一组基，并且 V 的维数为 $n-1$.

方法总结

求线性空间的基及其维数，关键是找出一组元素 $\boldsymbol{\alpha}_1,\boldsymbol{\alpha}_2,\cdots,\boldsymbol{\alpha}_n$ 满足下面两条：

(1) $\boldsymbol{\alpha}_1,\boldsymbol{\alpha}_2,\cdots,\boldsymbol{\alpha}_n$ 线性无关；

(2) V 中任一元素 $\boldsymbol{\alpha}$ 总可由 $\boldsymbol{\alpha}_1,\boldsymbol{\alpha}_2,\cdots,\boldsymbol{\alpha}_n$ 线性表示.

方法与第四章中向量空间的基与维数的求法相同，只是这里 $\boldsymbol{\alpha}_1,\boldsymbol{\alpha}_2,\cdots,\boldsymbol{\alpha}_n$ 的范围更广泛，可以是向量组，也可以是矩阵、多项式、函数等.

例 1 中先猜测出线性空间的一组基，然后根据上面两个条件去验证；

例 2 中将求线性空间的基转化为求齐次线性方程组的基础解系.

【例 3】 已知三维线性空间的一组基为 $\boldsymbol{\alpha}_1=(1,1,0)^{\mathrm{T}},\boldsymbol{\alpha}_2=(1,0,1)^{\mathrm{T}},\boldsymbol{\alpha}_3=(0,1,1)^{\mathrm{T}}$，求向量 $\boldsymbol{\beta}=(2,0,0)^{\mathrm{T}}$ 在这组基下的坐标.

解 **方法一** 根据定义，解方程组求解.

设向量 $\boldsymbol{\beta}=(2,0,0)^{\mathrm{T}}$ 在基 $\boldsymbol{\alpha}_1,\boldsymbol{\alpha}_2,\boldsymbol{\alpha}_3$ 下的坐标为 $(x_1,x_2,x_3)^{\mathrm{T}}$.

则有 $\boldsymbol{\beta}=x_1\boldsymbol{\alpha}_1+x_2\boldsymbol{\alpha}_2+x_3\boldsymbol{\alpha}_3$，即 $\begin{pmatrix}1&1&0\\1&0&1\\0&1&1\end{pmatrix}\begin{pmatrix}x_1\\x_2\\x_3\end{pmatrix}=\begin{pmatrix}2\\0\\0\end{pmatrix}$.

解得 $(x_1,x_2,x_3)^{\mathrm{T}}=(1,1,-1)^{\mathrm{T}}$.

方法二 注意到方法一中求方程组的解即得$(x_1,x_2,x_3)^T=\boldsymbol{A}^{-1}\boldsymbol{\beta}$,其中$\boldsymbol{A}=(\boldsymbol{\alpha}_1,\boldsymbol{\alpha}_2,\boldsymbol{\alpha}_3)$,故可用初等变换求解.

对矩阵$\boldsymbol{B}=(\boldsymbol{\alpha}_1,\boldsymbol{\alpha}_2,\boldsymbol{\alpha}_3,\boldsymbol{\beta})$施行初等行变换,把它化为行最简形矩阵,最后一列即为所求的坐标.

$$\boldsymbol{B}=(\boldsymbol{\alpha}_1,\boldsymbol{\alpha}_2,\boldsymbol{\alpha}_3,\boldsymbol{\beta})=\begin{pmatrix}1&1&0&2\\1&0&1&0\\0&1&1&0\end{pmatrix}\to\begin{pmatrix}1&0&1&0\\0&1&-1&2\\0&1&1&0\end{pmatrix}$$

$$\to\begin{pmatrix}1&0&1&0\\0&1&1&0\\0&0&-2&2\end{pmatrix}\to\left(\begin{array}{ccc:c}1&0&0&1\\0&1&0&1\\0&0&1&-1\end{array}\right).$$

所以$\boldsymbol{\beta}$在基$\boldsymbol{\alpha}_1,\boldsymbol{\alpha}_2,\boldsymbol{\alpha}_3$下的坐标为$(1,1,-1)^T$.

方法三 利用第三节过渡矩阵与坐标变换的方法求解.

显然向量$\boldsymbol{\beta}=(2,0,0)^T=2(1,0,0)^T+0\cdot(0,1,0)^T+0\cdot(0,0,1)^T$,所以$\boldsymbol{\beta}$在基$\boldsymbol{\varepsilon}_1,\boldsymbol{\varepsilon}_2,\boldsymbol{\varepsilon}_3$下的坐标为$(2,0,0)^T$,设$\boldsymbol{\beta}$在基$\boldsymbol{\alpha}_1,\boldsymbol{\alpha}_2,\boldsymbol{\alpha}_3$下的坐标为$(x_1,x_2,x_3)^T$,

则$\boldsymbol{\beta}=x_1\boldsymbol{\alpha}_1+x_2\boldsymbol{\alpha}_2+x_3\boldsymbol{\alpha}_3=(\boldsymbol{\alpha}_1,\boldsymbol{\alpha}_2,\boldsymbol{\alpha}_3)(x_1,x_2,x_3)^T$

又$\boldsymbol{\beta}=(\boldsymbol{\varepsilon}_1,\boldsymbol{\varepsilon}_2,\boldsymbol{\varepsilon}_3)\begin{pmatrix}2\\0\\0\end{pmatrix}$,所以$(\boldsymbol{\alpha}_1,\boldsymbol{\alpha}_2,\boldsymbol{\alpha}_3)\begin{pmatrix}x_1\\x_2\\x_3\end{pmatrix}=(\boldsymbol{\varepsilon}_1,\boldsymbol{\varepsilon}_2,\boldsymbol{\varepsilon}_3)\begin{pmatrix}2\\0\\0\end{pmatrix}$,

则$\begin{pmatrix}x_1\\x_2\\x_3\end{pmatrix}=(\boldsymbol{\alpha}_1,\boldsymbol{\alpha}_2,\boldsymbol{\alpha}_3)^{-1}(\boldsymbol{\varepsilon}_1,\boldsymbol{\varepsilon}_2,\boldsymbol{\varepsilon}_3)\begin{pmatrix}2\\0\\0\end{pmatrix}=\begin{pmatrix}1\\1\\-1\end{pmatrix}$.

方法总结

求向量在基下的坐标的方法很多,本题分别介绍了三种方法,第一种方法是利用定义解方程组,第二种方法是利用初等变换求解,第三种方法是利用过渡矩阵与坐标变换的关系求解,这三种方法虽然解题思路不同,但本质上是一致的,相互关联的.

【例 4】 证明$x^3,x^3+x,x^2+1,x+1$是$\boldsymbol{P}[x]_3$的一个基,并求多项式x^2+2x+3在这个基下的坐标.

证 (1)设一组数k_1,k_2,k_3,k_4,使

$k_1x^3+k_2(x^3+x)+k_3(x^2+1)+k_4(x+1)=\boldsymbol{0}$,

即$(k_1+k_2)x^3+k_3x^2+(k_2+k_4)x+(k_3+k_4)=\boldsymbol{0}$,

显然$x^3,x^2,x,1$是$\boldsymbol{P}[x]_3$的一个基,从而线性无关,

所以$\begin{cases}k_1+k_2=0,\\k_3=0,\\k_2+k_4=0,\\k_3+k_4=0,\end{cases}$ 解得 $k_1=k_2=k_3=k_4=0$.

故 $x^3,x^3+x,x^2+1,x+1$ 线性无关，是 $\boldsymbol{P}[x]_3$ 的一个基.

(2)取一组数 a_1,a_2,a_3,a_4 使

$x^2+2x+3=a_1x^3+a_2(x^3+x)+a_3(x^2+1)+a_4(x+1)$

$=(a_1+a_2)x^3+a_3x^2+(a_2+a_4)x+(a_3+a_4)$,

即$\begin{cases}a_1+a_2=0,\\a_3=1,\\a_2+a_4=2,\\a_3+a_4=3,\end{cases}$ 解得$\begin{cases}a_1=0,\\a_2=0,\\a_3=1,\\a_4=2.\end{cases}$

故 x^2+2x+3 在这个基下的坐标为$(0,0,1,2)^{\mathrm{T}}$.

第三节　基变换与坐标变换

一、主要内容归纳

1. 基变换公式

设 $\boldsymbol{\alpha}_1,\boldsymbol{\alpha}_2,\cdots,\boldsymbol{\alpha}_n$ 及 $\boldsymbol{\beta}_1,\boldsymbol{\beta}_2,\cdots,\boldsymbol{\beta}_n$ 是线性空间 V_n 中的两个基，

$$\begin{cases}\boldsymbol{\beta}_1=p_{11}\boldsymbol{\alpha}_1+p_{21}\boldsymbol{\alpha}_2+\cdots+p_{n1}\boldsymbol{\alpha}_n,\\\boldsymbol{\beta}_2=p_{12}\boldsymbol{\alpha}_1+p_{22}\boldsymbol{\alpha}_2+\cdots+p_{n2}\boldsymbol{\alpha}_n,\\\cdots\cdots\cdots\cdots\\\boldsymbol{\beta}_n=p_{1n}\boldsymbol{\alpha}_1+p_{2n}\boldsymbol{\alpha}_2+\cdots+p_{nn}\boldsymbol{\alpha}_n.\end{cases}\qquad ①$$

把 $\boldsymbol{\alpha}_1,\boldsymbol{\alpha}_2,\cdots,\boldsymbol{\alpha}_n$ 这 n 个有序元素记作$(\boldsymbol{\alpha}_1,\boldsymbol{\alpha}_2,\cdots,\boldsymbol{\alpha}_n)$，利用向量和矩阵的形式，

①式可表示为：

$$(\boldsymbol{\beta}_1,\boldsymbol{\beta}_2,\cdots,\boldsymbol{\beta}_n)=(\boldsymbol{\alpha}_1,\boldsymbol{\alpha}_2,\cdots,\boldsymbol{\alpha}_n)\boldsymbol{P}\qquad ②$$

①或②式称为基变换公式，矩阵 $\boldsymbol{P}$ 称为由基 $\boldsymbol{\alpha}_1,\boldsymbol{\alpha}_2,\cdots,\boldsymbol{\alpha}_n$ 到基 $\boldsymbol{\beta}_1,\boldsymbol{\beta}_2,\cdots,\boldsymbol{\beta}_n$ 的过渡矩阵. 由于 $\boldsymbol{\beta}_1,\boldsymbol{\beta}_2,\cdots,\boldsymbol{\beta}_n$ 线性无关，故过渡矩阵 $\boldsymbol{P}$ 可逆.

2. 坐标变换公式

设 V_n 中的元素 $\boldsymbol{\alpha}$，在基 $\boldsymbol{\alpha}_1,\boldsymbol{\alpha}_2,\cdots,\boldsymbol{\alpha}_n$ 下的坐标为$(x_1,x_2,\cdots,x_n)^{\mathrm{T}}$，在基 $\boldsymbol{\beta}_1,\boldsymbol{\beta}_2,\cdots,\boldsymbol{\beta}_n$ 下的坐标为$(x'_1,x'_2,\cdots,x'_n)^{\mathrm{T}}$，若两个基满足关系式②，则有坐标变换公式：

$$\begin{pmatrix} x_1 \\ x_2 \\ \vdots \\ x_n \end{pmatrix} = P \begin{pmatrix} x_1' \\ x_2' \\ \vdots \\ x_n' \end{pmatrix}, 或 \begin{pmatrix} x_1' \\ x_2' \\ \vdots \\ x_n' \end{pmatrix} = P^{-1} \begin{pmatrix} x_1 \\ x_2 \\ \vdots \\ x_n \end{pmatrix}.$$

3. 本节重点

掌握基变换公式和坐标变换公式，会求不同基之间的过渡矩阵 P.

二、经典题型解析及解题方法总结

【例 1】 已知 $\mathbb{R}^3$ 的两组基 $\boldsymbol{\varepsilon}_1=(1,0,0)^T$，$\boldsymbol{\varepsilon}_2=(0,1,0)^T$，$\boldsymbol{\varepsilon}_3=(0,0,1)^T$ 和 $\boldsymbol{\alpha}_1=(1,0,0)^T$，$\boldsymbol{\alpha}_2=(1,1,0)^T$，$\boldsymbol{\alpha}_3=(1,1,1)^T$.

(1)求由基 $\boldsymbol{\varepsilon}_1,\boldsymbol{\varepsilon}_2,\boldsymbol{\varepsilon}_3$ 到基 $\boldsymbol{\alpha}_1,\boldsymbol{\alpha}_2,\boldsymbol{\alpha}_3$ 的过渡矩阵.

(2)由基 $\boldsymbol{\alpha}_1,\boldsymbol{\alpha}_2,\boldsymbol{\alpha}_3$ 到基 $\boldsymbol{\beta}_1,\boldsymbol{\beta}_2,\boldsymbol{\beta}_3$ 的过渡矩阵为 $A=\begin{pmatrix} 1 & -1 & 0 \\ 0 & 1 & -1 \\ 0 & 0 & 1 \end{pmatrix}$，求 $\boldsymbol{\beta}_1,\boldsymbol{\beta}_2,\boldsymbol{\beta}_3$.

(3)$\boldsymbol{\alpha}$ 在基 $\boldsymbol{\beta}_1,\boldsymbol{\beta}_2,\boldsymbol{\beta}_3$ 下的坐标为 $(1,2,3)^T$，求 $\boldsymbol{\alpha}$ 在基 $\boldsymbol{\alpha}_1,\boldsymbol{\alpha}_2,\boldsymbol{\alpha}_3$ 下的坐标.

解 (1)易知 $(\boldsymbol{\alpha}_1,\boldsymbol{\alpha}_2,\boldsymbol{\alpha}_3)=(\boldsymbol{\varepsilon}_1,\boldsymbol{\varepsilon}_2,\boldsymbol{\varepsilon}_3)\begin{pmatrix} 1 & 1 & 1 \\ 0 & 1 & 1 \\ 0 & 0 & 1 \end{pmatrix}$.

故由基 $\boldsymbol{\varepsilon}_1,\boldsymbol{\varepsilon}_2,\boldsymbol{\varepsilon}_3$ 到基 $\boldsymbol{\alpha}_1,\boldsymbol{\alpha}_2,\boldsymbol{\alpha}_3$ 的过渡矩阵 $P=\begin{pmatrix} 1 & 1 & 1 \\ 0 & 1 & 1 \\ 0 & 0 & 1 \end{pmatrix}$.

(2)由题意，有

$$(\boldsymbol{\beta}_1,\boldsymbol{\beta}_2,\boldsymbol{\beta}_3)=(\boldsymbol{\alpha}_1,\boldsymbol{\alpha}_2,\boldsymbol{\alpha}_3)A=\begin{pmatrix} 1 & 1 & 1 \\ 0 & 1 & 1 \\ 0 & 0 & 1 \end{pmatrix}\begin{pmatrix} 1 & -1 & 0 \\ 0 & 1 & -1 \\ 0 & 0 & 1 \end{pmatrix}=\begin{pmatrix} 1 & 0 & 0 \\ 0 & 1 & 0 \\ 0 & 0 & 1 \end{pmatrix}.$$

故 $\boldsymbol{\beta}_1=(1,0,0)^T$，$\boldsymbol{\beta}_2=(0,1,0)^T$，$\boldsymbol{\beta}_3=(0,0,1)^T$.

(3)设 $\boldsymbol{\alpha}$ 在基 $\boldsymbol{\alpha}_1,\boldsymbol{\alpha}_2,\boldsymbol{\alpha}_3$ 下的坐标为 $(x_1,x_2,x_3)^T$，则有

$$\boldsymbol{\alpha}=x_1\boldsymbol{\alpha}_1+x_2\boldsymbol{\alpha}_2+x_3\boldsymbol{\alpha}_3=(\boldsymbol{\alpha}_1,\boldsymbol{\alpha}_2,\boldsymbol{\alpha}_3)\begin{pmatrix} x_1 \\ x_2 \\ x_3 \end{pmatrix}. (1)$$

$$又 \boldsymbol{\alpha}=1\cdot\boldsymbol{\beta}_1+2\cdot\boldsymbol{\beta}_2+3\cdot\boldsymbol{\beta}_3=(\boldsymbol{\beta}_1,\boldsymbol{\beta}_2,\boldsymbol{\beta}_3)\begin{pmatrix} 1 \\ 2 \\ 3 \end{pmatrix}=(\boldsymbol{\alpha}_1,\boldsymbol{\alpha}_2,\boldsymbol{\alpha}_3)A\begin{pmatrix} 1 \\ 2 \\ 3 \end{pmatrix}. (2)$$

由(1)(2)式得 $\begin{pmatrix}x_1\\x_2\\x_3\end{pmatrix}=\boldsymbol{A}\begin{pmatrix}1\\2\\3\end{pmatrix}=\begin{pmatrix}1&-1&0\\0&1&-1\\0&0&1\end{pmatrix}\begin{pmatrix}1\\2\\3\end{pmatrix}=\begin{pmatrix}-1\\-1\\3\end{pmatrix}$.

方法总结

本题的 3 个小题综合了本节的基本题型，虽然计算量不是很大，但要掌握此种题型的解题思路，不要死记过渡矩阵与坐标变换公式.

【例 2】 设 $\boldsymbol{\alpha}_1,\boldsymbol{\alpha}_2,\cdots,\boldsymbol{\alpha}_n$ 是$\mathbb{R}^n$的一个基.

(1)证明 $\boldsymbol{\alpha}_1,\boldsymbol{\alpha}_1+\boldsymbol{\alpha}_2,\boldsymbol{\alpha}_1+\boldsymbol{\alpha}_2+\boldsymbol{\alpha}_3,\cdots,\boldsymbol{\alpha}_1+\boldsymbol{\alpha}_2+\cdots+\boldsymbol{\alpha}_n$ 也是$\mathbb{R}^n$的一个基.

(2)求从基 $\boldsymbol{\alpha}_1,\boldsymbol{\alpha}_2,\cdots,\boldsymbol{\alpha}_n$ 到基 $\boldsymbol{\alpha}_1,\boldsymbol{\alpha}_1+\boldsymbol{\alpha}_2,\boldsymbol{\alpha}_1+\boldsymbol{\alpha}_2+\boldsymbol{\alpha}_3,\cdots,\boldsymbol{\alpha}_1+\boldsymbol{\alpha}_2+\cdots+\boldsymbol{\alpha}_n$ 的过渡矩阵.

(3)求向量 $\boldsymbol{\alpha}$ 在两组基下坐标的变换公式.

解 (1)要证明 $\boldsymbol{\alpha}_1,\boldsymbol{\alpha}_1+\boldsymbol{\alpha}_2,\cdots,\boldsymbol{\alpha}_1+\boldsymbol{\alpha}_2+\cdots+\boldsymbol{\alpha}_n$ 也是$\mathbb{R}^n$的基，只须证明它们线性无关.

$$(\boldsymbol{\alpha}_1,\boldsymbol{\alpha}_1+\boldsymbol{\alpha}_2,\cdots,\boldsymbol{\alpha}_1+\boldsymbol{\alpha}_2+\cdots+\boldsymbol{\alpha}_n)=(\boldsymbol{\alpha}_1,\boldsymbol{\alpha}_2,\cdots,\boldsymbol{\alpha}_n)\begin{pmatrix}1&1&1&\cdots&1\\0&1&1&\cdots&1\\0&0&1&\cdots&1\\\vdots&\vdots&\vdots&&\vdots\\0&0&0&\cdots&1\end{pmatrix}(\triangle)$$

$=(\boldsymbol{\alpha}_1,\boldsymbol{\alpha}_2,\cdots,\boldsymbol{\alpha}_n)\boldsymbol{P}$.

因为 $|\boldsymbol{P}|=\begin{vmatrix}1&1&1&\cdots&1\\0&1&1&\cdots&1\\0&0&1&\cdots&1\\\vdots&\vdots&\vdots&&\vdots\\0&0&0&\cdots&1\end{vmatrix}=1\neq0$，故 $\boldsymbol{P}$ 可逆.

从而向量组 $\boldsymbol{\alpha}_1,\boldsymbol{\alpha}_2,\cdots,\boldsymbol{\alpha}_n$ 和向量组 $\boldsymbol{\alpha}_1,\boldsymbol{\alpha}_1+\boldsymbol{\alpha}_2,\cdots,\boldsymbol{\alpha}_1+\boldsymbol{\alpha}_2+\cdots+\boldsymbol{\alpha}_n$ 等价.

由条件知 $\boldsymbol{\alpha}_1,\boldsymbol{\alpha}_2,\cdots,\boldsymbol{\alpha}_n$ 是$\mathbb{R}^n$的一个基，所以线性无关.

从而 $\boldsymbol{\alpha}_1,\boldsymbol{\alpha}_1+\boldsymbol{\alpha}_2,\cdots,\boldsymbol{\alpha}_1+\boldsymbol{\alpha}_2+\cdots+\boldsymbol{\alpha}_n$ 也线性无关，故也是$\mathbb{R}^n$的一个基.

(2)由(1)中式(△)知，从基 $\boldsymbol{\alpha}_1,\boldsymbol{\alpha}_2,\cdots,\boldsymbol{\alpha}_n$ 到基 $\boldsymbol{\alpha}_1,\boldsymbol{\alpha}_1+\boldsymbol{\alpha}_2,\cdots,\boldsymbol{\alpha}_1+\boldsymbol{\alpha}_2+\cdots+\boldsymbol{\alpha}_n$ 的过渡矩阵为 $\boldsymbol{P}$.

(3)设向量 $\boldsymbol{\alpha}$ 在基 $\boldsymbol{\alpha}_1,\boldsymbol{\alpha}_2,\cdots,\boldsymbol{\alpha}_n$ 下的坐标为 $\begin{pmatrix}x_1\\x_2\\\vdots\\x_n\end{pmatrix}$.

在基 $\boldsymbol{\alpha}_1,\boldsymbol{\alpha}_1+\boldsymbol{\alpha}_2,\cdots,\boldsymbol{\alpha}_1+\boldsymbol{\alpha}_2+\cdots+\boldsymbol{\alpha}_n$ 下的坐标为 $\begin{pmatrix} x_1' \\ x_2' \\ \vdots \\ x_n' \end{pmatrix}$.

则有

$$\begin{pmatrix} x_1' \\ x_2' \\ \vdots \\ x_n' \end{pmatrix}=\boldsymbol{P}^{-1}\begin{pmatrix} x_1 \\ x_2 \\ \vdots \\ x_n \end{pmatrix}=\begin{pmatrix} 1 & 1 & 1 & \cdots & 1 \\ 0 & 1 & 1 & \cdots & 1 \\ 0 & 0 & 1 & \cdots & 1 \\ \vdots & \vdots & \vdots & & \vdots \\ 0 & 0 & 0 & \cdots & 1 \end{pmatrix}^{-1}\begin{pmatrix} x_1 \\ x_2 \\ \vdots \\ x_n \end{pmatrix}=\begin{pmatrix} 1 & -1 & 0 & \cdots & 0 \\ 0 & 1 & -1 & \cdots & 0 \\ 0 & 0 & 1 & \cdots & 0 \\ \vdots & \vdots & \vdots & & \vdots \\ 0 & 0 & 0 & \cdots & 1 \end{pmatrix}\begin{pmatrix} x_1 \\ x_2 \\ \vdots \\ x_n \end{pmatrix}.$$

【例 3】 若 $\boldsymbol{\alpha}_1,\boldsymbol{\alpha}_2,\boldsymbol{\alpha}_3$ 和 $\boldsymbol{\beta}_1,\boldsymbol{\beta}_2,\boldsymbol{\beta}_3$ 是 $\mathbb{R}^3$ 中的两组基,并且基 $\boldsymbol{\alpha}_1,\boldsymbol{\alpha}_2,\boldsymbol{\alpha}_3$ 到基 $\boldsymbol{\beta}_1,\boldsymbol{\beta}_2,\boldsymbol{\beta}_3$ 的过渡矩阵为 $\boldsymbol{A}=\begin{pmatrix} 1 & 1 & -1 \\ -1 & 1 & 1 \\ 1 & -1 & 1 \end{pmatrix}$.

(1)若基 $\boldsymbol{\alpha}_1=(1,0,0)^{\mathrm{T}},\boldsymbol{\alpha}_2=(1,1,0)^{\mathrm{T}},\boldsymbol{\alpha}_3=(1,1,1)^{\mathrm{T}}$,试求基 $\boldsymbol{\beta}_1,\boldsymbol{\beta}_2,\boldsymbol{\beta}_3$.

(2)若基 $\boldsymbol{\beta}_1=(0,1,1)^{\mathrm{T}},\boldsymbol{\beta}_2=(1,0,2)^{\mathrm{T}},\boldsymbol{\beta}_3=(2,1,0)^{\mathrm{T}}$,试求基 $\boldsymbol{\alpha}_1,\boldsymbol{\alpha}_2,\boldsymbol{\alpha}_3$.

解 (1)$(\boldsymbol{\beta}_1,\boldsymbol{\beta}_2,\boldsymbol{\beta}_3)=(\boldsymbol{\alpha}_1,\boldsymbol{\alpha}_2,\boldsymbol{\alpha}_3)\boldsymbol{A}=\begin{pmatrix} 1 & 1 & 1 \\ 0 & 1 & 1 \\ 0 & 0 & 1 \end{pmatrix}\begin{pmatrix} 1 & 1 & -1 \\ -1 & 1 & 1 \\ 1 & -1 & 1 \end{pmatrix}=\begin{pmatrix} 1 & 1 & 1 \\ 0 & 0 & 2 \\ 1 & -1 & 1 \end{pmatrix}$,

所以 $\boldsymbol{\beta}_1=(1,0,1)^{\mathrm{T}},\boldsymbol{\beta}_2=(1,0,-1)^{\mathrm{T}},\boldsymbol{\beta}_3=(1,2,1)^{\mathrm{T}}$.

(2)因为 $|\boldsymbol{A}|=4\neq 0$,所以 $\boldsymbol{A}$ 可逆.

由 $(\boldsymbol{\beta}_1,\boldsymbol{\beta}_2,\boldsymbol{\beta}_3)=(\boldsymbol{\alpha}_1,\boldsymbol{\alpha}_2,\boldsymbol{\alpha}_3)\boldsymbol{A}$ 可得:

$$(\boldsymbol{\alpha}_1,\boldsymbol{\alpha}_2,\boldsymbol{\alpha}_3)=(\boldsymbol{\beta}_1,\boldsymbol{\beta}_2,\boldsymbol{\beta}_3)\boldsymbol{A}^{-1}$$

$$=\begin{pmatrix} 0 & 1 & 2 \\ 1 & 0 & 1 \\ 1 & 2 & 0 \end{pmatrix}\begin{pmatrix} 1 & 1 & -1 \\ -1 & 1 & 1 \\ 1 & -1 & 1 \end{pmatrix}^{-1}$$

$$=\begin{pmatrix} 0 & 1 & 2 \\ 1 & 0 & 1 \\ 1 & 2 & 1 \end{pmatrix}\begin{pmatrix} \frac{1}{2} & 0 & \frac{1}{2} \\ \frac{1}{2} & \frac{1}{2} & 0 \\ 0 & \frac{1}{2} & \frac{1}{2} \end{pmatrix}=\begin{pmatrix} \frac{1}{2} & \frac{3}{2} & 1 \\ \frac{1}{2} & \frac{1}{2} & 1 \\ \frac{3}{2} & 1 & \frac{1}{2} \end{pmatrix}.$$

所以 $\boldsymbol{\alpha}_1=\left(\frac{1}{2},\frac{1}{2},\frac{3}{2}\right)^{\mathrm{T}},\boldsymbol{\alpha}_2=\left(\frac{3}{2},\frac{1}{2},1\right)^{\mathrm{T}},\boldsymbol{\alpha}_3=\left(1,1,\frac{1}{2}\right)^{\mathrm{T}}$.

第四节　线性变换

一、主要内容归纳

1. 映射

设有两个非空集合 $\boldsymbol{A},\boldsymbol{B}$,如果对于 $\boldsymbol{A}$ 中任一元素 $\boldsymbol{\alpha}$,按照一定的规则,总有 $\boldsymbol{B}$ 中一个确定的元素 $\boldsymbol{\beta}$ 和它对应,那么这个对应规则称为从集合 $\boldsymbol{A}$ 到集合 $\boldsymbol{B}$ 的映射,记作 $\boldsymbol{\beta}=T(\boldsymbol{\alpha})$ 或 $\boldsymbol{\beta}=T\boldsymbol{\alpha}(\boldsymbol{\alpha}\in\boldsymbol{A})$.

2. 定义域、像集

设 $\boldsymbol{\alpha}_1\in\boldsymbol{A},T(\boldsymbol{\alpha}_1)=\boldsymbol{\beta}_1$,则 $\boldsymbol{\beta}_1$ 称为 $\boldsymbol{\alpha}_1$ 在映射 T 下的像,$\boldsymbol{\alpha}_1$ 称为 $\boldsymbol{\beta}_1$ 在映射 T 下的原像. $\boldsymbol{A}$ 称为映射 T 的定义域,像的全体所构成的集合称为像集,记作 $T(\boldsymbol{A})$,即 $T(\boldsymbol{A})=\{\boldsymbol{\beta}=T(\boldsymbol{\alpha})\mid\boldsymbol{\alpha}\in\boldsymbol{A}\}$. 显然$T(\boldsymbol{A})\subseteq\boldsymbol{B}$.

3. 线性变换的定义

设 V_n,U_m 分别是n 维和m 维线性空间,T 是一个从 V_n 到 U_m 的映射,如果映射 T 满足:

(1)任给 $\boldsymbol{\alpha}_1,\boldsymbol{\alpha}_2\in V_n$(从而 $\boldsymbol{\alpha}_1+\boldsymbol{\alpha}_2\in V_n$),有 $T(\boldsymbol{\alpha}_1+\boldsymbol{\alpha}_2)=T(\boldsymbol{\alpha}_1)+T(\boldsymbol{\alpha}_2)$;

(2)任给 $\boldsymbol{\alpha}\in V_n,\lambda\in\mathbb{R}$(从而 $\lambda\boldsymbol{\alpha}\in V_n$),有 $T(\lambda\boldsymbol{\alpha})=\lambda T(\boldsymbol{\alpha})$.

那么 T 就称为从 V_n 到 U_m 的线性映射,或称为线性变换.

简言之,线性映射就是保持线性组合的对应的映射.

若$U_m=V_n$,则 T 称为线性空间 V_n 中的线性变换(下面只讨论线性空间 V_n 中的线性变换).

4. 线性变换的性质

(1)$T\mathbf{0}=\mathbf{0},T(-\boldsymbol{\alpha})=-T\boldsymbol{\alpha}$;

(2)若 $\boldsymbol{\beta}=k_1\boldsymbol{\alpha}_1+k_2\boldsymbol{\alpha}_2+\cdots+k_m\boldsymbol{\alpha}_m$,则 $T\boldsymbol{\beta}=k_1T\boldsymbol{\alpha}_1+k_2T\boldsymbol{\alpha}_2+\cdots+k_mT\boldsymbol{\alpha}_m$;

(3)若 $\boldsymbol{\alpha}_1,\boldsymbol{\alpha}_2,\cdots,\boldsymbol{\alpha}_m$ 线性相关,则 $T\boldsymbol{\alpha}_1,T\boldsymbol{\alpha}_2,\cdots,T\boldsymbol{\alpha}_m$ 亦线性相关;

(4)线性变换 T 的像集 $T(V_n)$是一个线性空间,称为线性变换 T 的像空间;

(5)使 $T\boldsymbol{\alpha}=\mathbf{0}$ 的 $\boldsymbol{\alpha}$ 的全体 $N_T=\{\boldsymbol{\alpha}\mid\boldsymbol{\alpha}\in\boldsymbol{V}_n,T\boldsymbol{\alpha}=\mathbf{0}\}$称为线性变换 T 的核.

5. 本节重点

掌握基变换公式及坐标变换公式,会求两基间的过渡矩阵.

二、经典题型解析及解题方法总结

【例 1】 证明下列变换是线性变换:

(1)定义在闭区间上的全体连续函数组成实数域上的一个线性空间 V,在这个空间中定义变换 $T(f(x))=\int_a^x f(t)\mathrm{d}t$.

(2)线性空间 V 中的恒等变换(或称单位变换)E：$E(\boldsymbol{\alpha})=\boldsymbol{\alpha},\boldsymbol{\alpha}\in V$.

(3)线性空间 V 中的零变换 0:$0(\boldsymbol{\alpha})=\mathbf{0}$.

证 (1)设 $f(x)\in V,g(x)\in V,k\in\mathbb{R}$.

则有 $T[f(x)+g(x)]=\int_a^x[f(t)+g(t)]\mathrm{d}t$

$$=\int_a^x f(t)\mathrm{d}t+\int_a^x g(t)\mathrm{d}t$$

$$=T[f(x)]+T[g(x)].$$

$T[kf(x)]=\int_a^x kf(t)\mathrm{d}t=k\int_a^x f(t)\mathrm{d}t=kT[f(x)]$.

所以 T 是线性变换.

(2)设 $\boldsymbol{\alpha},\boldsymbol{\beta}\in V,k\in\mathbb{R}$，则有 $\boldsymbol{E}(\boldsymbol{\alpha}+\boldsymbol{\beta})=\boldsymbol{\alpha}+\boldsymbol{\beta}=\boldsymbol{E}(\boldsymbol{\alpha})+\boldsymbol{E}(\boldsymbol{\beta})$，

$\boldsymbol{E}(k\boldsymbol{\alpha})=k\boldsymbol{\alpha}=k\boldsymbol{E}(\boldsymbol{\alpha})$.

所以恒等变换 $\boldsymbol{E}$ 是线性变换.

(3)设 $\boldsymbol{\alpha},\boldsymbol{\beta}\in \boldsymbol{V},k\in\mathbb{R}$，则有 $0(\boldsymbol{\alpha}+\boldsymbol{\beta})=\mathbf{0}=\mathbf{0}+\mathbf{0}=0(\boldsymbol{\alpha})+0(\boldsymbol{\beta})$.

$0(k\boldsymbol{\alpha})=\mathbf{0}=k\mathbf{0}=k0(\boldsymbol{\alpha})$.

所以零变换是线性变换.

【例 2】 设 σ 是$\mathbb{R}^3$的一个变换，对任意 $\sigma=\begin{pmatrix}a_1\\a_2\\a_3\end{pmatrix}\in\mathbb{R}^3$，定义 $\sigma(\boldsymbol{\alpha})=\sigma\begin{pmatrix}a_1\\a_2\\a_3\end{pmatrix}=\begin{pmatrix}a_1\\a_2\\-a_3\end{pmatrix}$，

试证明 σ 是$\mathbb{R}^3$的一个线性变换，并分析其几何意义.

证 设 $\boldsymbol{\alpha}=\begin{pmatrix}a_1\\a_2\\a_3\end{pmatrix},\boldsymbol{\beta}=\begin{pmatrix}b_1\\b_2\\b_3\end{pmatrix},\boldsymbol{\alpha},\boldsymbol{\beta}\in\mathbb{R}^3,k\in\mathbb{R}$，则有：

$$\sigma(\boldsymbol{\alpha}+\boldsymbol{\beta})=\sigma\begin{pmatrix}a_1+b_1\\a_2+b_2\\a_3+b_3\end{pmatrix}=\begin{pmatrix}a_1+b_1\\a_2+b_2\\-(a_3+b_3)\end{pmatrix}=\begin{pmatrix}a_1\\a_2\\-a_3\end{pmatrix}+\begin{pmatrix}b_1\\b_2\\-b_3\end{pmatrix}=\sigma(\boldsymbol{\alpha})+\sigma(\boldsymbol{\beta}).$$

$$\sigma(k\boldsymbol{\alpha})=\sigma\begin{pmatrix}ka_1\\ka_2\\ka_3\end{pmatrix}=\begin{pmatrix}ka_1\\ka_2\\-ka_3\end{pmatrix}=k\begin{pmatrix}a_1\\a_2\\-a_3\end{pmatrix}=k\sigma(\boldsymbol{\alpha}).$$

所以 σ 是$\mathbb{R}^3$的一个线性变换.

几何意义：若将$\mathbb{R}^3$空间中的 xOy 平面作为一面镜子，$\sigma(\boldsymbol{\alpha})$就是 $\boldsymbol{\alpha}$ 对于这面镜子反射折成的像.

这个变换也称为镜面变换或者反射变换.

方法总结

例 1、例 2 题型都是判断所给变换是否是线性变换，方法是根据线性变换的定义，验证变换是否满足线性变换的条件.

第五节 线性变换的矩阵表示式

一、主要内容归纳

1. 线性变换在给定基下的矩阵

设 T 是线性空间 V_n 中的线性变换，在 V_n 中取定一个基 $\boldsymbol{\alpha}_1,\boldsymbol{\alpha}_2,\cdots,\boldsymbol{\alpha}_n$，如果这个基在变换 T 下的像为

$$\begin{cases}T(\boldsymbol{\alpha}_1)=a_{11}\boldsymbol{\alpha}_1+a_{21}\boldsymbol{\alpha}_2+\cdots+a_{n1}\boldsymbol{\alpha}_n,\\ T(\boldsymbol{\alpha}_2)=a_{12}\boldsymbol{\alpha}_1+a_{22}\boldsymbol{\alpha}_2+\cdots+a_{n2}\boldsymbol{\alpha}_n,\\ \cdots\cdots\cdots\cdots\\ T(\boldsymbol{\alpha}_n)=a_{1n}\boldsymbol{\alpha}_1+a_{2n}\boldsymbol{\alpha}_2+\cdots+a_{nn}\boldsymbol{\alpha}_n.\end{cases}$$

记 $T(\boldsymbol{\alpha}_1,\boldsymbol{\alpha}_2,\cdots,\boldsymbol{\alpha}_n)=(T(\boldsymbol{\alpha}_1),T(\boldsymbol{\alpha}_2),\cdots,T(\boldsymbol{\alpha}_n))$，则上式可表示为

$$T(\boldsymbol{\alpha}_1,\boldsymbol{\alpha}_2,\cdots,\boldsymbol{\alpha}_n)=(\boldsymbol{\alpha}_1,\boldsymbol{\alpha}_2,\cdots,\boldsymbol{\alpha}_n)\boldsymbol{A},$$

其中 $\boldsymbol{A}=\begin{pmatrix}a_{11}&a_{12}&\cdots&a_{1n}\\a_{21}&a_{22}&\cdots&a_{2n}\\\vdots&\vdots&&\vdots\\a_{n1}&a_{n2}&\cdots&a_{nn}\end{pmatrix}$,

那么，$\boldsymbol{A}$ 就称为线性变换 T 在基 $\boldsymbol{\alpha}_1,\boldsymbol{\alpha}_2,\cdots,\boldsymbol{\alpha}_n$ 下的矩阵.

显然，矩阵 $\boldsymbol{A}$ 由基的像 $T(\boldsymbol{\alpha}_1),T(\boldsymbol{\alpha}_2),\cdots,T(\boldsymbol{\alpha}_n)$唯一确定.

2. 线性变换与其矩阵的关系

在 V_n 中取定一个基以后，由线性变换 T 可唯一确定一个矩阵 $\boldsymbol{A}$，由一个矩阵 $\boldsymbol{A}$ 也可唯一确定一个线性变换 T，故在给定基的条件下，线性变换与矩阵是一一对应的.

3. 线性变换在不同基下的矩阵

设线性空间 V_n 中取两个基：$\boldsymbol{\alpha}_1,\boldsymbol{\alpha}_2,\cdots,\boldsymbol{\alpha}_n$；$\boldsymbol{\beta}_1,\boldsymbol{\beta}_2,\cdots,\boldsymbol{\beta}_n$. 由基 $\boldsymbol{\alpha}_1,\boldsymbol{\alpha}_2,\cdots,\boldsymbol{\alpha}_n$ 到基 $\boldsymbol{\beta}_1,\boldsymbol{\beta}_2,\cdots,\boldsymbol{\beta}_n$ 的过渡矩阵为 $\boldsymbol{P}$，V_n 中的线性变换 T 在这两个基下的矩阵依次为 $\boldsymbol{A}$ 和 $\boldsymbol{B}$，则 $\boldsymbol{B}=\boldsymbol{P}^{-1}\boldsymbol{A}\boldsymbol{P}$.

显然 $\boldsymbol{B}$ 与 $\boldsymbol{A}$ 相似，且两个基之间的过渡矩阵 $\boldsymbol{P}$ 就是相似变换矩阵.

4. 线性变换 T 的秩

线性变换 T 的像空间 $T(V_n)$的维数，称为线性变换 T 的秩.

若 $\boldsymbol{A}$ 是 T 的秩，则 T 的秩就是 $R(\boldsymbol{A})$.

若 T 的秩为 r，则 T 的核 N_T 的维数为 $n-r$.

5. 本节重点

线性变换的矩阵表示法，要求掌握线性变换在给定基下的矩阵及线性变换在不同基下的矩阵之间的关系.

二、经典题型解析及解题方法总结

【例 1】 在 $\mathbb{R}^{2\times2}$ 中(二阶方阵所成的线性空间)，定义变换如下：

$T(\boldsymbol{X})=\boldsymbol{AX}-\boldsymbol{XA}$，$X\in\mathbb{R}^{2\times2}$，$\boldsymbol{A}$ 是 $\mathbb{R}^{2\times2}$ 中一个固定的二阶方阵，证明：

(1)T 是 $\mathbb{R}^{2\times2}$ 中的一个线性变换；

(2)在 $\mathbb{R}^{2\times2}$ 中取一组基：

$$\boldsymbol{\varepsilon}_{11}=\begin{pmatrix}1&0\\0&0\end{pmatrix},\boldsymbol{\varepsilon}_{12}=\begin{pmatrix}0&1\\0&0\end{pmatrix},\boldsymbol{\varepsilon}_{21}=\begin{pmatrix}0&0\\1&0\end{pmatrix},\boldsymbol{\varepsilon}_{22}=\begin{pmatrix}0&0\\0&1\end{pmatrix}.$$

求 T 在这组基下的矩阵.

解 (1)先证 T 是一线性变换，设 $\boldsymbol{X}\in\mathbb{R}^{2\times2}$，$\boldsymbol{Y}\in\mathbb{R}^{2\times2}$，

因为 $T(\boldsymbol{X}+\boldsymbol{Y})=\boldsymbol{A}(\boldsymbol{X}+\boldsymbol{Y})-(\boldsymbol{X}+\boldsymbol{Y})\boldsymbol{A}=(\boldsymbol{AX}-\boldsymbol{XA})+(\boldsymbol{AY}-\boldsymbol{YA})=T(\boldsymbol{X})+T(\boldsymbol{Y})$.

而对 $k\in\mathbb{R}$，有：

$T(k\boldsymbol{X})=\boldsymbol{A}(k\boldsymbol{X})-(k\boldsymbol{X})\boldsymbol{A}=k\boldsymbol{AX}-k\boldsymbol{XA}=k(\boldsymbol{AX}-\boldsymbol{XA})=kT(\boldsymbol{X})$.

所以根据线性变换的定义 T 为 $\mathbb{R}^{2\times2}$ 中的一个线性变换.

(2)由题设条件可得

$$T(\boldsymbol{\varepsilon}_{11})=T\begin{pmatrix}1&0\\0&0\end{pmatrix}=\boldsymbol{A}\begin{pmatrix}1&0\\0&0\end{pmatrix}-\begin{pmatrix}1&0\\0&0\end{pmatrix}\boldsymbol{A}=\begin{pmatrix}a_{11}&a_{12}\\a_{21}&a_{22}\end{pmatrix}\begin{pmatrix}1&0\\0&0\end{pmatrix}-\begin{pmatrix}1&0\\0&0\end{pmatrix}\begin{pmatrix}a_{11}&a_{12}\\a_{21}&a_{22}\end{pmatrix}$$

$$=\begin{pmatrix}a_{11}&0\\a_{21}&0\end{pmatrix}-\begin{pmatrix}a_{11}&a_{12}\\0&0\end{pmatrix}=\begin{pmatrix}0&-a_{12}\\a_{21}&0\end{pmatrix}=0\cdot\boldsymbol{\varepsilon}_{11}+(-a_{12})\boldsymbol{\varepsilon}_{12}+a_{21}\boldsymbol{\varepsilon}_{21}+0\cdot\boldsymbol{\varepsilon}_{22}.$$

$$T(\boldsymbol{\varepsilon}_{12})=T\begin{pmatrix}0&1\\0&0\end{pmatrix}=\boldsymbol{A}\begin{pmatrix}0&1\\0&0\end{pmatrix}-\begin{pmatrix}0&1\\0&0\end{pmatrix}\boldsymbol{A}=\begin{pmatrix}a_{11}&a_{12}\\a_{21}&a_{22}\end{pmatrix}\begin{pmatrix}0&1\\0&0\end{pmatrix}-\begin{pmatrix}0&1\\0&0\end{pmatrix}\begin{pmatrix}a_{11}&a_{12}\\a_{21}&a_{22}\end{pmatrix}$$

$$=\begin{pmatrix}0&a_{11}\\0&a_{21}\end{pmatrix}-\begin{pmatrix}a_{21}&a_{22}\\0&0\end{pmatrix}=\begin{pmatrix}-a_{21}&a_{11}-a_{22}\\0&a_{21}\end{pmatrix}$$

$$=(-a_{21})\boldsymbol{\varepsilon}_{11}+(a_{11}-a_{22})\boldsymbol{\varepsilon}_{12}+0\cdot\boldsymbol{\varepsilon}_{21}+a_{21}\cdot\boldsymbol{\varepsilon}_{22}.$$

同理可得：$T(\boldsymbol{\varepsilon}_{21})=T\begin{pmatrix}0&0\\1&0\end{pmatrix}=\boldsymbol{A}\begin{pmatrix}0&0\\1&0\end{pmatrix}-\begin{pmatrix}0&0\\1&0\end{pmatrix}\boldsymbol{A}$

$$=a_{12}\boldsymbol{\varepsilon}_{11}+0\cdot\boldsymbol{\varepsilon}_{12}+(a_{22}-a_{11})\boldsymbol{\varepsilon}_{21}+(-a_{12})\boldsymbol{\varepsilon}_{22}.$$

$$T(\boldsymbol{\varepsilon}_{22})=T\begin{pmatrix}0&0\\0&1\end{pmatrix}=\boldsymbol{A}\begin{pmatrix}0&0\\0&1\end{pmatrix}-\begin{pmatrix}0&0\\0&1\end{pmatrix}\boldsymbol{A}=0\cdot\boldsymbol{\varepsilon}_{11}+a_{12}\boldsymbol{\varepsilon}_{12}+(-a_{21})\boldsymbol{\varepsilon}_{21}+0\cdot\boldsymbol{\varepsilon}_{22}.$$

从而 T 在基 $\boldsymbol{\varepsilon}_{11},\boldsymbol{\varepsilon}_{12},\boldsymbol{\varepsilon}_{21},\boldsymbol{\varepsilon}_{22}$ 下对应的矩阵为

$$\boldsymbol{B}=\begin{pmatrix} 0 & -a_{21} & a_{12} & 0 \\ -a_{12} & a_{11}-a_{12} & 0 & a_{12} \\ a_{21} & 0 & a_{22}-a_{11} & -a_{21} \\ 0 & a_{21} & -a_{12} & 0 \end{pmatrix}.$$

【例 2】 在$\mathbb{R}^3$中，已知$\boldsymbol{\alpha}_1=(-1,0,2)^{\mathrm{T}}$，$\boldsymbol{\alpha}_2=(0,1,1)^{\mathrm{T}}$，$\boldsymbol{\alpha}_3=(3,-1,0)^{\mathrm{T}}$是$\mathbb{R}^3$的一组基，并且$T\boldsymbol{\alpha}_1=(-5,0,3)^{\mathrm{T}}$，$T\boldsymbol{\alpha}_2=(0,-1,6)^{\mathrm{T}}$，$T\boldsymbol{\alpha}_3=(-5,-1,9)^{\mathrm{T}}$.

求线性变换T在基$\boldsymbol{\alpha}_1,\boldsymbol{\alpha}_2,\boldsymbol{\alpha}_3$下的矩阵，$T$在基$\boldsymbol{\varepsilon}_1=(1,0,0)^{\mathrm{T}}$，$\boldsymbol{\varepsilon}_2=(0,1,0)^{\mathrm{T}}$，$\boldsymbol{\varepsilon}_3=(0,0,1)^{\mathrm{T}}$下的矩阵.

解 设$T\boldsymbol{\alpha}_1=x_1\boldsymbol{\alpha}_1+x_2\boldsymbol{\alpha}_2+x_3\boldsymbol{\alpha}_3$，则有

$$\begin{cases} -x_1+3x_3=-5, \\ x_2-x_3=0, \\ 2x_1+x_2=3, \end{cases} \quad 解得 \begin{pmatrix} x_1 \\ x_2 \\ x_3 \end{pmatrix}=\begin{pmatrix} 2 \\ -1 \\ -1 \end{pmatrix}.$$

所以$T\boldsymbol{\alpha}_1=2\boldsymbol{\alpha}_1-\boldsymbol{\alpha}_2-\boldsymbol{\alpha}_3$.

同理$T\boldsymbol{\alpha}_2=3\boldsymbol{\alpha}_1+\boldsymbol{\alpha}_3$，$T\boldsymbol{\alpha}_3=5\boldsymbol{\alpha}_1-\boldsymbol{\alpha}_2$.

从而T在基$\boldsymbol{\alpha}_1,\boldsymbol{\alpha}_2,\boldsymbol{\alpha}_3$下的矩阵为$\begin{pmatrix} 2 & 3 & 5 \\ -1 & 0 & -1 \\ -1 & 1 & 0 \end{pmatrix}$.

设$\boldsymbol{\varepsilon}_1=x_1\boldsymbol{\alpha}_1+x_2\boldsymbol{\alpha}_2+x_3\boldsymbol{\alpha}_3$，从而有$\begin{cases} -x_1+3x_3=1, \\ x_2-x_3=0, \\ 2x_1+x_2=0, \end{cases}$ 解得$\begin{pmatrix} x_1 \\ x_2 \\ x_3 \end{pmatrix}=\begin{pmatrix} -\frac{1}{7} \\ \frac{2}{7} \\ \frac{2}{7} \end{pmatrix}$.

所以$\boldsymbol{\varepsilon}_1=-\frac{1}{7}\boldsymbol{\alpha}_1+\frac{2}{7}\boldsymbol{\alpha}_2+\frac{2}{7}\boldsymbol{\alpha}_3$.

同理可得$\boldsymbol{\varepsilon}_2=-\frac{3}{7}\boldsymbol{\alpha}_1+\frac{6}{7}\boldsymbol{\alpha}_2-\frac{1}{7}\boldsymbol{\alpha}_3$，　$\boldsymbol{\varepsilon}_3=\frac{3}{7}\boldsymbol{\alpha}_1+\frac{1}{7}\boldsymbol{\alpha}_2+\frac{1}{7}\boldsymbol{\alpha}_3$.

又因为：$T\boldsymbol{\alpha}_1=(-5,0,3)^{\mathrm{T}}=-5\boldsymbol{\varepsilon}_1+3\boldsymbol{\varepsilon}_3$.

$T\boldsymbol{\alpha}_2=(0,-1,6)^{\mathrm{T}}=-\boldsymbol{\varepsilon}_2+6\boldsymbol{\varepsilon}_3$.

$T\boldsymbol{\alpha}_3=(-5,-1,9)^{\mathrm{T}}=-5\boldsymbol{\varepsilon}_1-\boldsymbol{\varepsilon}_2+9\boldsymbol{\varepsilon}_3$.

从而有：$T\boldsymbol{\varepsilon}_1=T\left(-\frac{1}{7}\boldsymbol{\alpha}_1+\frac{2}{7}\boldsymbol{\alpha}_2+\frac{2}{7}\boldsymbol{\alpha}_3\right)=-\frac{1}{7}T\boldsymbol{\alpha}_1+\frac{2}{7}T\boldsymbol{\alpha}_2+\frac{2}{7}T\boldsymbol{\alpha}_3$.

$$=-\frac{1}{7}(-5\boldsymbol{\varepsilon}_1+3\boldsymbol{\varepsilon}_2)+\frac{2}{7}(-\boldsymbol{\varepsilon}_2+6\boldsymbol{\varepsilon}_3)+\frac{2}{7}(-5\boldsymbol{\varepsilon}_1-\boldsymbol{\varepsilon}_2+9\boldsymbol{\varepsilon}_3).$$

$$=-\frac{5}{7}\boldsymbol{\varepsilon}_1-\frac{4}{7}\boldsymbol{\varepsilon}_2+\frac{27}{7}\boldsymbol{\varepsilon}_3,$$

同理可得$T\boldsymbol{\varepsilon}_2=\frac{20}{7}\boldsymbol{\varepsilon}_1-\frac{5}{7}\boldsymbol{\varepsilon}_2+\frac{18}{7}\boldsymbol{\varepsilon}_3$，　$T\boldsymbol{\varepsilon}_3=-\frac{20}{7}\boldsymbol{\varepsilon}_1-\frac{2}{7}\boldsymbol{\varepsilon}_2+\frac{24}{7}\boldsymbol{\varepsilon}_3$.

所以 T 在基$\boldsymbol{\varepsilon}_1,\boldsymbol{\varepsilon}_2,\boldsymbol{\varepsilon}_3$ 下的矩阵为$\begin{pmatrix} -\frac{5}{7} & \frac{20}{7} & -\frac{20}{7} \\ -\frac{4}{7} & -\frac{5}{7} & -\frac{2}{7} \\ \frac{27}{7} & \frac{18}{7} & \frac{24}{7} \end{pmatrix}$.

方法总结

本题先求出基在线性变换 T 下的像，再根据线性变换在基下的矩阵的定义求出矩阵.

【例 3】 已知$\mathbb{R}^3$中一组基 $\boldsymbol{\eta}_1=(-1,1,1)^{\mathrm{T}},\boldsymbol{\eta}_2=(1,0,-1)^{\mathrm{T}},\boldsymbol{\eta}_3=(0,1,1)^{\mathrm{T}}$. 线性变换 T 在基 $\boldsymbol{\eta}_1,\boldsymbol{\eta}_2,\boldsymbol{\eta}_3$ 下的矩阵 $\boldsymbol{A}=\begin{pmatrix} 1 & 0 & 1 \\ 1 & 1 & 0 \\ -1 & 2 & 1 \end{pmatrix}$，求 T 在基 $\boldsymbol{\varepsilon}_1=(1,0,0)^{\mathrm{T}},\boldsymbol{\varepsilon}_2=(0,1,0)^{\mathrm{T}},\boldsymbol{\varepsilon}_3=(0,0,1)^{\mathrm{T}}$ 下的矩阵.

解 由于$(\boldsymbol{\eta}_1,\boldsymbol{\eta}_2,\boldsymbol{\eta}_3)=(\boldsymbol{\varepsilon}_1,\boldsymbol{\varepsilon}_2,\boldsymbol{\varepsilon}_3)\begin{pmatrix} -1 & 1 & 0 \\ 1 & 0 & 1 \\ 1 & -1 & 1 \end{pmatrix}$.

从而基 $\boldsymbol{\eta}_1,\boldsymbol{\eta}_2,\boldsymbol{\eta}_3$ 到 $\boldsymbol{\varepsilon}_1,\boldsymbol{\varepsilon}_2,\boldsymbol{\varepsilon}_3$ 的过渡矩阵 $\boldsymbol{P}=\begin{pmatrix} -1 & 1 & 0 \\ 1 & 0 & 1 \\ 1 & -1 & 1 \end{pmatrix}^{-1}$.

所以 T 在基$\boldsymbol{\varepsilon}_1,\boldsymbol{\varepsilon}_2,\boldsymbol{\varepsilon}_3$ 下的矩阵为

$$\begin{aligned}
\boldsymbol{B} &=\boldsymbol{P}^{-1}\boldsymbol{A}\boldsymbol{P} \\
&=\left[\begin{pmatrix} -1 & 1 & 0 \\ 1 & 0 & 1 \\ 1 & -1 & 1 \end{pmatrix}^{-1}\right]^{-1}\begin{pmatrix} 1 & 0 & 1 \\ 1 & 1 & 0 \\ -1 & 2 & 1 \end{pmatrix}\begin{pmatrix} -1 & 1 & 0 \\ 1 & 0 & 1 \\ 1 & -1 & 1 \end{pmatrix}^{-1} \\
&=\begin{pmatrix} -1 & 1 & 0 \\ 1 & 0 & 1 \\ 1 & -1 & 1 \end{pmatrix}\begin{pmatrix} 1 & 0 & 1 \\ 1 & 1 & 0 \\ -1 & 2 & 1 \end{pmatrix}\begin{pmatrix} -1 & 1 & -1 \\ 0 & 1 & -1 \\ 1 & 0 & 1 \end{pmatrix}=\begin{pmatrix} -1 & 1 & -2 \\ 2 & 2 & 0 \\ 3 & 0 & 2 \end{pmatrix}.
\end{aligned}$$

方法总结

本题与例 2 题型相似，解题思路不同：利用线性变换 T 在不同基下矩阵的关系，通过过渡矩阵来求解.

习题六解答

1. 验证：

(1)2 阶矩阵的全体 S_1；

(2)主对角线上的元素之和等于 0 的 2 阶矩阵的全体 S_2；

(3)2 阶对称矩阵的全体 S_3.

对于矩阵的加法和数乘运算构成线性空间，并写出各个空间的一个基.

解 (1)设 $\boldsymbol{A},\boldsymbol{B}$ 分别为二阶矩阵，则 $\boldsymbol{A},\boldsymbol{B}\in S_1$.

因为 $\boldsymbol{A}+\boldsymbol{B}\in S_1$，$k\boldsymbol{A}\in S_1$，并且满足线性运算八条规律，所以 S_1 对于矩阵的加法和数乘运算构成线性空间. 取向量组 π_1：

$\boldsymbol{\varepsilon}_1=\begin{pmatrix}1&0\\0&0\end{pmatrix}$，$\boldsymbol{\varepsilon}_2\begin{pmatrix}0&1\\0&0\end{pmatrix}$，$\boldsymbol{\varepsilon}_3=\begin{pmatrix}0&0\\1&0\end{pmatrix}$，$\boldsymbol{\varepsilon}_4=\begin{pmatrix}0&0\\0&1\end{pmatrix}$，则向量组 π_1 线性无关. 事实上，若有

$\lambda_1\boldsymbol{\varepsilon}_1+\lambda_2\boldsymbol{\varepsilon}_2+\lambda_3\boldsymbol{\varepsilon}_3+\lambda_4\boldsymbol{\varepsilon}_4=\boldsymbol{O}$,

则由 $\begin{pmatrix}\lambda_1&\lambda_2\\\lambda_3&\lambda_4\end{pmatrix}=\boldsymbol{O}$ 推出 $\lambda_i=0,i=1,2,3,4$.

另一方面，对任给 $\boldsymbol{A}=\begin{pmatrix}a_{11}&a_{12}\\a_{21}&a_{22}\end{pmatrix}\in S_1$，都有 $\boldsymbol{A}=a_{11}\boldsymbol{\varepsilon}_1+a_{12}\boldsymbol{\varepsilon}_2+a_{21}\boldsymbol{\varepsilon}_3+a_{22}\boldsymbol{\varepsilon}_4$.

即 $\boldsymbol{A}$ 可由向量组 π_1 线性表示，综上，向量组 π_1 是 S_1 的一个基(从而 S_1 的维数是 4).

(2)设 $\boldsymbol{A}=\begin{pmatrix}-a&b\\c&a\end{pmatrix}$，$\boldsymbol{B}=\begin{pmatrix}-d&e\\f&d\end{pmatrix}$，$\boldsymbol{A},\boldsymbol{B}\in S_2$.

因为 $\boldsymbol{A}+\boldsymbol{B}=\begin{pmatrix}-(a+d)&b+e\\c+f&a+d\end{pmatrix}\in S_2$，$k\boldsymbol{A}=\begin{pmatrix}-ka&kb\\kc&ka\end{pmatrix}\in S_2$，并且满足线性运算八条规律，所以 S_2 对于矩阵的加法和乘数运算构成线性空间.

类似(1)易证向量组 π_2：$\boldsymbol{\varepsilon}_1=\begin{pmatrix}1&0\\0&-1\end{pmatrix}$，$\boldsymbol{\varepsilon}_2=\begin{pmatrix}0&1\\0&0\end{pmatrix}$，$\boldsymbol{\varepsilon}_3=\begin{pmatrix}0&0\\1&0\end{pmatrix}$ 是 S_2 的一个基.

(3)设 $\boldsymbol{A},\boldsymbol{B}\in S_3$，则 $\boldsymbol{A}^{\mathrm{T}}=\boldsymbol{A}$，$\boldsymbol{B}^{\mathrm{T}}=\boldsymbol{B}$. 因为 $(\boldsymbol{A}+\boldsymbol{B})^{\mathrm{T}}=\boldsymbol{A}^{\mathrm{T}}+\boldsymbol{B}^{\mathrm{T}}=\boldsymbol{A}+\boldsymbol{B}$，$(\boldsymbol{A}+\boldsymbol{B})\in \boldsymbol{S}_3$，$(k\boldsymbol{A})^{\mathrm{T}}=k\boldsymbol{A}^{\mathrm{T}}=k\boldsymbol{A}$，$k\boldsymbol{A}\in S_3$，并且满足线性运算八条规律，所以 S_3 对于加法和数乘运算构成线性空间. 类似(1)易证向量组 π_3：

$\boldsymbol{\varepsilon}_1=\begin{pmatrix}1&0\\0&0\end{pmatrix}$，$\boldsymbol{\varepsilon}_2=\begin{pmatrix}0&1\\1&0\end{pmatrix}$，$\boldsymbol{\varepsilon}_3=\begin{pmatrix}0&0\\0&1\end{pmatrix}$ 是 S_3 的一个基.

2. 验证：与向量 $(0,0,1)^{\mathrm{T}}$ 不平行的全体 3 维数组向量，对于数组向量的加法和数乘运算不构成线性空间.

解 设 $V=\{$与向量 $(0,0,1)^{\mathrm{T}}$ 不平行的全体三维向量$\}$，设 $\boldsymbol{r}_1=(1,1,0)^{\mathrm{T}}$，$\boldsymbol{r}_2=(-1,0,1)^{\mathrm{T}}$，则 $\boldsymbol{r}_1,\boldsymbol{r}_2\in V$，但 $\boldsymbol{r}_1+\boldsymbol{r}_2=(0,0,1)^{\mathrm{T}}\notin V$，即 V 不是线性空间.

3. 在线性空间 $\boldsymbol{P}[x]_3$ 中，下列向量组是否为一个基？

(1) Ⅰ：$1+x,x+x^2,1+x^3,2+2x+x^2+x^3$；

(2)Ⅱ:$-1+x,1-x^2,-2+2x+x^2,x^3$.

解 (1)设 $k_1(1+x)+k_2(x+x^2)+k_3(1+x^3)+k_4(2+2x+x^2+x^3)=0$,

得$(k_1+k_3+2k_4)+(k_1+k_2+2k_4)x+(k_2+k_4)x^2+(k_3+k_4)x^3=0$.

因 $1,x,x^2,x^3$ 线性无关,故上式中它们的系数均为 0,即有关于未知数 k_1,k_2,k_3,k_4 的齐次方程组,其系数矩阵

$$\begin{pmatrix}1&0&1&2\\1&1&0&2\\0&1&0&1\\0&0&1&1\end{pmatrix}\to\begin{pmatrix}1&0&1&2\\0&1&-1&0\\0&0&1&1\\0&0&0&0\end{pmatrix}.$$

显然,其秩为 3,故齐次方程组有非零解,从而向量组Ⅰ线性相关,不是基.

(2)类似地,对于向量组Ⅱ,设 $k_1(-1+x)+k_2(1-x^2)+k_3(-2+2x+x^2)+k_4x^3=0$,

因 $1,x,x^2,x^3$ 线性无关可得齐次线性方程组.

$$\begin{cases}-k_1+k_2-2k_3=0,\\k_1+2k_3=0,\\-k_2+k_3=0,\\k_4=0,\end{cases}\quad 即\begin{pmatrix}-1&1&-2&0\\1&0&2&0\\0&-1&1&0\\0&0&0&1\end{pmatrix}\begin{pmatrix}k_1\\k_2\\k_3\\k_x\end{pmatrix}=\begin{pmatrix}0\\0\\0\\0\end{pmatrix},$$

它的系数矩阵秩为 4,故只有零解,从而向量组Ⅱ线性无关,且含 4 个向量,故是$\boldsymbol{P}[x]_3$ 的一个基.

4. 在$\mathbb{R}^3$中求向量 $\boldsymbol{\alpha}=(7,3,1)^{\mathrm{T}}$ 在基 $\boldsymbol{\alpha}_1=(1,3,5)^{\mathrm{T}},\boldsymbol{\alpha}_2=(6,3,2)^{\mathrm{T}},\boldsymbol{\alpha}_3=(3,1,0)^{\mathrm{T}}$ 下的坐标.

解 由定义,向量 $\boldsymbol{\alpha}$ 在基 $\boldsymbol{\alpha}_1,\boldsymbol{\alpha}_2,\boldsymbol{\alpha}_3$ 下的坐标就是 $\boldsymbol{\alpha}$ 由向量组 $\boldsymbol{\alpha}_1,\boldsymbol{\alpha}_2,\boldsymbol{\alpha}_3$ 线性表示式中对应的系数,也就是方程组$(\boldsymbol{\alpha}_1,\boldsymbol{\alpha}_2,\boldsymbol{\alpha}_3)\boldsymbol{x}=\boldsymbol{\alpha}$ 的解.

$$由(\boldsymbol{\alpha}_1,\boldsymbol{\alpha}_2,\boldsymbol{\alpha}_3,\boldsymbol{\alpha})=\begin{pmatrix}1&6&3&7\\3&3&1&3\\5&2&0&1\end{pmatrix}\xrightarrow[r_2\leftrightarrow r_3]{r_1-3r_2}\begin{pmatrix}-8&-3&0&-2\\5&2&0&1\\3&3&1&3\end{pmatrix}$$

$$\xrightarrow[\substack{r_1+2r_2\\r_2-2r_1}]{r_3+r_1}\begin{pmatrix}2&1&0&0\\1&0&0&1\\-5&0&1&1\end{pmatrix}\xrightarrow[\substack{r_3+5r_2\\r_1\leftrightarrow r_2}]{r_1-2r_2}\begin{pmatrix}1&0&0&1\\0&1&0&-2\\0&0&1&6\end{pmatrix},$$

于是,$\boldsymbol{\alpha}$ 在所给基下的坐标为$(1,-2,6)^{\mathrm{T}}$.

5. 在$\mathbb{R}^3$中取两个基 $\boldsymbol{\alpha}_1=(1,2,1)^{\mathrm{T}},\boldsymbol{\alpha}_2=(2,3,3)^{\mathrm{T}},\boldsymbol{\alpha}_3=(3,7,-2)^{\mathrm{T}}$;$\boldsymbol{\beta}_1=(3,1,4)^{\mathrm{T}},\boldsymbol{\beta}_2=(5,2,1)^{\mathrm{T}},\boldsymbol{\beta}_3=(1,1,-6)^{\mathrm{T}}$,试求坐标变换公式.

解 设$(\boldsymbol{\alpha}_1,\boldsymbol{\alpha}_2,\boldsymbol{\alpha}_3)=\boldsymbol{A}$,$(\boldsymbol{\beta}_1,\boldsymbol{\beta}_2,\boldsymbol{\beta}_3)=\boldsymbol{B}$,于是$(\boldsymbol{\beta}_1,\boldsymbol{\beta}_2,\boldsymbol{\beta}_3)=(\boldsymbol{\alpha}_1,\boldsymbol{\alpha}_2,\boldsymbol{\alpha}_3)\boldsymbol{A}^{-1}\boldsymbol{B}$.

即从基 $\boldsymbol{\alpha}_1,\boldsymbol{\alpha}_2,\boldsymbol{\alpha}_3$ 到基 $\boldsymbol{\beta}_1,\boldsymbol{\beta}_2,\boldsymbol{\beta}_3$ 的过渡矩阵为 $\boldsymbol{A}^{-1}\boldsymbol{B}$,

$$故由定理可得坐标变换公式为\begin{pmatrix}x_1'\\x_2'\\x_3'\end{pmatrix}=\boldsymbol{B}^{-1}\boldsymbol{A}\begin{pmatrix}x_1\\x_2\\x_3\end{pmatrix}.$$

用矩阵的初等行变换求 $\boldsymbol{B}^{-1}\boldsymbol{A}$:

$$(\boldsymbol{B},\boldsymbol{A})=\left(\begin{array}{ccc:ccc}3&5&1&1&2&3\\1&2&1&2&3&7\\4&1&-6&1&3&-2\end{array}\right)\xrightarrow{r_1\leftrightarrow r_2}\left(\begin{array}{ccc:ccc}1&2&1&2&3&7\\3&5&1&1&2&3\\4&1&-6&1&3&-2\end{array}\right)\xrightarrow[r_3-4r_1]{r_2-3r_1}$$

$$\left(\begin{array}{ccc:ccc}1&2&1&2&3&7\\0&-1&-2&-5&-7&-18\\0&-7&-10&-7&-9&-30\end{array}\right)\xrightarrow[\substack{r_3-7r_2\\r_2\times(-1)}]{r_1+2r_2}\left(\begin{array}{ccc:ccc}1&0&-3&-8&-11&-29\\0&1&2&5&7&18\\0&0&4&28&40&96\end{array}\right)$$

$$\xrightarrow[\substack{r_1+3r_3\\ r_2-2r_1}]{r_3\times\frac{1}{4}}\left(\begin{array}{ccc:ccc}1&0&0&13&19&43\\0&1&0&-9&-13&-30\\0&0&1&7&10&24\end{array}\right).$$

所以所求坐标变换公式为：

$$\begin{pmatrix}x_1'\\x_2'\\x_3'\end{pmatrix}=\begin{pmatrix}13&19&43\\-9&-13&-30\\7&10&24\end{pmatrix}\begin{pmatrix}x_1\\x_2\\x_3\end{pmatrix}.$$

6. 在$\mathbb{R}^4$中取两个基

$$\begin{cases}\boldsymbol{e}_1=(1,0,0,0)^{\mathrm{T}}\\\boldsymbol{e}_2=(0,1,0,0)^{\mathrm{T}}\\\boldsymbol{e}_3=(0,0,1,0)^{\mathrm{T}}\\\boldsymbol{e}_4=(0,0,0,1)^{\mathrm{T}};\end{cases}\qquad\begin{cases}\boldsymbol{\alpha}_1=(2,1,-1,1)^{\mathrm{T}},\\\boldsymbol{\alpha}_2=(0,3,1,0)^{\mathrm{T}},\\\boldsymbol{\alpha}_3=(5,3,2,1)^{\mathrm{T}},\\\boldsymbol{\alpha}_4=(6,6,1,3)^{\mathrm{T}}.\end{cases}$$

(1)求由前一个基到后一个基的过渡矩阵；

(2)求向量$(x_1,x_2,x_3,x_4)^{\mathrm{T}}$在后一个基中的坐标；

(3)求在两个基中有相同坐标的向量.

解 (1)由题意知

$$(\boldsymbol{\alpha}_1,\boldsymbol{\alpha}_2,\boldsymbol{\alpha}_3,\boldsymbol{\alpha}_4)=(\boldsymbol{e}_1,\boldsymbol{e}_2,\boldsymbol{e}_3,\boldsymbol{e}_4)\begin{pmatrix}2&0&5&6\\1&3&3&6\\-1&1&2&1\\1&0&1&3\end{pmatrix},$$从而由前一个基到后一个基的过渡矩阵

$$\boldsymbol{P}=\begin{pmatrix}2&0&5&6\\1&3&3&6\\-1&1&2&1\\1&0&1&3\end{pmatrix}.$$

(2)设向量在后一个基$(\boldsymbol{\alpha}_i)$下的坐标为(x_1',x_2',x_3',x_4')，则由坐标变换公式，有：

$$\begin{pmatrix}x_1'\\x_2'\\x_3'\\x_4'\end{pmatrix}=\boldsymbol{P}^{-1}\begin{pmatrix}x_1\\x_2\\x_3\\x_4\end{pmatrix}=\frac{1}{27}\begin{pmatrix}12&9&-27&-33\\1&12&-9&-23\\9&0&0&-18\\-7&-3&9&26\end{pmatrix}\begin{pmatrix}x_1\\x_2\\x_3\\x_4\end{pmatrix}.$$

(3)设向量$\boldsymbol{y}$在两个基下有相同的坐标$(y_1,y_2,y_3,y_4)^{\mathrm{T}}$，

由坐标变换公式，并仍记坐标向量$(y_1,y_2,y_3,y_4)^{\mathrm{T}}$为$\boldsymbol{y}$，则$\boldsymbol{y}=\boldsymbol{P}^{-1}\boldsymbol{y}$.

即$(\boldsymbol{P}-\boldsymbol{E})\boldsymbol{y}=\boldsymbol{0}$；易求得此齐次线性方程系数矩阵的秩$R(\boldsymbol{P}-\boldsymbol{E})=3$，从而解空间的维数等于1，且

$\boldsymbol{\zeta}=(1,1,1,-1)^{\mathrm{T}}$为它的一个基础解系，故所求向量为$k\begin{pmatrix}1\\1\\1\\-1\end{pmatrix},k\in\mathbb{R}$.

7. 设线性空间S_1(习题六第1题(1))中向量

$$\boldsymbol{a}_1=\begin{pmatrix}1&2\\1&0\end{pmatrix},\boldsymbol{a}_2=\begin{pmatrix}-1&-1\\1&1\end{pmatrix},\boldsymbol{b}_1=\begin{pmatrix}1&3\\3&1\end{pmatrix},\boldsymbol{b}_2=\begin{pmatrix}2&-1\\4&1\end{pmatrix}.$$

(1)问$\boldsymbol{b}_1$能否由$\boldsymbol{a}_1,\boldsymbol{a}_2$线性表示？$\boldsymbol{b}_2$能否由$\boldsymbol{a}_1,\boldsymbol{a}_2$线性表示？

(2)求由向量组 $\boldsymbol{a}_1,\boldsymbol{a}_2,\boldsymbol{b}_1,\boldsymbol{b}_2$ 所生成的向量空间 L 的维数和一个基.

解 写出 $\boldsymbol{a}_1,\boldsymbol{a}_2,\boldsymbol{b}_1,\boldsymbol{b}_2$ 在基 $\begin{pmatrix}1&0\\0&0\end{pmatrix},\begin{pmatrix}0&1\\0&0\end{pmatrix},\begin{pmatrix}0&0\\1&0\end{pmatrix},\begin{pmatrix}0&0\\0&1\end{pmatrix}$ 下的坐标所构成的矩阵

$$\begin{pmatrix}1&-1&1&2\\2&-1&3&-1\\1&1&3&4\\0&1&1&1\end{pmatrix}\longrightarrow\begin{pmatrix}1&0&2&-3\\0&1&1&-5\\0&0&0&1\\0&0&0&0\end{pmatrix}.$$

(1)$R(\boldsymbol{a}_1,\boldsymbol{a}_2,\boldsymbol{b}_1)=R(\boldsymbol{a}_1,\boldsymbol{a}_2)=2$,故 $\boldsymbol{b}_1$ 可由 $\boldsymbol{a}_1,\boldsymbol{a}_2$ 唯一的线性表示为 $\boldsymbol{b}_1=2\boldsymbol{a}_1+\boldsymbol{a}_2$;$R(\boldsymbol{a}_1,\boldsymbol{a}_2,\boldsymbol{b}_2)=3>R(\boldsymbol{a}_1,\boldsymbol{a}_2)=2$,故 $\boldsymbol{b}_2$ 不能由 $\boldsymbol{a}_1,\boldsymbol{a}_2$ 线性表示.

(2)$R(\boldsymbol{a}_1,\boldsymbol{a}_2,\boldsymbol{b}_1,\boldsymbol{b}_2)=R(\boldsymbol{a}_1,\boldsymbol{a}_2,\boldsymbol{b}_2)=3$,于是 $\boldsymbol{a}_1,\boldsymbol{a}_2,\boldsymbol{b}_2$ 线性无关,且可作为由 $\boldsymbol{a}_1,\boldsymbol{a}_2,\boldsymbol{b}_1,\boldsymbol{b}_2$ 所生成空间 L 的一个基.

8. 说明 xOy 平面上变换 $T\begin{pmatrix}x\\y\end{pmatrix}=\boldsymbol{A}\begin{pmatrix}x\\y\end{pmatrix}$ 的几何意义,其中

(1)$\boldsymbol{A}=\begin{pmatrix}-1&0\\0&1\end{pmatrix}$; (2)$\boldsymbol{A}=\begin{pmatrix}0&0\\0&1\end{pmatrix}$; (3)$\boldsymbol{A}=\begin{pmatrix}0&1\\1&0\end{pmatrix}$; (4)$\boldsymbol{A}=\begin{pmatrix}0&1\\-1&0\end{pmatrix}$.

解 (1)因为 $T\begin{pmatrix}x\\y\end{pmatrix}=\begin{pmatrix}-1&0\\0&1\end{pmatrix}\begin{pmatrix}x\\y\end{pmatrix}=\begin{pmatrix}-x\\y\end{pmatrix}$,所以在此变换下 $T(\boldsymbol{\alpha})$与 $\boldsymbol{\alpha}$ 关于 y 轴对称.

(2)因为 $T\begin{pmatrix}x\\y\end{pmatrix}=\begin{pmatrix}0&0\\0&1\end{pmatrix}\begin{pmatrix}x\\y\end{pmatrix}=\begin{pmatrix}0\\y\end{pmatrix}$,所以在此变换下 $T(\boldsymbol{\alpha})$是 $\boldsymbol{\alpha}$ 在 y 轴上的投影.

(3)因为 $T\begin{pmatrix}x\\y\end{pmatrix}=\begin{pmatrix}0&1\\1&0\end{pmatrix}\begin{pmatrix}x\\y\end{pmatrix}=\begin{pmatrix}y\\x\end{pmatrix}$,所以在此变换下 $T(\boldsymbol{\alpha})$与 $\boldsymbol{\alpha}$ 关于直线 $y=x$ 对称.

(4)因为 $T\begin{pmatrix}x\\y\end{pmatrix}=\begin{pmatrix}0&1\\-1&0\end{pmatrix}\begin{pmatrix}x\\y\end{pmatrix}=\begin{pmatrix}y\\-x\end{pmatrix}$,所以在此变换下 $T(\boldsymbol{\alpha})$是将 $\boldsymbol{\alpha}$ 顺时针旋转$\frac{\pi}{2}$.

9. n 阶对称矩阵的全体 V 对于矩阵的线性运算构成一个$\frac{n(n+1)}{2}$维线性空间. 给出 n 阶矩阵 $\boldsymbol{P}$,以 $\boldsymbol{A}$ 表示 V 中的任一元素. 试证合同变换 $T(A)=P^{\mathrm{T}}AP$ 是 V 中的线性变换.

证 设 $\boldsymbol{A},\boldsymbol{B}\in V$,则 $\boldsymbol{A}^{\mathrm{T}}=\boldsymbol{A},\boldsymbol{B}^{\mathrm{T}}=\boldsymbol{B}$.

由变换 T 的定义,有 $T[(\boldsymbol{A})]^{\mathrm{T}}=(\boldsymbol{P}^{\mathrm{T}}\boldsymbol{A}\boldsymbol{P})^{\mathrm{T}}=\boldsymbol{P}^{\mathrm{T}}\boldsymbol{A}^{\mathrm{T}}\boldsymbol{P}=\boldsymbol{P}^{\mathrm{T}}\boldsymbol{A}\boldsymbol{P}=T(\boldsymbol{A})$.

因此 $T(\boldsymbol{A})\in V$,即 T 是 V 中的变换.

又 $T(\boldsymbol{A}+\boldsymbol{B})=\boldsymbol{P}^{\mathrm{T}}(\boldsymbol{A}+\boldsymbol{B})\boldsymbol{P}=\boldsymbol{P}^{\mathrm{T}}(\boldsymbol{A}+\boldsymbol{B})^{\mathrm{T}}\boldsymbol{P}=[(\boldsymbol{A}+\boldsymbol{B})\boldsymbol{P}]^{\mathrm{T}}\boldsymbol{P}=(\boldsymbol{A}\boldsymbol{P}+\boldsymbol{B}\boldsymbol{P})^{\mathrm{T}}\boldsymbol{P}=(\boldsymbol{P}^{\mathrm{T}}\boldsymbol{A}+\boldsymbol{P}^{\mathrm{T}}\boldsymbol{B})\boldsymbol{P}=\boldsymbol{P}^{\mathrm{T}}\boldsymbol{A}\boldsymbol{P}+\boldsymbol{P}^{\mathrm{T}}\boldsymbol{B}\boldsymbol{P}=T(\boldsymbol{A})+T(\boldsymbol{B})$,

$T(k\boldsymbol{A})=\boldsymbol{P}^{\mathrm{T}}(k\boldsymbol{A})\boldsymbol{P}=k\boldsymbol{P}^{\mathrm{T}}\boldsymbol{A}\boldsymbol{P}=kT(\boldsymbol{A})$,由线性变换的定义,知 T 是 V 中的线性变换.

10. 函数集合 $V_3=\{\boldsymbol{\alpha}=(a_2x^2+a_1x+a_0)\mathrm{e}^x\mid a_2,a_1,a_0\in\mathbb{R}\}$,对于函数的线性运算构成 3 维线性空间,在 V_3 中取一个基 $\boldsymbol{\alpha}_1=x^2\mathrm{e}^x,\boldsymbol{\alpha}_2=x\mathrm{e}^x,\boldsymbol{\alpha}_3=\mathrm{e}^x$,求微分运算 D 在这个基下的矩阵.

解 根据微分运算的规则,容易看出 D 是 V_3 中的一个线性变换,直接计算向量在 D 下的像象,即可求得 D 在上述基下的矩阵:

$$D(\boldsymbol{\alpha}_1)=D(x^2\mathrm{e}^x)=x^2\mathrm{e}^x+2x\mathrm{e}^x=(\boldsymbol{\alpha}_1,\boldsymbol{\alpha}_2,\boldsymbol{\alpha}_3)\begin{pmatrix}1\\2\\0\end{pmatrix},$$

$$D(\boldsymbol{\alpha}_2)=D(xe^x)=xe^x+e^x=(\boldsymbol{\alpha}_1,\boldsymbol{\alpha}_2,\boldsymbol{\alpha}_3)\begin{pmatrix}0\\1\\1\end{pmatrix},$$

$$D(\boldsymbol{\alpha}_3)=D(e^x)=e^x=(\boldsymbol{\alpha}_1,\boldsymbol{\alpha}_2,\boldsymbol{\alpha}_3)\begin{pmatrix}0\\0\\1\end{pmatrix}.$$

于是有 $D(\boldsymbol{\alpha}_1,\boldsymbol{\alpha}_2,\boldsymbol{\alpha}_3)=(\boldsymbol{\alpha}_1,\boldsymbol{\alpha}_2,\boldsymbol{\alpha}_3)\begin{pmatrix}1&0&0\\2&1&0\\0&1&1\end{pmatrix}$.

故矩阵 $\begin{pmatrix}1&0&0\\2&1&0\\0&1&1\end{pmatrix}$ 就是 D 在上述基下的矩阵.

11. 2 阶对称矩阵的全体

$$V_3=\left\{\boldsymbol{A}=\begin{pmatrix}x_1&x_2\\x_2&x_3\end{pmatrix}\middle| x_1,x_2,x_3\in\mathbb{R}\right\}$$

对于矩阵的线性运算构成 3 维线性空间. 在 V_3 中取一个基

$$\boldsymbol{A}_1=\begin{pmatrix}1&0\\0&0\end{pmatrix},\boldsymbol{A}_2=\begin{pmatrix}0&1\\1&0\end{pmatrix},\boldsymbol{A}_3=\begin{pmatrix}0&0\\0&1\end{pmatrix},$$

在 V_3 中定义合同变换:$T(\boldsymbol{A})=\begin{pmatrix}1&0\\1&1\end{pmatrix}\boldsymbol{A}\begin{pmatrix}1&1\\0&1\end{pmatrix}$.

求 T 在基 $\boldsymbol{A}_1,\boldsymbol{A}_2,\boldsymbol{A}_3$ 下的矩阵.

解 对于 $i=1,2,3$,把 $\boldsymbol{A}_i$ 看作 V_3 中的向量,并记为 $\boldsymbol{\alpha}_i$,
分别计算基向量在 T 下的像如下

$$T(\boldsymbol{\alpha}_1)=\begin{pmatrix}1&0\\1&1\end{pmatrix}\begin{pmatrix}1&0\\0&0\end{pmatrix}\begin{pmatrix}1&1\\0&1\end{pmatrix}=\begin{pmatrix}1&1\\1&1\end{pmatrix}=\boldsymbol{\alpha}_1+\boldsymbol{\alpha}_2+\boldsymbol{\alpha}_3=(\boldsymbol{\alpha}_1,\boldsymbol{\alpha}_2,\boldsymbol{\alpha}_3)\begin{pmatrix}1\\1\\1\end{pmatrix},$$

$$T(\boldsymbol{\alpha}_2)=\begin{pmatrix}1&0\\1&1\end{pmatrix}\begin{pmatrix}0&1\\1&0\end{pmatrix}\begin{pmatrix}1&1\\0&1\end{pmatrix}=\begin{pmatrix}0&1\\1&2\end{pmatrix}=\boldsymbol{\alpha}_2+2\boldsymbol{\alpha}_3=(\boldsymbol{\alpha}_1,\boldsymbol{\alpha}_2,\boldsymbol{\alpha}_3)\begin{pmatrix}0\\1\\2\end{pmatrix},$$

$$T(\boldsymbol{\alpha}_3)=\begin{pmatrix}1&0\\1&1\end{pmatrix}\begin{pmatrix}0&0\\0&1\end{pmatrix}\begin{pmatrix}1&1\\0&1\end{pmatrix}=\begin{pmatrix}0&0\\0&1\end{pmatrix}=\boldsymbol{\alpha}_3=(\boldsymbol{\alpha}_1,\boldsymbol{\alpha}_2,\boldsymbol{\alpha}_3)\begin{pmatrix}0\\0\\1\end{pmatrix}.$$

从而 $T(\boldsymbol{\alpha}_1,\boldsymbol{\alpha}_2,\boldsymbol{\alpha}_3)=(\boldsymbol{\alpha}_1,\boldsymbol{\alpha}_2,\boldsymbol{\alpha}_3)\begin{pmatrix}1&0&0\\1&1&0\\1&2&1\end{pmatrix}$,

即 T 在基 $\boldsymbol{A}_1,\boldsymbol{A}_2,\boldsymbol{A}_3$ 下的矩阵是 $\begin{pmatrix}1&0&0\\1&1&0\\1&2&1\end{pmatrix}$.

12. 次数不超过 2 的全体实系数多项式对于多项式的线性运算构成一个线性空间 V. 在 V 上定义变换

$$T(a_0+a_1x+a_2x^2)=\left(a_0+\frac{1}{2}a_2\right)+\left(a_1-\frac{1}{2}a_2\right)x+\frac{1}{2}a_2x^2.$$

(1)试证 T 是 V 中的线性变换;

(2)求 T 在基 $1,x,x^2$ 下的矩阵;

(3)设 W 为 V 的子空间,且满足对任意 $p(x)\in W$,总有 $T(p(x))=p(x)$,求子空间 W 的维数的最大值.

解 (1)任取 $\boldsymbol{\alpha}(x)=b_0+b_1x+b_2x^2,\boldsymbol{\beta}(x)=c_0+c_1x+c_2x^2$,有

$$T[\boldsymbol{\alpha}(x)+\boldsymbol{\beta}(x)]=T[(b_0+c_0)+\frac{1}{2}(b_1+c_1)x+(b_2+c_2)x^2]$$

$$=\left((b_0+c_0)+\frac{1}{2}(b_2+c_2)\right)+\left((b_1+c_1)-\frac{1}{2}(b_2+c_2)\right)x+\frac{1}{2}(b_2+c_2)x^2$$

$$=\left(\left(b_0+\frac{1}{2}b_2\right)+\left(b_1-\frac{1}{2}b_2\right)x+\frac{1}{2}b_2x^2\right)+\left(\left(c_0+\frac{1}{2}c_2\right)+\left(c_1-\frac{1}{2}c_2\right)x+\frac{1}{2}c_2x^2\right)$$

$$=T[\boldsymbol{\alpha}(x)]+T[\boldsymbol{\beta}(x)],$$

$\forall\lambda\in\mathbb{R}$,有 $T[\lambda\boldsymbol{\alpha}(x)]=T(\lambda b_0+\lambda b_1x+\lambda b_2x^2)$

$$=\left(\lambda b_0+\frac{1}{2}\lambda b_2\right)+\left(\lambda b_1-\frac{1}{2}\lambda b_2\right)x+\frac{1}{2}\lambda b_2x^2$$

$$=\lambda\left(\left(b_0+\frac{1}{2}b_2\right)+\left(b_1-\frac{1}{2}b_2\right)x+\frac{1}{2}b_2x^2\right)=\lambda T[\boldsymbol{\alpha}(x)],$$

由线性变换的定义,可知 T 是 V 中的线性变换.

(2)由 $T(1)=1,T(x)=x,T(x^2)=\frac{1}{2}-\frac{1}{2}x+\frac{1}{2}x^2$,得

$$T(1,x,x^2)=\left(1,x,\frac{1}{2}-\frac{1}{2}x+\frac{1}{2}x^2\right)=(1,x,x^2)\begin{pmatrix}1&0&\frac{1}{2}\\0&1&-\frac{1}{2}\\0&0&\frac{1}{2}\end{pmatrix},$$

故 T 在基 $1,x,x^2$ 下的矩阵为 $\begin{pmatrix}1&0&\frac{1}{2}\\0&1&-\frac{1}{2}\\0&0&\frac{1}{2}\end{pmatrix}$.

(3)设 $p(x)=d_0+d_1x+d_2x^2\in W$,则由 $T[p(x)]=p(x)$ 得

$$\left(d_0+\frac{1}{2}d_2\right)+\left(d_1-\frac{1}{2}d_2\right)x+\frac{1}{2}d_2x^2=d_0+d_1x+d_2x^2,\text{故}\begin{cases}d_0+\frac{1}{2}d_2=d_0,\\d_1-\frac{1}{2}d_2=d_1,\\\frac{1}{2}d_2=d_2,\end{cases}$$

即 $d_2=0$,则 $p(x)=d_0+d_1x$,因此子空间 W 的维数的最大值为 2.

13. 已知 n 维线性空间 V 中的线性变换 T 在 V 的某个基 $\boldsymbol{\alpha}_1,\boldsymbol{\alpha}_2,\cdots,\boldsymbol{\alpha}_n$ 下的矩阵为 $\boldsymbol{A}$,若 $\boldsymbol{A}^2=\boldsymbol{A}$,证明:存在线性空间 V 的一个基 $\boldsymbol{\beta}_1,\boldsymbol{\beta}_2,\cdots,\boldsymbol{\beta}_n$,使得 T 在这个基下的矩阵为对角矩阵.

证 由 $\boldsymbol{A}^2=\boldsymbol{A}$ 得 $\boldsymbol{A}(\boldsymbol{A}-\boldsymbol{E})=\boldsymbol{A}^2-\boldsymbol{A}=\boldsymbol{O}$，则 $R(\boldsymbol{A})+R(\boldsymbol{A}-\boldsymbol{E})\leqslant n$，

又 $R(\boldsymbol{A})+R(\boldsymbol{A}-\boldsymbol{E})\geqslant R[\boldsymbol{A}-(\boldsymbol{A}-\boldsymbol{E})]=R(\boldsymbol{E})=n$，因此 $R(\boldsymbol{A})+R(\boldsymbol{A}-\boldsymbol{E})=n$.

设 λ 为 $\boldsymbol{A}$ 的特征值，由 $\boldsymbol{A}^2=\boldsymbol{A}$ 得 $\lambda^2=\lambda$，故 $\lambda=0$ 或 1，矩阵 $\boldsymbol{A}$ 的线性无关特征向量个数

$$[n-R(\boldsymbol{A})]+[n-R(\boldsymbol{A}-\boldsymbol{E})]=2n-[R(\boldsymbol{A})+R(\boldsymbol{A}-\boldsymbol{E})]=2n-n=n,$$

故 $\boldsymbol{A}$ 可相似对角化，即存在可逆矩阵 $\boldsymbol{P}$，使

$$\boldsymbol{P}^{-1}\boldsymbol{A}\boldsymbol{P}=\boldsymbol{\Lambda}=\begin{pmatrix}1&&&&&\\&1&&&&\\&&\ddots&&&\\&&&1&&\\&&&&0&\\&&&&&\ddots\\&&&&&&0\end{pmatrix}$$，其中 1 的个数为 $R(\boldsymbol{A})$.

由题设 $T(\boldsymbol{\alpha}_1,\boldsymbol{\alpha}_2,\cdots,\boldsymbol{\alpha}_n)=(\boldsymbol{\alpha}_1,\boldsymbol{\alpha}_2,\cdots,\boldsymbol{\alpha}_n)\boldsymbol{A}$， ①

记 $(\boldsymbol{\beta}_1,\boldsymbol{\beta}_2,\cdots,\boldsymbol{\beta}_n)=(\boldsymbol{\alpha}_1,\boldsymbol{\alpha}_2,\cdots,\boldsymbol{\alpha}_n)\boldsymbol{P}$，

则 $\boldsymbol{\beta}_1,\boldsymbol{\beta}_2,\cdots,\boldsymbol{\beta}_n$ 也为 V 的一个基，且 $(\boldsymbol{\alpha}_1,\boldsymbol{\alpha}_2,\cdots,\boldsymbol{\alpha}_n)=(\boldsymbol{\beta}_1,\boldsymbol{\beta}_2,\cdots,\boldsymbol{\beta}_n)\boldsymbol{P}^{-1}$，代入①式，有

$$T[(\boldsymbol{\beta}_1,\boldsymbol{\beta}_2,\cdots,\boldsymbol{\beta}_n)\boldsymbol{P}^{-1}]=[(\boldsymbol{\beta}_1,\boldsymbol{\beta}_2,\cdots,\boldsymbol{\beta}_n)\boldsymbol{P}^{-1}]\boldsymbol{A},$$

即 $T(\boldsymbol{\beta}_1,\boldsymbol{\beta}_2,\cdots,\boldsymbol{\beta}_n)=(\boldsymbol{\beta}_1,\boldsymbol{\beta}_2,\cdots,\boldsymbol{\beta}_n)(\boldsymbol{P}^{-1}\boldsymbol{A}\boldsymbol{P})=(\boldsymbol{\beta}_1,\boldsymbol{\beta}_2,\cdots,\boldsymbol{\beta}_n)\boldsymbol{\Lambda}$，

即 T 在基 $\boldsymbol{\beta}_1,\boldsymbol{\beta}_2,\cdots,\boldsymbol{\beta}_n$ 下的矩阵为对角矩阵 $\boldsymbol{\Lambda}$.

第六章自测题

一、填空题

1. 已知三维线性空间的一组基为 $\boldsymbol{\alpha}_1=(2,2,-1)^{\mathrm{T}}$，$\boldsymbol{\alpha}_2=(2,-1,2)^{\mathrm{T}}$，$\boldsymbol{\alpha}_3=(-1,2,2)^{\mathrm{T}}$，则向量 $\boldsymbol{\beta}=(1,0,-4)^{\mathrm{T}}$ 在上述基下的坐标是______.

2. 从 $\mathbb{R}^2$ 的基 $\boldsymbol{\alpha}_1=\begin{pmatrix}1\\0\end{pmatrix}$，$\boldsymbol{\alpha}_2=\begin{pmatrix}1\\-1\end{pmatrix}$ 到基 $\boldsymbol{\beta}_1=\begin{pmatrix}1\\1\end{pmatrix}$，$\boldsymbol{\beta}_2=\begin{pmatrix}1\\2\end{pmatrix}$ 的过渡矩阵为______.

3. 在二阶实矩阵组成的线性空间上定义线性变换 T：$T(\boldsymbol{X})=\begin{pmatrix}a&b\\c&d\end{pmatrix}\boldsymbol{X}$. 则 T 在基 $\boldsymbol{E}_{11},\boldsymbol{E}_{12},\boldsymbol{E}_{21},\boldsymbol{E}_{22}$ 下的矩阵为______.

4. 已知 $1,x,x^2,x^3$ 和 $1,1+x,(1+x)^2,(1+x)^3$ 是 $\boldsymbol{P}_3[x]$ 的两组基，则由基 $1,x,x^2,x^3$ 到基 $1,1+x,(1+x)^2,(1+x)^3$ 的过渡矩阵为__________，x^3+x^2-x+1 在基 $1,1+x,(1+x)^2,(1+x)^3$ 下的坐标为__________.

5. 在 $P(x)$ 中，变换：$Tf(x)=f(x+1)$ 是否为线性变换？__________.

6. 已知 $\boldsymbol{\varepsilon}_1=(1,0,0)^{\mathrm{T}}$，$\boldsymbol{\varepsilon}_2=(0,1,0)^{\mathrm{T}}$，$\boldsymbol{\varepsilon}_3=(0,0,1)^{\mathrm{T}}$ 是三维线性空间 V 的一组基，线性变换 T 在基 $\boldsymbol{\varepsilon}_1,\boldsymbol{\varepsilon}_2,\boldsymbol{\varepsilon}_3$ 下的矩阵为 $\boldsymbol{A}=\begin{pmatrix}a_{11}&a_{12}&a_{13}\\a_{21}&a_{22}&a_{23}\\a_{31}&a_{32}&a_{33}\end{pmatrix}$，则 T 在基 $\boldsymbol{\varepsilon}_3,\boldsymbol{\varepsilon}_2,\boldsymbol{\varepsilon}_1$ 下的矩阵为__________.

二、在实数域上的 2 阶矩阵构成的线性空间中

(1)求由基 $\boldsymbol{E}_1=\begin{pmatrix}1&0\\0&0\end{pmatrix}$，$\boldsymbol{E}_2=\begin{pmatrix}0&1\\0&0\end{pmatrix}$，$\boldsymbol{E}_3=\begin{pmatrix}0&0\\1&0\end{pmatrix}$，$\boldsymbol{E}_4=\begin{pmatrix}0&0\\0&1\end{pmatrix}$ 到基

$F_1=\begin{pmatrix}1&1\\-1&1\end{pmatrix},F_2=\begin{pmatrix}0&1\\1&0\end{pmatrix},F_3=\begin{pmatrix}0&3\\2&0\end{pmatrix},F_4=\begin{pmatrix}0&0\\1&2\end{pmatrix}$的过渡矩阵；

(2)求 $A=\begin{pmatrix}1&2\\0&1\end{pmatrix}$在基 F_1,F_2,F_3,F_4 下的坐标.

(3)求一非零向量 B,使 B 在上述两组基下的坐标相等.

三、已知$\mathbb{R}^3$中的两个基 $\boldsymbol{\alpha}_1,\boldsymbol{\alpha}_2,\boldsymbol{\alpha}_3$ 和 $\boldsymbol{\beta}_1,\boldsymbol{\beta}_2,\boldsymbol{\beta}_3$,且

$\boldsymbol{\beta}_1=2\boldsymbol{\alpha}_1+\boldsymbol{\alpha}_2+3\boldsymbol{\alpha}_3,\boldsymbol{\beta}_2=\boldsymbol{\alpha}_1+\boldsymbol{\alpha}_2+2\boldsymbol{\alpha}_3,\boldsymbol{\beta}_3=\boldsymbol{\alpha}_1+\boldsymbol{\alpha}_2+\boldsymbol{\alpha}_3$.

又线性变换 T 在基 $\boldsymbol{\alpha}_1,\boldsymbol{\alpha}_2,\boldsymbol{\alpha}_3$ 下的矩阵为 $A=\begin{pmatrix}5&7&-5\\0&4&-1\\2&8&3\end{pmatrix}$.

(1)求向量 $\boldsymbol{\gamma}=4\boldsymbol{\alpha}_1-5\boldsymbol{\alpha}_2-\boldsymbol{\alpha}_3$ 在基 $\boldsymbol{\beta}_1,\boldsymbol{\beta}_2,\boldsymbol{\beta}_3$ 下的坐标.

(2)求 T 在基 $\boldsymbol{\beta}_1,\boldsymbol{\beta}_2,\boldsymbol{\beta}_3$ 下的矩阵.

四、$\mathbb{R}^3$中定义变换 T 为：$T\begin{pmatrix}x_1\\x_2\\x_3\end{pmatrix}=\begin{pmatrix}2x_1-x_2\\x_1+x_2\\x_1\end{pmatrix}$.

(1)证明 T 是$\mathbb{R}^3$中的线性变换；

(2)求 T 在基 $\boldsymbol{\varepsilon}_1=(1,0,0)^{\mathrm{T}},\boldsymbol{\varepsilon}_2=(0,1,0)^{\mathrm{T}},\boldsymbol{\varepsilon}_3=(0,0,1)^{\mathrm{T}}$ 下的矩阵.

五、假设线性空间的线性变换为 T,使 $T^{m-1}\boldsymbol{\alpha}\neq\boldsymbol{0},T^m\boldsymbol{\alpha}=\boldsymbol{0}$,试证 $\boldsymbol{\alpha},T\boldsymbol{\alpha},\cdots,T^{m-1}\boldsymbol{\alpha}$ 线性无关.

第六章自测题答案

一、填空题

1. $\left(\frac{2}{3},-\frac{2}{3},-1\right)^{\mathrm{T}}$.

提示：记 $A=(\boldsymbol{\alpha}_1,\boldsymbol{\alpha}_2,\boldsymbol{\alpha}_3),B=(\boldsymbol{\alpha}_1,\boldsymbol{\alpha}_2,\boldsymbol{\alpha}_3,\boldsymbol{\beta})$,则

$$B=(\boldsymbol{\alpha}_1,\boldsymbol{\alpha}_2,\boldsymbol{\alpha}_3,\boldsymbol{\beta})=\begin{pmatrix}2&2&-1&1\\2&-1&2&0\\-1&2&2&-4\end{pmatrix}\longrightarrow\begin{pmatrix}1&1&1&-1\\0&-3&0&2\\0&3&3&-5\end{pmatrix}$$

$$\longrightarrow\begin{pmatrix}1&1&1&-1\\0&1&0&-\frac{2}{3}\\0&1&1&-\frac{5}{3}\end{pmatrix}\longrightarrow\begin{pmatrix}1&0&0&\frac{2}{3}\\0&1&0&-\frac{2}{3}\\0&0&1&-1\end{pmatrix}.$$

所以 $\boldsymbol{\beta}$ 在基 $\boldsymbol{\alpha}_1,\boldsymbol{\alpha}_2,\boldsymbol{\alpha}_3$ 下的坐标为$\left(\frac{2}{3},-\frac{2}{3},-1\right)^{\mathrm{T}}$.

2. $\begin{pmatrix}2&3\\-1&-2\end{pmatrix}$.

提示：令 $A=(\boldsymbol{\alpha}_1,\boldsymbol{\alpha}_2),B=(\boldsymbol{\beta}_1,\boldsymbol{\beta}_2)$,则 $B=AP,P=A^{-1}B$.

$$(A,B)=(\boldsymbol{\alpha}_1,\boldsymbol{\alpha}_2,\boldsymbol{\beta}_1,\boldsymbol{\beta}_2)=\begin{pmatrix}1&1&1&1\\0&-1&1&2\end{pmatrix}\longrightarrow\begin{pmatrix}1&0&2&3\\0&1&-1&-2\end{pmatrix}.$$

所以过渡矩阵 $P=\begin{pmatrix}2&3\\-1&-2\end{pmatrix}$.

3. $\begin{pmatrix}a&0&b&0\\0&a&0&b\\c&0&d&0\\0&c&0&d\end{pmatrix}$.

提示：$T(\boldsymbol{E}_{11})=\begin{pmatrix}a&b\\c&d\end{pmatrix}\begin{pmatrix}1&0\\0&0\end{pmatrix}=\begin{pmatrix}a&0\\c&0\end{pmatrix}=a\boldsymbol{E}_{11}+c\boldsymbol{E}_{21}$，

$T(\boldsymbol{E}_{12})=\begin{pmatrix}a&b\\c&d\end{pmatrix}\begin{pmatrix}0&1\\0&0\end{pmatrix}=\begin{pmatrix}0&a\\0&c\end{pmatrix}=a\boldsymbol{E}_{12}+c\boldsymbol{E}_{22}$，

$T(\boldsymbol{E}_{21})=\begin{pmatrix}a&b\\c&d\end{pmatrix}\begin{pmatrix}0&0\\1&0\end{pmatrix}=\begin{pmatrix}b&0\\d&0\end{pmatrix}=b\boldsymbol{E}_{11}+d\boldsymbol{E}_{21}$，

$T(\boldsymbol{E}_{22})=\begin{pmatrix}a&b\\c&d\end{pmatrix}\begin{pmatrix}0&0\\0&1\end{pmatrix}=\begin{pmatrix}0&b\\0&d\end{pmatrix}=b\boldsymbol{E}_{12}+d\boldsymbol{E}_{22}$.

从而 T 在基 $\boldsymbol{E}_{11},\boldsymbol{E}_{12},\boldsymbol{E}_{21},\boldsymbol{E}_{22}$ 下的矩阵为 $\begin{pmatrix}a&0&b&0\\0&a&0&b\\c&0&d&0\\0&c&0&d\end{pmatrix}$.

4. $\boldsymbol{P}=\begin{pmatrix}1&1&1&1\\0&1&2&3\\0&0&1&3\\0&0&0&1\end{pmatrix}$，$\begin{pmatrix}2\\0\\-2\\1\end{pmatrix}$.

提示：易知 $(1,1+x,(1+x)^2,(1+x)^3)=(1,x,x^2,x^3)\begin{pmatrix}1&1&1&1\\0&1&2&3\\0&0&1&3\\0&0&0&1\end{pmatrix}$.

所以从基 $1,x,x^2,x^3$ 到基 $1,1+x,(1+x)^2,(1+x)^3$ 的过渡矩阵 $\boldsymbol{P}=\begin{pmatrix}1&1&1&1\\0&1&2&3\\0&0&1&3\\0&0&0&1\end{pmatrix}$.

由于 x^3+x^2-x+1 在基 $1,x,x^2,x^3$ 下的坐标是 $(1,-1,1,1)^{\mathrm{T}}$，从而在基 $1,1+x,(1+x)^2,(1+x)^3$ 下的坐标是：

$$\begin{pmatrix}y_1\\y_2\\y_3\\y_4\end{pmatrix}=\boldsymbol{P}^{-1}\begin{pmatrix}1\\-1\\1\\1\end{pmatrix}=\begin{pmatrix}2\\0\\-2\\1\end{pmatrix}.$$

5. 是.

验证：$\forall f(x),g(x)\in P(x)$，则 $T(f(x)+g(x))=f(x+1)+g(x+1)=Tf(x)+Tg(x)$. 任取 $k\in\mathbb{R}$，$T(kf(x))=kf(x+1)=kTf(x)$，故 $Tf(x)=f(x+1)$ 是线性变换.

6. $\begin{pmatrix}a_{33}&a_{32}&a_{31}\\a_{23}&a_{22}&a_{21}\\a_{13}&a_{12}&a_{11}\end{pmatrix}$.

提示：因为 $T(\boldsymbol{\varepsilon}_1,\boldsymbol{\varepsilon}_2,\boldsymbol{\varepsilon}_3)=(\boldsymbol{\varepsilon}_1,\boldsymbol{\varepsilon}_2,\boldsymbol{\varepsilon}_3)\boldsymbol{A}$.

所以 $T\boldsymbol{\varepsilon}_1=a_{11}\boldsymbol{\varepsilon}_1+a_{21}\boldsymbol{\varepsilon}_2+a_{31}\boldsymbol{\varepsilon}_3$，$T\boldsymbol{\varepsilon}_2=a_{12}\boldsymbol{\varepsilon}_1+a_{22}\boldsymbol{\varepsilon}_2+a_{32}\boldsymbol{\varepsilon}_3$，$T\boldsymbol{\varepsilon}_3=a_{13}\boldsymbol{\varepsilon}_1+a_{23}\boldsymbol{\varepsilon}_2+a_{33}\boldsymbol{\varepsilon}_3$.

即 $T\boldsymbol{\varepsilon}_3=a_{33}\boldsymbol{\varepsilon}_3+a_{23}\boldsymbol{\varepsilon}_2+a_{13}\boldsymbol{\varepsilon}_1$，$T\boldsymbol{\varepsilon}_2=a_{32}\boldsymbol{\varepsilon}_3+a_{22}\boldsymbol{\varepsilon}_2+a_{12}\boldsymbol{\varepsilon}_1$，$T\boldsymbol{\varepsilon}_1=a_{31}\boldsymbol{\varepsilon}_3+a_{21}\boldsymbol{\varepsilon}_2+a_{11}\boldsymbol{\varepsilon}_1$.

因而 $T(\boldsymbol{\varepsilon}_3,\boldsymbol{\varepsilon}_2,\boldsymbol{\varepsilon}_1)=(\boldsymbol{\varepsilon}_3,\boldsymbol{\varepsilon}_2,\boldsymbol{\varepsilon}_1)\begin{pmatrix}a_{33}&a_{32}&a_{31}\\a_{23}&a_{22}&a_{21}\\a_{13}&a_{12}&a_{11}\end{pmatrix}$.

即 T 在基 $\boldsymbol{\varepsilon}_3,\boldsymbol{\varepsilon}_2,\boldsymbol{\varepsilon}_1$ 下的矩阵是 $\begin{pmatrix} a_{33} & a_{32} & a_{31} \\ a_{23} & a_{22} & a_{21} \\ a_{13} & a_{12} & a_{11} \end{pmatrix}$.

二、解 (1)将后一个基写成前一个基的线性组合：

$\boldsymbol{F}_1=\boldsymbol{E}_1+\boldsymbol{E}_2-\boldsymbol{E}_3+\boldsymbol{E}_4$，$\boldsymbol{F}_2=\boldsymbol{E}_2+\boldsymbol{E}_3$，$\boldsymbol{F}_3=3\boldsymbol{E}_2+2\boldsymbol{E}_3$，$\boldsymbol{F}_4=\boldsymbol{E}_3+2\boldsymbol{E}_4$，也可写成矩阵形式：

$$(\boldsymbol{F}_1,\boldsymbol{F}_2,\boldsymbol{F}_3,\boldsymbol{F}_4)=(\boldsymbol{E}_1,\boldsymbol{E}_2,\boldsymbol{E}_3,\boldsymbol{E}_4)\begin{pmatrix} 1 & 0 & 0 & 0 \\ 1 & 1 & 3 & 0 \\ -1 & 1 & 2 & 1 \\ 1 & 0 & 0 & 2 \end{pmatrix},$$

所以所求过渡矩阵为 $\boldsymbol{P}=\begin{pmatrix} 1 & 0 & 0 & 0 \\ 1 & 1 & 3 & 0 \\ -1 & 1 & 2 & 1 \\ 1 & 0 & 0 & 2 \end{pmatrix}$.

(2)显然 $\boldsymbol{A}=\begin{pmatrix} 1 & 2 \\ 0 & 1 \end{pmatrix}=\boldsymbol{E}_1+2\boldsymbol{E}_2+\boldsymbol{E}_4$，即 $\boldsymbol{A}$ 在基 $\boldsymbol{E}_1,\boldsymbol{E}_2,\boldsymbol{E}_3,\boldsymbol{E}_4$ 下的坐标为 $(1,2,0,1)^{\mathrm{T}}$. 设 $\boldsymbol{A}$ 在基 $\boldsymbol{F}_1,\boldsymbol{F}_2,\boldsymbol{F}_3,\boldsymbol{F}_4$ 下的坐标为 $(y_1,y_2,y_3,y_4)^{\mathrm{T}}$，则有

$$\begin{pmatrix} y_1 \\ y_2 \\ y_3 \\ y_4 \end{pmatrix}=\boldsymbol{P}^{-1}\begin{pmatrix} x_1 \\ x_2 \\ x_3 \\ x_4 \end{pmatrix}=\boldsymbol{P}^{-1}\begin{pmatrix} 1 \\ 2 \\ 0 \\ 1 \end{pmatrix}.$$

下面求 $\boldsymbol{P}^{-1}$

$$(\boldsymbol{P},\boldsymbol{E})=\left(\begin{array}{cccc:cccc} 1 & 0 & 0 & 0 & 1 & 0 & 0 & 0 \\ 1 & 1 & 3 & 0 & 0 & 1 & 0 & 0 \\ -1 & 1 & 2 & 1 & 0 & 0 & 1 & 0 \\ 1 & 0 & 0 & 2 & 0 & 0 & 0 & 1 \end{array}\right)\xrightarrow[\substack{r_3+r_4 \\ r_4-r_1 \\ r_4\times\frac{1}{2}}]{r_2-r_1}$$

$$\left(\begin{array}{cccc:cccc} 1 & 0 & 0 & 0 & 1 & 0 & 0 & 0 \\ 0 & 1 & 3 & 0 & -1 & 1 & 0 & 0 \\ 0 & 1 & 2 & 3 & 0 & 0 & 1 & 1 \\ 0 & 0 & 0 & 1 & -\frac{1}{2} & 0 & 0 & \frac{1}{2} \end{array}\right)\rightarrow\begin{pmatrix} 1 & 0 & 0 & 0 & 1 & 0 & 0 & 0 \\ 0 & 1 & 0 & 0 & \frac{13}{2} & -2 & 3 & -\frac{3}{2} \\ 0 & 0 & 1 & 0 & -\frac{5}{2} & 1 & -1 & \frac{1}{2} \\ 0 & 0 & 0 & 1 & -\frac{1}{2} & 0 & 0 & \frac{1}{2} \end{pmatrix}$$

$=(\boldsymbol{E},\boldsymbol{P}^{-1})$.

得 $\boldsymbol{P}^{-1}=\begin{pmatrix} 1 & 0 & 0 & 0 \\ \frac{13}{2} & -2 & 3 & -\frac{3}{2} \\ -\frac{5}{2} & 1 & -1 & \frac{1}{2} \\ -\frac{1}{2} & 0 & 0 & \frac{1}{2} \end{pmatrix}$.

所以 $\boldsymbol{A}$ 在基 $\boldsymbol{F}_1,\boldsymbol{F}_2,\boldsymbol{F}_3,\boldsymbol{F}_4$ 下的坐标为 $\begin{pmatrix} y_1 \\ y_2 \\ y_3 \\ y_4 \end{pmatrix}=\boldsymbol{P}^{-1}\begin{pmatrix} 1 \\ 2 \\ 0 \\ 1 \end{pmatrix}=\begin{pmatrix} 1 \\ 1 \\ 0 \\ 0 \end{pmatrix}$.

(3)设非零向量 $\boldsymbol{B}$ 在两组基下的坐标分别为 $\boldsymbol{X}=(x_1,x_2,x_3,x_4)^{\mathrm{T}}$,$\boldsymbol{Y}=(y_1,y_2,y_3,y_4)^{\mathrm{T}}$.

则有 $\boldsymbol{Y}=\boldsymbol{P}^{-1}\boldsymbol{X}$,又 $\boldsymbol{X}=\boldsymbol{Y}$,进而有$(\boldsymbol{P}-\boldsymbol{E})\boldsymbol{X}=\boldsymbol{0}$,解方程组即可.

由 $\boldsymbol{P}-\boldsymbol{E}=\begin{pmatrix}0&0&0&0\\1&0&3&0\\-1&1&1&1\\1&0&0&1\end{pmatrix}\longrightarrow\begin{pmatrix}1&0&0&1\\0&1&0&\frac{7}{3}\\0&0&1&-\frac{1}{3}\\0&0&0&0\end{pmatrix}$,解得 $\boldsymbol{X}=k(-3,-7,1,3)^{\mathrm{T}},k\in\mathbb{R}$.

于是向量 $\boldsymbol{B}=k(-3\boldsymbol{E}_1-7\boldsymbol{E}_2+\boldsymbol{E}_3+3\boldsymbol{E}_4)$

$=k(-3\boldsymbol{F}_1-7\boldsymbol{F}_2+\boldsymbol{F}_3+3\boldsymbol{F}_4)=k\begin{pmatrix}-3&-7\\1&3\end{pmatrix}^{\mathrm{T}}(k\in\mathbb{R})$.

三、解 (1)依题意知:

$(\boldsymbol{\beta}_1,\boldsymbol{\beta}_2,\boldsymbol{\beta}_3)=(\boldsymbol{\alpha}_1,\boldsymbol{\alpha}_2,\boldsymbol{\alpha}_3)\begin{pmatrix}2&1&1\\1&1&1\\3&2&1\end{pmatrix}=(\boldsymbol{\alpha}_1,\boldsymbol{\alpha}_2,\boldsymbol{\alpha}_3)\boldsymbol{P}$,其中 $\boldsymbol{P}$ 为过渡矩阵.

又向量 $\boldsymbol{\gamma}=4\boldsymbol{\alpha}_1-5\boldsymbol{\alpha}_2-\boldsymbol{\alpha}_3$ 在基 $\boldsymbol{\alpha}_1,\boldsymbol{\alpha}_2,\boldsymbol{\alpha}_3$ 下的坐标为$(4,-5,-1)^{\mathrm{T}}$,设向量 $\boldsymbol{\gamma}$ 在基 $\boldsymbol{\beta}_1,\boldsymbol{\beta}_2,\boldsymbol{\beta}_3$ 下的坐标为$(y_1,y_2,y_3)^{\mathrm{T}}$,则有

$$\begin{pmatrix}y_1\\y_2\\y_3\end{pmatrix}=\boldsymbol{P}^{-1}\begin{pmatrix}x_1\\x_2\\x_3\end{pmatrix}=\boldsymbol{P}^{-1}\begin{pmatrix}4\\-5\\-1\end{pmatrix}.$$

由 $(\boldsymbol{P},\boldsymbol{E})=\begin{pmatrix}2&1&1&1&0&0\\1&1&1&0&1&0\\3&2&1&0&0&1\end{pmatrix}\longrightarrow\begin{pmatrix}1&0&0&1&-1&0\\0&1&0&-2&1&1\\0&0&1&1&1&-1\end{pmatrix}$,

知 $\boldsymbol{P}^{-1}=\begin{pmatrix}1&-1&0\\-2&1&1\\1&1&-1\end{pmatrix}$.

所以 $\begin{pmatrix}y_1\\y_2\\y_3\end{pmatrix}=\boldsymbol{P}^{-1}\begin{pmatrix}4\\-5\\-1\end{pmatrix}=\begin{pmatrix}1&-1&0\\-2&1&1\\1&1&-1\end{pmatrix}\begin{pmatrix}4\\-5\\-1\end{pmatrix}=\begin{pmatrix}9\\-14\\0\end{pmatrix}$.

(2)已知线性变换 T 在基 $\boldsymbol{\alpha}_1,\boldsymbol{\alpha}_2,\boldsymbol{\alpha}_3$ 下的矩阵为 $\boldsymbol{A}=\begin{pmatrix}5&7&-5\\0&4&-1\\2&8&3\end{pmatrix}$.

设 T 在基 $\boldsymbol{\beta}_1,\boldsymbol{\beta}_2,\boldsymbol{\beta}_3$ 下的矩阵为 $\boldsymbol{B}$.

由(1)知基 $\boldsymbol{\alpha}_1,\boldsymbol{\alpha}_2,\boldsymbol{\alpha}_3$ 到基 $\boldsymbol{\beta}_1,\boldsymbol{\beta}_2,\boldsymbol{\beta}_3$ 的过渡矩阵为 $\boldsymbol{P}$,

则 $\boldsymbol{B}=\boldsymbol{P}^{-1}\boldsymbol{A}\boldsymbol{P}=\begin{pmatrix}1&-1&0\\-2&1&1\\1&1&-1\end{pmatrix}\begin{pmatrix}5&7&-5\\0&4&-1\\2&8&3\end{pmatrix}\begin{pmatrix}2&1&1\\1&1&1\\3&2&1\end{pmatrix}=\begin{pmatrix}1&0&4\\18&14&2\\-18&-12&-3\end{pmatrix}$.

四、证 (1) $\forall\boldsymbol{\alpha}=\begin{pmatrix}x_1\\x_2\\x_3\end{pmatrix},\boldsymbol{\beta}=\begin{pmatrix}y_1\\y_2\\y_3\end{pmatrix},\boldsymbol{\alpha},\boldsymbol{\beta}\in\mathbb{R}^3,k\in\mathbb{R}$,则有

$$T(\boldsymbol{\alpha}+\boldsymbol{\beta})=T\begin{pmatrix}x_1+y_1\\x_2+y_2\\x_3+y_3\end{pmatrix}=\begin{pmatrix}2(x_1+y_1)-(x_2+y_2)\\(x_1+y_1)+(x_2+y_2)\\x_1+y_1\end{pmatrix}$$

$$=\begin{pmatrix}2x_1-x_2\\x_1+x_2\\x_1\end{pmatrix}+\begin{pmatrix}2y_1-y_2\\y_1+y_2\\y_1\end{pmatrix}=T(\boldsymbol{\alpha})+T(\boldsymbol{\beta}).$$

$$T(k\boldsymbol{\alpha})=T\begin{pmatrix}kx_1\\kx_2\\kx_3\end{pmatrix}=\begin{pmatrix}2kx_1-kx_2\\kx_1+kx_2\\kx_1\end{pmatrix}=k\begin{pmatrix}2x_1-x_2\\x_1+x_2\\x_1\end{pmatrix}=kT(\boldsymbol{\alpha}).$$

所以 T 是 $\mathbb{R}^3$ 中的线性变换.

(2)因为 $T(\boldsymbol{\varepsilon}_1,\boldsymbol{\varepsilon}_2,\boldsymbol{\varepsilon}_3)=(\boldsymbol{\varepsilon}_1,\boldsymbol{\varepsilon}_2,\boldsymbol{\varepsilon}_3)\boldsymbol{A}$.

所以 $T(\boldsymbol{\varepsilon}_1)=2\boldsymbol{\varepsilon}_1+\boldsymbol{\varepsilon}_2+\boldsymbol{\varepsilon}_3,T(\boldsymbol{\varepsilon}_2)=-\boldsymbol{\varepsilon}_1+\boldsymbol{\varepsilon}_2+0\boldsymbol{\varepsilon}_3,T(\boldsymbol{\varepsilon}_3)=0\boldsymbol{\varepsilon}_1+0\boldsymbol{\varepsilon}_2+0\boldsymbol{\varepsilon}_3$,

故 $T(\boldsymbol{\varepsilon}_1,\boldsymbol{\varepsilon}_2,\boldsymbol{\varepsilon}_3)=(\boldsymbol{\varepsilon}_1,\boldsymbol{\varepsilon}_2,\boldsymbol{\varepsilon}_3)\boldsymbol{A}=(\boldsymbol{\varepsilon}_1,\boldsymbol{\varepsilon}_2,\boldsymbol{\varepsilon}_3)\begin{pmatrix}2&-1&0\\1&1&0\\1&0&0\end{pmatrix}$.

所以 T 在自然基下的矩阵为 $\begin{pmatrix}2&-1&0\\1&1&0\\1&0&0\end{pmatrix}$.

五、证 **方法一** 设存在 m 个实数 $k_0,k_1,\cdots,k_{m-1}$,使 $k_0\boldsymbol{\alpha}+k_1T\boldsymbol{\alpha}+\cdots+k_{m-1}T^{m-1}\boldsymbol{\alpha}=\mathbf{0}$. ①

对①式两边作$(m-1)$次 T 变换,并注意到 $T^m\boldsymbol{\alpha}=\mathbf{0}$,就有 $k_0T^{m-1}\boldsymbol{\alpha}=\mathbf{0}$.

由题设条件$T^{m-1}\boldsymbol{\alpha}\neq\mathbf{0}$ 得 $k_0=0$,于是①式变为:

$k_1T\boldsymbol{\alpha}+k_2T^2\boldsymbol{\alpha}+\cdots+k_{m-1}T^{m-1}\boldsymbol{\alpha}=\mathbf{0}$. ②

对②式两边作$(m-2)$次 T 变换,并利用 $T^m\boldsymbol{\alpha}=\mathbf{0}$,得:$k_1T^{m-1}\boldsymbol{\alpha}=\mathbf{0}$.

因 $T^{m-1}\boldsymbol{\alpha}\neq\mathbf{0}$,于是有 $k_1=0$.

依次类推下去,就得到:$k_0=k_1=\cdots=k_{m-1}=0$.

即只有当 $k_0=k_1=\cdots=k_{m-1}=0$ 时,等式 $k_0\boldsymbol{\alpha}+k_1T\boldsymbol{\alpha}+\cdots+k_{m-1}T^{m-1}\boldsymbol{\alpha}=\mathbf{0}$ 成立.

故 $\boldsymbol{\alpha},T\boldsymbol{\alpha},T^2\boldsymbol{\alpha},\cdots,T^{m-1}\boldsymbol{\alpha}$ 线性无关.

方法二 设有 m 个实数 $k_0,k_1,\cdots,k_{m-1}$,使 $k_0\boldsymbol{\alpha}+k_1T\boldsymbol{\alpha}+\cdots+k_{m-1}T^{m-1}\boldsymbol{\alpha}=\mathbf{0}$ ①成立,

若 $k_0,k_1,\cdots,k_{m-1}$ 中有不为零的数,不妨设第一个不为 0 的数为 k_i,则有

$k_iT^i\boldsymbol{\alpha}+k_{i+1}T^{i+1}\boldsymbol{\alpha}+\cdots+k_{m-1}T^{m-1}\boldsymbol{\alpha}=\mathbf{0}$. ②

对②式两边作$(m-i-1)$次 T 变换,并注意到 $T^m\boldsymbol{\alpha}=\mathbf{0}$.

可得 $k_iT^{m-1}\boldsymbol{\alpha}=\mathbf{0}$,而 $T^{m-1}\boldsymbol{\alpha}\neq\mathbf{0}$,所以 $k_i=0$,与假设矛盾从而假设不成立,故必有 $k_0=k_1=\cdots=k_{m-1}=0$,

从而 $\boldsymbol{\alpha},T\boldsymbol{\alpha},\cdots,T^{m-1}\boldsymbol{\alpha}$ 线性无关.